徐州统计年鉴

XUZHOU STATISTICAL YEARBOOK

2020

（总第33期）

徐 州 市 统 计 局
国家统计局徐州调查队 编

中国统计出版社
China Statistics Press

图书在版编目(CIP)数据

徐州统计年鉴. 2020 = Xuzhou Statistical Yearbook 2020 / 徐州市统计局，国家统计局徐州调查队编. -- 北京：中国统计出版社，2020.8
ISBN 978-7-5037-9224-3

Ⅰ. ①徐… Ⅱ. ①徐… ②国… Ⅲ. ①统计资料－徐州－2020－年鉴 Ⅳ. ①C832.533-54

中国版本图书馆 CIP 数据核字（2020）第 141673 号

徐州统计年鉴-2020

作　　者 / 徐州市统计局　国家统计局徐州调查队
责任编辑 / 钟　钰
装帧设计 / 孟艳乐　陈　蓉
出版发行 / 中国统计出版社有限公司
地　　址 / 北京市丰台区西三环南路甲 6 号
邮政编码 / 100073
电　　话 / 邮购(010)63376909　　书店(010)68783171
网　　址 / http://www.zgtjcbs.com
印　　刷 / 徐州绪权印刷有限公司
经　　销 / 新华书店
开　　本 / 890mm×1240mm　1/16
字　　数 / 1185 千字
印　　张 / 31
版　　别 / 2020 年 8 月第 1 版
版　　次 / 2020 年 8 月第 1 次印刷
定　　价 / 300.00 元

本书附同版本 CD-ROM 一张，光盘内容以书面文字为准。
如有印装差错，由本社发行部调换。

《徐州统计年鉴 -2020》编辑委员会

《徐州统计年鉴 -2020》编辑部

编 者 说 明

《徐州统计年鉴-2020》是一部全面、系统反映徐州市国民经济和社会发展情况的资料性年刊。书中汇集了徐州市及各县（市）2019年经济和社会各方面的统计数据，以及历史重要年份和改革开放以来主要统计数据。

全书内容分为27个篇目，即：1. 综合；2. 国民经济核算；3. 人口；4. 就业人员和职工工资；5. 固定资产投资；6. 对外经济贸易和国际旅游；7. 能源消费与库存；8. 财政、金融和保险；9. 物价指数；10. 人民生活；11. 自然资源、城市概况和环境保护；12. 农林牧渔业；13. 工业；14. 建筑业；15. 交通运输和邮电；16. 批发零售和住宿餐饮业；17. 科技和教育；18. 卫生和社会服务；19. 文化和体育；20. 公共管理及其他；21. 县（市）社会经济；22. 乡镇基本情况；附录1. 小康社会进程监测；附录2. 江苏省市、县主要经济指标；附录3. 江苏省市辖区主要经济指标；附录4. 淮海经济区主要经济指标；附录5. 企业选介。为方便读者使用，大部分篇末附有《主要统计指标解释》。

与2019版《徐州统计年鉴》相比较，本年鉴在统计内容和编辑上主要做了如下修订：

根据方法制度变化、实际编辑情况和用户需求，对第一篇综合、第七篇能源消费与库存、第十篇人民生活、第十三篇工业、第十四篇建筑业、第十五篇交通运输和邮电、第十六篇批发零售和住宿餐饮业、第十七篇科技和教育、第二十一篇县（市）社会经济、第二十二篇乡镇基本情况、附录2江苏省市、县主要经济指标、附录3江苏省市辖区主要经济指标等部分内容进行了调整修订。

本年鉴部分数据合计数或相对数由于单位取舍不同产生的计算误差均未作机械调整；年鉴文稿中所用数字，如有与表中数据不一致的，读者在引用时均以表中数据为准，凡与本年鉴有出入的历史资料数据，均以本年鉴为准。

本年鉴表中的符号使用说明："..."表示数据不足本表最小单位数；"空格"表示该项统计指标数据不详或无该项数据；"#"表示其中的主要项。

本年鉴编辑过程中，得到中国统计出版社和江苏省统计局综合处的悉心指导，得到市公安局、市财政局、市交通局、市农业农村局、市自然资源和规划局、市气象局、市水务局、市住建局、市生态环境局、市卫健委、市民政局、市人保局、市司法局、市教育局、市文化广电和旅游局、市商务局、市科技局、市应急管理局、市退役军人事务局、市市场监督管理局、市体育局、市政协、市妇联、市邮政管理局、人民银行徐州中心支行、市消防支队、市保险协会、市铁塔公司、市供电公司、上海铁路局徐州站、徐州观音机场、中石化管道储运公司等有关部门、单位以及广大统计工作人员的大力支持，在此我们表示诚挚的感谢。恳请各界人士和读者对年鉴的不足之处批评指正，以期进一步提高编辑水平，更好地为广大读者服务。

目　录

四、就业人员和职工工资

五、固定资产投资

六、对外经济贸易和国际旅游

七、能源消费与库存

八、财政、金融和保险

九、物价指数

十、人民生活

十一、自然资源、城市概况和环境保护

十二、农林牧渔业

十三、工业

十四、建筑业

十五、交通运输和邮电

十六、批发零售和住宿餐饮业

十七、科技和教育

十八、卫生和社会服务

十九、文化和体育

二十、公共管理及其他

二十一、县（市）社会经济（1978-2019）

二十二、乡镇基本情况

CONTENTS

CHART OF THE ACHIEVEMENTS OF XUZHOU'S NATIONAL ECONOMY AND SOCIAL DEVELOPMENT

Chapter 1 GENERAL SURVEY

Chapter 2 NATIONAL ECONOMIC ACCOUNT

Chapter 3 POPULATION

Chapter 4 EMPLOYMENT AND WAGES

Chapter 5 INVESTMENT IN FIXED ASSETS

Chapter 6 FOREIGN ECONOMY & TRADE AND INTERNATIONAL TOURISM

Chapter 7 ENERGY CONSUMPTION AND STOCK

Chapter 8 FINANCE, BANKING AND INSURANCE

Chapter 9 PRICE INDEX

Chapter 10 PEOPLE'S LIVELIHOOD

Chapter 11 NATURAL RESOURCES, GENERAL SURVEY OF CITIES AND ENVIRONMENTAL PROTECTION

Chapter 12 AGRICULTURE, FORESTRY, ANIMAL, HUSBANDRY AND FISHERY

Chapter 13 INDUSTRY

Chapter 14 CONSTRUCTION

Chapter 15 TRANSPORTATION, POSTAL AND TELECOMMUNICATIONS SERVICES

Chapter 16 WHOLESALE, RETAIL AND ACCOMMDATIONS CATERING INDUSTRY

Chapter 17 SCIENCE AND TECHNOLOGY, EDUCATION

Chapter 18 PUBLIC HEALTH AND SOCIAL SERVICES

Chapter 19 CULTURE AND SPORTS

Chapter 20 PUBLIC MANAGEMENT AND OTHERS

Chapter 21 SOCIAL ECONOMIC OF COUNTIES (CITIES) (1978-2019)

Chapter 22 BASIC CONDITIONS OF COUNTRY AND TOWN

2019年的徐州

国民经济总量(Total National Economy)
2019
7151.35
地区生产总值（亿元）
682.83
第一产业增加值（亿元）
2886.16
第二产业增加值（亿元）
3582.36
第三产业增加值（亿元）
内外贸易
(Internal And External Trade)
777.88
#出口总额（亿元）
931.88
进出口总额（亿元）
20.90
实际使用外资（亿美元）
3533.19
社会消费品零售总额（亿元）
2026 村（个）
基层组织
(Qrimary-Level Organization)
709 居委会（个）
97 镇（个）
68 街道（个）
人口(Population)
1041.73
年末户籍人口（万人）
882.56
年末常住人口（万人）
281.56
年末总户数（万户）

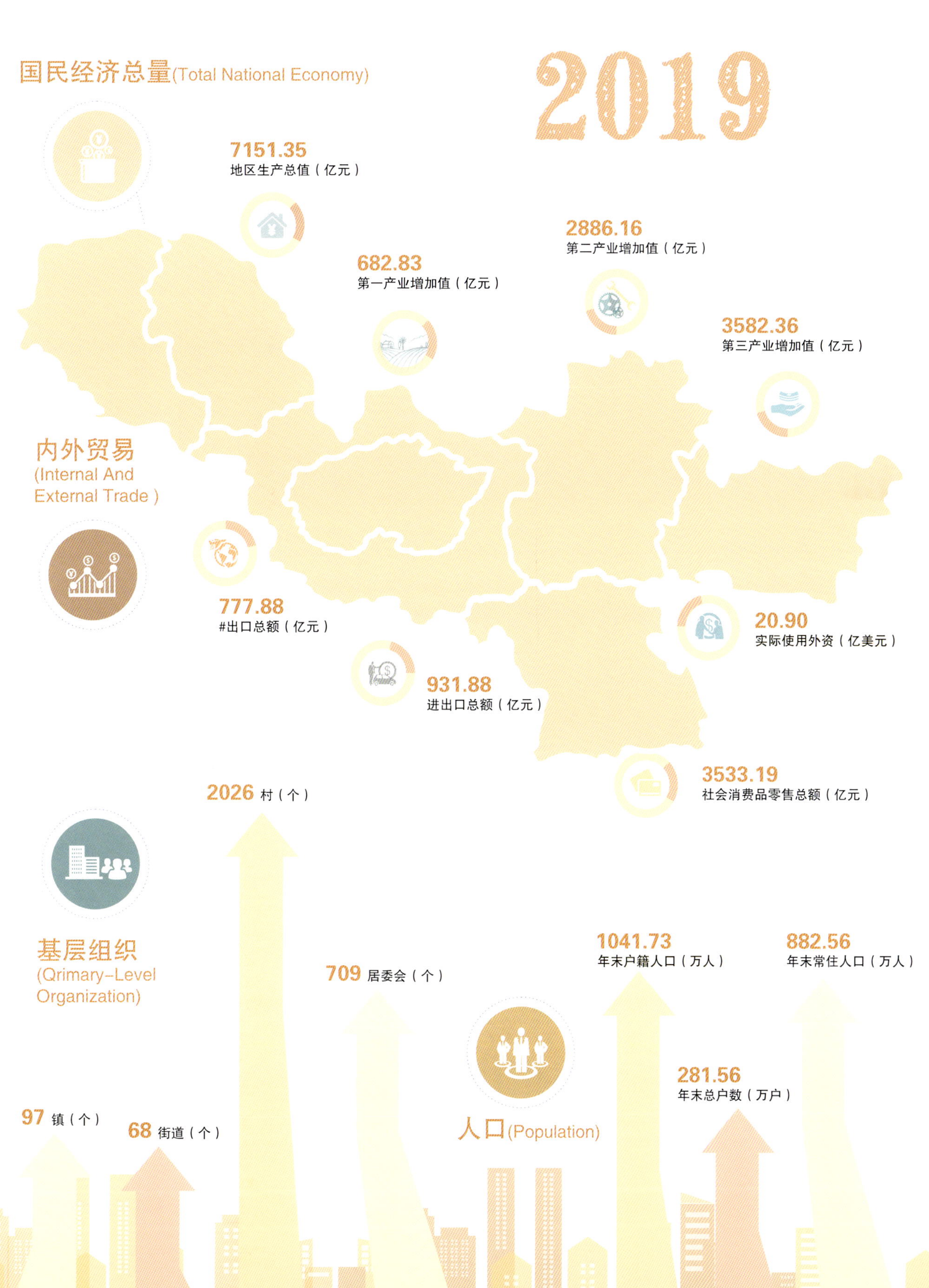

钱袋子(Fund Sources)

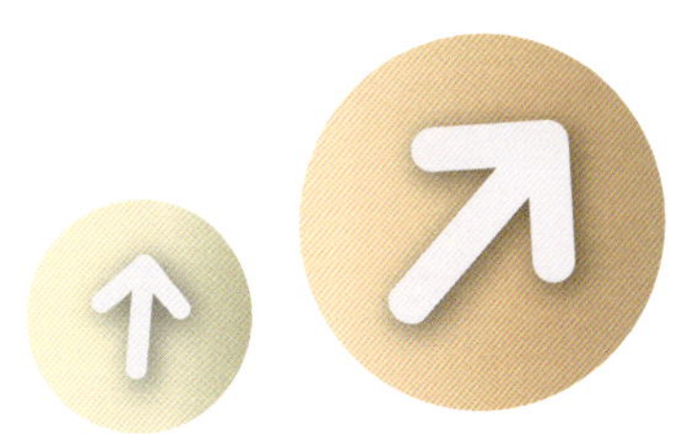

民生(People's livelihood)

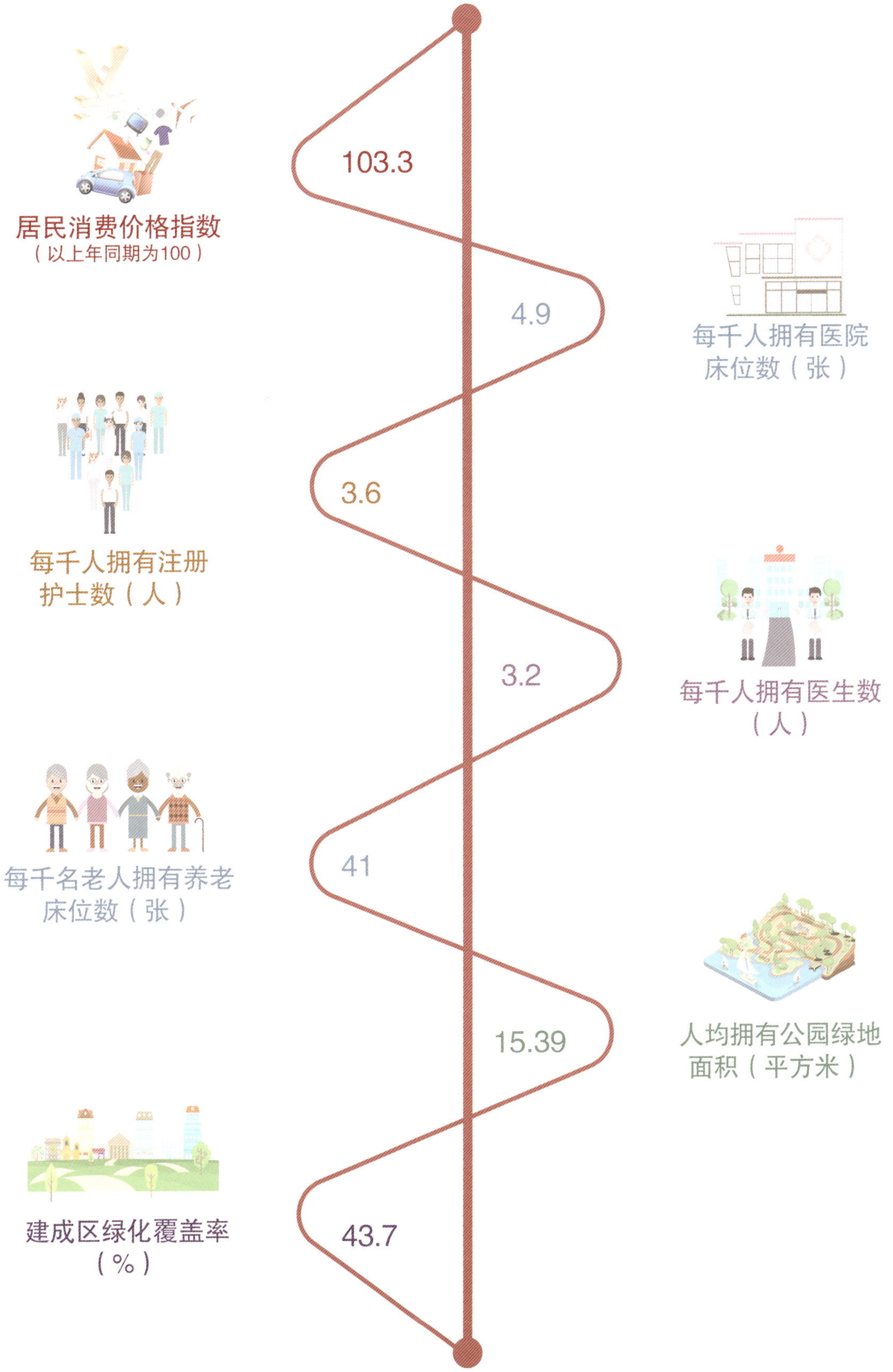

103.3

居民消费价格指数
（以上年同期为100）

4.9

每千人拥有医院床位数（张）

3.6

每千人拥有注册护士数（人）

3.2

每千人拥有医生数（人）

41

每千名老人拥有养老床位数（张）

15.39

人均拥有公园绿地面积（平方米）

43.7

建成区绿化覆盖率（%）

经济发展

地区生产总值（亿元）Gross Domestic Product（100 million yuan）
21.39
28.62
55.57
112.84
403.46
616.30
1236.66
2951.47
3562.91
4029.31
4534.15
4979.65
5336.75
5809.81
6333.5
6710.36
7151.35
1978
1980
1985
1990
1995
2000
2005
2010
2011
2012
2013
2014
2015
2016
2017
2018
2019

人均地区生产总值（元）Per Capita Gross Domestic Product（yuan）
334
436
790
1438
4762
6948
13974
34192
41539
47026
52861
57838
61706
66860
72493
76404
81138
1978
1980
1985
1990
1995
2000
2005
2010
2011
2012
2013
2014
2015
2016
2017
2018
2019

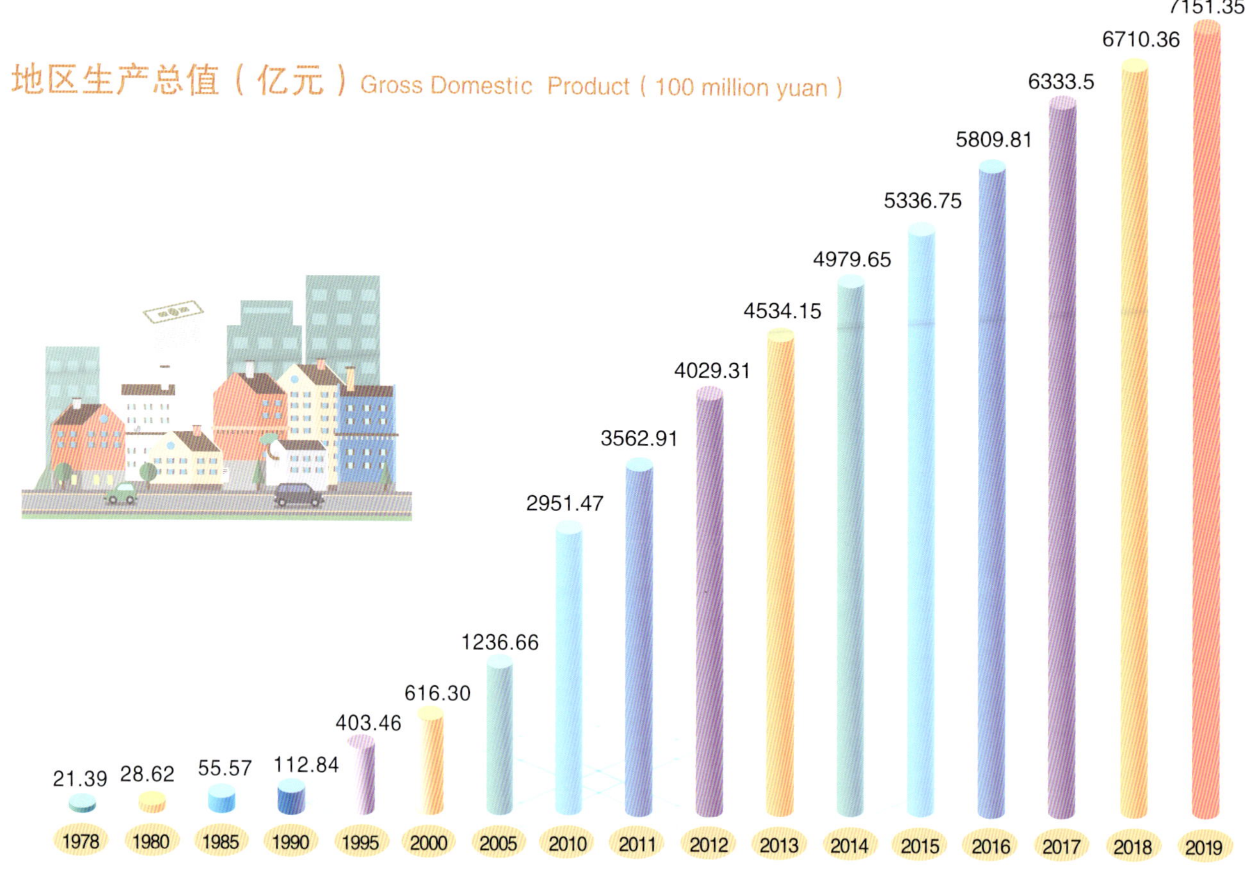

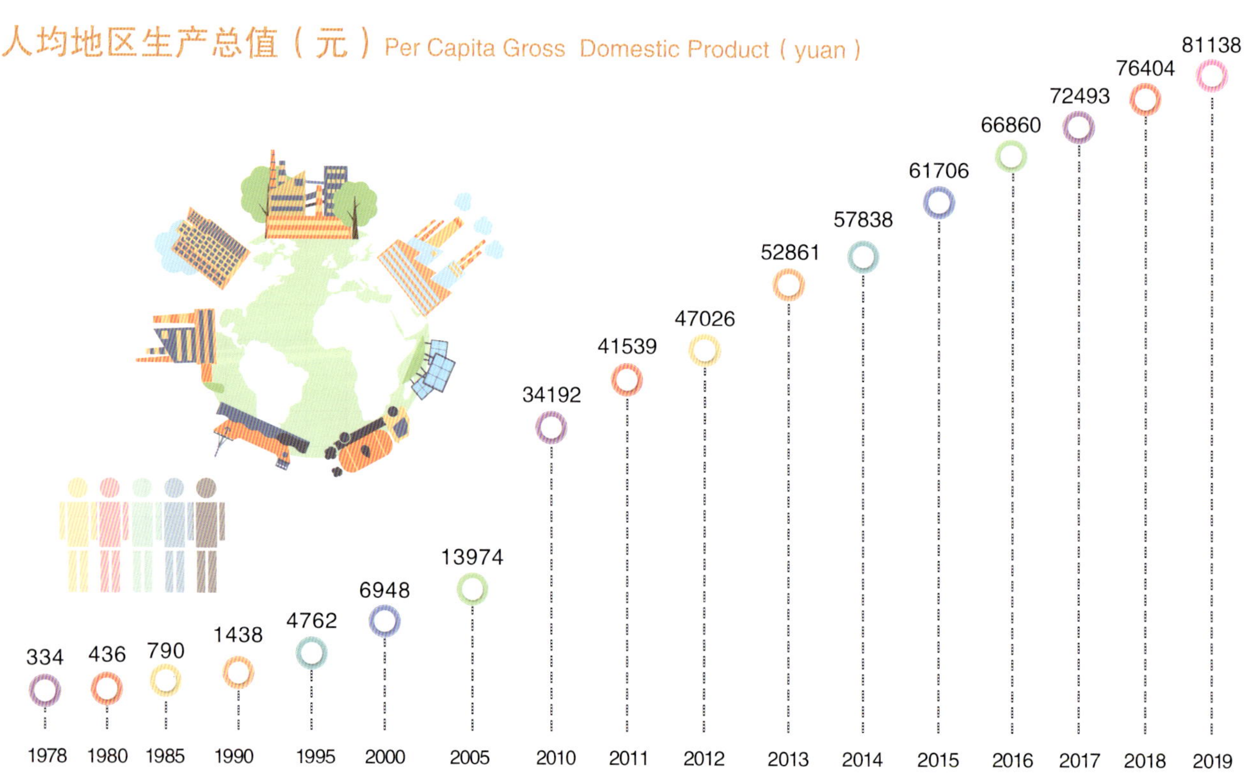

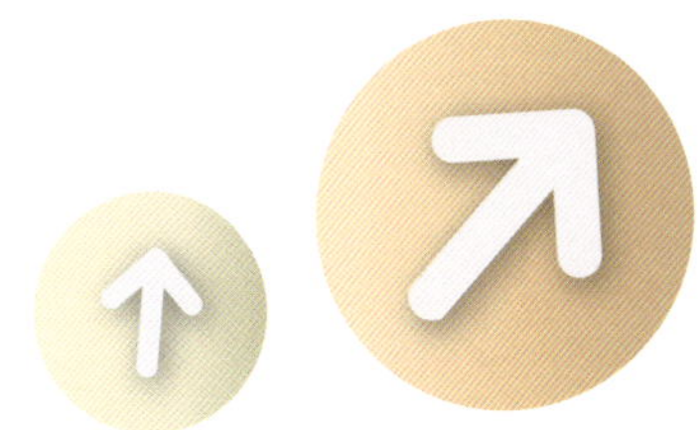

财政总收入（亿元）Total Fiscal Revenue（100 million yuan）

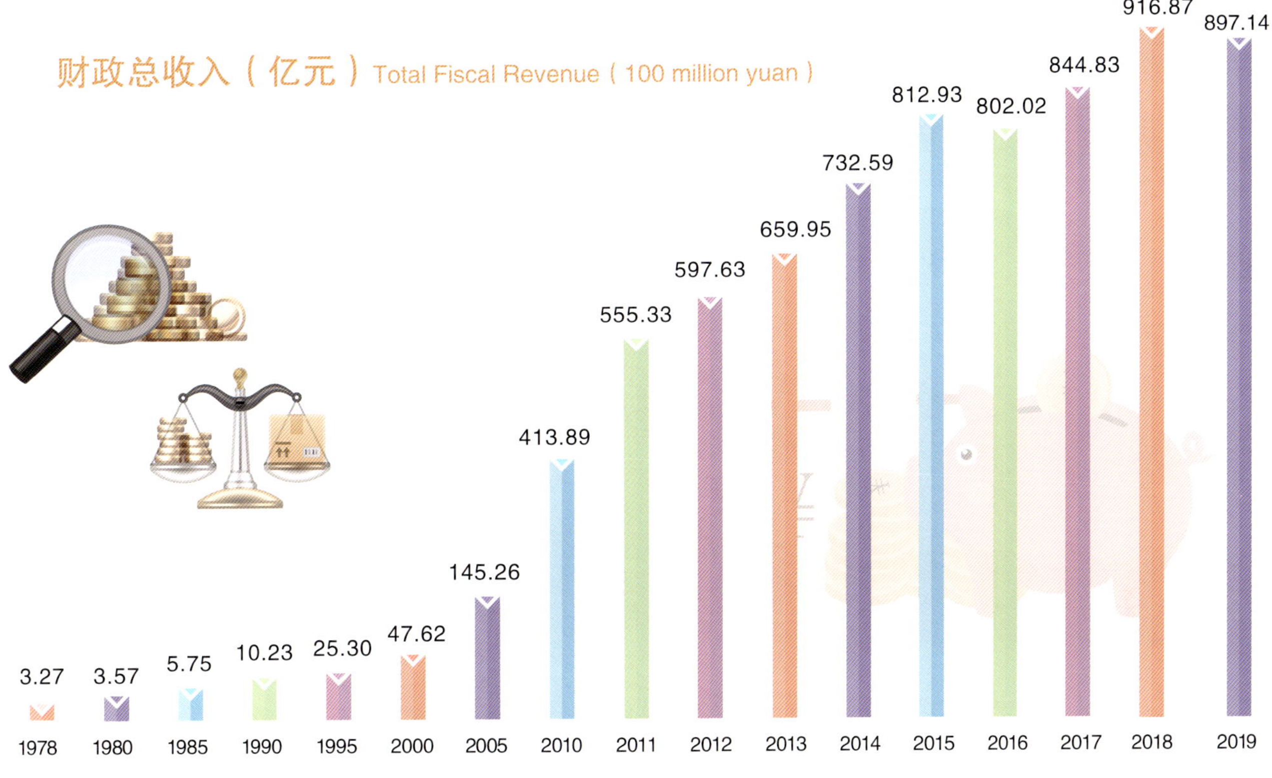

金融机构人民币存贷款余额（亿元）

Financial Institutions Renminbi Deposit And Lending Balances（100 million yuan）

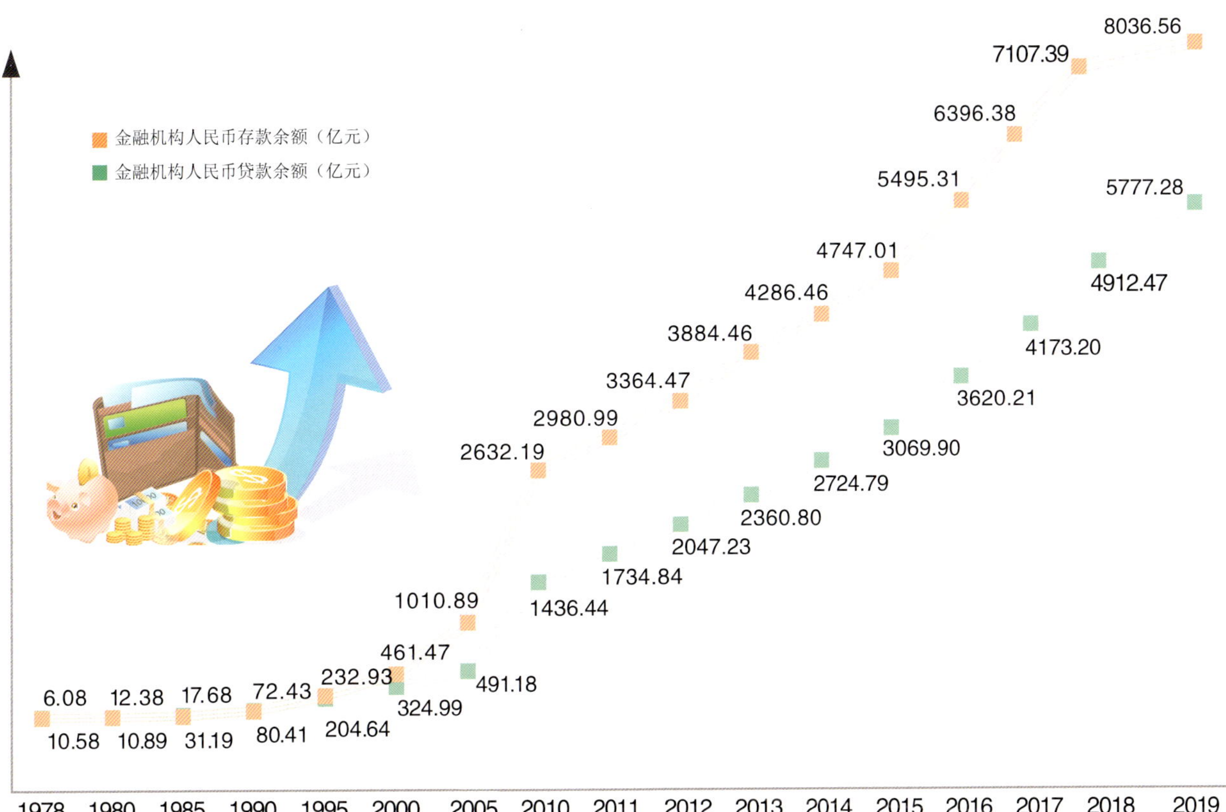

工业增加值（亿元）Value Added of Industry（100 million yuan）

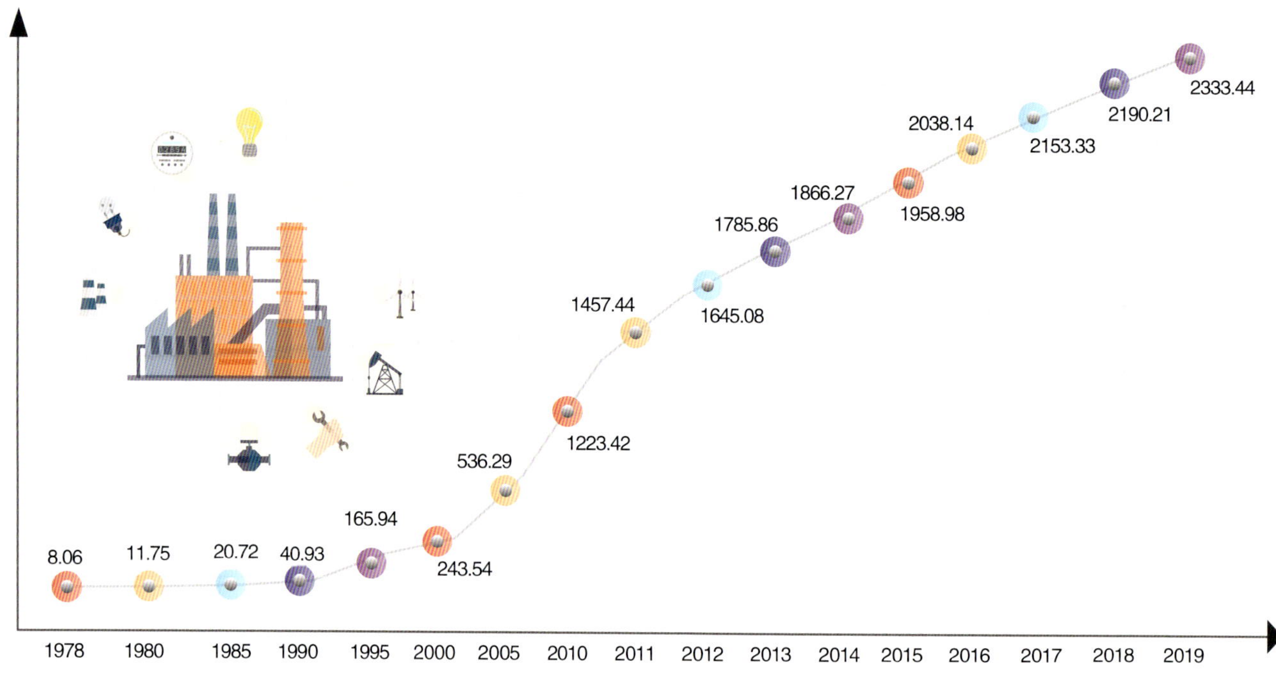

服务业增加值（亿元）Value Added of Service Industry（100 million yuan）

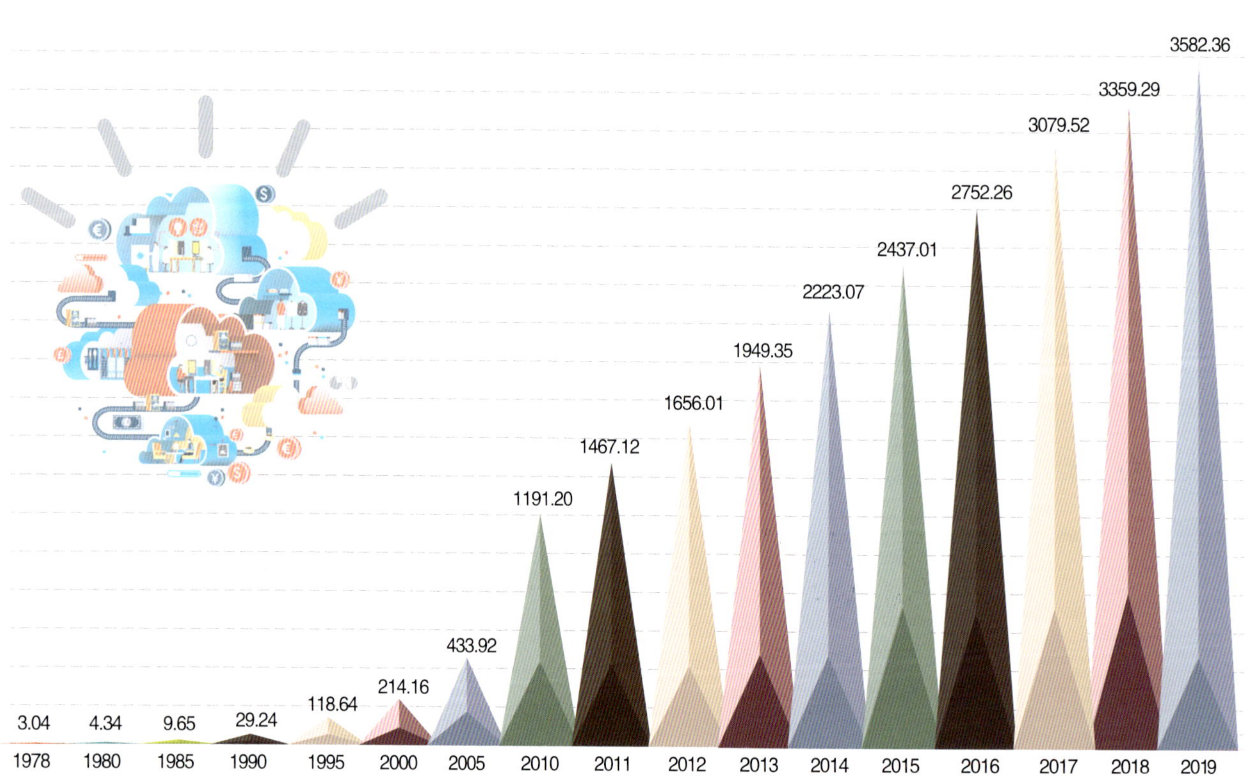

社会消费品零售总额（亿元）

Total Retail Sales of Social Consumer Goods （100 million yuan）

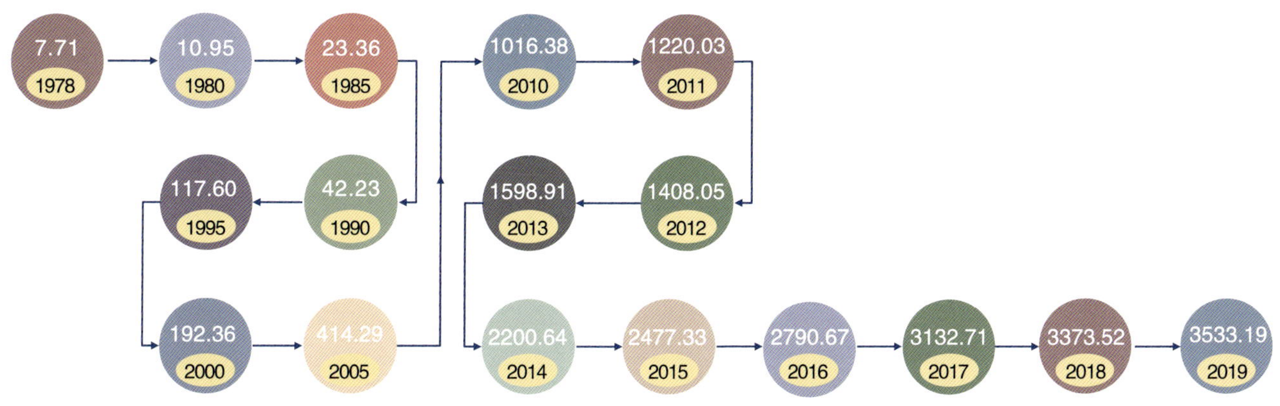

进出口总额（亿美元）

Total Imports and Exports(USD 100 million)

Year	Value
1990	0.10
1995	2.47
2000	3.29
2005	11.26
2010	41.61
2011	63.10
2012	83.27
2013	62.89
2014	59.88
2015	54.13
2016	62.48
2017	78.01
2018	117.44
2019	135.19

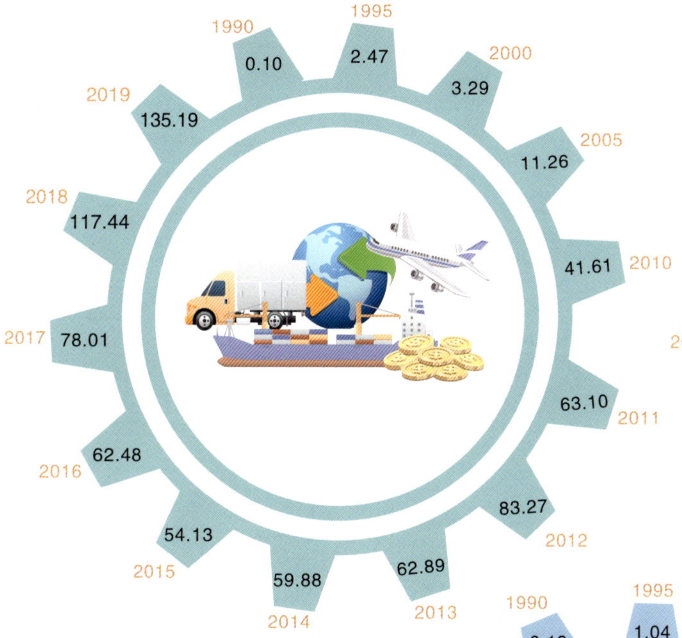

出口总额（亿美元）

Total Exports(USD 100 million)

Year	Value
1990	0.06
1995	1.47
2000	1.87
2005	7.52
2010	26.31
2011	41.59
2012	62.88
2013	48.97
2014	46.77
2015	43.89
2016	52.54
2017	63.34
2018	97.08
2019	112.88

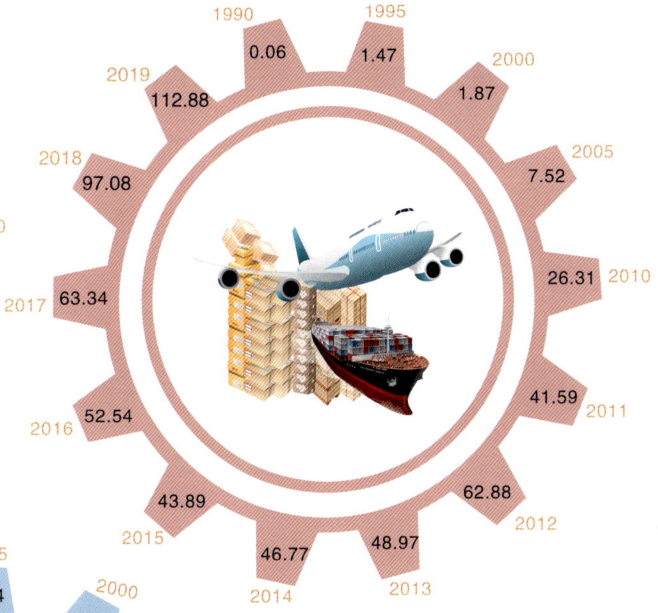

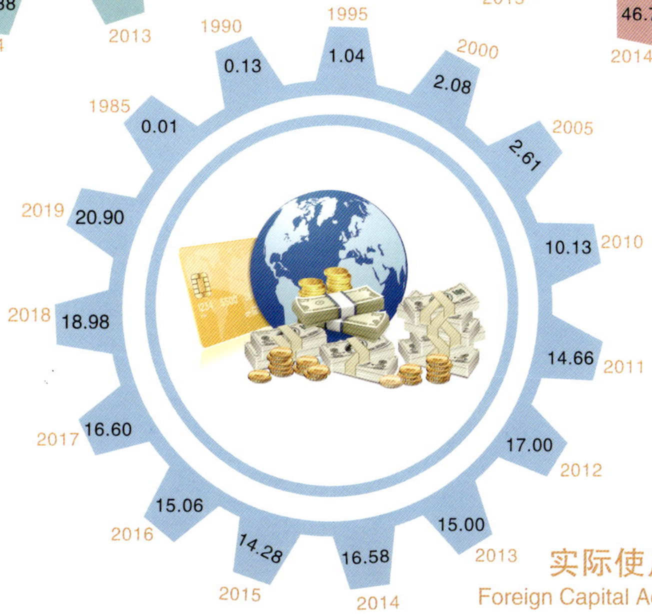

实际使用外资（亿美元）

Foreign Capital Actually Used（USD 100 million）

Year	Value
1985	0.01
1990	0.13
1995	1.04
2000	2.08
2005	2.61
2010	10.13
2011	14.66
2012	17.00
2013	15.00
2014	16.58
2015	14.28
2016	15.06
2017	16.60
2018	18.98
2019	20.90

农林牧渔业总产值（亿元）

Gross Output Value of Farming, Forestry, Animal Husbandry and Fishery (100 million yuan)

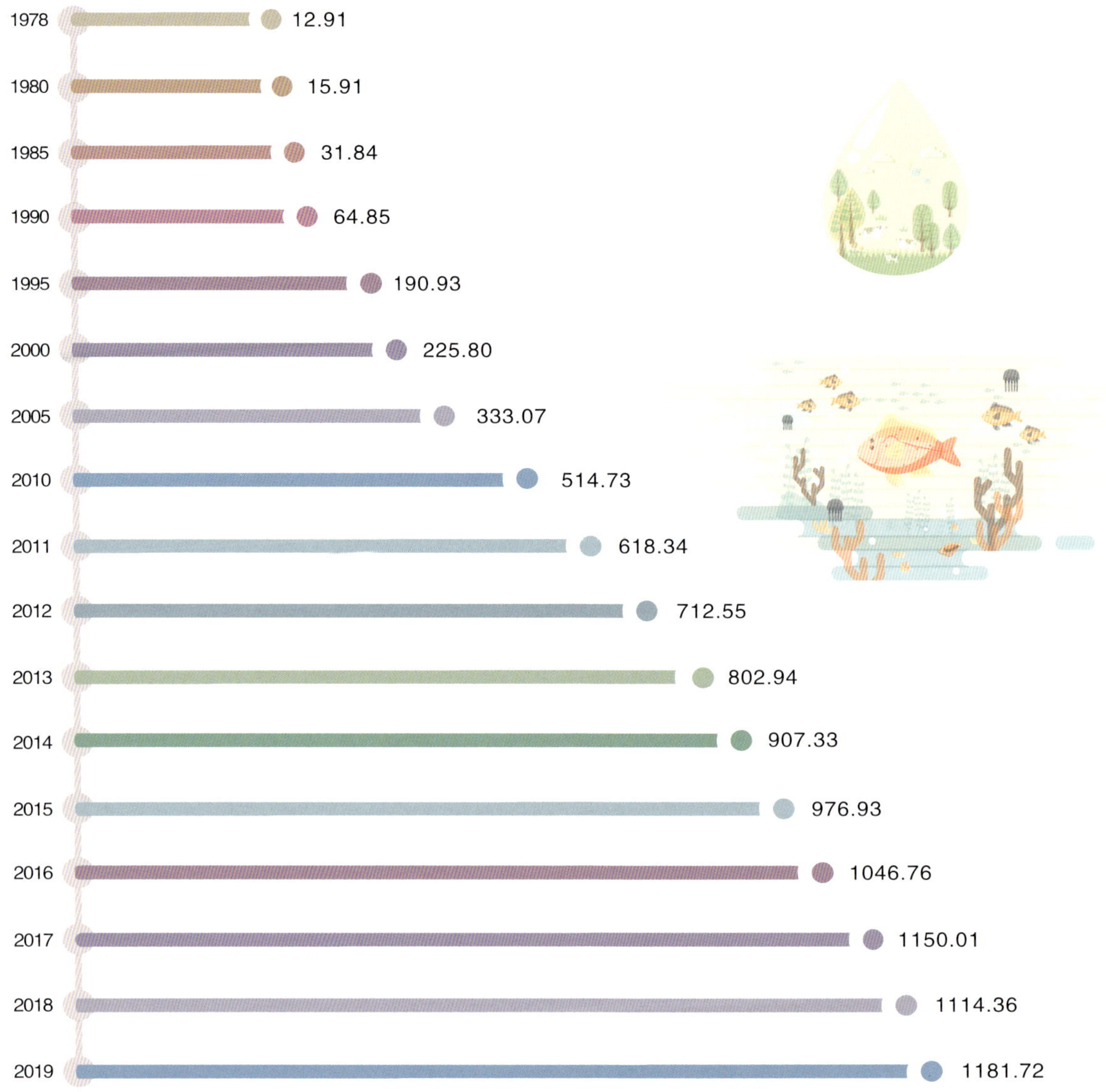

1978 12.91
1980 15.91
1985 31.84
1990 64.85
1995 190.93
2000 225.80
2005 333.07
2010 514.73
2011 618.34
2012 712.55
2013 802.94
2014 907.33
2015 976.93
2016 1046.76
2017 1150.01
2018 1114.36
2019 1181.72

粮食产量（万吨） Grain Crops Production(10 thousand tons)

1978 206.15
1980 249.94
1985 379.70
1990 399.00
1995 406.13
2000 319.50
2005 314.13
2010 440.20
2011 455.30
2012 471.73
2013 451.13
2014 469.18
2015 470.92
2016 469.16
2017 482.72
2018 484.48
2019 501.54

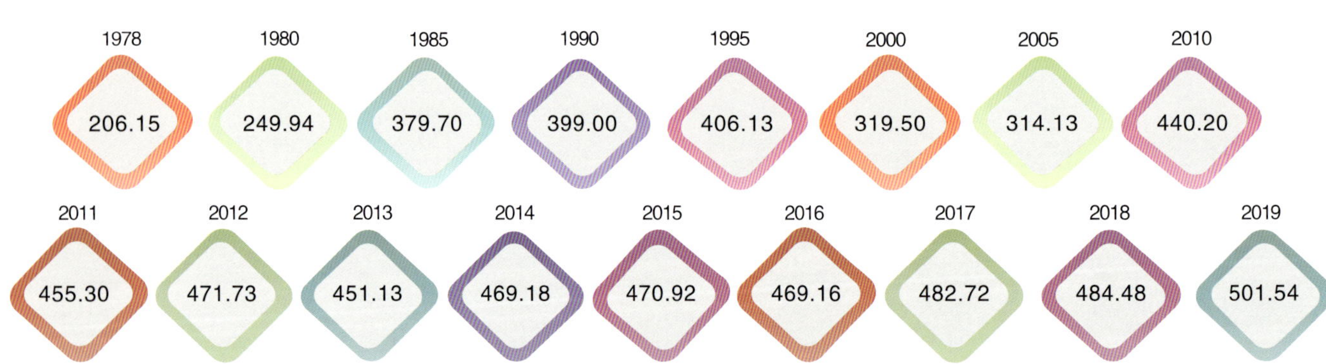

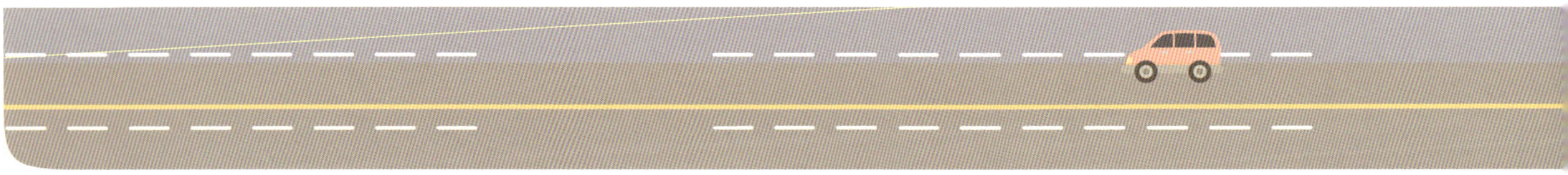

结构优化

地区生产总值构成（%）Proportion of Gross Domestic Product（%）

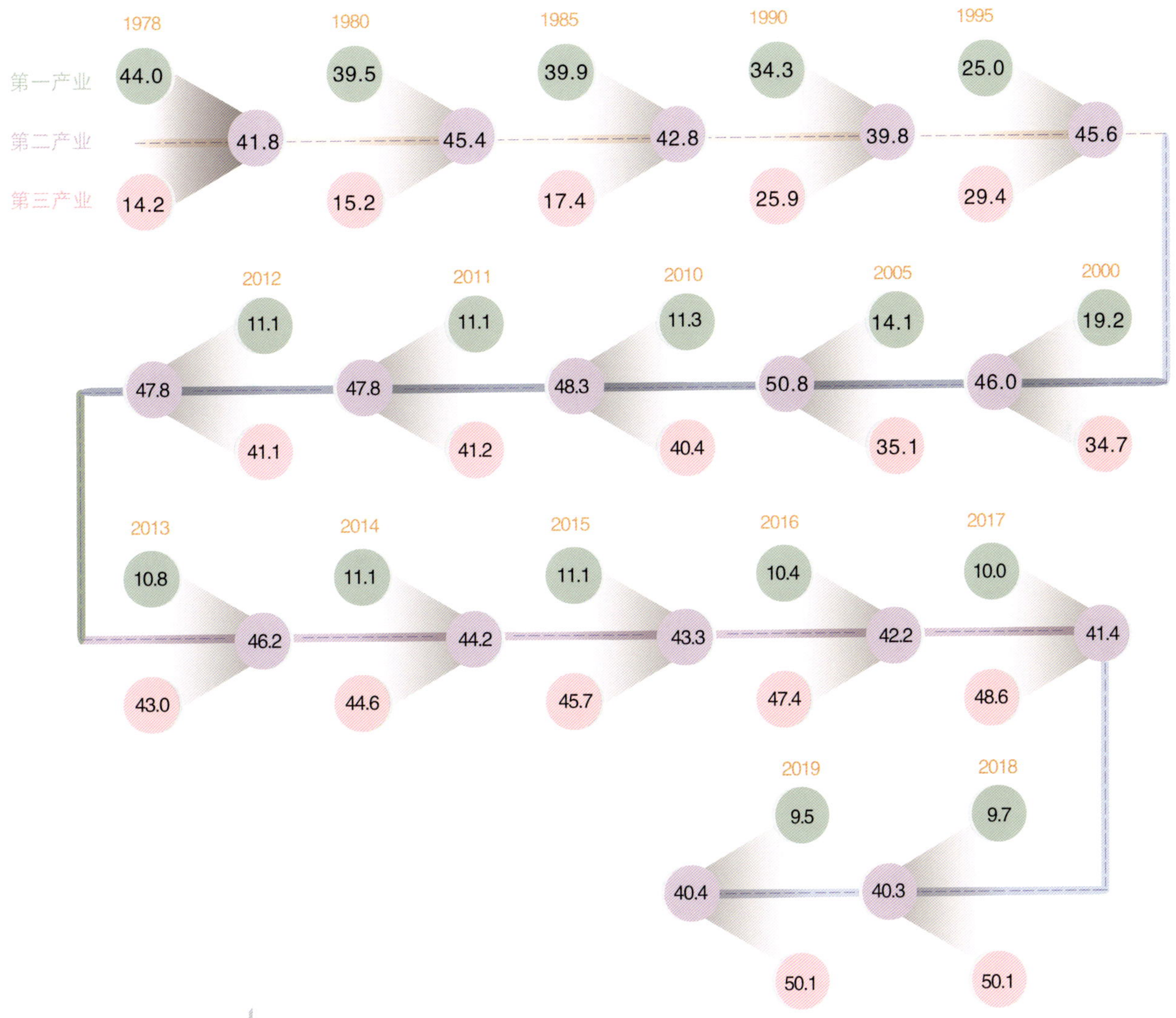

年份	第一产业	第二产业	第三产业
1978	44.0	41.8	14.2
1980	39.5	45.4	15.2
1985	39.9	42.8	17.4
1990	34.3	39.8	25.9
1995	25.0	45.6	29.4
2000	19.2	46.0	34.7
2005	14.1	50.8	35.1
2010	11.3	48.3	40.4
2011	11.1	47.8	41.2
2012	11.1	47.8	41.1
2013	10.8	46.2	43.0
2014	11.1	44.2	44.6
2015	11.1	43.3	45.7
2016	10.4	42.2	47.4
2017	10.0	41.4	48.6
2018	9.7	40.3	50.1
2019	9.5	40.4	50.1

从业人员构成（%）

Proportion in Number of Employed Persons（%）

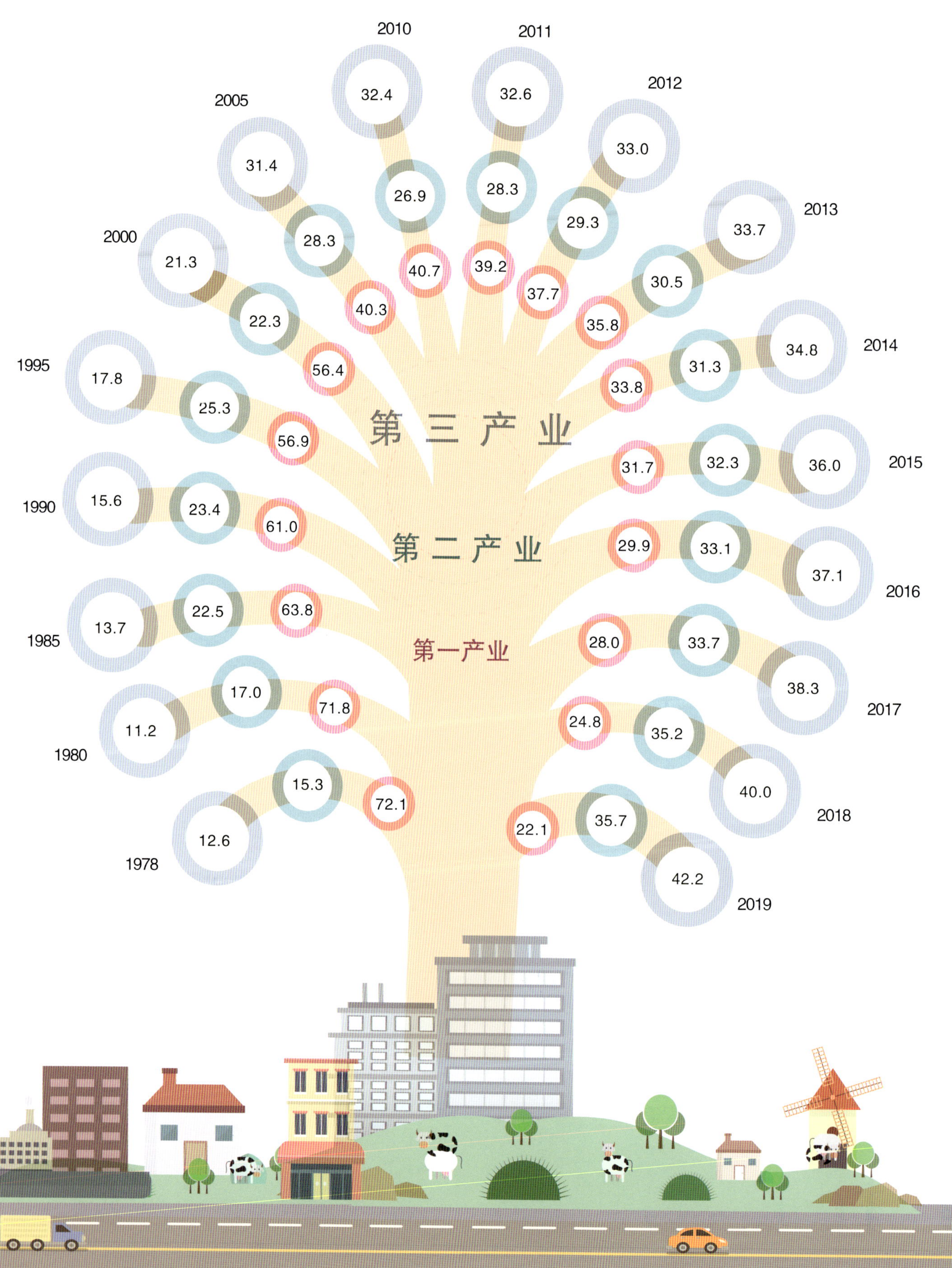

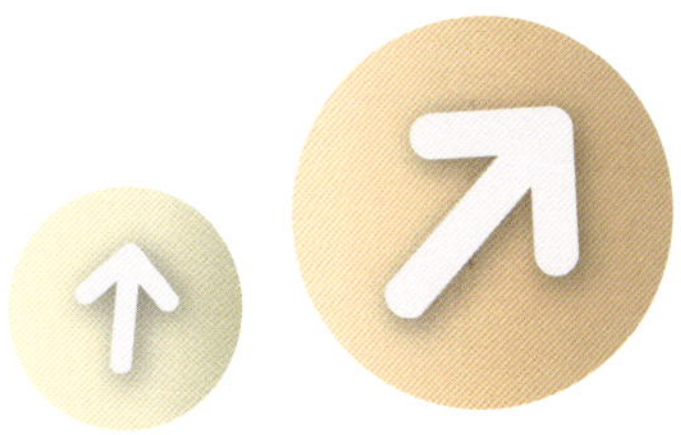

高端装备制造业产值占战略新兴产业产值比重（%）

The Proportion of High-end Equipment Manufacturing in Strategic Emerging Industries Output Value（%）

2014 19.6

2015 16.6

2016 17.7

2017 21.7

2018 50.5

2019 60.3

高新技术产业产值占规模以上工业总产值比重（%）

The Proportion of High-Tech Manufacturing Industries in Gross Industrial Output Value Above the Designated Size（%）

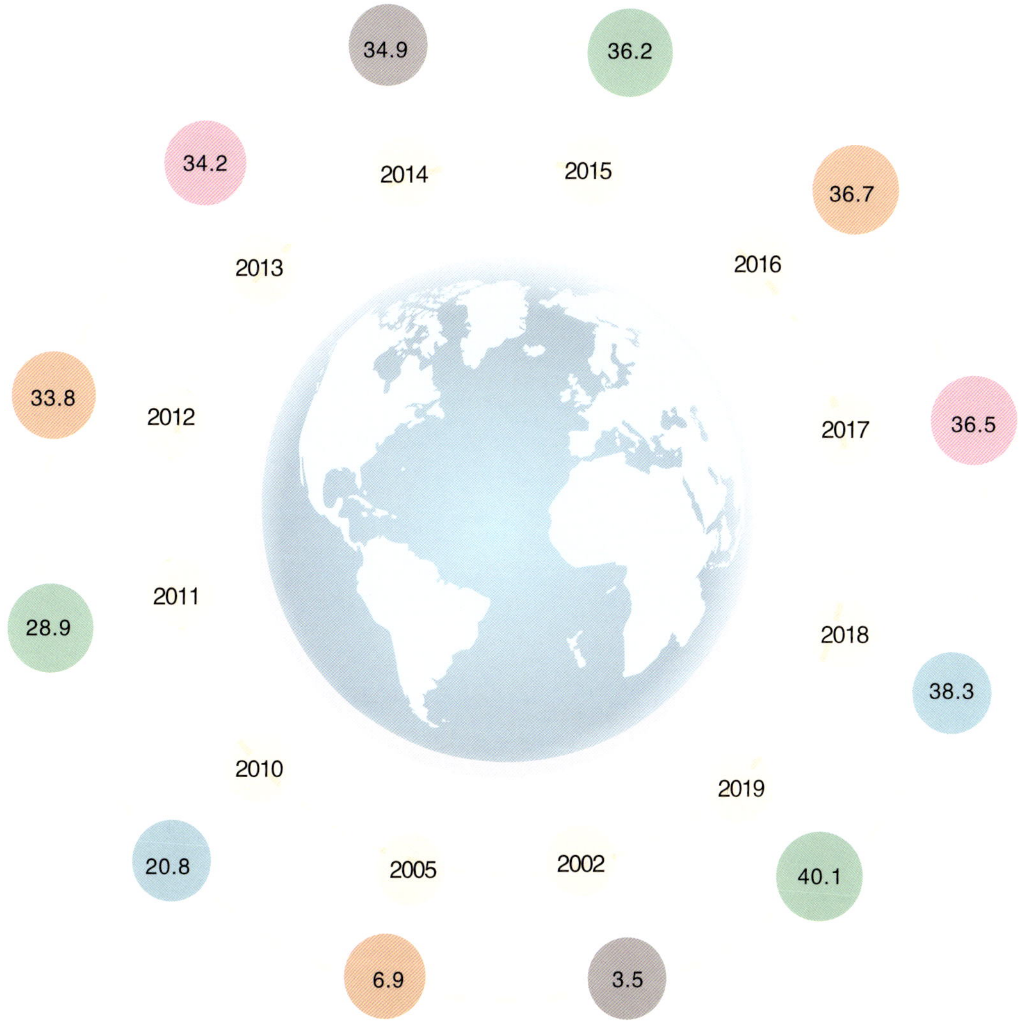

2002 3.5

2005 6.9

2010 20.8

2011 28.9

2012 33.8

2013 34.2

2014 34.9

2015 36.2

2016 36.7

2017 36.5

2018 38.3

2019 40.1

设施农业面积（万亩）The Area of Facility Agricultural (10 thousand Mu)

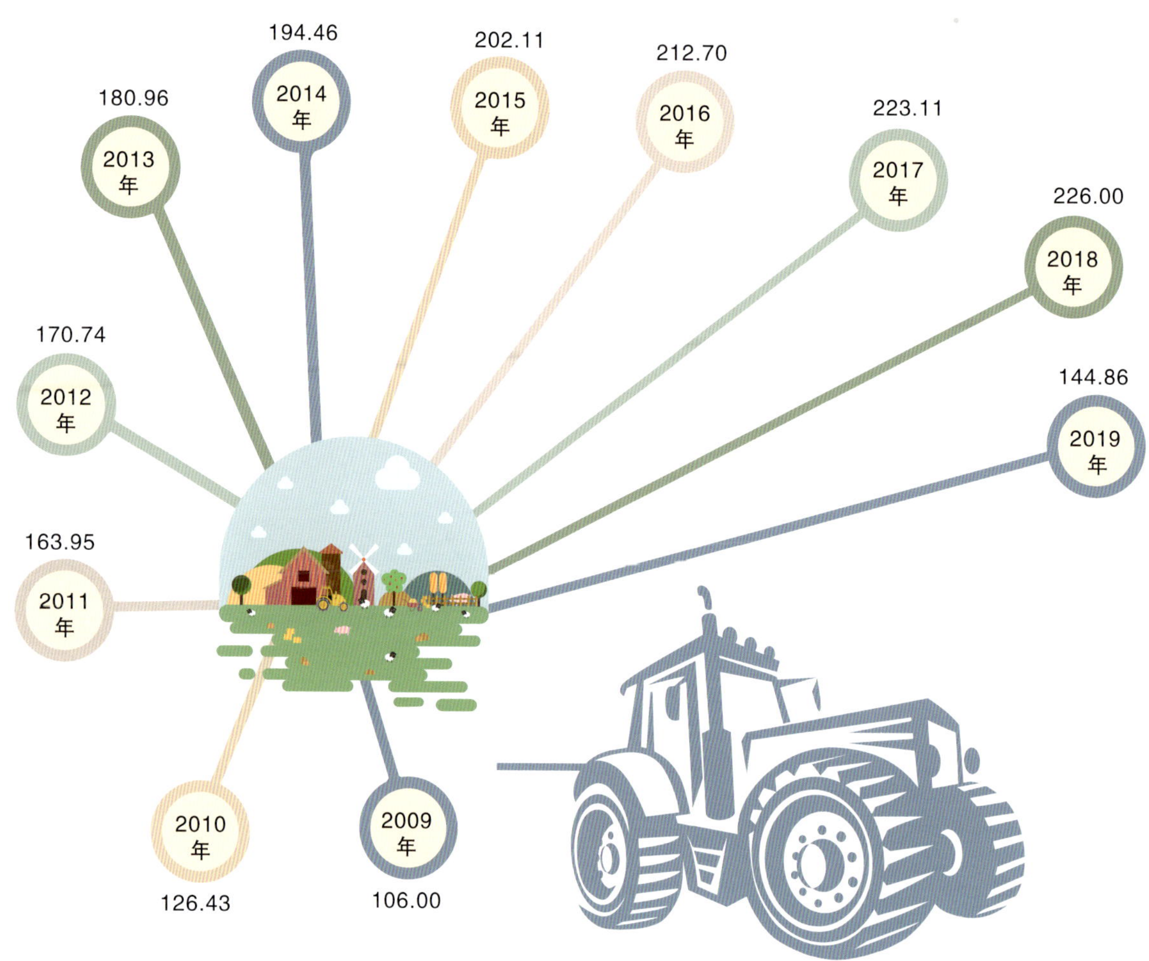

农业机械总动力（万千瓦）Total Power Of Agricultural Machinery (10,000 kW)

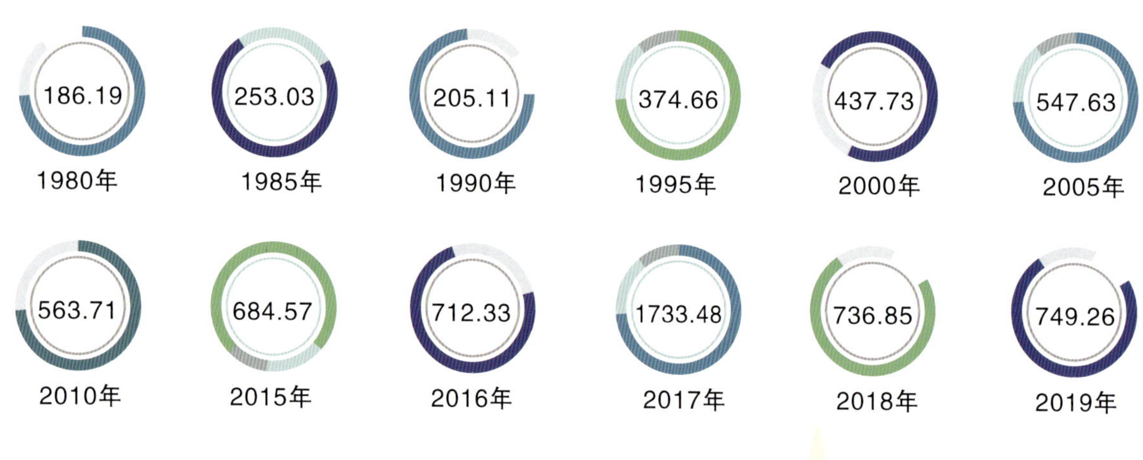

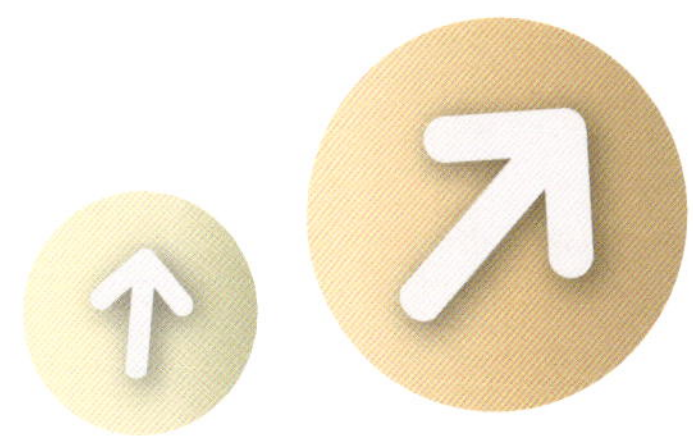

第三产业投资占全部投资比重（%）

The Proportion of Tertiary Industry in Total Fixed Assets Investment（%）

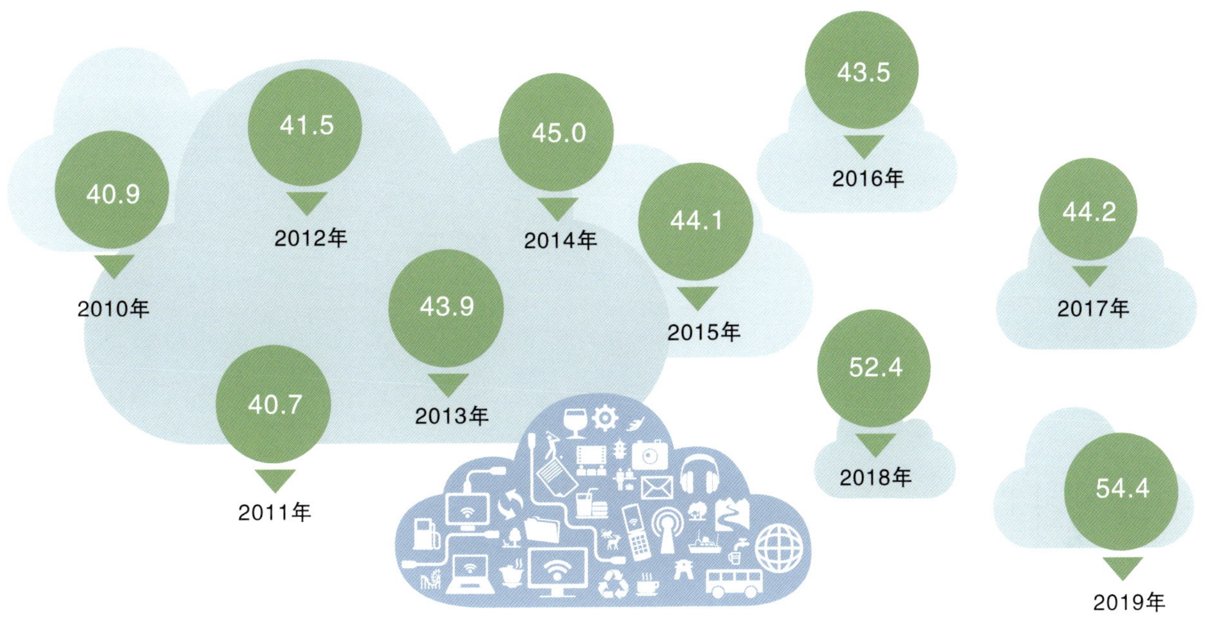

高新技术产业投资占全部投资比重（%）

The Proportion of High-Tech Manufacturing Industries in Total Fixed Assets Investment（%）

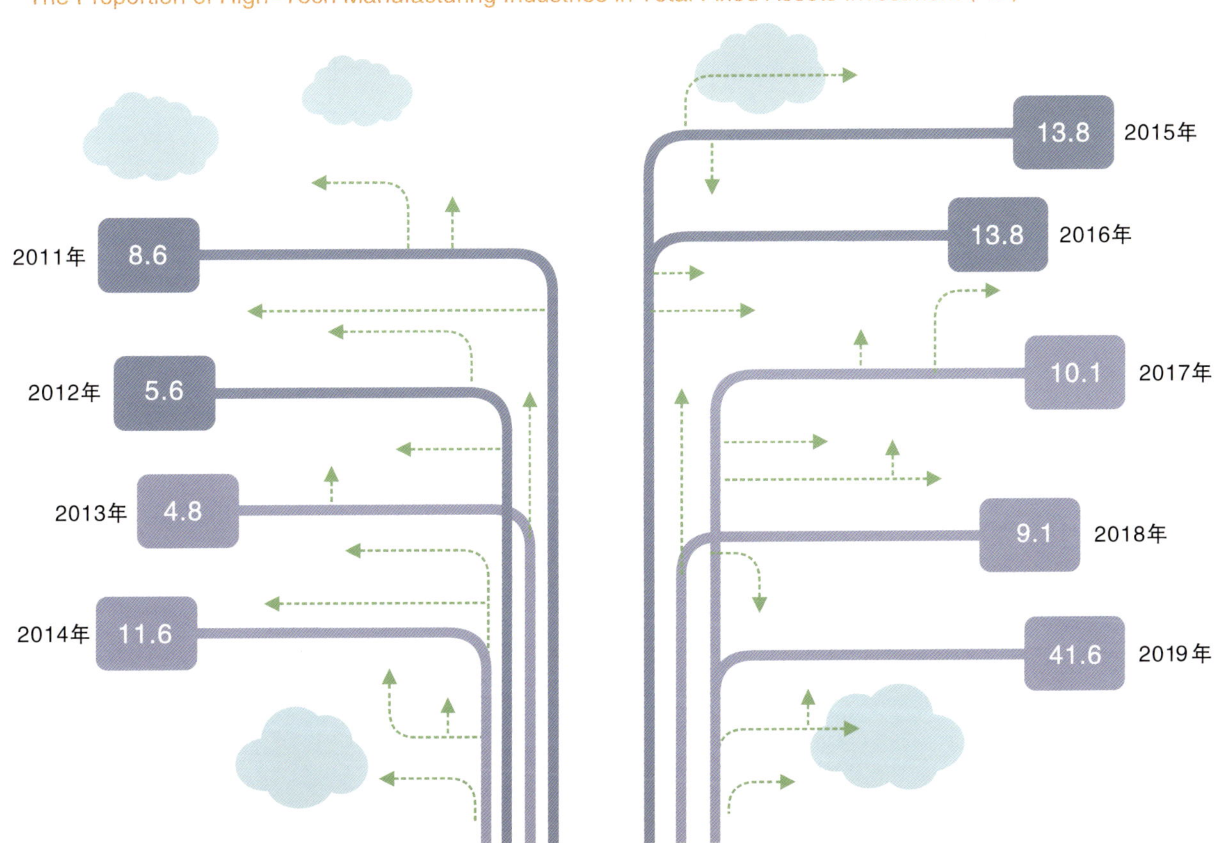

工业技改投资占工业投资比重（%）

The Proportion of Industrial Technical Reformation in Industrial Investment（%）

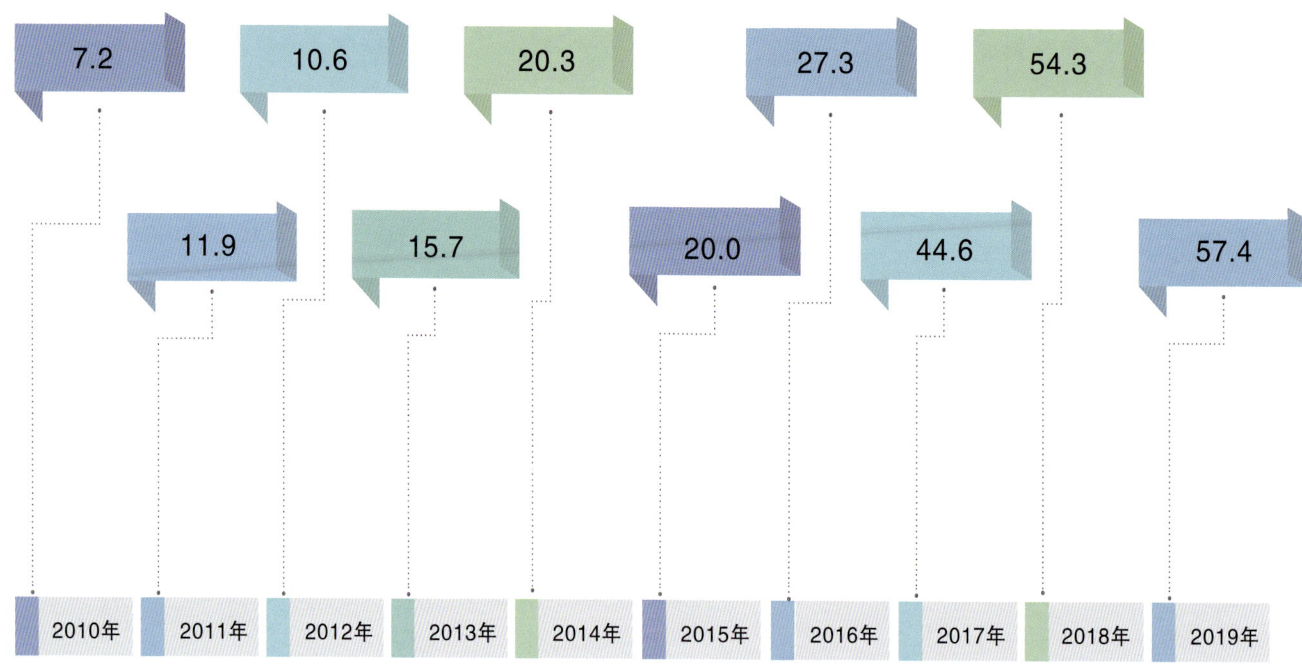

高耗能产业投资占全部投资比重（%）

The Proportion of High Energy-Consuming Industries in Total Fixed Assets Investment（%）

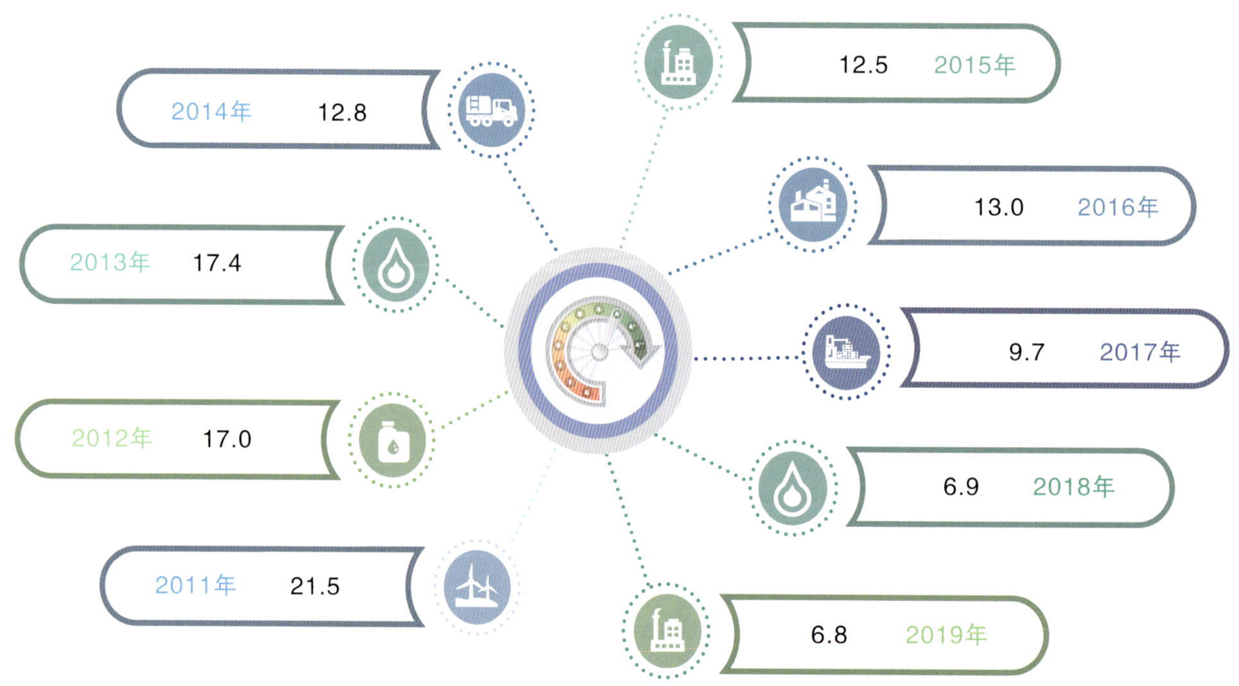

创新驱动

高新技术企业数（个）

Number of High-Tech Enterprises (unit)

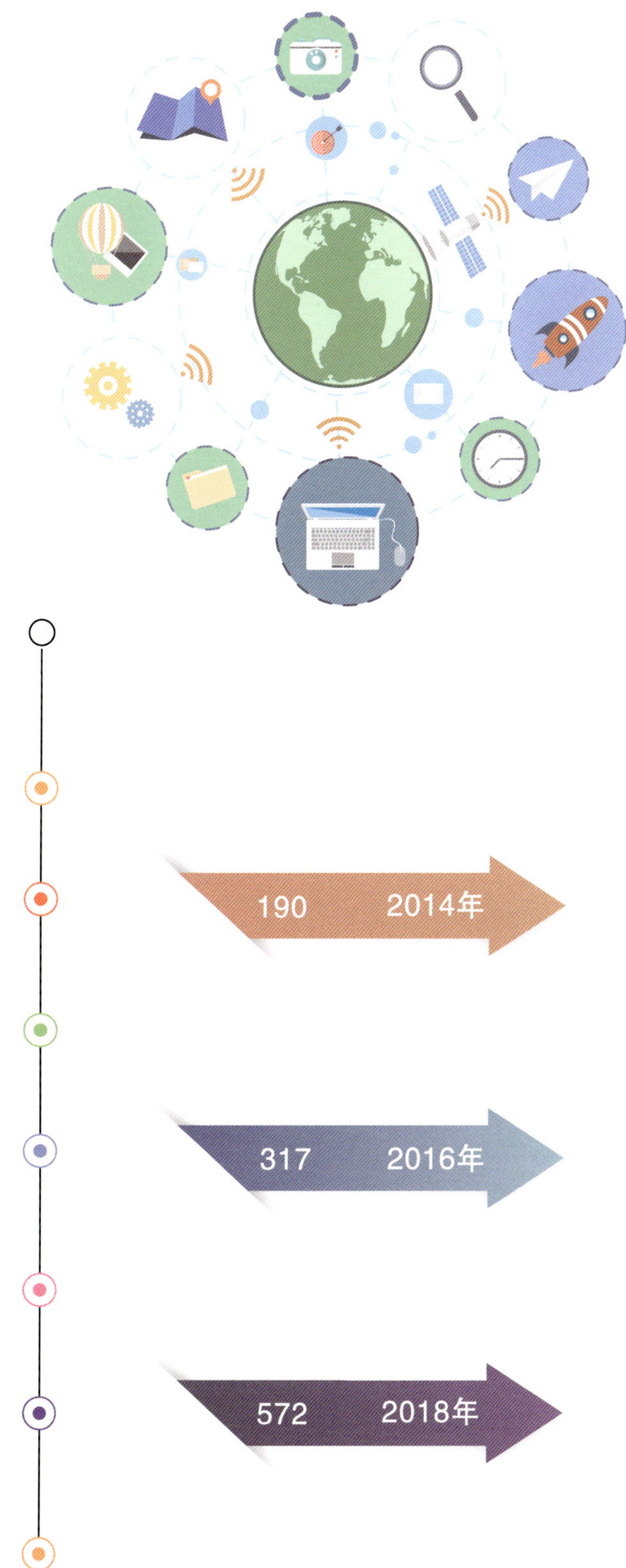

2013年 171

190 2014年

2015年 253

317 2016年

2017年 371

572 2018年

2019年 738

专利申请量（件） Number of Patent Applications（unit）	年份	专利授权量（件） Number of Patent Warrants（unit）
284	1996年	150
333	2000年	201
2205	2005年	779
9927	2010年	4928
14729	2011年	6821
18014	2012年	10000
23472	2013年	10647
14014	2014年	8468
12481	2015年	8599
21511	2016年	11458
18548	2017年	10523
25951	2018年	11247
33655	2019年	12603

年末万人发明专利拥有量（件）

Number of Invention Patents Ownership Per 10,000 People（unit）

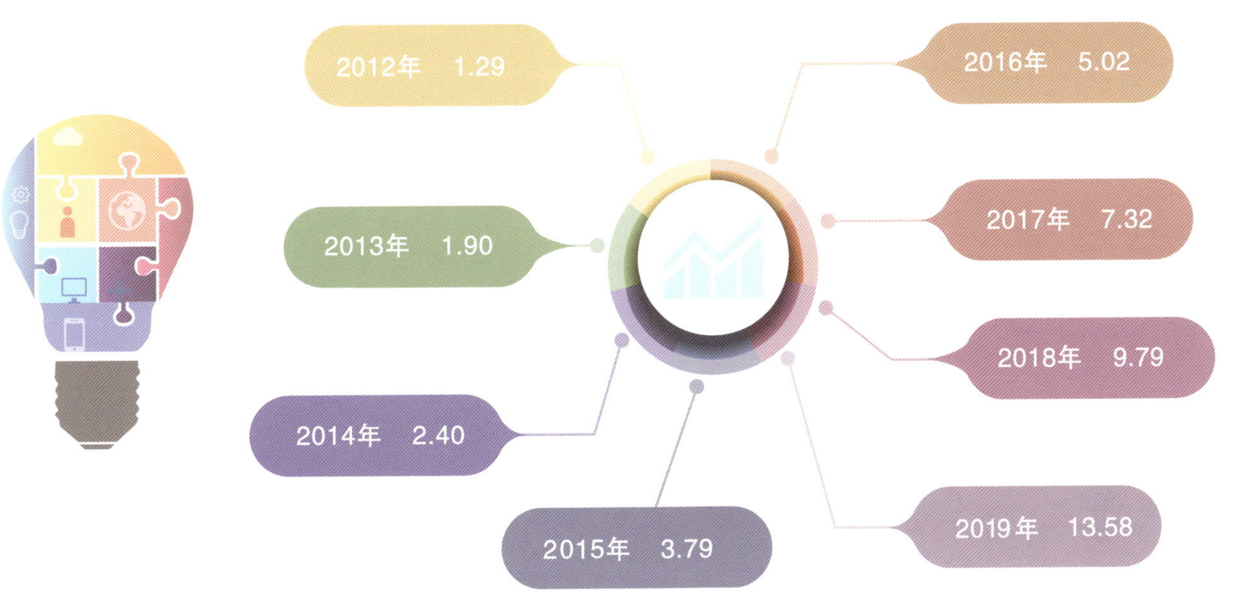

各类专业技术人员数（万人）

Number of Scientific and Technical Personnel（10 thousand person）

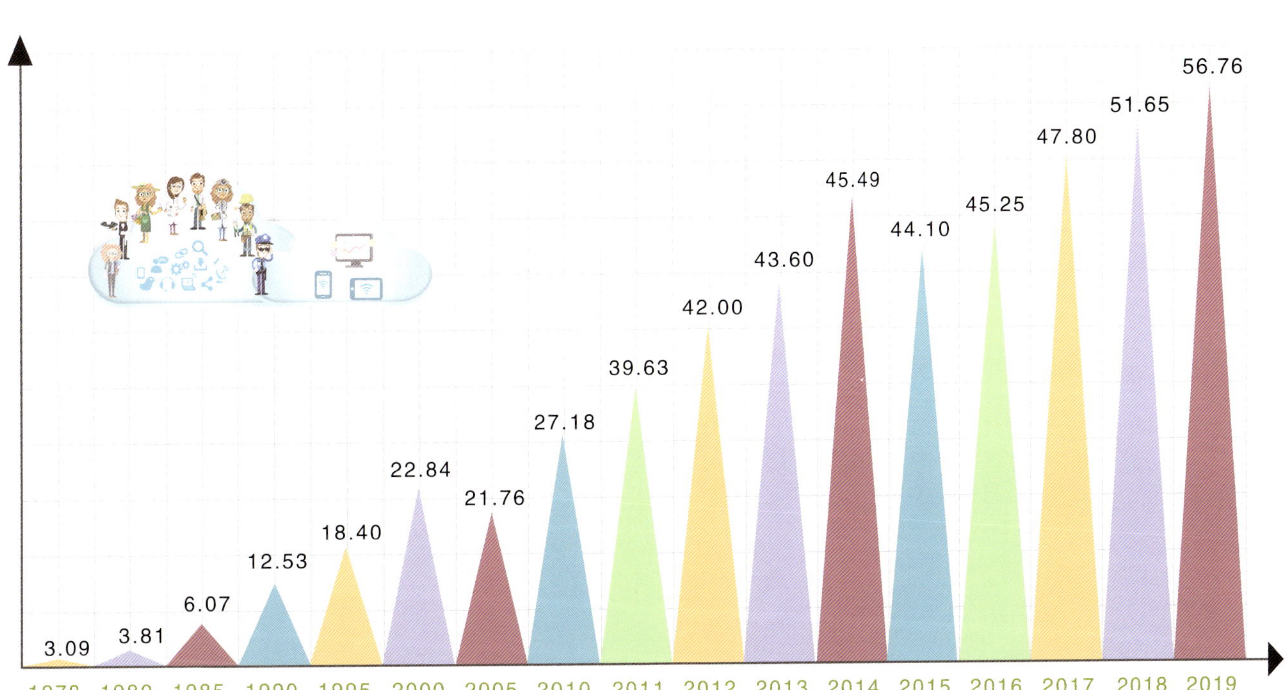

高层次人才数（万人）Number of High-Level Personnel（10 thousand person）

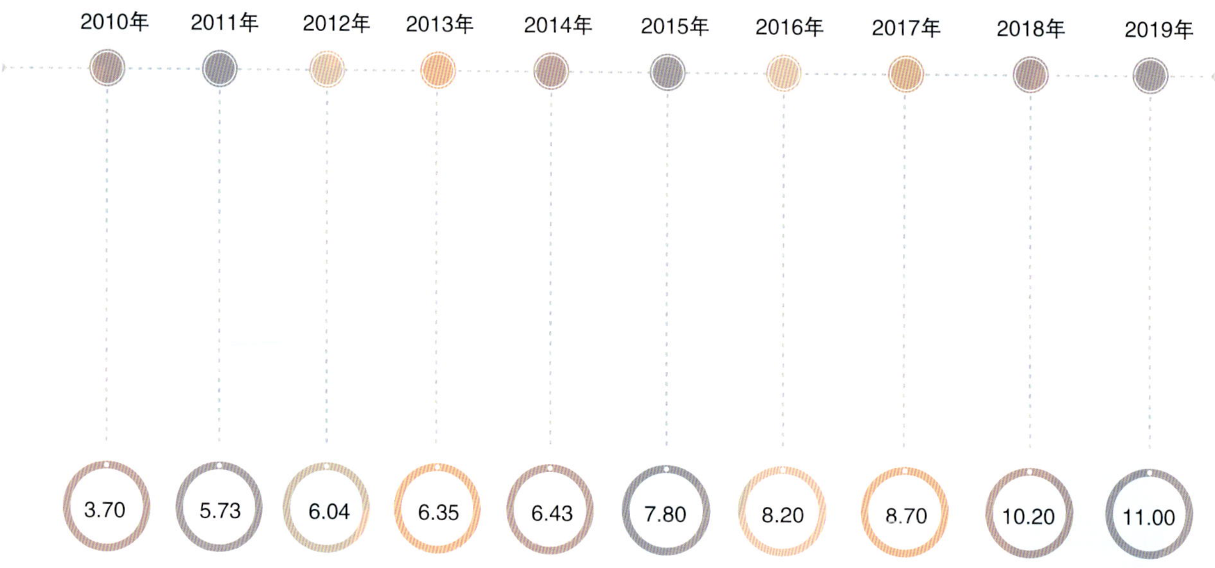

省“双创人才”人数（人）

Number of Personnel in Jiangsu Province High-level Innovation and Entrepreneurship Talent Introduction Plan（person）

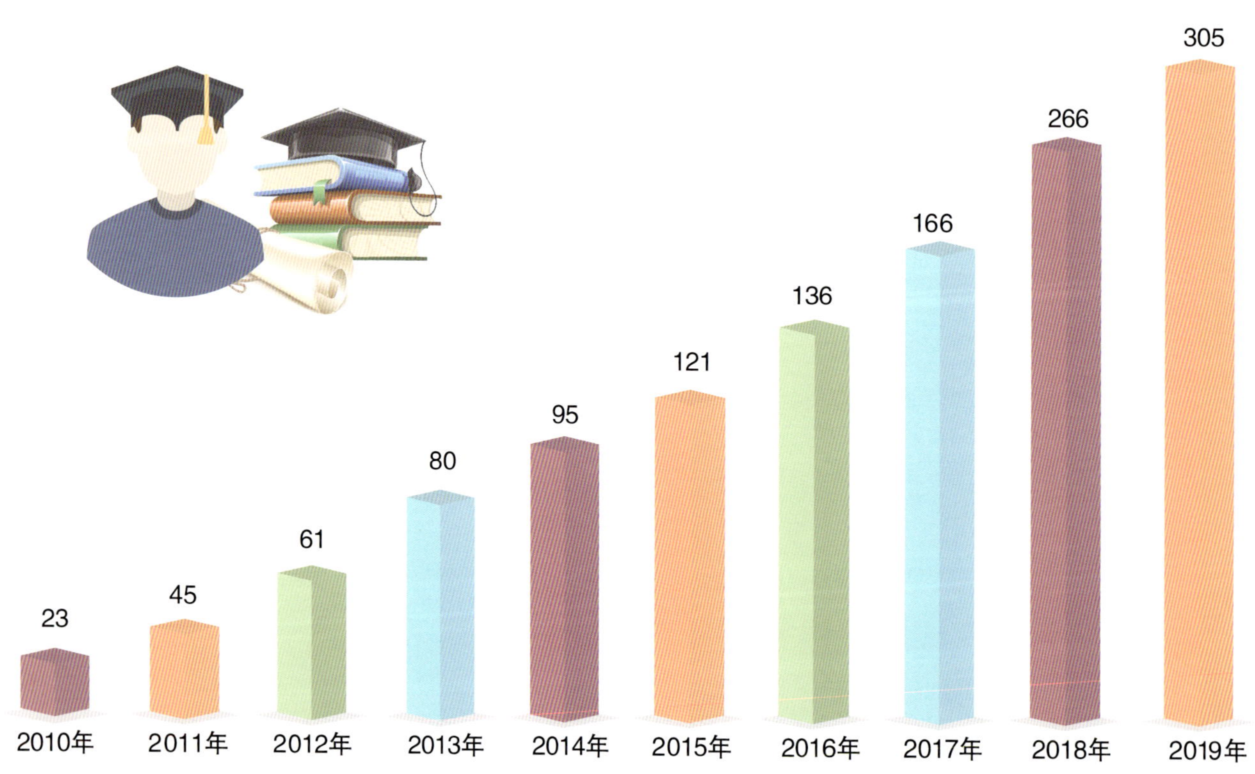

普通高等学校在校学生数（万人）

Number of Student Enrollment in Institutions of Higher Education（10 thousand person）

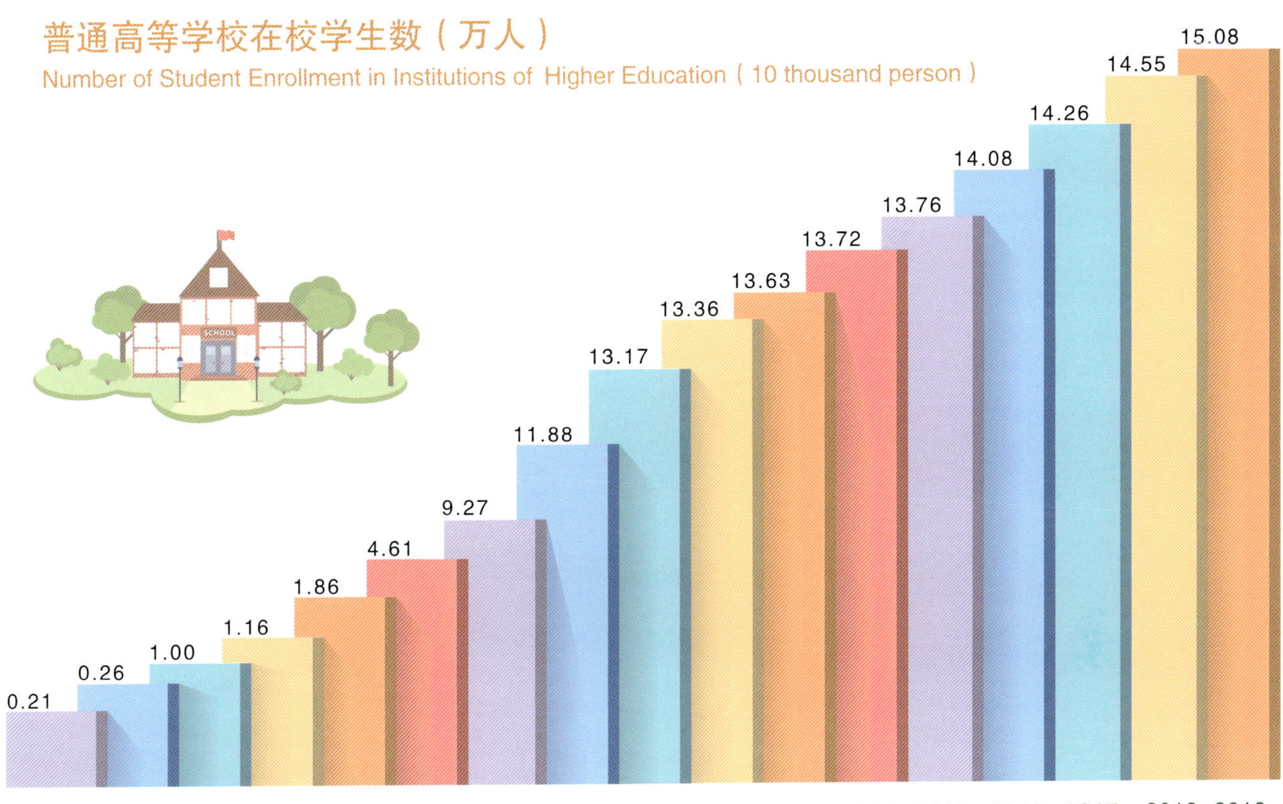

普通中学在校生数（万人）

Number of Student Enrollment in Regular Secondary Schools（10 thousand person）

卫生机构数（个）Number of Health Institutions（unit）

卫生技术人员数（万人）

Number of Medical Technical Personnel（10 thousand person）

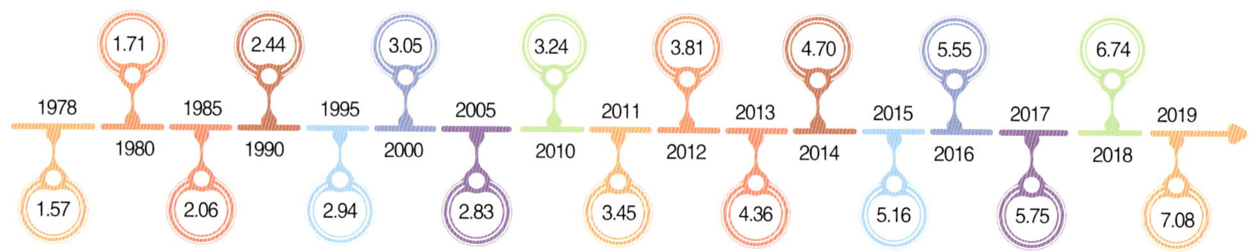

卫生机构床位数（万张）

Number of Beds in Health Institutions（10 thousand unit）

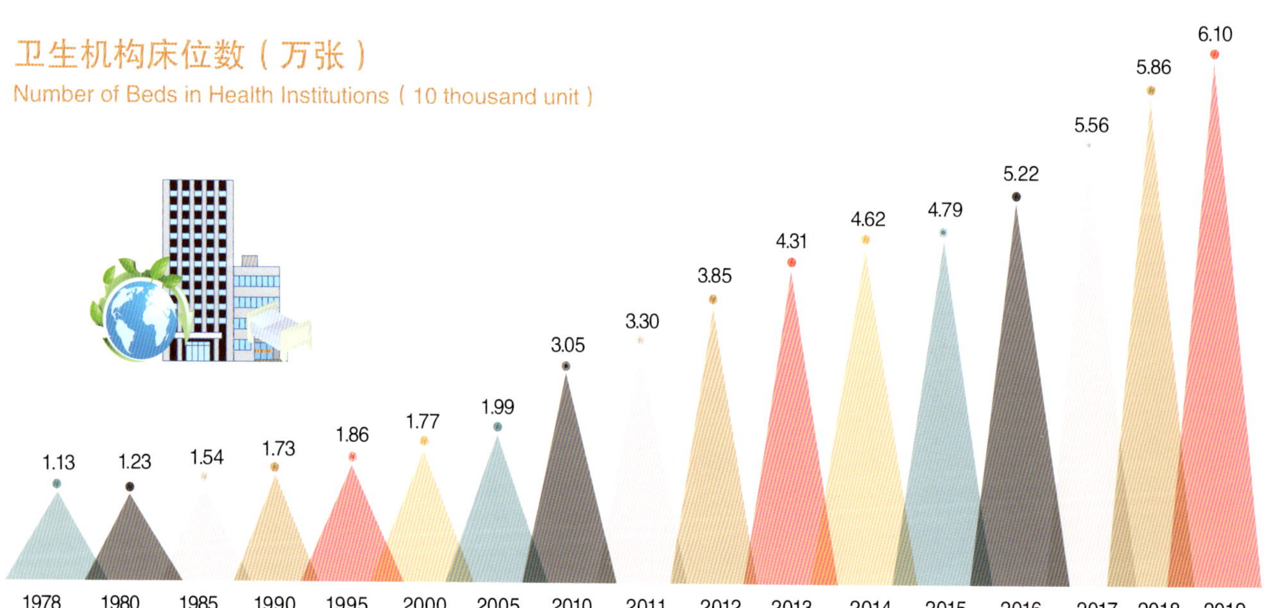

移动电话年末用户数（万户）

Number of Mobile Phone Users at the End of the Year（10 thousand unit）

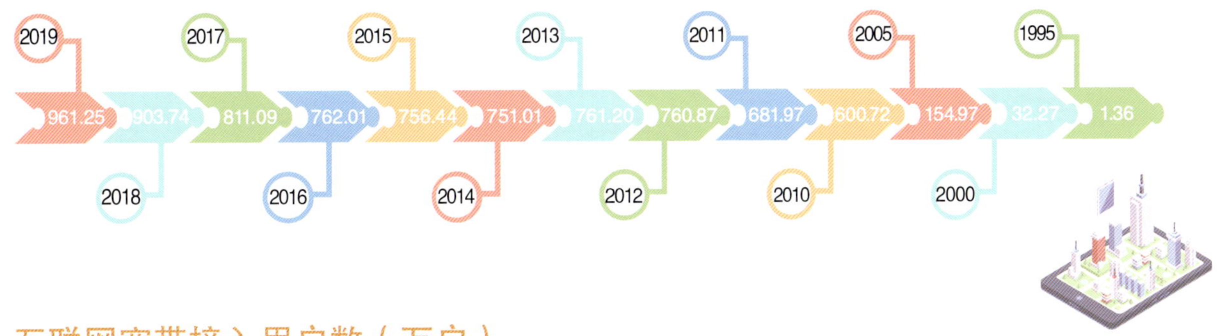

互联网宽带接入用户数（万户）

Number of Broadband Internet Access Users（10 thousand unit）

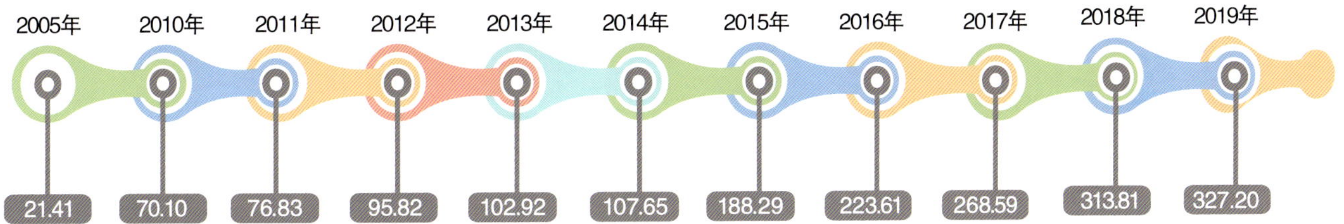

民用航空通航城市数（个）Number of Civil Aviation Cities（unit）

等级公路里程（公里）Length of Classified Highway（km）

1990年
2964.00
1995年
2930.00
2000年
2658.00
2005年
10167.00
2010年
14965.10
2011年
15028.37
2012年
15135.14
2013年
15206.95
2014年
15313.80
2015年
15396.00
2016年
15404.74
2017年
15518.81
2018年
15798.40
2019年
16043.00

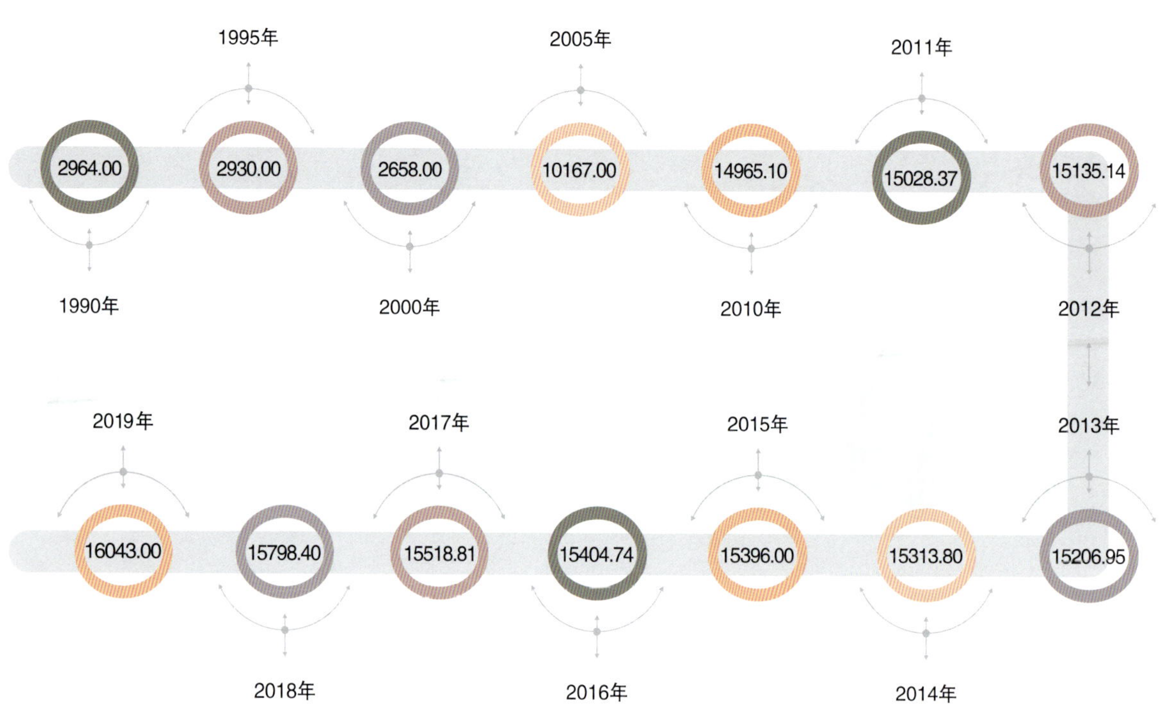

全社会货运量（万吨）

Total Volume of Freight Traffic（10 thousand tons）

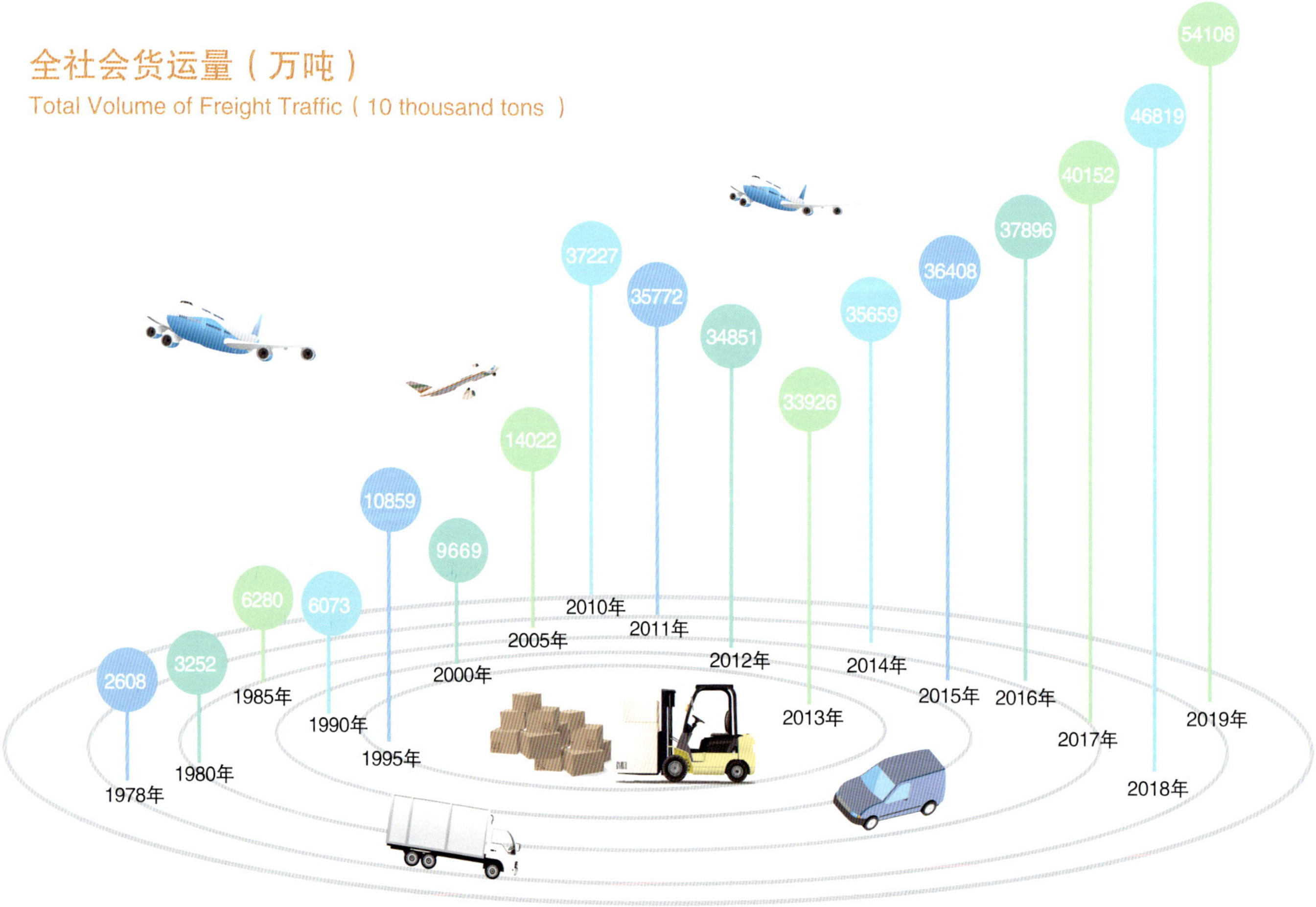

2608
1978年
3252
1980年
6280
1985年
6073
1990年
10859
1995年
9669
2000年
14022
2005年
37227
2010年
35772
2011年
34851
2012年
33926
2013年
35659
2014年
36408
2015年
37896
2016年
40152
2017年
46819
2018年
54108
2019年

城市发展

常住人口城镇化率（%） Proportion of Urban Population（%）

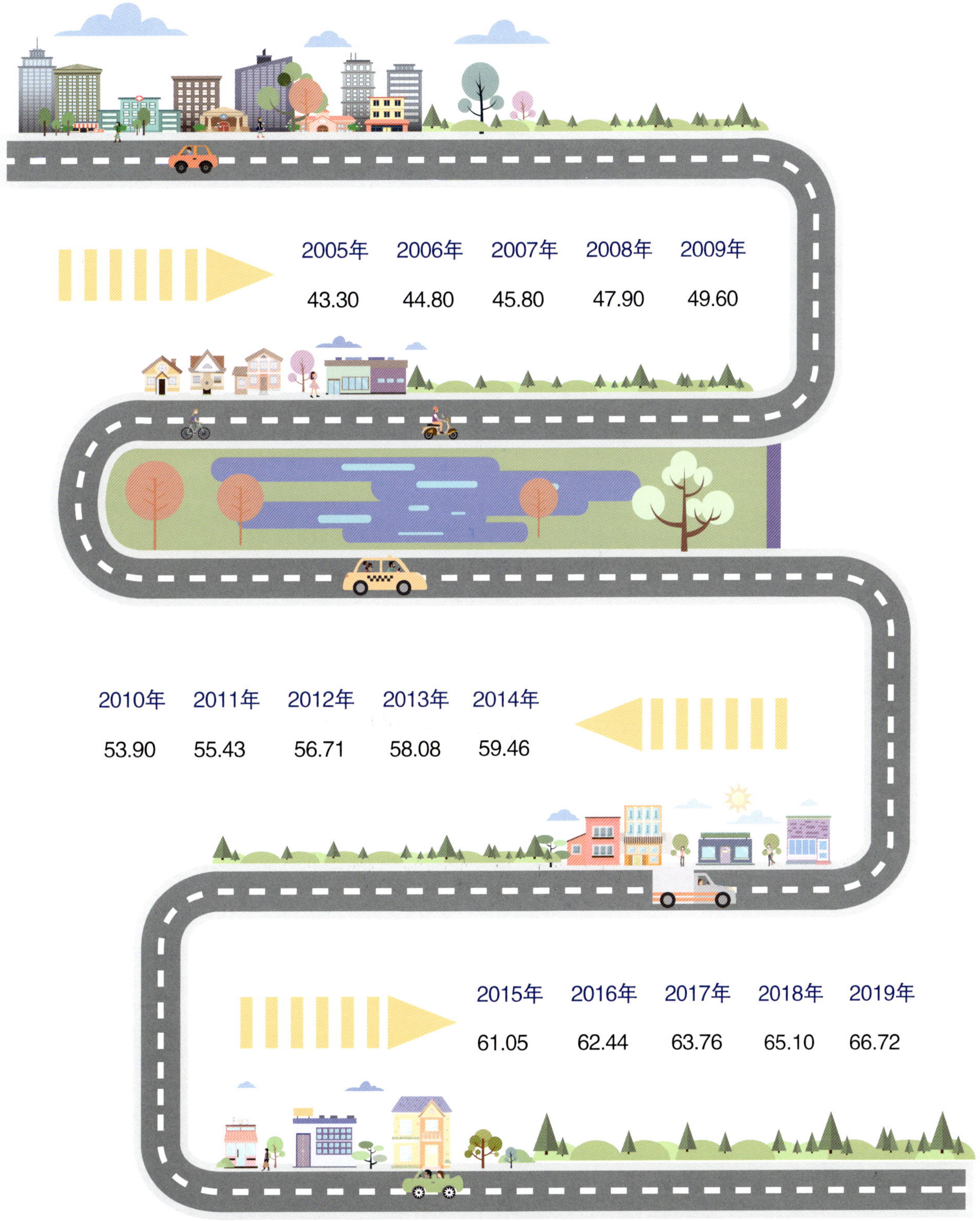

年份	2005年	2006年	2007年	2008年	2009年
比率	43.30	44.80	45.80	47.90	49.60

年份	2010年	2011年	2012年	2013年	2014年
比率	53.90	55.43	56.71	58.08	59.46

年份	2015年	2016年	2017年	2018年	2019年
比率	61.05	62.44	63.76	65.10	66.72

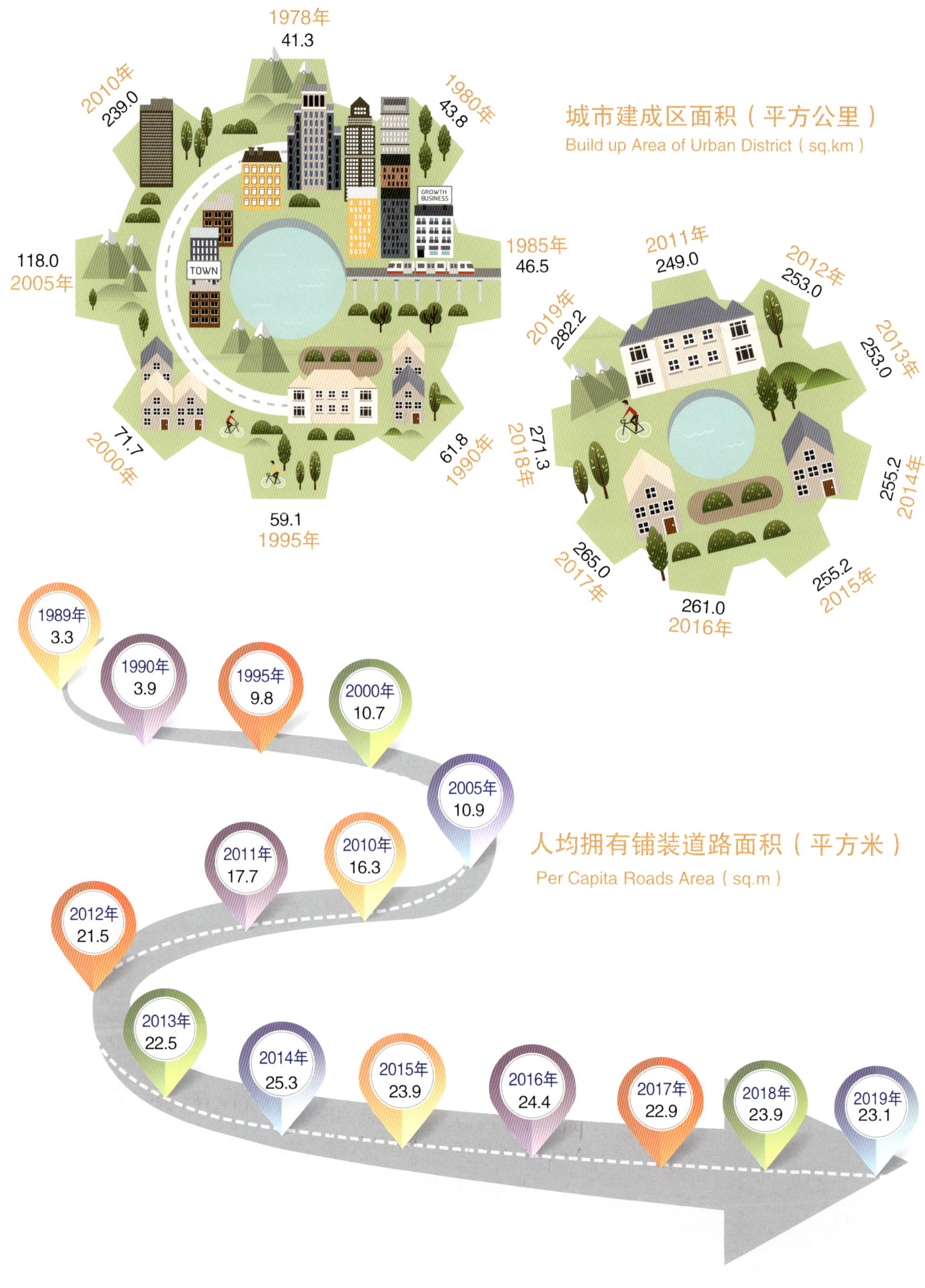
城市建成区面积（平方公里）
Build up Area of Urban District（sq.km）
1978年
41.3
1980年
43.8
1985年
46.5
1990年
61.8
1995年
59.1
2000年
71.7
2005年
118.0
2010年
239.0
TOWN
GROWTH BUSINESS
2011年
249.0
2012年
253.0
2013年
253.0
2014年
255.2
2015年
255.2
2016年
261.0
2017年
265.0
2018年
271.3
2019年
282.2
人均拥有铺装道路面积（平方米）
Per Capita Roads Area（sq.m）
1989年
3.3
1990年
3.9
1995年
9.8
2000年
10.7
2005年
10.9
2010年
16.3
2011年
17.7
2012年
21.5
2013年
22.5
2014年
25.3
2015年
23.9
2016年
24.4
2017年
22.9
2018年
23.9
2019年
23.1

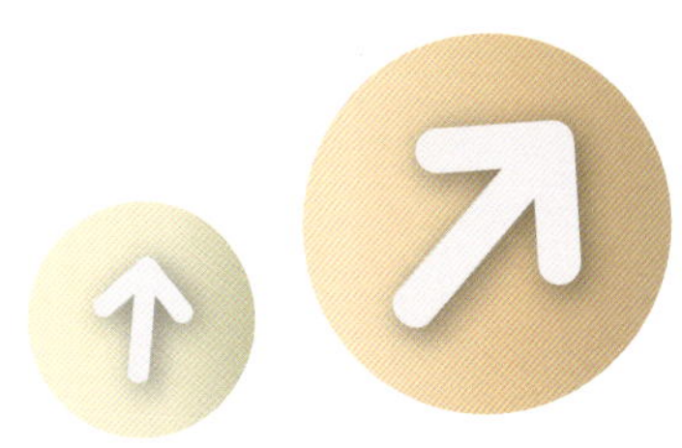

人均公园绿地面积（平方米） Per Capita Park Green Space（sq.m）

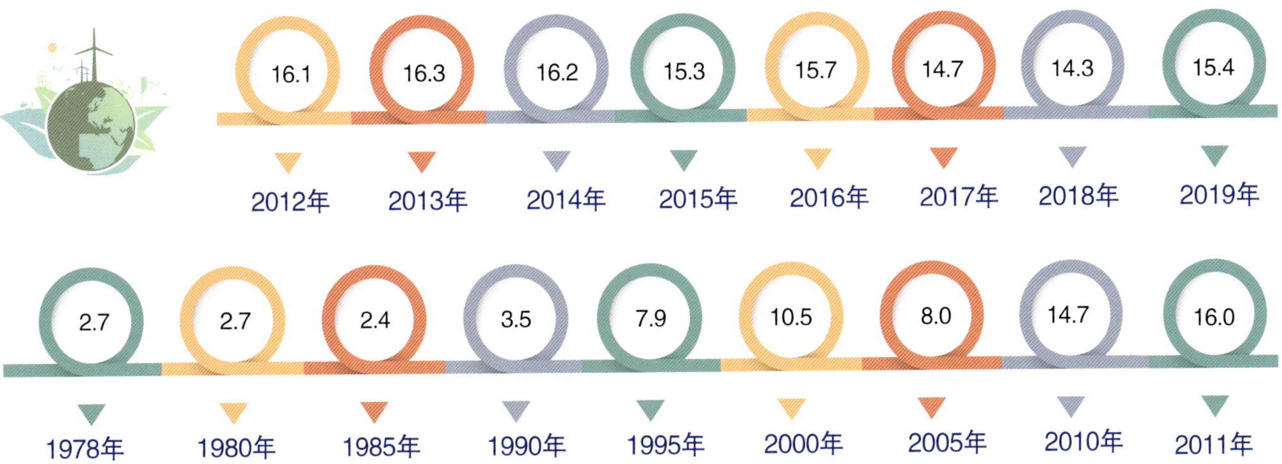

万人公交车拥有量（标台） Number of Urban Buses Per 10,000 people（standard transit bus）

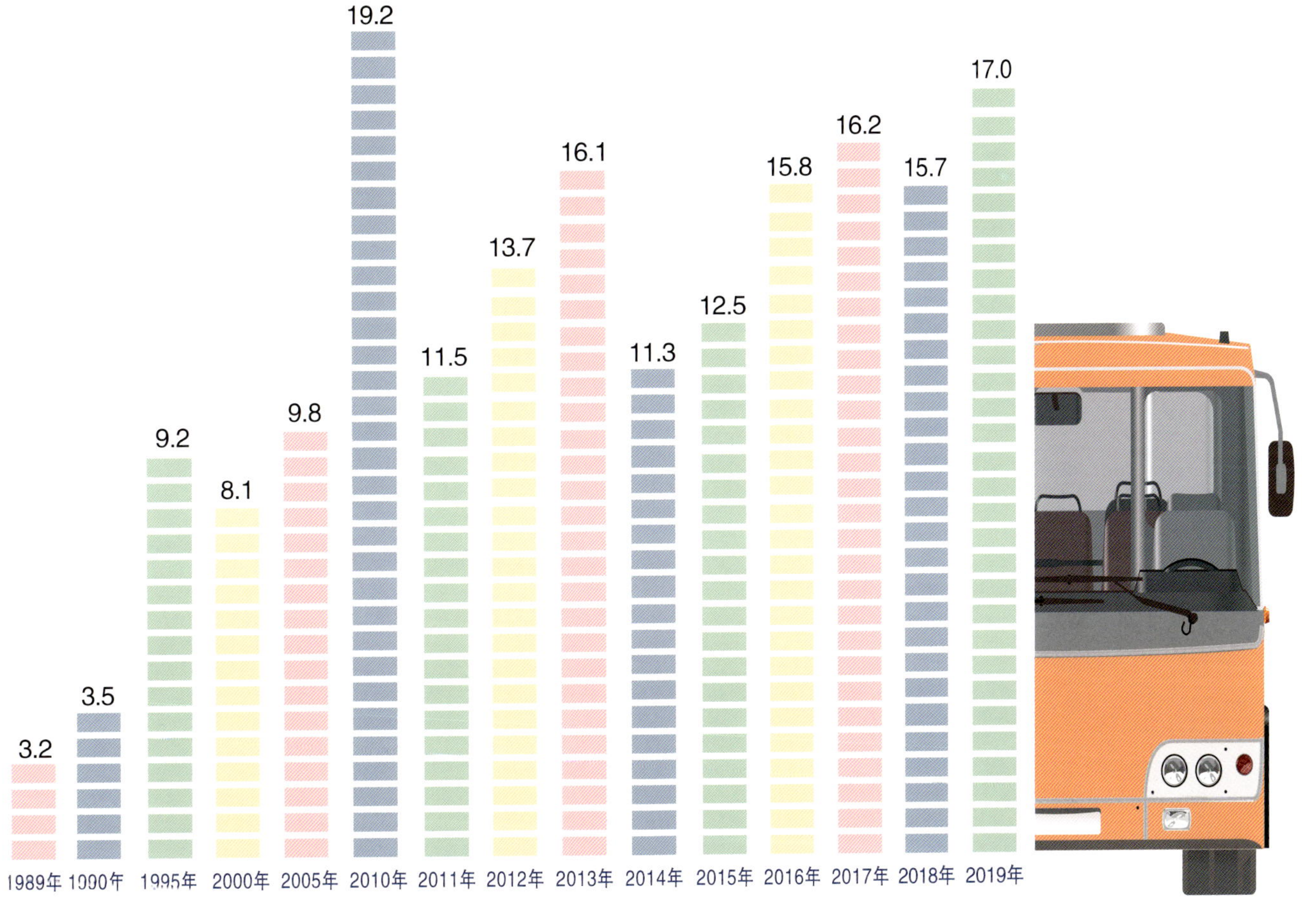

1989年	1990年	1995年	2000年	2005年	2010年	2011年	2012年	2013年	2014年	2015年	2016年	2017年	2018年	2019年
3.2	3.5	9.2	8.1	9.8	19.2	11.5	13.7	16.1	11.3	12.5	15.8	16.2	15.7	17.0

自来水供应总量（亿立方米）Total Water Supply（100 million cu.m）

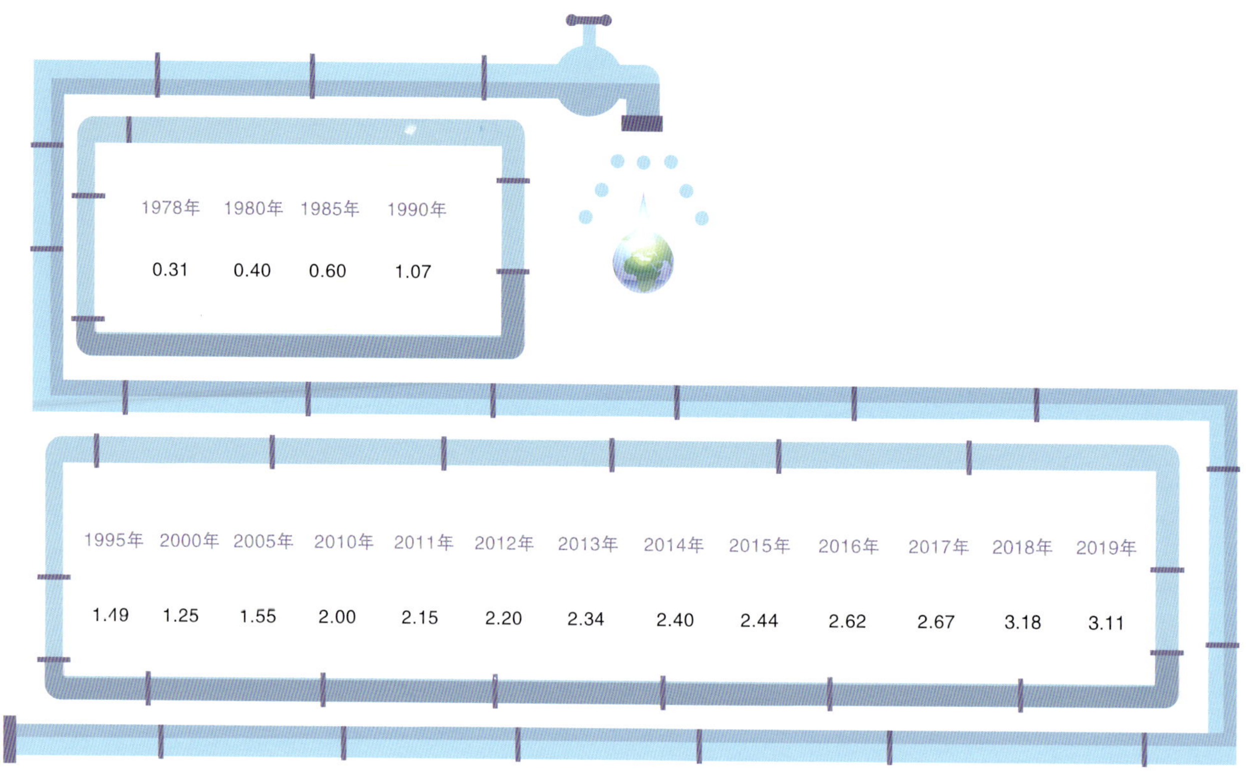

煤气液化气普及率（%）Penetration Rate of Gas and Liquefied Petroleum Gas（%）

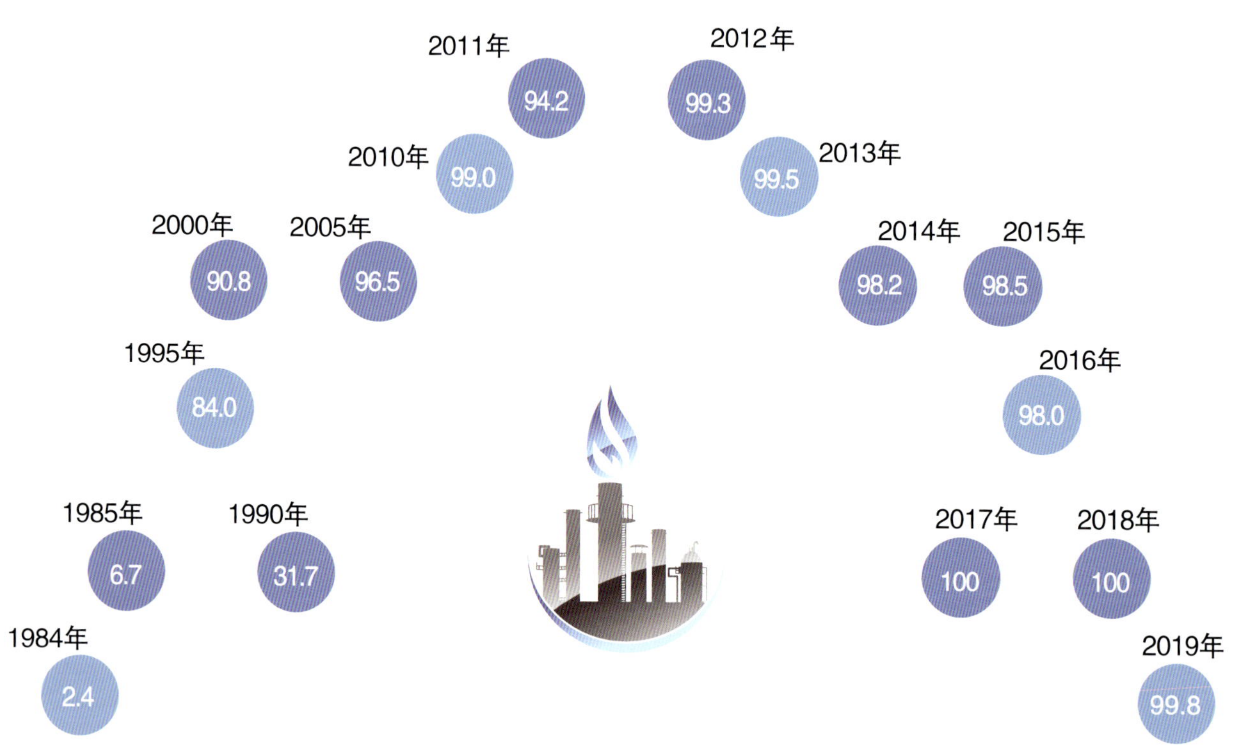

人民生活

城乡居民储蓄存款余额（亿元）
Urban and Rural Residents Savings Deposit Balance (100 million yuan)

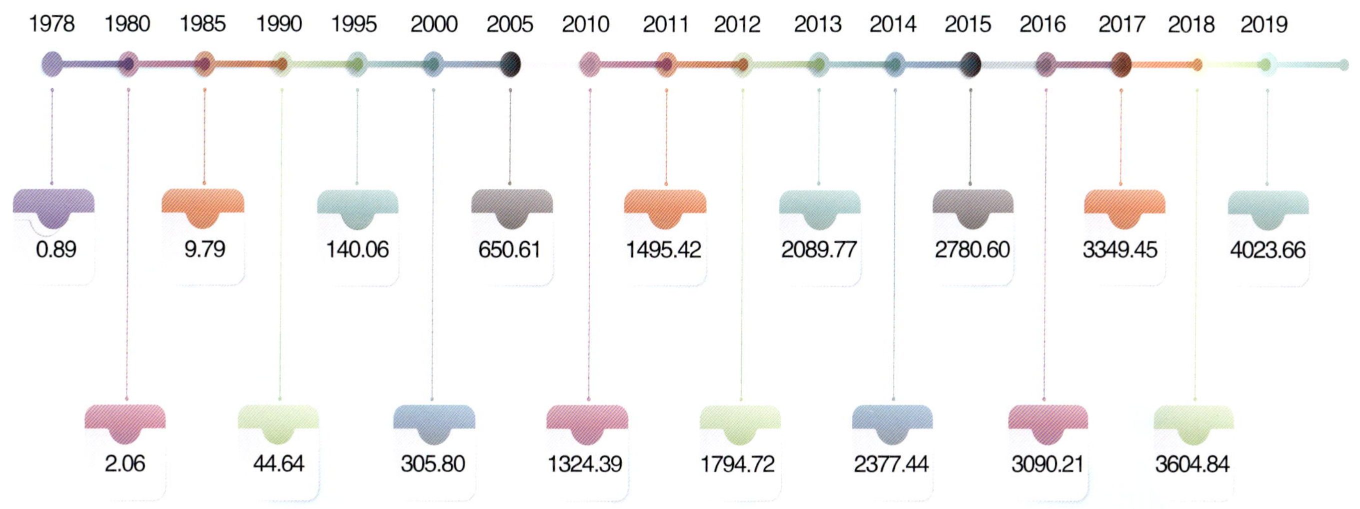

在岗职工平均工资（元）Average Wages of Staff and Workers (yuan)

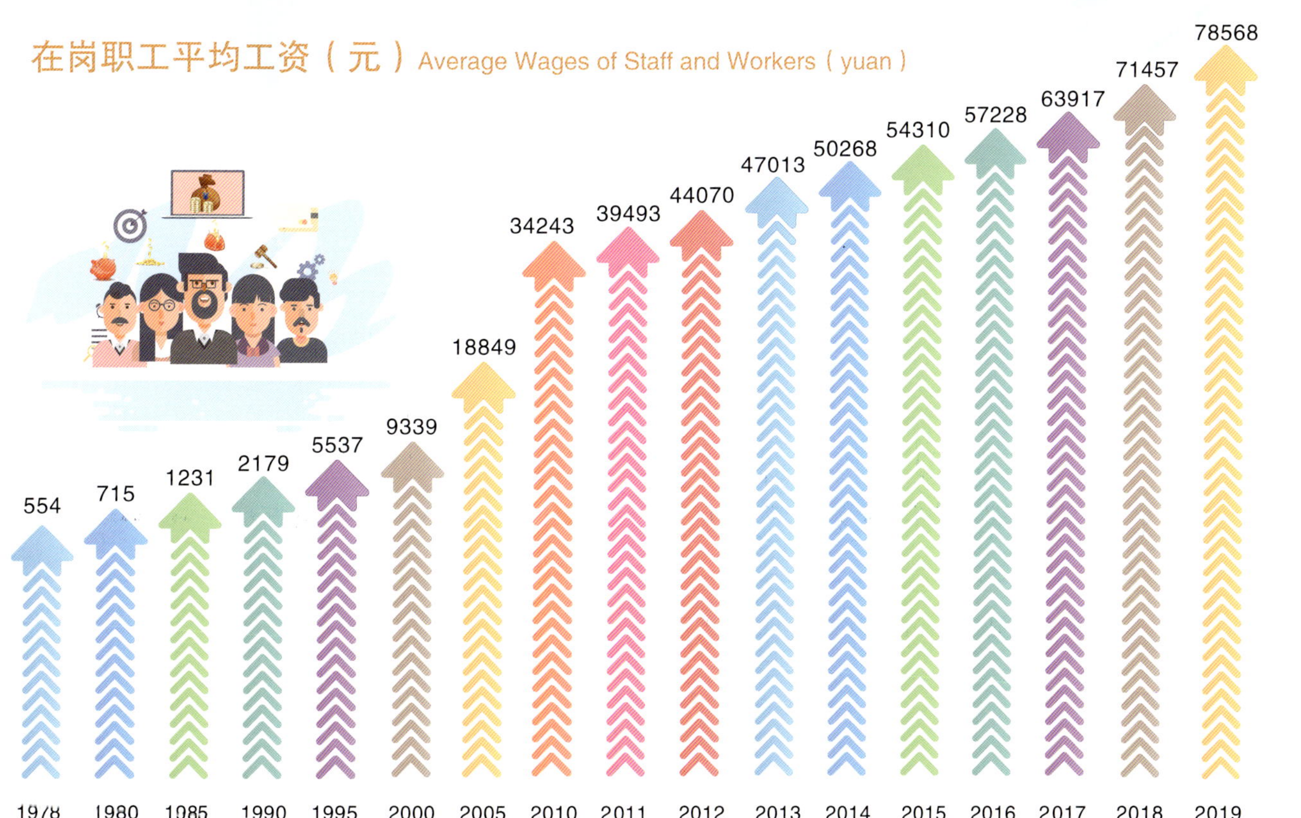

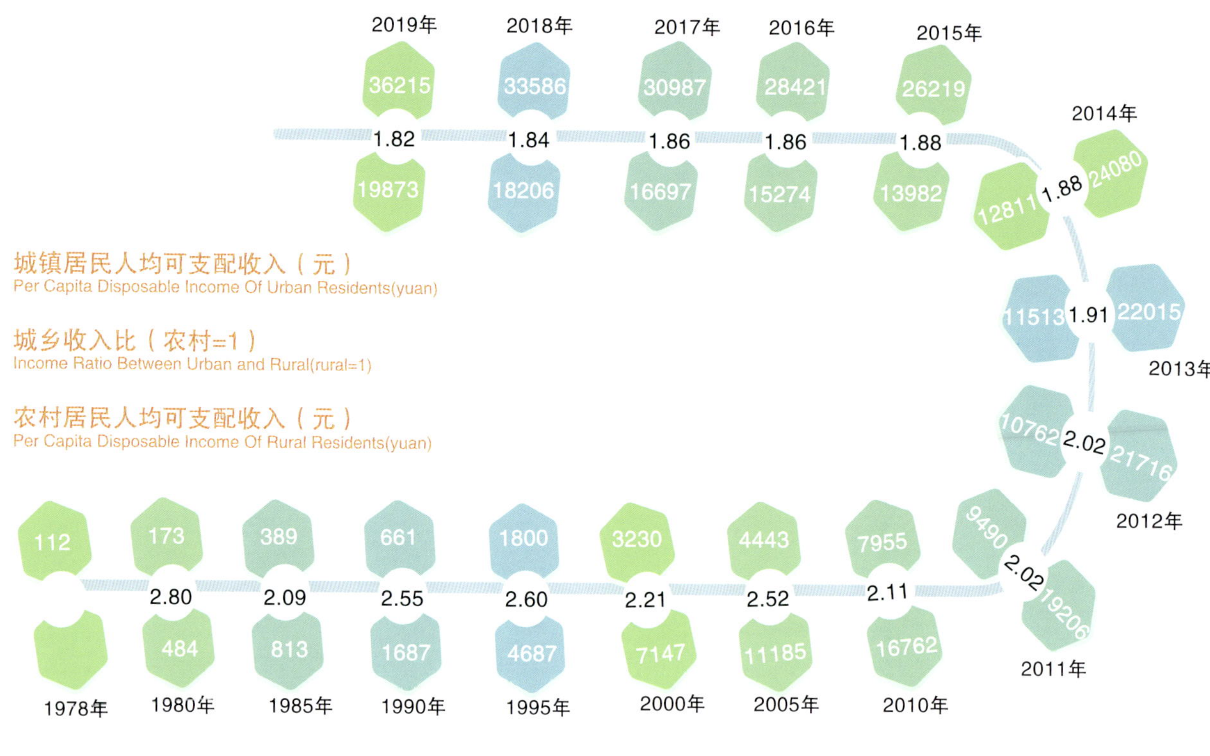

农村居民人均消费性支出（元）
Per Capita Consumption Expenditure Of Rural Residents(yuan)

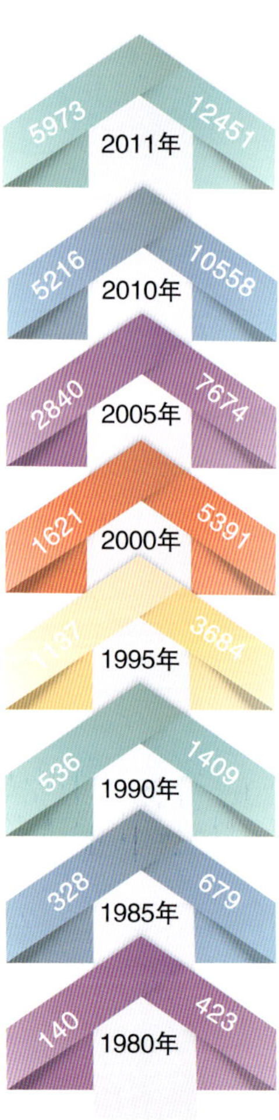

城镇居民人均消费性支出（元）
Per Capita Consumption Expenditure Of Urban Residents(yuan)

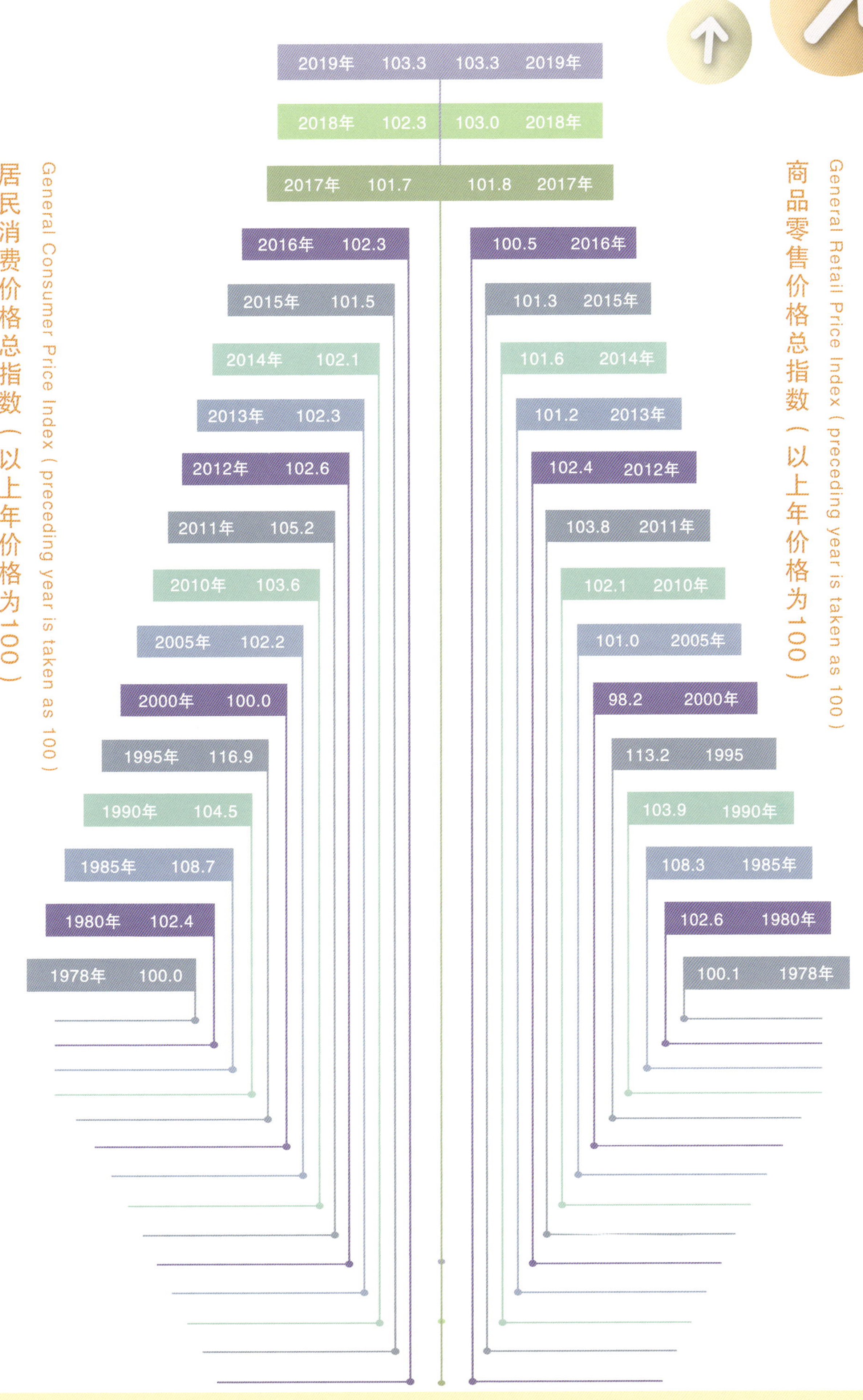
居民消费价格总指数（以上年价格为100）
General Consumer Price Index (preceding year is taken as 100)
商品零售价格总指数（以上年价格为100）
General Retail Price Index (preceding year is taken as 100)
2019年 103.3 103.3 2019年
2018年 102.3 103.0 2018年
2017年 101.7 101.8 2017年
2016年 102.3 100.5 2016年
2015年 101.5 101.3 2015年
2014年 102.1 101.6 2014年
2013年 102.3 101.2 2013年
2012年 102.6 102.4 2012年
2011年 105.2 103.8 2011年
2010年 103.6 102.1 2010年
2005年 102.2 101.0 2005年
2000年 100.0 98.2 2000年
1995年 116.9 113.2 1995
1990年 104.5 103.9 1990年
1985年 108.7 108.3 1985年
1980年 102.4 102.6 1980年
1978年 100.0 100.1 1978年

环境保护

地表水达到或优于III类比例（%）
Proportion of Surface Water Reaching or Exceeding Categories III (%)
2012年 77.4
2013年 71.1
2014年 76.3
2015年 76.3
2016年 75.0
2017年 66.7
2018年 83.3
2019年 83.3
城镇污水达标处理率（%）
Treatment Rate of Urban Sewage（%）
2012年 66.3
2013年 71.7
2014年 76.7
2015年 79.2
2016年 87.6
2017年 86.8
2018年 86.9
2019年 95.2
生活垃圾无害化处理率（%）
Harmless Treatment Rate of Household Garbage (%)
2013年 59.8
2014年 69.1
2015年 85.7
2016年 92.0
2017年 95.5
2018年 100
2019年 100
一般工业固体废物综合利用率（%）
Comprehensive Utilization Rate of General Industrial Solid Waste (%)
2012年 93.2
2013年 99.2
2014年 100.0
2015年 99.4
2016年 95.6
2017年 99.5
2018年 99.5
2019年 99.6

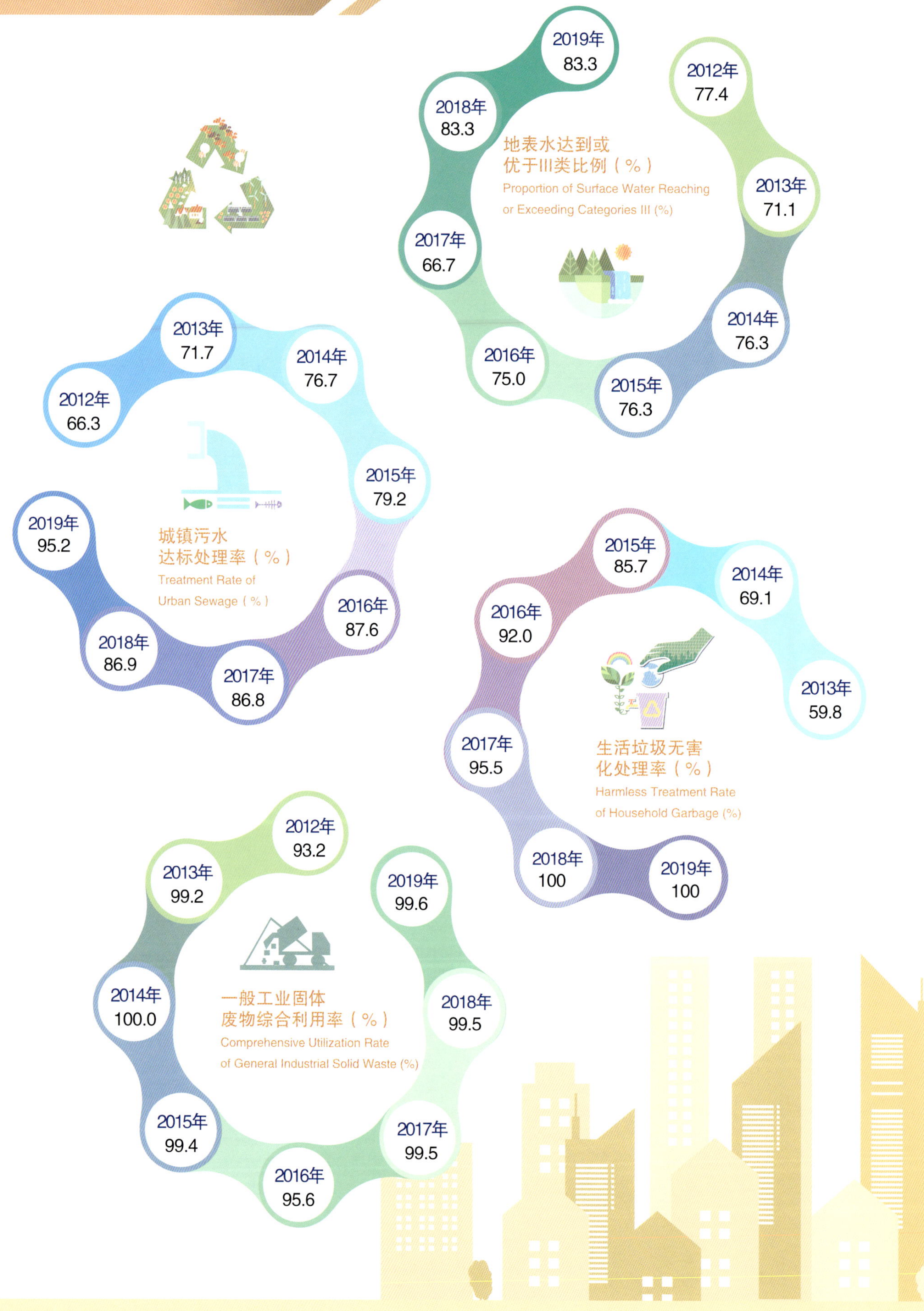

一、综合

GENERAL SURVEY

版面负责人：卢川川　徐　辉

编　　　辑：陈　蓉　王玉成

中华人民共和国统计法实施条例

中华人民共和国国务院令

第681号

《中华人民共和国统计法实施条例》已经2017年4月12日国务院第168次常务会议通过，现予公布，自2017年8月1日起施行。

总理　李克强

2017年5月28日

中华人民共和国统计法实施条例

第一章　总　　则

第一条　根据《中华人民共和国统计法》（以下简称统计法），制定本条例。

第二条　统计资料能够通过行政记录取得的，不得组织实施调查。通过抽样调查、重点调查能够满足统计需要的，不得组织实施全面调查。

第三条　县级以上人民政府统计机构和有关部门应当加强统计规律研究，健全新兴产业等统计，完善经济、社会、科技、资源和环境统计，推进互联网、大数据、云计算等现代信息技术在统计工作中的应用，满足经济社会发展需要。

第四条　地方人民政府、县级以上人民政府统计机构和有关部门应当根据国家有关规定，明确本单位防范和惩治统计造假、弄虚作假的责任主体，严格执行统计法和本条例的规定。

地方人民政府、县级以上人民政府统计机构和有关部门及其负责人应当保障统计活动依法进行，不得侵犯统计机构、统计人员独立行使统计调查、统计报告、统计监督职权，不得非法干预统计调查对象提供统计资料，不得统计造假、弄虚作假。

统计调查对象应当依照统计法和国家有关规定，真实、准确、完整、及时地提供统计资料，拒绝、抵制弄虚作假等违法行为。

第五条　县级以上人民政府统计机构和有关部门不得组织实施营利性统计调查。

国家有计划地推进县级以上人民政府统计机构和有关部门通过向社会购买服务组织实施统计调查和资料开发。

徐州自然概貌

位　置

徐州市位于江苏省的西北部，东经116° 22′~118° 40′ 、北纬33° 43′~ 34° 58′ 之间，东西长约210公里，南北宽约140公里，土地总面积11765平方公里。地处苏、鲁、豫、皖四省交界，为东部沿海与中部地带、上海经济区与环渤海经济圈的结合部。“东襟淮海，西接中原，南屏江淮，北扼齐鲁”，素有“五省通衢”之称。京沪、陇海两大铁路在此交汇，京杭大运河傍城而过贯穿徐州南北，公路四通八达，北通京津，南达沪宁，西接兰新，东抵海滨，为全国重要水陆交通枢纽和东西、南北经济联系的重要“十字路口”。

地　貌

徐州市地貌，根据成因和区域特征自西向东大致可分为丰、沛黄泛冲积平原，铜、邳、睢低山剥蚀平原，沂、沭河洪冲积平原三个地貌区。地形由平原和山丘岗地两部分组成，以平原为主，约占全市总面积的90%，属黄淮平原一部分，地势低平，海拔高度在20~50米之间，大致由西北向东南降低，系黄河、淮河的支流长期合力冲积所成。丘陵岗地约占10%，为鲁中南低山丘陵向南延续部分，海拔高度大都在100~300米之间，多属顶平坡缓的侵蚀残丘。

水　系

徐州市位于淮河流域，分属三个水系：故黄河水系、沂沭泗水系、濉安河水系。故黄河是历史上的黄河故道，自成独立水系，是沂沭泗水系和濉安河水系的分水岭，徐州境内长196km，流域面积885km^2。故黄河以北为沂沭泗水系，境内面积8479km^2，流域内主要骨干河道有沂河、沭河、中运河及邳苍分洪道，并有南四湖及骆马湖两座湖泊调蓄洪水。故黄河以南为濉安河水系，境内面积2020km^2，分为安河和濉河，均直接排入洪泽湖。主要支流有龙河、潼河、徐沙河、闸河、奎河、灌沟河、琅河、阎河、看溪河、运料河等。徐州境内有两座湖泊、五座中型水库及六十九座小型水库。各水系河网密布，河、湖、库相互沟通，已初步形成具有防洪、除涝、供水、灌溉、降渍等功能的水利工程体系。

气　候

徐州市位居中纬度地区，属暖温带季风气候区，既受东南季风影响，又受西北季风控制，资源丰富，光、热、水配合较好，有利于农作物的生长，气候资源的地区差异较大，有利于农林牧渔的综合发展。其主要气候特点有：气候温和，四季分明，光照充足，雨量适中；四季之中，冬、夏季长，春、秋季短，春季天气多变，夏季高温多雨，秋季天高气爽，冬季寒潮频袭；以中运河为界，东部属暖温带湿润季风区，西部属暖温带半湿润季风区；主要气象灾害有旱、涝、风、霜冻、冰雹等；全年太阳辐射总量约119.4千卡/平方厘米，平均日照时数2100小时左右，平均降水量900毫米左右，无霜期200~230天。

土　壤

徐州市土壤，根据成土条件、过程、土体结构和性质的差异，主要分为棕土、褐土、紫色土、潮土、砂姜黑土、水稻土六大类。其中棕土、褐土为暖温带湿润、半湿润气候和落叶植被环境下的地带性土壤，面积分别为33.9千公顷和77.5千公顷；潮土类为本区冲积平原的主要土类，面积约为649.9千公顷，占全市土壤总面积的79.5%。此外在一些湖荡洼地中还有少量的沼泽土类。

矿　产

徐州市矿产资源具备类型全、矿种多、分布集中等特点。在拥有的矿产资源中，钛矿、制碱用灰岩、镁矿和含钾砂页岩等在全省是属独一无二的矿产，煤炭、玻璃用石英（砂）岩和石膏等在全省属于优势矿产。截至2019年底，我市已发现的矿产共计54种（含亚种），包含已查明资源储量的矿产39种和已发现但尚未查明资源储量的矿产15种。其中，主要矿产保有资源储量煤炭28.85亿吨、铁4621.72万吨、盐矿7.64亿吨、水泥用灰岩6.25亿吨和石膏25.69亿吨。

1-1 行政区划、土地面积与人口密度

（2019年底） 单位：个

地 区	镇	办事处	村民委员会	居民委员会	土地面积（平方公里）	人口密度（常住）（人/平方公里）
全市合计	**97**	**68**	**2026**	**709**	**11764.90**	**750**
市 区	23	50	444	357	3062.52	1096
鼓楼区		7		70	66.23	5981
云龙区		8		78	119.72	3813
贾汪区	5	5	96	38	612.05	704
泉山区		14		121	99.97	7186
铜山区	17	11	316	25	1871.19	564
开发区	1	5	32	25	293.36	1024
县（市）	74	18	353	1582	8702.38	628
丰 县	12	3	29	343	1450.28	657
沛 县	13	4	122	267	1805.77	621
睢宁县	15	3	132	268	1769.34	584
新沂市	13	4	30	254	1592.30	575
邳州市	21	4	40	450	2084.69	693

注：本表行政区划来源于市民政局、土地面积数据来源于市自然资源和规划局。

1-2　各行政区划街道办事处（镇）名称

（2019年底）

地　区	街道办事处或镇数（个）	街道办事处或镇名称
鼓楼区	7	丰财街道、环城街道、黄楼街道、牌楼街道、琵琶街道、铜沛街道、九里街道
云龙区	8	彭城街道、子房街道、黄山街道、骆驼山街道、大郭庄街道、翠屏山街道、潘塘街道、大龙湖街道
贾汪区	10	大泉街道、老矿街道、大吴街道、潘安湖街道、茱萸山街道、青山泉镇、紫庄镇、塔山镇、汴塘镇、江庄镇
泉山区	14	王陵街道、永安街道、湖滨街道、段庄街道、翟山街道、奎山街道、和平街道、泰山街道、金山街道、七里沟街道、火花街道、苏山街道、桃园街道、庞庄街道
铜山区	28	利国街道、张集街道、垞城街道、电厂街道、张双楼街道、三河尖街道、拾屯街道、铜山街道、三堡街道、新区街道、沿湖街道、何桥镇、黄集镇、马坡镇、郑集镇、柳新镇、刘集镇、大彭镇、汉王镇、棠张镇、张集镇、房村镇、伊庄镇、单集镇、大许镇、茅村镇、柳泉镇、利国镇
开发区	6	东环街道、金山桥街道、大庙街道、大黄山街道、金龙湖街道、徐庄镇
丰　县	15	中阳里街道、凤城街道、孙楼街道、首羡镇、顺河镇、常店镇、欢口镇、师寨镇、华山镇、梁寨镇、范楼镇、宋楼镇、大沙河镇、王沟镇、赵庄镇
沛　县	17	沛城街道、大屯街道、汉兴街道、汉源街道、龙固镇、杨屯镇、胡寨镇、魏庙镇、五段镇、张庄镇、张寨镇、敬安镇、河口镇、栖山镇、鹿楼镇、朱寨镇、安国镇
睢宁县	18	睢城街道、睢河街道、金城街道、王集镇、双沟镇、岚山镇、李集镇、桃园镇、官山镇、高作镇、沙集镇、凌城镇、邱集镇、古邳镇、姚集镇、魏集镇、梁集镇、庆安镇
新沂市	17	新安街道、北沟街道、唐店街道、墨河街道、草桥镇、港头镇、合沟镇、窑湾镇、棋盘镇、马陵山镇、邵店镇、高流镇、阿湖镇、时集镇、瓦窑镇、双塘镇、新店镇
邳州市	25	运河街道、炮车街道、戴圩街道、东湖街道、邳城镇、官湖镇、四户镇、宿羊山镇、八义集镇、陈楼镇、土山镇、碾庄镇、港上镇、邹庄镇、占城镇、新河镇、八路镇、铁富镇、岔河镇、邢楼镇、戴庄镇、车辐山镇、燕子埠镇、赵墩镇、议堂镇

1-3 主要年份国民经济和社会发展主要指标

指　　标		1978	1990	1995	2000	2005	2010	2015	2018	2019
年末人口（常住）	**（万人）**					**881.33**	**858.21**	**866.90**	**880.20**	**882.56**
城镇人口						381.60	462.58	529.24	573.01	588.84
乡村人口						499.73	395.63	337.66	307.19	293.72
常住城镇化率	**（%）**					**43.30**	**53.90**	**61.05**	**65.10**	**66.72**
年末人口（户籍）	**（万人）**	**645.41**	**807.14**	**851.15**	**896.44**	**925.31**	**972.89**	**1028.70**	**1044.77**	**1041.73**
#非农业人口		74.51	138.26	168.62	231.11	315.85	445.38	595.34	632.87	637.38
从业人数	**（万人）**	**283.64**	**408.50**	**425.43**	**417.66**	**452.20**	**485.90**	**482.10**	**483.10**	**483.40**
#职工人数		60.12	87.35	92.39	71.02	56.07	58.38	97.17	79.60	69.95
#国有经济单位		41.16	63.69	72.52	57.74	40.13	38.59	32.05	30.06	30.68
城镇集体经济		18.96	23.53	19.13	8.30	3.60	2.89	3.16	2.85	2.18
地区生产总值（当年价格）	**（亿元）**	**21.39**	**112.84**	**403.46**	**616.30**	**1236.66**	**2951.47**	**5336.75**	**6710.36**	**7151.35**
第一产业		9.40	38.69	100.67	118.57	174.24	333.37	590.56	649.58	682.83
第二产业		8.95	44.91	184.14	283.56	628.50	1426.90	2309.17	2701.49	2886.16
#工业		8.06	40.93	165.94	243.54	536.29	1223.42	1958.98	2190.21	2333.44
第三产业		3.04	29.24	118.64	214.16	433.92	1191.20	2437.01	3359.29	3582.36
固定资产投资	**（亿元）**									
固定资产投资						546.08	1938.72	4266.12		
#房地产开发投资			1.22	6.07	28.05	62.57	205.32	470.22	716.43	852.94
#住宅投资					19.18	46.79	169.70	338.80	585.31	710.56
固定资产投资竣工的住宅建筑面积	（万平方米）	36.40	58.40	91.90	143.62	255.92	395.22	709.80	654.00	545.13
财政	**（亿元）**									
财政总收入		3.27	10.23	25.30	47.62	145.26	413.89	812.93	916.87	897.14
#一般公共预算收入					22.45	55.22	222.16	530.68	526.21	468.32
地方财政支出		1.77	8.56	18.02	34.52	105.08	325.72	752.46	880.86	882.21
物价	**（%）**									
城市居民消费价格总指数		100.0	104.5	116.9	100.0	102.2	103.6	101.5	102.3	103.3
城市商品零售价格总指数		100.1	103.9	113.2	98.2	101.0	102.1	101.3	103.0	103.3
人民生活										
职工工资总额	（亿元）	3.14	18.59	50.68	65.31	107.26	198.51	524.81	561.72	541.52
职工平均工资	（元）	554	2179	5537	9339	18849	34243	54310	71457	78568
农民人均收入	（元）	112	661	1800	3230	4443	7955	13982	18206	19873

注：2005年及以后从业人员及乡村劳动者中未剔除外出打工人数；2007年及以后财政总收入及财政支出中不包括基金收入（支出）；2010年以前固定资产投资竣工的住宅建筑面积为城镇口径；2013年及以前"农民人均收入"为纯收入口径，2014年起为可支配收入口径（下同）；2014年及以后地区生产总值数据为含R&D研发支出增加值口径，与往年不可比（下同）。

1-3　续表 1

指　　标	1978	1990	1995	2000	2005	2010	2015	2018	2019
城镇居民人均可支配收入　（元）		1687	4665	7147	11185	20959	26219	33586	36215
城乡居民储蓄存款余额　（亿元）	0.89	44.64	140.06	305.80	650.61	1324.39	2780.60	3604.84	4023.66
城市居民人均现住房建筑面积　（平方米）		11.07	12.71	14.51	17.12	21.16	33.80	38.20	48.42
农民人均现住房建筑面积　（平方米）		18.73	19.51	22.52	29.36	41.83	51.30	52.82	53.19
运输、邮电									
全社会客运量　（万人次）	2030	3156	6071	7255	8099	27761	15660	12750	12440
全社会货运量　（万吨）	2608	6073	10859	9669	14022	37227	36408	46819	54108
内河港口货物吞吐量　（万吨）		837	1399	1452	4189	6308	9030	3140	4011
邮电业务总量　（亿元）	0.05	0.62	3.88	17.73	36.26	73.39	193.39	446.90	696.86
邮电业务收入　（亿元）				13.06	27.05	48.14	74.11	101.58	105.43
计费函件（不含广告）　（万件）		2463	2579	2289	2041	4728	1488	271	195
订销报刊累计份数　（万份）		10291	17075	16451	9116	10845	11015	10792	10368
国内外贸易、旅游									
社会消费品零售总额　（亿元）	7.71	42.23	117.60	192.36	414.29	1016.38	2477.33	3373.52	3533.19
进出口总额（海关数）　（万美元）		1015	24696	32896	112621	416053	541263	1174419	1351908
# 出口总额		599	14724	18715	75196	263060	438935	970842	1128831
实际到帐注册外资　（万美元）		1324	10432	20790	26057	101330	142788	189848	208997
接待国外旅游人数（含港澳台）（人次）		4325	4988	17825	73010	158277	33776	44472	46854
科技、教育　（万人）									
专业技术人员	3.09	12.53	18.40	22.84	21.76	27.18	44.10	51.65	56.76
高等学校在校学生	0.21	1.16	1.86	4.61	9.27	11.88	13.76	14.55	15.08
中等专业学校在校学生	0.29	1.11	2.45	3.41	5.12	5.75	4.36	5.25	5.45
普通中学在校学生	45.98	31.38	42.47	58.43	81.51	52.07	34.74	45.57	52.30
小学在校学生	95.62	84.77	110.34	126.06	72.24	53.02	84.13	95.58	94.67

注：2014 年城乡一体化住户调查后,"城镇居民人均可支配收入"与往年口径不可比；"实际利用外资"2005 年及以后为"实际到账注册外资"，口径与往年不可比；2011 年及以后邮电业务总量按 2010 年价格计算，2017 年以 2015 年价格计算；2013 年起接待国外旅游人数和专业技术人员统计口径有调整，与往年不可比；"进出口总额"、"出口总额"1997 年及以前年度数字为"自营进出口总额"、"自营出口总额"口径，"城乡居民储蓄存款余额"自 2015 年更改为"住户存款余额"口径，与往年不可比。本表中高等学校在校学生数不含成人本专科学生数，以便与历史数据可比。

1-3 续表 2

指标		1978	1990	1995	2000	2005	2010	2015	2018	2019
卫生										
卫生机构数	（个）	652	1058	1052	993	1384	1213	4601	4599	4594
床位数	（张）	11325	17303	18596	17736	19888	30500	47949	58588	60988
卫生技术人员数	（万人）	1.57	2.44	2.94	3.05	2.83	3.24	5.16	6.74	7.08
# 医生		0.49	0.99	1.12	1.16	1.05	1.22	2.02	2.58	2.80
主要工农业产品产量	**（万吨）**									
粮食		206.15	399.00	406.13	319.50	314.13	440.20	470.92	484.48	501.54
棉花		2.47	5.57	5.91	5.08	4.17	3.23	2.60	1.03	1.20
油料		1.59	4.77	8.35	20.28	16.26	12.11	11.20	12.32	13.18
水果		2.62	14.13	35.78	81.91	87.52	106.31	108.47	83.62	114.89
生猪存栏	（万头）	149.25	170.36	215.78	201.07	214.26	293.19	299.61	233.46	125.85
猪、牛、羊肉	（万吨）	5.18	18.73	28.71	27.51	35.05	46.58	50.09	38.77	25.96
蚕茧	（吨）	525	6022	22105	15176	13212	6805	6512	4536	4714
水产品	（万吨）	0.72	3.70	8.49	13.52	16.43	17.04	18.79	16.87	16.08
生铁		15.19	29.22	52.00	37.10	152.53	304.92	475.96	97.89	236.04
铝锭		0.31	0.76	1.94	0.50	1.08	10.87			
原煤		1445	2032	2344	2271	2597	2072	1885		
发电量	（亿千瓦时）	27.08	104.40	119.38	146.87	309.97	399.57	497.22		
合成氨	（万吨）	7.07	13.40	14.86	19.16	36.96	66.40	93.21	48.77	52.10
农用化肥（折 100%）		4.91	12.52	19.76	15.42	29.58	48.05	45.76	12.55	16.83
水泥		66.68	297.67	1031.48	983.36	1295.66	3205.35	2681.63	1362.41	1472.22
纱		1.68	3.63	4.64	7.16	23.01	81.58	141.21	44.03	47.67
布	（万米）	5474	12112	13883	8196	10551	16056	31490	11238	12114
机制纸及纸板	（万吨）	2.47	16.44	71.60	32.65	48.91	105.54	27.58	14.30	36.95
卷烟	（万箱）	14.74	33.50	34.00	34.40	57.57	60.94	66.50	73.30	75.70
饮料酒	（万千升）	1.35	4.99	11.42	8.50	20.28	45.73	58.85	58.06	16.47
多晶硅	（吨）						17799	74358	63540	41623
汽车起重机	（吨）		419	683	1087	5368	18623	194941	649366	663869
装载机	（辆）			1298	1777	9442	15212	7142	16240	21028
压路机	（台）		802	1897	2466	2434	6874	2721	8258	7338

注：自 2012 年起，汽车起重机的单位由台改为吨。

1-4　国民经济主要指标发展速度

指　标	指数（2019 年为以下各年的 %）								1979–2019 年平均增长（%）	2001–2019 年平均增长（%）
	1978	1990	1995	2000	2005	2010	2015	2018		
从业人数	**170.4**	**118.3**	**113.6**	**115.7**	**106.9**	**99.5**	**100.3**	**100.1**	**1.3**	**0.8**
# 职工人数	116.3	80.1	75.7	98.5	124.7	119.8	72.0	87.9	0.4	-0.1
# 国有经济单位	74.5	48.2	42.3	53.1	76.5	79.5	95.7	102.1	-0.7	-3.3
城镇集体经济	11.5	9.3	11.4	26.2	60.5	75.4	68.9	76.4	-5.1	-6.8
地区生产总值（可比价格）	**8726.4**	**2995.7**	**1395.8**	**792.7**	**437.3**	**223.6**	**128.7**	**106.0**	**11.5**	**11.5**
第一产业	730.3	490.1	318.9	213.9	168.2	133.2	109.6	102.4	5.0	4.1
第二产业	16670.5	4333.4	1673.7	912.5	462.3	221.5	124.8	107.0	13.3	12.3
# 工业	17319.6	4446.6	1717.9	959.0	486.8	228.2	126.7	107.3	13.4	12.6
第三产业	17517.1	3835.6	1729.7	957.8	507.3	247.9	136.6	106.0	13.4	12.6
财政										
财政总收入	27435.6	8769.7	3546.0	1884.0	617.6	216.8	110.4	97.8	14.7	16.7
# 一般公共预算收入				2086.0	848.1	210.8	88.2	89.0		17.3
地方财政支出	49842.2	10306.1	4895.7	2555.6	839.6	270.8	117.2	100.2	16.4	18.6
人民生活										
职工年平均工资	14181.9	3605.7	1419.0	841.3	416.8	229.4	144.7	110.0	12.8	11.9
农民人均纯收入	17743.4	3006.5	1104.0	615.3	447.3	249.8	142.1	109.2	13.5	10.0
城市居民人均可支配收入		2146.7	776.3	506.7	323.8	172.8	121.4	107.8		8.9
城乡居民年末储蓄存款余额	452096.8	9013.6	2872.8	1315.8	618.4	303.8	144.7	111.6	22.8	14.5
运输、邮电										
全社会旅客运输量	612.8	394.2	204.9	171.5	153.6	44.8	79.4	97.6	4.5	2.9
全社会货物运输量	2074.7	891.0	498.3	559.6	385.9	145.3	148.6	108.3	7.7	9.5
邮电业务总量	1393657.4	112391.7	17959.5	3930.2	1921.8	949.5	360.3	155.9	26.2	21.3
国内外贸易、旅游										
社会消费品零售总额	45826.0	8366.5	3004.4	1836.8	852.8	347.6	142.6	104.7	16.1	16.6
进出口总额		133192.9	5474.2	4109.6	1200.4	324.9	249.8	115.1		21.6
# 出口总额		188452.6	7666.6	6031.7	1501.2	429.1	257.2	116.3		24.1
实际利用外资		15785.3	2003.4	1005.3	802.1	206.3	146.4	110.1		12.9
国际旅游人数		1083.3	939.3	262.9	64.2	29.6	138.7	105.4		5.2

1-4 续表

指　　标	指数（2019 年为以下各年的 %）								1979–2019 年平均增长（%）	2001–2019 年平均增长（%）
	1978	1990	1995	2000	2005	2010	2015	2018		
科技、教育										
专业技术人员	1836.9	453.0	308.5	248.5	260.8	208.8	128.7	109.9	7.4	4.9
高等学校在校学生	7179.7	1299.8	810.6	327.1	162.6	126.9	109.5	103.6	11.0	6.4
中等专业学校在校学生	1880.9	491.4	222.6	160.0	106.5	94.9	125.1	103.9	7.4	2.5
普通中学在校学生	113.7	166.7	123.1	89.5	64.2	100.4	150.5	114.8	0.3	-0.6
小学在校学生	99.0	111.7	85.8	75.1	131.0	178.6	112.5	99.0	-0.02	-1.5
卫生										
卫生机构数	704.6	434.2	436.7	462.6	331.9	378.7	99.8	99.9	4.9	8.4
床位数	538.5	352.5	328.0	343.9	306.7	200.0	127.2	104.1	4.2	6.7
卫生技术人员数	450.7	290.0	240.7	232.0	250.1	218.4	137.1	105.0	3.7	4.5
# 医生	572.3	283.3	250.4	241.7	267.1	229.9	138.8	108.7	4.3	4.8
主要工农业产品产量										
粮食	243.3	125.7	123.5	157.0	159.7	113.9	106.5	103.5	2.2	2.4
棉花	48.6	21.5	20.3	23.6	28.8	37.2	46.2	116.5	-1.7	-7.3
油料	828.9	276.3	157.8	65.0	81.1	108.8	117.7	107.0	5.3	-2.2
水果	4385.1	813.1	321.1	140.3	131.3	108.1	105.9	137.4	9.7	1.8
生猪存栏	84.3	73.9	58.3	62.6	58.7	42.9	42.0	53.9	-0.4	-2.4
猪、牛、羊肉	501.2	138.6	90.4	94.4	74.1	55.7	51.8	67.0	4.0	-0.3
蚕茧	897.9	78.3	21.3	31.1	35.7	69.3	72.4	103.9	5.5	-6.0
水产品	2233.3	434.6	189.4	118.9	97.9	94.4	85.6	96.4	7.9	0.9
生铁	1553.9	807.8	453.9	636.2	154.7	77.4	49.6	241.1	6.9	10.2
合成氨	736.9	388.8	350.6	271.9	141.0	78.5	55.9	106.8	5.0	5.4
农用化肥（折 100%）	342.7	134.4	85.1	109.1	56.9	35.0	36.8	134.1	3.0	0.5
水泥	2207.9	494.6	142.7	149.7	113.6	45.9	54.9	108.1	7.8	2.1
纱	2837.5	1313.2	1027.4	665.8	207.2	58.4	33.8	108.3	8.5	10.5
布	221.3	100.0	87.3	147.8	114.8	75.4	38.5	107.8	2.0	2.1
机制纸及纸板	1496.1	224.8	51.6	113.2	75.6	35.0	134.0	258.4	6.8	0.7
卷烟	513.5	226.0	222.6	220.0	131.5	124.2	113.8	103.3	4.1	4.2
饮料酒	1219.8	330.0	144.2	193.7	81.2	36.0	28.0	28.4	6.3	3.5
多晶硅						233.8	56.0	65.5		
汽车起重机							170.1	102.2		
装载机			1620.0	1183.3	222.7	138.2	294.4	129.5		13.9
压路机		915.0	386.8	297.6	301.5	106.8	269.7	88.9		5.9

1-5　各时期国民经济主要指标平均增长速度

单位：%

指　标	"一五"时期	"二五"时期	调整时期	"三五"时期	"四五"时期	"五五"时期
年末总人口（户籍）	**2.9**	**0.6**	**1.9**	**2.9**	**1.7**	**1.4**
职工人数	**4.4**	**11.0**	**-3.6**	**7.8**	**14.1**	**8.8**
#国有单位	4.4	11.0	-3.6	7.8	5.7	9.1
地区生产总值	**9.9**	**4.4**	**7.4**	**8.9**	**7.9**	**15.3**
第一产业	-0.2	-1.3	11.1	7.2	5.1	10.7
第二产业	34.3	3.5	12.5	15.7	10.5	20.0
#工业						
第三产业	16.3	6.0	-0.8	4.2	7.7	16.0
农林牧渔业总产值	**1.3**	**-1.1**	**9.0**	**4.7**	**7.7**	**6.2**
固定资产投资额	**43.3**	**25.2**	**10.2**	**5.3**	**10.6**	**31.7**
#房地产开发投资						
财政						
财政收入	18.5	3.2	4.5	11.8	5.2	12.9
财政支出	26.0	-4.5	12.0	3.6	11.5	13.4
人民生活						
职工工资总额	9.2	12.5	-2.9	3.5	13.5	16.3
职工年平均工资	2.6	-0.9	3.0	-1.6	-1.6	7.0
城乡居民储蓄存款余额	29.1	4.8	17.3	4.3	14.7	33.6
运输、邮电						
客运量						
货运量						
邮电业务总量	14.9	16.8	-1.8	2.4	7.8	6.8
内外贸易						
社会消费品零售总额	14.3	5.0	1.5	2.9	10.9	13.8
教育						
高等学校在校学生数			-28.4			12.2
中等专业学校在校学生数	7.0	0.8	-7.3			17.1

1-5　续表 1　　单位：%

指　　标	"一五"时期	"二五"时期	调整时期	"三五"时期	"四五"时期	"五五"时期
普通中学在校学生数	23.2	9.6	0.5	23.9	5.1	10.0
小学在校学生数	8.4	1.6	15.5	-1.9	10.8	-1.3
卫生						
卫生机构数	14.3	6.1	3.7	-0.6	7.4	9.2
床位数	17.6	24.1	-0.5	4.4	5.6	5.3
卫生技术人员数	16.3	13.3	6.5	6.0	8.9	8.7
# 医生	20.4	12.0	5.6	-0.3	4.7	10.6
主要工农业产品产量						
粮食	1.2	0.6	1.4	6.4	7.3	6.0
棉花	13.3	-12.2	34.3	25.6	2.8	5.5
油料	-8.4	-13.7	32.9	-10.4	2.8	21.1
水果	-4.1	-13.2	8.5	14.5	9.9	9.5
生猪存栏	12.5	0.4	13.1	3.0	10.0	2.2
水产品	1.7	-0.1	14.0	-19.3	24.9	18.2
生铁		65.4	-0.6	23.1	19.1	8.1
铝锭			6.7	9.3	7.7	5.3
原煤	10.0	20.0	1.8	6.0	7.3	10.9
发电量	35.1	33.1	5.6	10.3	17.2	24.5
合成氨				80.4	27.0	29.4
农用化肥（折 100%）		89.0	22.9	24.6	30.0	3.1
水泥		68.8	9.7	7.6	23.0	16.7
纱	1.4	22.5	60.8	15.0	5.9	13.5
布	17.7	11.1	17.3	17.9	13.9	16.6
机制纸及纸板	150.6	11.7	-1.6	20.0	4.3	22.9
卷烟	-2.0	1.0	38.4	9.7	1.9	10.1
饮料酒	15.7	2.8	-3.6	9.7	12.8	17.5

1-5　续表 2　　　　单位：%

指　标	“六五”时期	“七五”时期	“八五”时期	“九五”时期	“十五”时期	“十一五”时期	“十二五”时期
年末总人口（常住）						**-0.5**	**0.2**
年末总人口（户籍）	**1.4**	**2.7**	**1.1**	**1.0**	**0.6**	**1.0**	**1.1**
职工人数	**3.7**	**2.3**	**1.1**	**-1.7**	**-4.6**	**0.8**	**10.7**
# 国有单位	4.1	2.9	2.6	-1.6	-7.0	-0.8	-3.6
地区生产总值	**11.3**	**7.0**	**16.5**	**12.0**	**12.6**	**14.4**	**11.7**
第一产业	8.2	0.8	9.0	8.3	4.9	4.8	4.0
第二产业	12.5	8.3	21.0	12.9	14.6	15.9	12.0
# 工业	11.7	9.2	21.0	12.4	14.5	16.5	12.3
第三产业	14.2	12.1	17.3	12.5	13.5	15.3	12.9
农林牧渔业总产值	**10.5**	**3.9**	**10.7**	**8.9**	**4.6**	**9.1**	**4.5**
固定资产投资额	**7.6**	**9.3**	**36.8**	**25.4**	**19.7**	**27.7**	**17.1**
# 房地产开发投资			32.7	38.8	8.5	26.3	18.0
财政							
财政收入	10.0	12.2	19.9	13.5	24.5	28.8	15.1
财政支出	13.4	20.5	16.1	13.9	24.9	25.4	18.2
人民生活							
职工工资总额	15.8	14.8	22.2	6.2	10.4	13.1	21.5
职工年平均工资	11.5	12.1	20.5	8.5	15.1	12.7	9.7
城乡居民储蓄存款余额	36.6	35.5	25.7	16.9	16.3	15.3	16.0
运输、邮电							
客运量	5.7	-2.5	14.0	3.6	1.8	27.9	-10.8
货运量	14.1	-0.7	12.3	-2.3	7.7	21.6	-0.4
邮电业务总量	11.2	34.5	44.5	35.5	15.4	15.1	5.4
内外贸易							
社会消费品零售总额	16.4	12.6	22.7	10.3	16.6	19.7	19.5
进出口总额				15.7	27.9	29.9	5.4
实际到帐注册外资				13.0	14.1	34.7	7.1
教育							
高等学校在校学生数	31.0	3.1	8.7	19.9	13.2	5.1	3.0
中等专业学校在校学生数	6.4	5.0	17.2	6.8	3.6	1.6	-4.6

1-5　续表 3　　　　单位：%

指　　标	"六五"时期	"七五"时期	"八五"时期	"九五"时期	"十五"时期	"十一五"时期	"十二五"时期
普通中学在校学生数	-3.0	0.2	6.2	6.6	6.9	-8.6	-7.8
小学在校学生数	-1.9	-0.7	5.4	2.7	-10.5	-6.0	9.7
卫生							
卫生机构数	4.2	0.1	-0.1	-1.1	6.9	-2.6	30.6
床位数	4.6	2.3	1.5	-0.9	2.3	8.9	9.5
卫生技术人员数	3.8	3.5	3.8	0.7	-1.5	2.7	9.8
# 医生	6.2	4.9	2.5	0.7	-2.0	2.4	11.4
主要工农业产品产量							
粮食	10.9	1.5	0.4	-4.7	-0.4	7.0	1.4
棉花	9.6	-4.6	1.2	-3.0	-3.9	-5.0	-4.2
油料	27.2	-14.6	11.8	19.4	-4.3	-5.7	-1.6
水果	9.1	19.6	20.4	18.0	1.3	4.0	0.4
生猪存栏	5.7	-2.2	4.8	-1.4	1.3	6.5	0.4
水产品	8.2	15.8	18.1	9.8	4.0	0.7	2.0
生铁	0.2	12.1	12.2	-6.5	32.7	14.9	9.3
铝锭	2.4	19.8	20.6	-23.7	16.6	58.7	
原煤	3.7	2.4	2.9	-0.6	2.7	-4.4	-1.9
发电量	4.1	12.3	2.7	4.2	16.1	5.2	4.5
合成氨	2.9	-1.3	2.1	5.2	14.1	12.4	7.0
农用化肥（折 100%）	1.5	9.6	-4.8		13.9	10.2	-1.0
水泥	8.0	28.2	-1.0		5.7	19.9	-3.5
纱	2.9	8.4	5.0	9.1	26.3	28.8	11.6
布	-0.4	10.5	2.8	-10.0	5.2	8.8	14.4
机制纸及纸板	15.6	20.5	34.2	-14.5	8.4	16.6	-23.5
卷烟	6.1	5.1	0.3	0.2	10.8	1.1	1.8
饮料酒	7.0	11.9	18.0	-5.7	19.0	17.7	5.2
多晶硅							33.1
汽车起重机		5.2	10.3	9.7	37.6	28.2	-26.2
装载机				6.5	39.7	10.0	-14.0
压路机		1.9	18.8	5.4	-0.3	23.1	-16.9

1-6　徐州的一天

指　标		1978	1990	1995	2000	2005	2010	2015	2018	2019
全市每天创造的财富										
地区生产总值	（万元）	586	3092	11054	16839	33881	80862	146212	183845	195927
第一产业		258	1060	2758	3240	4774	9133	16180	17797	18708
第二产业		245	1230	5045	7748	17219	39093	63265	74013	79073
第三产业		83	801	3251	5851	11888	32636	66767	92035	98147
# 工业		221	1121	4546	6654	14693	33518	53671	60006	63930
# 建筑业		24	109	499	1093	2526	5665	9657	14078	15205
# 交通、仓储、邮电通信业			198	810	1563	3464	4197	6855	8574	9181
# 批发、零售、住宿和餐饮业			187	869	1589	3358	10799	23578	30197	32244
财政总收入		90	280	693	1301	3980	11339	22272	25120	24579
# 一般公共预算收入					613	1513	6086	14539	14417	12831
生铁	（吨）	416	801	1425	1014	4179	8354	13040	2682	6467
原煤	（万吨）	3.96	5.57	6.42	6.20	7.12	5.68	5.16		
发电量	（万千瓦时）	742	2860	3271	4013	8492	10947	13622		
水泥	（吨）	1827	8155	28260	26868	35498	87818	73469	37326	40335
布	（万米）	15.00	33.18	38.04	22.39	28.91	43.99	86.27	30.79	33.19
机制纸及纸板	（吨）	68	450	1962	892	1340	2892	756	392	1012
卷烟	（箱）	404	918	932	940	1577	1670	1822	2008	2074
全市每天消费量										
社会消费品零售总额	（万元）	211	1157	3222	5256	11350	27846	67872	92425	96800
城镇居民每人生活费支出	（元）		3.86	10.09	14.73	21.02	36.04	44.23	53.32	57.00
# 食品消费			2.22	5.04	5.42	7.42	12.32	13.35	15.76	16.82
农民每人生活费支出			1.47	3.12	4.43	7.78	14.29	27.05	35.35	37.95
# 食品消费			0.78	1.86	1.87	3.31	5.37	8.64	10.90	11.50
每天其他经济活动										
旅客运输量	（万人次）	5.56	8.65	16.63	19.82	22.19	76.06	42.91	34.93	34.08
货物运输量	（万吨）	7.15	16.64	29.75	26.42	38.42	101.99	99.75	128.27	148.24
投资竣工的房屋建筑面积	（平方米）	2071	3063	5022	8055	14720	38619	99003	30627	30933
# 住宅竣工面积		997	1600	2518	3923	7012	10827	19447	17918	14935
邮寄函件	（万件）		8.15	8.59	6.27	5.59	12.95	4.08	0.74	0.53
每天人口变动和婚姻										
出生人数	（人）		432	228	460	192	596	416	382	292
死亡人数			98	108	122	62	218	162	146	153
结婚对数	（对）		189	178	153	146	279	269	226	188
离婚对数			1	3	4	17	30	60	79	84

1-7　徐州市国民经济主要指标占全省比重

（2019 年）

指　　标		全　省	徐州市	徐州市占全省的比重（%）
年末人口（常住）	**（万人）**	**8070.00**	**882.56**	**10.9**
年末人口（户籍）		7858.27	1041.73	13.3
就业人数		**4745.20**	**483.40**	**10.2**
#职工人数		1252.78	69.95	5.6
地区生产总值（GDP）（当年价格）	**（亿元）**	**99631.52**	**7151.35**	**7.2**
第一产业		4296.28	682.83	15.9
第二产业		44270.51	2886.16	6.5
#工业		37825.32	2333.44	6.2
第三产业		51064.73	3582.36	7.0
人均 GDP	（元）	123607	81138	
社会消费品零售总额	**（亿元）**	**37672.51**	**3533.19**	**9.4**
进出口总额	**（亿美元）**	**6294.70**	**135.19**	**2.1**
#出口总额		3947.84	112.88	2.9
实际到帐注册外资		**261.24**	**20.90**	**8.0**
财政总收入	**（亿元）**	**15231.13**	**897.14**	**5.9**
#一般公共预算收入		8802.36	468.32	5.3
地方财政支出		12573.62	882.21	7.0
职工工资总额		**12213.08**	**541.52**	**4.4**
城镇非私营单位在岗职工平均工资	**（元）**	**98669**	**78568**	
居民人均可支配收入		**41400**	**29736**	
农村居民人均可支配收入		22675	19873	
城镇居民人均可支配收入		51056	36215	
金融机构存款余额	**（亿元）**	**152837.34**	**8036.56**	**5.3**
#住户存款		57759.20	4023.66	7.0
金融机构贷款余额		**133329.87**	**5777.28**	**4.3**

注：就业人数为全省劳动力抽样调查数据，非全社会口径。

1-7　续表　　　　　　　　　　　　　（2019 年）

指　　标		全　省	徐州市	徐州市占全省的比重（%）
全社会客运量	**（万人）**	**120803**	**12440**	**10.3**
全社会货运量	（万吨）	258659	54108	20.9
邮电业务总量	（亿元）	8973.50	696.86	7.8
高等学校本专科在校学生（万人）		**187.41**	**19.06**	**10.2**
普通中学在校学生		347.49	52.30	15.1
小学在校学生		572.64	94.67	16.5
卫生机构数	**（个）**	**34797**	**4594**	**13.2**
# 医院、卫生院		3545	339	9.6
卫生机构床位数	（万张）	51.60	6.10	11.8
# 医院、卫生院		50.51	5.67	11.2
卫生技术人员数	（万人）	63.08	7.08	11.2
# 执业医师、执业助理医师		24.99	2.02	8.1
主要工农业产品产量	**（万吨）**			
粮食		3706.2	501.54	13.5
棉花		1.57	1.20	76.5
油料		94.32	13.18	14.0
水产品产量		484.80	16.08	3.3
农用化肥（折 100%）		199.06	16.83	8.5
水泥		16048.17	1472.22	9.2
纱		360.70	47.67	13.2
布	（亿米）	69.80	1.21	1.7

注：为与全省可比，本表中高等学校本专科在校学生含成人本专科学生数。

1-8 主要年份国民经济和社会发展结构指标

单位：%

指标	1978	1990	1995	2000	2005	2010	2015	2018	2019
人口结构									
常住人口									
城镇人口					43.3	53.9	61.1	65.1	66.7
农村人口					56.7	46.1	39.0	34.9	33.3
户籍人口									
农业人口	88.5	82.9	80.2	74.2	65.9	54.2	42.1	39.4	61.2
非农业人口	11.5	17.1	19.8	25.8	34.1	45.8	57.9	60.6	38.8
就业结构									
第一产业	72.1	61.0	56.9	56.4	40.3	40.7	31.7	24.8	22.1
第二产业	15.3	23.4	25.3	22.3	28.3	26.9	32.3	35.2	35.7
第三产业	12.6	15.6	17.8	21.3	31.4	32.4	36.0	40.0	42.2
地区生产总值产业结构									
第一产业	44.0	34.3	25.0	19.2	14.1	11.3	11.1	9.7	9.5
第二产业	41.8	39.8	45.6	46.0	50.8	48.3	43.3	40.3	40.4
第三产业	14.2	25.9	29.4	34.7	35.1	40.4	45.7	50.1	50.1
地区生产总值支出结构									
总消费			45.3	48.9	50.0	41.5	42.5	44.0	
居民消费			84.9	80.5	79.5	29.0	32.0	34.0	
政府消费			15.1	19.5	20.5	12.5	10.5	10.0	
资本形成总额			44.3	49.5	55.9	62.9	58.2	49.5	
固定资产形成			64.1	85.7	88.2	61.3	55.8	47.5	
存货增加			35.9	14.3	11.8	1.5	2.5	2.0	
财政总收入相当于地区生产总值比例	**15.3**	**9.1**	**6.2**	**7.3**	**12.0**	**14.0**	**15.2**	**13.7**	**12.5**
科教文卫事业费占财政支出的比例		**33.1**	**40.4**	**33.5**	**24.1**	**41.4**	**31.6**	**31.7**	**33.8**
农林牧渔业总产值结构									
农业	84.1	65.0	59.4	65.7	62.7	62.6	62.3	61.0	59.5
林业	2.7	2.3	2.4	2.6	2.7	2.0	1.7	1.4	1.4
牧业	12.5	30.0	35.0	26.1	27.2	28.3	29.1	24.1	25.1
渔业	0.7	2.7	3.2	5.6	5.4	5.0	3.9	8.6	8.6
农林牧渔服务业					2.0	2.1	3.0	5.0	5.4
农作物播种面积结构									
粮食作物	74.1	86.1	76.8	59.3	56.3	65.0	63.4	64.9	64.7
经济作物	23.7	8.8	9.9	10.7	13.0	7.6	6.9	5.8	5.9
其他作物	2.2	5.1	13.3	30.0	30.7	27.4	29.7	29.3	29.4

注："四经普"后，对2010–2017年历史数据进行修订，2019年支出法GDP核算结果暂时无法公布。

1-8　续表　　　　单位：%

指　　标	1978	1990	1995	2000	2005	2010	2015	2018	2019
货运量结构									
铁 路	56.7	43.8	18.6	17.6	10.6	26.7	2.7	10.2	9.4
公 路	25.0	45.9	61.9	49.5	43.6	39.6	46.4	45.2	51.0
水 运	3.6	7.6	10.9	5.8	6.3	6.8	15.5	13.8	12.4
管 道	14.7	2.7	8.6	27.1	39.5	26.8	35.3	30.8	27.2
在校学生结构									
大学生	0.1	1.0	1.2	2.4	5.0	10.2	9.6	10.5	11.7
中学生	32.6	28.6	30.1	33.2	53.2	44.5	31.8	32.2	34.5
小学生	67.2	70.4	68.8	64.5	41.8	45.3	58.6	57.3	53.7
专任教师结构									
大 学		3.6	3.3	3.6	6.3	8.0	9.0	8.9	8.6
中 学		37.4	38.1	39.3	46.4	48.8	44.9	41.6	42.1
小 学		59.0	58.6	57.1	47.3	43.2	46.1	49.5	49.3
城市居民消费结构									
食品		57.4	49.9	36.8	35.3	34.2	29.3	29.6	29.5
衣着		14.0	15.1	10.0	9.5	10.8	8.4	8.2	8.0
娱乐文教		8.7	8.7	14.4	16.5	11.4	11.4	11.5	11.7
居住		2.3	6.0	6.3	11.3	9.2	19.3	20.8	20.6
用品及其他		17.5	20.3	32.5	27.4	34.4	31.6	29.9	30.2
农村居民消费结构									
食品		53.4	59.9	42.2	42.6	37.6	31.9	30.8	30.3
衣着		10.3	7.2	6.2	6.9	8.3	8.0	7.4	7.2
娱乐文教		6.2	6.5	12.0	16.7	15.3	10.7	11.0	11.3
居住		17.8	15.4	19.9	10.8	15.6	18.4	19.2	19.1
用品及其他		18.5	17.6	31.8	23.0	23.1	31.0	31.6	32.1
卫生技术人员结构									
# 医生	31.0	40.5	38.1	38.1	37.1	36.0	39.1	38.2	39.6
护师、护士		28.3	33.4	28.6	30.3	36.6	41.4	47.1	45.5

注：2019年及以后大学在校学生包含硕、博士。

1-9 全市法人单位数及从业人员数

项　目	法人单位数（个）		从业人员数（人）	
	2018	2019	2018	2019
合 计	**149270**	**160057**	**2605261**	**2545794**
按机构类型分				
企业	128655	136910	2201605	2136574
事业单位	4215	4140	211672	195598
机关	874	899	87501	69576
社会团体	2879	2881	8647	14328
民办非企业单位	3561	3808	36537	40384
基金会	26	26	141	177
居委会	598	596	5500	5511
村委会	2171	2194	16430	16531
农民专业合作社	5247	7414	30244	58422
农村集体经济组织		4		25
其他组织机构	1044	1185	6984	8668
按登记注册类型分				
内资	148718	159385	2536149	2475349
国有	5246	5230	341816	318644
集体	1303	1281	30742	27632
股份合作	32	34	295	419
联营	32	26	682	454
国有联营	6	5	61	79
集体联营	13	10	326	319
国有与集体联营	6	4	85	20
其他联营	7	7	210	36
有限责任公司	5981	4634	302863	274821
国有独资公司	216	234	73936	56362
其他有限责任公司	5765	4400	228927	218459
股份有限公司	927	701	127940	95937
私营	120905	130452	1633370	1619104
私营独资	8038	6176	72769	49819
私营合伙	570	574	6855	5718
私营有限责任公司	111340	123069	1531131	1539668
私营股份有限公司	957	633	22615	23899
其他内资	14292	17027	98441	138338

1-9　续表

项　　目	法人单位数（个）		从业人员数（人）	
	2018	2019	2018	2019
港澳台商投资	320	419	34707	36491
与港澳台商合资经营	136	132	14422	13535
与港澳台商合作经营	5	4	562	510
港澳台商独资	173	277	18527	21516
港澳台商投资股份有限公司	4	5	1146	924
其他港、澳、台商投资	2	1	50	6
外商投资	232	253	34405	33954
中外合资经营	131	136	16014	17136
中外合作经营	3	2	72	62
外资企业	90	107	15140	15377
外商投资股份有限公司	2	2	2559	781
其他外商投资	6	6	620	598
按行业分				
农、林、牧、渔业	1774	6690	10081	57365
采矿业	109	49	50999	34616
制造业	22763	21312	633267	667754
电力、燃气及水的生产和供应业	431	453	13613	14387
建筑业	9181	11975	557384	538456
批发和零售业	54455	53601	398082	355806
交通运输、仓储和邮政业	4310	4271	85504	89500
住宿和餐饮业	1638	1676	22193	20954
信息传输、软件和信息技术服务业	4906	6327	36319	42153
金融业	302	294	86377	28570
房地产业	4236	4643	59977	62523
租赁和商务服务业	13578	16473	140028	154972
科学研究和技术服务业	9714	10787	73411	74790
水利、环境和公共设施管理业	906	1233	22666	24845
居民服务、修理和其他服务业	3006	3032	22304	24342
教育	3354	3582	141922	134915
卫生和社会工作	2113	2166	80581	69152
文化、体育和娱乐业	4010	2964	32724	20468
公共管理、社会保障和社会组织	8484	8529	137829	130226

1-10 全市产业活动单位数

单位：个

项目	2018	2019	项目	2018	2019
合计	**162705**	**172635**	港澳台商投资	445	552
按机构类型分			与港澳台商合资经营	144	138
企业	140381	147724	与港澳台商合作经营	5	4
事业单位	5420	5348	港澳台商独资	257	378
机关	1181	1196	港澳台商投资股份有限公司	23	19
社会团体	2877	2880	其他港、澳、台商投资	16	13
民办非企业单位	3560	3805	外商投资	358	410
基金会	26	26	中外合资经营	168	170
居委会	610	608	中外合作经营	3	2
村委会	2172	2194	外资企业	153	216
农民专业合作社	5271	7439	外商投资股份有限公司	18	10
农村集体经济组织	1	5	其他外商投资	16	12
其他组织机构	1206	1410	**按行业分**		
按登记注册类型分			农、林、牧、渔业	1786	6708
内资	161902	171673	采矿业	129	63
国有	7031	6813	制造业	23127	21681
集体	1871	1748	电力、燃气及水的生产和供应业	589	613
股份合作	38	39	建筑业	9783	12891
联营	64	53	批发和零售业	59479	58007
国有联营	9	7	交通运输、仓储和邮政业	5048	4723
集体联营	34	25	住宿和餐饮业	1962	1993
国有与集体联营	5	4	信息传输、软件和信息技术服务业	5474	6758
其他联营	16	17	金融业	1817	1642
有限责任公司	7992	6208	房地产业	4751	5145
国有独资公司	310	318	租赁和商务服务业	14716	17490
其他有限责任公司	7682	5890	科学研究和技术服务业	10175	11354
股份有限公司	2537	1961	水利、环境和公共设施管理业	991	1318
私营	127774	137387	居民服务、修理和其他服务业	3119	3143
私营独资	8296	6471	教育	3966	4200
私营合伙	587	591	卫生和社会工作	2684	2804
私营有限责任公司	117746	129521	文化、体育和娱乐业	4092	3046
私营股份有限公司	1145	804	公共管理、社会保障和社会组织	9017	9056
其他内资	14595	17464			

主要统计指标解释

平均每年增长速度　在我国计算平均增长速度有两种方法,一种是习惯上经常使用的“水平法”,又称几何平均法,是以间隔期最后一年的水平同基期水平对比来计算平均每年增长(或下降)速度。另一种是“累计法”,又称代数平均法或方程法,是以间隔期内各年水平的总和同基期水平对比来计算平均每年增长(或下降)速度。

在一般正常情况下,两种方法计算的平均每年增长速度比较接近,但在经济发展不平衡,出现大起大落时,两种方法计算的结果差别较大。

本《年鉴》内所列的平均每年增长速度,除固定资产投资是用“累计法”计算以外,其余均用“水平法”计算。从某年到某年平均增长速度的年份,均不包括基期年在内。如改革开放以来的平均增长速度是以1978年为基期计算的,则写为1979-2019年平均增长速度,其余类推。

各个计划时期　表内所用各个“时期”代表的年份如下:恢复时期为1950年到1952年;第一个五年计划时期(简称一五时期)为1953年到1957年;第二个五年计划时期(简称二五时期)为1958年到1962年;三年调整时期为1963年到1965年;第三个五年计划时期(简称三五时期)为1966年到1970年;第四个五年计划时期(简称四五时期)为1971年到1975年;第五个五年计划时期(简称五五时期)为1976年到1980年;第六个五年计划时期(简称六五时期)为1981年到1985年;第七个五年计划时期(简称七五时期)为1986年到1990年;第八个五年计划时期(简称八五时期)为1991年到1995年,第九个五年计划时期(简称九五时期)为1996年到2000年;第十个五年计划时期(简称十五时期)为2001年到2005年;第十一个五年计划时期(简称十一五时期)为2006年到2010年;第十二个五年计划时期(简称十二五时期)为2011年到2015年。

“倍数”的用法　倍,就是跟原数相同的数。倍数,只能用于数字的增加,不能用于数字的减少。如“增长多少倍”、“扩大多少倍”、“提高多少倍”都可以,但不能说“降低多少倍”、“缩小多少倍”、“减少多少倍”。因为减少一倍就减完了,再无什么可减了。运用倍数时,还要注意词的准确。如“增加了两倍”即原来是一,现在是三;“增加到两倍”,即原来是一,现在是二。这里的“了”和“到”不能缺少,也不能互换。

“百分数”的用法　百分数,是用一百做分母的分数,在数学中用“%”来表示,在文章中一般都写作“百分之多少”。百分数与倍数不同,它既可以表示数量的增加,也可以表示数量的减少。运用百分数时,也要注意概念的精确。如“比过去增长30%,即过去为100,现在是“130”;比过去降低30%,即过去是100,现在是“70”;“降低到原来的30%”,即原来是100,现在是“30”。

运用百分数时,还要注意有些数最多只能达到100%,如产品合格率,种子发芽率等;有些百分数只能小于100%,如粮食出粉率等;有些百分数却可以超过100%,如产品产量计划完成情况等。

“番”的用法与“倍”的关系　增加一倍,就是增加100%;翻一番,也是增加100%。除了一倍与一番相当外,两倍与两番以上数字含义就不同了,而且数字越大,差距越大。如增加两倍,就指增加200%;翻两番,就是400%(一番二、二番是四、三番就是八),所以说翻两番就是增加了300%,翻三番就是增加了700%。“番”是按几何级数计算的,“倍”是按算术级数计算的。

计算翻番公式为:

n=[lg(报告期数 ÷ 基数)]÷lg2

n表示翻番数　lg是常用对数符号

二、国民经济核算

NATIONAL ACCOUNTS

版面负责人：王　楠
编　　　辑：徐向忠

中华人民共和国统计法实施条例

第二章　统计调查项目

第六条　部门统计调查项目、地方统计调查项目的主要内容不得与国家统计调查项目的内容重复、矛盾。

第七条　统计调查项目的制定机关（以下简称制定机关）应当就项目的必要性、可行性、科学性进行论证，征求有关地方、部门、统计调查对象和专家的意见，并由制定机关按照会议制度集体讨论决定。

重要统计调查项目应当进行试点。

第八条　制定机关申请审批统计调查项目，应当以公文形式向审批机关提交统计调查项目审批申请表、项目的统计调查制度和工作经费来源说明。

申请材料不齐全或者不符合法定形式的，审批机关应当一次性告知需要补正的全部内容，制定机关应当按照审批机关的要求予以补正。

申请材料齐全、符合法定形式的，审批机关应当受理。

第九条　统计调查项目符合下列条件的，审批机关应当作出予以批准的书面决定：

（一）具有法定依据或者确为公共管理和服务所必需；

（二）与已批准或者备案的统计调查项目的主要内容不重复、不矛盾；

（三）主要统计指标无法通过行政记录或者已有统计调查资料加工整理取得；

（四）统计调查制度符合统计法律法规规定，科学、合理、可行；

（五）采用的统计标准符合国家有关规定；

（六）制定机关具备项目执行能力。

不符合前款规定条件的，审批机关应当向制定机关提出修改意见；修改后仍不符合前款规定条件的，审批机关应当作出不予批准的书面决定并说明理由。

2-1 主要年份地区生产总值

（当年价格） 单位：亿元

年份	地区生产总值	第一产业	第二产业	第三产业	#工业	#建筑业	#交通、仓储邮电通信业	#批发零售、住宿餐饮业	人均地区生产总值（元）
1949	1.73	1.34	0.13	0.26					46
1952	2.30	1.64	0.27	0.39					60
1957	3.69	1.72	1.15	0.82					83
1962	4.58	2.06	1.42	1.10					100
1965	5.67	2.69	1.90	1.08					117
1970	8.69	3.98	3.39	1.32					156
1975	12.69	5.35	5.42	1.92					207
1978	21.39	9.40	8.95	3.04	8.06	0.88			334
1979	24.87	10.71	10.60	3.55	9.51	1.09			383
1980	28.62	11.30	12.99	4.34	11.75	1.24			436
1981	30.37	12.58	13.20	4.60	12.08	1.12			456
1982	35.41	14.50	15.26	5.66	13.70	1.56			522
1983	42.26	16.91	17.74	7.61	15.20	2.53			468
1984	49.68	20.35	20.56	8.77	18.20	2.36			713
1985	55.57	22.16	23.76	9.65	20.72	3.04			790
1986	63.04	24.61	25.96	12.48	21.99	3.97			886
1987	71.99	27.26	29.69	15.04	25.41	4.28			999
1988	84.63	30.28	36.42	17.93	32.60	3.83			1152
1989	99.26	34.79	40.22	24.25	36.65	3.57			1319
1990	112.84	38.69	44.91	29.24	40.93	3.98	7.21	6.83	1438
1991	130.05	43.68	50.11	36.26	45.75	4.36	8.23	9.29	1598
1992	162.15	46.80	70.29	45.06	62.36	7.93	9.66	11.79	1969
1993	220.57	55.86	103.70	61.01	93.47	10.23	14.86	15.97	2656
1994	314.76	79.71	148.21	86.83	134.69	13.52	20.84	22.49	3754
1995	403.46	100.67	184.14	118.64	165.94	18.20	29.56	31.73	4762
1996	488.04	115.67	223.21	149.16	199.80	23.41	37.47	40.63	5706
1997	504.23	107.93	233.84	162.45	208.20	25.64	41.40	44.80	5841
1998	536.76	112.45	247.95	176.37	215.87	32.08	46.92	48.87	6159
1999	577.09	113.58	270.02	193.49	234.07	35.96	51.84	52.16	6583
2000	616.30	118.57	283.56	214.16	243.54	40.02	57.20	58.17	6948
2001	681.49	126.03	314.38	241.08	269.84	44.54	63.31	65.34	7579
2002	749.34	134.05	351.14	264.15	302.88	48.26	68.52	72.61	8297
2003	852.26	134.68	419.83	297.75	362.72	57.11	72.42	84.65	9401
2004	1039.51	161.59	518.66	359.26	442.37	76.29	98.74	98.55	11691
2005	1236.66	174.24	628.50	433.92	536.29	92.21	126.42	122.57	13974
2006	1476.14	190.05	766.02	520.07	657.03	108.99	155.38	147.56	16795
2007	1762.76	207.58	921.78	633.40	799.45	122.32	187.54	181.84	20173
2008	2133.71	230.00	1118.18	785.53	965.12	153.06	225.17	231.20	24521
2009	2412.54	249.90	1267.74	894.90	1083.98	183.76	243.88	273.84	27772
2010	2951.47	333.37	1426.90	1191.20	1223.42	206.77	153.19	394.16	34192
2011	3562.91	393.95	1701.83	1467.12	1457.44	248.30	179.74	529.20	41539
2012	4029.31	448.61	1924.69	1656.01	1645.08	280.27	202.88	597.34	47026
2013	4534.15	491.32	2093.49	1949.35	1785.86	310.09	223.25	688.34	52861
2014	4979.65	554.52	2202.06	2223.07	1866.27	337.91	245.92	785.21	57838
2015	5336.75	590.56	2309.17	2437.01	1958.98	352.48	250.20	860.60	61706
2016	5809.81	607.08	2450.47	2752.26	2038.14	414.84	274.90	955.83	66860
2017	6333.50	631.03	2622.95	3079.52	2153.33	472.10	293.91	1041.60	72493
2018	6710.36	649.58	2701.49	3359.29	2190.21	513.86	312.94	1102.19	76404
2019	7151.35	682.83	2886.16	3582.36	2333.44	554.97	335.11	1176.92	81138

注：根据国家统计局《三次产业划分规定》（国统字〔2012〕108 号）要求，2013 年起原第一产业中的农林牧渔服务业调整到第三产业中，原第二产业中的金属制品、机械和设备修理业调整到第三产业中，产业划分调整后，工业与建筑业合计要大于等于第二产业；1993-2004 年数据是 2004 年第一次经济普查调整修订数据；2006-2008 年数据是第二次经济普查调整修订数据；2010-2018 年数据是第四次经济普查调整修订数据；2004 年及以后全市数据为含 R&D 研发支出增加值口径，与往年不可比。

2-2 主要年份地区生产总值指数

（按可比价格计算、以 1978 年为 100）

年 份	地区生产总 值	第一产业	第二产业	第三产业	#工 业	#建筑业	#交通、仓储邮电通信业	#批发零售、住宿餐饮业	人均地区生产总值（元）
1978	100.0	100.0	100.0	100.0	100.0	100.0			100.0
1979	106.0	92.1	117.4	115.4	117.5	117.2			105.3
1980	121.3	96.3	143.7	133.0	144.5	136.1			119.2
1981	127.0	104.3	146.7	139.2	149.3	122.9			122.9
1982	145.5	112.8	171.8	169.7	172.1	168.9			138.4
1983	172.7	126.8	202.1	228.0	193.8	277.9			161.6
1984	197.5	144.7	232.9	256.5	230.3	256.2			182.8
1985	207.6	142.9	258.6	257.8	251.4	324.4			190.2
1986	224.3	146.3	276.6	311.3	261.5	415.3			203.2
1987	240.6	146.2	305.0	343.2	290.6	436.1			215.3
1988	251.0	132.2	347.5	334.5	346.1	360.5			220.2
1989	263.4	145.3	345.5	387.4	349.6	307.3			225.6
1990	291.3	149.0	384.7	456.7	389.5	340.4	100.0	100.0	239.4
1991	334.7	165.8	422.8	581.4	423.8	417.0	101.4	139.2	265.3
1992	407.0	176.2	566.1	707.6	561.5	611.7	115.9	162.4	318.6
1993	459.1	184.5	730.3	679.3	745.1	592.7	134.4	188.8	356.7
1994	537.1	200.2	867.6	832.8	885.9	695.8	176.9	218.4	399.3
1995	625.2	229.0	996.0	1012.7	1008.2	893.4	229.6	268.2	460.1
1996	722.7	248.0	1181.3	1171.7	1188.7	1130.2	245.0	320.3	524.2
1997	810.1	282.2	1319.5	1311.1	1326.6	1265.8	293.5	362.6	582.2
1998	908.9	306.8	1497.6	1463.2	1489.8	1620.2	331.9	385.8	646.8
1999	1000.7	325.8	1653.4	1632.9	1637.4	1874.6	374.1	422.5	707.9
2000	1100.8	341.4	1827.0	1828.8	1806.1	2120.2	423.9	475.3	769.6
2001	1221.9	363.6	2048.1	2044.6	2021.0	2393.7	469.3	538.0	842.7
2002	1361.2	386.5	2320.5	2277.7	2310.0	2599.6	529.4	604.2	934.6
2003	1531.4	379.5	2719.6	2576.1	2728.1	2924.6	591.3	705.1	1047.2
2004	1745.8	417.5	3135.7	2929.0	3118.2	3532.9	685.3	798.2	1185.4
2005	1995.4	434.1	3606.1	3453.3	3557.9	4278.4	850.0	955.9	1360.9
2006	2296.8	452.8	4240.7	3995.5	4187.6	5005.7	981.2	1120.8	1577.3
2007	2648.2	471.4	4982.8	4638.8	5016.8	5200.9	1140.6	1296.1	1829.6
2008	3005.7	498.7	5685.4	5348.5	5769.3	5601.4	1309.0	1543.5	2085.8
2009	3423.4	526.2	6504.1	6188.2	6536.6	6839.3	1445.1	1859.4	2379.9
2010	3902.7	548.3	7525.3	7066.9	7589.0	7742.1	1518.5	2221.1	2732.1
2011	4429.6	572.9	8616.4	8084.6	8765.3	8431.1	1684.2	2714.2	3122.8
2012	5015.6	602.1	9874.4	9151.7	10027.5	9729.5	1829.5	3109.9	3538.1
2013	5605.4	620.7	11079.6	10331.1	11336.7	10490.0	1978.4	3680.3	3948.5
2014	6191.6	643.6	12254.0	11529.5	12595.1	11266.3	2171.2	4112.8	4347.3
2015	6779.8	666.2	13356.9	12820.8	13665.7	12595.7	2287.3	4490.8	4738.6
2016	7335.8	679.5	14425.4	14051.6	14827.3	13250.7	2418.5	4855.1	5103.4
2017	7900.6	696.5	15349.7	15444.4	15934.2	13316.0	2616.8	5474.2	5466.0
2018	8232.5	713.2	15579.9	16525.5	16141.3	13715.4	2797.4	5786.2	5668.3
2019	8726.4	730.3	16670.5	17517.1	17319.6	14483.5	2797.4	6040.8	5985.7

2-3 主要年份地区生产总值指数

（按可比价格计算、以上年为100）

年份	地区生产总值	第一产业	第二产业	第三产业	#工业	#建筑业	#交通、仓储邮电通信业	#批发零售、住宿餐饮业	人均地区生产总值（元）
1978	100.0	100.0	100.0	100.0	100.0	100.0			100.0
1979	106.0	92.1	117.4	115.4	117.5	117.2			105.3
1980	114.4	104.6	122.4	115.3	123.0	116.1			113.2
1981	104.7	108.3	102.1	104.7	103.3	90.3			103.1
1982	114.6	108.1	117.1	121.9	115.3	137.4			112.6
1983	118.7	112.4	117.6	134.4	112.6	164.5			116.8
1984	114.4	114.1	115.2	112.5	118.8	92.2			113.1
1985	105.1	98.8	111.0	100.5	109.2	126.6			104.0
1986	108.0	102.4	107.0	120.8	104.0	128.0			106.8
1987	107.3	99.9	110.3	110.2	111.1	105.0			106.0
1988	104.3	90.4	113.9	97.5	119.1	82.7			102.3
1989	104.9	109.9	99.4	115.8	101.0	85.2			102.5
1990	110.6	102.5	111.3	117.9	111.4	110.8			106.1
1991	114.9	111.3	109.9	127.3	108.8	122.5	101.4	139.2	110.8
1992	121.6	106.3	133.9	121.7	132.5	146.7	114.3	116.7	120.1
1993	112.8	104.7	129.0	96.0	132.7	96.9	116.0	116.3	112.0
1994	117.0	108.5	118.8	122.6	118.9	117.4	131.6	115.7	111.9
1995	116.4	114.4	114.8	121.6	113.8	128.4	129.8	122.8	115.2
1996	115.6	108.3	118.6	115.7	117.9	126.5	106.7	119.4	113.9
1997	112.1	113.8	111.7	111.9	111.6	112.0	119.8	113.2	111.1
1998	112.2	108.7	113.5	111.6	112.3	128.0	113.1	106.4	111.1
1999	110.1	106.2	110.4	111.6	109.9	115.7	112.7	109.5	109.4
2000	110.0	104.8	110.5	112.0	110.3	113.1	113.3	112.5	108.7
2001	111.0	106.5	112.1	111.8	111.9	112.9	110.7	113.2	109.5
2002	111.4	106.3	113.3	111.4	114.3	108.6	112.8	112.3	110.9
2003	112.5	98.2	117.2	113.1	118.1	112.5	111.7	116.7	112.0
2004	114.0	110.0	115.3	113.7	114.3	120.8	115.9	113.2	113.2
2005	114.3	104.0	115.0	117.9	114.1	121.1	124.0	119.8	114.8
2006	115.1	104.3	117.6	115.7	117.7	117.0	115.4	117.3	115.9
2007	115.3	104.1	117.5	116.1	119.8	103.9	116.2	115.6	116.0
2008	113.5	105.8	114.1	115.3	115.0	107.7	114.8	119.1	114.0
2009	113.9	105.5	114.4	115.7	113.3	122.1	110.4	120.5	114.1
2010	114.0	104.2	115.7	114.2	116.1	113.2	105.1	119.5	114.8
2011	113.5	104.5	114.5	114.4	115.5	108.9	110.9	122.2	114.3
2012	113.2	105.1	114.6	113.2	114.4	115.4	108.6	114.6	113.3
2013	111.8	103.1	112.2	112.9	113.1	107.8	108.1	118.3	111.6
2014	110.5	103.7	110.6	111.6	111.1	107.4	109.7	111.8	110.1
2015	109.5	103.5	109.0	111.2	108.5	111.8	105.3	109.2	109.0
2016	108.2	102.0	108.0	109.6	108.5	105.2	105.7	108.1	107.7
2017	107.7	102.5	106.4	109.9	107.5	100.5	108.2	112.8	107.1
2018	104.2	102.4	101.5	107.0	101.3	103.0	106.9	105.7	103.7
2019	106.0	102.4	107.0	106.0	107.3	105.6	105.1	104.4	105.6

2-4 市区主要年份地区生产总值

（当年价格）

年份	地区生产总值	第一产业	第二产业	第三产业	#工业	#建筑业	#交通、仓储邮电通信业	#批发零售、住宿餐饮业	人均地区生产总值（元）
1949	0.30	0.01	0.12	0.17					100
1952	0.48	0.02	0.24	0.21					215
1957	1.40	0.03	1.00	0.37					367
1962	1.79	0.03	1.21	0.55					392
1965	2.00	0.03	1.45	0.52					391
1970	3.41	0.06	2.73	0.61					625
1975	5.06	0.11	4.21	0.74					841
1978	7.70	0.15	6.36	1.19	5.98	0.38			1169
1979	9.29	0.15	7.65	1.49	7.24	0.41			1347
1980	11.41	0.14	9.29	1.98	8.78	0.51			1588
1981	11.56	0.19	9.23	2.14	8.69	0.53			1564
1982	13.26	0.27	10.28	2.72	9.61	0.67			1742
1983	15.90	0.33	12.05	3.52	10.44	1.61			2031
1984	17.88	0.26	13.92	3.70	12.75	1.17			2236
1985	20.14	0.39	15.53	4.22	14.21	1.32			2469
1986	22.62	0.35	16.77	5.50	14.67	2.11			2717
1987	26.17	0.36	18.52	7.29	16.26	2.26			3086
1988	29.00	0.54	19.76	8.70	18.33	1.42			3357
1989	39.39	2.69	24.35	12.36	22.90	1.45			3036
1990	46.54	2.89	28.66	14.98	26.80	1.87	4.74	3.49	3486
1991	52.71	3.47	30.25	18.99	28.11	2.14	5.24	5.22	3864
1992	69.15	3.51	42.37	23.27	38.06	4.31	6.03	6.67	5005
1993	101.07	4.35	63.68	33.04	58.44	5.24	9.57	10.15	7217
1994	140.75	4.82	87.23	48.70	81.00	6.24	12.87	14.47	9922
1995	175.65	6.51	102.37	66.77	93.86	8.52	17.41	21.43	12199
1996	209.93	7.38	115.59	86.96	103.91	11.69	22.34	28.34	14356
1997	226.83	6.62	126.36	93.85	112.24	14.11	24.49	30.88	15291
1998	244.33	6.92	139.53	97.88	118.66	20.87	25.31	33.77	16224
1999	257.81	6.56	140.63	110.62	117.57	23.06	27.77	37.14	16945
2000	290.33	6.65	156.16	127.53	128.94	27.22	32.97	42.99	18551
2001	322.50	6.96	170.25	145.30	140.20	30.05	37.67	48.26	19959
2002	359.33	7.40	191.10	160.82	158.56	32.55	41.01	54.42	21970
2003	426.00	7.40	234.37	184.23	199.80	34.57	46.18	62.90	25672
2004	538.39	8.07	305.21	225.11	260.76	44.45	57.57	76.14	28544
2005	625.81	11.79	355.16	258.86	311.67	43.49	62.25	93.61	31203
2006	727.28	11.18	411.18	304.92	372.03	39.15	68.33	116.70	38836
2007	868.60	16.28	482.09	370.23	443.25	38.84	75.00	147.82	45407
2008	998.48	17.71	551.70	429.07	518.37	33.33	93.79	180.34	50586
2009	1143.36	17.42	618.92	507.02	577.58	41.34	107.85	211.93	56833
2010	1779.47	52.12	967.37	759.98	883.11	84.26	147.37	290.64	57743
2011	2115.17	63.26	1149.53	902.38	1034.00	115.53	163.03	326.69	68564
2012	2402.93	67.79	1307.01	1028.13	1179.21	127.80	177.22	402.14	76923
2013	2641.76	72.51	1423.18	1146.07	1281.93	141.25	196.23	458.41	83976
2014	2792.94	91.60	1445.24	1256.10	1279.52	165.72	205.90	501.76	87617
2015	2910.48	103.52	1435.06	1371.90	1265.19	170.28	228.57	537.85	90287
2016	3072.18	109.01	1442.79	1520.39	1268.39	174.82	253.82	567.95	94402
2017	3397.88	120.42	1467.88	1809.59	1264.63	203.62	230.64	679.70	103339
2018	3395.73	134.28	1383.55	1877.90	1147.06	236.74	161.01	610.01	102005
2019	3646.38	136.57	1491.32	2018.49	1236.23	255.31	169.16	647.03	108724

2-5　市区主要年份地区生产总值指数

（按可比价格计算、以 1978 年为 100）

年　份	地区生产总　值	第一产业	第二产业	第三产业	# 工 业	# 建筑业	# 交通、仓储邮电通信业	# 批发零售、住宿餐饮业	人均地区生产总值（元）
1978	100.0	100.0	100.0	100.0	100.0	100.0			100.0
1979	119.4	79.8	119.5	123.6	120.6	102.4			114.0
1980	145.1	76.4	144.9	154.7	145.7	131.5			132.9
1981	146.9	101.1	144.5	165.2	145.0	136.3			130.8
1982	169.5	131.6	163.3	207.4	162.9	169.9			146.6
1983	204.3	156.8	193.3	268.9	179.5	410.9			171.8
1984	228.6	116.8	222.3	276.0	217.6	297.1			188.2
1985	244.4	162.4	238.3	286.8	232.6	328.3			197.2
1986	264.7	131.8	251.9	349.6	235.3	514.4			209.2
1987	289.4	124.6	267.9	423.8	250.9	536.7			224.5
1988	286.3	150.9	265.6	413.3	262.6	313.0			218.2
1989	334.9	716.1	294.5	502.8	294.7	290.7			249.8
1990	391.6	711.7	345.8	595.9	344.1	372.7	100.0	100.0	286.5
1991	456.6	911.7	358.9	833.7	352.0	467.4	100.4	160.4	329.2
1992	591.3	859.7	479.5	1079.6	463.2	734.8	115.9	176.0	419.7
1993	667.0	1097.8	625.3	909.0	623.5	648.8	129.3	223.3	465.0
1994	779.1	999.0	704.7	1163.5	706.4	675.4	176.4	247.6	341.8
1995	867.9	1273.7	741.3	1432.3	733.9	870.6	230.7	306.8	417.1
1996	979.9	1348.8	813.9	1713.0	793.3	1175.3	262.8	357.4	455.0
1997	1078.9	1583.5	904.2	1846.6	873.4	1446.7	293.5	375.3	493.7
1998	1173.8	1721.3	1010.9	1913.1	945.0	2162.8	306.1	409.5	529.2
1999	1270.1	1772.9	1064.5	2180.9	985.6	2446.1	337.6	447.6	566.8
2000	1432.7	1804.8	1185.9	2529.8	1089.1	2869.3	419.0	490.6	621.5
2001	1580.3	1913.1	1279.4	2820.7	1186.0	3193.5	490.2	535.2	664.0
2002	1776.3	2012.6	1472.5	3147.9	1363.9	3445.8	537.7	587.1	737.4
2003	2064.1	1934.1	1750.8	3585.5	1668.0	3618.1	625.1	655.2	844.3
2004	2435.6	2282.2	1988.9	4105.4	2035.0	4204.2	715.7	750.2	987.0
2005	2813.2	2257.1	2337.0	4667.8	2376.8	5150.2	959.8	865.7	1072.9
2006	3251.5	2056.2	2731.7	5357.7	2802.3	5721.3	1104.7	1009.4	1208.0
2007	3765.6	2118.8	3175.0	6196.4	3262.3	6584.2	1289.4	1151.3	1369.0
2008	4266.4	2226.9	3603.6	7070.1	3735.3	7005.6	1454.4	1341.3	1518.1
2009	4890.7	2426.5	4061.7	8293.5	4178.6	8959.5	1690.1	1535.7	1706.3
2010	5678.0	2318.7	4613.1	10059.6	4679.6	11934.1	1789.8	1934.4	1953.0
2011	6401.0	2373.2	5222.1	11352.0	5248.3	14822.0	1934.8	2064.2	2181.5
2012	7225.8	2466.9	5913.3	12827.2	5944.3	16748.0	2153.4	2419.6	2432.4
2013	8042.3	2541.4	6563.8	14238.2	6598.1	18591.5	2395.1	2778.1	2682.9
2014	8845.7	2638.1	7400.5	16053.3	7439.6	20954.2	2425.1	3087.8	2956.5
2015	9444.8	2724.1	7747.4	16805.6	7747.1	23036.3	2695.8	3318.3	3121.5
2016	10015.0	2823.3	8078.7	17524.4	8074.0	24059.6	3065.4	3472.0	3278.7
2017	10524.4	2898.3	7738.2	20091.7	7624.5	25509.3	3550.6	3695.4	3445.4
2018	10998.0	2856.3	7908.4	21417.8	7792.2	25458.3	3777.8	3832.2	3555.7
2019	11712.9	2842.0	8477.8	22810.0	8407.8	26171.2	3887.3	3966.3	3758.4

2-6 市区主要年份地区生产总值指数

（按可比价格计算、以上年为 100）

年 份	地区生产总 值	第一产业	第二产业	第三产业	#工 业	#建筑业	#交通、仓储邮电通信业	#批发零售、住宿餐饮业	人均地区生产总值（元）
1978	100.0	100.0	100.0	100.0	100.0	100.0			100.0
1979	119.4	79.8	119.5	123.6	120.6	102.4			114.0
1980	121.5	95.7	121.3	125.2	120.8	128.4			116.6
1981	101.2	132.3	99.7	106.8	99.5	103.7			98.4
1982	115.4	130.2	113.0	125.5	112.3	124.7			112.1
1983	120.5	119.1	118.4	129.7	110.2	241.8			117.2
1984	111.9	74.5	115.0	102.6	121.2	72.3			109.5
1985	106.9	139.0	107.2	103.9	106.9	110.5			104.8
1986	108.3	81.2	105.7	121.9	101.2	156.7			106.1
1987	109.3	94.5	106.4	121.2	106.6	104.3			107.3
1988	98.9	121.1	99.1	97.5	104.7	58.3			97.2
1989	117.0	474.6	110.9	121.7	112.2	92.9			114.5
1990	116.9	99.4	117.4	118.5	116.8	128.2			114.7
1991	116.6	128.1	103.8	139.9	102.3	125.4	100.4	160.4	114.9
1992	129.5	94.3	133.6	129.5	131.6	157.2	115.4	109.7	127.5
1993	112.8	127.7	130.4	84.2	134.6	88.3	111.6	126.9	110.8
1994	116.8	91.0	112.7	128.0	113.3	104.1	136.4	110.9	73.5
1995	111.4	127.5	105.2	123.1	103.9	128.9	130.8	123.9	122.0
1996	112.9	105.9	109.8	119.6	108.1	135.0	113.9	116.5	109.1
1997	110.1	117.4	111.1	107.8	110.1	123.1	111.7	105.0	108.5
1998	108.8	108.7	111.8	103.6	108.2	149.5	104.3	109.1	107.2
1999	108.2	103.0	105.3	114.0	104.3	113.1	110.3	109.3	107.1
2000	112.8	101.8	111.4	116.0	110.5	117.3	124.1	109.6	109.7
2001	110.3	106.0	107.9	111.5	108.9	111.3	117.0	109.1	106.8
2002	112.4	105.2	115.1	111.6	115.0	107.9	109.7	109.7	111.1
2003	116.2	96.1	118.9	113.9	122.3	105.0	116.3	111.6	114.5
2004	118.0	118.0	113.6	114.5	122.0	116.2	114.5	114.5	116.9
2005	115.5	98.9	117.5	113.7	116.8	122.5	134.1	115.4	108.7
2006	115.6	91.1	116.9	114.8	117.9	111.1	115.1	116.6	112.6
2007	115.8	103.0	116.2	115.7	116.4	115.1	116.7	114.1	113.4
2008	113.3	105.1	113.5	114.1	114.5	106.4	112.8	116.5	110.9
2009	114.6	109.0	112.7	117.3	111.9	127.9	116.2	114.5	112.4
2010	116.1	95.6	113.6	121.3	112.0	133.2	105.9	126.0	114.5
2011	112.7	102.4	113.2	112.8	112.2	124.2	108.1	106.7	111.7
2012	112.9	103.9	113.2	113.0	113.3	113.0	111.3	117.2	111.5
2013	111.3	103.0	111.0	112.2	111.0	111.0	111.2	114.8	110.3
2014	110.0	103.8	112.7	106.8	112.8	112.7	101.3	111.1	110.2
2015	106.8	103.3	104.7	109.8	104.1	109.9	111.2	107.5	105.6
2016	106.0	103.6	104.3	108.1	104.2	104.4	113.7	104.6	105.0
2017	105.1	102.7	95.8	114.7	94.4	106.0	115.8	106.4	105.1
2018	104.5	102.0	102.2	106.6	102.2	99.8	106.4	103.7	103.2
2019	106.5	99.5	107.2	106.5	107.9	102.8	102.9	103.5	105.7

2-7 全市及市区主要年份生产总值构成

（当年价格）

年份	全市地区生产总值	第一产业	第二产业	第三产业	市区地区生产总值	第一产业	第二产业	第三产业
1949	100.0	77.5	7.4	15.1	100.0	4.3	39.3	56.3
1952	100.0	71.4	11.8	16.8	100.0	5.1	50.3	44.6
1957	100.0	46.6	31.2	22.3	100.0	2.2	71.4	26.3
1962	100.0	44.9	31.0	24.1	100.0	1.8	67.6	30.5
1965	100.0	47.4	33.6	19.0	100.0	1.5	72.3	26.2
1970	100.0	45.8	39.0	15.2	100.0	1.9	80.2	17.9
1975	100.0	42.2	42.7	15.1	100.0	2.2	83.2	14.7
1978	100.0	44.0	41.8	14.2	100.0	1.9	82.6	15.5
1979	100.0	43.1	42.6	14.3	100.0	1.6	82.3	16.1
1980	100.0	39.5	45.4	15.2	100.0	1.2	81.4	17.4
1981	100.0	41.4	43.4	15.1	100.0	1.7	79.8	18.5
1982	100.0	40.9	43.1	16.0	100.0	2.0	77.5	20.5
1983	100.0	40.0	42.0	18.0	100.0	2.1	75.8	22.2
1984	100.0	41.0	41.4	17.6	100.0	1.4	77.8	20.7
1985	100.0	39.9	42.8	17.4	100.0	2.0	77.1	20.9
1986	100.0	39.0	41.2	19.8	100.0	1.5	74.1	24.3
1987	100.0	37.9	41.2	20.9	100.0	1.4	70.7	27.9
1988	100.0	35.8	43.0	21.2	100.0	1.9	68.1	30.0
1989	100.0	35.0	40.5	24.4	100.0	6.8	61.8	31.4
1990	100.0	34.3	39.8	25.9	100.0	6.2	61.6	32.2
1991	100.0	33.6	38.5	27.9	100.0	6.6	57.4	36.0
1992	100.0	28.9	43.3	27.8	100.0	5.1	61.3	33.7
1993	100.0	25.3	47.0	27.7	100.0	4.3	63.0	32.7
1994	100.0	25.3	47.1	27.6	100.0	3.4	62.0	34.6
1995	100.0	25.0	45.6	29.4	100.0	3.7	58.3	38.0
1996	100.0	23.7	45.7	30.6	100.0	3.5	55.1	41.4
1997	100.0	21.4	46.4	32.2	100.0	2.9	55.7	41.4
1998	100.0	20.9	46.2	32.9	100.0	2.8	57.1	40.1
1999	100.0	19.7	46.8	33.5	100.0	2.5	54.5	42.9
2000	100.0	19.2	46.0	34.7	100.0	2.3	53.8	43.9
2001	100.0	18.5	46.1	35.4	100.0	2.2	52.8	45.1
2002	100.0	17.9	46.9	35.3	100.0	2.1	53.2	44.8
2003	100.0	15.8	49.3	34.9	100.0	1.7	55.0	43.2
2004	100.0	15.5	49.9	34.6	100.0	1.5	56.7	41.8
2005	100.0	14.1	50.8	35.1	100.0	1.9	56.8	41.4
2006	100.0	12.9	51.9	35.2	100.0	1.5	56.5	41.9
2007	100.0	11.8	52.3	35.9	100.0	1.9	55.5	42.6
2008	100.0	10.8	52.4	36.8	100.0	1.8	55.3	43.0
2009	100.0	10.4	52.5	37.1	100.0	1.5	54.1	44.3
2010	100.0	11.3	48.3	40.4	100.0	2.9	54.4	42.7
2011	100.0	11.1	47.8	41.2	100.0	3.0	54.3	42.7
2012	100.0	11.1	47.8	41.1	100.0	2.8	54.4	42.8
2013	100.0	10.8	46.2	43.0	100.0	2.7	53.9	43.4
2014	100.0	11.1	44.2	44.6	100.0	3.3	51.7	45.0
2015	100.0	11.1	43.3	45.7	100.0	3.6	49.3	47.1
2016	100.0	10.4	42.2	47.4	100.0	3.5	47.0	49.5
2017	100.0	10.0	41.4	48.6	100.0	3.5	43.2	53.3
2018	100.0	9.7	40.3	50.1	100.0	4.0	40.7	55.3
2019	100.0	9.5	40.4	50.1	100.0	3.7	40.9	55.5

2-8 分行业地区生产总值

（当年价格） 单位：亿元

行业	全市			市区		
	2017	2018	2019	2017	2018	2019
地区生产总值	**6333.50**	**6710.36**	**7151.35**	**3397.88**	**3395.73**	**3646.38**
农、林、牧、渔业	660.57	680.47	717.84	125.13	138.96	141.97
农业	468.93	478.83	497.51	86.74		
林业	8.95	8.77	9.50	1.21		
牧业	102.72	110.18	119.91	27.22		
渔业	50.43	51.79	55.91	5.25		
农、林、牧、渔服务业	29.54	30.89	35.01	4.71	4.69	5.40
工业	2153.33	2190.21	2333.44	1264.63	1147.06	1236.23
采矿业	202.64	224.23	126.55	133.78	120.90	67.01
制造业	1849.50	1855.90	2117.63	1080.75	953.30	1110.13
电力、燃气及水的生产和供应	101.19	110.08	89.26	50.10	72.87	59.09
建筑业	472.10	513.86	554.97	203.62	236.74	255.31
批发和零售业	924.72	980.12	1046.16	626.71	550.86	585.70
交通运输、仓储和邮政业	293.91	312.94	335.11	199.30	161.01	169.16
住宿和餐饮业	116.88	122.07	130.76	52.99	59.14	61.33
信息传输、计算机服务和软件业	72.80	78.02	75.33	50.10	52.41	50.15
金融业	289.82	323.49	368.63	168.35	193.90	224.92
房地产业	409.16	458.17	499.40	158.67	240.86	277.03
租赁和商务服务业	263.54	310.06	267.61	65.08	207.04	180.16
科学研究、技术服务和地质勘查业	76.22	77.37	79.09	53.99	43.14	45.45
水利、环境和公共设施管理业	27.92	31.52	32.22	9.52	17.33	18.58
居民服务和其他服务业	22.05	23.11	56.12	77.26	12.55	29.49
教育	155.81	175.85	169.52	98.43	105.09	104.01
卫生、社会保障和社会福利业	120.84	129.31	130.43	112.94	77.77	81.11
文化、体育和娱乐业	48.00	57.90	59.27	36.77	19.39	18.91
公共管理和社会组织	225.83	245.89	295.46	94.39	132.45	166.88

注：因县(市)区农林牧渔业核算年报数据尚未定案，市区数据暂时空缺。

主要统计指标解释

国内生产总值（GDP） 指一个国家（地区）所有常住单位在一定时期内生产活动的最终成果。国内生产总值有三种表现形态，即价值形态、收入形态和产品形态。从价值形态看，它是所有常住单位在一定时期内所生产的全部货物和服务价值超过同期投入的全部非固定资产货物和服务价值的差额，即所有常住单位的增加值之和；从收入形态看，它是所有常住单位在一定时期内所创造并分配给常住单位和非常住单位的初次分配收入之和；从产品形态看，它是所有常住单位在一定时期内最终使用的货物和服务减去进口货物和服务价值。在实际核算中，国内生产总值的三种表现形态表现为三种计算方法，即生产法、收入法和支出法。三种方法分别从不同的方面反映国内生产总值及其构成。对于地区（省、市、县），GDP 中文名称为“地区生产总值”。

当年价格 指报告期的实际价格，如工厂的出厂价格，农产品的收购价格，商业的零售价格等。使用当年价格计算的数字，是为了使国民经济各项指标互相衔接，便于考察当年社会经济效益，便于对生产和流通、生产和分配、生产和消费进行经济核算和综合平衡。

按当年价格计算的价值指标，在不同年份之间进行对比时，因为包含有各年间价格变动的因素，不能确切地反映实物量的增添变动。必须消除价格变动因素后，才能真实反映经济发展动态。因此，在计算增长速度时都使用按可比价格计算的数字。

可比价格 指在不同时期的价值指标对比时，扣除了价格变动的因素，以确切反映物量的变化。按可比价格计算有两种方法：一种是直接用产品产量乘某一年的不变价格计算；另一种是用价格指数换算。

不变价格 指用同类产品的年平均价格作为固定价格，来计算各年产品价值。按不变价格计算的产品价值消除了价格变动因素，不同时期对比可以反映生产的发展速度。GDP 不变价目前是以五年为一个周期，2016-2020 年的不变价编制以 2015 年为基期。

三次产业 根据社会生产活动历史发展的顺序对产业结构的划分，产品直接取自自然界的部门称为第一产业，对初级产品进行再加工的部门称为第二产业，为生产和消费提供各种服务的部门称为第三产业。它是世界上通用的产业结构分类，但各国的划分不尽一致。我国的三次产业划分是：

第一产业是指农、林、牧、渔业（不含农、林、牧、渔服务业）。

第二产业是指采矿业（不含开采辅助活动），制造业（不含金属制品、机械和设备修理业），电力、热力、燃气及水生产和供应业，建筑业。

第三产业即服务业，是指除第一产业、第二产业以外的其他各业。第三产业包括：批发和零售业，交通运输、仓储和邮政业，住宿和餐饮业，信息传输、软件和信息技术服务业，金融业，房地产业，租凭和商务服务业，科学研究和技术服务业，水利、环境和公共设施管理业，居民服务、修理和其他服务业，教育，卫生和社会工作，文化、体育和娱乐业，公共管理、社会保障和社会组织，国际组织，以及农、林、牧、渔业中的农、林、牧、渔服务业，采矿业中的开采辅助活动，制造业中的金属制品、机械和设备修理业。

三、人口

POPULATION

版面负责人：唐子午
编　　　辑：闫礼建

中华人民共和国统计法实施条例

第十条 统计调查项目涉及其他部门职责的，审批机关应当在作出审批决定前，征求相关部门的意见。

第十一条 审批机关应当自受理统计调查项目审批申请之日起 20 日内作出决定。20 日内不能作出决定的，经审批机关负责人批准可以延长 10 日，并应当将延长审批期限的理由告知制定机关。

制定机关修改统计调查项目的时间，不计算在审批期限内。

第十二条 制定机关申请备案统计调查项目，应当以公文形式向备案机关提交统计调查项目备案申请表和项目的统计调查制度。

统计调查项目的调查对象属于制定机关管辖系统，且主要内容与已批准、备案的统计调查项目不重复、不矛盾的，备案机关应当依法给予备案文号。

第十三条 统计调查项目经批准或者备案的，审批机关或者备案机关应当及时公布统计调查项目及其统计调查制度的主要内容。涉及国家秘密的统计调查项目除外。

第十四条 统计调查项目有下列情形之一的，审批机关或者备案机关应当简化审批或者备案程序，缩短期限：

（一）发生突发事件需要迅速实施统计调查；

（二）统计调查制度内容未作变动，统计调查项目有效期届满需要延长期限。

第十五条 统计法第十七条第二款规定的国家统计标准是强制执行标准。各级人民政府、县级以上人民政府统计机构和有关部门组织实施的统计调查活动，应当执行国家统计标准。

制定国家统计标准，应当征求国务院有关部门的意见。

3-1　主要年份户数、人口数及构成(常住人口)

(年底数)

年　份	总户数(万户)	总人口(万人)	按性别分				平均每户人数(人/户)	年平均人口(万人)	人口密度(人/平方公里)
			男		女				
			人口数(万人)	比重(%)	人口数(万人)	比重(%)			
2006	284.06	872.07	436.91	50.1	435.16	49.9	3.07	—	741
2007	280.10	871.12	437.30	50.2	433.82	49.8	3.11	871.60	740
2008	275.94	869.21	436.34	50.2	432.87	49.8	3.15	870.17	739
2009	273.88	868.19	436.70	50.3	431.49	49.7	3.17	868.70	738
2010	264.88	858.21	431.68	50.3	426.53	49.7	3.24	863.20	729
2011	267.89	857.26	431.20	50.3	426.06	49.7	3.20	857.74	729
2012	271.02	856.41	429.92	50.2	426.49	49.8	3.16	856.84	728
2013	271.01	859.10	432.13	50.3	426.97	49.7	3.17	857.76	730
2014	271.33	862.83	434.00	50.3	428.83	49.7	3.18	860.97	733
2015	270.91	866.90	436.92	50.4	429.98	49.6	3.20	864.87	737
2016	271.34	871.00	438.98	50.4	432.02	49.6	3.21	868.95	740
2017	272.16	876.35	441.68	50.4	434.67	49.6	3.22	873.68	745
2018	275.08	880.20	442.74	50.3	437.46	49.7	3.20	878.28	748
2019	275.63	882.56	443.93	50.3	438.63	49.7	3.20	881.38	750

注：除普查年份外，数据均以年度人口抽样调查数据测算。

3-2　全市镇、乡村人口数及其构成(常住人口)

(年底数)

单位：万人

年　份	总人口数	城镇		乡　村	
		人口数	占总人口比重(%)	人口数	占总人口比重(%)
2006	872.07	390.69	44.80	481.38	55.20
2007	871.12	398.97	45.80	472.15	54.20
2008	869.21	416.35	47.90	452.86	52.10
2009	868.19	430.62	49.60	437.57	50.40
2010	858.21	462.58	53.90	395.63	46.10
2011	857.26	475.18	55.43	382.08	44.57
2012	856.41	485.67	56.71	370.74	43.29
2013	859.10	498.97	58.08	360.13	41.92
2014	862.83	513.04	59.46	349.79	40.54
2015	866.90	529.24	61.05	337.66	38.95
2016	871.00	543.85	62.44	327.15	37.56
2017	876.35	558.76	63.76	317.59	36.24
2018	880.20	573.01	65.10	307.19	34.90
2019	882.56	588.84	66.72	293.72	33.28

3-3　主要年份人口数及构成（户籍人口）

（年底数）　　单位：万人

年　份	总人口	按性别分				按户口性质分			
		男		女		农业人口		非农业人口	
		人口数	比重（%）	人口数	比重	人口数	比重（%）	人口数	比重（%）
1949	372.61	186.90	50.2	185.71	49.8	340.89	91.5	31.72	8.5
1952	390.60	195.09	49.9	195.51	50.1	362.62	92.8	27.98	7.2
1957	450.86	225.50	50.0	225.36	50.0	401.62	89.1	49.24	10.9
1962	463.94	233.10	50.2	230.84	49.8	410.56	88.5	53.38	11.5
1965	490.87	248.12	50.5	242.75	49.5	434.30	88.5	56.57	11.5
1970	565.88	286.11	50.6	279.77	49.4	508.33	89.8	57.55	10.2
1975	616.98	313.92	50.9	303.06	49.1	549.55	89.1	67.43	10.9
1978	645.41	329.21	51.0	316.20	49.0	570.90	88.5	74.51	11.5
1979	652.47	333.30	51.1	319.44	48.9	572.40	87.7	80.34	12.3
1980	659.86	336.37	51.0	323.49	49.0	576.22	87.3	83.64	12.7
1981	672.02	343.13	51.1	328.89	48.9	585.14	87.1	86.88	12.9
1982	684.45	350.08	51.1	334.37	48.9	594.34	86.8	90.11	13.2
1983	692.94	355.10	51.2	337.84	48.8	599.89	86.6	93.05	13.4
1984	700.04	358.91	51.3	341.13	48.7	603.98	86.3	96.06	13.7
1985	707.56	363.42	51.4	344.14	48.6	605.66	85.6	101.90	14.4
1986	715.41	367.27	51.3	348.14	48.7	610.43	85.3	104.98	14.7
1987	725.88	372.76	51.4	352.12	48.6	616.53	84.9	109.35	15.1
1988	743.78	382.42	51.4	361.36	48.6	621.93	83.6	121.85	16.4
1989	761.81	390.65	51.3	371.16	48.7	629.65	82.7	132.16	17.3
1990	807.14	412.92	51.2	394.22	48.8	668.88	82.9	138.26	17.1
1991	820.17	419.73	51.2	400.44	48.8	675.69	82.4	144.48	17.6
1992	826.74	423.34	51.2	403.40	48.8	676.90	81.9	149.84	18.1
1993	833.94	427.03	51.2	406.91	48.8	678.33	81.3	155.61	18.7
1994	843.21	431.56	51.2	411.65	48.8	683.15	81.0	160.06	19.0
1995	851.15	435.79	51.2	415.36	48.8	682.53	80.2	168.62	19.8
1996	859.43	440.95	51.3	418.48	48.7	682.89	79.5	176.54	20.5
1997	867.16	444.54	51.3	422.62	48.7	684.73	79.0	182.43	21.0
1998	875.78	450.53	51.4	425.25	48.6	687.36	78.5	188.42	21.5
1999	877.53	452.68	51.6	424.85	48.4	684.36	78.0	193.17	22.0
2000	896.44	461.12	51.4	435.32	48.6	665.33	74.2	231.11	25.8
2001	901.86	463.64	51.4	438.21	48.6	661.15	73.3	240.71	26.7
2002	904.44	465.45	51.5	438.99	48.5	654.14	72.3	250.30	27.7
2003	908.66	467.80	51.5	440.86	48.5	624.16	68.7	284.50	31.3
2004	916.85	471.36	51.4	445.49	48.6	614.31	67.0	302.54	33.0
2005	925.31	476.08	51.5	449.23	48.5	609.46	65.9	315.85	34.1
2006	934.73	481.46	51.5	453.27	48.5	613.97	65.7	320.76	34.3
2007	940.95	484.56	51.5	456.39	48.5	617.49	65.6	323.46	34.4
2008	946.86	488.31	51.6	458.55	48.4	610.21	64.4	336.65	35.6
2009	957.61	494.55	51.6	463.06	48.4	579.09	60.5	378.52	39.5
2010	972.89	502.44	51.6	470.45	48.4	527.51	54.2	445.38	45.8
2011	976.66	505.72	51.8	470.94	48.2	351.16	36.0	625.50	64.0
2012	990.52	513.26	51.8	477.26	48.2	325.46	32.9	665.06	67.1
2013	1006.85	521.91	51.8	484.94	48.2	286.23	28.4	720.62	71.6
2014	1023.52	530.37	51.8	493.15	48.2	286.13	28.0	737.39	72.0
2015	1028.70	533.06	51.8	495.64	48.2	433.36	42.1	595.34	57.9
2016	1041.39	539.47	51.8	501.92	48.2	430.05	41.3	611.34	58.7
2017	1039.42	538.04	51.8	501.38	48.2	422.52	40.6	616.90	59.4
2018	1044.77	540.65	51.7	504.12	48.3	411.90	39.4	632.87	60.6
2019	1041.73	539.35	51.8	502.38	48.2	404.35	38.8	637.38	61.2

注：户籍人口由公安部门提供。

3-4 主要年份户数、平均人口及人口密度(户籍人口)

年　份	户　数（万户）	平均每户人口（人）	年平均人口（万人）	农业人口	非农业人口	人口密度（人/平方公里）
1949	85.85	4.34				331
1952	91.05	4.29	384.46	357.37	27.07	347
1957	104.97	4.30	445.51	398.88	46.63	400
1962	115.02	4.03	458.18	402.01	56.17	412
1965	116.76	4.20	485.20	429.36	55.84	436
1970	124.88	4.53	557.98	499.57	58.41	503
1975	132.87	4.64	611.72	545.36	66.36	548
1978	143.57	4.50	640.77	567.85	72.92	573
1979	146.72	4.45	649.07	571.65	77.42	580
1980	149.43	4.42	656.30	574.31	81.99	586
1981	155.52	4.32	665.94	580.68	85.26	597
1982	157.29	4.35	678.24	589.74	88.50	608
1983	158.32	4.38	688.69	597.11	91.58	616
1984	161.16	4.34	696.49	601.93	94.56	622
1985	163.80	4.32	703.80	604.82	98.98	628
1986	168.46	4.25	711.48	608.04	103.44	635
1987	173.15	4.19	720.65	613.48	107.17	645
1988	182.07	4.09	734.83	619.23	115.60	661
1989	191.43	3.98	752.80	625.79	127.01	677
1990	204.40	3.95	784.47	649.26	135.21	717
1991	209.15	3.92	813.65	672.28	141.37	729
1992	214.47	3.85	823.46	676.30	147.16	734
1993	216.59	3.85	830.34	677.62	152.72	741
1994	220.58	3.82	838.58	680.74	157.84	749
1995	227.60	3.74	847.18	682.84	164.34	756
1996	232.50	3.70	855.29	682.71	172.58	763
1997	238.73	3.63	863.29	683.81	179.48	770
1998	249.75	3.51	871.47	686.04	185.43	778
1999	257.66	3.41	876.66	685.86	190.80	779
2000	270.80	3.31	886.99	674.85	212.14	796
2001	275.91	3.27	899.15	663.24	235.91	801
2002	279.22	3.24	903.15	657.64	245.51	803
2003	282.84	3.21	906.55	639.15	267.40	807
2004	285.00	3.22	912.75	619.23	293.52	814
2005	286.44	3.23	921.08	611.89	309.19	822
2006	284.25	3.29	930.02	611.71	318.31	830
2007	279.33	3.37	937.84	615.73	322.11	836
2008	277.76	3.41	943.91	613.86	330.05	841
2009	278.46	3.44	952.24	594.65	357.59	851
2010	277.28	3.51	965.25	553.30	411.95	864
2011	273.21	3.57	974.78	439.34	535.44	867
2012	274.09	3.61	983.59	338.31	645.28	879
2013	275.57	3.65	998.69	305.85	692.84	894
2014	277.82	3.68	1015.19	286.18	729.00	909
2015	277.66	3.70	1026.11	359.75	666.36	919
2016	278.49	3.72	1035.04	431.71	603.33	925
2017	278.05	3.74	1040.41	426.29	614.12	924
2018	280.98	3.71	1042.10	417.21	624.89	886
2019	281.56	3.71	1043.25	408.13	635.12	932

3-5 主要年份人口自然变动（户籍人口）

单位：人

年份	出生		死亡		自然增长	
	人数	‰	人数	‰	人数	‰
1949		24.95				
1952	129371	33.65				
1957	138958	31.19	40675	9.13	98273	22.06
1962	164440	35.89	34635	7.56	129805	28.33
1965	181877	37.48	44313	9.13	137564	28.35
1970	185564	33.26	37511	6.72	148053	26.54
1975	125373	20.50	36260	5.93	89113	14.57
1978	102744	16.03	35276	5.51	67468	10.52
1979	85371	13.15	34814	5.36	50557	7.79
1980	125947	19.19	44562	6.79	81385	12.40
1981	120099	18.03	36366	5.46	83733	12.57
1982	119391	17.60	32890	4.85	86501	12.75
1983	98387	14.29	32972	4.79	65415	9.50
1984	98214	14.10	35109	5.04	63105	9.06
1985	85653	12.17	33919	4.82	51734	7.35
1986	97011	13.64	33463	4.70	63548	8.94
1987	110981	15.40	33568	4.66	77413	10.74
1988	169348	23.04	35284	4.80	134064	18.24
1989	170011	22.58	34013	4.52	135998	18.06
1990	157605	20.09	35867	4.57	121738	15.52
1991	156429	19.23	40402	4.97	116027	14.26
1992	101899	12.37	42462	5.16	59437	7.21
1993	99582	11.99	42517	5.12	57065	6.87
1994	113310	13.51	41946	5.00	71364	8.51
1995	83162	9.82	39442	4.66	39442	5.16
1996	81414	9.52	41982	4.91	39432	4.61
1997	99902	11.57	40210	4.66	59692	6.91
1998	91325	10.48	41298	4.74	50027	5.74
1999	71921	8.20	34545	3.94	37376	4.26
2000	167764	18.91	44483	5.02	123281	13.89
2001	69383	7.72	29094	3.24	40289	4.48
2002	69905	7.74	33811	3.74	36094	4.07
2003	85756	9.46	34229	3.78	51527	5.68
2004	132605	14.53	42775	4.69	89830	9.84
2005	125308	13.60	22775	2.47	102533	11.13
2006	138879	14.93	34254	3.68	104644	11.25
2007	190322	20.29	133825	14.27	56497	6.02
2008	170661	18.08	106845	11.32	63816	6.76
2009	182950	19.21	68358	7.18	114592	12.03
2010	217399	22.52	79390	8.22	138009	14.30
2011	177663	18.23	71598	7.35	106065	10.88
2012	193812	19.71	45778	4.65	148045	15.05
2013	211582	21.19	33430	3.35	178152	17.84
2014	205463	20.24	30120	2.97	175343	17.27
2015	151956	14.81	59174	5.77	92782	9.04
2016	184364	17.81	39293	3.80	145071	14.02
2017	161550	15.53	146280	14.06	15270	1.47
2018	139514	13.39	53436	5.13	86078	8.26
2019	106644	10.22	55763	5.35	50881	4.87

3-6　市区主要年份人口数及构成（户籍人口）

（年底数）　　单位：万人

年　份	总人口	按性别分				按户口性质分			
		男		女		农业人口		非农业人口	
		人口数	比重（%）	人口数	比重	人口数	比重（%）	人口数	比重（%）
1949	29.94	15.91	53.1	14.03	46.9	4.30	14.4	25.64	85.6
1952	22.21	11.53	51.9	10.68	48.1	3.19	14.4	19.02	85.6
1957	38.66	19.93	51.6	18.73	48.4	3.00	7.8	35.66	92.2
1962	45.35	23.63	52.1	21.72	47.9	8.46	18.7	36.89	81.3
1965	51.73	27.76	53.7	23.97	46.3	7.32	14.2	44.41	85.8
1970	53.86	28.68	53.2	25.18	46.8	8.82	16.4	45.04	83.6
1975	61.24	33.21	54.2	28.03	45.8	10.32	16.9	50.92	83.1
1978	67.07	36.57	54.5	30.50	45.5	11.08	16.5	55.99	83.5
1979	70.87	38.74	54.7	32.13	45.3	10.05	14.2	60.82	85.8
1980	72.85	39.71	54.5	33.14	45.5	9.92	13.6	62.93	86.4
1981	74.96	40.78	54.4	34.18	45.6	10.18	13.6	64.78	86.4
1982	77.29	42.16	54.5	35.13	45.5	10.48	13.6	66.81	86.4
1983	79.28	43.34	54.7	35.94	45.3	10.69	13.5	68.59	86.5
1984	80.64	44.04	54.6	36.60	45.4	10.73	13.3	69.91	86.7
1985	82.48	44.99	54.5	37.49	45.5	10.31	12.5	72.17	87.5
1986	84.08	45.83	54.5	38.25	45.5	10.24	12.2	73.84	87.8
1987	85.57	46.45	54.3	39.12	45.7	10.32	12.1	75.25	87.9
1988	87.20	47.27	54.2	39.93	45.8	9.88	11.3	77.32	88.7
1989	89.27	48.34	54.2	40.93	45.8	9.92	11.1	79.35	88.9
1990	90.66	48.98	54.0	41.68	46.0	10.09	11.1	80.57	88.9
1991	91.86	49.52	53.9	42.34	46.1	10.00	10.9	81.86	89.1
1992	93.65	50.48	53.9	43.17	46.1	9.64	10.3	84.01	89.7
1993	95.17	51.14	53.7	44.03	46.3	9.64	10.1	85.53	89.9
1994	142.84	74.73	52.3	68.11	47.7	49.13	34.4	93.71	65.6
1995	145.14	75.74	52.2	69.39	47.8	48.65	33.5	96.48	66.5
1996	147.34	76.91	52.2	70.42	47.8	47.13	32.0	100.21	68.0
1997	149.34	77.90	52.2	71.44	47.8	47.12	31.5	102.22	68.5
1998	151.87	79.09	52.1	72.78	47.9	47.40	31.2	104.47	68.8
1999	152.41	79.12	51.9	73.29	48.1	46.90	30.8	105.51	69.2
2000	160.61	83.28	51.9	77.33	48.1	51.51	32.1	109.10	67.9
2001	162.54	84.27	51.8	78.27	48.2	50.49	31.1	112.05	68.9
2002	164.55	85.30	51.8	79.25	48.2	43.47	26.4	121.08	73.6
2003	167.33	86.87	51.9	80.46	48.1	31.89	19.1	135.44	80.9
2004	167.42	86.76	51.8	80.66	48.2	28.76	17.2	138.66	82.8
2005	179.87	93.21	51.8	86.66	48.2	30.22	16.8	149.65	83.2
2006	181.61	94.11	51.8	87.50	48.2	27.88	15.4	153.73	84.6
2007	182.93	94.70	51.8	88.23	48.2	26.87	14.7	156.06	85.3
2008	184.40	95.38	51.7	89.02	48.3	26.42	14.3	157.98	85.7
2009	186.22	96.29	51.7	89.93	48.3	26.91	14.4	159.31	85.6
2010	312.72	161.06	51.5	151.66	48.5	108.50	34.7	204.22	65.3
2011	315.67	162.58	51.5	153.09	48.5	70.59	22.4	245.08	77.6
2012	320.85	165.27	51.5	155.58	48.5	71.07	22.2	249.78	77.8
2013	326.36	167.96	51.5	158.40	48.5	40.89	12.5	285.47	87.5
2014	331.47	170.37	51.4	161.10	48.6	38.87	11.7	292.60	88.3
2015	333.46	171.26	51.4	162.20	48.6	88.04	26.4	245.42	73.6
2016	337.65	173.17	51.3	164.48	48.7	87.27	25.8	250.38	74.2
2017	337.85	172.70	51.1	165.15	48.9	85.48	25.3	252.37	74.7
2018	341.81	174.33	51.0	167.48	49.0	85.49	25.0	256.32	75.0
2019	343.42	174.91	50.9	168.51	49.1	80.81	23.5	262.61	76.5

3-7 市区主要年份户数、平均人口及人口密度（户籍人口）

年　份	户数（万户）	平均每户人口（人）	年平均人口（万人）			人口密度（人/平方公里）
				农业人口	非农业人口	
1949	5.99	5.00				667
1952	5.31	4.18	22.34	3.21	19.13	621
1957	8.73	4.43	38.04	4.50	33.54	721
1962	9.76	4.65	45.74	7.90	37.84	2153
1965	10.31	5.02	51.27	7.23	44.04	2970
1970	11.11	4.85	54.52	8.68	45.84	3092
1975	12.95	4.73	60.16	10.11	50.05	3515
1978	14.76	4.54	65.82	11.13	54.69	3636
1979	15.80	4.49	68.97	10.57	58.40	3842
1980	16.82	4.33	71.86	9.99	61.87	3950
1981	18.22	4.11	73.90	10.05	63.85	4063
1982	19.60	3.94	76.13	10.33	65.80	4189
1983	20.64	3.84	78.29	10.59	67.70	4297
1984	21.70	3.72	79.96	10.71	69.25	4371
1985	22.79	3.62	81.56	10.52	71.04	4470
1986	23.71	3.55	83.28	10.28	73.00	4557
1987	24.46	3.50	84.83	10.28	74.55	4638
1988	25.56	3.41	86.39	10.10	76.29	4726
1989	26.57	3.36	88.24	9.90	78.34	4838
1990	27.44	3.30	89.97	10.01	79.96	4914
1991	28.18	3.26	91.26	10.05	81.21	4979
1992	28.84	3.25	92.76	9.82	82.94	5076
1993	29.42	3.24	94.41	9.64	84.77	5158
1994	42.92	3.33	141.86	49.13	93.71	1483
1995	44.02	3.30	143.99	48.89	95.10	1507
1996	44.76	3.29	146.24	47.89	98.35	1530
1997	45.72	3.27	148.34	47.12	101.22	1551
1998	46.66	3.25	150.60	47.26	103.34	1577
1999	47.35	3.22	152.14	47.15	104.99	1583
2000	49.74	3.23	156.51	49.20	107.31	1547
2001	50.65	3.21	161.58	51.00	110.31	1566
2002	51.22	3.21	163.55	46.98	116.57	1576
2003	51.81	3.23	165.94	37.68	128.26	1612
2004	52.29	3.20	167.38	30.33	137.05	1613
2005	56.29	3.20	179.03	35.78	143.25	1543
2006	56.59	3.21	180.74	29.05	151.69	1566
2007	56.84	3.22	182.27	27.38	154.90	1577
2008	57.15	3.23	183.67	26.65	157.02	1590
2009	57.52	3.24	185.31	26.67	158.64	1605
2010	95.16	3.29	314.58	110.36	204.22	1029
2011	94.77	3.33	314.20	89.55	224.65	1039
2012	95.27	3.36	318.26	70.83	247.43	1056
2013	96.14	3.39	323.61	55.98	267.63	1074
2014	96.93	3.42	328.90	39.86	289.04	1092
2015	97.10	3.43	332.46	63.45	269.01	1104
2016	97.91	3.45	335.56	87.66	247.90	1118
2017	98.11	3.44	337.75	86.37	251.38	1125
2018	99.60	3.41	339.83	85.48	254.35	1129
2019	100.28	3.42	342.61	83.15	259.46	1138

3-8 市区主要年份人口自然变动（户籍人口）

单位：人、‰

年　份	出　生		死　亡		自然增长	
	人数	出生率	人数	死亡率	人数	自然增长率
1949						23.44
1952	8237	36.87	2784	12.46	5453	24.41
1957	14012	36.84	2898	7.62	11114	29.22
1962	18156	39.70	3022	6.61	15134	33.09
1965	12905	25.10	2840	5.50	10065	19.60
1970	14121	25.90	3217	5.90	10904	20.00
1975	10242	17.02	2821	4.69	7421	12.33
1978	7190	10.92	3001	4.56	4189	6.36
1979	9081	13.17	3129	4.54	5952	8.63
1980	11590	16.13	3405	4.74	8185	11.39
1981	13518	18.29	3478	4.71	10040	13.59
1982	13343	17.53	3455	4.54	9888	12.99
1983	10570	13.50	3294	4.21	7276	9.29
1984	9512	11.90	3325	4.16	6187	7.74
1985	9612	11.78	3429	4.20	6183	7.58
1986	12006	14.42	3253	3.91	8753	10.51
1987	14076	16.59	3472	4.09	10604	12.50
1988	13299	15.39	3598	4.17	9701	11.22
1989	12535	14.21	3642	4.13	8893	10.08
1990	7662	8.52	3525	3.92	4137	4.60
1991	8139	8.92	4013	4.40	4126	4.52
1992	8131	8.77	3953	4.26	4178	4.51
1993	8885	9.41	4252	4.50	4633	4.91
1994	15513	10.94	4873	3.44	10640	7.50
1995	11960	8.31	5650	3.92	6310	4.39
1996	11831	8.09	5939	4.06	5892	4.03
1997	14429	9.73	5590	3.77	8839	5.96
1998	14758	9.80	8273	5.49	6485	4.31
1999	12234	8.04	5819	3.82	6415	4.22
2000	23718	15.15	8152	5.21	15566	9.94
2001	11175	6.92	4366	2.70	6809	4.22
2002	11598	7.09	5444	3.33	6154	3.76
2003	11459	6.91	5540	3.34	5919	3.57
2004	13234	7.91	6690	4.00	6544	3.91
2005	17323	9.68	5551	3.10	11772	6.58
2006	19567	10.83	5368	2.97	14199	7.86
2007	23946	13.14	15701	8.61	8245	4.53
2008	24004	13.07	9462	5.15	14542	7.92
2009	25797	13.92	5511	2.97	20286	10.95
2010	64556	20.72	31217	9.92	33339	10.60
2011	59766	19.02	19167	6.10	40599	12.92
2012	58680	18.43	10139	3.18	48541	15.25
2013	62770	19.40	11104	3.43	51666	15.97
2014	56863	17.29	10068	3.06	46795	14.23
2015	45790	13.77	20886	6.28	24904	7.49
2016	45298	13.50	8951	2.67	36347	10.83
2017	51055	15.12	56258	16.66	-5203	-1.54
2018	43434	12.78	14866	4.37	28568	8.41
2019	35671	10.41	16212	4.73	19459	5.68

3-9 市区分区户数、人口数（户籍人口）

（2019年底）

单位：人

地 区	总户数（户）	总人口（人）	男	女	农业人口	非农业人口
市 区	**1002836**	**3434164**	**1749055**	**1685109**	**808127**	**2626037**
鼓楼区	197316	633586	318653	314933		633586
云龙区	125585	377980	186398	191582		377980
贾汪区	134426	517856	270437	247419	209205	308651
泉山区	192927	571581	284950	286631		571581
铜山区	352582	1333161	688617	644544	598922	734239

3-10 市区分区人口自然变动（户籍人口）

（2019年底）

单位：人、‰

年 份	出 生		死 亡		自然增长	
	人数	出生率	人数	死亡率	人数	自然增长率
市 区	**35671**	**10.42**	**16212**	**4.73**	**19459**	**5.69**
鼓楼区	6905	10.96	2572	4.08	4333	6.88
云龙区	4792	12.84	630	1.69	4162	11.15
贾汪区	5224	10.04	2414	4.64	2810	5.40
泉山区	5178	9.08	1363	2.39	3815	6.69
铜山区	13572	10.19	9233	6.93	4339	3.26

主要统计指标解释

总人口数　是指在一定时点、一定地域范围内所有的有生命的个人总和，它是由不同性别、不同年代出生的人所组成，是反映一个国家人口资源的重要指标。

人口总数随人口的出生、死亡、迁入、迁出的变动而变动，也随计算时地域范围和依据的人口范畴（户籍人口和常住人口）的不同而不同，如户籍人口统计中的人口总数和人口普查所取得的人口总数，由于统计的口径不同，在相同地域范围内得到的人口数也不尽相同。

户籍人口　是指在户口管理部门登记了常住户口的人。本《年鉴》内所列人口数除特别说明外均为户籍人口。

农业人口 依靠从事农业生产（包括林、牧、渔业）维持生活的全部人口，包括实际从事农业生产的人口以及由他们所抚养的人口。由于改革开放，一些人外出务工经商，其户口性质仍为农村户口的人也统计在农业人口范围内。

非农业人口　不依靠从事农业生产的职业来维持生活的人口，主要指城镇的非农业户口性质的人口。

年平均人数 是指一年内的各个时点人口的平均数。在实际统计工作中，由于资料的限制，无法按理论上所讲的方法计算，一般根据年初、年末人数按简单算术平均数计算，也常用年中人数来表示年平均人数。

出生率　一定时期内出生人数与同期平均人口数之比。又称总出生率或粗出生率。它反映人口的出生水平。出生人口数是指活产，即离开母体时有生命现象的活产婴儿总和。

出生率通常以年为单位计算，计算方法为：年出生人数除以年平均人数，以千分数表示。

死亡率　一定时期内（通常为一年）死亡人数与同期平均人数（或期中人数）之比。说明该时期人口的死亡强度。计算方法为：年死亡人数除以年平均人数，以千分数表示。

自然增长率　它是表明人口自然增长的趋势和程度（或速度）的指标，即一定时期内人口自然增长数（出生人数减死亡人数）与同期平均人口数之比。通常以一年为期计算，用千分数表示。计算公式为：人口自然增长率 =（全年出生人数减死亡人数）/ 年平均总人数 ×1000‰。实际工作中，一般用出生率减死亡率计算而得。

四、就业人员和职工工资

EMPLOYMENT AND WAGES

版面负责人：唐子午　卢川川　顾元林
编　　　辑：魏安山　陈　蓉　秦伟伟

中华人民共和国统计法实施条例

第三章　统计调查的组织实施

第十六条　统计机构、统计人员组织实施统计调查，应当就统计调查对象的法定填报义务、主要指标涵义和有关填报要求等，向统计调查对象作出说明。

第十七条　国家机关、企业事业单位或者其他组织等统计调查对象提供统计资料，应当由填报人员和单位负责人签字，并加盖公章。个人作为统计调查对象提供统计资料，应当由本人签字。统计调查制度规定不需要签字、加盖公章的除外。

统计调查对象使用网络提供统计资料的，按照国家有关规定执行。

第十八条　县级以上人民政府统计机构、有关部门推广使用网络报送统计资料，应当采取有效的网络安全保障措施。

第十九条　县级以上人民政府统计机构、有关部门和乡、镇统计人员，应当对统计调查对象提供的统计资料进行审核。统计资料不完整或者存在明显错误的，应当由统计调查对象依法予以补充或者改正。

第二十条　国家统计局应当建立健全统计数据质量监控和评估制度，加强对各省、自治区、直辖市重要统计数据的监控和评估。

第四章　统计资料的管理和公布

第二十一条　县级以上人民政府统计机构、有关部门和乡、镇人民政府应当妥善保管统计调查中取得的统计资料。

国家建立统计资料灾难备份系统。

第二十二条　统计调查中取得的统计调查对象的原始资料，应当至少保存 2 年。

汇总性统计资料应当至少保存 10 年，重要的汇总性统计资料应当永久保存。法律法规另有规定的，从其规定。

4-1 从业人员

单位：万人

年　份	从业人数	职工人数				城镇私营企业从业人员和个体劳动者	其　他从业人员
			国有经济单　位	城镇集体经济单位	其他经济类型单位		
1978	283.64	60.12	41.16	18.96			
1979	282.72	61.94	41.04	20.90		0.19	
1980	292.22	64.97	45.16	19.81		0.53	
1981	302.62	67.64	47.80	19.84		0.74	
1982	314.75	70.10	50.18	19.92		0.36	
1983	322.66	72.17	52.60	19.57		0.57	
1984	337.62	76.65	53.40	23.25		1.10	
1985	349.04	78.06	55.19	22.87		1.56	
1986	357.72	80.41	56.82	23.58	0.01	1.15	
1987	367.36	82.15	58.96	23.17	0.02	1.44	
1988	381.43	85.87	61.88	23.96	0.04	2.29	
1989	390.31	85.39	61.88	23.42	0.09	3.16	
1990	408.50	87.35	63.69	23.53	0.13	3.27	
1991	419.35	89.59	65.55	23.85	0.19	2.60	
1992	421.81	90.25	67.10	22.87	0.28	3.04	
1993	423.40	91.83	69.40	21.54	0.89	3.62	1.08
1994	423.45	91.39	70.80	19.60	0.99	5.12	1.16
1995	425.43	92.39	72.52	19.13	0.74	8.03	1.24
1996	428.26	94.16	73.94	18.78	1.44	8.98	0.91
1997	432.88	93.85	74.41	17.76	1.68	12.42	1.30
1998	421.09	77.72	63.66	9.79	4.27	17.33	1.35
1999	418.65	75.07	61.95	9.39	3.73	17.81	1.42
2000	417.66	71.02	57.74	8.30	4.98	19.21	1.26
2001	415.78	67.64	53.65	7.01	6.98	20.58	1.29
2002	391.81	61.76	44.55	4.92	12.28	16.09	1.50
2003	382.03	59.15	43.32	4.25	11.58	17.73	2.15
2004	395.50	56.31	40.19	3.90	12.22	28.73	3.08
2005	452.20	56.07	40.13	3.60	12.34	37.74	10.39
2006	469.15	56.91	39.87	3.57	13.47	43.51	15.98
2007	477.21	57.56	40.00	3.35	14.21	53.61	11.49
2008	486.05	58.34	39.53	3.44	15.37	59.38	13.95
2009	501.17	58.29	38.49	2.99	16.81	68.93	15.20
2010	485.90	58.38	38.59	2.89	16.90	80.17	15.96
2011	483.00	59.42	38.94	2.93	17.55	88.82	15.56
2012	478.70	60.59	39.50	2.62	18.46	93.62	15.85
2013	478.70	101.54	32.98	3.04	65.51	104.88	16.21
2014	480.90	99.88	34.06	3.32	62.49	109.77	19.78
2015	482.10	97.17	32.05	3.16	61.95	112.58	22.49
2016	483.40	92.89	31.76	3.21	57.92	134.70	27.20
2017	482.70	90.43	31.30	3.04	56.09	157.50	6.73
2018	483.10	79.60	30.06	2.85	46.69	167.96	11.22
2019	483.40	69.95	30.68	2.18	37.09	173.76	8.50

注：1. 从 2013 年年报开始在岗职工期末人数为劳资老口径与一套表四上单位合并数据，且为在岗职工与劳务派遣工之和，所以从业人数较上年增加较多。从 2010 年开始从业人数为推算数。2. 其他从业人员 2017 年起为当年新增数据，与往年不可比。（下同）

4-2 市区从业人员

单位：万人

年 份	从业人数	职工人数	国有经济单位	城镇集体经济单位	其他经济类型单位	城镇私营企业从业人员和个体劳动者	其他从业人员
1978	43.76	39.20	28.07	11.13			
1979	46.66	42.12	28.90	13.22		0.02	
1980	47.26	42.71	30.76	11.95		0.12	
1981	49.16	44.41	32.44	11.97		0.19	
1982	51.19	46.28	34.24	12.04		0.21	
1983	53.74	48.37	36.37	12.00		0.37	
1984	55.88	50.01	37.69	12.32		0.75	
1985	58.14	51.42	39.51	11.91		1.18	
1986	58.95	52.69	40.30	12.38	0.01	0.72	
1987	59.82	53.34	41.09	12.23	0.02	0.97	
1988	61.42	54.06	42.03	11.98	0.05	1.90	
1989	61.35	54.01	42.22	11.70	0.09	1.72	
1990	62.50	55.05	43.12	11.81	0.12	1.82	
1991	63.48	56.05	43.93	11.93	0.19	1.93	
1992	63.35	56.07	44.57	11.27	0.23	2.06	
1993	63.95	56.13	44.88	10.59	0.66	2.65	0.25
1994	80.20	55.75	45.21	9.69	0.85	3.11	0.63
1995	82.89	55.92	45.98	9.52	0.42	5.11	0.67
1996	82.21	56.12	45.78	9.30	1.04	5.24	0.40
1997	82.85	55.41	45.53	9.00	0.87	7.17	0.42
1998	74.39	44.72	38.92	3.60	2.20	10.52	0.28
1999	71.29	42.84	37.62	3.48	1.74	9.09	0.39
2000	72.16	40.10	34.32	2.88	2.90	10.61	0.43
2001	72.81	38.12	32.08	2.24	3.79	11.91	0.51
2002	63.22	34.33	25.23	1.70	7.40	6.92	0.71
2003	62.74	32.64	24.45	1.40	6.79	8.21	0.64
2004	71.37	30.71	21.99	1.21	7.51	17.42	1.46
2005	91.10	30.35	22.31	1.02	7.02	23.77	8.79
2006	99.74	30.18	22.00	1.00	7.18	26.55	12.75
2007	96.42	30.55	22.39	0.84	7.32	29.74	6.73
2008	99.17	30.30	21.79	1.14	7.37	30.19	9.00
2009	103.83	30.00	21.33	0.84	7.83	34.13	8.27
2010	157.24	35.22	24.17	1.03	10.02	43.98	11.51
2011	156.30	35.48	24.29	1.13	10.06	48.84	10.38
2012	154.91	35.82	24.51	0.87	10.43	51.59	6.93
2013	154.91	54.85	14.69	0.92	39.23	60.36	7.35
2014	155.62	52.84	15.03	0.77	37.04	62.01	5.28
2015	156.01	50.17	14.32	0.70	35.15	61.64	16.52
2016	156.82	45.80	14.43	0.71	30.66	74.43	19.79
2017	157.92	45.84	14.68	0.63	30.53	86.05	4.95
2018	160.07	41.72	13.49	1.25	26.98	90.91	2.91
2019	162.34	34.30	13.18	1.10	20.01	92.48	4.33

注：1.2010 年以后市区为包含铜山区口径，与往年不可比。2010 年以后从业人数为推算数。2. 其他从业人员 2018 年及以后的数据只包含民办非企业从业人员，与往年数据不可比。

4-3 分三次产业的从业人数及构成

单位：万人、%

年份	从业人数	第一产业		第二产业		第三产业	
		人数	比重	人数	比重	人数	比重
1978	283.64	204.41	72.1	43.56	15.3	35.67	12.6
1979	282.72	204.52	72.4	45.06	15.9	33.14	11.7
1980	292.22	209.96	71.8	49.69	17.0	32.57	11.2
1981	302.62	216.86	71.7	51.80	17.1	33.96	11.2
1982	314.75	221.17	70.3	57.62	18.3	35.96	11.4
1983	322.66	223.59	69.3	61.30	19.0	37.77	11.7
1984	337.62	223.01	66.0	69.74	20.7	44.87	13.3
1985	349.04	222.57	63.8	78.65	22.5	47.82	13.7
1986	357.72	222.38	62.2	84.04	23.5	51.30	14.3
1987	367.35	225.07	61.3	89.84	24.4	52.45	14.3
1988	381.43	226.65	59.4	97.06	25.5	57.72	15.1
1989	390.31	235.21	60.2	95.49	24.5	59.61	15.3
1990	408.50	249.36	61.0	95.41	23.4	63.73	15.6
1991	419.35	260.56	62.1	93.90	22.4	64.89	15.5
1992	421.81	258.67	61.3	98.13	23.3	65.01	15.4
1993	423.40	247.05	58.3	105.18	24.9	71.17	16.8
1994	423.45	247.36	58.4	103.56	24.5	72.53	17.1
1995	425.43	242.09	56.9	107.66	25.3	75.68	17.8
1996	428.26	239.60	55.9	108.63	25.4	80.03	18.7
1997	432.88	240.85	55.6	106.11	24.5	85.92	19.9
1998	421.09	242.24	57.5	92.02	21.9	86.83	20.6
1999	418.65	235.80	56.3	92.26	22.0	90.59	21.7
2000	417.66	235.35	56.4	93.24	22.3	89.07	21.3
2001	415.78	230.49	55.4	95.79	23.0	89.50	21.6
2002	391.81	216.01	55.1	94.83	24.2	80.97	20.7
2003	382.03	196.26	51.4	103.31	27.0	82.46	21.6
2004	395.50	189.72	48.0	111.45	28.2	94.33	23.8
2005	452.20	182.63	40.3	127.69	28.3	141.88	31.4
2006	469.15	177.20	37.8	144.99	30.9	146.96	31.3
2007	477.21	170.31	35.7	152.18	31.9	154.72	32.4
2008	486.05	163.19	33.5	168.99	34.8	153.87	31.7
2009	501.17	162.08	32.4	180.01	35.9	159.08	31.7
2010	485.90	197.80	40.7	130.60	26.9	157.50	32.4
2011	483.00	189.10	39.2	136.50	28.3	157.40	32.6
2012	478.70	180.40	37.7	140.30	29.3	158.00	33.0
2013	478.70	171.50	35.8	145.80	30.5	161.40	33.7
2014	480.90	162.70	33.8	150.70	31.3	167.50	34.8
2015	482.10	152.80	31.7	155.60	32.3	173.70	36.0
2016	483.40	144.30	29.9	159.90	33.1	179.20	37.1
2017	482.70	135.00	28.0	162.80	33.7	184.90	38.3
2018	483.10	119.90	24.8	170.20	35.2	193.00	40.0
2019	483.40	106.80	22.1	172.70	35.7	203.90	42.2

注：从 2010 开始从业人数为推算数。

4-4 市区分三次产业从业人数及构成

单位：万人、%

年份	从业人数	第一产业		第二产业		第三产业	
		人数	比重	人数	比重	人数	比重
1978	43.76	3.90	8.9	24.66	56.4	15.20	34.7
1979	46.66	3.83	8.2	27.73	59.4	15.10	32.4
1980	47.26	3.65	7.7	29.47	62.4	14.14	29.9
1981	49.16	3.65	7.4	30.60	62.3	14.91	30.3
1982	51.19	3.56	7.0	32.25	63.0	15.38	30.0
1983	53.74	3.50	6.5	34.59	64.4	15.65	29.1
1984	55.88	3.28	5.9	36.60	65.5	16.00	28.6
1985	58.14	2.78	4.8	39.89	66.9	16.47	28.3
1986	58.95	2.84	4.8	38.85	65.9	17.26	29.3
1987	59.82	2.79	4.6	40.25	67.3	16.78	28.1
1988	61.42	2.71	4.4	40.46	65.9	18.25	29.7
1989	51.35	2.86	4.7	39.94	65.1	18.55	30.2
1990	62.50	2.91	4.7	39.41	63.0	20.19	32.3
1991	63.48	2.83	4.4	39.97	63.0	20.68	32.6
1992	63.35	2.71	4.3	41.23	65.1	19.41	30.6
1993	63.95	2.24	3.5	40.79	63.8	20.92	32.7
1994	80.20	11.46	14.3	43.90	54.7	24.84	31.0
1995	82.89	11.83	14.3	45.71	55.1	25.35	30.6
1996	82.21	11.86	14.4	44.61	54.3	25.74	31.3
1997	82.85	10.96	13.2	44.24	53.4	27.65	33.4
1998	74.39	10.21	13.7	34.85	46.9	29.33	39.4
1999	71.29	10.06	14.1	33.38	46.8	27.85	39.1
2000	72.16	11.18	15.5	32.22	44.6	28.76	39.9
2001	72.81	12.78	17.6	31.19	42.8	28.84	39.6
2002	63.22	11.73	18.6	27.21	43.0	24.28	38.4
2003	62.75	10.71	17.1	26.78	42.7	25.26	40.2
2004	71.38	10.01	14.0	27.80	39.0	33.56	47.0
2005	91.10	12.06	13.2	32.08	35.2	46.95	51.5
2006	99.74	12.41	12.4	34.35	34.5	52.98	53.1
2007	96.42	9.26	9.6	33.07	34.3	54.09	56.1
2008	99.17	10.70	10.8	39.72	40.0	48.75	49.2
2009	103.83	11.82	11.4	42.22	40.7	49.79	47.9
2010	157.24	54.28	34.5	38.83	24.7	64.13	40.8
2011	156.30	51.62	33.0	40.59	26.0	64.09	41.0
2012	154.91	48.86	31.5	41.72	26.9	64.33	41.5
2013	154.91	45.84	29.6	43.35	28.0	65.72	42.4
2014	155.62	42.61	27.4	44.81	28.8	68.20	43.8
2015	156.01	39.02	25.0	46.27	29.7	70.72	45.3
2016	156.82	33.34	21.3	48.89	31.2	74.58	47.6
2017	157.92	31.19	19.8	49.78	31.5	76.95	48.7
2018	160.07	27.70	17.3	52.04	32.5	80.32	50.2
2019	162.34	24.68	15.2	52.80	32.5	84.86	52.3

注：2010年以后市区为包含铜山区口径，与往年不可比。从2010开始从业人数为推算数。

4-5 分行业城镇私营个体从业人员

（2019 年底） 单位：人

行 业	全 市	市 区
合 计	**1737687**	**924766**
第一产业	36120	16304
第二产业	362596	160058
工业	236587	101435
建筑业	126009	58623
第三产业	1338971	748404
交通运输、仓储和邮政业	122624	59842
信息传输、计算机服务和软件业	26481	15036
批发和零售业	685974	366560
住宿和餐饮业	143453	86871
金融业	2348	1327
房地产业	35675	19481
租赁和商务服务业	99412	63272
科学研究、技术服务和地质勘查业	81255	56105
水利、环境和公共设施管理业	2305	1199
居民服务和其他服务业	110769	64533
教育	8609	4039
卫生、社会保障和社会福利业	4139	2535
文化、体育和娱乐业	15867	7566
其他	60	38

4-6 分行业乡村从业人员

（2019 年底） 单位：万人

行 业	全 市	市 区
合 计	**354.34**	**84.87**
第一产业	122.38	26.60
# 农业	102.24	20.82
第二产业	156.41	37.58
工业	103.87	26.37
建筑业	52.54	11.21
第三产业	75.55	20.69
交通运输、仓储和邮政业	16.25	5.33
信息传输、计算机服务和软件业	2.24	0.73
批发和零售业	23.81	6.70
住宿、餐饮业	10.96	2.62
金融和保险业	1.64	0.52
房地产和社会服务业	2.05	0.55
科学研究、技术服务和地质勘查业	0.65	0.16
教育、文化、艺术和广播电视业	3.26	0.68
卫生、体育和社会福利业	2.31	0.52
公共管理和社会组织	1.12	0.23
其他	11.26	2.65

4-7 主要年份在岗职工人数

（年底数） 单位：万人

年 份	全市合计	国有经济单 位	城镇集体经济单位	其他经济类型单位	市区合计	国有经济单 位	城镇集体经济单位	其他经济类型单位
1949	6.11	6.11			4.88	4.88		
1952	8.11	8.11			6.00	6.00		
1957	10.04	10.04			6.86	6.86		
1962	16.94	16.94			16.81	12.21	4.60	
1965	15.18	15.18			15.23	10.45	4.78	
1970	22.12	22.12			18.94	13.84	5.10	
1975	42.69	29.21	13.48		27.06	19.86	7.20	
1978	60.12	41.16	18.96		39.20	28.07	11.13	
1979	61.94	41.04	20.90		42.12	28.90	13.22	
1980	64.97	45.16	19.81		42.71	30.76	11.95	
1981	67.64	47.80	19.84		44.41	32.44	11.97	
1982	70.10	50.18	19.92		46.28	34.24	12.04	
1983	72.17	52.60	19.57		48.37	36.37	12.00	
1984	76.65	53.40	23.25		50.01	37.69	12.32	
1985	78.06	55.19	22.87		51.42	39.51	11.91	
1986	80.41	56.82	23.58	0.01	52.69	40.30	12.38	0.01
1987	82.15	58.96	23.17	0.02	53.34	41.09	12.23	0.02
1988	85.87	61.88	23.96	0.04	54.06	42.03	11.98	0.05
1989	85.39	61.88	23.42	0.09	54.01	42.22	11.70	0.09
1990	87.35	63.69	23.53	0.13	55.05	43.12	11.81	0.12
1991	89.59	65.55	23.85	0.19	56.05	43.93	11.93	0.19
1992	90.25	67.10	22.87	0.28	56.07	44.57	11.27	0.23
1993	91.83	69.40	21.54	0.89	56.13	44.88	10.59	0.66
1994	91.39	70.80	19.60	0.99	55.75	45.21	9.69	0.85
1995	92.39	72.52	19.13	0.74	55.92	45.98	9.52	0.42
1996	94.16	73.94	18.78	1.44	56.12	45.78	9.30	1.04
1997	93.85	74.41	17.76	1.68	55.41	45.53	9.00	0.87
1998	77.72	63.66	9.79	4.27	44.72	38.92	3.60	2.20
1999	75.07	61.95	9.39	3.73	42.84	37.62	3.48	1.74
2000	71.02	57.74	8.30	4.98	40.10	34.32	2.88	2.90
2001	67.64	53.65	7.01	6.98	38.12	32.08	2.24	3.79
2002	61.76	44.55	4.92	12.28	34.33	25.23	1.70	7.40
2003	59.15	43.32	4.25	11.58	32.64	24.45	1.40	6.79
2004	56.31	40.19	3.90	12.22	30.71	21.99	1.21	7.51
2005	56.07	40.13	3.60	12.34	30.35	22.31	1.02	7.03
2006	56.91	39.87	3.57	13.47	30.18	22.00	1.00	7.18
2007	57.56	40.00	3.35	14.21	30.55	22.39	0.84	7.32
2008	58.34	39.53	3.44	15.37	30.30	21.79	1.14	7.37
2009	58.29	38.49	2.99	16.81	30.00	21.33	0.84	7.83
2010	58.38	38.59	2.89	16.90	35.22	24.17	1.03	10.02
2011	59.42	38.94	2.93	17.54	35.48	24.30	1.13	10.05
2012	60.59	39.50	2.62	18.46	35.82	24.51	0.87	10.43
2013	101.53	32.98	3.04	65.51	54.84	14.69	0.92	39.23
2014	99.88	34.06	3.32	62.50	52.84	15.03	0.77	37.04
2015	97.17	32.05	3.16	61.95	50.17	14.32	0.70	35.15
2016	92.89	31.76	3.21	57.92	45.80	14.43	0.71	30.66
2017	90.43	31.30	3.04	56.09	45.84	14.68	0.63	30.53
2018	79.60	30.06	2.85	46.69	41.72	13.49	1.25	26.98
2019	69.95	30.68	2.18	37.09	34.30	13.18	1.10	20.01

注：从 2013 年年报开始在岗职工期末人数为劳资老口径与一套表四上单位合并数据，且为在岗职工与劳务派遣工之和。

4-8 在岗职工人数

（2019 年底） 单位：人

项　　目	在岗职工人　　数	国有经济单　　位	城镇集体经济单位	其他经济类型单位
总　计	**699457**	**306799**	**21778**	**370880**
按企业、事业、机关分				
企业	440895	77762	12037	351096
事业	156126	139195	8772	8159
机关	88140	87869	15	256
民间非营利组织	14044	1973	949	11122
其他	252		5	247
按国民经济行业分				
农、林、牧、渔业	7942	7152	59	731
采矿业	25721			25721
制造业	115912	3942	732	111238
电力、煤气及水的生产和供应业	8325	1258	103	6964
建筑业	124301	29085	3977	91239
批发和零售业	32049	4082	1375	26592
交通运输、仓储及邮政业	31266	10918	481	19867
住宿和餐饮业	5118	1350	255	3513
信息传输、计算机服务和软件业	7482	1770	8	5704
金融业	15252	5256	1975	8021
房地产业	12126	754	148	11224
租赁和商务服务业	32662	9079	1432	22151
科学研究、技术服务和地质勘查业	11045	5607	607	4831
水利、环境和公共设施管理业	7369	4581	242	2546
居民服务和其他服务业	2948	883	37	2028
教育	109135	84457	4972	19706
卫生、社会保障和社会福利业	54299	42696	5140	6463
文化、体育和娱乐业	5021	2894	137	1990
公共管理和社会组织	91484	91035	98	351
按隶属关系分（国有经济）				
中央	18200	18200		
地方	177894	177894		
其他	110705	110705		

4-9 市区在岗职工人数

（2019年底） 单位：人

项 目	在岗职工人数	国有经济单位	城镇集体经济单位	其他经济类型单位
总 计	**342975**	**131821**	**11039**	**200115**
按企业、事业、机关分				
企业	227651	32774	5896	188981
事业	64360	54412	4800	5148
机关	43563	43528		35
民间非营利组织	7221	1107	338	5776
其他	180		5	175
按国民经济行业分				
农、林、牧、渔业	530	337		193
采矿业	7661			7661
制造业	77488	3877	258	73353
电力、煤气及水的生产和供应业	5024	582	66	4376
建筑业	23203	2488	3145	17570
批发和零售业	21981	2278	454	19249
交通运输、仓储及邮政业	24234	7936	153	16145
住宿和餐饮业	4404	1350	152	2902
信息传输、计算机服务和软件业	6338	997		5341
金融业	8453	2052	880	5521
房地产业	8760	402	139	8219
租赁和商务服务业	23462	6383	215	16864
科学研究、技术服务和地质勘查业	6424	2953	184	3287
水利、环境和公共设施管理业	4191	1876	136	2179
居民服务和其他服务业	1266	454	16	796
教育	47027	32534	2935	11558
卫生、社会保障和社会福利业	24401	18985	2212	3204
文化、体育和娱乐业	3219	1703	40	1476
公共管理和社会组织	44909	44634	54	221
按隶属关系分（国有经济）				
中央	14356	14356		
地方	65431	65431		
其他	52034	52034		

4-10 女性在岗职工人数

（2019 年底）　　单位：人

项　　目	女性从业人员人数	国有经济单　　位	城镇集体经济单位	其他经济类型单位
总　计	**263436**	**137770**	**11175**	**114491**
按企业、事业、机关分				
企业	130539	24640	4581	101318
事业	95880	85218	5916	4746
机关	26852	26686	8	158
民间非营利组织	10029	1226	670	8133
其他	136			136
按国民经济行业分				
农、林、牧、渔业	4953	4661	20	272
采矿业	3907			3907
制造业	38923	1066	267	37590
电力、煤气及水的生产和供应业	2273	452	25	1796
建筑业	10009	1940	619	7450
批发和零售业	15845	1424	677	13744
交通运输、仓储及邮政业	9376	3846	175	5355
住宿和餐饮业	3094	830	130	2134
信息传输、计算机服务和软件业	3401	950	3	2448
金融业	10418	4631	829	4958
房地产业	4723	263	84	4376
租赁和商务服务业	9769	1874	867	7028
科学研究、技术服务和地质勘查业	3722	1816	227	1679
水利、环境和公共设施管理业	2874	1470	210	1194
居民服务和其他服务业	1452	405	24	1023
教育	69610	52142	3443	14025
卫生、社会保障和社会福利业	39909	32173	3486	4250
文化、体育和娱乐业	2486	1307	62	1117
公共管理和社会组织	26692	26520	27	145

4-11 主要年份职工工资总额

单位：万元

年份	全市				市区			
	全部职工	国有经济单位	城镇集体经济单位	其他经济类型单位	全部职工	国有经济单位	城镇集体经济单位	其他经济类型单位
1949	1962	1962			1707	1707		
1952	3680	3680			3177	3177		
1957	5709	5709			4251	4251		
1962	10295	10295			8042	8042		
1965	9418	9418			7106	7106		
1970	11199	11199			8136	8136		
1975	21093	15939	5154		14896	11824	3072	
1978	31439	23706	7733		22573	17598	4975	
1979	36925	27781	9144		27260	21129	6131	
1980	44954	34084	10870		32809	25473	7336	
1981	47170	35891	11279		34194	26615	7579	
1982	51676	39575	12101		37389	29355	8033	
1983	55388	43349	12039		40701	32699	8001	
1984	80714	60828	19886		58779	46285	12493	
1985	93432	72426	21006		68323	55947	12376	
1986	110187	85424	24754	9	80480	65838	14633	9
1987	117231	91512	25689	30	84543	69518	14995	28
1988	149139	117615	31454	70	104028	86618	17340	64
1989	165525	132521	32819	185	118228	100083	17960	185
1990	185938	150380	35187	371	132593	112898	19324	371
1991	208723	169855	38397	471	149964	127972	21524	468
1992	244828	202261	41831	736	175433	151564	23203	666
1993	304255	253382	47734	3139	218454	189200	26586	2668
1994	407761	349729	53041	4991	287245	253793	28832	4620
1995	506766	437394	66563	2809	355676	317499	36295	1880
1996	584442	506673	68847	8922	402383	358696	36286	7401
1997	609772	534263	64613	10896	419217	375289	36310	7618
1998	592951	514526	48949	29476	396614	357549	23395	15670
1999	624029	546719	49089	28221	417883	378034	23453	16396
2000	653127	565585	42684	44858	439909	390587	18473	30849
2001	700349	596699	39062	64588	482073	423530	15307	43235
2002	742489	572711	31159	138619	516553	397782	13763	105008
2003	802685	621748	29756	151181	569467	440515	12119	116832
2004	894607	679066	33849	181692	641470	483484	15473	142513
2005	1072593	825124	35199	212270	763816	587518	14430	161868
2006	1250866	943120	40150	267595	888450	679934	14744	193772
2007	1367407	1034032	42865	290510	932620	720634	13729	198257
2008	1549543	1141926	56183	351434	1032278	776277	20991	235010
2009	1808200	1289097	58151	460952	1179995	860207	17196	302592
2010	1985130	1431819	70534	482777	1404233	1034203	29191	340839
2011	2347680	1673845	91401	582434	1621227	1187306	41355	392566
2012	2664762	1890555	92391	681817	1813377	1326132	33376	453870
2013	4587245	1617517	119932	2849796	2806363	867345	37131	1901887
2014	5011775	1782705	144653	3084417	2997160	963758	37083	1996319
2015	5248123	1957397	148450	3142276	3020812	1037061	36704	1947048
2016	5266856	2083555	159849	3023452	2945037	1119808	40686	1784543
2017	5591259	2263659	166049	3161551	3169448	1248071	40450	1880927
2018	5617231	2411299	195304	3010628	3350499	1343875	92919	1913705
2019	5415174	2609782	159058	2646334	3131241	1403164	95210	1632867

注：在岗职工工资总额为劳动工资原口径与一套表四上单位合并后的在岗职工工资总额（含劳务派遣人员）。

4-12 主要年份职工平均工资

单位：元

年份	全市				市区			
	全部职工	国有经济单位	城镇集体经济单位	其他经济类型单位	全部职工	国有经济单位	城镇集体经济单位	其他经济类型单位
1949					349	349		
1952	503	503			529	529		
1957	573	573			619	619		
1962	548	548			590	590		
1965	599	599			594	680	407	
1970	553	553			547	587	436	
1975	509	564	392		580	595	426	
1978	554	593	430		605	664	446	
1979	605	676	459		647	731	464	
1980	715	791	535		768	828	613	
1981	720	772	569		770	820	633	
1982	755	808	609		807	857	667	
1983	780	840	621		841	898	667	
1984	1105	1178	884		1175	1228	1014	
1985	1231	1351	941		1220	1303	944	
1986	1403	1537	1077	1828	1400	1503	1067	645
1987	1463	1601	1119	2021	1511	1625	1136	1934
1988	1798	1973	1349	2101	1800	1935	1329	1633
1989	1965	2177	1410	2224	2189	2370	1535	2189
1990	2179	2417	1531	3050	2708	2618	1636	3091
1991	2379	2644	1647	2656	2715	2913	1804	2521
1992	2753	3052	1867	2838	3151	3426	2068	3115
1993	3355	6698	2245	3702	3914	4244	2512	4119
1994	4524	5013	2732	5202	5186	5658	2971	5583
1995	5537	6101	3481	3957	6381	6938	3791	4669
1996	6279	6933	3707	6308	7208	7878	3916	7197
1997	6521	7211	3636	6580	7533	8214	3994	8764
1998	7717	8149	5150	7023	8999	9234	6998	7796
1999	8447	8955	5351	7731	9911	10169	7015	9945
2000	9339	9908	5243	9531	11144	11442	6706	11940
2001	10501	11174	5630	10171	12837	13143	7041	13710
2002	11887	12683	6235	11264	14929	15633	8246	14027
2003	13551	14327	6777	13209	17518	18073	8528	17405
2004	15809	16864	8387	14789	20898	22046	12735	18876
2005	18849	20373	9597	16670	24838	26223	13545	22230
2006	21896	23639	11058	19673	29191	30969	14163	26047
2007	23711	25791	12674	20465	30652	32299	15904	27338
2008	26824	29000	16253	23534	33982	35610	18075	31689
2009	31173	33575	19527	27715	39392	40387	20230	38766
2010	34243	37406	24377	28737	40254	43371	28185	34075
2011	39493	43102	30823	33008	45909	49355	36327	38794
2012	44070	47890	35540	37076	50715	54249	37936	43510
2013	47013	50192	40499	45680	51903	59051	40505	49445
2014	50268	53761	43619	48784	55387	63929	48059	52170
2015	54310	61794	47722	50809	59373	72206	52751	54356
2016	57228	66580	50405	52520	63077	77868	57621	56468
2017	63917	74800	56043	58277	71510	88131	63133	63718
2018	71457	81565	72026	64974	81357	100117	81795	71879
2019	78568	87360	73251	71759	91987	107247	86093	82257

4-13 职工工资总额

（2019年底） 单位：万元

项　　目	在岗职工工资总额	国有经济单　位	城镇集体经济单位	其他经济类型单位
总　计	**5415174**	**2609782**	**159058**	**2646334**
按企业、事业、机关分				
企业	3066790	473007	79671	2514111
事业	1473412	1321097	74102	78212
机关	803325	800631	55	2639
民间非营利组织	70351	15047	5220	50084
其他	1297		9	1288
按国民经济行业分				
农、林、牧、渔业	24211	21193	198	2820
采矿业	254727			254727
制造业	930100	60328	3564	866207
电力、煤气及水的生产和供应业	89448	9389	330	79729
建筑业	640720	123797	31849	485074
批发和零售业	191412	22867	6397	162148
交通运输、仓储及邮政业	280582	99766	2086	178731
住宿和餐饮业	20076	4252	923	14902
信息传输、计算机服务和软件业	61297	14943	24	46330
金融业	167449	46567	20877	100006
房地产业	93404	5504	482	87419
租赁和商务服务业	158718	33386	5149	120184
科学研究、技术服务和地质勘查业	96967	47310	3560	46097
水利、环境和公共设施管理业	47916	33449	1147	13320
居民服务和其他服务业	15398	5733	135	9530
教育	977278	807618	42181	127479
卫生、社会保障和社会福利业	494315	416924	39153	38238
文化、体育和娱乐业	34664	23563	519	10582
公共管理和社会组织	836493	833193	486	2814
按隶属关系分（国有经济）				
中央	173830	173830		
地方	1556644	1556644		
其他	879308	879308		

4-14 市区职工工资总额

（2019年底） 单位：万元

项目	在岗职工工资总额	国有经济单位	城镇集体经济单位	其他经济类型单位
总计	**3131241**	**1403164**	**95210**	**1632867**
按企业、事业、机关分				
企业	1887401	288157	47657	1551588
事业	717639	618555	45608	53476
机关	488358	487962		396
民间非营利组织	36814	8490	1937	26387
其他	1030		9	1021
按国民经济行业分				
农、林、牧、渔业	4089	3449		640
采矿业	68587			68587
制造业	693341	60018	1252	632071
电力、煤气及水的生产和供应业	64154	5673	235	58246
建筑业	173282	16409	27548	129325
批发和零售业	149848	15644	2943	131261
交通运输、仓储及邮政业	238714	81128	686	156900
住宿和餐饮业	17152	4252	558	12342
信息传输、计算机服务和软件业	54155	9722		44433
金融业	117558	26903	11162	79493
房地产业	71825	3026	449	68351
租赁和商务服务业	112732	23570	759	88403
科学研究、技术服务和地质勘查业	64672	29584	1305	33784
水利、环境和公共设施管理业	29963	17521	602	11840
居民服务和其他服务业	9710	3185	73	6453
教育	466883	358538	27969	80376
卫生、社会保障和社会福利业	258931	219692	19211	20028
文化、体育和娱乐业	24126	15501	173	8452
公共管理和社会组织	511520	509350	288	1883
按隶属关系分（国有经济）				
中央	143008	143008		
地方	715039	715039		
其他	545116	545116		

4-15 职工平均工资

（2019年底） 单位：元

项　目	在岗职工年平均工资	国有经济单位	城镇集体经济单位	其他经济类型单位
总　计	**78568**	**87360**	**73251**	**71759**
按企业、事业、机关分				
企业	71035	66951	66222	72028
事业	94715	95250	85009	95990
机关	91604	91579	36800	103506
民间非营利组织	50247	76497	55183	45169
其他	52502		17800	53219
按国民经济行业分				
农、林、牧、渔业	30404	29497	33475	39217
采矿业	93306			93306
制造业	80124	152614	49636	77749
电力、煤气及水的生产和供应业	107601	76270	32058	114242
建筑业	54785	52374	79963	54300
批发和零售业	60758	58529	46488	61839
交通运输、仓储及邮政业	88576	89516	43186	89147
住宿和餐饮业	39897	33216	36188	42613
信息传输、计算机服务和软件业	79225	84186	29500	77813
金融业	120450	120577	105543	124046
房地产业	77967	72895	32568	78919
租赁和商务服务业	51818	37965	35955	58902
科学研究、技术服务和地质勘查业	87912	84018	58649	96195
水利、环境和公共设施管理业	64716	72937	47409	51706
居民服务和其他服务业	51310	64931	36541	45793
教育	90068	96155	85473	65113
卫生、社会保障和社会福利业	91521	98155	76545	59561
文化、体育和娱乐业	69010	81055	37854	53473
公共管理和社会组织	91731	91820	49561	80391
按隶属关系分（国有经济）				
中央	95015	95015		
地方	88387	88387		
其他	84283	84283		

4-16　市区职工平均工资

（2019 年底）　　单位：元

项　目	在岗职工年平均工资	国有经济单位	城镇集体经济单位	其他经济类型单位
总　计	**91987**	**107247**	**86093**	**82257**
按企业、事业、机关分				
企业	83654	89179	80447	82802
事业	112103	114407	95116	103736
机关	112551	112548		116529
民间非营利组织	51130	77115	57806	45778
其他	58829		17800	60035
按国民经济行业分				
农、林、牧、渔业	77893	101444		34611
采矿业	84135			84135
制造业	89403	154366	48527	86106
电力、煤气及水的生产和供应业	126886	99873	35591	131718
建筑业	74559	65821	86957	73564
批发和零售业	69797	74108	65100	69428
交通运输、仓储及邮政业	98618	100010	43968	98444
住宿和餐饮业	39767	33216	36678	42840
信息传输、计算机服务和软件业	82240	97516		79514
金融业	138793	132136	125702	143333
房地产业	83333	75077	32288	84624
租赁和商务服务业	52864	39447	35302	58410
科学研究、技术服务和地质勘查业	100626	99441	70897	103379
水利、环境和公共设施管理业	70952	93496	44243	53502
居民服务和其他服务业	73619	70154	45313	76006
教育	100080	111199	95360	70044
卫生、社会保障和社会福利业	106574	116313	87244	62471
文化、体育和娱乐业	75300	91023	43200	57851
公共管理和社会组织	114258	114473	53241	85591
按隶属关系分（国有经济）				
中央	99733	99733		
地方	109918	109918		
其他	105963	105963		

4-17 城镇登记失业人数及失业率

单位：人

年份	当年需要安置的人数	当年已安置就业的人数	年末城镇登记失业人数	#失业青年	#失业女青年	年末城镇登记失业率（%）
1981	42995	22600	10294	10294		1.52
1982	28451	18432	5144	5144		0.73
1983	20261	8336	10633	10633		1.44
1984	22729	13584	8396	8396		1.08
1985	27051	14654	11605	11605		1.45
1986	30373	18158	11854	11854		1.43
1987	32082	16469	15200	15200		1.78
1988	36679	22722	13469	13469		1.50
1989	74534	22780	50947	50947		5.44
1990	71500	44775	22440	22440		2.42
1991	50367	29702	18622	18622	12054	1.98
1992	42113	19787	18754	18754	11627	1.97
1993	37681	19406	16997	16275	9615	1.81
1994	33896	17241	15576	14875	8815	1.70
1995	31238	14971	15390	15078	8869	1.60
1996	31431	14568	15276	13795	7742	1.50
1997	29154	13083	15073	13181	7232	1.62
1998	27155	13481	13163	10398	6295	1.30
1999	28125	13087	15038	12981	8035	1.52
2000	34107	14078	18625	8482	4433	1.89
2001	44654	16512	26836	9956	5650	2.40
2002	60674	21098	38099			3.58
2003	66044	22521	37980	7430	3492	4.30
2004	67288	27905	37231	6571	3815	4.03
2005	66614	31263	33560	10385	5980	3.44
2006	78964	45611	32581	9589	5273	3.03
2007	84262	50696	33488	17268	9478	2.80
2008	88393	54628	33665			2.70
2009	96903	61063	35738			2.86
2010	106308	72665	33613			2.63
2011	115628	77798	37824			2.55
2012	117890	82521	35369			2.39
2013	156404	122597	33785			2.14
2014	132486	100534	31914			1.91
2015	155995	124366	31611			1.89
2016	169543	138586	30953			1.85
2017	170150	139772	30375			1.82
2018	177054	145947	31105			1.78
2019	168469	135958	32413			1.75

主要统计指标解释

从业人员 指从事一定社会劳动并取得劳动报酬或经营收入的全部劳动力。包括：

（1）全部职工

（2）城镇私营企业从业人员

（3）城镇个体劳动者

（4）农村社会劳动者

（5）其他社会劳动者

这一指标反映了一定时期内全部劳动力资源的实际利用情况，是研究基本国情国力的重要指标。

各单位的从业人员是指在各级国家机关、政党机关、社会团体及企业、事业单位中工作，并取得劳动报酬的全部人员。包括职工、再就业的离退休人员、民办教师以及在各单位中工作的外方人员和港、澳、台方人员。

各单位的从业人员反映了各单位实际参加生产或工作的全部劳动力。

职工 指在国有经济、城镇集体经济、联营经济、股份制经济、外商和港、澳、台投资经济、其他经济单位及其附属机构工作，并由其支付工资的各类人员。

合同制职工 指各单位根据国务院国发（1986）77 号文件和国务院令第 99 号的规定，通过签订有固定期限劳动合同、无固定期限劳动合同和以完成一项工作为期限劳动合同所使用的职工。包括实行全员劳动合同制单位的全部职工。

使用的农村劳动力 指国有经济、城镇集体经济、联营经济、股份制经济、外商和港、澳、台投资经济、其他经济单位的职工中，现仍保留农村户籍关系的人员。

长期职工 指用工期限在一年以上（含一年）的职工。包括原固定职工、合同制职工、长期临时工以及国有单位使用的城镇集体所有制单位的人员和其他使用期限在一年以上的原计划外用工。

临时职工 指用工期限不超过一年的职工。包括各单位根据国家有关规定招用的，签订一年以内的劳动合同或使用期不超过一年的临时性、季节性用工。

其他从业人员 指劳动统计制度规定不作职工统计，但实际参加社会劳动并取得劳动报酬的人员。

各单位的其他从业人员是指单位中除职工以外的全部参加本单位生产或工作并取得劳动报酬的人员。包括再就业的离退休人员、民办教师以及在各单位中工作的外方人员和港、澳、台方人员。

城镇集体经济单位职工 指在城镇集体经济单位及其管理部门工作并由其支付工资的各类人员。

其他经济单位职工 指在联营经济、股份制经济、外商投资经济、港、澳、台投资经济单位工作，并由其支付工资的各类人员。

城镇个体劳动者 指经工商行政管理部门核准登记，领取营业执照，参加生产经营活动，户口在城镇的全部人员。

城镇登记失业人员 指有非农业户口，在一定的劳动年龄内（16 岁以上及男 50 岁以下、女 45 岁以下），有劳动能力，无业而要求就业，并在当地就业服务机构进行待业登记的人员。

城镇登记失业率 是城镇登记失业人数同城镇在业人数加城镇登记失业人数之比。计算公式为：

$$\text{城镇失业率}=\frac{\text{城镇登记失业人数}}{\text{城镇在业人数}+\text{城镇登记失业人数}}\times 100\%$$

从业人员劳动报酬 各单位一定时期内直接支付给本单位全部从业人员的劳动报酬总额。包括职工工资总额和本单位其他从业人员劳动报酬两部分。

职工工资总额 指各单位在一定时期内直接支付给本单位全部职工的劳动报酬总额。

工资总额的计算原则应以直接支付给职工的全部劳动报酬为根据。各单位支付给职工的劳动报酬以及其他根据有关规定支付的工资，不论是计入成本的还是不计入成本的，不论是按国家规定列入计征奖金税项目的，还是未列入计征奖金税项目的，不论是以货币形式支付的还是以实物形式支付的，均包括在工资总额内。

计时工资 指按计时工资标准（包括地区生活费补贴）和工作时间支付给个人的劳动报酬，以及根据国家法律、法规和政策规定，因病、工伤、产假、计划生育假、婚丧假、事假、探亲假、定期休假、停工学习、执行国家或社会义务等原因按计时工资标准或计时工资标准的一定比例支付的工资。

计件标准工资 是指实行计件工资制的单位按照批准的计件单价和规定的劳动定额或工作量应支付给计件工人的劳动报酬。

计件超额工资 是计件工资的一部分，指计件工人超额完成定额任务后所得的工资。即计件工人实得的全部计件工资减去应得的计件标准工资后的数额。某些企业的工人由于从事生产的工作物等级高于本人工资等级，因而其计件标准工资高于本人标准工资，其计件超额工资也应是全部工资减去应得的计件标准工资后的数额。

奖金 指支付给职工的超额劳动报酬和增收节支的劳动报酬。

津贴和补贴 指为了补偿职工特殊或额外的劳动消耗和因其他特殊原因支付给职工的津贴，以及为了保证职工工资水平不受物价影响支付给职工的物价补贴。

其他从业人员劳动报酬 指各单位在一定时期内直接支付给本单位其他从业人员的全部劳动报酬。

职工平均工资 指企业、事业、机关单位的职工在一定时间内平均每人所得的货币工资额。它表明一定时期职工工资收入的高低程度，是反映职工工资水平的主要指标。计算公式为：

$$职工平均工资=\frac{报告期实际支付的全部职工工资总额}{报告期全部职工平均人数}$$

职工平均实际工资 指扣除物价变动因素后的职工平均工资。计算公式为：

$$职工平均实际工资=\frac{报告期职工平均工资}{报告期全部职工生活费价格指数}$$

五、固定资产投资

INVESTMENT IN FIXED ASSETS

版面负责人：张　虹

编　　　辑：孙　伟

中华人民共和国统计法实施条例

第二十三条 统计调查对象按照国家有关规定设置的原始记录和统计台账，应当至少保存 2 年。

第二十四条 国家统计局统计调查取得的全国性统计数据和分省、自治区、直辖市统计数据，由国家统计局公布或者由国家统计局授权其派出的调查机构或者省级人民政府统计机构公布。

第二十五条 国务院有关部门统计调查取得的统计数据，由国务院有关部门按照国家有关规定和已批准或者备案的统计调查制度公布。

县级以上地方人民政府有关部门公布其统计调查取得的统计数据，比照前款规定执行。

第二十六条 已公布的统计数据按照国家有关规定需要进行修订的，县级以上人民政府统计机构和有关部门应当及时公布修订后的数据，并就修订依据和情况作出说明。

第二十七条 县级以上人民政府统计机构和有关部门应当及时公布主要统计指标涵义、调查范围、调查方法、计算方法、抽样调查样本量等信息，对统计数据进行解释说明。

第二十八条 公布统计资料应当按照国家有关规定进行。公布前，任何单位和个人不得违反国家有关规定对外提供，不得利用尚未公布的统计资料谋取不正当利益。

第二十九条 统计法第二十五条规定的能够识别或者推断单个统计调查对象身份的资料包括：

（一）直接标明单个统计调查对象身份的资料；

（二）虽未直接标明单个统计调查对象身份，但是通过已标明的地址、编码等相关信息可以识别或者推断单个统计调查对象身份的资料；

（三）可以推断单个统计调查对象身份的汇总资料。

5-1 全社会固定资产投资

单位：万元

年　份	全社会固定资产投资完成额	#城镇规模以上	农村规模以上	#城乡个私	#城镇个私
1978	32052	32052			
1979	39965	39965			
1980	46737	46737			
1981	31140	31140			
1982	45100	45100			
1983	61776	61776			
1984	72575	72575			
1985	81993	81993			
1986	186435	111793	46816	27826	13530
1987	223523	120516	54252	48755	15040
1988	203704	101872	62359	39473	16000
1989	211255	88112	70066	73077	16730
1990	244092	117535	84417	42140	19460
1991	300167	153137	99315	47715	22890
1992	448089	256335	132420	59334	23160
1993	513891	308967	134000	70924	15986
1994	772145	407060	247278	117807	31959
1995	1036880	532002	407263	97615	20696
1996	1365558	713616	542778	109164	18626
1997	1521073	812015	573291	135767	21696
1998	1882611	1137480	510507	211098	7529
1999	2202118	1313145	404029	422971	47274
2000	2521865	1540283	359501	541440	81474
2001	2878503	1715698	137554	182724	109437
2002	3231237	1776036	121704	272936	128717
2003	3830289	2447598	412593	292571	130034
2004	4452726	3187501	717778	726871	281055
2005	6013112	4509921	950880	1613051	881267
2006	7529941	5985211	816056	2386794	1800453
2007	9607018	7695881	1027195	6310559	5364624
2008	12506684	10150379	1467142	4397099	3293322
2009	16245718	13375634	2314293	7555693	5821889
2010	20492595	16469766	2917392	9003877	6810346

注：1. 2002 年以前城镇、农村规模以上分别为城镇、农村集体以上；2.2010 年以后不再统计全社会固定资产投资。

5-2 固定资产投资

单位：万元

年份	全市	#城乡个私	市区	#城乡个私
1978	32052		27988	
1979	39965		34622	
1980	46737		40763	
1981	31140		26990	
1982	45100		38339	
1983	61776		54607	
1984	72575		64757	
1985	81993		69413	
1986	158609	27826	106534	5816
1987	174768	48755	118110	6935
1988	164231	39473	95271	7917
1989	158178	73077	85194	7378
1990	201952	42140	117947	9486
1991	252452	47715	142140	10426
1992	388755	59334	233176	9293
1993	442967	70924	205394	6145
1994	654338	117807	316251	11149
1995	939265	97615	425293	13867
1996	1256394	109164	584478	18347
1997	1385306	135767	752279	36649
1998	1647987	211098	1098821	19776
1999	1717174	422971	1153101	100599
2000	1899784	541440	1269190	150387
2001	1853252	182724	1401933	87082
2002	1897740	272936	1461694	94483
2003	2860191	292571	1788761	49681
2004	3905279	726871	2041714	130810
2005	5460801	1613051	2492481	465764
2006	6801267	2386794	2936655	631616
2007	8723076	6310559	3617867	2402901
2008	11617521	4397099	5218485	2177161
2009	15689927	7555693	6270237	2248229
2010	19387158	9003877	10220846	3953299
2011	22010274	8934776	11930894	3448110
2012	26858891	9599343	14485002	2939545
2013	30901313	12552369	16824224	4944903
2014	36715594	17262719	19315592	7573667
2015	42661166	20133071	21670386	8223614
2016	47973323	27041925	23542260	11099451
2017	52770269	33281668	25793017	15099088

注：2011年起，固定资产投资统计的起点标准从计划总投资50万元提高到500万元。

5-3 各时期固定资产投资完成额

单位：万元

时期	合计	基本建设	更新改造	其他投资	房地产开发
1949	257	257			
恢复时期	**2065**	**2065**			
“一五”时期	**15602**	**15602**			
“二五”时期	**70222**	**70222**			
调整时期	**14262**	**14262**			
“三五”时期	**18586**	**18586**			
“四五”时期	**63127**	**60974**	**2153**		
“五五”时期	**151718**	**134899**	**12287**	**4532**	
1976	14432	14432			
1977	18532	18532			
1978	32052	29141	1870	1041	
1979	39965	32579	6402	984	
1980	46732	40215	4015	2507	
“六五”时期	**292584**	**177653**	**79905**	**35026**	
1981	31140	22524	5465	3151	
1982	45100	24312	14281	6507	
1983	61776	37279	17443	7054	
1984	72575	48622	17164	6789	
1985	81993	44916	25552	11525	
“七五”时期	**539828**	**285696**	**180358**	**61560**	**12214**
1986	111793	66508	29063	16222	
1987	120516	75020	31166	14330	
1988	101872	40804	46889	14179	
1989	88112	46274	34590	7248	
1990	117535	57090	38650	9581	12214
“八五”时期	**1657501**	**826093**	**526087**	**151031**	**154290**
1991	153137	74263	50691	13114	15069
1992	256335	116204	94656	29404	16071
1993	308967	126040	119234	35333	28360
1994	407060	205272	131971	35682	34135
1995	532002	304314	129535	37498	60655
“九五”时期	**5516539**	**2909525**	**1257699**	**449088**	**900227**
1996	713616	375182	186272	71520	80642
1997	812015	419068	202617	74937	115393
1998	1137480	591413	270144	90292	185631
1999	1313145	720580	283647	70847	238071
2000	1540283	803282	315019	141492	280490
“十五”时期	**13636754**	**5179894**	**1925784**	**847621**	**1799272**
2001	1715698	921817	359585	120944	313352
2002	1776036	1020760	398013	107174	250089
2003	2447598	1344223	520720	281697	300958
2004	3187501	1893094	647466	337806	309135
2005	4509921				625738
“十一五”时期	**53676871**				**6661018**
2006	5985211				707983
2007	7695881				1001097
2008	10150379				1308123
2009	13375634				1590593
2010	16469766				2053222
“十二五”时期	**159147238**				**18847603**
2011	22010274				2551217
2012	26858891				3100707
2013	30901313				3804668
2014	36715594				4688767
2015	42661166				4702244
“十三五”时期					**18041878**
2016	47973323				5491309
2017	52770269				5386244
2018					7164325
2019					8529360

注：1. 2002 年以前为城镇集体以上投资，2005 年以后取消了基本建设和更新改造的分类；2. 2011 年以前为城镇规模以上固定资产投资；3. 2011 年起为 500 万元以上固定资产投资，不再区分城镇和农村（下同）。

5-4 市区固定资产投资完成额

单位：万元

年 份	合 计	基本建设	更新改造	其他投资	房地产开发
1978	27988	25927	1144	917	
1979	34622	28415	5418	789	
1980	40763	35533	3171	2059	
1981	26990	20409	4270	2311	
1982	38339	21143	11801	5395	
1983	54607	33224	15401	5982	
1984	64757	44088	14998	5671	
1985	69413	38898	22367	8148	
1986	95150	60380	24007	10763	
1987	104174	70483	24933	8758	
1988	78745	35361	36892	6492	
1989	68047	38675	27081	2294	
1990	95455	45083	32432	5726	12214
1991	119408	60097	39380	6875	13056
1992	195860	86709	75680	19008	14463
1993	201019	68547	88506	20131	23835
1994	253437	130328	78598	19578	24933
1995	338392	196442	76004	17063	48883
1996	443879	252482	91128	38360	61909
1997	577803	316030	134249	42989	84535
1998	902936	481654	205674	65758	149850
1999	1048339	614299	211568	32237	190235
2000	1205265	681585	236759	62123	224798
2001	1328481	741555	295767	62149	229010
2002	1401555	832978	325980	72250	170347
2003	1788761	1134523	420109	53217	180912
2004	2231004	1557209	448594	35911	189290
2005	2451166				362170
2006	2924555				451565
2007	3607867				478393
2008	5185735				741589
2009	6162667				797912
2010	9664307				1266145
2011	11930894				1517773
2012	14485002				1995752
2013	16824224				2611336
2014	19315592				2996808
2015	21670386				2863281
2016	23542260				3263851
2017	25793017				3009665
2018					4554442
2019					5463557

5-5　各时期投资新增固定资产

单位：万元

时　期	合　计	基本建设	更新改造	其他投资	房地产开发
1949	248	248			
恢复时期	**1776**	**1776**			
“一五”时期	**12643**	**12643**			
“二五”时期	**52985**	**52985**			
调整时期	**11619**	**11619**			
“三五”时期	**11759**	**11759**			
“四五”时期	**35169**	**35169**			
“五五”时期	**120222**	**108726**	**8258**	**3238**	
1976	9446	9446			
1977	9458	9458			
1978	30475	27986	1789	700	
1979	30209	25844	3807	558	
1980	40634	35992	2662	1980	
“六五”时期	**225890**	**129838**	**63086**	**32966**	
1981	22041	15323	4097	2621	
1982	31357	15074	11754	4529	
1983	35124	14919	12514	7691	
1984	51932	30733	13882	7317	
1985	85436	53789	20839	10808	
“七五”时期	**439936**	**226017**	**147703**	**54849**	**11367**
1986	89636	48050	25724	15862	
1987	96080	60055	27876	8149	
1988	95252	48063	33199	13990	
1989	74117	34597	31245	8275	
1990	84851	35252	29659	8573	11367
“八五”时期	**1130113**	**526560**	**375736**	**128774**	**99043**
1991	114583	50726	39636	10026	14195
1992	186138	92456	56505	26802	10375
1993	191284	76848	84971	26428	3037
1994	252013	108300	87916	33537	22260
1995	386095	198230	106708	31981	49176
“九五”时期	**4160683**	**2118938**	**1041554**	**417666**	**582526**
1996	610805	319035	172302	58363	61105
1997	757218	425798	178475	67624	85321
1998	752613	303985	250117	80716	117795
1999	968298	520106	179786	86004	182402
2000	1071749	550014	260874	124958	135903
“十五”时期	**8627742**	**2848831**	**1427736**	**731525**	**1122436**
2001	1070252	582891	134992	110582	241787
2002	1549933	786760	559860	77321	125992
2003	1295044	672868	270887	225322	125967
2004	1718860	806312	461997	318300	132251
2005	2993653				496439
“十一五”时期	**36739637**				**3820079**
2006	3024852				298673
2007	6163555				448651
2008	5513772				497972
2009	9252496				1261300
2010	12784962				1313483
“十二五”时期	**124550840**				**10389210**
2011	15040675				1539050
2012	20447653				1360822
2013	24690737				2684251
2014	30741958				2152080
2015	33629817				2653007
“十三五”时期					**7482741**
2016	33204575				1984917
2017	42928427				2505293
2018					2992531
2019					2664973

5-6 市区投资新增固定资产

单位：万元

年 份	合 计	基本建设	更新改造	其他投资	房地产开发
1978	26866	25315	970	581	
1979	25972	22452	3066	454	
1980	35533	31935	2033	1565	
1981	18034	13109	3078	1847	
1982	25881	12913	9497	3471	
1983	29766	12206	10875	6685	
1984	44568	26544	11892	6132	
1985	75673	49688	17681	8204	
1986	73299	42141	20519	10629	
1987	80186	54202	21992	3891	
1988	75532	42957	26722	5853	
1989	55544	28219	24011	3314	
1990	64294	21322	13423	6171	11367
1991	84047	26233	27873	4974	13000
1992	150991	81358	42839	17559	9235
1993	119722	36283	52825	12914	16700
1994	135861	51271	49550	16641	18399
1995	207292	64720	51384	14704	43484
1996	375765	211880	91132	29017	43735
1997	537990	329431	102839	42557	62163
1998	553824	205359	192031	60488	95946
1999	731316	421070	124137	34668	151441
2000	772075	456828	185994	40513	88740
2001	662624	408353	79246		175025
2002	1193645	600972	483374	41657	67642
2003	762273	498133	183849	31992	48299
2004	909183	526150	263125	38431	81477
2005	1579550				246009
2006	1764597				89433
2007	2344769				448651
2008	2719346				234540
2009	3723923				797912
2010	8237121				697580
2011	6991822				826774
2012	10519995				623425
2013	12075838				1583159
2014	15337399				1154480
2015	16990739				1470955
2016	15731872				923570
2017	19993831				1425712
2018					1442383
2019					1898636

5-7 固定资产投资竣工的房屋建筑面积

单位：万平方米

年 份	竣工的房屋建筑面积	基本建设	更新改造	其他投资	房地产开发
1978	75.6	64.8	4.2	6.6	
1979	97.3	78.0	13.4	5.9	
1980	113.5	96.3	6.8	10.4	
1981	109.4	84.2	14.4	10.8	
1982	110.1	60.5	27.5	22.1	
1983	132.4	63.5	39.0	29.9	
1984	131.6	68.4	30.5	32.7	
1985	129.2	63.7	29.3	36.2	
1986	153.0	63.6	42.4	47.0	
1987	124.2	60.3	27.2	36.7	
1988	105.1	44.7	31.0	29.4	
1989	80.9	42.8	23.9	14.2	
1990	111.8	38.0	27.7	8.9	37.2
1991	115.6	42.3	25.7	14.4	33.2
1992	129.6	54.7	25.9	18.2	30.8
1993	160.1	62.2	32.8	17.3	47.8
1994	140.3	43.5	25.4	15.8	55.6
1995	183.3	89.0	17.8	15.9	60.6
1996	224.0	86.0	37.2	17.8	83.0
1997	261.5	101.9	34.3	21.6	130.7
1998	245.4	84.4	11.7	21.9	127.4
1999	380.8	118.1	6.1	46.9	209.8
2000	294.8	123.7	23.4	60.7	87.0
2001	431.1	179.1	16.1	35.5	200.4
2002	385.5	186.4	20.4	46.5	132.3
2003	211.6	66.6	7.6	26.0	111.4
2004	199.6	53.0	13.0	29.3	104.3
2005	537.3				320.1
2006	463.4				172.3
2007	767.5				265.7
2008	685.2				224.4
2009	689.3				407.9
2010	1409.6				457.1
2011	1752.8				562.5
2012	2276.7				481.5
2013	2787.0				702.7
2014	3436.1				508.6
2015	3613.6				671.8
2016	2299.3				601.8
2017	1652.4				520.5
2018	1117.9				766.2
2019	1129.1				657.2

5-8 市区固定资产投资竣工的房屋建筑面积

单位：万平方米

年　份	竣工的房屋建筑面积	基本建设	更新改造	其他投资	房地产开发
1978	60.7	53.5	2.0	5.2	
1979	80.9	64.5	11.1	5.3	
1980	86.5	72.5	5.1	8.9	
1981	85.2	68.0	9.1	8.1	
1982	78.2	41.9	19.0	17.3	
1983	104.4	48.4	31.3	24.7	
1984	103.4	51.7	25.3	26.4	
1985	98.4	46.7	25.4	26.3	
1986	112.8	52.0	33.5	27.3	
1987	65.3	41.3	21.0	3.0	
1988	52.1	26.0	19.0	7.1	
1989	51.9	31.0	17.3	3.6	
1990	75.2	22.2	20.0	2.0	31.0
1991	67.0	20.3	17.8	2.4	26.5
1992	76.0	28.0	9.0	11.0	28.0
1993	97.4	29.6	17.7	7.7	42.4
1994	84.9	18.2	14.6	7.6	44.5
1995	97.2	31.2	5.1	7.3	53.6
1996	116.1	35.6	13.7	5.2	61.6
1997	136.9	39.7	10.1	10.0	77.1
1998	159.6	35.2	7.3	7.0	110.1
1999	261.1	64.3	3.8	11.9	181.1
2000	162.2	64.1	16.5	23.9	57.7
2001	194.3	48.6	8.9	17.1	119.6
2002	167.6	71.2	12.4	17.7	66.3
2003	75.6	32.5	6.6		36.5
2004	102.8	19.6	7.0	4.3	71.9
2005	231.8				127.7
2006	186.5				43.9
2007	248.2				86.4
2008	251.1				76.4
2009	375.0				233.5
2010	732.4				227.0
2011	710.5				276.0
2012	966.8				179.2
2013	1223.6				403.9
2014	1401.2				170.4
2015	1636.1				302.2
2016	1014.2				252.7
2017	656.6				181.5
2018	428.5				277.4
2019	611.6				413.8

5-9 固定资产投资竣工的住宅建筑面积

单位：万平方米

年份	竣工的房屋住宅面积	基本建设	更新改造	其他投资	房地产开发
1978	36.4	33.7	0.4	2.3	
1979	50.5	44.7	3.6	2.2	
1980	61.2	58.2	0.2	2.8	
1981	64.3	53.3	7.7	3.3	
1982	58.8	37.3	9.9	11.6	
1983	73.8	38.5	16.1	19.2	
1984	65.8	35.2	12.3	18.3	
1985	67.1	32.3	10.4	24.4	
1986	76.1	31.9	18.1	26.1	
1987	48.7	25.6	6.9	16.2	
1988	33.0	15.5	8.1	9.4	
1989	29.7	18.0	7.3	4.4	
1990	58.4	12.2	9.4	2.1	34.7
1991	55.4	19.3	5.1	3.4	27.6
1992	64.6	26.2	6.8	4.8	26.8
1993	74.3	25.4	8.0	1.6	39.3
1994	73.8	21.1	4.3	6.4	42.0
1995	91.9	31.5	2.7	2.8	54.9
1996	114.1	31.7	8.4	3.0	71.0
1997	134.7	41.0	2.1	6.1	85.5
1998	140.6	26.9	0.4	6.0	107.3
1999	228.3	32.9	0.1	7.3	188.0
2000	143.6	31.9	3.5	33.7	74.5
2001	213.4	63.2		7.0	143.2
2002	155.7	43.0	0.9	9.3	102.6
2003	101.4	8.0	2.2	1.0	90.2
2004	92.8	3.7			89.1
2005	255.9				250.2
2006	149.3				136.7
2007	226.5				225.6
2008	198.4				198.4
2009	357.5				356.1
2010	395.2				378.6
2011	589.5				494.1
2012	554.3				426.2
2013	706.7				615.6
2014	623.7				431.1
2015	709.8				520.8
2016	551.9				488.7
2017	529.6				442.1
2018	654.0				628.8
2019	545.1				521.9

5-10 市区固定资产投资竣工的住宅建筑面积

单位：万平方米

年　份	竣工的房屋住宅面积	基本建设	更新改造	其他投资	房地产开发
1978	32.2	30.4		1.8	
1979	43.9	38.7	3.2	2.0	
1980	50.8	48.3	0.2	2.3	
1981	50.9	42.7	5.6	2.6	
1982	46.8	29.0	7.6	10.2	
1983	63.1	31.9	13.6	17.6	
1984	57.0	28.6	11.4	17.0	
1985	53.4	24.2	9.2	20.0	
1986	68.8	27.6	16.6	24.6	
1987	36.5	19.5	5.8	11.2	
1988	22.9	10.2	11.5	1.2	
1989	22.1	14.8	6.3	1.0	
1990	48.8	8.0	6.8	1.0	33.0
1991	39.8	19.3	5.1	3.4	12.0
1992	46.0	20.0	6.8	4.0	15.2
1993	54.4	12.2	3.8	1.5	36.9
1994	48.8	8.7	3.2	3.8	33.1
1995	63.7	15.2	0.5		48.0
1996	70.9	14.5	2.7	0.2	53.5
1997	81.0	16.8	1.1	2.6	60.5
1998	101.7	7.9	0.4		93.4
1999	173.6	11.3			162.3
2000	73.0	7.5	3.5	14.6	47.4
2001	94.9	13.5		2.8	78.6
2002	65.3	16.2	0.9	1.7	46.5
2003	30.8	1.6	2.2		27.0
2004	91.3	19.6	7.0	4.3	60.4
2005	102.0				102.0
2006	46.7				36.7
2007	65.9				65.9
2008	55.9				55.9
2009	196.3				196.3
2010	177.0				176.9
2011	254.8				252.6
2012	167.0				167.0
2013	377.7				355.7
2014	246.7				137.8
2015	236.2				230.7
2016	251.6				209.7
2017	144.0				133.2
2018	222.5				222.1
2019	348.8				347.8

5-11 主要年份房地产投资与销售情况

项　　目	2015	2016	2017	2018	2019
企业个数　（个）	**394**	**432**	**384**	**530**	**571**
投资完成额　（万元）	**4702244**	**5491309**	**5386244**	**7164325**	**8529360**
按构成分					
建筑工程	3652336	4075039	3764131	4253666	5604569
安装工程	441134	570022	609430	626793	508508
设备工器具购置	63407	206973	107861	68054	161514
其他费用	545367	639275	904822	2215812	2254769
按工程用途分					
住宅	3387992	4150360	4218147	5853139	7105562
# 经济适用房屋					
办公楼	274486	255195	220503	144153	128262
商业营业用房	762179	847687	740041	719706	799317
其他	277587	238067	207553	447327	496219
按资金来源分					
# 国内贷款	982918	763638	1084605	1097471	1914618
利用外资	12000		31955	130942	4991
自筹投资	3084313	2035800	1419793	2243680	1668134
其他投资	3602887	4323183	5332103	689446	605450
房屋建筑面积　（万平方米）					
施工面积	3816.70	4290.41	4690.59	5842.17	6630.97
# 住宅	2866.42	3334.84	3698.34	4662.14	5285.54
竣工面积	671.77	601.79	520.53	766.19	657.24
# 住宅	520.82	488.73	442.07	628.80	521.85
土地开发及购置					
本年土地开发面积					
本年土地购置面积	165.85	280.96	135.84	365.31	169.00
商品房销售情况					
房屋实际销售面积	790.51	1071.43	1183.80	1253.45	1474.07
# 住宅	684.83	917.89	1077.78	1160.67	1371.25
# 经济适用房					
房屋预售面积					
# 住宅					
# 经济适用房					
商品房销售额　（万元）	4312938	5878184	7420007	8630837	11773125

主要统计指标解释

固定资产投资额 指以货币形式表现的在一定时期内建造和购置固定资产的工作量以及与此有关的费用的总称。

计划总投资 是反应固定资产投资在建总规模的重要指标，也是检查工程进度，计算建设周期的依据之一。

计划总投资是指在建的建设工程按照总体设计（或按设计概算或预算）规定的内容全部建成计划需要的总投资。没有总体设计的建设工程，分别按报告期施工工程的计划总投资合计数填报。单纯购置单位应填报单纯购置的计划总投资。

自开始建设累计完成投资 是指建设项目从开始建设到本年底止累计完成的全部投资。它是反映整个建设项目或企、事业单位建设总进度的指标，其计算范围原则上应与“计划总投资”指标包括的工程内容相一致。报告期前已建成投产或停、缓建工程完成的投资以及拆除、报废工程的投资，仍应包括在内，但转出的“在建工程”累计投资应予以扣除，转入的 " 在建工程 " 以前年度完成的投资应当包括。

本年完成投资 指从本年 1 月 1 日起至本年最后一天止完成的全部投资额。本年完成投资是反映本年的实际投资规模，计算有关投资效果，进行国民经济核算和经济分析的重要指标。

建筑工程 是指各种房屋、建筑物的建造工程，又称建筑工作量。这部分投资额必须兴工动料，通过施工活动才能实现，是固定资产投资额的重要组成部分。

安装工程 指各种设备、装置的安装工程，又称安装工作量。

设备工器具购置 是指报告期内购置或自制的，达到固定资产标准的设备、工具、器具的价值。新建单位及扩建单位的新建车间，按照设计或计划要求购置或自制的全部设备、工具、器具，不论是否达到固定资产标准均计入“设备工器具购置”中。

其他费用 指在固定资产建造和购置过程中发生的，除建筑安装工程和设备、工器具购置投资完成额以外的应当分摊计入固定资产投资的费用，不指经营中财务上的其他费用。

本年新增固定资产 指报告期内交付使用的固定资产价值。包括本年内建成投入生产或使用的工程投资和达到固定资产标准的设备工器具的投资以及有关应摊入的费用。

六、对外经济贸易和国际旅游

FOREIGN ECONOMY &TRADE AND INTERNATIONAL TOURISM

版面负责人：王廷宝
编　　辑：柏　慧

中华人民共和国统计法实施条例

第三十条 统计调查中获得的能够识别或者推断单个统计调查对象身份的资料应当依法严格管理，除作为统计执法依据外，不得直接作为对统计调查对象实施行政许可、行政处罚等具体行政行为的依据，不得用于完成统计任务以外的目的。

第三十一条 国家建立健全统计信息共享机制，实现县级以上人民政府统计机构和有关部门统计调查取得的资料共享。制定机关共同制定的统计调查项目，可以共同使用获取的统计资料。

统计调查制度应当对统计信息共享的内容、方式、时限、渠道和责任等作出规定。

第五章　统计机构和统计人员

第三十二条 县级以上地方人民政府统计机构受本级人民政府和上级人民政府统计机构的双重领导，在统计业务上以上级人民政府统计机构的领导为主。

乡、镇人民政府应当设置统计工作岗位，配备专职或者兼职统计人员，履行统计职责，在统计业务上受上级人民政府统计机构领导。乡、镇统计人员的调动，应当征得县级人民政府统计机构的同意。

县级以上人民政府有关部门在统计业务上受本级人民政府统计机构指导。

第三十三条 县级以上人民政府统计机构和有关部门应当完成国家统计调查任务，执行国家统计调查项目的统计调查制度，组织实施本地方、本部门的统计调查活动。

第三十四条 国家机关、企业事业单位和其他组织应当加强统计基础工作，为履行法定的统计资料报送义务提供组织、人员和工作条件保障。

第三十五条 对在统计工作中做出突出贡献、取得显著成绩的单位和个人，按照国家有关规定给予表彰和奖励。

6-1 利用外资签订协议（合同）情况

单位：万美元

年 份	合 计		对外借款		外商直接投资	
	合同数（个）	合同外资额	合同数（个）	合同外资额	合同数（个）	合同外资额
1980	3	506	2	206		
1981						
1982	3	3678				
1983	2	29				
1984	2	55				
1985	9	406			2	41
1986	5	414	2	290	3	124
1987	11	973			1	66
1988	17	3574	5	2106	8	470
1989	17	2475	5	1530	11	937
1990	10	1604	4	1113	6	491
1991	27	1978	1	1281	26	697
1992	218	8111	3	525	215	7586
1993	432	25022	11	433	421	24589
1994	173	19516			173	19516
1995	159	10866			159	10866
1996	122	20791	6	3283	116	17508
1997	59	23626	8	13390	51	10236
1998	83	27817	4	5162	79	22655
1999	56	24468			56	24468
2000	99	25720			99	25720
2001	62	29078			62	29078
2002	119	44066			119	44060
2003	166	57301			166	57301
2004	186	69689			186	69689
2005	173	81733			173	81733
2006	151	81095			151	81095
2007	166	135827			166	135827
2008	122	172608			122	172608
2009	145	110956			145	110956
2010	204	189233			204	189233
2011	218	258369			218	258369
2012	211	243884			211	243884
2013	171	244661			171	244661
2014	189	30142			189	302142
2015	109	158941			109	158941
2016	166	351188			166	351188
2017	188	425776			188	425776
2018	263	571690			263	571690
2019	212	541586			212	541586

注：1989 年以前合同数、合同工外资金额分三部分：对外借款、外商直接投资、外商其他投资。本表中不含外商其他投资。1989 年以后合同数合同外资额包括两部分：对外借款、外商直接投资。2004 年以后合同数、合同外资金额为新批外商投资项目个数和新签协议注册外资额（下同）。

6-2 实际使用外资情况

单位：万美元

年 份	合 计	# 对外借款	# 外商直接投资
1985	55		
1986	618	253	
1987	214		40
1988	434	37	127
1989	2191	1022	371
1990	1324	578	110
1991	1225	978	247
1992	2378	1578	800
1993	4161	433	3728
1994	6898	1237	5661
1995	10432		10432
1996	17284	3232	14052
1997	19020	10091	8929
1998	22816		22816
1999	20184		20184
2000	20790		20790
2001	21840		21840
2002	25023		25023
2003	34095		34095
2004	30399		30399
2005	26057		26057
2006	24433		24433
2007	44291		44291
2008	58251		58251
2009	69781		69781
2010	101330		101330
2011	146569		146569
2012	170021		170021
2013	150047		150047
2014	165786		165786
2015	142788		142788
2016	150574		150574
2017	165991		165991
2018	189848		189848
2019	208997		208997

注：2004 年以后实际利用外资为实际使用注册外资（下同）。

6-3 主要年份对外经济情况

单位：万美元

指　　标	1990	1995	2000	2005	2010	2014	2015	2016	2017	2018	2019
自营进出口总额	1015	24696	32896	112621	416053	598841	541263	624838	780061	1174419	1351908
自营出口	599	14724	18715	75196	263060	467657	438935	525438	633413	970842	1128831
#三资企业	599	5626	7794	36282	111952	142804	129468	126558	149088	175011	147683
自营进口	416	9972	14181	37425	152993	131184	102328	99400	146648	203577	223077
#三资企业	416	8454	9765	29056	98975	52613	40728	47185	76900	95034	81089
新批外商投资项目个数（个）	10	159	99	173	204	189	109	166	188	263	212
新批协议注册外资额	1604	10866	25720	81733	189233	302142	158941	351188	425776	571690	541586
实际到帐注册外资额	1324	10432	20790	26057	101330	165786	142788	150574	165991	189848	208997
新签对外承包工程劳务合同额		3256	8010	31500	12648	61881	17674	9784	34052	21682	18822
对外承包工程劳务营业额		2228		30000	14610	29919	23067	10028	10078	13586	19925
期末在外人数（人）		2316	6995	18200	1761						
新批海外投资企业（家）		1		1	6	24	26	24	22	21	28
年末实有三资企业（家）	31	877	553	599	944	1262	1320	1516	1782	1957	2265
#投产开业企业	20	486	415	599	944	1262	1320	1516	1782	1957	2265

注：进出口总额1998年以后为海关数；2000年期末在外人数为当年新派人数。

6-4 主要年份国际旅游人数和收入

单位：人

指　　标	1990	1995	2000	2005	2010	2014	2015	2016	2017	2018	2019
过夜旅游者人数	**4325**	**4988**	**17825**	**73010**	**158277**	**29485**	**33776**	**34105**	**39884**	**44472**	**46854**
外国人	971	2985	11324	51417	121446	22210	24834	25317	31276	33880	36966
港澳台同胞	3354	2003	6501	21593	36831	7275	8942	8788	8608	10592	9888
过夜者人天数（人天）	**10318**	**19749**	**320914**	**521067**	**1019251**	**110307**	**127958**	**130706**	**159607**	**181182**	**193210**
外国人	3131	12926	182885	346684	724714	83008	95003	99115	128646	143584	156546
港澳台同胞	7187	6823	138029	174383	294537	27299	32956	31591	30961	37598	36664
过夜的外国人按国别分											
日本	401	792	2720	5992	13409						
菲律宾	7	13	20	519	3815						
新加坡	9	89	1006	2107	8304						
泰国	33	37	23	727	3763						
印度尼西亚	1	64	51	915	1485						
美国	109	494	3305	9361	15615						
加拿大	17	56	383	3020	4876						
英国	41	74	198	2277	7961						
法国	25	134	68	2121	5374						
德国	100	342	244	6803	12568						
意大利	13	66	81	1009	1976						
俄罗斯	50	51	141	1027	3282						
澳大利亚	35	62	390	3225	4869						
新西兰	6	8	22	1523	2536						
马来西亚		115	83	860	3603						
韩国		216	1454	2543	12362						
西班牙		15	10	553	489						
国际旅游收入（万美元）		**229**	**1307**	**5658**	**15287**	**2975**	**3861**	**3938**	**4963**	**5431**	**5712**

注：1. 俄罗斯旅游人数1992年及以前为前苏联数，德国1991年及以前的数字为西德数。2013年以后不再分国别统计入境人数。2. 2013年起国家旅游局对入境旅游者的统计口径进行了调整，从原来的入境旅游者调整为过夜入境旅游者。

主要统计指标解释

利用外资 指我国各级政府、部门、企业和其他经济组织通过对外借款、吸收外商直接投资以及用其他方式筹措的境外现汇、设备、技术等。

对外借款 是我国利用外资的主要部分。包括我国通过外国政府贷款，国际金融组织贷款，外国银行商业贷款，出口信贷以及对外发行债券、股票等方式，从境外筹措的资金。

外商直接投资 是指外国企业和经济组织或个人（包括华侨、港澳台同胞以及我国在境外注册的企业）按我国有关政策、法规，用现汇、实物、技术等在我国境内开办外商独资企业、与我国境内的企业或经济组织共同举办中外合资经营企业、合作经营企业或合作开发资源的投资（包括外商投资收益的再投资）以及政府有关部门批准的项目投资总额内，企业从境外借入的资金。

对外承包工程 包括各对外承包公司以招标议标承包方式承揽的下列业务：(1) 承包国外工程建设项目；(2) 承包我国对外经援项目；(3) 承包我国驻外机构的工程建设项目；(4) 承包我国境内利用外资进行建设的工程项目；(5) 与外国承包公司合营或联合承包工程项目时我国公司分包部分；(6) 以服务成果向业主收费的技术服务项目（包括承担地形地貌测绘；地质资源勘探与普查；建设区域规划；提供设计文件、图纸、生产工艺技术资料和工程技术经济咨询；工程项目的可行性考察、研究和评估；进行技术指导和培训人员等）；(7) 对外承包兼营的房屋开发业务。对外承包工程的营业额是以货币表现的本期内完成的对外承包工程的工作量，包括以前年度签订的合同和本年度新签订的合同在报告期完成的工作量。

对外劳务合作 指以收取工资的形式向业主或承包商提供技术和劳动服务的活动。我国对外承包公司在境外开办的合营企业，中国公司同时又提供劳务的，其劳务部分也纳入劳务合计统计。劳务合作营业额按报告期内向雇主提交的结算数（包括工资、加班费和奖金等）统计。

旅游人数 指来我国参观、访问、旅行、探亲、访友、休养、考察、参加会议和从事经济、科技、文化、教育、体育、宗教等活动的外国人、华侨、港澳和台湾同胞的人数。不包括外国在我国的常住机构，如使领馆、通讯社、企业办事处的工作人员；来我国常驻的外国专家、留学生以及在岸逗留不过夜人员。

旅游外汇收入 指国内各部门为来我国旅游的外国人、华侨、港澳和台湾同胞提供商品和劳务而获得的外汇收入。包括供应商品、饮食和提供住宿、交通、邮电、文化娱乐、导游等各项服务所得到的全部外汇收入。

七、能源消费与库存

ENERGY CONSUMPTION AND STOCK

版面负责人：邵明明
编　　　辑：李家平

中华人民共和国统计法实施条例

第六章　监督检查

第三十六条　县级以上人民政府统计机构从事统计执法工作的人员，应当具备必要的法律知识和统计业务知识，参加统计执法培训，并取得由国家统计局统一印制的统计执法证。

第三十七条　任何单位和个人不得拒绝、阻碍对统计工作的监督检查和对统计违法行为的查处工作，不得包庇、纵容统计违法行为。

第三十八条　任何单位和个人有权向县级以上人民政府统计机构举报统计违法行为。

县级以上人民政府统计机构应当公布举报统计违法行为的方式和途径，依法受理、核实、处理举报，并为举报人保密。

第三十九条　县级以上人民政府统计机构负责查处统计违法行为；法律、行政法规对有关部门查处统计违法行为另有规定的，从其规定。

第七章　法律责任

第四十条　下列情形属于统计法第三十七条第四项规定的对严重统计违法行为失察，对地方人民政府、政府统计机构或者有关部门、单位的负责人，由任免机关或者监察机关依法给予处分，并由县级以上人民政府统计机构予以通报：

（一）本地方、本部门、本单位大面积发生或者连续发生统计造假、弄虚作假；

（二）本地方、本部门、本单位统计数据严重失实，应当发现而未发现；

（三）发现本地方、本部门、本单位统计数据严重失实不予纠正。

第四十一条　县级以上人民政府统计机构或者有关部门组织实施营利性统计调查的，由本级人民政府、上级人民政府统计机构或者本级人民政府统计机构责令改正，予以通报；有违法所得的，没收违法所得。

7-1 规模以上工业企业综合能源分行业消费量

指标	2019年		2018年	
	综合能源消费量（吨标准煤）	产值单耗（吨标准煤/万元）	综合能源消费量（吨标准煤）	产值单耗（吨标准煤/万元）
全部工业企业	**19873186**	**0.46**	**17509226**	**0.46**
按轻重工业分				
轻工业	664744	0.07	600228	0.06
重工业	19208442	0.57	16908998	0.59
按行业门类分				
采矿业	1258781	0.94	1345959	0.93
煤炭开采和洗选业	1251697	1.01	1338795	0.98
黑色金属矿采选业	6058	0.13	6237	0.16
非金属矿采选业	1026	0.02	928	0.02
制造业	12547289	0.31	9010944	0.26
农副食品加工业	76679	0.04	73706	0.04
食品制造业	52759	0.15	55557	0.16
酒、饮料和精制茶制造业	68138	0.30	36685	0.15
纺织业	153543	0.13	141236	0.11
纺织服装、服饰业	8065	0.04	7853	0.02
皮革、毛皮、羽毛及其制品和制鞋业	8685	0.06	8359	0.07
木材加工和木、竹、藤、棕、草制品业	70348	0.05	104649	0.07
家具制造业	4747	0.03	5462	0.03
造纸和纸制品业	75472	0.38	54107	0.29
印刷和记录媒介复制业	5527	0.04	4035	0.03
文教、工美、体育和娱乐用品制造业	4591	0.04	10660	0.06
石油、煤炭及其他燃料加工业	1238232	0.63	1082243	0.82
化学原料和化学制品制造业	1272767	0.70	1099758	0.65
医药制造业	35358	0.03	30964	0.03
化学纤维制造业	20832	0.16	20038	0.18
橡胶和塑料制品业	83057	0.16	86430	0.17
非金属矿物制品业	1488785	0.46	1385856	0.57
黑色金属冶炼和压延加工业	6261509	1.42	2708824	1.22
有色金属冶炼和压延加工业	107789	0.07	85759	0.07
金属制品业	142511	0.09	112730	0.09
通用设备制造业	72602	0.02	34535	0.01
专用设备制造业	79574	0.01	117558	0.02
汽车制造业	10213	0.02	12850	0.04
铁路、船舶、航空航天和其他运输设备制造业	22217	0.05	22188	0.05
电气机械和器材制造业	77005	0.05	60497	0.04
计算机、通信和其他电子设备制造业	1073929	0.94	1626988	0.95
仪器仪表制造业	6778	0.02	6592	0.02
废弃资源综合利用业	10898	0.09	4035	0.05
电力、热力、燃气及水生产和供应业	6067115	3.28	7152322	3.58
电力、热力生产和供应业	6048102	3.91	7135119	4.06
燃气生产和供应业	899		945	0.01
水的生产和供应业	18115	0.20	16257	0.22

7-2 规模以上工业企业能源购进、消费及库存

（2019 年） 单位：吨

指标	年初库存	购进量	消费量			年末库存
			合计	工业生产消费	非工业生产消费	
原煤	1322450	20498214	30471839	30453288	18551	1208099
无烟煤	107377	1414323	1416014	1416014		16428
炼焦烟煤		1577500	11577589	11577589		
一般烟煤	1145080	16242795	16227463	16208912	18551	1108856
褐煤	69993	1263596	1250774	1250774		82815
洗精煤	838103	9746320	9956814	9956814		545263
其他洗煤	112235	1986770	3105041	3105041		182458
煤制品		31302	31283	31283		19
焦炭	155716	4981743	4874020	4874020		262633
其他焦化产品	31623	369207	348656	348656		52174
焦炉煤气 （万立方米）		38901	38901	38901		
高炉煤气 （万立方米）		19137	876742	876742		
转炉煤气 （万立方米）			74366	74366		
天然气 （万立方米）		43505	43505	42637	867	
液化天然气	517	22472	22735	22683	53	254
汽油	5	1652	1657	832	826	
煤油		1216	1216	1216		
柴油	3290	35897	36146	26928	9219	2946
燃料油						
液化石油气		326	326	321	5	
润滑油	38	1690	1654	1654		11
溶剂油		1	1	1		
石油焦		10219	9300	9300		920
石油沥青	115	7526	7531	7531		153
其他石油制品	4713	58597	59537	58149	1389	3771
热力 （百万千焦）		19126856	21592467	21105108	487359	
电力 （万千瓦时）		1448004	2159364	2140766	18598	
城市生活垃圾用于燃料	82852	620002	1105141	1105141		29227
生物质废料用于燃料	31477	171780	199134	199134		14367
余热余压 （百万千焦）			8230850	8230850		
其他工业废料用于燃料		564	564	564		
其他燃料 （吨标准煤）		35924	35924	35924		
能源合计 （吨标准煤）			44449707	44370952	78755	

7-3 规模以上加工转换工业企业能源消费、投入及产出

（2019 年）　　　　　　　　　　　　　　　　单位：吨

指　　标	工业生产消费量	加工转换投入合计	# 火力发电	供　热	原煤入洗	炼　焦	炼油及煤制油	能源加工转换产出	回收利用
原煤	30147750	27989305	15184551	1448099	11356655				
无烟煤	1115121	693553			693553				
炼焦烟煤	11577589	11577589	942439	91750	10543400				
一般烟煤	16204266	14467389	13165597	1182090	119702				
褐煤	1250774	1250774	1076515	174259					
洗精煤（用于炼焦）	9956814	9956814				9956814		8051938	
其他洗煤	2729070	1961115	1207737	753378				1723010	
煤制品	16214	16214		16214					
焦炭	3812601							7097296	
其他焦化产品	94188							994573	
焦炉煤气　（万立方米）	37429	37429	30492	6937				54133	
高炉煤气　（万立方米）	857606	372859	372859						862092
转炉煤气　（万立方米）	74366	53217	53217						74366
天然气　（万立方米）	12761	8689	221	8468					
液化天然气	3577								
汽油	219								
煤油	1213								
柴油	12437	2507	2507						
润滑油	287							49957	
其他石油制品	57582	57582					57582		
热力　（百万千焦）	8637125							40455796	
电力　（万千瓦时）	1130994							4241774	
城市生活垃圾（用于燃料）	1105141	1105141	1027649	77492					
生物燃料　（吨标准煤）	145576	145576	107344	38232					
余热余压　（百万千焦）	8230850	8230850	8230850						8230850
其他燃料　（吨标准煤）	31220								
能源合计　（吨标准煤）	40254162	31746115	12607780	1638340	8458248	8961132	80614	22963560	1534206

7-4　工业企业分行业用水量

单位：万立方米

指　　标	取水量		用水量	
	2019	2018	2019	2018
全部工业企业	**18589.47**	**19939.47**	**18589.47**	**19939.47**
按轻重工业分				
轻工业	2055.97	1826.40	2055.97	1826.40
重工业	13551.57	14523.63	13551.57	14523.63
按行业门类分				
采矿业	2000.09	2281.56	2000.09	2281.56
煤炭开采和洗选业	1745.81	2034.21	1745.81	2034.21
黑色金属矿采选业	254.13	247.15	254.13	247.15
非金属矿采选业	0.15	0.20	0.15	0.20
制造业	8261.83	8144.08	8261.83	8144.08
农副食品加工业	160.15	151.59	160.15	151.59
食品制造业	169.32	153.87	169.32	153.87
酒、饮料和精制茶制造业	174.45	215.48	174.45	215.48
烟草制品业	39.87	43.70	39.87	43.70
纺织业	505.50	422.84	505.50	422.84
纺织服装、服饰业	32.73	33.92	32.73	33.92
皮革、毛皮、羽毛及其制品和制鞋业	110.41	104.81	110.41	104.81
木材加工和木、竹、藤、棕、草制品业	49.02	58.94	49.02	58.94
家具制造业	3.08	3.25	3.08	3.25
造纸和纸制品业	58.08	44.70	58.08	44.70
印刷和记录媒介复制业	14.51	13.82	14.51	13.82
文教、工美、体育和娱乐用品制造业	9.12	11.82	9.12	11.82
石油、煤炭及其他燃料加工业	771.27	618.98	771.27	618.98
化学原料和化学制品制造业	1338.25	1109.36	1338.25	1109.36
医药制造业	137.99	1109.36	137.99	119.98
化学纤维制造业	166.89	53.22	166.89	53.22
橡胶和塑料制品业	51.94	52.84	51.94	52.84
非金属矿物制品业	707.59	670.97	707.59	670.97
黑色金属冶炼和压延加工业	1072.97	727.47	1072.97	727.47
有色金属冶炼和压延加工业	96.81	306.57	96.81	306.57
金属制品业	60.66	55.17	60.66	55.17
通用设备制造业	148.42	131.52	148.42	131.52
专用设备制造业	189.16	377.11	189.16	377.11
汽车制造业	36.33	55.40	36.33	55.40
铁路和其他运输设备制造业	93.77	76.22	93.77	76.22
电气机械和器材制造业	329.44	252.27	329.44	252.27
计算机、通信和其他电子设备制造业	1694.72	2247.23	1694.72	2247.23
仪器仪表制造业	11.05	12.36	11.05	12.36
其他制造业	12.48	6.09	12.48	6.09
废弃资源综合利用业	15.84	12.55	15.84	12.55
电力、热力、燃气及水生产和供应业	8327.55	9513.83	8327.55	9513.83
电力、热力生产和供应业	8322.73	9507.98	8322.73	9507.98
燃气生产和供应业	4.82	5.86	4.82	5.86

注：本表汇总数据不含水的生产供应业。

7-5 工业企业重复用水量

单位：万立方米

指标	取水量		重复用水量	
	2019	2018	2019	2018
全部工业企业	**21197.50**	**22080.95**	**396657.13**	**433666.12**
按轻重工业分				
轻工业	4657.98	3962.93	1453.35	1493.32
重工业	13557.58	14528.58	242430.23	275760.37
按行业门类分				
采矿业	2000.09	2281.56	303.06	296.24
煤炭开采和洗选业	1745.81	2034.21	48.93	49.09
黑色金属矿采选业	254.13	247.15	254.13	247.15
非金属矿采选业	0.15	0.20		
制造业	8261.83	8144.08	161491.81	164987.99
农副食品加工业	160.15	151.59	1.07	0.88
食品制造业	169.32	153.87	27.13	27.16
酒、饮料和精制茶制造业	174.45	215.48	152.00	180.89
烟草制品业	39.87	43.70	798.78	711.36
纺织业	505.50	422.84	85.79	271.72
纺织服装、服饰业	32.73	33.92	0.47	1.85
皮革、毛皮、羽毛及其制品和制鞋业	32.73	104.81	10.46	8.93
木材加工和木、竹、藤、棕、草制品业	49.02	58.94	0.83	1.39
家具制造业	3.08	3.25		
造纸和纸制品业	58.08	44.70	315.09	228.04
印刷和记录媒介复制业	14.51	13.82		0.01
文教、工美、体育和娱乐用品制造业	9.12	11.82		
石油、煤炭及其他燃料加工业	771.27	618.98	1127.84	437.34
化学原料和化学制品制造业	1338.25	1109.36	1944.16	1724.48
医药制造业	137.99	119.98	12.41	12.71
化学纤维制造业	166.89	53.22	8.14	6.33
橡胶和塑料制品业	51.94	52.84	2.08	0.44
非金属矿物制品业	707.59	670.97	1218.85	1095.16
黑色金属冶炼和压延加工业	1072.97	727.47	4058.59	4218.53
有色金属冶炼和压延加工业	96.81	306.57		
金属制品业	60.66	55.17	7.08	8.03
通用设备制造业	148.42	131.52	24.54	18.52
专用设备制造业	189.16	377.11	50.25	59.90
汽车制造业	36.33	55.40		
铁路和其他运输设备制造业	93.77	76.22		
电气机械和器材制造业	329.44	252.27	0.17	0.22
计算机、通信和其他电子设备制造业	1694.72	2247.23	151644.90	155972.93
仪器仪表制造业	11.05	12.36	0.25	0.35
其他制造业	12.48	6.09	0.15	0.14
废弃资源综合利用业	15.84	12.55	0.76	0.68
电力、热力、燃气及水生产和供应业	10935.58	11655.32	234862.27	268381.90
电力、热力生产和供应业	8322.73	9507.98	234862.27	268381.90
燃气生产和供应业	4.82	5.86		
水的生产和供应业	2608.03	2141.48		

7-6 工业企业用水情况

单位：万立方米

指　　标	取水量		取水量减外供水量	
	2019	2018	2019	2018
合计	**18589**	**19939**	**18589**	**19939**
按水源分				
地表淡水	10527	10904	10527	10904
地下淡水	4465	4847	4465	4847
自来水	2062	2195	2062	2195
海水				
陆地苦咸水				
矿井水				
雨水	8	6	8	6
再生水（中水）	1509	1969	1509	1969
海水淡化水				
其他水	18	18	18	18
外排水量	3830	4383		
重复用水量	396657	433666		
直流冷却水量（河湖水）				
直流冷却水量（海水）				
污水处理企业污水处理量	134	76		

注：本表汇总数据不含水的生产和供应业。

7-7 水的生产和供应业用水情况

单位：万立方米

指　　标	取水量		外供水量	
	2019	2018	2019	2018
合计	**36716**	**28926**	**34108**	**26784**
按水源分				
地表淡水	32599	25745	2675	2237
地下淡水	786	398		
自来水	3331	2783	31433	24548
海水				
陆地苦咸水				
矿井水				
雨水				
再生水（中水）				
海水淡化水				
其他水				
外排水量	8857	8773		
重复用水量				
直流冷却水量（河湖水）				
直流冷却水量（海水）				
污水处理企业污水处理量	8388	8234		

7-8 主要年份全社会用电情况

单位：万千瓦时

指　　标	1990	1995	2000	2005	2010	2014	2015	2016	2017	2018	2019
全社会用电量	**509155**	**705549**	**670550**	**1382016**	**2460074**	**3324661**	**3441896**	**3539107**	**3612266**	**3520461**	**3711256**
全行业用电	493133	649319	597739	1255025	2175168	2891860	2987551	3009894	3027971	2864675	3037591
农林牧渔水利业	46842	52536	55689	49166	30234	49996	55063	60740	64860	66372	68444
# 排 灌	28822	29660	41439	33672	12969	18115	17146	18729	18061		22255
工业	420161	560719	494267	1096270	1918967	2474827	2543638	2502221	2453497	2199125	2295382
建筑业	3087	3875	5401	9734	18841	34484	36251	39037	45058	58006	73285
交通运输、仓储和邮政业	9292	10292	18183	19110	35385	64474	66856	77451	88777	94634	105381
# 交通运输业	8722	9234	10735	12925	28022	54681	56484	65953	74848		
邮电通信业	570	1058	2448	2915	2073	2310	2311	2319	2246		
商业、住宿和餐饮业	4128	7848	11280	31478	54311	80579	84703	92711	109684	26268	131179
其他事业合计	9623	14049	17919	49269	102367	103843	107663	125713	135499	182601	200250
# 公共照明业	340	513	987	1587	6486	10138	10520	11268	12003		13476
城乡居民生活用电	16022	56230	72811	126991	284906	432801	454345	529213	584295	655786	673665
乡村	7757	29393	38639	65654	133924	262370	275558	324891	349504	386893	393342
城镇	8265	26837	34172	61337	150982	170431	178787	204322	234791	268893	280323

7-9 市区主要年份全社会用电情况

单位：万千瓦时

指　　标	1990	1995	2000	2005	2010	2014	2015	2016	2017	2018	2019
全社会用电量	**352732**	**435287**	**417022**	**487927**	**1499408**	**1079938**	**1143738**	**1145465**	**1236697**	**1176587**	**1056347**
全行业用电	347502	416201	386628	435880	1357449	959256	1017440	1007302	1078388	997814	871165
农林牧渔水利业	1891	5122	4372	5065	9330	3172	3652	3932	3894	3690	3327
# 排 灌	492	1906	1375	465	1731	1202	1223	1246	1213	1299	1256
工业	329405	385287	349333	364398	1195500	767986	815917	778273	824735	717797	561218
建筑业	937	1884	2342	3768	11073	9774	9844	9655	12312	15341	19898
交通运输、仓储和邮政业	5944	8200	9309	11673	27369	40274	41848	49112	52538	52334	62023
# 交通运输业	5727	7635	7789	8038	24253	37735	39289	46328	49382	46422	
邮电通信业	217	565	1520	1944	1388	889	871	837	878	953	
商业、住宿和餐饮业	2106	4516	6927	18212	34289	40503	41484	42081	48397	54699	58488
其他事业合计	7219	11192	14345	32764	72116	47927	49827	58670	62121	74849	78777
# 公共照明业	206	306	729	633	3040	4036	4264	4400	4430	4435	4709
城乡居民生活用电	5230	19086	30394	52047	141959	120682	126298	138163	158309	178773	185182
乡村	673	4127	5389	9894	53882	25350	25491	27303	21982	22144	23401
城镇	4557	14959	25005	42153	88077	95332	100807	110860	136327	156629	161781

7-10 全社会用电分行业、分地区情况

（2019 年）　　单位：万千瓦时

指标	合计	丰县	沛县	铜山区	睢宁县	新沂市	邳州市
全社会用电总计	**3711256**	**257881**	**475626**	**544133**	**249178**	**376244**	**324459**
全行业用电合计	**3037591**	**191629**	**400571**	**451980**	**176065**	**316255**	**233135**
第一产业	40207	3695	7968	5906	8787	4792	5742
农、林、牧、渔业	40207	3695	7968	5906	8787	4792	5742
第二产业	2357214	150956	341638	374760	116483	266687	164254
工业	2295382	146777	338505	365803	103390	261922	156520
轻工业							
重工业							
采矿业	80584	3201	22022	9626	56	107	60
煤炭开采和洗选业	49302	1794	8877		1		4
石油和天然气开采业	2		2				
黑色金属矿采选业	4550		473	4054			9
有色金属矿采选业	3717			3707			2
非金属矿采选业	3228	1209	63	1401	32	90	36
其他采矿业	19785	198	12607	464	23	17	9
制造业	1885530	123386	281790	326681	86948	240428	127057
食品、饮料和烟草制造业	91482	13461	19387	17383	8355	11474	8806
纺织业	112425	9578	40185	1733	29721	19051	4148
服装鞋帽、皮革羽绒及其制品业	31489	490	5148	888	7612	11877	661
木材加工及制品和家具制品业	69376	12908	1858	3117	12617	5759	26363
造纸及纸制品业	14496	175	635	5614	1765	508	189
印刷业和记录媒介的复制	3163	61	265	784	222	22	194
文体用品制造业	2530	894	171	87	170	203	668
石油加工、炼焦及核燃料加工业	99768	3579	11290	22171	229	86	37680
化学原料及化学制品制造业	162378	54205	22833	1035	306	63266	617
医药制造业	7718	84	75	697	1059	654	499
化学纤维制造业	2319	677	277	484	58	18	740
橡胶和塑料制品业	61280	1756	33096	1970	4225	4782	4999
非金属矿物制品业	209028	4028	11534	57552	6525	24299	9734
黑色金属冶炼及压延加工业	341037		58881	156633		84844	842
有色金属冶炼及压延加工业	10859	119	1815	764	138	5610	152
金属制品业	91677	4856	32333	15003	4127	1699	3671
通用及专用设备制造业	110476	4184	13353	27685	3371	1346	4567
交通运输、电气、电子设备制造业	428490	12073	22941	10727	4686	1940	11226
工艺品及其他制造业	19862	187	3814	1481	622	2161	1524
废弃资源和废旧材料回收加工业	15677	71	1899	873	1140	829	9777
电力、燃气及水的生产和供应业	329268	20190	34693	29496	16386	21387	29403
电力、热力的生产和供应业	293805	17929	31928	25739	14394	16002	22260
燃气生产和供应业	3984	56	59	90	119	97	2142
水的生产和供应业	31479	2205	2706	3667	1873	5288	5001
建筑业	73285	4196	6581	9002	13205	4788	8043
第三产业	640170	36978	50965	71314	50795	44776	63139
交通运输、仓储和邮政业	105381	3376	1953	12631	5461	7905	8833
信息传输、计算机服务和软件业	38677	3432	3485	5366	4163	3429	4216
商业、住宿和餐饮业	146624	12352	12854	10989	15472	12047	18144
金融、房地产、商务及居民服务业	109548	4231	5460	7397	4208	4854	7432
公共事业及管理组织	200250	11593	14325	30994	16370	14142	18111
城乡居民生活用电合计	**673665**	**66252**	**75055**	**92153**	**73113**	**59989**	**91324**
城镇	280323	19032	21325	16330	21595	11305	23052
乡村	393342	47220	53730	75823	51518	48684	68272

主要统计指标解释

能源消费量 指能源使用单位在报告期内实际消费的一次能源或二次能源的数量。就每种能源的实物消耗而言，是其消费量；如果将实际消费的各种能源折标准量相加所得到的能源消费量合计数据是企业投入消费的全部能源，没有扣除能源品种加工转换的重复因素。

工业企业的能源消费量 包括工业企业在生产过程中作为燃料、动力、原料、辅助材料使用的能源以及工艺用能、非生产用能。

工业生产能源消费 指工业企业为进行工业生产活动所消费的能源。

用作原材料的能源消费 指能源产品不作能源使用，即不作燃料、动力使用，而作为生产另外一种产品（非能源产品）的原料或作为辅助材料使用，作原料使用时通常构成这种产品的实体。

工业企业非工业生产能源消费 指在工业企业能源消费中，除“工业生产能源消费”以外的能源消费。

能源库存量 能源库存量是指企业能源库存量，它是企业在报告期的某时间点所拥有的各种能源数量。根据企业的生产经营活动性质，企业库存量分为生产企业产成品库存、经销企业（批发、零售企业）用于经营销售的库存、使用企业用于消费的库存。

综合能源消费量 指报告期内工业企业在工业生产活动中实际消费的各种能源的总和净值。计算综合能源消费量时，需要先将使用的各种能源折算成标准燃料后再进行计算。

取水量 指企业从各种水源直接提取或者从市场购买的用于厂区、办公区内工业生产活动的水量，以实际获得的新水量为准。用于工业生产活动的水量，包括主要生产用水、辅助生产用水（如机修、运输、空压站等）和附属生产用水（如绿化、办公室、浴室、食堂、厕所、保健站等），不包括非工业生产单位的用水量（如基建用水、厂内居民家庭用水和企业附属幼儿园、学校、对外营业的浴室、游泳池等的用水量）和居民生活用水量。

外供水量 指企业外供给其他单位的水或水产品的量，以离厂水量为准。包括外供给其他企业或市场的原水、自来水、再生水（中水）、海水淡化水、矿泉水、纯净水等。不包括直流冷却水量、未利用直接排放的矿井水和雨水量、北方地区供暖企业供给城镇热力网内循环的热水量、进入城镇污水管网和直接排到自然环境中的水量。

陆地地表水 指河流、湖泊、水库等地表水源的水，不包括海水。地表水分为淡水和咸水。陆地咸水湖的水为咸水。一般的河流、湖泊、水库的水是淡水。

地表淡水 指陆地表面形成的径流及地表贮存的淡水。包括江、河、淡水湖、水库等。

地下淡水 指地下径流或埋藏于地下的，经过提取可被利用的淡水。包括井水、地热水等。

自来水 指自来水厂将地表淡水、地下淡水经过“混凝、沉淀、过滤、消毒”等净水工序，达到国家饮用水标准，通过城镇自来水管网供给工业生产、居民生活使用的水。

海水 指海洋的水。海水的取水量包括企业用来淡化、制盐、化工生产等海水资源利用所提取的海水量，以及用于海水循环冷却补充水、脱硫、洗涤、除尘、冲渣、印染等的海水直接利用量，不包括海水直流冷却水量。

其他水 指上述水资源品种没有涵盖的，或者界定不清的水及水的产品。包括软化水、除盐水、蒸汽（需折算成同等质量的水）、蒸汽冷凝水、管道供应的热水（不含北方地区城镇热力网内循环的热水）、瓶（桶）装纯净水、矿泉水、经过初步处理未达到自来水标准的水。不包括地热水、碳酸饮料、茶饮料、果汁饮料、酒类、污（废）水。

重复用水量 指在确定的用水单元或系统内，所有未经处理和处理后又重复使用的水量总和。

直流冷却水量 指企业取自河流、水库、湖泊、海洋，经一次使用后，直接排放回河流、水库、湖泊、海洋的冷却水量，多见于火（核）电企业。直流冷却水不填报取水量、外供水量、外排水量。企业从直流冷却水系统中取水用做其他用途，则该部分应计入取水量。利用河、湖、水库等的淡水进行直流冷却填报直流冷却水量（河湖水），利用海水进行直流冷却填报直流冷却水量（海水）。

污水处理企业污水处理量 指污水处理企业取自企业外部并实际处理的污（废）水量。本指标仅限污水处理企业填报。

八、财政、金融和保险

FINANCE, BANKING AND INSURANCE

版面负责人：卢川川
编　　　辑：陈　蓉

中华人民共和国统计法实施条例

第四十二条 地方各级人民政府、县级以上人民政府统计机构或者有关部门及其负责人，侵犯统计机构、统计人员独立行使统计调查、统计报告、统计监督职权，或者采用下发文件、会议布置以及其他方式授意、指使、强令统计调查对象或者其他单位、人员编造虚假统计资料的，由上级人民政府、本级人民政府、上级人民政府统计机构或者本级人民政府统计机构责令改正，予以通报。

第四十三条 县级以上人民政府统计机构或者有关部门在组织实施统计调查活动中有下列行为之一的，由本级人民政府、上级人民政府统计机构或者本级人民政府统计机构责令改正，予以通报：

（一）违法制定、审批或者备案统计调查项目；

（二）未按照规定公布经批准或者备案的统计调查项目及其统计调查制度的主要内容；

（三）未执行国家统计标准；

（四）未执行统计调查制度；

（五）自行修改单个统计调查对象的统计资料。

乡、镇统计人员有前款第三项至第五项所列行为的，责令改正，依法给予处分。

第四十四条 县级以上人民政府统计机构或者有关部门违反本条例第二十四条、第二十五条规定公布统计数据的，由本级人民政府、上级人民政府统计机构或者本级人民政府统计机构责令改正，予以通报。

第四十五条 违反国家有关规定对外提供尚未公布的统计资料或者利用尚未公布的统计资料谋取不正当利益的，由任免机关或者监察机关依法给予处分，并由县级以上人民政府统计机构予以通报。

8-1 主要年份财政收入、支出情况

单位：万元

年 份	全 市			市 区		
	财政收入	财政支出	财政收入占地区生产总值比重（%）	财政收入	财政支出	财政收入占地区生产总值比重（%）
1952	2770	1324	12.1	660	752	13.8
1957	6476	4202	17.5	3327	1573	23.8
1962	7564	3339	16.5	4720	687	26.3
1965	8638	4686	15.2	5327	1121	26.6
1970	15069	6026	17.3	10772	2293	31.6
1975	19456	9608	15.3	12721	3610	25.1
1978	32674	17690	15.3	22950	7887	29.8
1979	32484	18707	13.1	24081	6877	25.9
1980	35715	17982	12.5	26814	6714	23.5
1981	38273	17563	12.6	28497	6339	24.6
1982	43114	21655	12.2	30670	7981	23.1
1983	43887	25921	10.4	30492	9779	19.2
1984	47454	30779	9.6	32250	12009	18.0
1985	57538	33704	10.4	39448	13366	19.6
1986	65741	45505	10.4	45248	19051	20.0
1987	71134	49005	9.9	48746	20550	18.6
1988	82796	58865	9.8	55880	23409	19.3
1989	95384	74502	9.6	65610	30589	16.7
1990	102326	85640	9.1	70338	34593	15.1
1991	103467	98117	8.0	70215	41538	13.3
1992	109670	95599	6.8	73690	37513	10.7
1993	147114	122174	6.7	95765	50567	9.5
1994	197489	143559	6.3	128227	62329	9.1
1995	253020	180186	6.3	160606	78225	9.1
1996	302406	213530	6.2	188190	85349	9.0
1997	351388	250673	7.0	221624	103183	9.8
1998	395108	283443	7.4	254176	119325	10.4
1999	436074	311862	7.6	282311	130573	11.0
2000	476168	345246	7.7	311151	153038	10.7
2001	525924	400797	7.7	338498	172809	10.5
2002	655566	520174	8.7	438281	258477	12.2
2003	828226	624582	9.7	559422	301885	13.1
2004	1102216	717332	10.7	768436	318329	14.3
2005	1452629	1050786	12.0	1034482	511441	16.2
2006	1808512	1270099	12.7	1231212	576615	16.5
2007	2207263	1474369	13.1	1509317	623115	16.8
2008	2685991	1990464	13.4	1782700	842950	17.2
2009	3188865	2565349	13.3	1987842	1048541	19.2
2010	4138904	3257198	14.0	2887987	1621085	16.2
2011	5553294	4542420	15.6	3726172	2240383	17.6
2012	5976325	5300461	14.8	3864175	2376158	16.1
2013	6599518	5956105	14.6	4207502	2776771	15.9
2014	7325949	6618386	14.7	4571862	3012921	16.4
2015	8129311	7524638	15.2	5034367	3205677	17.3
2016	8020168	7979911	13.8	4974722	3501263	16.2
2017	8448300	8273338	13.3	5417378	3866008	15.9
2018	9168709	8808594	13.7	5625673	4000651	16.6
2019	8971429	8822062	12.5	5865938	4006838	16.1

8-2 财政收入

单位：万元

指标	全市			市区		
	2017	2018	2019	2017	2018	2019
财政总收入	**8448300**	**9168709**	**8971429**	**5417378**	**5625673**	**5865938**
上划中央收入	**3431945**	**3906576**	**4288260**	**2669874**	**2735540**	**3081589**
增值税（75%）	1414968	1741878	1901501	887666	976060	1038144
消费税	1274217	1228880	1559410	1228862	1178551	1505298
企业所得税（60%）	509868	581000	584819	377156	413294	407566
个人所得税（60%）	232892	354818	242530	176190	167635	130581
一般公共预算收入	**5016355**	**5262133**	**4683169**	**2747504**	**2890133**	**2784349**
税收收入	3652284	4167731	3738027	2103060	2288018	2181550
增值税（25%）	1410213	1732915	1892476	882654	970801	1029121
营业税	1646	5178		1699	1474	
企业所得税（40%）	339912	387333	389879	251437	275528	271711
个人所得税（款）（40%）	155261	236545	161687	117459	111756	87053
资源税	82038	74756	17754	18313	14754	4921
城市维护建设税	286333	319209	344637	200937	224506	245629
房产税	143122	152167	112679	61028	62259	67311
印花税	55737	57039	50378	28944	36093	31723
城镇土地使用税	189690	169188	115955	81160	62089	55132
土地增值税	550028	540869	226670	216923	254016	137752
车船税（款）	41221	38615	39611	20851	20345	20882
耕地占用税（款）	41110	62767	74599	20076	14401	30460
契税（款）	355973	382168	288864	201579	234448	187432
环境保护税（款）		8982	21439		5548	11066
非税收入	1364071	1094402	945142	644444	602115	602799
专项收入	265512	290855	284915	177158	201559	188222
行政事业性收费收入	303283	241086	199138	185789	149403	124667
罚没收入	163037	148637	200805	85372	88896	132461
国有资本经营收入						
国有资源（资产）有偿使用收入	578629	355470	200534	162232	112478	108074
捐赠收入	7067	4922	2286	4965	1499	584
政府住房基金收入	24026	34695	30515	23535	34631	30015
其他收入（款）	22517	18737	26949	5393	13649	18776
政府性基金收入	**3814361**	**5373041**	**6084061**	**2228541**	**2980461**	**3428097**

8-3 财政支出

单位：万元

指　　标	全　市			市　区		
	2017	2018	2019	2017	2018	2019
公共财政预算支出	**8273338**	**8808594**	**8822062**	**3866008**	**4000651**	**4006838**
# 一般公共服务	694240	774564	800459	367174	407239	426268
国防	12284	11233	11069	8008	6515	7685
公共安全	490986	546134	545559	311206	342572	346479
教育	1739880	1703868	1789567	687106	743896	820983
科学技术	215540	254531	258905	128251	152584	152943
文化体育与传媒	113307	94401	154859	44930	46276	80790
社会保障和就业	955682	1119351	976766	538898	579958	420866
医疗卫生	670751	740231	775639	262094	261029	277248
环境保护	185908	223245	213286	97868	109092	107115
城乡社区事务	1232616	1394605	1229298	497944	462536	466916
农林水事务	894772	969996	1026844	344977	355062	379175
交通运输	321064	239163	328097	119028	98168	162724
资源勘探电力信息等事务	150869	177356	113711	128665	118843	96590
商业服务业等事务	44359	44403	25013	32832	34120	14574
金融监管支出	9442	17200	3817	8556	17195	2989
援助其他地区支出	11423	9943	12992	8038	6776	9812
国土资源气象等事务	147985	124861	114864	52257	55991	28742
住房保障支出	239804	256189	288197	135202	154366	134068
粮油物资管理事务	20383	10555	16531	7323	5058	8555
其他支出	55401	16683	44916	52452	6346	21151
债务付息支出	66277	79781	91334	33086	36937	40974
债务发行费用支出	365	301	339	113	92	191
政府性基金支出	**5002382**	**6999320**	**7243472**	**2885835**	**3646273**	**4112608**
# 一般公共服务						
教育						
文化体育与传媒	11	215	1557	11	104	1058
社会保障和就业	6688	8726	9193	660	600	1548
城乡社区事务	4898143	6820644	6909308	2824122	3546968	3956913
农林水事务						
交通运输	11753	27938	8365	5700	17734	8365
资源勘探电力信息等事务	5003			1883		
其他支出	28595	36455	132750	20480	23044	50288
债务付息支出	50941	103634	180337	32398	57041	93439
债务发行费用支出	1248	1708	1962	581	782	997

注：从 2015 年 1 月 1 日起，将政府性基金预算中用于提供基本公共服务以及主要用于人员和机构运转等方面的项目收支转列一般公共预算，具体包括地方教育附加、文化事业建设费、残疾人就业保障金、从地方土地出让收益计提的农田水利建设和教育资金、转让政府还贷道路收费权收入、育林基金、森林植被恢复费、水利建设基金、船舶港务费、长江口航道维护收入等 11 项基金。

8-4 历年金融机构（人民币）存贷款

（年底数）　　单位：万元

年　份	全市 金融机构各项存款余额	全市 #居民储蓄	全市 金融机构各项贷款余额	市区 金融机构各项存款余额	市区 #居民储蓄	市区 金融机构各项贷款余额	人均储蓄（元/人） 全市	人均储蓄（元/人） 市区
1952		270			206		1	9
1957		968			647		2	17
1962		1222			686		3	15
1965		1974			1157		4	22
1970		2442			1449		4	27
1975		4839			2694		8	44
1978	60759	8921	105787	45019	4299	73384	14	64
1979	28597	13499	47821	11793	6018	17239	21	85
1980	123807	20596	108921	100870	8868	64142	31	122
1981	86748	27635	137656	44213	11249	62784	41	150
1982	96635	36462	156417	47298	14836	71216	53	192
1983	121321	52715	193450	59799	19645	87887	76	248
1984	160671	74664	266637	77453	26601	119256	107	330
1985	176808	97867	311936	89970	37810	162538	138	458
1986	251158	140701	391209	131915	51139	223965	197	608
1987	367499	191242	496401	217669	69314	290223	263	810
1988	495318	246993	596632	219746	88630	320346	332	1016
1989	559847	327806	671512	257604	125709	413739	430	1408
1990	724345	446418	804071	349864	174611	433478	553	1926
1991	891658	555370	963003	425565	213526	492026	677	2324
1992	1064281	668470	1089149	508880	258326	565390	809	2758
1993	1360184	857542	1346993	670666	319747	735634	1028	3360
1994	1758108	1110985	1618177	944480	477133	899760	1318	3340
1995	2329318	1400566	2046385	1282165	578274	1155867	1645	3984
1996	2950050	1828200	2388715	1624215	811756	1323614	2217	5510
1997	3484093	2163437	3005351	1905377	970956	1672573	2495	6502
1998	3768104	2438696	3226763	2053563	1110556	1752920	2785	7313
1999	4135005	2692128	3341758	2349069	1297842	1885371	3068	8515
2000	4614682	3058002	3249902	3124162	1860652	2230387	3411	11585
2001	5297006	3576909	3742657	3581695	2202744	2536851	3966	13552
2002	6180183	4167882	3982506	4195444	2592741	2678214	4608	15756
2003	7277202	4822259	4614147	4254019	3024793	2598658	5307	18077
2004	8414573	5563129	4751280	4768459	3445990	2640115	6068	20584
2005	10108940	6506064	4911786	5806876	3997284	2758306	7031	22223
2006	11937168	7228920	5650749	6865004	4377454	3133756	7734	24105
2007	14038244	7886337	6842230	8170216	3488669	4015157	8409	19140
2008	17191438	9745131	7965786	10066026	5850811	4749346	10292	31729
2009	21726238	11397620	11325649	15272845	6911095	7926396	11902	37112
2010	26321873	13243885	14364443	18281038	7908879	9901281	13613	25291
2011	29809912	14954211	17348392	20386726	8684472	11820976	15312	27511
2012	33644736	17947175	20472296	22500556	10292339	13785329	18119	32077
2013	38844633	20897714	23608014	25950180	11833905	15528718	24325	37356
2014	42864617	23774417	27247917	28455976	13066281	17965025	27554	40738
2015	47470104	27805980	30699020	30631822	15196592	20009860	32075	46906
2016	54953059	30902119	36202134	33728605	16492141	23834094	35479	50452
2017	63963815	33494523	41731982	39701953	17841084	27030658	38220	53945
2018	71073928	36048424	49124733	44383247	19215559	32072275	40955	57348
2019	80365597	40236620	57772825	51467918	21144586	38160418	45591	62988

注：1. 因区划调整，2010 年以后市区人均储蓄存款余额与往年不可比；2.2015 年及以后居民储蓄调整为住户存款，与往年不可比。

8-5 金融机构（人民币）综合存贷款（2011-2014 年）

单位：万元

指　　标	2011	2012	2013	2014
金融机构综合存款余额	**29809912**	**33644736**	**38844633**	**42864617**
# 单位存款	14164769	14945580	16552677	17494391
# 活期	5773196	6244340	6673685	7355691
定期	2959156	3125577	4102170	3311470
通知存款	269304	266907	202542	286074
保证金存款	3235769	3483542	3322085	2952952
个人存款	15026698	18068666	21549845	24658403
# 储蓄存款	14954211	17947175	20897714	23774417
财政性存款	344933	395272	439596	481903
临时性存款	112162	153309	230912	112963
委托存款	95215	5030	52	38
其他存款	66135	76880	71551	116919
金融机构综合贷款余额	**17348392**	**20472296**	**23608014**	**27247917**
# 境内贷款	17347561	20471064	23606855	27246873
# 短期贷款	9690876	11658992	13038233	13978987
# 个人贷款及透支	2307267	2237878	2434476	2396867
# 个人消费贷款	139702	123742	214832	231495
单位普通贷款及透支	6364647	8359953	9519093	10601066
# 经营贷款	6246368	8223920	9245248	10329363
中长期贷款	6872802	7832488	9480629	11622666
# 个人贷款	3417032	4187147	5179181	6206421
# 个人消费贷款	2844302	3427429	4295733	5255813
# 单位普通贷款	2760690	2684676	3247886	4449368
# 经营贷款	471935	575330	661909	947907
融资租赁				2061
票据融资	772570	881273	1018095	1537915
各项垫款	11314	98311	69897	105244

注：自 2015 年起人民银行总行对存贷款口径有所调整，为便于使用，2014 年及以前资料留存，编入 8-5 部分。

8-6 金融机构（人民币）各项存贷款

单位：万元

指 标	2017	2018	2019
金融机构各项存款余额	**63963815**	**71073928**	**80365597**
境内存款	63930039	71054402	80339490
住户存款	33494523	36048424	40236620
活期存款	12155652	13304383	14692589
定期及其他存款	21338872	22744041	25544030
非金融企业存款	18007596	20954457	24230795
活期存款	9689106	10365031	10516208
定期及其他存款	8318490	10589426	13714586
广义政府存款	12183326	13385924	15286541
财政性存款	840187	736407	915018
机关团体存款	11343140	12649516	14371523
非银行业金融机构存款	244593	665597	585535
境外存款	33777	19526	26107
金融机构各项贷款余额	**41731982**	**49124733**	**57772825**
境内贷款	41730802	49124184	57772096
住户贷款	16312688	20231223	24959784
短期贷款	3673971	4325227	5169405
消费贷款	1275656	1578124	1782871
经营贷款	2398315	2747103	3386534
中长期贷款	12638718	15905996	19790379
消费贷款	11338957	14448757	18130121
经营贷款	1299761	1457240	1660257
非金融企业及机关团体贷款	25418114	28892960	32812313
短期贷款	10280008	11024137	11904252
中长期贷款	11733099	13282273	16187845
票据融资	2787603	3977958	4199363
融资租赁	546991	561435	494359
各项垫款	70413	47158	26493
境外贷款	1180	549	729

8-7 保险业务主要指标

单位：万元

指　　标	2010	2011	2012	2013	2014	2015	2016	2017	2018	2019
保险公司数　（个）	**40**	**46**	**50**	**53**	**55**	**56**	**60**	**61**	**69**	**72**
# 财产保险公司	20	20	21	21	23	23	23	23	24	26
人寿保险公司	20	26	29	32	32	33	37	38	45	46
保险收入	**820183**	**896097**	**858619**	**947545**	**1064593**	**1327536**	**1664340**	**2093418**	**2204673**	**2444052**
财产险	206331	256490	282776	324292	376973	427288	500902	581380	607849	711811
# 企业财产险	9998	13573	14647	14120	14493	13741	12647	12464	13265	14856
家庭财产险	795	608	897	739	516	723	1093	1913	3727	4206
机动车辆保险	174735	214627	233579	269845	310297	355280	411810	469983	484847	531294
运输及责任险	4868	5973	7642	7444	7849	9937	15179	21041	23271	27197
人寿险	613851	639607	575842	623253	687620	900248	1163438	1512038	1596824	1732241
# 人身意外伤害险	10206	11150	11440	13252	15160	16562	20200	22056	24761	28598
健康险	6662	7084	7669	8309	9279	11344	22176	33964	61481	89518
寿险	140316	171632	129785	153110	306308	557559	662735	953300	788953	1614125
各项赔款和给付	**152305**	**220705**	**257408**	**351983**	**363711**	**422310**	**526780**	**581688**	**612388**	**631504**
财产险	76844	104182	145898	168709	199942	207201	244448	277723	331932	367522
# 企业财产险	1154	4482	4900	3203	7115	3717	6639	4728	6915	7249
家庭财产险	56	39	47	61	41	50	172	216	1599	2538
机动车辆保险	67692	90239	128801	148586	170071	175819	202762	230698	263647	274446
运输及责任险	1085	1546	2390	3118	3695	3028	3967	6118	8291	11601
人寿险	75461	116523	111510	183274	163769	215109	282332	303965	280456	263982
# 人身意外伤害险	3066	3180	2999	3199	3950	4379	5142	5622	6188	6161
健康险	4771	4856	5138	5527	6762	7418	11344	19157	36387	49415
寿险	21484	25079	31328	32178	41517	41836	41066	80683	76185	208406

主要统计指标解释

财政收入 是指政府为履行其职能、实施公共政策和提供公共物品与服务需要而筹集的一切资金的总和，是国家为了实现其职能，凭借政治权力，对一部分社会产品进行分配和再分配的经济活动。财政收入表现为政府部门在一定时期内（一般为一个财政年度）所取得的货币收入。主要包括：中央财政收入和地方财政收入。中央财政和地方财政是财政体制上划分中央政府和地方政府以及地方各级政府之间财政管理权限的一项分配制度。它具体规定了各级政府筹集资金、支配使用资金的权力、范围和责任，使各级政府在财政管理上有责有权。这对于正确处理中央和地方之间，以及地方各级之间的分配关系，充分发挥各级政府的积极性，更好地完成国家财政收支任务，促进社会主义建设的发展有着极其重要的意义。

中央财政收入 包括：关税、海关代征消费税和增值税，消费税，中央企业所得税，地方银行和外资银行及非银行金融企业所得税，铁道、银行总行、保险总公司等集中缴纳的营业税、所得税、利润和城市维护建设税，增值税的75%部分，证券交易税（印花税）50%部分和海洋石油资源税。

地方财政收入 又称为公共财政预算收入，包括：(1)税收收入——我国财政收最主要的来源。国内增值税的25%、营业税、企业所得税的40%、个人所得税的40%、资源税、城市维护建设税、房产税、印花税（证券印花税的3%+其余印花税的全部）、城镇土地使用税、土地增值税、车船税、耕地占用税、契税、烟叶税、其他税收收入。(2)非税收入。专项收入、行政事业性收费收入、罚没收入、国有资本经营收入、国有资源有偿使用收入、其他收入。

地方财政总收入 包括地方公共财政预算收入、上划中央收入和政府性基金收入（含缴库社会保险基金）。上划中央收入是指按现行分税制财政体制规定，在当地缴纳、与地方分享的税种的中央级收入，包括国内增值税的75%、国内消费税、纳入分享范围的企业所得税的60%和个人所得税的60%四项。政府性基金收入是国家通过向社会征收以及出让土地、发行彩票等方式取得收入。

财政支出 是国家政权为行使其职能，对筹集的财政资金进行有计划的分配使用的总称。体现政府的活动范围和方向，反映财政资金的分配关系。主要包括基本建设支出、增拨企业流动资金、企业挖潜改造资金、新产品试制费、地质勘探费、工交商部门事业费、支援农村生产支出和各项农业事业费、文教科学卫生事业费、抚恤和社会救济费、国防费、行政管理费及债务支出。在我国，由于存在预算外资金，所以财政支出的概念也就有狭义与广义之分：狭义的财政支出仅指公共财政预算支出；广义的财政支出则包括预算内支出和预算外支出。

九、物价指数

PRICE INDICES

版面负责人：王　莹

编　　　　辑：张欣桐

中华人民共和国统计法实施条例

第四十六条　统计机构及其工作人员有下列行为之一的，由本级人民政府或者上级人民政府统计机构责令改正，予以通报：

（一）拒绝、阻碍对统计工作的监督检查和对统计违法行为的查处工作；

（二）包庇、纵容统计违法行为；

（三）向有统计违法行为的单位或者个人通风报信，帮助其逃避查处；

（四）未依法受理、核实、处理对统计违法行为的举报；

（五）泄露对统计违法行为的举报情况。

第四十七条　地方各级人民政府、县级以上人民政府有关部门拒绝、阻碍统计监督检查或者转移、隐匿、篡改、毁弃原始记录和凭证、统计台账、统计调查表及其他相关证明和资料的，由上级人民政府、上级人民政府统计机构或者本级人民政府统计机构责令改正，予以通报。

第四十八条　地方各级人民政府、县级以上人民政府统计机构和有关部门有本条例第四十一条至第四十七条所列违法行为之一的，对直接负责的主管人员和其他直接责任人员，由任免机关或者监察机关依法给予处分。

第四十九条　乡、镇人民政府有统计法第三十八条第一款、第三十九条第一款所列行为之一的，依照统计法第三十八条、第三十九条的规定追究法律责任。

第五十条　下列情形属于统计法第四十一条第二款规定的情节严重行为：

（一）使用暴力或者威胁方法拒绝、阻碍统计调查、统计监督检查；

（二）拒绝、阻碍统计调查、统计监督检查，严重影响相关工作正常开展；

（三）提供不真实、不完整的统计资料，造成严重后果或者恶劣影响；

（四）有统计法第四十一条第一款所列违法行为之一，1 年内被责令改正 3 次以上。

第五十一条　统计违法行为涉嫌犯罪的，县级以上人民政府统计机构应当将案件移送司法机关处理。

9-1 城市（市区）物价总指数

（以上年价格为 100）

年　份	居民消费价格总指数	商品零售价格总指数
1978	100.0	100.1
1979	100.6	101.1
1980	102.4	102.6
1981	100.4	100.8
1982	101.0	101.4
1983	100.1	100.7
1984	103.3	102.4
1985	108.7	108.3
1986	106.2	105.9
1987	109.8	110.0
1988	122.6	122.8
1989	115.6	115.6
1990	104.5	103.9
1991	108.6	108.8
1992	109.2	108.0
1993	117.6	115.1
1994	125.3	123.3
1995	116.9	113.2
1996	110.0	107.4
1997	101.9	99.9
1998	100.0	98.3
1999	98.2	96.2
2000	100.0	98.2
2001	100.3	99.3
2002	99.2	98.6
2003	101.5	100.0
2004	103.7	102.8
2005	102.2	101.0
2006	101.5	100.7
2007	104.4	103.1
2008	104.9	105.3
2009	99.9	99.8
2010	103.6	102.1
2011	105.2	103.8
2012	102.6	102.4
2013	102.3	101.2
2014	102.1	101.6
2015	101.5	101.3
2016	102.3	100.5
2017	101.7	101.8
2018	102.3	103.0
2019	103.3	103.3

9-2 城市（市区）居民消费价格指数

（以上年价格为 100，2019 年）

指　　标	2019	指　　标	2019
居民消费价格总指数	**103.3**	其他食品类	106.7
食品烟酒	**107.7**	茶及饮料	102.8
食品	110.2	烟酒	104.5
粮食	104.0	# 烟草	100.2
# 大米	104.4	酒类	110.3
面粉	100.5	在外餐饮	101.8
薯类	105.9	**衣着**	**100.4**
豆类	100.3	服装	100.8
食用油	101.1	# 男式服装	98.2
菜	105.7	女式服装	101.7
# 鲜菜	106.5	儿童服装	104.5
畜肉类	129.5	服装材料	102.1
# 猪肉	129.5	其他衣着及配件	100.6
牛肉	119.5	衣着加工服务	102.8
羊肉	109.6	鞋类	98.6
禽肉类	129.5	# 鞋	98.4
# 鸡	123.7	鞋类加工服务	107.2
鸭	106.5	**居住**	**102.4**
水产品	97.5	租赁房房租	102.5
蛋类	105.4	住房保养维修及管理	99.1
奶类	103.2	水电燃料	101.6
干鲜瓜果类	110.3	自有住房	103.5
糖果糕点类	103.8	**生活用品及服务**	**101.3**
调味品	104.3	家具及室内装饰品	103.8
# 食用盐	100.0	# 家具	104.1

9-2 续表 （以上年价格为100，2019年）

指　　标	2019	指　　标	2019
家用器具	100.5	教育用品	115.6
大型家用器具	100.3	教育服务	101.8
#洗衣机	103.4	文化娱乐	103.3
电冰箱（柜）	102.7	文娱耐用消费品	104.7
空调器	100.0	其他文娱用品	103.5
热水器	96.4	文化娱乐服务	100.2
微波炉	102.4	旅游	104.0
小家电	101.6	**医疗保健**	**100.8**
家用纺织品	102.4	药品及医疗器具	102.3
家庭日用杂品	101.2	中药	107.1
个人护理用品	100.3	西药	101.0
家庭服务	101.0	滋补保健品	102.0
交通和通信	**99.6**	医疗卫生器具	102.0
交通	101.0	保健器具	100.9
交通工具	105.2	医疗服务	100.1
交通工具用燃料	94.1	综合医疗类	100.0
交通工具使用和维修	104.4	治疗类	99.9
交通费	101.7	康复类	100.1
通信	97.0	中医医疗服务类	100.1
通信工具	100.2	其他医疗服务	100.0
通信服务	95.6	**其他用品和服务**	**103.7**
邮递服务	100.0	其他用品类	103.9
教育文化和娱乐	**102.8**	其他服务类	103.6
教育	102.4		

9-3 城市（市区）商品零售价格指数

（以上年价格为100，2019年）

指标	2019	指标	2019
商品零售价格总指数	**103.3**	床上用品	102.9
食品	**107.9**	**家用电器类及音像器材**	**102.0**
粮食	104.0	家庭设备	100.5
#大米	104.4	文娱用耐用消费品	104.4
面粉	100.5	专业音像器材	105.3
薯类	105.9	**文化办公用品**	**102.4**
豆类	100.5	**日用品类**	**101.9**
食用油	101.1	日用百货	103.8
菜	105.9	厨具餐具茶具	100.8
#鲜菜	106.5	清洗用品	101.8
畜肉类	127.4	其它日用品	99.4
#猪肉	145.9	**体育娱乐用品**	**101.2**
牛肉	119.5	体育户外用品	103.5
羊肉	109.6	娱乐用品	99.5
禽肉类	115.9	**交通、通信用品**	**103.2**
#鸡	123.7	交通运输机械	103.6
鸭	106.5	通信器材	100.9
水产品	97.8	**家具**	**104.1**
蛋类	105.5	**化妆品**	**100.2**
奶类	103.2	**金银饰品**	**108.7**
干鲜瓜果类	110.3	**中、西药品及医疗保健用品**	**102.2**
糖果糕点类	103.9	医疗卫生器具	98.2
调味品	103.8	中药	107.1
#食用盐	100.0	西药	100.2
其他食品类	106.7	保健器具及用品	101.8
在外餐饮	101.8	**书报杂志及电子出版物**	**112.1**
饮料、烟酒	**104.6**	教材及参考书	115.2
茶及饮料	102.8	书报杂志	114.6
烟草	100.2	计算机办公软件	95.8
酒类	110.5	**燃料**	**97.3**
服装、鞋帽	**100.7**	煤炭及制品	100.8
服装	101.2	石油及制品	96.9
鞋帽袜	99.1	**建筑材料及五金电料**	**100.6**
其他衣着配件	101.4	建筑装潢材料类	101.1
纺织品	**102.8**	五金水暖	99.3
服装材料	102.1		

9-4 城市（市区）居民消费价格指数和商品零售价格指数

（2019 年）

指　　标	以去年同月价格为 100					
	1 月	2 月	3 月	4 月	5 月	6 月
居民消费价格总指数	**101.6**	**101.3**	**101.7**	**102.2**	**103.0**	**103.3**
食品烟酒	102.7	101.2	103.5	105.6	107.4	107.7
# 食品	102.9	100.8	104.1	107.4	110.2	110.5
# 粮食	104.8	105.0	104.3	104.5	104.2	103.4
食用油	101.0	100.9	101.4	101.2	101.7	100.7
菜	101.1	99.8	113.3	117.4	115.2	108.3
# 鲜菜	100.9	99.6	114.5	119.3	117.1	109.4
畜肉类	101.0	99.5	105.6	113.7	117.0	117.3
禽肉类	111.0	108.2	107.9	110.8	112.5	113.1
水产品	100.4	94.9	93.4	92.1	94.7	96.3
蛋类	98.5	89.1	92.5	101.2	109.4	105.6
干鲜瓜果	106.8	103.3	104.5	111.0	127.5	138.1
烟酒	103.9	104.0	105.4	105.3	103.7	104.2
衣着	100.2	99.5	98.1	97.7	97.7	100.9
居住	101.1	101.3	100.4	100.7	102.5	103.2
生活用品及服务	101.4	101.1	100.0	101.1	101.0	100.2
交通和通信	99.0	101.2	101.4	100.7	99.9	98.8
教育文化和娱乐	102.6	101.3	102.5	102.4	102.9	102.8
医疗保健	103.4	103.4	102.4	101.4	101.3	101.3
其他用品和服务	101.7	102.2	102.4	102.7	103.2	103.2
商品零售价格指数	**102.0**	**102.2**	**102.8**	**103.0**	**103.2**	**103.1**

9-4 续表 （2019年）

指标	以去年同月价格为100					
	7月	8月	9月	10月	11月	12月
居民消费价格总指数	**103.5**	**103.6**	**104.1**	**104.7**	**105.3**	**105.2**
食品烟酒	107.7	107.9	109.1	112.3	114.1	113.0
#食品	110.6	110.5	111.9	116.7	119.4	117.4
#粮食	103.1	103.0	103.8	104.8	103.7	103.8
食用油	100.5	100.8	101.4	101.7	101.0	101.2
菜	104.8	99.2	91.2	94.2	112.0	121.1
#鲜菜	105.5	99.4	90.9	94.3	114.2	124.0
畜肉类	119.7	125.7	145.4	168.6	171.5	164.0
禽肉类	113.6	113.4	120.6	125.2	131.2	117.0
水产品	99.9	101.9	100.8	101.3	99.1	95.5
蛋类	115.1	107.1	109.8	114.8	113.9	108.6
干鲜瓜果	131.3	124.1	107.3	96.2	90.7	90.8
烟酒	103.8	104.5	104.2	105.0	104.9	105.1
衣着	101.4	101.6	102.0	101.2	103.8	100.8
居住	103.1	103.5	103.5	103.7	102.5	103.4
生活用品及服务	100.5	101.3	102.4	102.2	102.4	102.3
交通和通信	100.0	99.4	98.5	97.4	98.5	100.9
教育文化和娱乐	103.2	103.1	103.2	102.4	103.3	103.3
医疗保健	99.5	99.3	99.6	99.7	99.2	99.2
其他用品和服务	103.7	104.8	105.6	106.8	104.1	104.1
商品零售价格指数	**103.1**	**103.3**	**103.7**	**103.8**	**104.6**	**104.8**

主要统计指标解释

物价指数 是说明两个时期商品价格水平变动趋势和程度的相对数指标。它是以报告期的价格水平与基期的价格水平进行直接对比计算的。当物价指数大于100时，说明价格水平上涨，反之则说明价格水平下跌。编制物价指数的目的，是为了反映市场物价水平的变化情况，分析和研究物价变动对城乡人民生活和国家财政支出的影响程度。

居民消费价格指数 是反映一定时期内城乡居民所购买的生活消费品价格和服务性项目支出价格变动趋势和程度的相对数。利用居民消费价格指数，可以观察和分析价格变动对城乡居民实际生活费用支出的影响程度。

城市居民消费价格指数 是反映城市居民家庭所购买的生活消费品的价格和服务项目支出价格变动趋势和程度的相对数。根据城市居民消费价格指数，可以观察和分析价格变动对城市居民消费支出的影响程度，作为研究居民生活和确定工资政策的依据。

商品零售价格总指数 是全面反映市场商品零售价格总水平变动趋势和程度的相对数。通过它，可以观察市场商品总体价格水平升降程度，以及物价变动对城乡人民生活支出的总影响。

十、人民生活

POEPLE'S LIVELIHOOD

版面负责人：高惠媛
编　　　辑：柳　震　冯颖存

中华人民共和国统计法实施条例

第八章 附 则

第五十二条 中华人民共和国境外的组织、个人需要在中华人民共和国境内进行统计调查活动的，应当委托中华人民共和国境内具有涉外统计调查资格的机构进行。涉外统计调查资格应当依法报经批准。统计调查范围限于省、自治区、直辖市行政区域内的，由省级人民政府统计机构审批；统计调查范围跨省、自治区、直辖市行政区域的，由国家统计局审批。

涉外社会调查项目应当依法报经批准。统计调查范围限于省、自治区、直辖市行政区域内的，由省级人民政府统计机构审批；统计调查范围跨省、自治区、直辖市行政区域的，由国家统计局审批。

第五十三条 国家统计局或者省级人民政府统计机构对涉外统计违法行为进行调查，有权采取统计法第三十五条规定的措施。

第五十四条 对违法从事涉外统计调查活动的单位、个人，由国家统计局或者省级人民政府统计机构责令改正或者责令停止调查，有违法所得的，没收违法所得；违法所得50万元以上的，并处违法所得1倍以上3倍以下的罚款；违法所得不足50万元或者没有违法所得的，处200万元以下的罚款；情节严重的，暂停或者取消涉外统计调查资格，撤销涉外社会调查项目批准决定；构成犯罪的，依法追究刑事责任。

第五十五条 本条例自2017年8月1日起施行。1987年1月19日国务院批准、1987年2月15日国家统计局公布，2000年6月2日国务院批准修订、2000年6月15日国家统计局公布，2005年12月16日国务院修订的《中华人民共和国统计法实施细则》同时废止。

10-1 主要年份居民家庭收支情况

单位：元

年份	人均可支配收入			人均消费支出		
	全体居民	城镇居民	农村居民	全体居民	城镇居民	农村居民
2014	18744.14	24079.56	12811.27	12166.83	15004.85	9011.03
2015	20424.60	26218.65	13981.74	13174.13	16143.08	9872.72
2016	22348.06	28421.33	15274.05	14321.45	17254.95	11059.45
2017	25116.03	30986.83	16696.53	15688.44	18233.88	12037.96
2018	27385.39	33585.88	18206.15	16817.56	19462.80	12901.55
2019	29735.91	36214.58	19872.64	18047.87	20805.01	13850.33

10-2 居民家庭基本情况与人均收入情况

（2019年）

单位：元

指标		全体居民	城镇居民	农村居民
调查户数	**（户）**	**1700**	**1030**	**670**
平均每户家庭人口	（人）	3.20	3.12	3.34
平均每户就业人口	（人）	2.22	2.18	2.27
平均每一就业人口负担人数	（人）	1.44	1.43	1.47
平均每户就业面	（%）	69.27	70.05	68.15
平均每人现住房建筑面积	（平方米）	50.38	48.42	53.19
人均可支配收入		**29735.91**	**36214.58**	**19872.64**
工资性收入		16878.22	21738.33	9479.09
工资		16090.18	20592.50	9235.75
实物福利		36.38	50.18	15.38
其他		751.66	1095.65	227.96
经营净收入		6178.92	5251.76	7590.46
第一产业经营净收入		2453.46	898.95	4820.09
第二产业经营净收入		809.02	604.74	1120.02
第三产业经营净收入		2916.44	3748.07	1650.35
财产净收入		1717.63	2636.70	318.43
#利息净收入		26.40	21.61	33.70
红利收入		96.28	142.79	25.47
储蓄性保险净收益		5.24	7.37	2.00
转让承包土地经营权租金净收入		128.34	95.27	178.70
出租房屋财产性收入		296.28	475.26	23.79
出租机械、专利、版权等资产的收入		54.67	46.40	67.26
转移净收入		4961.13	6587.79	2484.66
#养老金或离退休金		3839.03	5958.68	612.03
社会救济和补助		54.16	42.62	71.73
报销医疗费		381.50	549.20	126.20
家庭外出从业人员寄回带回收入		1095.59	713.98	1676.56
赡养收入		283.17	340.05	196.57
其他经常转移收入		166.54	211.44	98.19
人均非收入所得		**2246.30**	**2646.06**	**1637.68**
人均借贷性所得		**1779.40**	**2278.15**	**1020.09**

10-3 居民家庭人均支出情况

（2019 年） 单位：元

指　　标	全体居民	城镇居民	农村居民
人均消费支出	**18047.87**	**20805.01**	**13850.33**
食品烟酒	5368.75	6138.25	4197.25
食品	3671.72	4016.62	3146.64
谷物	662.61	504.69	903.04
薯类	46.67	46.00	47.70
豆类	70.07	71.88	67.32
食用油	185.79	193.76	173.66
蔬菜和食用菌	389.91	479.50	253.52
肉类	750.42	874.51	561.49
禽类	185.80	207.54	152.71
水产品	212.07	274.50	117.03
蛋类	126.19	140.95	103.72
奶类	326.05	382.16	240.62
干鲜瓜果类	396.89	477.05	274.85
糖果糕点类	119.54	140.59	87.50
其他食品	199.70	223.49	163.49
烟酒	533.76	598.80	434.74
烟草	274.15	306.40	225.03
酒类	259.62	292.40	209.71
饮料	87.18	99.98	67.69
饮食服务	1076.09	1422.85	548.18
食堂用餐	45.16	54.52	30.91
其他在外饮食	1027.52	1365.53	512.93
食品加工服务费	3.41	2.80	4.34
衣着	1401.02	1665.09	998.99
衣类	1041.39	1250.77	722.64
鞋类	359.62	414.32	276.35
居住	3641.89	4295.56	2646.72
# 租赁房房租	81.79	106.65	43.95
住房维修及管理	654.21	754.01	502.26
水电燃料及其他	769.24	877.34	604.65
生活用品及服务	1351.96	1532.51	1077.09
家具及室内装饰品	294.05	293.90	294.30
家用器具	326.55	362.22	272.24
家用纺织品	109.79	136.21	69.56
家庭日用杂品	342.27	381.78	282.12
个人用品	219.50	275.41	134.38
家庭服务	59.80	82.99	24.49
交通通信	2397.24	2643.22	2022.76
交通	1601.09	1800.01	1298.25
交通工具	838.48	908.86	731.32
交通费	143.44	175.61	94.47
交通工具用燃料	323.53	394.32	215.74
交通工具使用及维修	295.64	321.21	256.72
# 车辆保险支出	126.35	160.40	74.50
通信	796.15	843.21	724.50
通信工具	272.24	261.25	288.97
通信服务	523.91	581.95	435.53

10-3 续表 （2019 年） 单位：元

指　　标	全体居民	城镇居民	农村居民
教育文化娱乐	2082.09	2425.75	1558.90
教育	998.64	1114.47	822.30
学前教育	109.86	122.44	90.71
小学教育	139.97	137.88	143.16
初中教育	154.97	186.11	107.57
高中教育	143.46	153.49	128.18
中专职高教育	54.16	41.96	72.73
大专及以上教育	246.82	304.83	158.51
成人教育	149.40	167.77	121.44
文化娱乐	1083.45	1311.28	736.60
文娱耐用消费品	350.17	384.27	298.25
其他文娱用品	298.78	297.23	301.13
文化娱乐服务	434.50	629.78	137.22
医疗保健	1377.10	1566.76	1088.35
医疗器具及药品	550.02	657.03	387.11
医疗服务	827.08	909.73	701.24
门诊总费用	248.20	254.06	239.27
住院总费用	578.88	655.67	461.97
其他用品和服务	427.82	537.87	260.27
其他用品	235.37	290.70	151.15
其他服务	192.45	247.17	109.13
人均生产经营费用支出	**2873.53**	**2188.82**	**3915.94**
第一产业经营费用支出	1491.27	972.67	2280.79
第二产业经营费用支出	837.78	711.53	1030.00
第三产业经营费用支出	544.48	504.63	605.15
人均财产性支出	**93.93**	**134.87**	**31.60**
生活贷款利息支出	91.79	132.41	29.96
其他财产性支出	2.13	2.45	1.64
人均转移性支出	**1022.21**	**1502.47**	**291.05**
个人所得税	37.30	61.04	1.16
社会保障支出	869.98	1291.92	227.62
个人缴纳的养老保险	627.86	952.70	133.30
个人缴纳的医疗保险	206.90	285.35	87.47
个人缴纳的失业保险	25.26	40.08	2.69
其他社会保障支出	9.97	13.78	4.16
外来从业人员寄给家人的支出	0.64		1.61
赡养支出	68.25	90.26	34.75
其他转移性支出	46.04	59.26	25.91
人均部分商业保险支出	**157.74**	**188.82**	**110.42**
人均购置资产及非经常性转移支出	**4829.66**	**5750.13**	**3428.32**
购置资产支出	1732.06	2159.52	1081.28
非经常性转移支出	3097.61	3590.61	2347.05
人均借贷性支出	**1263.26**	**1575.93**	**787.24**

10-4 居民家庭年末平均每百户耐用消费品拥有量情况

（2019 年） 单位：台

指标		全体居民	城镇居民	农村居民
家用汽车	（辆）	30.12	33.68	24.63
摩托车	（辆）	29.12	19.81	43.43
助力车	（辆）	147.89	137.98	163.14
洗衣机		102.94	102.82	103.14
电冰箱	（柜）	99.65	100.29	98.66
微波炉		65.41	71.94	55.37
彩色电视机		124.94	124.27	125.98
空调		146.65	164.17	119.71
热水器		102.18	104.37	98.81
洗碗机		1.53	1.55	1.49
排油烟机		63.35	77.96	40.89
固定电话	（部）	10.53	12.71	7.17
移动电话	（部）	261.07	257.09	267.18
#接入互联网		196.18	198.34	192.86
计算机		54.35	65.53	37.16
#接入互联网		50.59	61.26	34.18
照相机		8.94	13.59	1.79
中高档乐器	（架）	4.71	7.09	1.05
健身器材	（套）	5.18	7.57	1.49

10-5 居民家庭住房情况

（2019 年）

指标		全体居民	城镇居民	农村居民
调查户数	**（户）**	**1700**	**1030**	**670**
人均现住房建筑面积	**（平方米）**	**50.38**	**48.42**	**53.19**
人均期内新建住房竣工建筑面积		**0.23**	**0.40**	**…**

10-6 居民家庭人均全年购买主要消费品

（2019 年） 单位：公斤

指 标		全体居民	城镇居民	农村居民
谷物		435.39	437.10	432.93
食用油		10.84	10.00	12.05
蔬菜和食用菌		79.92	89.34	66.39
猪肉		9.17	10.06	7.89
牛肉		2.46	3.01	1.67
羊肉		2.40	2.68	1.98
禽类		10.77	10.60	11.02
水产品		9.74	10.38	8.83
蛋类		13.85	14.59	12.78
奶类		16.84	19.38	13.17
干鲜瓜果类		63.26	68.04	56.39
糖果糕点类		5.84	6.03	5.55
茶叶		0.11	0.12	0.10
卷烟	（盒）	24.67	24.20	25.34
酒类		250.77	272.40	219.71
水	（吨）	29.59	34.50	22.53
电	（度）	745.75	807.69	656.78
煤炭		11.14	10.17	12.53
管道天然气	（立方米）	17.44	28.03	2.23
罐装液化石油气		19.68	15.05	26.33

10-7 居民家庭平均每百户全年购买主要消费品

（2019 年）　　单位：台

指　　标		全体居民	城镇居民	农村居民
洗衣机		7.06	6.99	7.16
电冰箱	（柜）	3.76	3.20	4.63
空调器		9.71	9.42	10.15
吸尘器		0.71	0.78	0.60
抽油烟机		3.29	3.30	3.28
微波炉		2.41	2.52	2.24
非太阳能热水器		2.47	3.20	1.34
太阳能热水器		2.47	2.23	2.84
燃气炉具	（套）	4.35	4.37	4.33
太阳能炉具	（套）	0.18	0.19	0.15
洗碗机		0.18	0.10	0.30
消毒碗柜		0.18	0.19	0.15
汽车	（辆）	1.65	1.65	1.64
摩托车	（辆）	0.47	0.29	0.75
自行车	（辆）	3.76	3.30	4.48
电动自行车	（辆）	14.65	12.33	18.21
电话机	（部）	0.24	0.10	0.45
移动电话机	（部）	42.06	40.10	45.07
组合音响	（套）	0.24	0.29	0.15
彩色电视机		5.24	5.24	5.22
影碟机				
摄像机		0.12	0.10	0.15
照相机		0.12	0.19	
家用台式电脑		0.47	0.29	0.75
家用笔记本电脑		1.65	1.84	1.34

10-8 市辖区居民家庭收支及住房情况

（2019 年）

指标		市辖区			鼓楼区	云龙区	泉山区	开发区
		全体居民	城镇居民	农村居民	城镇居民	城镇居民	城镇居民	城镇居民
人均可支配收入	**（元）**	**36407**	**40275**	**22602**	**37356**	**38841**	**44408**	**37819**
工资性收入		19969	22038	12585	20461	22671	25102	21485
经营净收入		7260	7342	6965	7439	6008	5145	7802
财产净收入		2740	3380	454	3049	3147	4393	3710
转移净收入		6439	7515	2598	6406	7015	9769	4822
人均生活消费支出	**（元）**	**22754**	**24958**	**14890**	**23294**	**25773**	**30084**	**24283**
食品烟酒		6294	6877	4214	6620	7087	8225	6806
衣着		1630	1809	992	1732	1846	2026	1774
居住		3893	4294	2462	4470	4185	5193	3833
生活用品及服务		1810	2033	1016	1799	2181	2644	1587
交通通信		3413	3653	2559	2911	3858	4632	3689
教育文化娱乐		2616	2872	1704	2494	3160	3381	2842
医疗保健		2436	2663	1626	2589	2204	2410	2722
其他用品和服务		662	758	319	678	1251	1574	1029
人均现住房建筑面积	**（平方米）**	**47.0**	**44.8**	**52.9**	**51.3**	**39.6**	**46.1**	**45.4**

10-8 续表

（2019 年）

指标		贾汪区			铜山区		
		全体居民	城镇居民	农村居民	全体居民	城镇居民	农村居民
人均可支配收入	**（元）**	**28688**	**35716**	**20413**	**32661**	**40753**	**23415**
工资性收入		20947	28574	11968	20846	27091	13711
经营净收入		5486	4725	6383	6962	6201	7831
财产净收入		606	718	475	1319	2097	430
转移净收入		1648	1699	1587	3534	5363	1444
人均生活消费支出	**（元）**	**16523**	**21327**	**10867**	**19793**	**26030**	**12665**
食品烟酒		5008	6429	3334	5871	7645	3844
衣着		1710	2234	1094	1942	2850	904
居住		2534	3011	1973	2453	2679	2196
生活用品及服务		1647	2090	1125	1252	1779	650
交通通信		1946	2737	1015	2967	3822	1991
教育文化娱乐		2359	3207	1360	3751	5212	2083
医疗保健		800	837	757	1258	1599	869
其他用品和服务		519	782	209	297	444	129
人均现住房建筑面积		**46.4**	**41.7**	**51.8**	**53.3**	**56.2**	**50.4**

主要统计指标解释

城乡住户调查一体化改革 从2012年开始，国家统计局在全国范围开展城乡一体化住户收支与生活状况调查，通过对调查指标、抽样方法、调查过程、数据处理、数据发布“五统一”等改革措施，整合原城镇住户调查和农村住户调查、优化完善住户调查制度，全面提升住户调查能力，不断提高居民收支数据质量，努力满足合理调整收入分配关系、统筹城乡发展、加快构建社会主义和谐社会的需要。

居民家庭常住人口 指住户成员中，经常在家居住、或者调查期内居住时间超过一半的人员，以及本住户供养的学生。

居民家庭就业人口 指16周岁及以上，从事一定的社会劳动或经营活动、并取得劳动报酬或经营收入的人口。包括在党政机关、社会团体、企业、事业单位、私营企业、个体工商经营户或家庭中工作的在岗职工、再就业的离退休人员、民办教师、兼职人员及家庭帮工、雇工或自由职业等各类从业人员；私营企业和个体工商经营户的自营就业者。

居民可支配收入 指调查户可用于最终消费支出和储蓄的总和，即调查户可以用来自由支配的收入。可支配收入既包括现金，也包括实物收入。按照收入的来源，可支配收入包含四项，分别为：工资性收入、经营净收入、财产净收入和转移净收入。

居民消费支出 指住户用于满足家庭日常生活消费需要的全部支出，包括用于消费品的支出和用于服务性消费的支出。根据用途不同，消费支出可划分为食品烟酒、衣着、居住、生活用品及服务、交通通信、教育文化娱乐、医疗保健、其他用品及服务八大类。

十一、自然资源、城市概况和环境保护

NATURAL RESOURCES, GENERAL SURVEY OF CITIES AND ENVIRONMENTAL PROTECTION

版面负责人：卢川川
编　　　辑：马　萍

统计执法监督检查办法

（2017 年 7 月 5 日中华人民共和国国家统计局令第 21 号公布
根据 2018 年 11 月 20 日《国家统计局关于修改〈统计执法监督检查办法〉的决定》修订）

第一章 总 则

第一条 为了规范统计执法监督检查工作，保护公民、法人和其他组织的合法权益，保障和提高统计数据质量，根据《中华人民共和国统计法》《中华人民共和国行政处罚法》和《中华人民共和国统计法实施条例》等法律、行政法规，制定本办法。

第二条 本办法适用于县级以上人民政府统计机构对执行统计法律法规规章情况的监督检查和对统计违法行为的查处。

第三条 国家统计局统计执法监督局在国家统计局领导下，具体负责对全国统计执法监督检查工作的组织管理，指导监督地方统计机构和国家调查队统计执法监督检查机构工作，检查各地方、各部门统计法执行情况，查处重大统计违法行为。

省级及市级统计执法监督检查机构在所属统计局或者国家调查队领导下，具体负责指导监督本地区、本系统统计执法监督检查工作，对本地区、本系统统计法执行情况的检查和查处统计违法行为。县级统计执法监督检查机构或者执法检查人员在所属统计局或者国家调查队领导下，依据法定分工负责本地区、本系统统计执法监督检查工作。

地方统计机构和国家调查队应当建立统计执法监督检查沟通协作机制。

11-1 主要年份自然资源

指标		2006	2010	2013	2014	2015	2016	2017	2018	2019
土地资源	**（千公顷）**									
耕地面积		596.21	610.73	608.69	609.06	609.03	608.02	608.89	611.15	
园地		74.70	57.08	56.56	56.24	56.02	55.69	55.38	55.13	
林地面积		41.78	25.31	25.12	25.05	24.96	24.86	24.80	24.75	
牧草地面积		0.07	6.18	6.47	6.37	6.22	6.17	6.07	5.95	
城镇及工矿用地面积		45.34	200.99	203.32	204.82	206.67	209.12	210.75	211.40	
交通用地面积		15.07	46.97	47.52	48.18	48.42	49.20	49.47	49.81	
水域面积		25.63	207.87	205.47	203.80	202.20	200.46	198.41	196.55	
未利用土地面积		74.81								
其他		240.62	21.36	22.90	22.90	22.97	22.92	22.74	21.75	
林木资源										
活立木总蓄积量	（万立方米）	1321	2473	2973	3123	3053	3083	3113	3143	3173
森林面积	（千公顷）	196.7	330.7	360.9	363.7	338.4	334.4	336.3	338.5	340.6
森林蓄积量	（万立方米）	947.1	2459.9	2950	3097	3028	3058	3088	3118	3148
森林覆盖率	（%）	25.50	30.90	32.32	32.57	30.31	30.05	30.12	30.32	30.51
水利资源	**（亿立方米）**									
水资源总量		28.36	20.24	36.96	28.87	32.31	43.38	38.86	51.02	34.22
地表径流		14.72	8.30	18.92	9.91	12.68	20.42	17.76	28.08	16.44
地下（浅层）水量		17.51	14.70	18.90	19.62	20.35	23.84	21.89	23.98	18.48
矿产资源（基础储量）	**（万吨/矿石）**									
煤炭	（万吨）	176500	135101	108817	106652	104933	103398	102579	100957	99963
铁	（万吨）	1290	1581	2119	2036	1942	1925	1851	1780	1627
岩盐		22100	13091	12607	12338	12237	11857	11640	11388	11126
石膏		45181	34395	33669	33669	31926	31926	31926	31926	31926
制碳用灰岩		20091	20091	20091	20091	20091	20091	20091	20091	20091
水泥用灰岩		22380	28755	30495	29006	28201	27449	27063	26478	26030

注：2010年及以后土地资源指标因国家土地利用现状分类标准有变化，部分数据与往年不可比；森林覆盖率2013-2019年所填为林木覆盖率。

11-2 主要年份气象、水文概况

指　　标	1990	1995	2000	2005	2010	2015	2016	2017	2018	2019
温度　（摄氏度）										
年平均气温	14.8	14.7	15.1	15.0	15.2	15.3	15.9	15.6	16.0	16.1
年极端最高气温	37.2	36.8	37.4	38.3	37.6	36.9	37.4	39.1	38.9	37.7
出现日期　（月、日）	7月9日	6月19日	5月21日	6月23日	7月6日	7月13日	7月30日	7月27日	7月25日	7月23日
年极端最低气温	-15.8	-8.9	-9.4	-9.3	-9.4	-9.2	-12.8	-7.8	-10.5	-7.6
出现日期　（月、日）	2月1日	2月2日	2月1日	1月1日	1月13日	11月27日	1月24日	12月17日	1月12日	1月1日
降水　（毫米）										
年降水量	1088.8	825.3	979.6	1162.9	612.0	928.2	766.8	801.7	1003.8	725.8
年降水日　（天）	94	66	90	90	68	93	95	120	98	94
一日最大降水量	82.4	94.1	151.3	99.1	100.2	57.9	47.8	142.7	114.2	57.3
出现日期　（月、日）	7月17日	8月22日	7月12日	7月8日	9月7日	6月24日	6月23日	7月6日	8月19日	7月23日
日照										
年日照时间　（小时）	2251.2	2452.4	2064.5	2204.6	2230.6	2141.0	2163.4	2239.1	2364.2	1997.3
年蒸发量　（毫米）	1595.0	1797.3	1727.6	1062.5	1076.6	999.3	1041.0	1110.3	1141.0	1126.1
年平均相对湿度　（%）	72	65	69	67	63	69	69	64	66	64
年平均风力　（米/秒）	2.3	2.0	2.2	2.1	2.1	1.6	1.7	1.6	1.7	1.6
年平均气压　（百帕）	1017.0	1017.3	1011.6	1012.0	1011.5	1012.1	1011.9	1013.2	1011.8	1011.8
年无霜期　（天）	190	182	158	235	195	205	227	211	218	211
霜期　（月、日）										
初霜日期	10月17日	10月5日	11月1日	10月27日	11月2日	11月3日	10月31日	10月30日	10月27日	10月30日
终霜日期	4月24日	4月4日	4月6日	3月25日	4月5日	4月8日	3月16日	4月1日	3月22日	4月1日
雪期　（月、日）										
初雪日期	12月12日	12月19日	1月8日	11月25日	11月28日	11月24日	11月24日	11月19日	12月5日	1月7日
终雪日期	2月23日	2月4日	2月5日	3月2日	3月8日	1月31日	1月31日	2月21日	2月21日	2月18日
水文（蔺家坝）　（米）										
最高水位	32.02	33.40	32.15	33.59	32.84	31.95	32.06	32.96	33.72	32.95
出现日期　（月、日）	8月6日	3月9日	7月29日	9月30日	10月13日	6月30日	12月29日	10月13日	8月21日	8月12日
最低水位	28.35	31.86	28.77	31.47	31.33	30.90	30.76	31.35	31.29	31.22
出现日期　（月、日）	6月17日	6月16日	6月21日	6月20日	6月27日	6月18日	7月12日	7月5日	7月24日	6月25日
年均水位	31.60	33.02	31.07	32.63	32.39	31.44	31.08	32.42	32.36	32.13

注：表中水位为废黄河口积面。

11-3 市区分月气象情况

（2018 年）

月　份	平均气温（摄氏度）	降水量（毫米）	日照时数（小时）
全　年	**16.0**	**1003.8**	**2364.2**
1 月	0.4	22.5	110.3
2 月	3.8	13.0	172.4
3 月	11.7	42.7	203.8
4 月	17.5	28.6	239.2
5 月	22.0	63.5	195.3
6 月	27.4	48.7	282.8
7 月	28.8	248.5	242.4
8 月	28.6	362.3	225.3
9 月	22.8	62.6	212.2
10 月	16.1	0.2	238.0
11 月	10.1	66.2	128.1
12 月	2.8	45.0	114.4

11-4 市区分月气象情况

（2019 年）

月　份	平均气温（摄氏度）	降水量（毫米）	日照时数（小时）
全　年	**16.1**	**725.8**	**1997.3**
1 月	1.5	27.1	119.8
2 月	3.0	9.5	102.4
3 月	11.4	38.5	238.4
4 月	15.8	41.2	203.5
5 月	22.0	3.7	193.6
6 月	27.6	90.9	197.4
7 月	28.8	197.7	169.6
8 月	26.8	219.1	170.2
9 月	24.0	1.5	188.4
10 月	16.6	48.6	131.1
11 月	11.5	11.2	136.8
12 月	4.6	36.8	146.1

11-5 城市（市区）建设基本情况

年份	市区面积（平方公里）	#建成区面积	市区人口密度（人/平方公里）	年末实有房屋建筑面积（万平方米）	#住宅	公共交通 年底运营车辆数（辆）	公共交通 年底运营线路网长度（公里）
1978	184.5	41.3	3636	884	351	140	
1979	184.5	42.7	3842	955	392	161	
1980	184.5	43.8	3950	1029	440	144	
1981	184.5	44.3	4063	1105	487	160	
1982	184.5	45.2	4189	1174	528	165	
1983	184.5	45.6	4297	1276	590	162	
1984	184.5	45.9	4371		641	168	
1985	184.5	46.5	4470	1467	691	174	
1986	184.5	47.0	4557	1863	920	182	
1987	184.5	47.3	4638	1964	967	185	
1988	184.5	48.1	4726	2030	1000	183	
1989	184.5	48.9	4838	2145	1030	196	
1990	184.5	61.8	4914	2245	1076	202	
1991	184.5	63.8	4979	2352	1127	211	
1992	184.5	67.0	5076	2465	1180	258	
1993	184.5	67.7	5158	2622	1253	308	313
1994	963.0	70.7	1483	2690	1293	838	329
1995	963.0	59.1	1507	2751	1325	1072	335
1996	963.0	60.3	1530	2870	1381	854	337
1997	963.0	61.5	1551	2980	1442	903	343
1998	963.0	64.7	1577	3104	1514	932	343
1999	963.0	67.6	1583	3337	1672	919	368
2000	1037.7	71.7	1547	3507	1787	946	541
2001	1037.7	77.9	1566	3650	1858	1119	595
2002	1037.7	81.9	1576	3781	1897	922	586
2003	1037.7	89.1	1612	3835	1914	1006	600
2004	1037.7	96.8	1613	3934	1964	1076	622
2005	1159.9	118.0	1551	5994	4196	1452	650
2006	1159.9	127.1	1566	6079	4199	1654	700
2007	1159.9	160.0	1577	6304	4392	1741	978
2008	1159.9	186.6	1590	6584	4615	1790	655
2009	1159.9	205.6	1605	6597	4307	1969	679
2010	3037.6	239.0	1029	8463	5404	1908	3997
2011	3037.6	249.0	1039	7581	5003	2685	3648
2012	3040.0	253.0	1055	7992	5211	2602	4719
2013	3040.0	253.0	1084	8668	5615	2429	3786
2014	3040.0	255.2	1055	9256	5906	2802	4946
2015	3040.0	255.2	1094	9843	6393	2338	4098
2016	3040.0	261.0	1112			2359	4002
2017	3040.0	265.0	1089			2377	4092
2018	3040.0	271.3	1216			2613	4184
2019	3040.0	282.2	1145			2656	4304

注：2010年底运营线路网长度统计口径扩大到乡村，与往年不可比。2011年底运营线路网长度不包含农村客运班线。

11-5 续表 1

年份	铺装道路长度（公里）	铺装道路面积（万平方米）	全社会供水 生产能力（万立方米/日）	供水总量（万立方米）	#生活用水量	人工煤气供应总量（万立方米）	液化石油气供应总量（吨）	用气人口数（万人）
1978	67	67	8.5	3052	1427			
1979	69	72	9.4	3425	1886			
1980	72	76	10.9	3970	2232			
1981	89	88	12.0	4377	2416			
1982	125	102	12.8	4806	2071			
1983	128	108	13.4	5097	2005			
1984	136	114	14.1	5619	2392		269	
1985	138	119	16.3	5963	2685	146	681	
1986	284	238	34.2	12207	2968	285	1947	
1987	296	243	34.0	12308	3303	358	3128	
1988	300	249	34.1	12658	3564	404	4108	
1989	345	265	37.2	12901	4677	446	4443	17.6
1990	297	263	37.9	10744	4328	464	7110	25.5
1991	301	269	42.0	10643	4669	474	5939	26.1
1992	355	464	56.0	12129	5203	509	7736	26.8
1993	367	496	56.0	14718	6076	522	13737	44.5
1994	372	747	63.0	15506	7498	939	15168	61.2
1995	579	802	86.9	14877	7010	2830	16064	68.8
1996	590	830	74.6	14067	7653	3967	18886	72.0
1997	592	846	72.0	13677	7627	4926	21400	74.4
1998	593	863	74.5	13498	7366	4888	24788	77.3
1999	593	908	75.5	12859	6958	4779	23753	80.0
2000	621	987	75.5	12464	6926	4585	26196	83.4
2001	690	1134	75.6	12397	7060	4638	24000	85.6
2002	760	1222	72.5	11748	7088	4192	22400	88.6
2003	822	1299	72.6	14354	7232	4580	24600	106.8
2004	865	1357	55.0	14008	7499	4057	29400	118.5
2005	1075	1434	55.4	15456	7962	4831	39300	126.8
2006	1168	1494	49.0	11931	6218	5699	33860	113.0
2007	1202	1623	49.8	11509	7605	5699	33750	125.4
2008	1307	1855	67.9	16155	7718	5125	32208	128.8
2009	1352	1956	87.4	19001	8926	4392	29937	137.6
2010	1600	2467	94.2	19957	8962	1662	29336	150.2
2011	1620	2604	117.9	21543	7963		28050	140.9
2012	2110	3239	95.5	22029	6906		31030	149.9
2013	2600	3750	93.0	23363	6579		28480	165.8
2014	2699	4310	113.2	23960	7880		28054	167.2
2015	2722	4484	111.9	24350	6420		26856	185.0
2016	2549	4463	137.0	26199	6491		20925	179.2
2017	2577	4554	135.2	26708	8156		21094	198.7
2018	2607	4644	142.5	31805	9932		18474	206.7
2019	2665	4783	158.6	31073	10349		25908	207.2

11-5　续表 2

年　份	排水管道长　度（公里）	路灯数（盏）	园林绿地面　积（公顷）	建成区绿化覆盖率（%）	公园数（个）	污水排放量（万吨）	垃圾粪便清运量（万吨）	公共厕所数（座）
1978	118	3243	219	10.4				
1979	124	3482	249	11.8				
1980	130	3750	249	11.8				
1981	138	3920	310	7.6				
1982	155	3594	320	7.7				
1983	162	4088	365	9.8				
1984	170	4225	367	11.8				
1985	182	4545	367	12.4				
1986	216	5546	735	14.9				
1987	223	6110	848	15.1				
1988	248	6950	1108	15.1				
1989	253	6989	1317	15.9	15		25	508
1990	257	7507	1214	27.4	15	9965	23	503
1991	262	7779	1432	30.7	12	9955	26	587
1992	281	8551	2358	30.8	13	7964	28	537
1993	281	13581	2822	31.0	10	7964	29	403
1994	326	11688	2822	31.6	14	9700	28	448
1995	432	15463	2844	33.1	12	8818	32	455
1996	395	16140	2881	33.2	15	7846	38	328
1997	399	16923	2947	33.6	13	7646	36	277
1998	403	20393	3048	33.7	13	7682	29	258
1999	483	26187	3392	34.3	13	7876	35	238
2000	643	30937	3662	34.4	13	5931	36	225
2001	728	32577	3625	24.5	29	5540	36	212
2002	825	36836	3889	26.6	31	5620	37	266
2003	896	45231	4226	29.5	33	6689	40	312
2004	926	46087	6455	36.6	33	7692	45	249
2005	918	52678	6455	36.3	36	10775	47	258
2006	930	53000	6659	37.6	30	11704	49	297
2007	970	60000	8125	38.8	34	12700	50	338
2008	1198	56798	9242	40.1	40	13924	45	482
2009	1046	19651	10422	40.4	41	14910	40	606
2010	1334	50723	12913	41.3	60	18106	48	592
2011	1362	46683	13400	41.9	70	19286	54	600
2012	1569	267204	14436	42.2	70	19690	52	488
2013	2016	188541	15269	42.9	70	19998	59	493
2014	2094	272114	15462	43.3	70	20190	79	711
2015	2129	294770	15727	43.7	73	21571	80	759
2016	2196	293971	15983	43.8	74	22294	92	813
2017	2351	299018	16165	43.8	75	23024	104	820
2018	2073	110381	16363	43.6	75	23822	119	891
2019	2242	121172	16793	43.7	76	26529	130	892

注：自 2009 年起路灯盏数统计口径改变，与其他年份不可比；2010 年起公园数统计口径改变，与往年不可比；2016 年起垃圾粪便清运量为生活垃圾口径，与往年不可比。

11-6 城市（市区）设施水平

年　份	用　水 普及率 （%）	煤气液化气 普 及 率 （%）	每万人拥有 公共汽车辆 （标台）	人均拥有铺 装道路面积 （平方米）	人均公共 绿地面积 （平方米）	每万人拥有 公共厕所 （座）	排水管道 密　度 （公里/平方公里）
1978	85.7				2.7		2.9
1979	83.3				2.7		2.9
1980	82.6				2.7		3.0
1981	93.8				1.5		3.1
1982	94.2				1.5		3.4
1983	95.0				2.0		3.6
1984	95.0	2.4			2.0		3.7
1985	94.2	6.7			2.4		3.9
1986	92.0	8.4			2.9		4.6
1987	94.2	17.8			2.9		4.7
1988	96.0	19.5			2.9		5.2
1989	98.0	22.2	3.2	3.3	2.9	6.6	5.2
1990	98.0	31.7	3.5	3.9	3.5	6.4	5.2
1991	100.0	37.8	4.1	3.9	6.3	7.4	4.1
1992	100.0	37.8	4.5	6.6	6.3	6.7	4.2
1993	100.0	61.6	4.9	6.9	7.4	4.9	4.2
1994	100.0	75.2	9.0	9.2	7.5	3.6	4.6
1995	100.0	84.0	9.2	9.8	7.9	4.7	7.3
1996	100.0	85.1	6.5	9.8	7.9	3.3	6.6
1997	100.0	86.4	7.0	9.8	9.5	2.7	6.5
1998	100.0	87.9	7.1	9.8	9.9	2.9	6.2
1999	100.0	90.1	7.7	10.2	10.2	2.8	7.2
2000	100.0	90.8	8.1	10.7	10.5	2.4	9.0
2001	100.0	75.8	10.1	10.0	6.6	2.3	9.3
2002	100.0	76.9	8.6	10.6	6.9	2.3	10.1
2003	100.0	90.2	9.1	11.0	7.0	2.6	10.1
2004	100.0	99.7	10.8	11.4	7.4	2.1	9.6
2005	100.0	96.5	9.8	10.9	8.0	2.0	7.8
2006	100.0	96.6	12.9	12.8	9.4	2.2	7.9
2007	100.0	100.0	18.1	12.9	12.1	2.7	6.1
2008	99.9	96.4	17.2	13.9	13.0	3.6	6.4
2009	98.5	98.5	17.9	14.0	13.6	4.4	5.1
2010	99.4	99.0	19.2	16.3	14.7	1.9	5.6
2011	97.8	94.2	11.5	17.7	16.0	1.9	5.5
2012	98.1	99.3	13.7	21.5	16.1	1.6	6.2
2013	99.4	99.5	16.1	22.5	16.3	1.5	8.0
2014	97.5	98.2	11.3	25.3	16.2	2.2	8.2
2015	99.8	98.5	12.5	23.9	15.3	2.3	8.3
2016	99.8	98.0	15.8	24.4	15.7	2.5	8.4
2017	100.0	100.0	16.6	22.9	14.7	2.5	6.9
2018	100.0	100.0	15.7	23.9	14.3	2.4	7.9
2019	100.0	99.8	17.0	23.1	15.4	2.5	6.8

注：2007年及以后人均公共绿地面积统计口径改为人均公园绿地面积（下同）。

11-7 主要年份城市（市区）公用事业基本情况

指标	1990	1995	2000	2005	2010	2014	2015	2016	2017	2018	2019
城市用地及建筑物面积(平方公里)											
城市面积	184.5	963.0	1037.7	1159.9	3037.6	3040.0	3040.0	3040.0	3040.0	3040.0	3040.0
#建成区面积	61.8	59.1	71.7	118.0	239.0	255.2	255.2	261.0	265.0	271.3	282.2
城市建设用地面积	45.10	56.80	69.43	104.45	184.60	233.81	239.27	244.13	255.02	274.28	280.15
#居住用地	18.30	10.90	13.48	24.24	58.18	56.52	58.35	60.46	66.22	78.20	91.66
公共设施用地		4.70	8.75	16.43	31.79	29.34	21.61	30.43	31.37	30.47	19.11
工业用地	17.10	12.70	14.68	20.96	35.15	26.94	27.64	28.50	30.04	60.37	49.97
仓储用地	2.60	2.70	2.73	3.05	4.22	21.19	21.58	21.87	22.17	8.55	4.58
对外交通用地	4.00	6.80	7.13	7.13	10.20	13.24	13.99	14.34	15.67	35.43	48.52
道路广场用地		2.70	4.56	13.39	23.06	58.45	58.46	58.76	58.84	33.22	
市政公用设施用地		1.10	2.54	3.00	5.44	21.59	21.61	22.01	22.08	8.97	7.28
绿地		3.60	3.75	4.36	14.38				8.63	19.07	35.8
特殊用地		11.70	11.81	11.89	2.18						
供水、供气及供热											
全社会供水											
供水综合生产能力（万吨/日）	37.9	86.9	75.5	55.4	94.2	113.2	111.9	137.0	135.2	142.5	158.6
供水管道长度（公里）	506	569	724	1025	2760	3122	2433	2708	2795	3135	3245
供水总量（万立方米）	10744	14877	12464	15456	19957	23960	24350	26199	26708	31805	31073
#生产用水量	5684	7867	3574	3478	8036	11695	10102	8995	12195	11217	10747
生活用水量	4328	7010	6926	7962	8962	7880	6420	6491	8156	9932	10349
人均日生活用水量（升）	137	198	171	123	164	130	113	125	113	167	168
用水普及率（%）	98.0	100.0	100.0	100.0	99.4	97.5	99.79	99.81	99.95	99.98	100.0
水厂个数（个）	4	4	4	4	4	9	13	17	15	16	15
人工煤气											
储气能力(系统内)（万立方米）	2	12	12	12							
煤气管道长度（公里）	32	237	647	763	230						
供气总量（万立方米）	464	2830	4585	4831	1662						
#家庭用量	437	1899	3326	3562	1205						
家庭用气户数（户）	10343	61372	110758	148102	34000						
用气人口数（万人）	4.2	20.3	34.7	47.4	10.2						
液化石油气											
储气能力（吨）	275	450	420	2402	4394	4593	4983	4983	4508	1587	2683
供气总量（吨）	7110	16064	26169	39300	29336	28054	26856	20925	21094	18474	25908
#家庭用量	7074	15084	23158	35100	23466	20872	19714	13103	20572	17961	15539
家庭用气户数（户）	60706	146628	155723	289500	193243	143146	127966	86386	96613	86402	117870
用气人口数（万人）	21.3	48.5	48.8	79.4	59.7	44.0	45.0	26.5	32.6	30.9	33.0
煤气和液化石油气普及率（%）	31.7	84.0	90.8	96.5	99.0	98.2	98.5	98.0	100.0	100.0	99.8
天然气											
储气能力（万立方米）					26	100	108	85	87	87	135.1
供气管道长度（公里）					1253	1844	1890	2036	2164	2353	2758
供气总量（万立方米）					13524	21255	26582	31629	32055	32755	52716
#家庭用量					2927	6184	7256	8375	10282	11808	12929
家庭用气户数（户）					270824	408036	446716	504592	570884	626293	685990
用气人口数（万人）					80	123	140	153	166	176	174
集中供热面积（万平方米）				910	1201						
#住宅					911						

注：根据第3次全国国土普查分类，2019年起对外交通用地和道路广场用地合并改为道路与交通设施用地、绿地改为绿化与广场用地，均与往年不可比。

11-7　续表

指　　标	1990	1995	2000	2005	2010	2014	2015	2016	2017	2018	2019
城市市政设施情况											
实有道路长度（公里）	297	579	621	1075	1600	2699	2722	2550	2577	2607	2665
道路面积（万平方米）	263	802	987	1434	2467	4310	4484	4463	4554	4644	4783
人行道面积（万平方米）	35	74	110	208	421	722	759	673	690	717	759
排水管道长度（公里）	257	432	643	918	1334	2094	2129	2196	2351	2073	2242
污水年排放量（万立方米）	9965	8818	5931	10775	18106	20190	21571	23479	23024	23823	26529
桥梁数（座）	51	68	102	132	118	265	305	285	285	286	288
路灯盏数（盏）	7507	15463	30937	52678	50723	272114	294770	293971	299018	110381	121172
防洪堤长度（公里）	27.0	52.0	34.1	44.6	67.0	96.0	185.2				
公共交通											
公共汽车营运车数（辆）	202	1072	946	1452	1908	2802	2338	2359	2377	2613	2656
标准营运车数（标台）	238	752	739	1290	2286	3366	2917	2953	2954	3173	3226
客运总量（万人次）	8511	10740	17040	25750	33436	38325	36258	35906	35068	35122	39237
平均每日客运量（万人次）	23.3	29.4	46.7	70.5	91.6	105.0	99.3	98.4	96.1	96.0	136.4
出租汽车营运车数（辆）	259	955	2872	4230	3760	4284	4319	4319	4319	4317	4238
城市园林绿化											
绿化覆盖面积（公顷）	1324	2927	3823	7017	14726	15966	16231	16507	16689	16888	17425
# 建城区	891	1956	2463	4283	9680	11039	11160	11436	11618	11816	12328
园林绿地面积（公顷）	1214	2844	3662	6455	12913	15462	15727	15983	16165	16363	16793
# 公共绿地	235	647	961	1046	2234	2761	2865	2879	2914	2954	3194
公园个数（个）	15	12	13	36	60	70	73	74	75	75	76
公园面积（公顷）	104	521	650	358	198	1700	1804	1810	1822	1822	1828
游人量（万人次）	1054	463	323	2340	210	679	807	823	853		
人均公园绿地面积（平方米）	3.5	7.9	10.5	8.0	14.7	16.2	15.3	15.7	14.7	14.3	15.4
建成区绿化覆盖率（%）	27.4	33.1	34.4	36.3	41.3	43.3	43.7	43.8	43.8	43.6	43.7
城市房屋和住宅情况（万平方米）											
实有房屋建筑面积	2245	2751	3507	5994	13368	9256	9813				
实有住宅建筑面积	1076	1325	1787	4196	8972	5906	6393				
城市清洁卫生情况											
道路清扫保洁面积（万平方米）	148	350	418	780	2032	2307	2410	2786	2786	2933	3034
生活垃圾清运量（万吨）	21	30	35	47	44.4	78.6	79.8	92.4	103.8	119.0	130.0
粪便清运量（万吨）	1.6	2.0	1.0		0.2	0.8	1.2	1.2	1.2	1.8	
垃圾粪便无害化处理量（万吨）		32	36	47	44.4	78.6	79.8	92.4	106.8	119.0	130.0
环卫机械总数（台）	113	167	172	156	362	570	651	840	974	1001	1013
公共厕所数（座）	503	455	225	258	592	711	759	813	820	891	892

注：2019年起不再统计粪便清运量。

11-8 主要年份工业企业污染治理情况

单位：万元

指　　标		2001	2003	2005	2010	2014	2015
单位数	**（个）**	**65**	**81**	**74**	**22**	**572**	**574**
当年施工项目投资来源		**6272**	**18228**	**47263**	**12516**	**14174**	**55365**
排污费补助					40		
政府其他补助					375	304	1000
企业自筹					12756	13870	54365
#银行贷款					1980	2756	7835
国家预算内资金		1	300	30			
环保专项资金		90	55	2912			
银行贷款		150	1396	2580			
其他资金		6031	16476	44321			
当年施工项目累计完成投资额		**6272**	**18228**	**47263**	**13171**	**14174**	**55445**
治理废水		4142	9640	7396	3907	739	3135
治理废气		1818	8088	38555	8084	10035	51580
治理固体废物		292	500	330	1000		
治理噪声		15		622			
其他		5		361	180	3401	730
当年安排治理项目	**（个）**	**84**	**105**	**54**	**34**	**19**	**35**
治理废水		42	26	34	11	2	3
治理废气		36	78	38	21	14	27
治理固体废物		3	1	3	1		
治理噪声		2		3			
其他		1		6	1	3	5
当年竣工项目	**（个）**	**61**	**58**	**73**	**20**	**19**	**23**
治理废水		21	13	27	6	2	1
治理废气		35	44	35	14	14	19
治理固体废物		2	1	3			
治理噪声		2		3			
其他		1		5		3	3
当年竣工项目新增设计处理利用“三废”能力							
废水	（吨/日）	39453	31472	28122	215400	2000	2475
废气	（万标立方米/时）	84	130	234	129	128	12
固体废物	（吨/日）	358	180	305			
主要污染物减排情况							
化学需氧量（COD）	（万吨）			6.35	5.54	1.05	1.14
二氧化硫（SO2）	（万吨）			20.01	8.96	9.85	10.22

11-9 重点调查工业企业污染治理设施情况

指　　标		2016 年	2017 年	2018 年	2019 年
工业企业数	（个）	650	515	531	525
废水治理设施数	（套）	214	252	259	247
废水治理设施处理能力	（万吨 / 日）	210.47	55.19	40.38	49.92
废水治理设施运行费用	（万元）	32197.20	34755.73	19470.63	21321.20
工业废水处理量	（万吨）	98455.76	6884.53	5496.24	6191.29
工业废水排放量		8693.94	3007.53	2659.32	3174.39
其中：直接排入环境的		5367.92	786.96	652.46	646.58
排入污水处理厂的		3326.02	2220.57	2006.86	2527.81
工业锅炉数	（台）	350	294	330	303
其中：20 蒸吨以上的		104	100	101	98
其中：安装脱硫设施的		56	80	75	66
废气治理设施数	（套）	1167	2249	2643	2827
废气治理设施处理能力	（万立方米 / 时）	6668.39	898135.40	201176.18	201926.26
废气治理设施运行费用	（万元）	155592.90	153134.40	149560.36	118827.71
脱硫设施数	（套）	107	267	201	152
脱硝设施数		73	149	114	144
除尘设施数		290	1113	1051	990
VOCs 处理设施数		41	146	407	442
工业废气排放量	（亿立方米）	5782.57	3971.62	3206.51	3967.40

11-10 重点工业企业“三废”排放及处理情况

（2019年）

指　　标	汇总工业企业数（个）	工业废水排放总量（万吨）	化学需氧量产生量（吨）	化学需氧量排放量（吨）	氨氮产生量（吨）
总　计	**525**	**2817.26**	**103579.76**	**2198.75**	**3437.51**
农、林、牧、渔服务业	2	4.94	74.12	2.67	2.52
煤炭开采和洗选业	6				
农副食品加工业	55	226.92	4558.09	361.07	259.02
食品制造业	14	166.74	810.20	79.21	94.60
酒、饮料和精制茶制造业	11	202.84	64457.78	83.43	91.62
烟草制品业	1	4.61	11.55	2.69	0.40
纺织业	14	176.58	3454.17	154.03	35.96
皮革、毛皮、羽毛及其制品和制鞋业	2	63.35	687.15	47.04	34.94
木材加工和木、竹、藤、棕、草制品业	71	1.51	15.92	3.66	0.21
家具制造业	67			…	
造纸和纸制品业	9	168.15	4696.07	491.26	1384.77
印刷和记录媒介复制业	5	6.27	20.02	7.87	3.67
石油加工、炼焦和核燃料加工业	9	138.10	1654.99	86.55	189.02
化学原料和化学制品制造业	35	655.38	8148.67	403.21	545.21
医药制造业	11	65.25	654.40	54.88	17.47
化学纤维制造业	2	5.24	2581.50	51.63	10.05
橡胶和塑料制品业	8	18.25	544.16	20.61	16.10
非金属矿物制品业	81	130.47	111.10	41.82	12.06
黑色金属冶炼和压延加工业	10		3408.03		
有色金属冶炼和压延加工业	9	78.31	75.89	14.63	6.41
金属制品业	24	16.69	60.99	15.63	8.93
通用设备制造业	15	15.90	61.84	16.89	5.41
专用设备制造业	11	24.18	25.96	21.17	6.12
汽车制造业	6	26.57	73.44	29.55	316.02
铁路、船舶、航空航天和其他运输设备制造业	5	19.02	84.81	15.19	1.28
电气机械和器材制造业	8	139.96	119.97	31.85	142.90
计算机、通信和其他电子设备制造业	2	386.35	104.31	104.31	1.93
其他制造业	1	8.64	4.75	2.33	1.37
废弃资源综合利用业	2				
电力、热力生产和供应业	29	67.05	7079.88	55.57	249.54

11-10 续表1 （2019年）

指　　标	氨氮排放量（吨）	工业废气排放总量（亿标立方米）	二氧化硫产生量（吨）	二氧化硫排放量（吨）	氮氧化物产生量（吨）	氮氧化物排放量（吨）
总　计	**182.76**	**3967.40**	**340117.36**	**20006.87**	**121939.14**	**31609.39**
农、林、牧、渔服务业	0.07	0.17	40.21	40.21	2.41	2.41
煤炭开采和洗选业		1.47			14.47	4.74
农副食品加工业	40.82	5.28	54.97	53.45	45.56	44.02
食品制造业	4.45	1.17	7.36	6.71	13.17	13.02
酒、饮料和精制茶制造业	5.87	9.33	74.68	18.61	68.47	24.56
烟草制品业	0.13	0.72	1.86	1.86	8.39	8.39
纺织业	14.11	3.84	7.40	7.40	8.02	8.02
皮革、毛皮、羽毛及其制品和制鞋业	1.54				0.05	0.05
木材加工和木、竹、藤、棕、草制品业	0.07	29.52	164.63	164.63	98.04	98.04
家具制造业		10.56	0.01	0.01	0.04	0.04
造纸和纸制品业	17.51	2.08	1.41	1.41	7.16	7.16
印刷和记录媒介复制业	1.24	3.81			0.04	0.04
石油加工、炼焦和核燃料加工业	8.72	237.09	7875.34	3371.53	4863.17	2210.38
化学原料和化学制品制造业	35.20	67.54	5840.43	1261.16	2027.56	1279.23
医药制造业	3.34	9.73	5.98	5.98	4.56	4.56
化学纤维制造业	2.01	0.96	8.84	8.84	5.60	5.36
橡胶和塑料制品业	1.90	90.06	6.28	6.28	27.32	27.32
非金属矿物制品业	1.48	475.71	23294.44	3357.92	21569.54	6113.73
黑色金属冶炼和压延加工业		1193.69	19150.29	4209.26	11758.03	8953.24
有色金属冶炼和压延加工业	1.60	43.24	16230.06	815.23	104.73	103.67
金属制品业	4.75	22.99	18.79	3.48	5.08	5.08
通用设备制造业	1.59	48.96	120.12	15.20	3.90	3.87
专用设备制造业	2.85	95.98				
汽车制造业	14.08	34.77	0.95	0.95		
铁路、船舶、航空航天和其他运输设备制造业	0.54	3.59	0.50	0.50	1.57	1.57
电气机械和器材制造业	10.15	45.62	1.17	1.17	235.27	235.27
计算机、通信和其他电子设备制造业	1.93	15.91	2.86	0.29	23.25	6.42
其他制造业	0.04	2.76				
废弃资源综合利用业		0.59			0.94	0.20
电力、热力生产和供应业	6.75	1510.26	267208.79	6654.80	81042.80	12448.99

11-10　续表 2　　　　　　　　（2019 年）

指　　标	烟（粉）尘产生量（吨）	烟（粉）尘排放量（吨）	工业固体废物产生量（吨）	工业固体废物综合利用量（含往年贮存量）（吨）	工业固体废物贮存量（吨）	工业固体废物处置量（吨）
总　计	**4171986.12**	**33883.88**	**1279.41**	**1264.80**	**21.14**	**0.64**
农、林、牧、渔服务业	1.18	0.01	0.01	0.01		
煤炭开采和洗选业			287.09	294.22		
农副食品加工业	242.90	17.45	2.61	2.50	0.12	
食品制造业	22.80	2.10	0.40	0.34	0.07	
酒、饮料和精制茶制造业	138.65	6.02	19.42	19.41	0.01	
烟草制品业						
纺织业	37.35	30.61	0.74	0.70	0.02	0.02
皮革、毛皮、羽毛及其制品和制鞋业			0.73	0.65		0.08
木材加工和木、竹、藤、棕、草制品业	35766.74	683.60	2.32	2.30	0.02	
家具制造业	206.91	7.50	0.06	0.06		
造纸和纸制品业	1.88	0.03	3.44	2.41	1.01	0.02
印刷和记录媒介复制业	0.05	0.04	0.17	0.17	0.01	
石油加工、炼焦和核燃料加工业	34667.20	3131.78	0.37	0.27	0.10	
化学原料和化学制品制造业	20965.22	3612.95	36.00	35.76	0.24	
医药制造业	130.04	2.31	0.32	0.32		
化学纤维制造业	196.30	3.72	0.02	0.02		
橡胶和塑料制品业	55.26	4.20	0.03	0.03		
非金属矿物制品业	2337594.25	7677.88	3.96	1.74	2.20	0.02
黑色金属冶炼和压延加工业	476880.35	14113.69	380.73	364.58	16.15	0.00
有色金属冶炼和压延加工业	38128.84	186.32	1.47	0.82	0.19	0.46
金属制品业	3479.85	67.05	2.43	2.40	0.04	0.01
通用设备制造业	1073.11	92.94	1.39	1.26	0.13	0.01
专用设备制造业	467.42	20.55	4.40	4.38	0.02	
汽车制造业	518.37	70.93	0.23	0.23		
铁路、船舶、航空航天和其他运输设备制造业	2687.53	2.49	0.64	0.64		
电气机械和器材制造业	0.70	0.01	0.82		0.82	
计算机、通信和其他电子设备制造业	678.23	6.24	1.33	1.33		
其他制造业						
废弃资源综合利用业	55.63	0.93	0.08	0.08		
电力、热力生产和供应业	1217989.35	4142.51	528.19	528.17		0.02

主要统计指标解释

自来水综合生产能力 指年底城建部门管理的自来水厂和各单位自备水源的取水、净化、送水、出厂输水干管等环节的实际生产能力。

全年供水总量 指公用自来水厂和社会单位自备水源全年的供水总量，包括有效供水量及损失水量。

城市人口用水普及率 指城市市区用水的非农业人口数（不包括临时人口和流动人口）与市区非农业人口总数之比。

煤气供气总量 指城市煤气企业向城市生产用户、生活用户和其他用户供应全部煤气量。包括外购煤气量的损失量。

城市气化率 指使用煤气（包括人工煤气、液化石油气）的市区非农业人口数（不包括临时人口和流动人口）与市区非农业人口总数之比。

年末实有铺装道路长度 指除土路外，路面经过铺装宽度在 3.5 米以上的道路，包括高级、次高级道路和普通道路。

营运标准车台 是指营运车数按标台换算系数折合的标准车台总数。用以综合反映公交企业的运输能力。标准车台是以每辆车长度 10 米为一标准台，如营运车长 8.7 米，折合 0.87 标台，营运车长 14 米，折合 1.4 标台。计算方法：

$$\text{标准车台（标台）}=\frac{\text{各类营运车辆长度之和（米）}}{\text{标台换算系数（10 米）}}$$

营运车数 是指经上级主管机关核准，可参加营运的全部车辆数。包括技术完好的、在修的、待修的、长期停驶的，以及拟报废尚未经上级主管机关批准的。但不包括非营运车辆，如架线车、货车、油灌车、工程车及其他专用车辆和借入的运客车辆。

营运线路长度 是指固定的营运线路长度，包括郊区营运线路长度，不包括临时行驾的线路长度。营运线路长度应以营运线路的起点站至终点站往返路程的二分之一长度计算。

公共绿地 指供游览休息的各种公园（包括植物园、陵园、游乐园和风景名胜公园等）、动物园、广场绿地、河（湖）滨绿地和宽在八米以上设置有行人休息设施的林荫道绿地等。

建成区绿化覆盖率 反映建成区的绿化覆盖情况，其计算方法：

$$\text{建成区绿化覆盖率（\%）}=\frac{\text{建成区园林绿化面积}+\text{建成区道路绿化面积}}{\text{建成区面积}}\times\text{（\%）}$$

工业废水排放总量 指经过工业企业厂区所有排放口排到企业外部的工业废水量。包括外排的直接冷却水、超标排放的矿井地下水和与工业废水混排的厂区生活污水，不包括外排的间接冷却水（清污不分流的间接冷却水应计算在内）。

工业废气排放总量 指工业企业厂区内燃料燃烧和生产工艺过程中排放的各种废气总量。以标准状态下（0℃，101325Pa）每年万标立方米表示（每小时排放量的算术平均值 × 年排放小时数）。

工业烟尘排放量 指工业企业在厂区内的燃料燃烧过程中排入环境的烟尘量。

工业粉尘排放量 指工业企业在生产工艺过程中排放的固体微粒总重量。如钢铁企业的耐火材料粉尘，焦化企业的筛焦系统粉尘、烧结机的粉尘，石灰窑的粉尘、建材企业的水泥粉尘等。不包括电厂排入大气的烟尘。

十二、农林牧渔业

AGRICULTURE, FORESTRY, ANIMAL, HUSBANDRY AND FISHERY

版面负责人：顾元林　徐　勇
编　　　辑：杜秀侠　秦伟伟
　　　　　　陈露露　李银浩

统计执法监督检查办法

第四条 县级以上人民政府有关部门在同级人民政府统计机构的组织指导下，负责监督本部门统计调查中执行统计法情况，对本部门统计调查中发生的统计违法行为，移交同级人民政府统计机构予以处理。

第五条 各级人民政府统计机构应当建立行政执法监督检查责任制和问责制，切实保障统计执法监督检查所需的人员、经费和其他工作条件。

第六条 统计执法监督检查应当贯彻有法必依、执法必严、违法必究的方针，坚持预防、查处和整改相结合，坚持教育与处罚相结合，坚持实事求是、客观公正、统一规范、文明执法、高效廉洁原则。

统计执法监督检查中，与执法监督检查对象有利害关系以及其他可能影响公正性的人员，应当回避。

第七条 县级以上人民政府统计机构应当畅通统计违法举报渠道，公布统计违法举报电话、通信地址、网络专栏、电子邮箱等，认真受理、核实、办理统计违法举报。

第八条 县级以上人民政府统计机构应当建立统计违法行为查处情况报告制度，定期向上一级统计机构报告统计违法举报、统计执法监督检查和统计违法行为查处情况。

12-1　主要年份农村基层组织情况

指　　标	1985	1990	1995	2000	2005	2010	2015	2016	2017	2018	2019
农村组织情况（个）											
乡个数	173	147	128								
镇个数（含城乡镇）	9	35	55	107	114	113	98	97	97	97	97
村委会个数	3543	3517	3511	3493	2364	2166	2030	2028	2030	2031	2029
村民小组个数	26723	27041	27028	26793	22033	21716	20873	20951	20911	21020	21020
乡村户数、人口											
乡村户数（万户）	135.83	204.39	170.02	174.45	178.83	187.25	176.47	175.79	175.68	174.69	173.23
乡村人口（万人）	595.82	656.06	674.08	680.81	690.39	703.90	675.28	674.82	680.77	677.44	673.98
乡村从业人员（万人）	**271.99**	**321.78**	**330.58**	**335.71**	**348.00**	**366.23**	**358.48**	**358.55**	**357.21**	**356.40**	**354.34**
按性别分											
男性	143.32	169.35	170.48	173.80	182.87	196.59	191.56	191.48	190.62	190.41	189.23
女性	128.67	152.43	160.10	161.91	165.13	169.64	166.92	167.07	166.59	165.99	165.11
按行业分											
农林牧渔业	220.26	247.48	239.66	233.14	180.78	159.67	132.75	130.56	128.52	126.28	122.38
# 农业	203.74	227.10	213.35	207.14	163.24	140.59	107.10	105.96	106.57	105.33	102.24
工业	19.75	27.03	31.52	30.05	56.71	89.34	103.32	104.30	104.62	104.61	103.87
建筑业	13.04	19.38	24.65	27.32	35.32	46.21	51.66	51.80	51.59	51.81	52.54
交通运输、仓储业和邮电业	4.38	6.68	8.77	9.31	10.41	14.17	15.32	15.63	15.82	16.11	16.25
批发与零售业	4.41	6.89	7.65	11.90	13.72	18.80	22.20	22.39	22.59	22.92	23.81
金融、保险业		0.16	0.22	0.18	0.47	1.01	1.33	1.45	1.49	1.55	1.64
房地产、社会服务业	0.46	0.44	0.63	0.85	1.19	1.21	1.86	1.93	1.96	2.00	2.05
卫生、体育和社会福利业	1.06	1.09	1.18	1.32	1.41	1.74	2.06	2.09	2.16	2.25	2.31
教育、文化艺术和广播电视事业	2.43	2.61	2.39	2.50	2.11	2.74	3.00	3.01	3.13	3.21	3.26
科学研究和综合技术服务事业	0.12	0.20	0.17	0.15	0.24	0.42	0.53	0.59	0.60	0.62	0.65
乡经济组织管理业	0.46		1.49	1.47	1.27	0.84	0.97	0.96	0.98	1.09	1.12
其他非农业行业	5.62	9.82	12.25	17.52	44.37	30.08	11.77	11.87	11.43	11.23	11.26

12-2 主要年份耕地面积

单位：千公顷

年 份	年末实有耕地面积	水田	水浇地	年内减少	#国家基建占地	人均占有耕地（亩/人） 按乡村人口计算	按农林牧渔业劳动力计算
1949	836.89					3.68	
1952	859.85					3.56	
1957	834.76			25.09		3.12	
1962	701.87			23.06		2.56	
1965	678.81			5.90		2.34	
1970	672.84			5.95		1.99	
1975	651.79			21.05		1.78	
1978	642.93			9.24		1.69	
1979	640.61			1.87		1.68	
1980	637.80			2.88		1.66	
1981	635.89			1.65		1.63	
1982	634.57			2.33		1.60	
1983	633.74			0.34		1.58	4.41
1984	632.69			0.66		1.57	4.35
1985	630.46			2.82		1.56	4.29
1986	626.84	143.02	483.82	3.06	2.10	1.54	4.21
1987	625.33	150.71	474.62	1.50	1.08	1.52	4.19
1988	623.13	145.97	477.16	2.20	1.49	1.50	4.16
1989	621.90	153.86	468.04	1.23	1.13	1.48	3.99
1990	619.58	170.25	449.33	2.32	1.88	1.39	3.75
1991	617.73	184.04	433.69	1.88	1.10	1.37	3.69
1992	613.77	191.94	421.83	4.01	3.07	1.36	3.58
1993	611.15	161.03	450.12	2.62	1.24	1.35	3.73
1994	608.12	156.38	451.74	3.12	1.34	1.34	3.71
1995	604.63	161.10	442.23	4.79	1.31	1.33	3.78
1996	602.65	170.39	432.26	2.16	0.96	1.32	3.81
1997	615.40	186.44	428.96	1.17	0.85	1.35	3.87
1998	616.07	191.99	424.08	1.38	0.52	1.36	3.85
1999	615.52	213.85	401.67	1.54	1.03	1.36	3.95
2000	611.77	200.59	411.18	3.81	0.59	1.35	3.94
2001	609.69	195.31	414.38	2.72	1.63	1.33	4.01
2002	609.51	185.33	424.18	1.05	0.43	1.33	4.27
2003	609.00	205.05	403.95	3.35	0.63	1.33	4.70
2004	606.65	205.04	401.61	2.53	1.55	1.32	4.84
2005	599.64	207.82	124.97	1.87	1.39	1.30	4.98
2006	596.21	214.34	132.51	3.47	2.30	1.29	5.10
2007	594.78	210.18	135.90	2.62	1.78	1.28	5.40
2008	595.00	199.64	140.02	5.29	3.85	1.28	5.55
2009	611.94	197.55	157.75	2.17	1.03	1.31	5.77
2010	610.73	190.53	410.73	2.02		1.25	5.50
2011	610.65	190.07	411.00	2.01		1.30	6.12
2012	609.48	189.56	410.54			1.33	6.33
2013	608.69	189.11	410.22			1.34	6.52
2014	609.06					1.35	6.70
2015	609.03					1.35	6.88
2016	608.03					1.35	6.99
2017	608.89					1.34	7.11
2018	611.15					1.35	7.26
2019							

注：“水浇地”在2004年及以前为“旱地”口径。

12-3 主要年份农林牧渔业总产值

（1990年不变价格） 单位：万元

年份	农林牧渔业总产值	农业	林业	牧业	渔业	农林牧渔服务业
1949	80236	65097	2218	12040	881	
1952	95905	78558	3212	12971	1164	
1957	102414	78186	4835	18055	1338	
1962	96791	72700	3662	19008	1421	
1965	125348	92907	8997	21106	2338	
1970	158029	118837	4644	32891	1657	
1975	228677	178457	10942	37175	2103	
1978	248804	191076	14128	40533	3067	
1979	288101	223399	16178	45551	2973	
1980	308986	243256	13413	48123	4194	
1981	329627	262760	10473	51967	4427	
1982	373565	289122	12941	66584	4918	
1983	432382	344386	13184	69111	5701	
1984	503683	388672	14530	94357	6124	
1985	509617	366471	15818	119353	7975	
1986	539701	388306	14658	125615	11122	
1987	558965	395672	15192	135192	12909	
1988	575531	383071	14627	163882	13951	
1989	584300	388451	15261	165123	15465	
1990	617106	388974	14882	196316	16934	
1991	653321	407091	11738	215982	18510	
1992	714847	435995	13686	244515	20651	
1993	796478	453399	21894	295714	25471	
1994	871817	482183	22290	337104	30240	
1995	1027284	555518	29108	401517	41141	
1996	1137525	605564	28439	459140	44382	
1997		659292	28712	300797	45901	
1998	1102308	688264	29955	331947	52142	
1999	1173788	724032	32957	359148	57651	
2000	1231562	754514	33273	379129	64646	
2001	1314282	804945	35204	405637	68496	
2002	1394896	862345	36692	423099	72760	
2003	1355438	730532	39101	455613	72950	57242
2004	1480373	868038	40318	468235	76990	26792
2005	1539166	878862	42879	499465	84986	32974
2006	1610241	936506	44729	477791	115570	35645
2007	1698325	988077	46628	499172	120259	44189
2008	1864125	1045344	49540	588406	131358	49477
2009	2027368	1135354	46615	650514	150175	44709
2010	2281034	1286430	47923	737808	155040	53834
2011	2740180	1496852	51747	961918	161547	68117
2012	3157689	1745489	58632	1093536	179682	80350
2013	3558253	1976164	66061	1212637	203191	100200
2014	4020839	2270183	71294	1335872	222247	121243
2015	4329292	2436033	76860	1437091	236240	143069
2016	4638739	2605223	86059	1526914	265088	156455
2017	5097132	2858899	93900	1667850	288339	188144
2018	5360792	3045074	100543	1706888	294457	213830
2019	5705004	3152107	107308	1887858	312369	245362

12-4 农林牧渔业分项产值

（2019 年） 单位：万元

指　　标	总产值 （当年价格）	构　成 （%）
农林牧渔业总产值	**11817228**	**100**
农业总产值	**7032918**	**59.51**
种植业产值	7032918	59.51
# 粮食	1358492	11.50
油料	72942	0.62
棉花	44258	0.37
麻类		
其他农作物	88600	0.75
蔬菜园艺作物	4708538	39.84
茶、桑、水果	730011	6.18
药材	30077	0.25
林业产值	**161035**	**1.36**
林木培养和种植	116679	0.99
竹木采运	41918	0.35
# 村及村以下竹木采伐	38447	0.33
林产品	2438	0.02
牧业产值	**2966063**	**25.10**
牲畜	1786115	15.11
# 牛	79338	0.67
羊	340775	2.88
猪	1300736	11.01
家禽的饲养	1089071	9.22
其他动物产品	90877	0.77
渔业产值	**1021162**	**8.64**
# 淡水产品	1021162	8.64
农林牧渔服务业产值	**636050**	**5.38**

12-5 主要年份农林牧渔业总产值、中间消耗及增加值

（当年价格） 单位：万元

指 标	1990	1995	2000	2005	2010	2015	2016	2017	2018	2019
农林牧渔业总产值	**648481**	**1909331**	**2258028**	**3330682**	**5147300**	**9769328**	**10467616**	**11500108**	**11143629**	**11817228**
农业产值	421660	1133427	1483459	2087542	3224250	6089117	6509526	7143373	6794243	7032918
林业产值	14643	45823	58415	88590	102871	164988	184734	201565	150894	161035
牧业产值	194679	669430	588828	905295	1458808	2841446	3019045	3297707	2681729	2966063
渔业产值	17499	60651	127326	181405	252765	385147	43279	470085	962453	1021162
农林牧渔服务业				67850	108606	288630	32232	387378	554310	636050
农林牧渔业中间消耗	**265505**	**899941**	**1072317**	**1631111**	**2391135**	**4528360**	**4835571**	**5249836**	**4338929**	**4638855**
农业中间消耗	139355	408638	606074	869347	1301285	2470776	2649776	2858644	2005896	2057825
林业中间消耗	5703	15207	21485	35128	53493	66586	75789	82094	63197	65994
牧业中间消耗	116534	443072	386418	609154	875858	1748368	1825542	1990175	1579905	1766972
渔业中间消耗	3913	33024	58340	90200	120315	147415	165426	176308	444505	462071
农林牧渔服务业				27282	40184	95215	119038	142615	245426	285993
农林牧渔业增加值	**372976**	**1009390**	**1185711**	**1699571**	**2756165**	**5240968**	**5632045**	**6250272**	**6804700**	**7178373**
农业增加值	271509	724789	877385	1218195	1922965	3618341	3859750	4284729	4788347	4975093
林业增加值	8939	30616	36930	53462	49378	98402	108945	119471	87697	95041
牧业增加值	78145	226358	202410	296141	582950	1093078	1193503	1307532	1101824	1199091
渔业增加值	14383	27627	68986	91205	132450	237732	266753	293777	517948	559091
农林牧渔服务业				40568	68422	193415	203094	244763	308884	350057

注：1. 2003 年及以后农林牧渔业总产值、中间消耗、增加值含农林牧渔服务业（下同）。2. 按照统一核算制度改革要求，对 2018 年农林牧渔业总产值进行了修订（下同）。

12-6 主要年份农林牧渔业总产值、中间消耗及增加值构成

（当年价格） 单位：%

指 标	1990	1995	2000	2005	2010	2015	2016	2017	2018	2019
农林牧渔业总产值	**100.0**	**100.0**	**100.0**	**100.0**	**100.0**	**100.0**	**100.0**	**100.0**	**100.0**	**100.0**
农业产值	65.0	59.4	65.7	62.7	62.6	62.3	62.2	62.1	61.0	59.5
林业产值	2.3	2.4	2.6	2.7	2.0	1.7	1.8	1.7	1.4	1.4
牧业产值	30.0	35.0	26.1	27.2	28.3	29.1	28.8	28.7	24.1	25.1
渔业产值	2.7	3.2	5.6	5.4	5.0	3.9	4.1	4.1	8.6	8.6
农林牧渔服务业				2.0	2.1	3.0	3.1	3.4	5.0	5.4
农林牧渔业中间消耗	**100.0**	**100.0**	**100.0**	**100.0**	**100.0**	**100.0**	**100.0**	**100.0**	**100.0**	**100.0**
农业中间消耗	52.5	45.4	56.5	53.3	54.4	54.6	54.8	54.4	46.2	44.4
林业中间消耗	2.1	1.7	2.0	2.2	2.2	1.5	1.6	1.6	1.5	1.4
牧业中间消耗	43.9	49.2	36.0	37.3	36.6	38.6	37.8	37.9	36.4	38.1
渔业中间消耗	1.5	3.7	5.5	5.5	5.1	3.3	3.4	3.4	10.2	10.0
农林牧渔服务业				1.7	1.7	2.1	2.5	2.7	5.7	6.2
农林牧渔业增加值	**100.0**	**100.0**	**100.0**	**100.0**	**100.0**	**100.0**	**100.0**	**100.0**	**100.0**	**100.0**
农业增加值	72.8	71.8	74.0	71.7	69.8	69.0	68.5	68.6	70.4	69.3
林业增加值	2.4	3.0	3.1	3.1	1.8	1.9	1.9	1.9	1.3	1.3
牧业增加值	21.0	22.4	17.1	17.4	21.1	20.9	21.2	20.9	16.2	16.7
渔业增加值	3.8	2.8	5.8	5.4	4.8	4.5	4.7	4.7	7.6	7.8
农林牧渔服务业				2.4	2.5	3.7	3.6	3.9	4.5	4.9

12-7 主要年份农作物播种面积

单位：千公顷

年 份	总播种面积	粮食作物		在粮食作物播种面积中				
		播种面积	占总播种面积（%）	小麦	稻谷	薯类	玉米	大豆
1957	1177.89	908.19	77.1	430.05	16.85	102.38	73.84	262.07
1962	950.53	738.01	77.6	328.84	4.69	157.03	56.30	182.15
1965	948.59	678.22	71.5	259.94	22.67	139.35	46.67	146.59
1970	901.52	701.41	77.8	315.96	63.93	126.21	45.11	129.20
1975	947.18	713.49	75.3	309.46	58.41	119.87	39.87	130.48
1978	951.43	705.09	74.1	296.74	79.95	147.32	78.10	90.07
1979	968.45	729.18	75.3	318.46	125.48	113.87	47.08	71.39
1980	942.88	729.57	77.4	306.49	179.40	102.33	46.32	83.03
1981	979.52	814.85	83.2	298.89	168.43	92.35	41.24	76.57
1982	969.44	831.59	85.8	365.49	127.95	76.38	118.47	65.49
1983	984.09	852.18	86.6	388.61	133.06	89.93	137.95	86.32
1984	1014.64	872.44	86.0	417.20	150.06	77.11	136.81	74.39
1985	1029.63	855.12	83.1	412.26	141.52	62.80	157.29	68.23
1986	1037.58	873.57	84.2	417.35	137.65	60.62	172.19	72.44
1987	1045.15	874.63	83.7	419.93	132.73	58.12	186.04	66.87
1988	1023.02	845.62	82.7	414.33	134.01	56.93	163.01	56.63
1989	1023.21	867.63	84.8	423.58	141.54	51.87	186.99	52.18
1990	988.39	850.59	86.1	427.27	157.77	47.15	174.55	34.87
1991	1021.19	859.15	84.1	427.42	181.57	41.77	171.87	27.43
1992	1022.63	848.47	83.0	424.84	187.59	36.48	163.96	27.41
1993	1002.96	808.94	80.7	403.64	147.43	35.62	175.00	39.78
1994	988.14	768.44	77.8	378.34	141.85	30.96	168.50	39.72
1995	967.30	743.12	76.8	372.20	151.26	29.84	150.25	30.29
1996	967.11	744.03	77.0	370.00	164.40	31.91	139.52	29.53
1997	982.83	753.81	76.7	370.71	178.09	27.76	133.48	35.18
1998	1014.34	745.58	73.5	360.92	185.69	25.10	136.21	31.93
1999	990.28	686.62	69.3	326.16	203.25	21.95	105.35	21.74
2000	990.73	587.54	59.3	276.33	158.30	21.67	87.70	35.09
2001	999.24	536.91	53.7	256.38	140.67	18.51	83.51	30.91
2002	1001.78	512.26	51.1	240.85	134.71	18.36	82.19	28.91
2003	985.81	465.79	47.2	212.58	115.87	18.09	83.32	28.75
2004	1001.27	539.29	53.9	238.34	161.72	14.90	89.53	28.98
2005	1024.73	576.99	56.3	260.21	177.69	10.76	90.16	31.63
2006	1015.26	613.22	60.4	279.82	184.78	8.92	101.92	32.77
2007	1040.39	672.42	64.6	311.13	184.67	6.90	133.98	33.73
2008	1010.10	666.84	66.2	307.82	185.77	6.29	127.55	37.57
2009	1056.60	689.28	65.2	319.96	185.76	5.04	135.32	41.12
2010	1099.09	714.05	65.0	340.15	184.93	4.33	143.51	39.23
2011	1110.29	727.26	65.5	341.71	188.68	3.92	152.40	38.28
2012	1124.64	730.55	65.0	346.98	189.69	3.59	152.03	37.16
2013	1126.58	729.75	64.8	346.24	190.07	4.85	153.14	34.33
2014	1127.21	732.96	65.0	349.16	189.38	4.48	156.57	32.44
2015	1160.62	736.27	63.4	350.52	187.94	4.40	160.99	31.60
2016	1154.55	737.77	63.9	350.71	184.15	4.15	169.09	29.24
2017	1159.33	743.59	64.0	347.64	183.73	3.90	170.22	37.64
2018	1178.48	765.66	64.9	351.87	179.02	3.42	195.56	35.31
2019	1177.92	761.81	64.7	350.93	178.56	3.57	191.04	37.21

12-7 续表 单位：千公顷

年 份	经济作物		在经济作物播种面积中				其它作物	
	播种面积	占总播种面积（%）	棉花	油菜籽	花生	甜菜		#蔬菜
1957	210.40	17.9	49.93	0.87	25.17		9.30	1.48
1962	200.32	21.3	29.04	0.29	14.23		10.20	3.94
1965	256.34	27.0	42.17		26.67		14.03	11.04
1970	182.27	20.2	52.05		8.75		17.84	13.45
1975	214.48	22.6	54.84	0.92	10.43		19.21	
1978	225.31	23.7	48.48	1.90	9.30		21.03	17.92
1979	217.95	22.5	54.65	2.01	10.57		20.87	14.80
1980	194.84	20.7	47.95	6.01	16.93		18.47	14.59
1981	165.47	16.9	59.48	7.81	13.62		23.59	17.25
1982	137.85	14.2	65.43	6.81	10.37		25.47	20.18
1983	104.08	10.6	69.17	14.59	14.31		27.83	18.02
1984	114.72	11.3	83.67	9.81	13.49		27.48	20.93
1985	137.25	13.3	77.32	23.02	24.26	0.33	37.26	28.17
1986	118.57	11.4	57.81	30.76	22.31		45.44	33.75
1987	123.99	11.9	68.53	30.92	18.62		46.53	35.01
1988	125.32	12.3	90.30	11.62	16.79		52.08	39.40
1989	100.59	9.8	64.83	9.37	16.08		54.99	43.78
1990	87.19	8.8	61.68	4.65	13.91		50.61	42.47
1991	114.15	11.2	77.80	9.83	15.55	0.40	47.89	39.99
1992	119.50	11.7	80.62	6.76	17.18		54.99	44.93
1993	90.45	9.0	57.68	5.46	21.14		103.57	73.81
1994	100.31	10.2	60.97	9.82	25.63	0.57	119.39	99.11
1995	95.85	9.9	62.15	7.10	23.81	0.17	128.33	113.38
1996	71.23	7.4	43.65	4.98	19.50	0.71	151.84	134.73
1997	67.17	6.8	37.54	3.35	21.64	0.08	161.85	138.68
1998	68.40	6.7	35.85	2.90	27.82	0.21	200.36	165.70
1999	68.55	6.9	23.48	2.90	38.33	0.05	235.11	215.05
2000	106.46	10.7	42.78	6.19	53.68	0.06	296.73	244.94
2001	131.18	13.1	61.51	7.54	57.26	0.20	331.15	299.16
2002	120.46	12.0	54.30	9.12	53.49	0.08	369.06	326.41
2003	141.16	14.3	72.23	9.96	50.83		370.85	338.12
2004	154.29	15.4	70.17	8.19	32.03	0.07	307.69	301.98
2005	133.26	13.0	53.33	8.83	43.75		314.48	310.97
2006	111.05	10.9	46.19	7.77	34.06		290.99	288.24
2007	74.30	7.1	40.89	5.43	27.98		293.67	270.63
2008	87.10	8.6	36.15	4.41	25.88		276.58	254.58
2009	84.72	8.0	30.45	5.41	27.76		282.08	280.08
2010	83.81	7.6	30.20	4.61	26.55		301.23	293.30
2011	81.00	7.3	29.40	3.62	25.22		302.03	297.20
2012	83.24	7.4	28.54	3.15	23.96		310.85	304.97
2013	80.45	7.1	25.68	2.52	22.92		316.38	310.67
2014	77.99	6.9	21.20	1.74	24.13		316.26	311.84
2015	79.95	6.9	16.18	1.47	24.25		344.40	339.12
2016	76.55	6.6	12.78	1.35	29.00		340.23	338.57
2017	72.10	6.2	10.48	1.15	27.72		343.64	339.18
2018	68.36	5.8	7.31	0.91	26.52		344.46	341.58
2019	69.95	5.9	6.37	1.72	27.65		346.16	343.50

12-8 农作物播种面积和产量

指标	2017			2018			2019		
	播种面积（千公顷）	每公顷产量（公斤）	总产量（吨）	播种面积（千公顷）	每公顷产量（公斤）	总产量（吨）	播种面积（千公顷）	每公顷产量（公斤）	总产量（吨）
农作物总播种面积	**1159.33**			**1178.48**			**1177.92**		
粮食	743.59	6492	4827238	765.66	6328	4844808	761.81	6583	5015371
夏收粮食	347.93	5870	2042387	352.16	5805	2044156	351.25	6001	2107757
夏收谷物	347.67	5873	2041750	351.9	5807	2043540	350.95	6004	2106982
# 小麦	347.64	5873	2041596	351.87	5807	2043382	350.93	6004	2106876
# 稻谷	183.73	8482	1558327	179.02	8487	1519280	178.56	8639	1542527
# 籼稻	65.43	8324	544642	59.69	8425	502874			
玉米	170.22	6448	1097500	195.56	5983	1170072	191.04	6491	1239987
秋收豆类	37.82	2641	99880	35.49	2473	87780	37.33	2675	99843
# 大豆	37.64	2642	99449	35.31	2475	87398	37.21	2677	99597
秋收薯类	3.9	7473	29144	3.42	6868	23488	3.57	6978	24911
棉花	10.48	1799	18857	7.31	1411	10317	6.37	1885	12011
油料	28.89	4447	128468	27.46	4487	123211	29.53	4464	131830
# 花生	27.72	4538	125786	26.52	4565	121062	27.65	4612	127526
油菜籽	1.15	2317	2664	0.91	2320	2111	1.72	2378	4091
蔬菜瓜类	371.31	37605	13963246	374.51	37700	14119052	376.55	37732	14208023
# 蔬菜（含菜用瓜）	339.18	37407	12687793	341.58	37488	12804999	343.5	37497	12880307
瓜类（果用瓜）	32.13	39697	1275453	32.93	39904	1314053	33007	40225	1327716
其它农作物	4.46			2.88			2.66		

12-9 主要年份主要农产品产量

年　　份	粮　食（万吨）	棉　花（万吨）	油　料（万吨）	蚕　茧（吨）	水　果（万吨）	大牲畜年末数（万头）	生猪存栏（万头）	猪牛羊肉（万吨）	水产品（万吨）
1949	74.66	0.20	1.95	70	1.01	32.71	22.19	0.51	0.29
1952	97.42	0.40	2.52	90	1.25	38.80	25.85	0.50	0.37
1957	84.23	0.75	1.62	245	1.01	39.63	46.65	1.60	0.34
1962	76.21	0.39	0.78	110	0.50	29.56	47.66	1.36	0.34
1965	90.95	0.95	1.82	320	0.75	32.12	68.92	2.17	0.49
1970	124.85	2.97	1.05	255	1.48	38.21	80.08	2.38	0.17
1975	174.66	3.41	1.21	485	2.37	35.28	129.15	4.77	0.52
1978	206.15	2.47	1.59	525	2.62	31.47	149.25	5.18	0.72
1979	235.53	2.00	2.07	705	3.93	30.09	148.45	6.15	1.03
1980	249.94	4.46	3.14	885	3.74	28.20	144.07	7.18	1.20
1981	275.10	4.32	5.04	915	4.67	27.52	144.07	7.80	1.18
1982	293.46	5.69	7.54	990	4.66	26.32	146.64	10.20	0.99
1983	367.85	7.32	5.68	1175	5.84	26.54	152.79	8.50	1.04
1984	405.71	9.32	5.09	1675	5.93	24.38	149.46	10.24	1.18
1985	379.70	7.05	10.48	2030	5.77	23.59	189.96	12.90	1.77
1986	410.34	6.24	10.63	2715	7.76	25.58	189.36	13.11	2.44
1987	403.42	7.48	10.60	3135	7.56	27.18	180.57	14.67	3.01
1988	370.10	8.84	4.81	3784	12.83	29.53	158.27	16.08	3.16
1989	404.40	4.69	4.99	5258	11.28	30.98	163.39	16.78	3.37
1990	399.00	5.57	4.77	6022	14.13	32.06	170.36	18.73	3.70
1991	411.83	7.96	6.32	7533	13.16	33.13	170.36	19.59	4.11
1992	418.87	5.45	5.52	11838	16.61	36.15	172.42	21.11	4.62
1993	407.30	4.79	7.12	14814	21.33	39.27	192.04	23.15	5.75
1994	378.99	4.23	9.33	22410	24.03	43.36	203.01	26.14	6.92
1995	406.13	5.91	8.35	22105	35.78	49.54	215.78	28.71	8.49
1996	423.01	4.94	6.38	14424	49.15	53.30	216.89	36.17	9.80
1997	436.51	4.27	7.87	14555	58.15	44.57	176.51	24.92	10.66
1998	386.00	3.92	9.55	14230	66.27	24.50	209.82	26.79	12.02
1999	418.96	2.50	14.35	14320	75.74	17.46	190.04	25.52	12.83
2000	319.50	5.08	20.28	15176	81.91	17.92	201.07	27.51	13.52
2001	309.43	6.79	23.10	16841	90.80	16.78	198.43	28.80	14.17
2002	297.55	6.34	22.23	16560	92.93	19.10	206.02	28.60	14.57
2003	210.44	4.43	10.29	15153	80.57	17.22	206.80	30.10	14.73
2004	319.02	8.37	19.91	14788	90.46	17.73	207.35	31.79	15.57
2005	314.13	4.17	16.26	13212	87.52	18.22	214.26	35.05	16.43
2006	357.87	4.92	14.63	14270	93.99	18.55	180.57	32.41	17.26
2007	374.74	4.19	11.19	13238	98.95	11.59	190.93	35.78	17.32
2008	389.34	4.17	10.70	9966	104.58	16.07	220.49	31.90	16.65
2009	427.67	3.84	12.56	10214	104.88	18.80	248.95	39.40	16.95
2010	440.20	3.23	12.11	6805	106.31	20.99	293.19	46.58	17.04
2011	455.30	3.39	11.45	7510	114.21	23.07	315.36	48.13	17.50
2012	471.73	3.67	10.63	6941	118.77	21.50	313.49	52.97	18.14
2013	451.13	3.63	9.96	6815	92.81	20.87	297.20	47.87	18.37
2014	469.18	3.24	10.62	7977	116.11	20.21	306.91	51.11	18.60
2015	470.92	2.60	11.20	6512	108.47	18.12	299.61	50.09	18.79
2016	469.16	2.07	13.45	3674	110.07	16.06	275.05	44.91	18.88
2017	482.72	1.89	12.85	4676	115.33	13.55	243.46	42.12	17.32
2018	484.48	1.03	12.32	4536	83.62	10.02	233.46	38.77	16.87
2019	501.54	1.20	13.18	4714	114.89	8.34	125.85	25.96	16.08

12-10　主要年份蚕桑、水果生产情况

单位：吨、公顷

指　　标	1978	1980	1985	1990	1995	2000	2005	2010	2015	2016	2017	2018	2019
蚕茧产量	**525**	**885**	**2030**	**6022**	**22105**	**15176**	**13212**	**6805**	**6512**	**3674**	**4676**	**4536**	**4714**
水果产量	**26210**	**37355**	**576545**	**141335**	**357761**	**819139**	**875179**	**1063147**	**1084712**	**1100677**	**1153296**	**836221**	**1148855**
# 苹果	8843	18874	33035	65638	236258	554403	465347	500570	525887	503243	506273	336098	473706
梨	11339	10512	17441	21662	35992	131368	184550	229087	172045	187277	201565	109274	216838
葡萄				4909	5682	13423	28527	48548	95742	105629	119908	112965	116436
桃子	1318	1747	1841	36875	59713	92833	152802	213566	245448	259511	281691	235230	297520
红枣				26	131	1360	5055	3476	5555	4205	4327	1295	1061
桑园面积	**1307**	**1467**	**2700**	**11100**	**43333**	**13667**	**13307**	**7734**	**7333**	**3500**	**3557**	**3700**	**3804**
果园面积	**9233**	**9246**	**12700**	**43026**	**68967**	**82139**	**82056**	**75990**	**75435**	**74377**	**73535**	**68065**	**67947**
# 苹果园		5760	6993	24900	49819	35720	32528	30909	28824	27995	27692	26012	25129
梨园					7416	20136	19733	13305	11425	10892	10802	10609	10434
葡萄园					380	1363	2793	2489	7038	7189	7402	6747	6999

12-11　主要年份林业生产情况

单位：公顷

指　　标	1978	1980	1985	1990	1995	2000	2005	2010	2015	2016	2017	2018	2019
造林面积	4847	3747	7787	3353	5590	4300	7450	5999	3408	3225	3213	4202	3649
# 用材林	3453	2006	4620	2240	2218	1893	2346	1459	307	420	361	273	595
经济林	993	313	2800	466	3354	2387	2538	1003	1172	1842	1754	1616	1378
防护林	401	1428	367	620		20	2566	3538	1922	963	1098	1924	1674
林产品产量　（吨）													
板栗	23	650	380	465	1678	2203	3096	2690	1704	1895	2256	1236	1325
白果	19	27	47	47	72	910	1260	2333	4641	4673	6920	7532	8495
迹地更新面积			133	106	546	1230	972	802	257	177	385	243	
四旁植树　（万株）	4734	4208	3108	1776	1538	1493	1790	2202	1195	1027	1121	1214	
林木种子采集量（吨）						80	80	350	4319	5421	5526	5637	
本年育苗面积	2800	1777	2180	940	921	931	2578	3818	8331	10023	9361	9901	
中、幼龄林抚育面积										8036			
低产林改造面积					187		24		36				
木材采伐量（万立方米）	5.05	11.55	13.79	21.42	53.00	41.68			23.66	32.60	36.00	31.06	
年末实有林地面积	57400	65386	76593	79413	87123	154458							

12-12 主要年份畜牧业生产情况

指　　标	1978	1985	1990	1995	2000	2005	2010	2015	2016	2017	2018	2019
牲畜年末头数(万头)												
大牲畜	31.47	23.59	32.06	49.54	17.92	18.22	20.99	18.12	16.06	13.55	10.02	8.34
#役畜				26.60	7.43	2.59	3.84	2.46	0.88	0.80	0.61	0.24
#牛	21.00	11.27	17.17	33.70	8.82	15.34	17.54	16.12	14.10	11.79	8.51	6.55
马	3.88	3.03	1.70	1.68	0.63	0.21	0.20	0.11	0.10	0.09	0.08	0.01
驴	5.60	7.55	11.33	12.33	7.78	2.25	2.35	1.36	1.26	1.11	0.89	0.04
骡	0.99	1.74	1.86	1.83	0.69	0.42	0.90	0.65	0.60	0.56	0.54	…
猪	149.25	189.96	170.36	215.78	201.07	214.26	293.19	299.61	275.05	243.46	233.46	125.85
羊　（万只）	82.79	80.71	206.01	353.98	175.48	263.68	208.14	228.85	147.73	129.44	70.09	75.11
#山羊	39.14	59.08	179.66	326.05	163.38	267.24	202.60	217.09	136.45	119.62	60.21	68.38
兔　（万只）		89.01	109.12	444.22	655.83	667.16	1056.77	1023.82	954.85	502.58	382.65	97.28
家禽　（万只）	491.80	1613.08	2403.44	4298.00	3545.39	4735.11	9270.77	9618.31	8787.98	7401.41	6249.14	6255.79
畜产品产量												
肉猪出栏头数（万头）	67.01	130.74	163.11	250.95	238.83	308.56	460.74	549.88	500.71	463.01	456.32	308.30
肉类总产量　（吨）		142336	217108	403509	366391	501563	885070	1014486	907696	852369	698998	554533
#猪肉	51847	123325	161363	248224	240487	293027	414173	429977	398939	374033	362368	234560
牛肉		1715	9243	2747	10958	15656	8864	11645	11962	10378	7474	9569
羊肉		3948	16685	36107	23665	41844	42736	59302	38231	36800	17866	15432
禽肉		11421	25876	67770	67528	113626	340256	444393	392100	381329	271720	274858
兔肉		1927	2635	18736	19739	24524	60603	62528	60196	43048	35653	19200
其他畜产品产量(吨)												
牛奶产量	3814	6997	9889	20821	59035	183851	266981	166594	160797	158174	87637	113170
羊奶产量												
绵羊毛产量	1520	1059	1479	1730	743	386	272500	299840	292345	269490	256693	154560
蜂蜜	121	283	1035	335	120	289	556	390	390	382	378	371
禽蛋		71541	148806	325152	354001	422021	486249	576481	518237	471720	296654	317160

12-13 主要年份水产品生产情况

指　　标	1978	1985	1990	1995	2000	2005	2010	2015	2016	2017	2018	2019
水产品产量　（吨）	**7160**	**17745**	**36897**	**84928**	**135168**	**164298**	**170395**	**187919**	**188785**	**173152**	**168690**	**160802**
按生产性质分												
捕捞产量	1825	4523	9574	18409	19061	25140	16306	15511	15206	14536	13929	14035
养殖产量	5335	13222	27323	66519	116107	139158	154089	172408	173579	158616	154761	146767
按类别分												
鱼类	6427	14258	37847	76287	116203	116952	151286	168703	169756	155746	151303	131511
虾蟹类	39	41	72	177	14967	19665	15240	15604	15479	13941	14422	12538
贝类	746	926	1587	2972	2957	629	1974	1936	1857	1719	1677	671
其它	53	97	201	342	1046	1912	1895	1676	1693	1746	1288	2047
水产养殖面积（公顷）	9493	17309	16751	26787	31363	35879	25694	26589	26466	23291	22929	20220

12-14 主要年份农业现代化情况

单位：吨、公顷

指　　标	1980	1985	1990	1995	2000	2005	2010	2015	2016	2017	2018	2019
农业机械化情况												
机耕面积	490.40	520.11	515.45	549.51	534.16	685.76	637.73	791.89	801.44	812.60	860.91	853.94
机播面积	100.00	212.00	325.98	277.65	253.76	401.28	413.29	644.57	664.35	673.20	695.62	685.70
# 机播小麦面积	161.38	198.74	325.55	254.22	231.76	282.30	275.05	319.49	331.22	324.30	323.75	348.03
机械开沟面积			206.56	206.08	159.38							
机械植保面积			227.29	522.48	575.64	683.64	625.67	764.02	794.86	750.12	730.20	713.60
机械收获面积		160.67	286.39	367.64	419.90	516.46	505.42	685.38	707.60	702.32	740.51	730.50
农村电气化情况												
农村用电量（万千瓦时）	29675	75513	185943	163273	297446	462664	502295	663065	661057	680290	699597	689882
农业化学化情况												
农用化肥施用量（折纯量）（吨）	250379	314738	440900	567001	671296	696985	703405	621636	604558	587035	565919	556618
# 氮肥	163916	194643	259564	299171	311692	316672	328439	284806	277945	270324	262162	258123
磷肥	60658	94386	98522	114582	122556	104933	104733	86001	83149	78686	75289	73382
钾肥	7374	5536	21899	36576	71045	71824	70820	62284	60214	57816	56199	55318
复合肥	18430	17502	60916	116672	166003	203556	199413	188545	183250	180209	172269	169795
每公顷耕地施用量　（公斤）	397	507	728	927	1120	1182	1201					
农用塑料薄膜使用量（吨）		7343	6948	8583	9057	12150	12934	13418	13545	13541	13240	13127
农药使用量　　（吨）		6268	15162	15047	14341	12556	12441	10169	9983	9798	8829	8595
农田水利情况												
有效灌溉面积		443.28	444.67	461.12	495.45	480.08	491.98	511.47	521.30	527.30	535.20	538.87
旱涝保收面积			360.51	395.89	348.12	420.70	428.00	463.47	469.53	468.30	489.13	490.60
农村基础设施情况（个）												
自来水受益村数			550	1270	1161	1813	1946	1974	1975	1993	2006	2018
通电话村数			2228	3493	2364	2207	2166					
通宽带村数								2015	2015	2024	2025	2025

12-15 主要年份主要农业机械拥有量

（年底数）

指　　标	1980	1985	1990	1995	2000	2005	2010	2015	2016	2017	2018	2019
农业机械总动力（万千瓦）	**186.19**	**253.03**	**205.11**	**374.66**	**437.73**	**547.63**	**563.71**	**684.57**	**712.33**	**733.48**	**736.85**	**749.26**
# 柴油机	118.13	160.85	134.87	295.07	350.53	469.94	483.25	570.03	595.05	616.82	618.30	639.37
电动机	56.71	79.51	62.09	76.34	83.01	71.97	6.68	97.22	98.84	98.06	98.40	89.83
主要农业机械												
大中型拖拉机（台）	6285	6439	4335	7574	7101	11332	13772	27922	31204	32168	28313	28980
（万千瓦）	22.57	23.97	16.43	25.43	25.39	44.51	57.28	137.95	161.26	171.33	179.56	187.85
小型拖拉机（台）	86025	117000	86976	143011	156367	279005	274908	203599	184363	155772	144791	132400
（万千瓦）	76.21	106.80	77.22	129.96	143.47	250.64	250.64	203.13	185.48	146.96	162.25	156.40
农用排灌动力机械（台）	35681	51300	51576	52506	60907	59669	61047	86320	86300	87255		
（万千瓦）	42.77	54.37	53.79	60.91	70.15	66.23	67.61	88.60	91.80	93.30		
# 柴油机（台）	7460	10800	12154	12339	18720	21553	22276	33538	34649	34771		
（万千瓦）	7.74	10.80	11.84	11.80	19.18	19.96	20.71	26.64	27.97	27.76		
电动机（台）	28221	40500	39422	40167	42116	38116	38771	49386	51651	52337		
（万千瓦）	35.07	43.57	41.94	49.11	50.76	46.27	46.91	61.53	63.88	64.26		
农用水泵（台）	34062	48000	50561	77396	71639	79572	82443	111310	130291	132484	133793	133860
节水灌溉机械（套）	804	3512	7012	17841	21406	21560	21866	35304	33935	27134	30167	30201
联合收割机（台）	98	149	426	6039	9822	14046	15435	26008	28471	30225	30177	30609
机动脱粒机（台）	35307	57227	8794	68050	31345	21445	21005	12771	9664	9196	8055	8077
机动喷雾（粉）机（万部）	0.44	0.45	0.88	1.62	1.87	2.24	2.50	5.21	5.28	5.41		
农产品加工机械动力（万千瓦）	19.36	37.49	21.37	22.11	22.48	25.83	25.33	31.51	31.49	31.44	31.77	31.95
低速载货汽车（辆）	2654	3425	3346	6536		17886	17897	17109				
（万千瓦）	16.85	25.24	25.14	11.69		29.25	28.98	32.54				

12-16　主要年份农林牧渔业主要经济效益指标

指　　标	1985	1990	1995	2000	2005	2010	2015	2016	2017	2018	2019
每个农业劳动力创造的农林牧渔业总产值（元）	1446	2855	4815	9685	18424	32237	73592	80175	88996	88245	96562
每个农业劳动力创造的农林牧渔业增加值（元）		1161	3053	5086	9401	17262	39480	43138	48369	53886	58656
每公顷耕地创造的种植业产值（元）		5811	17876	22959	14498	52793	99981	106884	117484	117318	
每公顷耕地创造的种植业增加值（元）		4380	12014	13927	20315	31486	59412	63375	70469	70370	
每个农业劳动力生产的粮食产量（公斤）	1724	1757	1904	1370	1738	2757	3547	3593	3736	3837	4098
每个农业劳动力生产的棉花产量（公斤）	32	25	28	22	23	20	20	15	15	8	10
每个农业劳动力生产的油料产量（公斤）	47	21	39	87	81	76	84	103	99	98	108
每个农业劳动力生产的肉类产量（公斤）	64	82	146	157	277	554	764	695	660	554	458
每个农业劳动力生产的水产品产量（公斤）	8	16	40	58	91	107	142	145	134	132	131
农民人均纯收入（元）	389	661	1800	3230	4443	7955	13982	15274	13697	14930	19873

主要统计指标解释

乡村劳动力 是指乡村人口中经常参加合作经济组织（包括乡村办企业事业单位）和从事家庭经营生产劳动的整、半劳动力。凡是在农村由合作经济组织分配劳动任务或者承包各种生产任务，并从中直接取得实物、货币收入的劳动力，不管他们从事何种劳动，都统计为乡村劳动力。国家向乡村调用的建勤民工，由集体经费支付工资或补贴的乡村半脱产管理干部，乡村分配到全民所有制单位和城镇集体所有制单位工作而收入交合作经济组织，并从中取得实物、货币收入的合同工、临时工、亦工亦农人员；自行外出，但户口没有转出的劳动力，都包括在内。

16周岁以上的在校学生和由国家支付工资的职工都不统计为乡村劳动力。

农林牧渔业总产值 农林牧渔业总产值是以货币表现的农林牧渔业的全部产品总量和对农林牧渔业生产活动进行的各种支持性服务活动的价值。它反映一定时期内农林牧渔业生产总规模和总成果。

农林牧渔业的统计范围是：

（1）农业 包括谷物和其他作物种植业、蔬菜、园艺和水果、坚果、饮料、香料的生产经营，以及中药材种植业。

（2）林业 包括林木的培育和种植（不包括茶园、桑园和果园的栽培、管理和收获等活动）、林产品的采集和竹木采运。

（3）牧业 包括除渔业养殖以外的一切动物饲养和放牧以及野生动物的捕猎和饲养。

（4）渔业 包括水生动物和海藻类植物的养殖和捕捞。

从所有制看，包括国有经济的各种专业农（农、林、牧、渔）场以及国家各级机关团体学校、科研机构、部队经营的农业；集体所有制的乡镇村各级办农场；农村各种经济组织经营的农、林、牧、渔业以及工矿企业家属集体经营的农业；农民家庭自营的农林牧渔业及兼营商品性工业等。

农业总产值的计算方法通常是按农林牧渔业产品及其副产品的产量分别乘以各自单位产品价格求得，少数生产周期较长，当年没有产品或产品产量不易统计的，则采用间接方法匡算其产值，然后将四业产品产值相加即为农业总产值。

1957年以前的农业总产值中包括了厩肥和农民自给性手工业（如农民自制衣服、鞋、袜、自己从事粮食初步加工等）。1958年及以后的农业总产值，林业中增加了村及村以下竹木采伐产值；牧业中取消了厩肥产值；副业中取消了农民自给性手工业产值，增加了村及村以下办的工业产值；渔业中增加了海洋捕捞水产品产值。1980年及以后的农业总产值，在副业中增加了农民家庭兼营工业商品部分的产值。从1984年起村及村以下办工业产值划归工业。从1993年起，取消副业。将野生动物的捕猎划入牧业，野生植物采集和农民家庭兼营商品性工业划归农业。从2003年起，执行新的国民经济行业分类标准，农林牧渔业总产值中包括了农林牧渔服务业产值。林业中增加了森林采运业产值。农业中取消了家庭兼营商品性工业产值，将野生林产品的采集划归林业。

农林牧渔业增加值 指农、林、牧、渔及农林牧渔服务业在生产货物或提供服务活动的过程中而增加的价值，为农林牧渔业现价总产值扣除农林牧渔业现价中间投入后的余额，是指各单位生产经营的最终成果。

农林牧渔业中间消耗 是指当年在农林牧渔业生产过程中所投入或消耗的各种物质产品和劳务价值的总和。包括中间物质消耗和对非物质生产部门的劳务支出两部分

农作物总产量 是指本年度内生产的各种农作物的总产量。不论计划内外，数量多少，耕地上还是非耕地〔包括荒山、坡及江、河、湖、海滩（涂）、十边隙地等〕上的农作物产量都统计在内。农作物产量是指全社会产量，不仅要把国营农场等全民所有制生产单位和乡、村集体所有制生产单位的农作物产量统计在内，农户自营地、工矿企业职工家属办的农场和其他经营单位的农作物产量也统计在内。不仅统计卖给国家的农作物产量，生产单位自产自用的农作物产量也统计在内。农作物产量只统计晒干入库的产量。

粮食产量 指全社会的产量。包括国有经济经营的、集体统一经营的和农民家庭经营的粮食产量，还包括工矿企业家属办的农场和其他生产单位的产量。粮食除包括稻谷、小麦、玉米、高粱、谷子及其他杂粮外，还包括薯类和大豆。其产量计算方法，豆类按去豆荚后的干豆计算；薯类（包括甘薯和马铃薯，不包括芋头和木薯）1963年以前按每4公斤鲜薯折1公斤粮食计算，从1964年开始及以后改为按5公斤鲜薯折1公斤粮食计算。城市郊区作为蔬菜的薯类（如马铃薯等）按鲜品计算,并且不作为粮食统计。其他粮食一律按脱粒后的原粮计算。

油料产量 指全部油料作物的生产量。包括花生、油菜籽、芝麻、向日葵籽、胡麻籽（亚麻籽）和其他油料。不包括大豆，也不包括木本油料和野生油料。花生以带壳干花生计算。

蚕茧产量 是指本年度内生产的全部蚕茧产量，不论自用的或出售的，都统计在内。在计算蚕茧产量时，把土茧、改良茧和种茧都包括在内。蚕茧产量均按鲜茧的重量计算。

猪、牛、羊肉产量 指当年出栏并已屠宰后除去头蹄下

水后带骨肉（即胴体重）的重量。

水产品产量 是指人工养殖并捕捞的水产品和捕捞天然生产的水产品产量。不论自食的或出售的，都计算在内。用作继续扩大再生产的水产品（如鱼苗、苗种、亲鱼、鱼饵及转塘鱼、存塘鱼等）不作水产品产量统计。在渔业生产单位出售以前已经变质的水产品，不论是改作饲料、肥料还是其他用途，也不作水产品产量统计。

生猪出栏量 是指国营农场等全民所有制生产单位、乡（镇）、村各种合作经济组织和农户、机关、学校、工矿企业、部队以及城镇居民饲养的，可供屠宰并已出栏的全部肉猪数量。不仅包括卖给国家及其他购买者的肉猪，还包括集体和城乡居民自宰的肉猪。

期初（末）畜禽存栏头（只）数 指本期期初（末）农村各种合作经济组织和国营农场、农民个人、机关、团体、学校、工矿企业、部队等单位以及城镇居民饲养的大牲畜、猪、羊、家禽等畜禽的存栏头（只）数。

谷物 指籽实主要供作粮食的作物。这类作物包括稻谷、小麦、玉米、谷子、高粱和其他谷物，不包括豆类和薯类作物。

林产品产量 指不经砍伐竹木的根本而取得的各种林产品数量。包括生漆、棕片、五倍子、松脂、笋干、油桐籽、油茶籽、乌柏子、核桃、板栗、白果等各种林木籽实以及修剪竹木所获得的枝叶（如荆条、柳条、蒲葵叶）等。不包括桑叶、茶叶、水果。也不包括野生的林产品。

耕地面积 是指种植农作物，并经常进行耕锄的田地。统计范围包括熟地、当年新开荒地、连续撂荒未满三年的耕地和当年的休闲地（轮歇地）。以种植农作物为主并附带种植桑树、茶树、果树和其他林木的土地以及沿海、沿湖地区已围垦利用的“海涂”、“湖田”等也包括在内。但专业性的桑园、茶园、果园、果木苗圃、林地、芦苇地、天然草原等都不包括在内。

农作物播种面积 指实际播种或移植有农作物的面积。凡是实际种植有农作物的面积，不论种植在耕地上还是种植在非耕地上，均包括在农作物播种面积中，同时还包括因遭灾而重新改种和补种的农作物面积，种一公顷算一公顷。

有效灌溉面积 是指具有一定的水源，地块比较平整，灌溉工程或设备已经配套，在一般年景下当年能够进行正常灌溉的耕地面积。包括机灌、电灌和自流灌溉面积三部分。

造林面积 是指报告期内在荒山、荒地、沙丘等一切可以造林的土地上，采用人工播种、植苗、飞机播种等方法新植的成片乔木和灌木林面积，符合“造林技术规程”要求的株数，经过检查验收，成活率在85%以上的面积。四旁植树如一侧在四行以上，连续成片面积达一亩以上，也统计在造林面积内。在造林面积中，不包括补植面积、治沙种草面积、经济林复垦面积、迹地更新面积和低产林改造面积。

农用化肥施用量 指在本年度内实际用于农业生产的化肥数量，包括氮肥、磷肥、钾肥和复合肥。按折纯法计算化肥数量，即把氮肥、磷肥、钾肥分别按含氮、含五氧化二磷、含氧化钾100%折算。

农村用电量 是指在本年度内，扣除在农村中的全民所有制工业、交通、基建单位用电量以后农村生产和生活上的全年用电总量（按全年累计数统计）。从电的来源看，既包括国家电网的供电量，也包括农村自办电站的供电量。

农业机械总动力 是指主要用于农、林、牧、渔业生产和运输的所有动力机械的动力总和。包括耕作机械、排灌机械、收获机械、农产品加工机械、运输机械、植保机械、牧业机械、林业机械、渔业机械和其他机械［内燃机按引擎马力折成瓦（特）计算，电动机按功率折成瓦（特）计算］。不包括专门用于乡（镇）、村以及村以下办工业、基本建设、非农业运输、科学试验和教学等非农业生产方面用的动力机械和作业机械。但从事农副产品初级加工的村户工业的机械应统计在内。

农业机械年末拥有量 是指国有经济、集体经济农业生产单位和合作经济组织及农户在年末统计时实际拥有的各种农业机械设备数量。包括能用未用的、需要修复的（指中修、大修）、储存备用的。但已经损坏报废的、购买（或调进）而未提货的、从非农业生产单位调来临时支援的，均不包括在内。

十三、工业

INDUSTRY

版面负责人：李　燕
编　　　辑：宋　蕊

统计执法监督检查办法

第二章　统计执法监督检查机构和执法检查人员

第九条　县级以上人民政府统计机构健全统计执法监督检查队伍，完善统计执法监督检查机制，建立统计执法骨干人才库，确保在库人员服从设库机构的调用。

第十条　统计执法监督检查机构和执法检查人员的主要职责是：

（一）起草制定统计法律法规规章和规范性文件；

（二）宣传、贯彻统计法律法规规章；

（三）组织、指导、监督、管理统计执法监督检查工作；

（四）依法查处统计违法行为，防范和惩治统计造假、弄虚作假；

（五）组织实施统计执法“双随机”抽查，受理、办理、督办统计违法举报；

（六）建立完善统计信用制度，建立实施对统计造假、弄虚作假的联合惩戒机制；

（七）监督查处涉外统计调查活动和民间统计调查活动中的违法行为；

（八）法律、法规和规章规定的其他职责。

第十一条　执法检查人员应当参加培训，经考试合格，取得由国家统计局统一颁发的统计执法证。

经县级以上人民政府统计机构批准，可以聘用专业技术人员参与统计执法监督检查。

第十二条　统计执法监督检查机构应当加强对所属执法检查人员的法律法规、统计业务知识、职业道德教育和执法监督检查技能培训，健全管理、考核和奖惩制度。

13-1 规模以上工业企业主要经济指标

单位：万元

年 份	企业个数（个）	两项资金占用
1998	638	1005882
1999	634	1021559
2000	675	950855
2001	662	811298
2002	743	939259
2003	835	959127
2004	1223	1143367
2005	1253	1237961
2006	1586	1462580
2007	1941	1814542
2008	2289	2569139
2009	3108	2848331
2010	3412	4196654
2011	2788	871219
2012	2859	11235951
2013	2874	8734485
2014	2861	9270151
2015	2875	9678459
2016	2992	9608893
2017	2412	11252344
2018	2461	11692282
2019	1778	11082144

13-2 规模以上工业企业主要经济指标

（2019 年）　　单位：万元

指　　标	企业个数（个）	资产合计	# 流动资产合计	负债合计
总　计	**1778**	**48531210**	**27756445**	**26994926**
按登记注册类型分				
内资企业	1654	40436652	24100964	23216809
国有企业	11	3317414	2426903	778430
中央企业	1	44734	38414	16103
地方企业	10	3272680	2388490	762327
集体企业	2	8829	7106	2751
股份合作企业	3	8562	4908	4898
联营企业	2	3371	2123	1144
国有联营企业				
集体联营企业	2	3371	2123	1144
国有与集体联营企业				
其他联营企业				
有限责任公司	205	16446338	10086509	11342455
国有独资公司	14	3791213	2386255	2761543
其他有限责任公司	191	12655125	7700254	8580912
股份有限公司	40	4266425	2197106	1577109
私营企业	1391	16385713	9376309	9510023
私营独资企业	22	93513	82023	76944
私营合伙企业	1	3103	1952	2232
私营有限责任公司	1343	15424103	8854676	9091683
私营股份有限公司	25	864994	437658	339164
其他企业				
港、澳、台商投资企业	56	5190718	1696653	2253876
合资经营企业（港或澳、台资）	19	4180801	1154345	1796635
合作经营企业（港或澳、台资）				
港澳台商独资经营企业	35	956519	507601	417462
港澳台商投资股份有限公司	2	53398	34707	39779
外商投资企业	68	2903840	1958828	1524240
中外合资经营企业	36	1695705	1170730	906977
中外合作经营企业				
外资企业	31	1180415	770221	606316
外商投资股份有限公司				
其他外商投资企业	1	27720	17877	10947

13-2 续表 1 （2019 年） 单位：万元

指　　标	企业个数（个）	资产合计	#流动资产合计	负债合计
按经济组织类型分				
独资企业	101	5556690	3793855	1881903
国有企业	11	3317414	2426903	778430
集体企业	2	8829	7106	2751
私营独资企业	22	93513	82023	76944
港澳台商独资经营企业	35	956519	507601	417462
外资企业	31	1180415	770221	606316
合作、合伙企业	7	42755	26859	19221
股份合作企业	3	8562	4908	4898
联营企业	2	3371	2123	1144
国有联营企业				
集体联营企业	2	3371	2123	1144
国有与集体联营企业				
其他联营企业				
私营合伙企业	1	3103	1952	2232
合作经营企业（港或澳、台资）				
中外合作经营企业				
其他企业（内资）				
其他外商投资企业	1	27720	17877	10947
股份有限公司	67	5184817	2669471	1956052
股份有限公司（内资）	40	4266425	2197106	1577109
私营股份有限公司	25	864994	437658	339164
港澳台商投资股份有限公司	2	53398	34707	39779
外商投资股份有限公司				
有限责任公司	1603	37746947	21266260	23137750
国有独资公司	14	3791213	2386255	2761543
私营有限责任公司	1343	15424103	8854676	9091683
合资经营企业（港或澳、台资）	19	4180801	1154345	1796635
中外合资经营企业	36	1695705	1170730	906977
其他有限责任公司	191	12655125	7700254	8580912
在总计中：亏损企业	306	6173251	3044574	4775210
在总计中：国有控股企业	81	18897304	11716620	11109116
按轻重工业分				
轻工业	595	9131958	5709551	3997156
重工业	1183	39399252	22046893	22997770
按企业规模分				
大型企业	46	23705578	14007915	11775560
中型企业	143	9916351	5452075	6385533
小型企业	1425	13905672	7850396	8209595
微型企业	164	1003609	446059	624238

13-2 续表 2 （2019 年） 单位：万元

指 标	企业个数（个）	资产合计	#流动资产合计	负债合计
按行业分				
煤炭开采和洗选业	4	3405128	1047379	1563356
黑色金属矿采选业	1	146779	69587	92088
非金属矿采选业	1	13973	13956	37
农副食品加工业	103	968180	542007	607862
食品制造业	31	366216	160648	216710
酒、饮料和精制茶制造业	11	191107	107317	78172
烟草制品业	1	2558600	2067539	255791
纺织业	141	956535	535244	536819
纺织服装、服饰业	44	212203	155101	90973
皮革、毛皮、羽毛及其制品和制鞋业	13	199096	176524	50067
木材加工和木、竹、藤、棕、草制品业	208	674790	390565	374045
家具制造业	49	137786	79249	75008
造纸和纸制品业	18	119924	53201	92015
印刷和记录媒介复制业	16	174902	105435	99111
文教、工美、体育和娱乐用品制造业	13	51921	32053	23248
石油、煤炭及其他燃料加工业	6	542235	383882	389330
化学原料和化学制品制造业	74	3120662	1495141	1574055
医药制造业	33	2124119	1100088	1268901
化学纤维制造业	15	168687	77503	89784
橡胶和塑料制品业	54	397520	266569	199557
非金属矿物制品业	224	2653518	1604726	1535893
黑色金属冶炼和压延加工业	11	1713447	1088255	845643
有色金属冶炼和压延加工业	33	737627	488926	472355
金属制品业	109	1216274	874091	689740
通用设备制造业	118	3819937	2850692	2132112
专用设备制造业	137	7771278	6309470	5906203
汽车制造业	18	712369	420564	464766
铁路、船舶、航空航天和其他运输设备制造业	16	687670	424920	355709
电气机械和器材制造业	118	1606866	1021782	945972
计算机、通信和其他电子设备制造业	36	4674280	1612018	2202926
仪器仪表制造业	32	725607	372817	258140
其他制造业	3	146056	113823	81209
废弃资源综合利用业	11	152469	83522	53633
电力、热力生产和供应业	49	3857692	1054910	2319333
燃气生产和供应业	11	272261	71094	151372
水的生产和供应业	16	1253498	505851	902993

13-2 续表 3 （2019 年） 单位：万元

指　　标	销售费用	管理费用	财务费用	从业人员平均人数（人）
总　计	**1797828**	**1202169**	**383652**	**307296**
按登记注册类型分				
内资企业	1696412	980755	326479	264535
国有企业	39496	91348	-27185	5199
中央企业	1286	2810	-62	317
地方企业	38210	88538	-27123	4882
集体企业	438	141	…	283
股份合作企业	101	234	-3	130
联营企业	44	312	63	149
国有联营企业				
集体联营企业	44	312	63	149
国有与集体联营企业				
其他联营企业				
有限责任公司	839833	329245	169867	74898
国有独资公司	82104	49441	43911	10012
其他有限责任公司	757729	279803	125957	64886
股份有限公司	176458	110501	30471	19460
私营企业	640042	448974	153266	164416
私营独资企业	915	1918	153	898
私营合伙企业	41	41	15	35
私营有限责任公司	623196	411294	144738	157828
私营股份有限公司	15890	35721	8361	5655
其他企业				
港、澳、台商投资企业	35803	104971	46502	22074
合资经营企业（港或澳、台资）	15733	70375	39950	10894
合作经营企业（港或澳、台资）				
港澳台商独资经营企业	18935	32721	5795	10827
港澳台商投资股份有限公司	1135	1875	757	353
外商投资企业	65613	116443	10671	20687
中外合资经营企业	51309	57157	10368	10308
中外合作经营企业				
外资企业	14108	58075	-283	9819
外商投资股份有限公司				
其他外商投资企业	196	1211	585	560

13-2 续表 4 （2019 年） 单位：万元

指 标	销售费用	管理费用	财务费用	从业人员平均人数（人）
按经济组织类型分				
独资企业	73892	184203	-21520	27026
国有企业	39496	91348	-27185	5199
集体企业	438	141	…	283
私营独资企业	915	1918	153	898
港澳台商独资经营企业	18935	32721	5795	10827
外资企业	14108	58075	-283	9819
合作、合伙企业	382	1798	659	874
股份合作企业	101	234	-3	130
联营企业	44	312	63	149
国有联营企业				
集体联营企业	44	312	63	149
国有与集体联营企业				
其他联营企业				
私营合伙企业	41	41	15	35
合作经营企业（港或澳、台资）				
中外合作经营企业				
其他企业（内资）				
其他外商投资企业	196	1211	585	560
股份有限公司	193483	148097	39590	25468
股份有限公司（内资）	176458	110501	30471	19460
私营股份有限公司	15890	35721	8361	5655
港澳台商投资股份有限公司	1135	1875	757	353
外商投资股份有限公司				
有限责任公司	1530071	868071	364923	253928
国有独资公司	82104	49441	43911	10012
私营有限责任公司	623196	411294	144738	157828
合资经营企业（港或澳、台资）	15733	70375	39950	10894
中外合资经营企业	51309	57157	10368	10308
其他有限责任公司	757729	279803	125957	64886
在总计中：亏损企业	79810	147277	80068	46452
在总计中：国有控股企业	813601	401618	119025	64605
按轻重工业分				
轻工业	642192	277034	14560	98080
重工业	1155636	925135	369092	209216
按企业规模分				
大型企业	1234939	540521	125860	108677
中型企业	247260	221751	123937	70412
小型企业	305140	421949	119686	126108
微型企业	10489	17948	14169	2099

13-2 续表 5 （2019 年） 单位：万元

指　　标	销售费用	管理费用	财务费用	从业人员平均人数（人）
按行业分				
煤炭开采和洗选业	19407	152071	19826	25611
黑色金属矿采选业	418	8422	1049	1732
非金属矿采选业		87		26
农副食品加工业	27700	33720	7366	14823
食品制造业	23327	15440	2522	6401
酒、饮料和精制茶制造业	4762	6454	5774	2330
烟草制品业	31748	77000	-34935	1628
纺织业	17505	28199	12519	23428
纺织服装、服饰业	3085	8852	624	7762
皮革、毛皮、羽毛及其制品和制鞋业	2708	6267	330	3004
木材加工和木、竹、藤、棕、草制品业	10324	14891	5589	15815
家具制造业	5120	5904	944	4232
造纸和纸制品业	1799	4211	2366	1677
印刷和记录媒介复制业	2390	10495	923	1810
文教、工美、体育和娱乐用品制造业	2003	3240	207	1562
石油、煤炭及其他燃料加工业	19184	9322	13271	1892
化学原料和化学制品制造业	56113	91983	27437	15484
医药制造业	494647	44420	5935	10827
化学纤维制造业	2963	5087	3165	2914
橡胶和塑料制品业	13237	20925	3427	7250
非金属矿物制品业	89693	74829	34755	21004
黑色金属冶炼和压延加工业	5842	27248	9450	9577
有色金属冶炼和压延加工业	12705	20656	20945	6927
金属制品业	30527	43212	10144	10246
通用设备制造业	146687	93659	3793	23882
专用设备制造业	630420	138880	72872	30772
汽车制造业	36150	11246	4370	2852
铁路、船舶、航空航天和其他运输设备制造业	14560	15151	4316	6456
电气机械和器材制造业	32549	54097	11531	17062
计算机、通信和其他电子设备制造业	16706	77632	45685	11047
仪器仪表制造业	27258	21570	3483	4929
其他制造业	6535	4199	517	1434
废弃资源综合利用业	1303	4091	501	646
电力、热力生产和供应业	927	45133	71318	6341
燃气生产和供应业	5789	10605	846	1158
水的生产和供应业	1739	12972	10785	2755

13-3 国有控股工业企业主要经济指标

（2019 年）　　单位：万元

指　　标	企业个数（个）	资产合计	#流动资产合计	负债合计
总 计	**81**	**18897304**	**11716620**	**11109116**
在总计中：亏损企业	16	918558	274632	790681
按隶属关系分				
中央企业	18	3643360	774747	2122709
地方企业	25	9740779	6839063	4540833
按轻重工业分				
轻工业	8	2653783	2119465	303002
重工业	73	16243522	9597156	10806114
按企业规模分				
大型企业	12	12592075	8252642	6578446
中型企业	22	4474041	2485660	3281074
小型企业	40	1626891	920620	1117585
微型企业	7	204298	57698	132011
按行业分				
煤炭开采和洗选业	3	3362276	1005683	1526375
黑色金属矿采选业	1	146779	69587	92088
农副食品加工业	1	9997	5086	6654
食品制造业	1	23060	11136	5750
酒、饮料和精制茶制造业	2	44770	23704	20755
烟草制品业	1	2558600	2067539	255791
印刷和记录媒介复制业	2	9606	5009	10311
化学原料和化学制品制造业	4	41362	17536	20286
非金属矿物制品业	8	588219	229453	334985
有色金属冶炼和压延加工业	2	42155	29507	31105
金属制品业	1	77837	64883	67322
通用设备制造业	6	2262694	1811965	1342675
专用设备制造业	13	6050626	5084360	4888976
汽车制造业	1	322206	230700	259707
铁路、船舶、航空航天和其他运输设备制造业	1	19465	13003	10719
电气机械和器材制造业	2	39200	28470	45848
计算机、通信和其他电子设备制造业	1	2680	2584	690
废弃资源综合利用业	1	19068	8387	865
电力、热力生产和供应业	18	2525204	552380	1616523
燃气生产和供应业	2	17680	5156	10986
水的生产和供应业	10	733822	450493	560705

13-3 续表 （2019 年） 单位：万元

指 标	销售费用	管理费用	财务费用	全部职工年平均人数（人）
总 计	**813601**	**401618**	**119025**	**64605**
在总计中：亏损企业	5105	16763	20563	5220
按隶属关系分				
中央企业	28897	127039	49250	23352
地方企业	232709	210299	-4613	25695
按轻重工业分				
轻工业	36854	81957	-34720	3499
重工业	776747	319661	153745	61106
按企业规模分				
大型企业	722315	308846	30573	46627
中型企业	70483	60176	69568	12534
小型企业	20754	32092	14314	5401
微型企业	49	504	4571	43
按行业分				
煤炭开采和洗选业	19349	151670	19826	25568
黑色金属矿采选业	418	8422	1049	1732
农副食品加工业	1335	466	176	95
食品制造业	3341	705	-2	170
酒、饮料和精制茶制造业	257	1996	48	678
烟草制品业	31748	77000	-34935	1628
印刷和记录媒介复制业	116	1162	-1	396
化学原料和化学制品制造业	1210	2235	275	371
非金属矿物制品业	22966	16992	14354	2773
有色金属冶炼和压延加工业	1269	1055	1938	357
金属制品业	3042	2240	1538	175
通用设备制造业	100815	29084	-5724	6386
专用设备制造业	596256	58678	65378	15281
汽车制造业	27662	3516	144	1006
铁路、船舶、航空航天和其他运输设备制造业	436	693	69	31
电气机械和器材制造业	836	1931	405	679
计算机、通信和其他电子设备制造业		27		60
废弃资源综合利用业	73	592	-124	126
电力、热力生产和供应业	454	32112	50792	4726
燃气生产和供应业	677	793	388	72
水的生产和供应业	1341	10251	3429	2295

13-4 规模以上私营工业企业主要经济指标

（2019 年）　　单位：万元

指　　标	企业个数（个）	资产合计	#流动资产合计	负债合计
总 计	**1391**	**16385713**	**9376309**	**9510023**
在总计中：亏损企业	211	3484456	1806844	2684683
在总计中：国有控股企业				
按登记注册类型分				
私营独资企业	22	93513	82023	76944
私营合作企业	1	3103	1952	2232
私营有限责任公司	1343	15424103	8854676	9091683
私营股份有限公司	25	864994	437658	339164
按轻重工业分				
轻工业	497	4358822	2217242	2813360
重工业	894	12026891	7159067	6696663
按企业规模分				
大型企业	14	4262138	2502347	2169181
中型企业	81	2967868	1457217	1815356
小型企业	1154	8531886	5075630	5132804
微型企业	142	623821	341116	392682
按行业分				
煤炭开采和洗选业	1	42852	41696	36981
非金属矿采选业	1	13973	13956	37
农副食品加工业	84	753565	443906	442314
食品制造业	27	320707	139682	201494
酒、饮料和精制茶制造业	5	84930	54424	16591
纺织业	128	568029	315426	377601
纺织服装、服饰业	34	68218	40981	32458
皮革、毛皮、羽毛及其制品和制鞋业	8	33963	20428	18423
木材加工和木、竹、藤、棕、草制品业	195	601064	349478	331044
家具制造业	47	128055	72837	70805
造纸和纸制品业	14	64394	33644	44154
印刷和记录媒介复制业	9	89373	53053	71738
文教、工美、体育和娱乐用品制造业	11	21251	13206	8730
石油、煤炭及其他燃料加工业	5	496240	372437	361819
化学原料和化学制品制造业	49	1659531	706510	785685
医药制造业	25	1536000	678330	1154164
化学纤维制造业	12	94598	55037	48881
橡胶和塑料制品业	48	209395	127614	109378
非金属矿物制品业	192	1602974	1039705	912938
黑色金属冶炼和压延加工业	10	1664555	1052801	802854
有色金属冶炼和压延加工业	24	163752	99796	101803
金属制品业	98	917020	680822	526304
通用设备制造业	77	637516	434372	359839
专用设备制造业	95	568766	380698	350209
汽车制造业	14	144071	79167	108688
铁路、船舶、航空航天和其他运输设备制造业	12	203091	89829	140623
电气机械和器材制造业	93	1247605	782362	718928
计算机、通信和其他电子设备制造业	24	1204202	640812	707009
仪器仪表制造业	20	220912	147932	141762
其他制造业	1	1582	1215	606
废弃资源综合利用业	6	25231	14415	15377
电力、热力生产和供应业	19	793298	376730	383513
燃气生产和供应业	1	2911	1303	930
水的生产和供应业	2	202090	21706	126346

13-4 续表　　（2019 年）　　单位：万元

指　　标	销售费用	管理费用	财务费用	全部职工年平均人数（人）
总 计	**640042**	**448974**	**153266**	**164416**
在总计中：亏损企业	48923	81444	35678	28494
在总计中：国有控股企业				
按登记注册类型分				
私营独资企业	915	1918	153	898
私营合作企业	41	41	15	35
私营有限责任公司	623196	411294	144738	157828
私营股份有限公司	15890	35721	8361	5655
按轻重工业分				
轻工业	429981	136020	35102	68712
重工业	210061	312954	118164	95704
按企业规模分				
大型企业	324657	89832	40320	27629
中型企业	103289	87141	30868	38808
小型企业	201896	256443	75659	96079
微型企业	10199	15558	6419	1900
按行业分				
煤炭开采和洗选业	58	402		43
非金属矿采选业		87		26
农副食品加工业	18734	26818	4497	13035
食品制造业	18206	12097	2556	5837
酒、饮料和精制茶制造业	1671	3020	-340	542
纺织业	9881	17152	8066	14309
纺织服装、服饰业	1457	5378	239	5232
皮革、毛皮、羽毛及其制品和制鞋业	572	2373	190	1260
木材加工和木、竹、藤、棕、草制品业	9471	13638	5318	14649
家具制造业	4414	5427	766	3965
造纸和纸制品业	1422	3115	1209	1139
印刷和记录媒介复制业	1540	2352	1038	732
文教、工美、体育和娱乐用品制造业	868	1929	-45	904
石油、煤炭及其他燃料加工业	18313	8013	12672	1782
化学原料和化学制品制造业	41909	50182	11975	9252
医药制造业	349987	31772	9058	7668
化学纤维制造业	2060	3900	1499	2290
橡胶和塑料制品业	3774	6885	2655	3751
非金属矿物制品业	47229	46482	15539	15151
黑色金属冶炼和压延加工业	5765	25995	8956	9345
有色金属冶炼和压延加工业	5014	8390	4435	1613
金属制品业	21402	28825	7448	8363
通用设备制造业	10585	26979	4760	8493
专用设备制造业	19791	28683	6091	8541
汽车制造业	1049	3667	1163	1301
铁路、船舶、航空航天和其他运输设备制造业	6925	4978	2164	3149
电气机械和器材制造业	18180	39612	9754	11789
计算机、通信和其他电子设备制造业	7631	21339	16088	6206
仪器仪表制造业	10251	10380	1916	2666
其他制造业	12	15	3	80
废弃资源综合利用业	1053	1322	3	265
电力、热力生产和供应业	419	6754	14598	817
燃气生产和供应业	38	38	-2	7
水的生产和供应业	362	977	-1002	214

13-5 规模以上“三资”工业企业主要经济指标

（2019 年）　　单位：万元

指　　标	企业个数（个）	资产合计	#流动资产合计	负债合计
总 计	**124**	**8094558**	**3655481**	**3778116**
在总计中：亏损企业	32	464057	222575	251056
在总计中：国有控股企业	2	852246	442845	539067
按登记注册类型分				
港、澳、台商投资企业	56	5190718	1696653	2253876
合资经营企业（港或澳、台资）	19	4180801	1154345	1796635
合作经营企业（港或澳、台资）				
港澳台商独资经营企业	35	956519	507601	417462
港澳台商投资股份有限公司	2	53398	34707	39779
外商投资企业	68	2903840	1958828	1524240
中外合资经营企业	36	1695705	1170730	906977
中外合作经营企业				
外资企业	31	1180415	770221	606316
外商投资股份有限公司				
其他外商投资企业	1	27720	17877	10947
按轻重工业分				
轻工业	38	1057546	671492	409132
重工业	86	7037012	2983989	3368984
按企业规模分				
大型企业	13	4880570	2062154	2201377
中型企业	19	1379832	687479	706126
小型企业	87	1774943	887285	837569
微型企业	5	59213	18562	33046
按行业分				
农副食品加工业	8	92838	26405	68574
酒、饮料和精制茶制造业	1	16202	1243	9631
纺织业	8	332522	180206	113383
纺织服装、服饰业	5	136259	107655	51927
皮革、毛皮、羽毛及其制品和制鞋业	3	154567	145582	23761
木材加工和木、竹、藤、棕、草制品业	6	58102	30610	35814
造纸和纸制品业	1	9193	2853	3316
印刷和记录媒介复制业	1	44343	27079	4343
文教、工美、体育和娱乐用品制造业	1	7765	7032	6732
石油、煤炭及其他燃料加工业	1	45996	11446	27511
化学原料和化学制品制造业	4	178047	92619	26277
医药制造业	3	145500	102592	44765
化学纤维制造业	1	3996	3298	2485
橡胶和塑料制品业	4	182847	136244	89346
非金属矿物制品业	2	40951	23553	15822
黑色金属冶炼和压延加工业	1	48892	35454	42789
有色金属冶炼和压延加工业	3	76481	46577	56975
金属制品业	4	128161	65076	51078
通用设备制造业	13	516521	376918	164769
专用设备制造业	13	1268402	1032776	806732
汽车制造业	2	14989	7911	3763
铁路、船舶、航空航天和其他运输设备制造业	1	94262	26151	24698
电气机械和器材制造业	8	155945	98552	109166
计算机、通信和其他电子设备制造业	6	3152898	755928	1399173
仪器仪表制造业	4	72610	65779	20392
其他制造业	1	6955	1397	2378
废弃资源综合利用业	2	34048	12775	10735
电力、热力生产和供应业	7	778613	158747	396081
燃气生产和供应业	8	251670	64635	139456
水的生产和供应业	2	44988	8391	26243

13-5 续表 （2019 年） 单位：万元

指标	销售费用	管理费用	财务费用	全部职工年平均人数（人）
总 计	**101416**	**221414**	**57172**	**42761**
在总计中：亏损企业	11481	19998	3005	4713
在总计中：国有控股企业	21446	10470	11916	2645
按登记注册类型分				
港、澳、台商投资企业	35803	104971	46502	22074
合资经营企业（港或澳、台资）	15733	70375	39950	10894
合作经营企业（港或澳、台资）				
港澳台商独资经营企业	18935	32721	5795	10827
港澳台商投资股份有限公司	1135	1875	757	353
外商投资企业	65613	116443	10671	20687
中外合资经营企业	51309	57157	10368	10308
中外合作经营企业				
外资企业	14108	58075	-283	9819
外商投资股份有限公司				
其他外商投资企业	196	1211	585	560
按轻重工业分				
轻工业	19787	32866	5715	16518
重工业	81629	188548	51457	26243
按企业规模分				
大型企业	48588	99548	34076	22791
中型企业	23464	46896	13145	9585
小型企业	29210	73966	8969	10318
微型企业	154	1003	982	67
按行业分				
农副食品加工业	3756	3378	1898	944
酒、饮料和精制茶制造业	153	719	-9	87
纺织业	7159	10070	3204	8260
纺织服装、服饰业	1016	2294	298	1414
皮革、毛皮、羽毛及其制品和制鞋业	2097	3624	139	1502
木材加工和木、竹、藤、棕、草制品业	552	937	169	781
造纸和纸制品业	279	652	189	250
印刷和记录媒介复制业	562	4527	-218	303
文教、工美、体育和娱乐用品制造业	943	1097	73	500
石油、煤炭及其他燃料加工业	872	1309	599	110
化学原料和化学制品制造业	1866	11043	-496	645
医药制造业	1920	2049	26	843
化学纤维制造业	132	116	-1	200
橡胶和塑料制品业	9391	13899	771	3373
非金属矿物制品业	474	1123	293	220
黑色金属冶炼和压延加工业	77	1254	495	232
有色金属冶炼和压延加工业	1094	4118	1928	2053
金属制品业	3999	7666	908	830
通用设备制造业	16032	21220	1168	3793
专用设备制造业	31198	48745	3196	7582
汽车制造业	304	948	26	134
铁路、船舶、航空航天和其他运输设备制造业		867	529	285
电气机械和器材制造业	2197	5765	321	2482
计算机、通信和其他电子设备制造业	6095	50408	29305	3148
仪器仪表制造业	4012	3509	490	442
其他制造业	97	458	57	189
废弃资源综合利用业		803	232	103
电力、热力生产和供应业	66	8373	10493	887
燃气生产和供应业	5074	9774	460	1079
水的生产和供应业		669	629	90

13-6 主要年份主要工业产品产量

单位：万吨

年份	铁矿石（成品矿）	生铁	原煤	发电量（亿千瓦时）	铝锭（吨）	硫酸（吨）	合成氨	农用化肥（折100%）	水泥
1949			81	0.07					
1952	21.93		112	0.20					
1957	38.57	0.13	180	0.90					
1962	39.39	1.66	447	3.76	672			0.01	1.06
1965	45.98	1.63	472	4.43	930	5594	0.05	0.32	14.52
1970	31.69	4.61	633	7.24	1453	7746	1.03	0.89	23.09
1975	25.12	11.08	899	15.99	2103	10840	3.41	2.68	33.29
1978	40.95	15.19	1445	27.08	3135	22162	7.07	4.91	66.68
1979	44.49	18.16	1510	38.65	3616	21559	9.72	6.96	79.77
1980	29.55	16.36	1506	47.78	2721	31856	12.40	9.96	93.68
1981	23.36	12.18	1451	50.48	3686	21690	12.64	10.14	109.32
1982	24.74	11.71	1492	52.37	3614	34902	12.98	10.67	133.52
1983	30.02	14.73	1580	53.70	3378	50119	14.12	11.99	152.45
1984	30.80	15.74	1682	54.84	3210	44138	15.07	12.45	169.47
1985	30.48	16.52	1803	58.35	3062	35469	14.33	11.59	203.03
1986	30.75	19.90	1770	74.67	5629	34370	14.03	12.65	249.80
1987	33.59	22.82	1866	89.98	5649	46067	15.05	14.03	293.35
1988	47.35	24.80	1931	102.97	5574	51157	14.11	13.38	344.49
1989	51.57	23.39	2042	105.64	5929	56695	13.50	13.22	291.01
1990	27.62	29.22	2032	104.40	7568	62041	13.40	12.52	297.67
1991	26.25	28.60	2118	106.75	8096	83813	11.32	13.17	348.87
1992	32.33	31.84	2115	103.74	11241	77784	9.42	10.89	437.21
1993	98.53	35.63	2138	111.92	12081	60200	11.68	10.68	542.69
1994	113.60	41.34	1967	114.37	12347	65275	14.75	16.73	590.36
1995	95.00	52.00	2344	119.38	19385	85610	14.86	19.76	1031.48
1996	110.91	48.96	2301	118.91	11735	67841	14.28	24.60	1040.45
1997	49.62	55.78	2243	139.17	11294	87388	16.98	24.01	975.83
1998	17.82	49.89	2134	134.55	10321	81131	19.22	20.13	864.35
1999	17.82	40.36	2089	136.65	11828	3746	16.69	16.68	937.84
2000	43.30	37.10	2271	146.87	5002		19.16	15.42	983.36
2001	15.34	51.05	2261	155.29	12055		19.08	16.49	892.69
2002	14.63	48.75	2404	170.31	12354	45100	22.66	19.96	1008.34
2003	15.54	95.10	2572	198.95	12566	50000	21.55	17.89	1134.82
2004	24.77	136.69	2528	235.10	12866	72000	17.75	21.89	1285.58
2005	14.45	152.53	2597	309.97	10764	66600	36.96	29.58	1295.66
2006	19.69	230.72	2827	363.02	69741	116000	52.11	38.00	1538.60
2007	21.74	245.76	2363	316.56	98474	249105	55.97	38.15	1812.31
2008	23.86	194.85	2314	342.44	100007	181950	62.36	41.88	1867.36
2009	50.31	246.60	2236	330.77	106997	64400	61.11	43.93	2654.32
2010	65.64	304.92	2072	399.57	108668	37100	66.40	48.05	3205.35
2011	75.18	337.63	2025	453.66	109980	77200	82.35	52.73	2850.29
2012	74.44	375.37	2016	527.69	112506	95886	74.82	53.36	2778.85
2013	75.99	522.43	1972	574.70	57076	143983	98.61	53.98	2488.69
2014	78.72	437.80	1980	517.28	12194	180019	93.00	54.23	2749.01
2015	90.63	475.96	1885	497.22		99295	93.21	45.76	2681.63
2016	98.35	607.09	1342	506.21		140881	67.30	26.94	2755.19
2017	72.88	273.42	1278	522.50		160104	55.29	4.60	2660.04
2018	70.60	97.89				2560	48.77	12.55	1362.41
2019	70.76	236.04					52.10	16.83	1472.22

13-6 续表 单位：万吨

年份	纱	布（万米）	机制纸及纸板	卷烟（万箱）	饮料酒（万千升）	多晶硅（吨）	锻压机械（吨）	汽车起重机（吨）	装载机（辆）	压路机（台）
1949	…			0.86	0.02					
1952	0.03	129	…	2.73	0.15					
1957	0.04	291	0.23	2.47	0.30					
1962	0.10	493	0.40	2.60	0.35					
1965	0.41	796	0.36	6.89	0.31					
1970	0.84	1811	0.91	10.93	0.49					
1975	1.12	3474	1.12	12.00	0.90					
1978	1.68	5474	2.47	14.74	1.35					
1979	1.87	5873	2.56	16.72	1.64					
1980	2.11	7487	3.15	19.45	2.02					
1981	2.26	8604	3.35	22.26	2.51			321		362
1982	2.45	8860	4.19	26.23	2.67			245		485
1983	2.28	7979	4.85	23.03	2.82			256		413
1984	2.29	7307	5.69	26.04	2.54			244		520
1985	2.43	7350	6.48	26.10	2.84			325		730
1986	2.67	7954	8.61	30.12	3.23			414		957
1987	3.07	8981	11.62	31.02	3.88			382		1247
1988	3.54	11032	13.87	32.22	4.38			438		1224
1989	4.36	13504	15.31	33.00	4.96			428		858
1990	3.63	12112	16.44	33.50	4.99			419		802
1991	3.25	10769	17.66	34.00	5.66			496		993
1992	3.93	11938	18.83	34.00	6.85			696	723	1392
1993	3.65	12790	22.36	35.06	7.66			1067	1026	2281
1994	4.20	11673	32.13	33.09	9.80			1005	929	2183
1995	4.64	13883	71.60	34.00	11.42			683	1298	1897
1996	5.16	12807	69.65	34.02	13.85		14977	414	1358	1979
1997	5.48	9077	79.33	34.00	13.31		12329	480	1739	2066
1998	4.49	7361	44.67	34.50	13.18		9451	516	1706	2478
1999	5.70	7721	23.53	34.50	9.00		7392	710	1890	3110
2000	7.16	8196	32.65	34.40	8.50		11942	1087	1777	2466
2001	7.36	6954	28.41	36.50	14.47		12669	1586	2791	2832
2002	8.89	6315	43.52	37.80	14.43		13430	2961	3997	3816
2003	11.30	6884	48.88	40.00	16.69		16297	4664	8098	5825
2004	47.38	7231	58.74	55.20	42.16		12653	5264	10146	4724
2005	23.01	10551	48.91	57.57	20.28		19847	5368	9442	2434
2006	33.64	7800	69.62	57.45	21.50		24119	7298	8799	2697
2007	44.14	14832	129.81	60.48	27.26		30218	10349	11010	2025
2008	48.84	13016	99.11	56.68	27.99	1849	22668	12932	11623	2721
2009	61.75	16591	122.40	59.00	30.11	7318	16353	16053	9494	4675
2010	81.58	16056	105.54	60.94	45.73	17799		18623	15212	6874
2011	77.76	11064	79.13	64.01	52.37	29414		18695	23895	5070
2012	83.89	16966	123.11	64.41	66.23	37097		390261	19199	3604
2013	103.88	18059	38.34	68.46	68.02	50440		319676	18967	4460
2014	152.92	27015	44.40	71.73	64.00	66876		342894	11945	4048
2015	141.21	31490	27.58	66.50	58.85	74358		194941	7142	2721
2016	156.63	34119	38.66	70.30	58.14	69345		199038	8298	3379
2017	185.87	36141	32.31	71.38	59.40	74818		412681	13103	7063
2018	44.03	11238	14.30	73.30	58.06	63540		649366	16240	8258
2019	47.67	12114	36.95	75.70	16.47	41623		663869	21028	7338

注：自 2012 年起，汽车起重机的单位由台改为吨。

13-7 主要工业产品产量

（2019年）

产品名称		产量	产品名称		产量
铁矿石成品矿	（万吨）	70.76	塑料树脂及共聚物（初级形态塑料）	（万吨）	17.16
配合饲料		87.63	轮胎外胎	（万条）	68.43
发酵酒精（商品量）	（万千升）	19.54	塑料制品	（万吨）	11.00
饮料酒（商品量）		16.47	# 农业用薄膜		0.44
卷烟	（万箱）	75.70	水泥		1472.22
纱	（万吨）	47.67	生铁		236.04
布	（万米）	12114	饮料		3.82
# 棉布		2967	钢材		462.22
家用电冰箱	（万台）	22.34	# 焊接钢管		6.68
丝（蚕丝）	（吨）	594.75	铝材		35.05
多晶硅		41623	起重机	（吨）	663869
服装	（万件）	3602	矿山专用设备		40069
液体乳	（吨）	250269	人造板	（万立方米）	558.21
机制纸及纸板	（万吨）	36.95	装载机	（辆）	21028
合成氨		52.10	压路机（压实机械）	（台）	7338
农用化学肥料（农用氮、磷、钾化学肥料）		16.83	组合音响	（万台）	243.99
# 氮肥		16.83	摩托车	（万辆）	33.20
化学农药		9.94			

主要统计指标解释

工业 指从事自然资源的开采，对采掘品和农产品进行加工和再加工的物质生产部门。具体包括：（1）对自然资源的开采，如采矿、晒盐、森林采伐等（但不包括禽兽捕猎和水产捕捞）；（2）对农副产品的加工、再加工，如粮油加工、食品加工、轧花、缫丝、纺织、制革等；（3）对采掘品的加工、再加工，如炼铁、炼钢、化工生产、石油加工、机器制造、木材加工等，以及电力、自来水、煤气的生产和供应等；（4）对工业品的修理、翻新，如机器设备的修理、交通运输工具（包括小卧车）的修理等。

1984年以前农村的村及村以下办工业归属农业，1984年以后划归工业。

国有企业 指企业全部资产归国家所有，并按《中华人民共和国企业法人登记管理条例》规定登记注册的非公司制的经济组织。不包括有限责任公司中的国有独资公司。

国有控股企业 包括：（1）在企业的全部实收资本中，国有经济成分的出资人拥有的实收资本（股本）所占企业全部实收资本(股本)的比例大于50%的国有绝对控股。（2）在企业的全部实收资本中，国有经济成分的出资人拥有的实收资本（股本）所占比例虽未大于50%，但相对大于其他任何一方经济成分的出资人所占比例的国有相对控股；或者虽不大于其他经济成分，但根据协议规定拥有企业实际控制权的国有协议控股。（3）投资双方各占50%，且未明确由谁绝对控股的企业，若其中一方为国有经济成分的，一律按国有控股处理。

集体企业 指企业资产归集体所有，并按《中华人民共和国企业法人登记管理条例》规定登记注册的经济组织。

股份合作企业 指以合作制为基础，由企业职工共同出资入股，吸收一定比例的社会资产投资组建，实行自主经营，自负盈亏，共同劳动，民主管理，按劳分配与按股分红相结合的一种集体经济组织。

联营企业 指两个及两个以上相同或不同所有制性质的企业法人或事业单位法人，按自愿、平等、互利的原则，共同投资组成的经济组织。联营企业包括国有联营企业、集体联营企业、国有与集体联营企业和其他联营企业。

有限责任公司 指根据《中华人民共和国公司登记管理条例》规定登记注册，由两个以上，五十个以下的股东共同出资，每个股东以其所认缴的出资额对公司承担有限责任，公司以其全部资产对其债务承担责任的经济组织。有限责任公司包括国有独资公司以及其他有限责任公司。

股份有限公司 指根据《中华人民共和国公司登记管理条例》规定登记注册，其全部注册资本由等额股份构成并通过发行股票筹集资本，股东以其认购的股份对公司承担有限责任，公司以其全部资产对其债务承担责任的经济组织。

私营企业 指由自然人投资设立或由自然人控股，以雇佣劳动为基础的营利性经济组织。包括按照《公司法》、《合伙企业法》、《私营企业暂行条例》以及《个人独资企业法》规定登记注册的私营独资企业、私营合伙企业、私营有限责任公司、私营股份有限公司和个人独资企业。

与港澳台商合资经营企业 指港澳台地区投资者与内地的企业依照《中华人民共和国中外合资经营企业法》及有关法律的规定，按合同规定的比例投资设立，分享利润和分担风险的企业。

与港澳台商合作经营企业 指港澳台地区投资者与内地企业依照《中华人民共和国中外合作经营企业法》及有关法律的规定，依照合作合同的约定进行投资或提供条件设立，分配利润、分担风险和亏损的企业。

港澳台商独资经营企业 指依照《中华人民共和国外资企业法》及有关法律的规定，在内地由港澳台地区投资者全额投资设立的企业。

港澳台商投资股份有限公司 指根据国家有关规定，经商务部（原外经贸部）批准设立，并且其中港、澳、台商的股本占公司注册资本的比例达25%以上的股份有限公司。凡其中港、澳、台商的股本占公司注册资本的比例小于25%的，属于内资中的股份有限公司。

中外合资经营企业 指外国企业或外国人与中国内地企业依照《中华人民共和国中外合资经营企业法》及有关法律的规定，按合同规定的比例投资设立，分享利润和分担风险的企业。

中外合作经营企业 指外国企业或外国人与中国内地企业依照《中华人民共和国中外合作经营企业法》及有关法律的规定，依照合作合同的约定进行投资或提供条件设立，分配利润、分担风险和亏损的企业。

外资企业 指依照《中华人民共和国外资企业法》及有关法律的规定，在中国内地由外国投资者全额投资设立的企业。

外商投资股份有限公司 指根据国家有关规定，经商务部（原外经贸部）批准设立，并且其中外资的股本占公司注册资本的比例达25%以上的股份有限公司。凡其中外资股本占公司注册资本的比例小于25%的，属于内资中的股份有限公司。

轻工业 指主要提供生活消费品和制作手工工具的工业。按其所使用的原料不同，可分为两大类：（1）以农产品为原料的轻工业是指直接或间接以农产品为基本原料的轻工业。主要包括食品制造、饮料制造、烟草加工、纺织、缝纫、皮革和毛皮制作，造纸以及印刷等工业；(2) 以非农产品为原料的轻工业，是指以工业品为原料的轻工业。主要包括文教体育用品、化学药品制造、合成纤维制造、日用化学制品、日用玻璃制品、日用金属制品、手工工具制造、医疗器械制造、文化和办公用机械制造等工业。

重工业 是指为国民经济各部门提供物质技术基础的主要生产资料的工业。按其生产性质和产品用途，可以分为下列三类：(1) 采掘（伐）工业，是指对自然资源的开采，包括石油开采、煤炭开采、金属矿开采、非金属矿开采和木材采伐等工业；(2) 原材料工业，指向国民经济各部门提供基本材料、动力和燃料的工业。包括金属冶炼及加工、炼焦及焦炭化学、化工原料、水泥、人造板以及电力、石油和煤炭加工等工业；(3) 加工工业，是指对工业原材料进行再加工制造的工业。包括装备国民经济各部门的机械设备制造工业、金属结构、水泥制品等工业，以及为农业提供的生产资料如化肥、农药等工业。

根据上述划分原则，修理业中以重工业产品为修理作业对象的划为重工业，反之划为轻工业。

资产总计 指企业过去的交易或者事项形成的、由企业拥有或者控制的、预期会给企业带来经济利益的资源。资产一般按流动性（资产的变现或耗用时间长短）分为流动资产和非流动资产。其中流动资产可分为货币资金、交易性金融资产、应收票据、应收账款、预付款项、其他应收款、存货等；非流动资产可分为长期股权投资、固定资产、无形资产及其他非流动资产等。根据会计“资产负债表”中“资产总计”项目的期末余额数填报。

流动资产合计 资产满足以下条件之一应归为流动资产：(1) 预计在一个正常营业周期中变现、出售或耗用，主要包括存货、应收账款等；(2) 主要为交易目的而持有；(3) 预计在资产负债表日起一年内（含一年）变现；(4) 自资产负债日起一年内，交换其他资产或清偿负债的能力不受限制的现金或现金等价物。包括货币资金、应收票据、应收账款、存货等项目。根据会计“资产负债表”中“流动资产合计”项目的期末余额数填报。

固定资产合计 指企业为生产商品、提供劳务、出租或经营管理而持有的，使用寿命超过一个会计年度的有形资产。包括使用期限超过一年的房屋、建筑物、机器、机械、运输工具以及其他与生产、经营有关的设备、器具、工具等。固定资产合计是时点指标，表示固定资产经过扣减折旧、减值准备等后的期末余额。根据会计“资产负债表”中“固定资产净额”项目的期末余额数填报。

负债合计 指企业过去的交易或者事项形成的，预期会导致经济利益流出企业的现时义务。负债一般按偿还期长短分为流动负债和非流动负债。根据会计“资产负债表”中“负债合计”项目的期末余额数填报。

销售费用 指企业在销售商品和材料、提供劳务的过程中发生的各种费用，包括保险费、包装费、展览费和广告费、商品维修费、预计产品质量保证损失、运输费、装卸费等以及为销售本企业商品而专设的销售机构（含销售网点、售后服务网点等）的职工薪酬、业务费、折旧费等经营费用。建筑业企业销售费用指企业从事施工生产活动过程中发生的各项费用，包括应由企业负担的运输费、装卸费、包装费、保险费、维修费、展览费、差旅费、广告费和其他经费。房地产企业销售费用指企业在从事主要经营业务过程中所发生的各项销售费用，包括转让、销售、结算和出租开发产品等。

管理费用 指企业为组织和管理企业生产经营所发生的费用，包括企业在筹建期间内发生的开办费、董事会和行政管理部门在企业经营管理中发生的，或者应当由企业统一负担的公司经费等。根据会计“利润表”中“管理费用”项目的本年累计数填报。

财务费用 指企业为筹集生产经营所需资金等而发生的筹资费用，包括企业生产经营期间发生的利息支出（减利息收入）、汇兑损失（减汇兑收益）以及相关的手续费等。根据会计“利润表”中“财务费用”项目的本年累计数填报。

平均用工人数（人） 指报告期企业平均实际拥有的、参与本企业生产经营活动的人员数。

十四、建筑业

CONSTRUCTION

版面负责人：张　虹
编　　　辑：刘云祥

统计执法监督检查办法

第三章 统计执法监督检查

第十三条 县级以上人民政府统计机构和有关部门应当建立统计执法监督检查工作机制和相关制度，综合运用“双随机”抽查、专项检查、重点检查、实地核查等方式，组织开展本地区、本部门、本单位统计执法监督检查工作。

按照国家有关规定，实施统计执法监督检查全过程记录制度。

第十四条 统计执法监督检查事项包括：

（一）地方各级人民政府、政府统计机构和有关部门以及各单位及其负责人遵守、执行统计法律法规规章和国家统计规则、政令情况；

（二）地方各级人民政府、政府统计机构和有关部门建立防范和惩治统计造假、弄虚作假责任制和问责制情况；

（三）统计机构和统计人员依法独立行使统计调查、统计报告、统计监督职权情况；

（四）国家机关、企业事业单位和其他组织以及个体工商户和个人等统计调查对象遵守统计法律法规规章、统计调查制度情况；

（五）依法开展涉外统计调查和民间统计调查情况；

（六）法律法规规章规定的其他事项。

第十五条 县级以上人民政府统计机构对接到的举报应当严格按照规定予以受理，经审核可能存在统计违法行为的，应当采取立案查处、执法检查办理，市级以上人民政府统计机构也可以按照规定将举报转交下级统计机构办理。

14-1 建筑业企业主要经济指标

单位：万吨

项　目	2010	2011	2012	2013	2014	2015	2016	2017	2018	2019
企业个数 （个）	364	347	389	443	413	430	455	529	551	600
#国有及国有控股企业	45	48	36	41	39	35	34	33	24	26
#内资企业	363	345	385	437	409	426	451	525	549	598
港、澳、台商投资企业	1	1	3	5	3	3	3	3	2	2
外商投资企业		1	1	1	1	1	1	1		
期末从业人数 （人）	337490	403721	469181	476577	519304	496929	521047	545227	520933	469362
建筑业总产值 （亿元）	535.72	648.07	881.66	1089.66	1321.04	1361.22	1390.66	1493.02	1554.63	1512.05
#建筑工程	510.88	631.59	829.68	1020.97	1254.94	1299.00	133.90	143.72	1495.90	1430.69
安装工程	22.55	11.85	30.46	59.68	48.25	41.93	34.00	38.36	52.73	73.52
竣工产值	419.39	497.72	661.74	801.89	1069.93	1118.16	1164.20	1191.82	1155.36	1116.45
利润总额	24.50	28.33	36.32	58.61	58.55	51.92	52.63	62.79		51.06
税金总额	15.13	20.70	25.96	29.47	38.47	38.90	25.42	62.86		63.51
房屋建筑施工面积（万平方米）	4872.40	5517.02	7702.88	9578.95	11606.80	11718.43	11880.35	11642.81	10980.20	10029.50
#本年新开工面积	3120.05	3145.48	4707.61	5115.57	4180.30	5373.14	5371.02	5036.01	4764.56	4008.83
房屋建筑竣工面积	2530.61	2584.80	3247.33	3853.46	5274.97	4970.80	4613.18	4355.87	3982.97	3668.38
房屋建筑面积竣工率（%）	51.90	46.90	42.20	40.02	45.45	42.42	38.83	37.41	36.30	36.58

注：2017年起税金总额包含应交增值税。

14-2 建筑业总承包和专业承包生产经营情况

（2019 年） 单位：千元

项目	单位个数（个）	签订的建筑合同额	上年结转建筑合同额	本年新签建筑合同额	直接从建设单位承揽工程完成的产值	自行完成施工产值	分包出去工程的产值
总计	**600**	**221449593**	**91812829**	**129636764**	**143916268**	**143654389**	**261879**
按行业分							
房屋建筑业	345	168152052	73029480	95122572	110783843	110767030	16813
土木工程建筑业	145	41722725	16388766	25333959	26179321	26040826	138495
建筑安装业	47	4956165	1146268	3809897	3344019	3316960	27059
建筑装饰和其他建筑业	63	6618651	1248315	5370336	3609085	3529573	79512
按登记注册类型分							
内资企业	598	221383381	91802959	129580422	143870830	143608951	261879
国有企业	26	16239262	6003321	10235941	11057843	11057843	
集体企业	13	3885065	2057781	1827284	3009899	3007319	2580
联营企业	1	120753		120753	120753	120753	
有限责任公司	69	50825979	27945789	22880190	26417803	26386161	31642
股份有限公司	13	1751011	340667	1410344	1317869	1317449	420
私营企业	476	148561311	55455401	93105910	101946663	101719426	227237
港、澳、台商投资企业	2	66212	9870	56342	45438	45438	
与港澳台商合资经营企业	1	3844		3844	2563	2563	
与港澳台商合作经营企业	1	62368	9870	52498	42875	42875	
按企业控股情况分							
国有控股	51	50832337	26088480	24743857	25453100	25445348	7752
集体控股	22	7603285	3110872	4492413	5340108	5335068	5040
私人控股	523	161700319	61938983	99761336	112397696	112170039	227657
其他	4	1313652	674494	639158	725364	703934	21430
按资质等级分							
施工总承包序列	442	209434958	88336894	121098064	135713144	135527310	185834
施工总承包序列特级工程	3	24219154	9163146	15056008	17535890	17535890	
施工总承包序列一级工程	53	89391005	40549652	48841353	58829084	58816689	12395
施工总承包序列二级工程	162	63341656	27033654	36308002	37931021	37880326	50695
施工总承包序列三级工程	224	32483143	11590442	20892701	21417149	21294405	122744
专业承包序列	157	12014635	3475935	8538700	8203124	8127079	76045
专业承包序列一级工程	37	5156639	1498035	3658604	3544540	3544540	
业承包序列二级工程	62	4480440	1749701	2730739	2931579	2879574	52005
专业承包序列三级工程	49	2283457	228199	2055258	1714730	1690690	24040
专业承包序列不分等级工程	9	94099		94099	12275	12275	

14-2 续表 1 （2019 年） 单位：千元

项　　目	从建设单位以外承揽工程完成的产值	建筑业总产值				#装饰装修产值	#装配式建筑工程产值	#在外省完成的产值
			建筑工程产值	安装工程产值	其他建筑业产值			
总　计	**7550492**	**151204881**	**143069137**	**7352342**	**783402**	**3284430**	**2145162**	**53973303**
按行业分								
房屋建筑业	2118268	112885298	108100712	4329862	454724	959034	794195	39712532
土木工程建筑业	1953621	27994447	26144441	1606395	243611	121515	608134	9643696
建筑安装业	163321	3480281	2301017	1149604	29660	68483	14533	631713
建筑装饰和其他建筑业	3315282	6844855	6522967	266481	55407	2135398	728300	3985362
按登记注册类型分								
内资企业	7549211	151158162	143022418	7352342	783402	3241555	2145162	53934323
国有企业	34586	11092429	10923200	162362	6867	20170	198294	1111721
集体企业	40361	3047680	2955505	78248	13927	55013	180734	164714
联营企业		120753		120753				120753
有限责任公司	901001	27287162	25377943	1728440	180779	76470	12080	16248821
股份有限公司	115720	1433169	1369829	63340		63340	125100	364080
私营企业	6457543	108176969	102395941	5199199	581829	3026562	1628954	35924234
港、澳、台商投资企业	1281	46719	46719			42875		38980
与港澳台商合资经营企业	1281	3844	3844					155
与港澳台商合作经营企业		42875	42875			42875		38825
按企业控股情况分								
国有控股	679088	26124436	25184077	765769	174590	63995	198294	10174487
集体控股	156366	5491434	4812862	664645	13927	57313	180734	262944
私人控股	6708692	118878731	112381830	5907854	589047	3150216	1766134	43532872
其他	6346	710280	690368	14074	5838	12906		3000
按资质等级分								
施工总承包序列	5471127	140998437	134983333	5387683	627421	1087273	1356662	50613596
施工总承包序列特级工程		17535890	15974925	1328244	232721			12143051
施工总承包序列一级工程	765805	59582494	56735247	2578426	268821	690745	33328	28516883
施工总承包序列二级工程	2007005	39887331	38868491	980440	38400	266258	1191061	5906165
施工总承包序列三级工程	2698317	23992722	23404670	500573	87479	130270	132273	4047497
专业承包序列	2079365	10206444	8085804	1964659	155981	2197157	788500	3359707
专业承包序列一级工程	141663	3686203	2823093	833921	29189	1716897	5000	1909806
专业承包序列二级工程	757322	3636896	3222410	351305	63181	432768	744670	1390745
专业承包序列三级工程	1106913	2797603	1954559	779433	63611	47492	38830	42058
专业承包序列不分等级工程	73467	85742	85742					17098

14-2 续表 2 （2019 年） 单位：千元

项　目	竣工产值	房屋施工面积（平方米）	房屋新开工面积（平方米）
总　计	**111645329**	**100294513**	**40088252**
按行业分			
房屋建筑业	88210231	95519176	37868396
土木工程建筑业	16101574	3107524	1619775
建筑安装业	1891117	1667813	600081
建筑装饰和其他建筑业	5442407		
按登记注册类型分			
内资企业	111598610	100294513	40088252
国有企业	7664002	9120147	5693526
集体企业	3493410	2101433	428806
联营企业	102633		
有限责任公司	10440762	15703953	3916484
股份有限公司	617904	707622	509274
私营企业	89279899	72661358	29540162
港、澳、台商投资企业	46719		
与港澳台商合资经营企业	3844		
与港澳台商合作经营企业	42875		
按企业控股情况分			
国有控股	13502669	19223801	7628859
集体控股	4439626	2827133	685606
私人控股	93461200	77111332	31452209
其他	241834	1132247	321578
按资质等级分			
施工总承包序列	104240437	100035621	39998743
施工总承包序列特级工程	11220226	6039638	2950823
施工总承包序列一级工程	45369355	44666238	14707232
施工总承包序列二级工程	27225162	29706146	13073965
施工总承包序列三级工程	20425694	19623599	9266723
专业承包序列	7404892	258892	89509
专业承包序列一级工程	2837174	51808	
专业承包序列二级工程	2653451	56898	45456
专业承包序列三级工程	1844046	143186	37053
专业承包序列不分等级工程	70221	7000	7000

14-3 建筑业总承包和专业承包从业人员情况

（2019年） 单位：千元

项　　目	单位个数（个）	直接从事生产经营活动的平均人数	从业人员期末人数	工程技术人员	现场施工人员
总　计	**600**	**579458**	**469362**	**56690**	**299243**
按登记注册类型分					
内资企业	598	579285	469192	56639	299154
国有企业	26	35411	32250	14432	9501
集体企业	13	7210	3983	745	3176
联营企业	1	403	400	200	200
有限责任公司	69	93305	77951	6344	38641
股份有限公司	13	6440	6410	734	5186
私营企业	476	436516	348198	34184	242450
港、澳、台商投资企业	2	173	170	51	89
与港澳台商合资经营企业	1	21	15	3	10
与港澳台商合作经营企业	1	152	155	48	79
按行业分					
总　计	**600**	**579458**	**469362**	**56690**	**299243**
房屋建筑业	345	461713	382848	42599	242916
土木工程建筑业	145	81796	60253	10573	36377
建筑安装业	47	14164	11287	1642	8669
建筑装饰和其他建筑业	63	21785	14974	1876	11281

14-4 建筑业总承包和专业承包财务状况

（2019 年） 单位：千元

项　　目	单位数（个）	年初存货	流动资产	应收工程款	存货	资产	负债
总　计	**599**	**17153381**	**78303767**	**25476110**	**15028234**	**95074882**	**50102451**
按所有制类型分							
国有控股	53	4868456	29623694	7253528	3245886	34111401	24412494
集体控股	23	381898	2873005	1208455	326919	3397801	1663886
私人控股	520	11886915	45611855	16940987	11436118	57353336	23890039
其他	3	16112	195213	73140	19311	212344	136032
按企业资质等级分							
施工总承包序列	441	16157911	70562745	22206378	13864383	85747982	45690464
施工总承包序列特级工程	4	3684836	12258136	5838193	2949622	15339025	10741274
施工总承包序列一级工程	51	5186486	16641021	5823562	4307858	19977191	7568850
施工总承包序列二级工程	162	4967563	31829409	7136608	4319534	38306683	22473769
施工总承包序列三级工程	224	2319026	9834179	3408015	2287369	12125083	4906571
专业承包序列	158	995470	7741022	3269732	1163851	9326900	4411987
专业承包序列一级工程	37	425748	3103358	1277978	547343	3708654	1868406
专业承包序列二级工程	63	410933	2262551	1069940	418081	2819252	975236
专业承包序列三级工程	49	121299	2249209	886288	172169	2625715	1495413
专业承包序列不分等级工程	9	37490	125904	35526	26258	173279	72932
按行业分							
建筑业	599	17153381	78303767	25476110	15028234	95074882	50102451
房屋建筑业	345	12079583	50500052	14000847	10278878	61850215	32759549
土木工程建筑业	144	4323696	22690585	9553499	3765011	27069496	14399537
建筑安装业	47	361325	2535371	783223	528353	2989402	1547810
建筑装饰和其他建筑业	63	388777	2577759	1138541	455992	3165769	1395555
按登记注册类型分							
总　计	599	17153381	78303767	25476110	15028234	95074882	50102451
内资企业	597	17152743	78237175	25435574	15025119	95004440	50088115
国有企业	26	792061	4949575	1621884	925394	6154462	3261320
集体企业	13	228516	745178	356892	129557	963093	381020
有限责任公司	70	4691693	30003820	7892659	3130460	33807143	24155527
股份有限公司	15	438067	1073994	412111	228158	1425013	510441
私营企业	473	11002406	41464608	15152028	10611550	52654729	21779807
港、澳、台商投资企业	2	638	66592	40536	3115	70442	14336
与港澳台商合资经营企业	1	638	4202			7529	2856
与港澳台商合作经营企业	1		62390	40536	3115	62913	11480

14-4 续表1 （2019年） 单位：千元

项　　目	营业收入	主营业务收入	营业成本	主营业务成本	税金及附加	主营业务税金及附加	其他业务利润
总　计	**122678443**	**122134538**	**109393600**	**108949095**	**1949467**	**1844892**	**57883**
按所有制类型分							
国有控股	17456994	17112194	15692420	15436799	269072	266936	41821
集体控股	5161164	5114795	4541609	4469245	43475	42967	8004
私人控股	99817233	99664537	88933461	88816977	1634723	1532792	8058
其他	243052	243012	226110	226074	2197	2197	
按企业资质等级分							
施工总承包序列	112202328	111862624	100179089	99962790	1840051	1740242	54392
施工总承包序列特级工程	18157357	18012280	16704572	16610926	144121	132831	23073
施工总承包序列一级工程	47612303	47530086	42745222	42736292	826558	826543	23917
施工总承包序列二级工程	28987028	28970723	25644779	25624144	585779	508045	2952
施工总承包序列三级工程	17445640	17349535	15084516	14991428	283593	272823	4450
专业承包序列	10476115	10271914	9214511	8986305	109416	104650	3491
专业承包序列一级工程	4549419	4499046	4056864	4018503	34726	34532	3744
专业承包序列二级工程	3258194	3251487	2888345	2883605	49595	48250	466
专业承包序列三级工程	2408798	2264677	2022242	1839672	23234	20010	-719
专业承包序列不分等级工程	259704	256704	247060	244525	1861	1858	
按行业分							
房屋建筑业	88466366	88378940	79396355	79341268	1568191	1517897	5372
土木工程建筑业	25158186	24754045	22147316	21835394	287495	236841	50009
建筑安装业	3673660	3672070	3285588	3249517	41241	40342	448
建筑装饰和其他建筑业	5380231	5329483	4564341	4522916	52540	49812	2054
按登记注册类型分							
内资企业	122631345	122087440	109351296	108906791	1948746	1844171	57883
国有企业	6066597	6006027	5347529	5347055	86276	84568	7891
集体企业	2300109	2265227	2102652	2069398	34153	34151	
有限责任公司	18475741	18178405	16582768	16286469	197958	194178	41934
股份有限公司	2467975	2467975	2230932	2230932	62618	62618	
私营企业	93320923	93169806	83087415	82972937	1567741	1468656	8058
港、澳、台商投资企业	47098	47098	42304	42304	721	721	
与港澳台商合资经营企业	3246	3246	3038	3038	21	21	
与港澳台商合作经营企业	43852	43852	39266	39266	700	700	

14-4 续表 2　　（2019 年）　　单位：千元

项　目	销售费用	管理费用	财务费用	研发费用	利润总额	营业利润
总　计	**477434**	**5253001**	**512538**	**26471**	**5106322**	**5118152**
按所有制类型分						
国有控股	9893	701512	96117	12551	699209	693025
集体控股	1030	402493	2772		169867	169496
私人控股	466421	4143762	412205	13920	4229611	4247991
其他	90	5234	1444		7635	7640
按企业资质等级分						
施工总承包序列	398479	4618062	480558	12962	4697540	4718734
施工总承包序列特级工程	47977	531762	29267	1084	686826	696373
施工总承包序列一级工程	112349	2048702	218791	11457	1636088	1645564
施工总承包序列二级工程	137471	1021965	119212		1507259	1509745
施工总承包序列三级工程	100682	1015633	113288	421	867367	867052
专业承包序列	78955	634939	31980	13509	408782	399418
专业承包序列一级工程	23625	251980	8822	13090	163969	163913
专业承包序列二级工程	31139	173061	11626	412	115500	106430
专业承包序列三级工程	22951	204597	10899	7	125550	125310
专业承包序列不分等级工程	1240	5301	633		3763	3765
按行业分						
房屋建筑业	322094	3264548	329021	310	3607720	3631971
土木工程建筑业	91305	1336578	140392	16055	1151102	1138826
建筑安装业	17934	176760	16959	85	140735	140884
建筑装饰和其他建筑业	46101	475115	26166	10021	206765	206471
按登记注册类型分						
内资企业	476748	5251190	512146	26471	5105132	5116962
国有企业	8603	228788	33995	10	378278	380097
集体企业	273	62864	5291		94871	94876
有限责任公司	16292	1031414	74819	12543	565687	558216
股份有限公司	2462	82381	21191		68591	68541
私营企业	449118	3845743	376850	13918	3997705	4015232
港、澳、台商投资企业	686	1811	392		1190	1190
与港澳台商合资经营企业	6	270			-83	-83
与港澳台商合作经营企业	680	1541	392		1273	1273

主要统计指标解释

建筑业总产值（即自行完成施工产值） 指建筑业企业或附属施工单位自行完成的按工程进度计算的建筑安装生产总值。施工产值包括：

①建筑工程产值：指列入建筑工程预算内的各种工程价值。

②设备安装工程产值：指设备安装工程价值。

③房屋、构筑物修理产值：指房屋、构筑物修理所完成的价值，但不包括被修理房屋、构筑物本身的价值和生产设备的修理价值。

④非标准设备制造产值：指加工制造没有定型的、非标准的生产设备的加工费和原材料价值，不论是现场还是附属加工厂为本单位承建工程制造的非标准设备的价值，都应计算产值。

竣工产值 指在报告期内，按照设计所规定的工程内容全部完成，达到了设计规定的交工条件，经有关部门检查验收鉴定合格的单位工程价值之和。

房屋建筑施工面积 指在报告期内施工的全部房屋建筑面积。包括本期内新开工的、上期施工跨入本期继续施工、上期停建本期复工的房屋建筑面积；不包括上期开工后又停工，本期未施工的房屋建筑面积。

房屋建筑竣工面积 指在报告期内，按照设计所规定的工程内容全部完成，达到了设计规定的交工条件，经有关部门检查验收鉴定合格的房屋建筑面积。

住宅竣工面积 指房屋建筑竣工面积中供居住用的房屋建筑竣工面积。

工程结算收入 指企业（或单位）按工程的分部分项自行完成的建筑产品价值并已与甲方在报告期内办理结算手续的工程价款收入，以及向甲方收取的除工程价款以外的按规定列作营业收入的各种款项，如临时设施费、劳动保险费、施工机械调迁费等以及向甲方收取的各种索赔款。

工程结算利润 指已结算工程实现的利润，如为亏损以“–”号表示。其计算公式为：

工程结算利润 = 工程结算收入 – 工程结算成本 – 工程结算税金及附加

企业总收入 指与企业生产经营直接有关的各项收入，包括工程结算收入和其他业务收入，即：

企业总收入 = 工程结算收入 + 其他业务收入

十五、交通运输和邮电

TRANSPORTATION, POSTAL AND TELECOMMUNICATIONS SERVICES

版面负责人：卢川川
编　　辑：马　萍

统计执法监督检查办法

第十六条 县级以上人民政府统计机构在组织实施统计执法监督检查前应当拟定检查方案，明确检查的依据、时间、范围、内容和组织形式等。

第十七条 统计执法监督检查机构或者执法检查人员组织实施执法监督检查前，应报所属人民政府统计机构负责人批准。

第十八条 实施统计执法监督检查，应当提前通知检查对象，告知实施检查的人民政府统计机构名称，检查的依据、范围、内容、方式和时间，对检查对象的具体要求等。

第十九条 统计执法监督检查机构进行执法监督检查时，执法检查人员不得少于 2 名，并应当出示国家统计局统一颁发的统计执法证，告知检查对象和有关单位相关权利、义务以及相应法律责任。未出示统计执法证的，有关单位和个人有权拒绝接受检查。

第二十条 县级以上人民政府统计机构调查统计违法行为或者核查统计数据时，依据《统计法》第三十五条的规定，行使统计执法监督检查职权。

第二十一条 检查对象和有关单位应当按照统计法律法规规定，积极配合执法监督检查工作，为检查工作提供必要的条件保障。有关人员应当如实回答询问、反映情况，提供相关证明和资料，核实笔录，并在有关证明、资料和笔录上签字，涉及单位的加盖公章。拒绝签字或者盖章的，由执法检查人员现场记录原因并录音录像。

有关地方、部门、单位应当及时通知相关人员按照要求接受检查。

15-1 全社会客、货运量

年 份	全社会客运量（万人）	#铁路	公路	全社会货运量（万吨）	#铁路	公路	水运
1978	2030	636	1394	2608	1480	652	93
1979	2305	671	1634	3154	1555	681	89
1980	2724	712	2012	3252	1588	724	75
1981	2958	741	2217	3026	1468	703	59
1982	3174	806	2368	3230	1561	825	72
1983	3133	859	2274	3605	1642	894	71
1984	3358	943	2415	5428	1727	2314	100
1985	3590	967	2617	6280	1814	2643	326
1986	3570	964	2600	7866	1850	4264	335
1987	3602	1073	2528	6962	1944	2966	649
1988	3790	1166	2624	7022	2007	2996	550
1989	3471	985	2486	6394	2078	2673	330
1990	3156	800	2356	6073	2021	2115	350
1991	2962	809	2153	6189	2040	2789	351
1992	3766	846	2920	11069	2041	7289	611
1993	4288	852	3435	8832	2127	4475	780
1994	4652	839	3811	10350	2051	6760	564
1995	6071	852	5216	10859	2022	6717	1182
1996	8396	703	7691	8792	1981	5184	1170
1997	7552	764	6786	7851	1736	4396	754
1998	6863	807	6048	8573	1558	4608	514
1999	6647	827	5812	8884	1663	4367	655
2000	7255	802	6443	9669	1700	4788	565
2001	7411	793	6610	9785	1613	4906	605
2002	7544	758	6775	9907	1561	5004	611
2003	7056	755	6292	10066	1543	5052	620
2004	7391	775	6601	11348	1535	5225	662
2005	8099	878	7202	14022	1487	6114	889
2006	8688	946	7712	16459	1635	7494	1006
2007	10007	1074	8892	18480	1924	8678	1211
2008	21787	1218	20529	23852	2264	11508	1982
2009	24042	1263	22728	25708	2191	12577	2133
2010	27761	1770	25926	37227	9944	14758	2548
2011	23238	1879	21275	35772	5582	16829	2870
2012	24892	1627	23168	34851	1300	18697	3268
2013	16758	1832	14814	33926	1054	15455	4799
2014	17282	2093	15063	35659	944	16967	5015
2015	15660	2182	13347	36408	979	16909	5656
2016	15660	2295	13217	37896	697	17586	5801
2017	13662	2207	11013	40152	598	19485	6287
2018	12750	2535	9960	46819	4796	21164	6456
2019	12440	2705	9434	54108	5080	27576	6707

注：铁路货运量统计口径为发货量；2008 年及以后公路客货运量统计口径变化，与往年不可比（下同）。2013 年公路和水路等交通行业开展专项调查，统计口径调整，与往年不可比。公路水运运输量均为营业性数据。公路货运量 2019 年数据按 2019 年道路货运量专项调查数据测算，与往年不可比。

15-2 全社会客、货运周转量

年 份	全社会客运周转量（万人）	#铁路	公路	全社会货运周转量（万吨）	#铁路	公路	水运
1978	249885	209321	40564	1461029	1211408	8148	4175
1979	280183	232768	47415	1945564	1257756	7108	4254
1980	328530	271097	27433	2035244	1306257	8292	5341
1981	354602	291774	62828	2014909	1313585	8012	6048
1982	396156	324347	71089	2153718	1427133	27578	27401
1983	446877	370740	76137	2443326	1550139	30261	29023
1984	524323	435110	89213	2769988	1659775	31759	39641
1985	636545	519962	116583	3972158	1885098	86866	60720
1986	700973	566359	134614	3357828	2028709	117208	64142
1987	761646	622238	139408	3513177	2166558	107961	159184
1988	863036	698324	164712	3757313	2292214	120665	157360
1989	811599	655742	155857	3692471	2411734	118930	75266
1990	731765	594649	137116	3646275	2440213	100950	85224
1991	765362	641282	124080	3640834	2448681	105308	129739
1992	876627	690096	186531	4104274	2616319	335316	247925
1993	952195	703043	249152	3982741	2585799	289800	294285
1994	975802	733088	241388	4387480	2751855	510032	357622
1995	1133265	722493	410772	4532499	2913515	418798	482039
1996	1255579	649085	606494	4351716	2881365	453610	303121
1997	1169395	672572	492123	4217829	2738316	374707	424301
1998	1124114	682681	433247	4347608	2616333	379284	262986
1999	1085420	750026	326643	4545083	2596163	315891	339687
2000	1245191	798664	436691	5144815	2932469	360929	290348
2001	1275512	798041	468827	5328880	2986021	380641	284023
2002	1320343	827071	482892	5442417	3133544	388254	288283
2003	1226127	777297	440100	5665478	3291712	380600	292100
2004	1433951	952020	466991	6287747	3387300	393350	313013
2005	910143	390075	500744	5472847	2043649	415973	322130
2006	983361	420286	533069	7882829	3247052	494458	370967
2007	1134788	477154	616228	9197322	3820996	576538	438112
2008	1894734	541130	1313499	10979772	4496224	1310599	595947
2009	2071224	560914	1459164	11297204	4351249	1435633	642617
2010	2525059	786149	1673070	27608783	19747916	1787616	781570
2011	2141370	891641	1165102	32106411	23393492	2173726	914555
2012	2153325	780924	1274989	15071042	5820209	2464381	1055362
2013	1796552	929866	805737	16143302	4717912	3686573	1545684
2014	3081596	1004496	809600	16141672	4225227	4057467	1695912
2015	1975600	1047125	796627	13037518	4381882	4279115	1944553

注：铁路客、货运周转量 2005 年以前为徐州铁路分局辖区数，2005 年及以后为徐州铁路段辖区数。自 2011 年起公路水路运输量数据为营业性数据。

15-3 主要年份运输线路长度

单位：公里

指　　标		1990	1995	2000	2005	2010	2015	2016	2017	2018	2019
民用航空											
民用航空线条数	（条）	4	2	13	13	22	25	25	35	49	49
铁路											
铁路正线延展里程		465	465	711	736		672	949	964		
铁路营业里程		258	258	359	381		349	489	486		
公路线路里程											
按技术级别分类											
等级公路里程		2964	2930	2658	10167	14965	15396	15405	15519	15798	16043
高速					299	412	459	459	464	464	464
一级			435	634	732	1039	1195	1214	1253	1291	1376
二级		616	378	581	1273	1527	1539	1530	1542	1655	1645
三级		214	344	572	996	1195	1324	1373	1559	1485	1645
四级		1781	1507	871	6867	10792	10860	10828	10700	10904	11047
等外公路		353	266		739	1210	1116	873	832	812	750
按行政级别分类											
国道		307	306	362	589	730	730	961	961	960	1000
省道		515	518	466	703	735	862	632	653	802	850
县道		892	872	842	693	2309	2307	2308	2529	2515	2514
乡道		1049	1073	988	8921	5888	5885	5884	5641	5637	5584
内河航道通航里程		**534**	**540**	**639**	**1039**	**1039**	**1058**	**1058**	**1058**	**1058**	**1058**
输油管道里程											
管道条数	（条）	3	3	8	14	28	35	38	37	38	37
延展长度		1252	1252	2375	4652	5891	6573	6758	7234	7270	7073

注：1. 公路线路里程 2000 年以前为交通部门养管里程，2001 年及以后为全社会口径；2007 年开展县道网规划，将低级公路升级为县道；输油管道为中石化全公司口径。2. 铁路里程为徐州市境内铁路线里程，上海铁路局徐州办事处已撤销，2018 年及以后不再统计相关线路长度数据。3. 民用航空线条数 2019 年以后为民用航空通航城市数。

15-4　全社会交通运输量

（2019 年）

指　　　标	客运量（万人次）	货运量（万吨）
全市合计	**12440**	**54108**
航空	301	1
铁路	2705	5080
公路	9434	27576
水运		6707
管道		14744
内河港口吞吐量		**4011**

15-5　市区全社会交通运输量

（2019 年）

指　　　标	客运量（万人次）	货运量（万吨）
合计	**9335**	**15077**
航空	301	1
铁路	2705	5080
公路	6329	8684
水运		292
管道		1020
内河港口吞吐量		**1707**

15-6　主要年份全社会民用车辆船舶数

指　　　标		1990	1995	2000	2005	2010	2011	2012
机动车总计	**（辆）**	**105958**	**194285**	**497359**	**752002**	**1136878**	**1128630**	**1263934**
# 私人车辆拥有量		78370	139813	433885	701767	1050715	1031943	1161686
汽车		39949	78185	214713	308628	432612	526776	624472
# 私人车辆拥有量		2872	7446	19412	262656	356532	441700	501796
# 载客汽车		7674	17748	29031	78349	160323	220992	478173
# 大（中）型		1390	1940	2574	8023	293120	383701	12768
小（微）型		6282	15808	26457	70326	11865	12606	465405
载货汽车		21773	39651	35666	36177	281255	371095	112214
# 重（中）型		16109	27592	24086	20319	87464	101461	66632
轻（微）型		5664	12059	11580	15858	53111	61868	45582
其他汽车		10502	20786	150016	194102	34353	39593	34085
摩托车		14361	48131	253357	438479	687361	581717	617291
全挂车		5655	7446	2955	658	545	457	438
半挂车				4465	4234	16357	19677	21730
运输船舶总计	**（艘）**		**5751**	**6740**	**5428**	**4374**	**4356**	**4310**
机动船数			3045	2176	655	806	931	1019
# 货船			2705	1679	351	518	618	711
拖船			340	441	304	288	313	430
货船载重量	（吨位）		146701	177780	54583	311516	524603	681650
驳船数	（艘）		2706	4564	4773	3568	3425	3291
载重量	（吨位）		223321	645466	1625614	1591410	1631804	1621674

15-6　续表

指　　　标		2013	2014	2015	2016	2017	2018	2019
机动车总计	**（辆）**	**1339294**	**1402414**	**1402085**	**1366616**	**1438416**	**1590080**	**1735979**
# 私人车辆拥有量		1232192	1298413	1301094	1263543	1324326	1462882	1600740
汽车		684546	756003	851541	1016085	1202546	1366429	1514027
# 私人车辆拥有量		591203	664639	763005	926406	1102910	1255296	1395093
# 载客汽车		532586	615452	722443	878035	1046296	1193084	1330262
# 大（中）型		12175	10614	9837	9317	9382	9580	9342
小（微）型		520411	604838	712606	868718	1036914	1183504	1320920
载货汽车		121542	117598	109264	115728	132399	148145	158085
# 重（中）型		73083	70304	64987	67511	77221	83895	86066
轻（微）型		48459	47294	44277	48217	55178	64250	72019
其他汽车		30418	22953	19834	22322	23851	25200	25680
摩托车		630345	623305	526981	324023	204687	188326	185506
全挂车		406						
半挂车		23996	23105	23562	26508	31183	35325	36446
运输船舶总计	**（艘）**	**4272**	**4084**	**4100**	**4154**	**3540**	**3457**	**3176**
机动船数		1146	1186	1297	1315	1220	1381	1477
# 货船		843	857	958	977	896	1077	1166
拖船		303	329	339	338	324	304	309
货船载重量	（吨位）	873700	988815	1203100	1281040	1264295	1346792	1702030
驳船数	（艘）	3126	2898	2803	2839	2320	2076	1699
载重量	（吨位）	1593750	1552199	1747641	1956416	1801938	1703981	1640839

注：2004年以前载客汽车和载货汽车均未含专用（特种）车。2007年起运输船舶按现有检验次数统计。

15-7 主要年份邮政电信情况

指　　标		2005	2010	2015	2016	2017	2018	2019
邮电局总数	（处）	812		235	235	235	232	233
邮路总长度	（公里）	5900	5753	10675	10923	14814	35464	30636
农村投递线路长度	（公里）	21666	25495	26903	22319	23291	23185	22786
电话局用交换机总容量	（万门）	348.78	1131.70					
固定电话年末用户	（万户）	278.53	177.21	138.50	115.78	103.50	94.55	84.54
# 城市	（万户）	165.65	86.09	110.50	103.16	69.17	30.81	
移动电话年末用户		154.97	600.72	756.44	762.01	811.09	903.74	961.25
互联网宽带接入用户数	（万户）	21.41	70.10	188.29	223.61	268.59	313.81	337.20
邮电业务总量	（亿元）	36.26	73.39	193.39	246.69	208.77	446.90	696.86
邮电业务收入	（亿元）	27.05	48.14	74.11	84.55	92.30	101.58	105.43
计费函件（不含广告）	（万件）	2041	4728	1488.17	850.30	496.19	271.11	195.23
包　件	（万件）	49	26	13.21	10.80	10.45	10.15	9.96
汇　票	（万张）	71	1267	70.99	64.00	43.09	22.95	15.85
订销报刊累计	（万份）	9116	10845	11014.99	10507.50	10223.28	10791.80	10368.04
集　邮	（万枚）	533		480.99	492.89	428.51		273.16
特快专递	（万件）	78	306	955.02	1492.60	2374.40	1043.43	464.86

注：1.1995 年以前本地电话年末用户为年末电话机数（下同）；2. 2005 年前电话局用交换机总容量为电信局一家数据，2006 年及以后为所有电信部门的数据（下同）；3. 2006 年及以前邮电业务总量中电信业务总量为电信业务收入；2011 年 –2016 年邮电业务总量按 2010 年价格计算。2017 年起邮电业务总量按 2015 年价格计算（下同）；4. 2013 年及以后邮政方面数据为市邮政管理局全辖数（下同）；5. 2019 年起不再统计城市固定电话用户数。

主要统计指标解释

铁路营业里程 又称营业长度，指办理客货运输业务的铁路正线总长度。凡是全线或部分建成双线及以上的线路，以第一线的实际长度计算；复线、站线、段管线、岔线和特殊用途线以及不计算运费的联络线都不计算营业里程。铁路营业里程是反映铁路运输业基础设施发展水平的重要指标，也是计算客货周转量、运输密度和机车车辆运用效率等指标的基础资料。

公路里程 指在一定时期内实际达到《公路工程技术标准 JTJO1-88》规定的等级公路，并经公路主管部门正式验收交付使用的公路里程数。它包括大中城市的郊区公路以及通过小城镇街道部分的公路里程，也包括桥梁、渡口的长度，但不包括大中城市的街道、厂矿、林区生产用道和农业生产用道的里程。两条或多条公路共同经由同一路段，只计算一次，不得重复计算里程长度。公路里程是反映公路建设发展规模的重要指标，也是计算运输网密度等指标的基础资料。

内河航道里程 也称“内河通航里程”，是反映内河水运网规模、水平和发展情况的主要指标，是指在一定时期内，能通航运输船舶及排筏的天然河流、湖泊水库、运河及通航渠道的长度。包括全年季节性通航累计三个月以上的航道，但不包括仅供零散流放竹、木排的河道。

输油（气）管道长度 也称“输油（气）里程”，是反映管道运输发展规模和水平的主要指标，是指油品（或天然气）的实际输送距离，一般按输油（气）管道的单线长度计算。若包括复线和备用线长度则称为输油（气）管道延展长度，是指管道铺设的实际长度。我们通常使用的是不包括复线的“输油（气）管道里程”。

货（客）运量 指在一定时期内，各运输部门实际运送的货（旅客）数量。是反映运输业为国民经济和人民生活服务的数量指标，也是制定和检查运输生产计划，研究运输发展规模和速度的重要指标。货运按吨计算，客运按人计算。货物不论运输距离长短，货物类别，均按实际重量统计；旅客不论行程远近或票价多少，均按一人一次作为客运量统计。半价票、小孩票也按一人统计。

货物（旅客）周转量 指在一定时期内，由各种运输工具运送的货物（旅客）数量与其相应运输距离的乘积之总和，是反映运输业生产总成果的重要指标，也是编制和检查运输生产计划，计算运输效率、劳动生产率以及核算运输单位成本的主要基础资料。通常以吨公里和人公里为计算单位。计算货物周转量通常按发出站与到达站之间的最短距离，也就是计费距离计算。

内河主要港口货物吞吐量 指由水运进出内河主要港区范围，并经过装卸的货物数量。吞吐量可以分为进口、出口，又可以分为国内贸易和对外贸易。货物吞吐量的货种分类及其主要流向流量，反映了港口在国内外物资交流和对外贸易运输中的地位和作用。

邮电业务总量 指以价值量形式表现的邮电通信企业为社会提供各类邮电通信服务的总数量。邮电业务量按专业分类包括函件、包件、汇票、报刊发行、邮政快件、特快专递，邮政储蓄、集邮、公众电报、用户电报、传真、长途电话、出租电路、无线寻呼、移动电话、分组交换数据通信、出租代维等。计算方法为各类产品乘以相应的平均单价（不变价）之和，再加上出租电路和设备、代用户维护电话交换机和线路等的服务收入。它综合反映了一定时期邮电业务发展的总成果，是研究邮电业务量构成和发展趋势的重要指标。计算公式为：

$$\begin{aligned}\text{邮电业务总量} &= \sum(\text{各类邮电业务量} \times \text{不变单价}) \\ &\quad + \text{出租代维及其他业务收入} \\ &= \text{邮政业务总量} + \text{电信业务总量}\end{aligned}$$

移动电话用户 是指通过移动电话交换机进入移动电话网、占用移动电话号码的电话用户。用户数量以报告期末在移动电话营业部门实际办理登记手续进入移动电话网的户数进行计算，一部移动电话统计为一户。

电话用户 指接入国家公众固定电话网，并按固定电话业务进行经营管理的电话用户。1997 年以前，电话用户分为市内电话用户和农村电话用户。从 1997 年起，电话用户数分组调整为以用户所在区域划分为“城市电话用户”和“乡村电话用户”，与过去的按市内电话和农村电话划分方法不同，而电话用户总数、电话机总部数统计范围不变。

城市电话用户 指直辖市、省辖市、地级市、县级市的市区、市郊区及县城（包括县人民政府所在地的县城关区或行政建制相当于县人民政府所在地的镇）范围内接入局用交换机的电话用户数，包括分布在农村地区的独立工矿区、林区、驻军等接入局用交换机的电话用户数。

十六、批发零售和住宿餐饮业

WHOLESALE, RETAIL AND ACCOMMDATIONS CATERING INDUSTRY

版面负责人：王廷宝
编　　辑：吕延婷　柏　慧

统计执法监督检查办法

第二十二条 统计执法监督检查机构在执法监督检查过程中，应当及时按规定制作执法文书，如实记录执法检查人员询问情况和检查对象反映的情况以及提供的证明和资料，由执法检查人员在有关笔录上签名。

第二十三条 县级以上人民政府统计机构和执法检查人员对在执法监督检查过程中知悉的国家秘密、商业秘密、个人信息资料和能够识别或者推断单个调查对象身份的资料，负有保密义务。

第二十四条 统计执法监督检查机构应当在调查结束后，及时向所属人民政府统计机构提交监督检查报告，报告检查中发现的问题并提出处理建议。处理建议包括：

（一）发现有统计违法行为，符合立案查处条件的，予以立案查处；

（二）发现统计违法事实不清、证据不足或者程序错误的，应当及时补充或者重新调查；

（三）按照违法行为性质、情节，提请上一级或者移交下级人民政府统计机构立案查处；

（四）未发现统计违法行为或者统计违法事实轻微，依法不应追究法律责任的，不予处理。

16-1　主要年份社会消费品零售总额

单位：万元

年份	社会消费品零售总额	按地区分			按行业分				
		市的零售额	县的零售额	县以下的零售额	批发零售贸易业	餐饮业	住宿业	制造业	其他行业
1949	9756		6521						
1952	11421		5531						
1957	22284		9574						
1962	28486		14124						
1965	29808		12426						
1970	34332		13706						
1975	57492		23318						
1978	77058		31480		64672	2955		6196	3235
1979	92351		37555		72497	4201		10787	4866
1980	109523		46069		85005	4626		14022	5870
1981	123791		52831		91751	5244		17841	8955
1982	138439		59336		105869	5455		15607	11508
1983	150638	64850	27128	58660	114633	6005		18157	11843
1984	176386	77927	31616	66843	130149	7393		25637	13207
1985	233620	106745	43967	82908	166598	12733		33341	20948
1986	266086	119792	52153	94141	188243	14597		36897	26349
1987	304226	137513	51646	115067	211763	17205		44859	30399
1988	370405	173147	66514	130744	255523	19743		56087	39052
1989	410589	202384	71509	136696	282528	20163		60085	47813
1990	422271	227011	59028	136232	285048	19888		58860	58475
1991	458294	255898	62850	139546	308487	22575		60204	67028
1992	500332	313996	47930	138406	323658	26251		70302	80121
1993	630132	396431	62112	171589	421659	31609		75688	101176
1994	891616	605436	75607	210573	577913	67146		86509	160048
1995	1176000	790888	107038	278074	744581	99884		112829	218706
1996	1443022	960114	125326	357582	910302	122359		142344	268017
1997	1587144	1039250	139797	408097	996392	138004		158401	294347
1998	1670963	1089481	159366	422116	1090676	150874		140843	288570
1999	1783569	1153559	175363	454647	1198854	180961		120650	283104
2000	1923562	1226494	184077	512991	1322600	217538		105332	278092
2001	2106155	1314302	214514	577339	1484550	233319		103925	284361
2002	2359400	1443768	248934	666698	1658933	272855		116694	310918
2003	2549333	1600636	249438	699259	2190101	323468			35764
2004	3626261	2256976	403917	965368	3154980	431070	13483		26728
2005	4142921	2586630	483718	1072573	3608492	473494	30739		30196
2006	4826128	3025146	563502	1237480	4131249	619258	42764		32857
2007	5720811	3604544	654338	1461929	4895655	719858	65306		39992
2008	7399251	4662620	857163	1879468	6195896	1029172	116622		57561
2009	8509073	5369172	989039	2150862	7178070	1198836	132167		
2010	10163827	8122723	2041104		9044632	1049200	69995		
2011	12200262	9729178	2471084		10856382	1231799	112081		
2012	14080457	11293641	2786816		12587243	1381216	111998		
2013	15989125	12821046	3168079		14278757	1583941	126427		
2014	22006399	13793585	8212814		20189567	1446082	370750		
2015	24773322	15462598	9310724		22757034	1609663	406625		
2016	27906690	17369198	10537492		25536511	1928373	441806		
2017	31327110	19479220	11847890		28710615	2141560	474935		
2018	33735224	15813694	17921530		30984357	2271078	479789		
2019	35331872	16556375	18775497		32466487	2598229	267156		

注：1.2003 年及以后按行业划分的批发零售贸易业中包括原制造业和其他行业中原农民对非农业居民的零售额。2.1992 年以来数据根据“四经普”进行了调整。

16-2 市区社会消费品零售总额

单位：万元

年 份	社会消费品零售总额	按行业分				
		批发零售贸易业	餐饮业	住宿业	制造业	其他行业
1978	31480	25956	1373		2327	1824
1979	37555	30176	1786		3214	2379
1980	46069	34685	2398		5835	3151
1981	52831	39758	2683		6501	3889
1982	59336	46294	2709		5775	4558
1983	63751	50417	2741		5989	4604
1984	76175	57009	3099		10318	5749
1985	104827	73051	6071		14954	10751
1986	117965	82599	6462		15130	13774
1987	135320	97190	7038		14772	16320
1988	169583	120988	8250		19756	20589
1989	198822	141665	8326		19760	29071
1990	210156	148845	9103		16750	35458
1991	236824	165088	10795		17056	43885
1992	313996	213428	16627		21805	62136
1993	396431	269511	18329		25210	83381
1994	605436	401048	48638		21529	134221
1995	790888	499974	67576		42173	181165
1996	960114	600007	85907		47926	226274
1997	1039250	624898	97889		63913	252550
1998	1089481	663455	113377		63667	248982
1999	1153559	746934	131069		38081	237475
2000	1226494	837473	160403		16326	212292
2001	1314302	931874	158282		9721	214425
2002	1443768	1021392	179056		8679	234641
2003	1600636	1365068	211156			24412
2004	2256976	2001458	218874	11365		25279
2005	2586630	2262533	262738	34350		27009
2006	3025146	2633777	325815	33778		31776
2007	3604544	3157699	362535	53217		31093
2008	4662620	3965681	558663	79788		58488
2009	5369172	4625600	653964	89608		
2010	8122723	7425332	649205	48186		
2011	9729178	8876894	795117	57167		
2012	11293641	10196176	1026739	70726		
2013	12821046	11375801	1332595	112650		
2014	13793585	12655507	918944	219134		
2015	15462598	14244987	981016	236595		
2016	17369198	15929989	1173047	266162		
2017	19479220	17894543	1292984	291693		
2018	15813694	14501776	1080233	231685		
2019	16556375	15128071	1300978	127326		

16-3 限额以上批发和零售业、住宿和餐饮业基本情况

（2019年）

指　　标	法人企业数（个）	产业活动单位数（个）	其他行业及外省法人所属限额以上批零住餐产业活动单（个）	餐饮或零售营业面积（平方米）	年末从业人员（人）
总　计	**2124**	**4254**	**15**	**2151265**	**66907**
批发和零售业小计	**1975**	**4041**	**11**	**1836720**	**57890**
批发业	**963**	**1558**		**256440**	**23798**
# 国有控股	49	271		140265	5035
按登记注册类型分					
内资企业	955	1549		255610	23649
国有企业	16	23		8775	2679
集体企业	3	3			99
有限责任公司	88	158		9739	3529
股份有限公司	19	232		131430	4036
联营企业					
私营企业	825	1129		104428	13126
# 私营有限责任公司	18	18		508	392
其他企业	4	4		1238	180
港、澳、台商投资企业	1	1			12
外商投资企业	7	8		830	137
按国民经济行业分					
农、林、牧、渔产品批发	48	51		8590	981
食品、饮料及烟草制品批发	85	98		21327	4175
# 米、面制品及食用油批发	16	16		751	963
烟草制品批发	1	8			1202
纺织、服装及家庭用品批发	45	45		3262	631
# 纺织品、针织品及原料批发	12	12		200	95
文化、体育用品及器材批发	6	7		327	101
医药及医疗器材批发	61	346		17122	5739
矿产品、建材及化工产品批发	534	819		166463	8146
# 煤炭及制品批发	168	168		5150	2706
石油及制品批发	21	238		142252	812
金属及金属矿批发	171	173		3560	1488
机械设备、五金交电及电子产品批发	152	160		37868	3279
# 农业机械批发	20	20		18312	399
汽车及零配件批发	33	36		5845	523
其他未列明批发业	21	21		950	603
零售业	**1012**	**2483**	**11**	**1580280**	**34092**
# 国有控股	14	67		66775	2065
按经济注册类型分					
内资企业	996	2464	11	1462856	32005
国有企业	5	7	4	23260	703

16-3 续表1 （2019年）

指　　标	法人企业数（个）	产业活动单位数（个）	其他行业及外省法人所属限额以上批零住餐产业活动单（个）	餐饮或零售营业面积（平方米）	年末从业人员（人）
集体企业	12	35	1	15862	448
股份合作企业	2	2		1013	81
有限责任公司	82	389		367382	6921
股份有限公司	19	48		145933	2203
私营企业	846	1953	5	890856	21108
其他企业	30	30	1	18550	541
港、澳、台商投资企业	10	11		71287	1453
外商投资企业	6	8		46137	634
按国民经济行业分					
综合零售	104	468	3	521350	9235
#百货零售	57	125	2	300444	3663
超级市场零售	37	289	1	195977	5078
其他综合零售	6	6		10573	294
食品、饮料及烟草制品专门零售	83	194	1	112995	2262
纺织、服装及日用品专门零售	82	102		84529	2369
文化、体育用品及器材专门零售	35	56	2	36387	746
#图书、报刊零售	1	1	2	20	18
医药及医疗器材专门零售	49	894	1	62003	3096
汽车、摩托车、燃料及零配件专门零售	269	303		483184	7304
#汽车新车零售	201	230		426703	6259
家用电器及电子产品专门零售	128	200		148569	3917
#日用家电设备零售	37	38		16278	586
计算机、软件及辅助设备零售	29	31		9726	494
五金、家具及室内装修材料专门零售	81	81	1	72113	1568
#五金零售	31	31		12821	448
家具零售	15	15		37990	561
货摊、无店铺及其他零售业	181	185	3	59150	3595
按经营方式分					
独立门店	782	1481	9	1330924	25747
连锁总店（总部）	16	450		105549	2619
连锁门店	7	174		21105	863
其他	207	378	2	122702	4863
按零售业态分					
百货商店	47	128	1	282693	3221
超级市场	50	189	1	98045	3402
大型超市	16	103		197557	3667
仓储会员店	3	3		4600	49
专业店	469	1312	5	578404	11945
专卖店	214	418	2	278503	6367
住宿和餐饮业小计	**149**	**213**	**4**	**314545**	**9017**
住宿业	**68**	**80**	**3**	**155127**	**4107**
#国有控股	9	19		23551	1139

16-3 续表2 （2019年）

指 标	法人企业数（个）	产业活动单位数（个）	其他行业及外省法人所属限额以上批零住餐产业活动单（个）	餐饮或零售营业面积（平方米）	年末从业人员（人）
按登记注册类型分					
内资企业	66	78	3	150927	3766
国有企业	4	6		11323	609
集体企业	1	1		350	31
有限责任公司	13	21		58879	1377
私营企业	46	48	3	79775	1685
其他内资					
按国民经济行业分					
旅游饭店	19	29	3	54487	2270
一般旅馆	48	50		96080	1739
按星级等级分					
一星					
二星	2	2		5200	55
三星	9	9		17578	437
四星	5	5		20426	500
五星	2	2	1	16391	668
其他	50	62	2	95532	2447
按经营方式分					
# 独立门店	55	67	1	121406	3623
餐饮业	**81**	**133**	**1**	**159418**	4910
# 国有控股	3	3		6800	333
按登记注册类型分					
内资企业	80	118	1	158298	4792
国有企业	2	2		4800	153
集体企业	3	3		3000	139
有限责任公司	13	15		39530	1148
股份有限公司	1	18		3000	110
私营企业	61	80	1	107968	3242
# 私营独资企业	5	14	1	6094	583
私营有限责任公司	53	60		100934	2616
其他内资					
港澳台投资企业	1	15		1120	118
按国民经济行业分					
正餐服务	70	95	1	148203	4075
快餐服务	6	19		3024	569
饮料及冷饮服务	2	16		1165	122
其他餐饮业	1	1		1026	22
按经营方式分					
独立门店	76	114	1	147878	4348
连锁店总店（总部）					
连锁门店	1	15		1120	118
其他	4	4		10420	444

16-4 限额以上批发和零售业商品销售、库存总额

（2019年）　　单位：万元

指　　标	销售总额	批 发	零 售	年末库存总　额
总　计	**33026516**	**23660150**	**9366366**	**1436428**
批发业	**25068175**	**23353984**	**1714191**	**1036814**
#国有控股	9160067	8428565	731502	552498
按登记注册类型分				
内资企业	24882882	23187517	1695365	1034974
国有企业	960019	933960	26059	50375
集体企业	11565	11565		388
有限责任公司	8129859	8069753	60106	529108
#其他有限责任公司	5562436	5511335	51101	476563
股份有限公司	2465111	1737745	727366	78454
私营企业	13125864	12320192	805671	376463
#私营有限责任公司	12495123	11711639	783484	370397
港、澳、台商投资企业	25401	25401		
外商投资企业	159892	141065	18826	1841
按国民经济行业分				
农、林、牧、渔产品批发	678838	631212	47625	44515
食品、饮料及烟草制品批发	1941478	1727825	213653	109126
#米、面制品及食用油批发	102237	93306	8931	15285
烟草制品批发	822981	822981		29666
纺织、服装及日用品批发	528731	490041	38690	32195
#纺织品、针织品及原料批发	56074	47596	8478	2915
医药及医疗器材批发	1790670	1722175	68495	94823
矿产品、建材及化工产品批发	14161221	12975706	1185515	250464
#煤炭及制品批发	6417899	6229211	188689	92106
石油及制品批发	1074282	354453	719829	13741
机械设备、五金交电及电子产品批发	5423662	5281931	141731	497006
其他批发	233463	229251	4213	6167
零售业	**7958341**	**306166**	**7652176**	**399614**
#国有控股	346620	63222	283398	26490
按登记注册类型分				
内资企业	7644308	305429	7338879	385128
国有企业	30539	4598	25941	3588
集体企业	86808	8007	78802	2398

16-4 续表 （2019 年） 单位：万元

指　　标	销售总额	批 发	零 售	年末库存总　额
股份合作企业	7139		7139	179
有限责任公司	1526632	17964	1508668	91189
# 其他有限责任公司	1516761	17964	1498797	89913
股份有限公司	762452	69401	693051	34652
私营企业	5099712	204638	4895074	252045
# 私营有限责任公司	4877333	203341	4673992	246919
其他内资	131025	821	130204	1078
港、澳、台商投资企业	211949	737	211212	8470
外商投资企业	102084		102084	6016
按国民经济行业分				
综合零售	1581266	29942	1551324	72009
# 百货零售	1135983	8108	1127875	30183
超级市场零售	379307	19464	359843	41152
食品、饮料及烟草制品专门零售	527834	34378	493456	19230
纺织、服装及日用品专门零售	437205	4482	432723	24589
文化、体育用品及器材专门零售	138006	6892	131114	16795
# 图书、报刊零售	4494		4494	85
医药及医疗器材专门零售	512286	71523	440763	31325
汽车、摩托车、燃料及零配件专门零售	2837135	58402	2778733	159255
# 汽车新车零售	2489426	47135	2442291	148410
家用电器及电子产品专门零售	791830	68479	723352	36010
# 日用家电零售	132368	9584	122783	8545
五金、家具及室内装修材料专门零售	444393	13466	430927	16623
货摊、无店铺及其他零售	688388	18604	669784	23778
按经营方式分				
独立门店	6343530	191348	6152183	304954
连锁总店（总部）	187664		187664	28108
连锁门店	49895		49895	12730
其他	1377252	114818	1262434	53823
按零售业态分				
百货商店	1066417	8313	1058104	17441
超市	235921	511	235410	28948
大型超市	330735	18909	311827	33259
专业店	3281898	82717	3199182	152626
专卖店	2147497	162528	1984969	121461

16-5 限额以上住宿餐饮业经营情况

（2019 年） 单位：万元

指　　标	营业额	客房收入	餐费收入	商品销售收入	其他收入	年末拥有客房数（间）	年末拥有床位数（个）	年末拥有餐位数（个）
总　计	**265864**	**86708**	**157749**	**12178**	**9230**	**12111**	**19127**	**53455**
住宿业	**112332**	**62598**	**43355**	**3754**	**2625**	**8572**	**13076**	**16203**
# 国有控股	22803	10843	10848	480	632	1487	2055	3274
按登记注册类型分								
内资企业	104409	58764	39740	3744	2162	8088	12371	14494
国有企业	9743	4205	5298	93	147	529	812	1590
集体企业	941	360	552	16	13	50	58	120
有限责任公司	29379	15037	12095	959	1289	2228	3052	5128
# 其他有限责任公司	28669	14790	11643	949	1288	2167	2972	4928
股份有限公司	374	281	32	10	52	78	150	30
私营企业	63972	38882	21763	2666	661	5203	8299	7626
# 私营有限责任公司	60850	37558	20267	2364	661	5025	8052	7348
其他内资								
按国民经济行业分								
旅游饭店	57529	27206	27097	1264	1962	3849	5490	7647
一般旅馆	48833	32221	13944	2005	663	4443	7166	8076
按星级登记分								
一星								
二星	2050	1503	195	1	352	193	275	82
三星	9397	6240	2469	374	314	895	1731	1274
四星	12854	6522	5680	545	107	782	1094	2722
五星	23275	11011	11090	262	912	1077	1516	2539
其他	64756	37323	23921	2572	940	5625	8460	9586
餐饮业	**153532**	**24110**	**114393**	**8424**	**6605**	**3539**	**6051**	**37252**
# 国有控股	4298	430	1436	477	1954	147	246	780
按登记注册类型分								
内资企业	150663	24110	111534	8414	6605	3539	6051	37152
国有企业	2960	430	570	5	1954	147	246	380
集体企业	5123	1214	3497	257	154	48	102	780
有限责任公司	25679	6305	18463	755	157	1100	1845	7073
# 其他有限责任公司	24341	6305	17597	283	157	1100	1845	6673
股份有限公司	5821		5821	0				1100
私营企业	111080	16160	83184	7397	4339	2244	3858	27819
# 私营独资企业	20874	2049	17656	1169		258	478	3188
私营有限责任公司	85071	14111	60528	6092	4339	1986	3380	23797
其他内资								
外商投资企业								
按国民经济行业分								
正餐服务	130403	24110	91875	7814	6605	3539	6051	33285
快餐服务	15402		15040	362				2241
其他餐饮服务	703		701	1				136
按经营方式分								
独立经营	138549	21215	104414	8269	4650	3156	5512	34110
连锁总店（总部）								
连锁门店	2869		2859	10				100
其他	12115	2895	7120	145	1954	383	539	3042

16-6 亿元以上商品交易市场基本情况

（2019 年）

指　　标	市场个数（个）	营业面积（平方米）	摊位总量（个）	已出租摊位	出租率（%）	本期商品成交额（万元）
合 计	**28**	**2307901**	**34518**	**27776**	**80.5**	**6475830**
按经营环境分						
露天式						
封闭式	25	1637901	30018	24153	80.5	5810356
其他	3	670000	4500	3623	80.5	665474
按经营方式分						
批发	17	1675899	25678	22382	87.2	5998903
零售	11	632002	8840	5394	61.0	476927
按市场类别分						
综合市场	5	678790	9398	7551	80.3	524974
生产资料综合市场	1	18790	5578	5578	100.0	146535
农产品综合市场	1	380000	1000	958	95.8	328961
专业市场	23	1629111	25120	20225	80.5	5950856
生产资料市场	8	779509	5757	3709	64.4	2064037
农用生产资料市场	2	110500	290	244	84.1	309781
木材市场	1	110025	75	42	56.0	16800
建材市场	1	260000	1050	1028	97.9	302325
金属材料市场	2	78984	2089	1223	58.5	400226
农产品市场	4	236600	5067	4298	84.8	526359
蔬菜市场						
干鲜果品市场	1	190000	2900	2352	81.1	312733
其他农产品市场	3	46600	2167	1946	89.8	213626
食品、饮料及烟酒市场	1	18000	82	82	100.0	10098
食品饮料市场	1	18000	82	82	100.0	10098
纺织、服装、鞋帽市场	3	202600	10310	9006	87.4	2761865
鞋帽市场	1	19700	366	270	73.8	25600
其他纺织服装鞋帽市场	1	152900	7411	7411	100.0	2702288
日用品及文化用品市场	1	5000	66	60	90.9	13000
电器、通讯器材、电子设备市场	1	2610	275	180	65.5	43590
计算机及辅助设备市场	1	2610	275	180	65.5	43590
家具、五金及装饰材料市场	3	264792	1383	1265	91.5	136165
家具市场	2	84792	353	305	86.4	38165
装饰材料市场	1	180000	1030	960	93.2	98000
五金材料市场						
汽车、摩托车及零配件市场	1	100000	1980	1445	73.0	375742
机动车零配件市场	1	100000	1980	1445	73.0	375742
其他专业市场	1	20000	200	180	90.0	20000

16-7 限额以上批发零售业企业财务状况

（2019 年） 单位：万元

指　　标	年末资产负债				
	流动资产合　计	#存货	固定资产原　价	累计折旧	#本年折旧
总　计	**7969366**	**1045848**	**1550269**	**490792**	**107971**
批发业	**6404109**	**718027**	**866532**	**266751**	**53773**
#国有控股	2570631	256993	286767	123335	12193
按登记注册类型分					
内资企业	6326238	717428	856402	264729	53532
国有企业	345761	43860	91888	53431	4503
集体企业	1897	454	2436	980	168
股份合作企业					
联营企业					
有限责任公司	2635191	247697	210461	33909	7924
股份有限公司	564257	98172	144024	60806	6377
私营企业	2775741	326727	401214	114193	34209
#私营有限责任公司	2728082	322395	388492	109309	33167
其他内资	3392	520	6378	1409	350
港、澳、台商投资企业	24470				
外商投资企业	53401	599	10131	2022	242
按国民经济行业分					
农、林、牧、渔产品批发	160969	37882	34684	10982	2137
食品、饮料及烟草制品批发	522703	111814	283929	79876	12625
#米、面制品及食用油批发	40943	14689	146982	20392	5294
烟草制品批发	280566	29666	64164	41757	2901
纺织、服装及日用品批发	172629	28088	5922	1754	434
#纺织品、针织品及原料批发	21200	1755	1061	177	69
医药及医疗器材批发	528363	93176	34361	12795	4388
矿产品、建材及化工产品批发	2548205	222161	418757	131331	24110
#煤炭及制品批发	1213374	84491	156381	39450	9999
金属及金属矿批发	818688	77993	70650	15551	3484
机械设备、五金交电及电子产品批发	2335515	212196	71344	21930	7529
#农业机械批发	53379	7440	16603	3139	1063
汽车及零配件批发	117617	33116	8301	2749	1417
其他机械设备及电子产品批发	2043869	165915	37975	12758	4171
其他批发	34327	5036	13880	7435	2390
按经营方式分					
独立门店	3421788	422439	664664	196637	40483
连锁总店（总部）	784	760	39	5	2
连锁门店					
其他	2981538	294828	201829	70110	13288

16-7 续表 1　　（2019 年）　　单位：万元

指　　标	年末资产负债				
	流动资产合　计	# 存货	固定资产原　价	累计折旧	# 本年折旧
零售业	**1565257**	**327821**	**683737**	**224041**	**54198**
# 国有控股	134179	22916	41613	16824	1487
按登记注册类型分					
内资企业	1486896	314905	609834	205508	48202
国有企业	10693	2323	7311	2363	227
集体企业	9530	2422	5635	2543	428
股份合作企业	931	142	113	54	21
联营企业					
有限责任公司	225103	54122	155958	54697	11364
股份有限公司	315105	33726	88034	34448	3299
私营企业	920327	221428	337900	108418	31532
# 私营有限责任公司	900483	217830	324348	103468	30225
其他内资	5207	742	14884	2985	1333
港、澳、台商投资企业	57391	6081	30055	13138	2405
外商投资企业	20970	6835	43847	5395	3591
按国民经济行业分					
综合零售	308922	45361	194231	78412	12734
# 百货零售	181469	16645	125268	47110	8272
超级市场零售	120759	27686	60491	28260	3637
食品、饮料及烟草制品专门零售	71949	21802	33237	12969	2748
纺织、服装及日用品专门零售	68276	23967	32343	8699	2282
文化、体育用品及器材专门零售	45772	15705	14992	4918	1911
# 图书、报刊零售	1101	82	61	52	2
医药及医疗器材专门零售	155495	29740	49465	18290	2915
汽车、摩托车、燃料及零配件专门零售	538263	141068	208178	63787	20417
# 汽车新车零售	481288	130778	183384	56000	17873
家用电器及电子产品专门零售	150220	16237	40791	13561	2986
# 日用家电零售	40545	6559	7168	2056	394
计算机、软件及辅助设备零售	12116	2514	6893	2159	439
五金、家具及室内装修材料专门零售	65992	14102	57535	12089	4439
# 五金零售	24446	1772	9066	3420	840
家具零售	775	114	149	69	6
货摊、无店铺及其他零售	160369	19840	52965	11315	3766
按经营方式分					
独立门店	1232592	262413	588253	188754	47413
连锁总店（总部）	69406	16229	9994	4597	1033
连锁门店	25776	8865	1373	326	101
其他	237483	40315	84117	30363	5652
按零售业态分					
超市	61100	21434	35923	11161	1493
大型超市	114959	20269	79193	26675	7087
仓储会员店	1351	59	1201	150	130
百货店	167518	16320	121313	45021	5904
专业店	551638	146589	273143	83622	21249
专卖店	135518	100611	131978	45650	13844

16-7　续表 2　（2019 年）　单位：万元

指　　标	年末资产负债				
	资产总计	负债合计	所有者权益合计	实收资本	个人资本
总　计	**10020170**	**7333925**	**2686245**	**1515171**	**806073**
批发业	**7722868**	**5826835**	**1896033**	**1019193**	**564126**
# 国有控股	3076365	2177736	898629	241516	11662
按登记注册类型分					
内资企业	7621155	5773060	1848095	986157	563982
国有企业	409563	87031	322532	13710	7427
集体企业	5645	1365	4281	2463	163
股份合作企业					
联营企业					
有限责任公司	3081779	2642022	439757	329674	11906
股份有限公司	804714	620669	184045	51810	5290
私营企业	3310775	2419487	891288	585657	538483
# 私营有限责任公司	3249581	2383484	866097	575456	528551
其他内资	8680	2487	6193	2842	713
港、澳、台商投资企业	24470	6	24464	24464	
外商投资企业	77243	53769	23474	8572	144
按国民经济行业分					
农、林、牧、渔产品批发	206096	152134	53962	28871	16673
食品、饮料及烟草制品批发	871991	488508	383483	127077	51741
# 米、面制品及食用油批发	264059	238874	25185	33623	11145
烟草制品批发	308364	22222	286142	2441	
纺织、服装及日用品批发	179975	144014	35961	17099	13146
# 纺织品、针织品及原料批发	23063	17748	5315	4762	4738
医药及医疗器材批发	567131	519056	48074	69191	21610
矿产品、建材及化工产品批发	3218619	2241686	976933	490197	357919
# 煤炭及制品批发	1497858	999361	498497	168201	143767
金属及金属矿批发	919726	750770	168956	233929	155826
机械设备、五金交电及电子产品批发	2557753	2190346	367407	266878	85354
# 农业机械批发	61821	47691	14130	7097	6597
汽车及零配件批发	128564	103560	25004	20222	10660
其他机械设备及电子产品批发	2239139	1924110	315029	223846	54131
其他批发	44821	22553	22268	13924	13131
按经营方式分					
独立门店	4222745	3017643	1205102	609940	421711
连锁总店（总部）	1356	886	470	100	100
连锁门店					
其他	3498768	2808307	690461	409153	142315

16-7 续表 3　　（2019 年）　　单位：万元

指　　标	年末资产负债				
	流动资产合　计	# 存货	固定资产原　价	累计折旧	# 本年折旧
零售业	**2297302**	**1507090**	**790212**	**495978**	**241947**
# 国有控股	170360	159507	10853	16115	865
按登记注册类型分					
内资企业	2133192	1394387	738806	431082	230580
国有企业	16328	32280	-15952	1537	30
集体企业	13543	4440	9104	1407	401
股份合作企业	1405	1103	302	303	
联营企业					
有限责任公司	338676	240888	97788	75233	6713
股份有限公司	416693	328692	88001	22509	761
私营企业	1327407	782609	544798	318619	220906
# 私营有限责任公司	1292763	769962	522801	307869	214963
其他内资	19140	4376	14764	11474	1770
港、澳、台商投资企业	84470	53927	30542	33034	10055
外商投资企业	79640	58776	20864	31862	1312
按国民经济行业分					
综合零售	502169	391441	110728	82570	26415
# 百货零售	289367	205688	83679	54731	18319
超级市场零售	198434	172449	25986	23874	6544
食品、饮料及烟草制品专门零售	110791	61942	48849	24241	13924
纺织、服装及日用品专门零售	105672	89224	16448	24869	11204
文化、体育用品及器材专门零售	60391	37849	22542	16645	13807
# 图书、报刊零售	1115	562	553	200	
医药及医疗器材专门零售	196310	161257	35053	15278	6067
汽车、摩托车、燃料及零配件专门零售	753457	466001	287456	176530	102158
# 汽车新车零售	670120	423890	246229	157024	87353
家用电器及电子产品专门零售	195945	92439	103505	47068	23869
# 日用家电零售	45237	29927	15310	8523	7008
计算机、软件及辅助设备零售	18362	7643	10719	5083	3645
五金、家具及室内装修材料专门零售	136830	72027	64803	50181	25265
# 五金零售	37921	10929	26992	14607	13428
家具零售	850	520	331	150	50
货摊、无店铺及其他零售	235739	134909	100830	58597	19239
按经营方式分					
独立门店	1856877	1183755	673122	422839	206899
连锁总店（总部）	87879	91079	-3200	12995	2175
连锁门店	27550	23279	4271	5318	2640
其他	324996	208976	116020	54826	30233
按零售业态分					
超市	104523	96924	7599	21474	11298
大型超市	215012	175813	39199	35676	2282
仓储会员店	3207	1054	2153	1479	1479
百货店	268877	197338	71540	59396	13602
专业店	811890	464569	347321	181469	114633
专卖店	592288	408563	183725	111805	66481

16-7 续表4 （2019年） 单位：万元

指 标	年末资产负债					
	主营业务收 入	营业成本	税金及附加	其他业务利润	销售费用	管理费用
总 计	**30010676**	**27675749**	**228911**	**37737**	**991832**	**371093**
批发业	**22832939**	**21301603**	**187141**	**7726**	**666170**	**211231**
# 国有控股	8256698	7847327	113319	1519	99955	50068
按登记注册类型分						
内资企业	22658309	21135486	186988	7743	665263	210088
国有企业	850260	608907	106252	338	19021	30422
集体企业	11195	7954	655		465	264
股份合作企业						
联营企业						
有限责任公司	7300445	7057977	8509	3005	129303	33745
股份有限公司	2248893	1972819	4969	700	289263	9621
私营企业	12073448	11327066	66178	3700	226589	134345
# 私营有限责任公司	11460610	10777481	60297	3690	199698	123957
其他内资	174069	160764	426	2	623	1690
港、澳、台商投资企业	25399	25385	5		1	3
外商投资企业	149231	140733	148	-17	906	1141
按国民经济行业分						
农、林、牧、渔产品批发	634646	588958	11198	216	10241	6994
食品、饮料及烟草制品批发	1777152	1438781	102106	1358	46715	46075
# 米、面制品及食用油批发	97669	79794	222	972	6392	8982
烟草制品批发	721832	506485	99961	111	13143	24182
纺织、服装及日用品批发	478983	435938	716	2114	22710	5925
# 纺织品、针织品及原料批发	53782	52744	13		389	679
医药及医疗器材批发	1604269	1234212	6640	1157	342231	18742
矿产品、建材及化工产品批发	12905168	12351871	58186	1509	175690	96101
# 煤炭及制品批发	5824229	5535325	15446	5	69127	42947
金属及金属矿批发	4022258	3910068	5660	999	36688	15797
机械设备、五金交电及电子产品批发	4937201	4783448	6539	1270	61277	33067
# 农业机械批发	228819	216749	425	6	5070	4790
汽车及零配件批发	324403	310414	216	11	7906	2875
其他机械设备及电子产品批发	4105966	3994912	5221	1208	44593	21710
其他批发	215679	197902	1490	17	2877	2580
按经营方式分						
独立门店	12741592	11838126	164016	4109	222080	151157
连锁总店（总部）	7425	6608	11		457	324
连锁门店						
其他	10083923	9456869	23114	3618	443633	59751

16-7 续表 5　　（2019 年）　　单位：万元

指　　标	损益及分配					
	主营业务收　入	营业成本	税金及附加	其他业务利润	销售费用	管理费用
零售业	**7177737**	**6374145**	**41771**	**30010**	**325663**	**159862**
# 国有控股	313128	282240	912	5559	14379	10189
按登记注册类型分						
内资企业	6902106	6137144	40633	23424	288469	149827
国有企业	20919	18565	123	1655	1278	2442
集体企业	82263	70042	2040	...	3023	1984
股份合作企业	6894	5464	59		279	493
联营企业						
有限责任公司	1388332	1254950	4298	7398	68037	26386
股份有限公司	663229	593025	1934	4482	41853	21814
私营企业	4616093	4092033	31443	9826	169406	92435
# 私营有限责任公司	4408071	3900827	30443	9600	165633	89570
其他内资	124377	103065	737	63	4592	4273
港、澳、台商投资企业	182254	159867	427	3398	26080	2379
外商投资企业	93376	77135	711	3189	11114	7656
按国民经济行业分						
综合零售	1344810	1175653	7796	10033	85250	37795
# 百货零售	940727	840151	6889	6843	31421	23861
超级市场零售	342055	283904	729	3178	44534	12589
食品、饮料及烟草制品专门零售	480986	423792	1797	157	21277	8236
纺织、服装及日用品专门零售	392081	336146	4428	1840	17971	11085
文化、体育用品及器材专门零售	122984	107637	897	2	4069	4915
# 图书、报刊零售	3112	2887			109	92
医药及医疗器材专门零售	434365	375665	2546	3349	24055	12619
汽车、摩托车、燃料及零配件专门零售	2591706	2383090	12900	8493	73268	40927
# 汽车新车零售	2274773	2103078	11708	8489	65321	34048
家用电器及电子产品专门零售	728859	649273	4221	2550	36788	15517
# 日用家电零售	120497	107379	1201	108	4102	3821
计算机、软件及辅助设备零售	113549	98786	441	21	2676	1969
五金、家具及室内装修材料专门零售	405222	353771	2438	3405	12262	14275
# 五金零售	166322	149125	856	195	3102	3177
家具零售	14060	12762	7	1	265	168
货摊、无店铺及其他零售	676725	569119	4747	182	50722	14493
按经营方式分						
独立门店	5707639	5071568	36371	22283	245078	130653
连锁总店（总部）	165378	139447	455	398	26144	6351
连锁门店	45864	37626	85	48	6587	2155
其他	1258857	1125504	4859	7281	47854	20703
按零售业态分						
超市	215820	182430	712	1956	16496	10931
大型超市	298421	245234	759	7562	47786	11600
仓储会员店	12306	10669	24	1	104	185
百货店	910044	812281	10054	5348	30040	24445
专业店	2976124	2637127	16244	6129	106435	63468
专卖店	1941059	1774230	10458	6846	61108	32157

16-7 续表6 （2019年） 单位：万元

指标	损益及分配				
	财务费用	#利息费用	营业利润	利润总额	所得税费用
总 计	**100537**	**34664**	**765135**	**796602**	**143014**
批发业	**59114**	**26344**	**500615**	**529577**	**93477**
#国有控股	4781	13588	188564	192768	45192
按登记注册类型分					
内资企业	58784	25930	494714	523609	92268
国有企业	-5267	-1190	97150	100698	22663
集体企业	76	66	1783	1783	304
股份合作企业					
联营企业					
有限责任公司	12609	12600	77783	79779	22115
股份有限公司	5164	3509	12842	14132	4164
私营企业	45892	10944	294836	316897	42251
#私营有限责任公司	44846	10917	282819	303948	38721
其他内资	309		10319	10319	771
港、澳、台商投资企业	1		5	5	2
外商投资企业	329	414	5895	5963	1207
按国民经济行业分					
农、林、牧、渔产品批发	3928	689	20473	22794	1529
食品、饮料及烟草制品批发	-1506	1585	149222	154096	25394
#米、面制品及食用油批发	2940	905	-2423	2485	566
烟草制品批发	-7728		86100	85980	21888
纺织、服装及日用品批发	184	116	13689	14296	1805
#纺织品、针织品及原料批发	-84	1	9	56	14
医药及医疗器材批发	11458	1266	11262	11428	6143
矿产品、建材及化工产品批发	35776	14205	243204	261154	44887
#煤炭及制品批发	10550	3926	156980	165015	31274
金属及金属矿批发	18818	7977	20113	29380	2524
机械设备、五金交电及电子产品批发	5871	8377	50463	51124	12103
#农业机械批发	1359	24	4020	4018	3354
汽车及零配件批发	546	260	2067	2071	234
其他机械设备及电子产品批发	3411	5124	36533	37201	7900
其他批发	2971	21	9688	12043	1250
按经营方式分					
独立门店	36452	15527	374580	391201	69365
连锁总店（总部）	1		23	23	
连锁门店					
其他	22661	10817	126012	138353	24112

16-7 续表 7 （2019 年） 单位：万元

指　　标	损益及分配				
	财务费用	# 利息费用	营业利润	利润总额	所得税费用
零售业	**41424**	**8320**	**264520**	**267025**	**49536**
# 国有控股	2731	123	5097	5159	1226
按登记注册类型分					
内资企业	39734	8176	266054	268162	48684
国有企业	-48	7	390	381	116
集体企业	691	435	4778	4779	881
股份合作企业	240		359	353	25
联营企业					
有限责任公司	3892	1537	34914	35116	10866
股份有限公司	5534	1300	7859	7776	1147
私营企业	27730	4155	207711	209714	34224
# 私营有限责任公司	27244	4114	198792	200791	29759
其他内资	1695	743	10043	10043	1426
港、澳、台商投资企业	437		1986	2079	581
外商投资企业	1253	144	-3520	-3216	272
按国民经济行业分					
综合零售	7731	2508	40447	40539	10762
# 百货零售	1640	1726	40314	40110	9375
超级市场零售	5839	760	1502	1774	1093
食品、饮料及烟草制品专门零售	1765	173	21956	21992	3136
纺织、服装及日用品专门零售	2223	247	19588	19629	3003
文化、体育用品及器材专门零售	1193	266	4265	4516	623
# 图书、报刊零售			93	90	5
医药及医疗器材专门零售	5363	216	12950	13261	2983
汽车、摩托车、燃料及零配件专门零售	13260	3075	70446	72219	16628
# 汽车新车零售	11986	3052	49999	51819	11508
家用电器及电子产品专门零售	3571	63	28308	28123	4459
# 日用家电零售	790	21	3669	3668	384
计算机、软件及辅助设备零售	338	23	7667	7566	618
五金、家具及室内装修材料专门零售	2381	107	28381	28426	2511
# 五金零售	453	51	14800	14801	928
家具零售	23		837	837	133
货摊、无店铺及其他零售	3937	1666	38179	38323	5432
按经营方式分					
独立门店	34068	7752	207453	210069	39138
连锁总店（总部）	738	370	-1251	-1262	629
连锁门店	145	22	-641	-611	16
其他	6473	177	58960	58829	9753
按零售业态分					
超市	1699	241	4966	5113	673
大型超市	5937	387	-1946	-2030	924
仓储会员店	20	7	1353	1353	13
百货店	831	1774	33444	33504	9275
专业店	18421	3361	143021	143552	22964
专卖店	12095	2276	46565	48304	10576

16-7 续表 8 （2019 年） 单位：万元

指　　标	工资、增值税		亏损企业数（个）	亏损总额
	应付职工薪酬	本年应交增值税		
总　计	**394798**	**353602**	**255**	**108353**
批发业	**215138**	**271118**	**156**	**59055**
# 国有控股	64621	71113	13	14141
按登记注册类型分				
内资企业	214458	271325	155	58624
国有企业	33317	30987	2	133
集体企业	549	163		
股份合作企业				
联营企业				
有限责任公司	41975	42802	25	25509
股份有限公司	65272	9077	5	13036
私营企业	72652	185843	123	19946
# 私营有限责任公司	69999	141656	122	19944
其他内资	693	2452		
港、澳、台商投资企业	73	2		
外商投资企业	607	-209	1	431
按国民经济行业分				
农、林、牧、渔产品批发	5620	-1027	12	2278
食品、饮料及烟草制品批发	49621	40265	12	11200
# 米、面制品及食用油批发	5437	991	3	1228
烟草制品批发	26738	29668		
纺织、服装及日用品批发	4788	5627	8	643
# 纺织品、针织品及原料批发	752	1343	5	297
医药及医疗器材批发	74056	20413	6	13368
矿产品、建材及化工产品批发	50089	156277	81	28168
# 煤炭及制品批发	15406	102425	32	5786
金属及金属矿批发	8501	29770	31	12578
机械设备、五金交电及电子产品批发	26287	42231	32	3017
# 农业机械批发	1840	4550	3	306
汽车及零配件批发	2476	1165	12	1001
其他机械设备及电子产品批发	19737	33347	12	1510
其他批发	3171	6932	2	156
按经营方式分				
独立门店	109456	159915	115	39663
连锁总店（总部）	407	88		
连锁门店				
其他	105276	111114	41	19392

16-7 续表 9　　（2019 年）　　单位：万元

指　　标	工资、增值税		亏损企业数（个）	亏损总额
	应付职工薪酬	本年应交增值税		
零售业	**179659**	**82485**	**99**	**49298**
# 国有控股	9874	5622	2	402
按登记注册类型分				
内资企业	166922	77442	95	42445
国有企业	1509	1092	1	384
集体企业	3108	1189		
股份合作企业	306	12		
联营企业				
有限责任公司	38133	13308	17	12897
股份有限公司	14602	5406	3	3569
私营企业	106519	55216	74	25596
# 私营有限责任公司	103434	53023	74	25596
其他内资	2746	1219		
港、澳、台商投资企业	9631	4787	2	1964
外商投资企业	3107	255	2	4888
按国民经济行业分				
综合零售	43223	14186	21	14136
# 百货零售	19059	8107	7	3232
超级市场零售	20558	4871	13	6495
食品、饮料及烟草制品专门零售	11869	4867	6	2567
纺织、服装及日用品专门零售	10781	4773	4	1575
文化、体育用品及器材专门零售	5006	1822	3	197
# 图书、报刊零售	79			
医药及医疗器材专门零售	15532	8488	6	372
汽车、摩托车、燃料及零配件专门零售	47270	26460	37	18636
# 汽车新车零售	41996	22313	36	18610
家用电器及电子产品专门零售	19051	9104	13	1487
# 日用家电零售	3145	955	6	140
计算机、软件及辅助设备零售	2050	1569	1	…
五金、家具及室内装修材料专门零售	6193	5484	3	3809
# 五金零售	2288	2371		
家具零售	123	79		
货摊、无店铺及其他零售	20735	7302	6	6520
按经营方式分				
独立门店	140101	63731	83	38212
连锁总店（总部）	12492	1723	5	6875
连锁门店	3848	406	3	900
其他	23218	16625	8	3311
按零售业态分				
超市	15356	2598	9	3306
大型超市	15651	4368	6	7514
仓储会员店	205	63		
百货店	16210	7600	7	7976
专业店	63248	37525	35	6684
专卖店	37778	18452	29	14369

16-8 限额以上住宿餐饮业企业财务状况

（2019年） 单位：万元

指标	年末资产负债				
	流动资产合计	#存货	固定资产原价	累计折旧	#本年折旧
总计	**124243**	**4746**	**183011**	**79684**	**12740**
住宿业	**52494**	**2019**	**139345**	**59140**	**9234**
#国有控股	15860	433	64651	30700	2521
按登记注册类型分					
内资企业	41845	1797	135299	57328	7712
国有企业	7580	314	46640	16454	1596
集体企业	1733	75	310	200	39
有限责任公司	11910	447	59093	32777	3894
股份有限公司	103	13	2157	743	43
私营企业	20519	948	27099	7155	2139
其他企业					
按国民经济行业分					
旅游饭店	29805	1218	88281	44793	3451
一般旅馆	22617	796	50685	13987	5759
按星级等级分					
一星					
二星	2029	86	3409	1253	1253
三星	7112	338	17993	10578	745
四星	3830	184	15447	6879	2228
五星	9649	234	22529	13007	856
其他	29874	1178	79967	27422	4151
餐饮业	**71750**	**2727**	**43666**	**20544**	**3506**
#国有控股	1308	59	4986	4563	29
按登记注册类型分					
内资企业	71414	2720	43445	20467	3468
国有企业	1268	59	4931	4551	26
集体企业	1119	22	612	379	33
有限责任公司	32492	246	3713	2374	293
股份有限公司	2906	66	2696	1816	-10
私营企业	33629	2327	31494	11346	3127
私营独资企业	1731	510	3261	1483	298
私营有限责任公司	31672	1788	28147	9787	2819
其他					
按国民经济行业分					
正餐服务	67125	2211	34154	18237	2850
快餐服务	3300	425	3884	1515	381
其他餐饮服务	125	4	132	29	11
按经营方式					
独立门店	41651	2615	36940	19366	3152
连锁总店（总部）					
连锁门店	336	7	221	78	38
其他	29763	105	6505	1101	317

16-8　续表 1　　（2019 年）　　单位：万元

指　　标	资产总计	负债合计	年末资产负债			主营业务收　入
			所有者权益合计	实收资本	个人资本	
总　计	**331057**	**172295**	**79007**	**94117**	**19347**	**240610**
住宿业	**218818**	**128865**	**55795**	**69871**	**7154**	**99297**
#国有控股	80812	32781	26929	30957		26271
按登记注册类型分						
内资企业	172059	98800	39102	45941	7154	91505
国有企业	65677	25887	22957	29169		9348
集体企业	1950	2324	-433	47		888
有限责任公司	51329	36113	7323	8040	220	32419
股份有限公司	1564	506	561	230	100	364
私营企业	51539	33970	8694	8454	6834	48486
其他企业						
按国民经济行业分						
旅游饭店	128192	63941	42747	46869	1110	46550
一般旅馆	90338	64741	12944	22902	5943	46735
按星级等级分						
一星						
二星	17874	9364	8510	14014	1	1949
三星	17766	20347	-8898	3406	1799	9067
四星	17600	24404	-6857	249	154	12462
五星	42054	26983	15071	14917		14022
其他	123524	47767	47969	37286	5200	61796
餐饮业	**112238**	**43429**	**23212**	**24247**	**12194**	**141313**
#国有控股	4173	10335	-7689	703	151	4171
按登记注册类型分						
内资企业	111604	43072	22935	24184	12190	138626
国有企业	3744	10335	-8106	437		2846
集体企业	1541	695	847	790	250	4805
有限责任公司	37743	9474	8834	2979	301	21335
股份有限公司	4472	1324	3146	1206		5451
私营企业	64104	21244	18214	18773	11638	104189
私营独资企业	3726	2645	380	470	420	18797
私营有限责任公司	60043	18463	17912	18267	11185	80490
其他						
按国民经济行业分						
正餐服务	99814	38824	16627	22564	11520	118628
快餐服务	5982	2909	2229	470	470	15497
其他餐饮服务	239	133	106	100	100	686
按经营方式						
独立门店	73683	36130	10022	20934	11940	127272
连锁总店（总部）						
连锁门店	635	358	277	63	4	2687
其他	37921	6941	12912	3250	250	11354

16-8　续表 2　（2019 年）　单位：万元

指　　标	损益及分配					
	营业成本	税金及附加	其他业务利　润	销售费用	管理费用	财务费用
总　计	**143691**	**3583**	**2868**	**48897**	**35089**	**6580**
住宿业	**57200**	**1285**	**751**	**22104**	**17758**	**2957**
# 国有控股	13666	117	122	6179	7229	1737
按登记注册类型分						
内资企业	55546	1060	717	20397	14785	2491
国有企业	2429	38	112	4362	3589	1547
集体企业	407	3	19	445	204	1
有限责任公司	20328	536	45	8016	5717	294
股份有限公司	118	13		145	90	…
私营企业	32264	470	541	7430	5185	649
其他企业						
按国民经济行业分						
旅游饭店	19391	608	209	15173	11502	1819
一般旅馆	33044	671	541	5883	6208	1134
按星级等级分						
一星						
二星	235	2		699	338	457
三星	4137	212		1952	2539	270
四星	10350	203	73	3274	1573	30
五星	3026	436	34	5931	3520	47
其他	39453	432	644	10247	9789	2154
餐饮业	**86490**	**2299**	**2117**	**26793**	**17331**	**3623**
# 国有控股	2531	18	1132	1233	1223	186
按登记注册类型分						
内资企业	85630	2298	2113	25161	17226	3622
国有企业	1462	4	1132	1229	1135	183
集体企业	2565	352		858	422	304
有限责任公司	9535	329	2	5858	3708	1492
股份有限公司	2193	9	265	2180	1397	18
私营企业	69875	1603	714	15036	10565	1625
私营独资企业	10600	165	248	4971	963	87
私营有限责任公司	55304	1421	465	9659	9492	1534
其他						
按国民经济行业分						
正餐服务	72387	2219	2113	20719	15762	3508
快餐服务	9536	68		4321	744	103
其他餐饮服务	548	2		5	5	1
按经营方式						
独立门店	80157	2270	1117	21982	15386	2256
连锁总店（总部）						
连锁门店	860	1	4	1632	104	1
其他	5473	28	996	3179	1841	1366

16-8　续表 3　（2019 年）　单位：万元

指　　标	损益及分配				应付职工薪酬	亏损企业数（个）	亏损总额
	利息支出	营业利润	利润总额	所得税费用			
总　计	**2918**	**5744**	**6728**	**944**	**37341**	**46**	**11661**
住宿业	**635**	**-1540**	**-830**	**321**	**17761**	**23**	**6982**
# 国有控股		-2527	-2223	10	4421	5	2399
按登记注册类型分							
内资企业	180	-2381	-1670	321	15676	23	6982
国有企业		-2506	-2218	1	1983	3	2233
集体企业		-152	-148		131	1	148
有限责任公司		-2374	-2347	136	6721	5	3332
股份有限公司		2	17	2	172	1	1
私营企业	180	2650	3026	182	6669	13	1268
其他企业							
按国民经济行业分							
旅游饭店	7	-1696	-1358	137	10300	10	2937
一般旅馆	628	16	388	169	7118	13	4045
按星级等级分							
一星							
二星	455	230	229	1	187		
三星		-20	-10	74	1544	3	816
四星		-2895	-2899	17	2203	1	3083
五星		1162	1173	124	4287		
其他	180	-17	678	105	9539	19	3083
餐饮业	**2283**	**7285**	**7557**	**623**	**19581**	**23**	**4679**
# 国有控股	1	-883	-866	2	1801	1	1019
按登记注册类型分							
内资企业	2283	7187	7462	619	18931	23	4679
国有企业	1	-1032	-1015	1	1199	1	1019
集体企业		390	393	56	588		
有限责任公司	1349	1647	1660	11	4552	3	733
股份有限公司		-80	-37		436	1	37
私营企业	933	6261	6461	552	12157	18	2890
私营独资企业	38	2021	2013	29	1561		
私营有限责任公司	895	3845	4051	521	10388	16	2860
其他							
按国民经济行业分							
正餐服务	2245	6513	6796	549	16826	21	4306
快餐服务	38	741	734	52	1460	1	48
其他餐饮服务		126	126	16	142		
按经营方式							
独立门店	933	7719	7975	616	16235	22	4051
连锁总店（总部）							
连锁门店		98	95	5	649		
其他	1350	-532	-513	3	2696	1	628

主要统计指标解释

社会消费品零售额 是指各种经济类型的批发零售贸易业、餐饮业、制造业和其他行业对城乡居民和社会集团的消费品零售额和农民对非农业居民的零售额总和。这个指标反映通过各种商品流通渠道向居民和社会集团供应生活消费品来满足他们生活需要的情况，是研究人民生活、社会消费品购买力、货币流通等问题的重要指标。

批发零售贸易业 是指专门从事批发和零售贸易活动的经济部门。

批发零售贸易业商品购销存总额 是指除个体经济以外的各种经济类型的独立核算批发零售贸易业法人企业以及其他独立核算法人企业和单位附营的各类批发零售贸易单位的商品购销存总额。

商品购进总额 指批发零售贸易业各企业（附营单位）从本企业（单位）以外的单位和个人购进（包括从国外直接进口）作为转卖或加工后转卖的商品。本指标由从生产者购进额、从批发零售贸易业购进额、进口额和其他购进额项目组成。这个指标反映批发零售贸易业从国内、国外市场上购进商品总量。

商品销售总额 指批发零售贸易业各企业（附营单位）对本企业（单位）以外的单位和个人出售（包括对国（境）外直接出口）的商品（包括售给本单位消费用的商品）。本指标由对生产经营单位批发额、对批发零售贸易业批发额、出口额和对居民和社会集团商品零售额项目组成。这个指标反映批发零售贸易业在国内市场上销售商品以及出口商品的总量。

期末库存 指批发零售贸易企业（附营单位）已取得所有权的全部商品。这个指标反映批发零售贸易企业的商品库存情况，对市场商品供应的保证程度。

资本金总额 是指批发零售贸易业、餐饮业企业在工商行政管理部门登记的注册资金。资本金按投资主体分为国家资本金、法人资本金、个人资本金和外商资本金等。

流动资产 指可以在一年内或者超过一年的一个营业周期内变现或者耗用的资产。包括货币资产、短期投资、应收票据、应收帐款、坏帐准备、应收帐款净额、预付帐款、其他应收款、存货、待转其他业务支出、待摊费用、待处理流动资产净损失、一年内到期的长期债券投资、其他流动资产等项。

商品销售收入 指批发零售贸易企业商品销售收入、接受其他单位委托代销商品的收入和餐饮企业的营业收入（包括餐费收入、冷热饮收入、服务收入和其他收入）。

商品销售成本 指批发零售贸易企业已销商品应负担的进货原价和餐饮企业的原材料成本，商品进价成本。

利润总额 指企业全年实现的利润。包括营业利润、投资净收益以及营业外收支净额。

十七、科技和教育

SCIENCE AND TECHNOLOGY, EDUCATION

版面负责人：唐子午　卢川川
编　　　辑：董志娟　冯洋洋

统计执法监督检查办法

第四章　统计违法行为的处罚

第二十五条　查处统计违法案件应当做到事实清楚，证据确凿，定性准确，处理恰当，适用法律正确，符合法定程序。

第二十六条　国家统计局负责查处情节严重或影响恶劣的统计造假、弄虚作假案件，对国家重大统计部署贯彻不力的案件，重大国情国力调查中发生的严重统计造假、弄虚作假案件，其他重大统计违法案件。

省级统计局依法负责查处本行政区域内统计造假、弄虚作假案件，违反国家统计调查制度以及重要的地方统计调查制度的案件。但是国家调查总队组织实施的统计调查中发生的统计造假、弄虚作假案件，违反国家统计调查制度案件，由组织实施统计调查的国家调查总队进行查处。

市级、县级统计局和国家统计局市级、县级调查队，发现本行政区域内统计造假、弄虚作假违法行为的，应当及时报告省级统计机构依法查处；依法负责查处本行政区域内其他统计违法案件。

第二十七条　统计执法监督检查机构具体负责查处统计违法行为，统计执法队接受所属统计机构委托开展有关执法检查工作。

第二十八条　对下列统计违法行为，县级以上人民政府统计机构应当依法立案：

（一）各地方、各部门、各单位及其负责人违反统计法律法规规章的；

（二）县级以上人民政府统计机构及其工作人员违反统计法律法规规章的；

（三）国家机关、企业事业单位和其他组织以及个体工商户等调查对象违反统计法律法规规章的；

（四）违反国家统计规则、政令的；

（五）违反涉外统计调查和民间统计调查有关法律法规规章的；

（六）其他按照法律法规规章规定应当立案的。

17-1　主要年份科学技术事业情况

指　　标	1985	1990	1995	2000	2005	2008	2009	2010
科学研究机构　（个）								
国有独立科研机构	21	28	26	30	25	24	23	20
民办科技型企业	3	76	139	460	896	1196	1498	1470
各类专业技术人员　（人）	**60726**	**125300**	**184010**	**228441**	**217572**	**248283**	**248915**	**271799**
# 中级职称以上人员	5992	32568	55036	87954	76264	102022	102682	113977
科学研究成果　（项）								
通过鉴定成果	48	61	55	192	131	152	186	203
# 达到国际水平	1	1	1	15	12	12	75	66
填补国内空白	3	12	18	37	96	54	32	52
达到省内先进水平	8	32	51	76	20	82	78	81
填补省内空白	10	2	47	17	3	4	1	4
专利申请受理量	38	143	456	474	2205	6839	6898	9927

17-1　续表

指　　标	2011	2012	2013	2014	2015	2016	2017	2018	2019
科学研究机构　（个）									
国有独立科研机构	19	19	19	19	29	34	39	36	18
民办科技型企业	2534	4846	6546	7307	7912	9915	10279	10454	10708
各类专业技术人员　（人）	**396344**	**419953**	**436000**	**454900**	**441000**	**452500**	**478000**	**516500**	**567600**
# 中级职称以上人员	134448	149644							
科学研究成果　（项）									
通过鉴定成果	179	172	297	199	179	240			
# 达到国际水平	39	43	65	46	34	72			
填补国内空白	51	62	90	60	75	61			
达到省内先进水平		4	5	5	8	12			
填补省内空白				4					
专利申请受理量	14729	18014	23472	14014	12481	21511	18548	25951	33655

注：2013 年及以后各类专业技术人员数统计口径由全社会改为国有、集体单位（下同）。2017 年起，通过鉴定成果及其中项不再统计。

17-2　规模以上工业企业科技机构情况

（2019 年）

指　　标	机构数（个）	机构人员合计（人）	博士毕业	硕士毕业	机构经费支出（万元）	仪器和设备原价（万元）
总　计	**614**	**12951**	**278**	**2119**	**652100**	**329170**
按企业规模分组						
大型	50	5400	78	1365	433581	172662
中型	70	2409	64	269	83273	62173
小型	452	4941	130	460	129648	87118
微型	42	201	6	25	5598	7217
按隶属关系分组						
中央	4	653	23	45	28075	10921
地方	26	1831	25	796	176360	71445
其他	584	10467	230	1278	447665	246804
按登记注册类型分组						
内资企业	567	11279	266	1958	597443	298081
国有企业	4	248		51	15664	46945
集体企业	1	1	1		50	20
股份合作企业	1	3			231	66
联营企业	2	10		3	225	144
国有联营企业						
集体联营企业	2	10		3	225	144
国有与集体联营企业						
其他联营企业						
有限责任公司	69	3407	51	942	304620	80022
国有独资公司	5	519	2	208	28496	36321
其他有限责任公司	64	2888	49	734	276124	43701
股份有限公司	31	1287	43	283	40029	31004
私营企业	459	6323	171	679	236624	139881
私营独资企业	2	8	1	3	74	871
私营合伙企业						
私营有限责任公司	442	5804	162	640	226424	131623
私营股份有限公司	15	511	8	36	10127	7388
其他企业						
港、澳、台商投资企业	25	1074	7	42	28775	21817
合资经营企业（港或澳、台资）	11	481		29	14325	11468
合作经营企业（港或澳、台资）						
港、澳、台商独资经营企业	13	573	7	11	13837	4307
港、澳、台商投资股份有限公司	1	20		2	613	6041
其他港澳台投资企业						
外商投资企业	22	598	5	119	25882	9272
中外合资经营企业	14	511	2	112	24004	8574
中外合作经营企业						
外资企业	8	87	3	7	1878	699
外商投资股份有限公司						
其他外商投资企业						

17-2 续表 （2019 年）

指　　标	机构数（个）	机构人员合计（人）	博士毕业	硕士毕业	机构经费支出（万元）	仪器和设备原价（万元）
按国民经济行业大类分组						
采矿业	4	650	17	60	27947	9199
煤炭开采和洗选业	3	639	17	60	27936	9149
石油和天然气开采业						
黑色金属矿采选业	1	11			11	50
有色金属矿采选业						
非金属矿采选业						
开采辅助活动						
其他采矿业						
制造业	594	12181	261	2055	621054	317125
农副食品加工业	29	324	16	77	12114	6681
食品制造业	16	243	3	15	5550	5260
酒、饮料和精制茶制造业	3	60	1	2	269	1289
烟草制品业	1	48		9	2024	4419
纺织业	38	868	11	32	22264	8621
纺织服装、服饰业	18	180		9	2012	1011
皮革、毛皮、羽毛及其制品和制鞋业	6	83	3	6	2245	478
木材加工和木、竹、藤、棕、草制品业	35	180	7	27	4370	4059
家具制造业	19	144			953	1245
造纸和纸制品业	3	56	3		997	243
印刷和记录媒介复制业	5	24		4	987	323
文教、工美、体育和娱乐用品制造业	7	45			1345	513
石油、煤炭及其他燃料加工业	2	47		1	3175	672
化学原料和化学制品制造业	32	842	19	69	24368	27014
医药制造业	17	1060	36	335	97902	47008
化学纤维制造业	9	131	4	15	2860	1987
橡胶和塑料制品业	18	257	5	27	11963	2352
非金属矿物制品业	77	797	36	80	27143	14972
黑色金属冶炼和压延加工业	4	170		1	2234	1767
有色金属冶炼和压延加工业	11	414	7	23	18254	9466
金属制品业	23	422	7	33	10508	7322
通用设备制造业	37	1461	12	465	154013	58810
专用设备制造业	54	1965	17	567	152959	61509
汽车制造业	7	82	1	7	1320	2981
铁路、船舶、航空航天和其他运输设备制造业	14	216		9	3408	3203
电气机械和器材制造业	54	814	28	84	24985	14904
计算机、通信和其他电子设备制造业	27	723	27	49	13074	19683
仪器仪表制造业	18	314	13	45	7967	3897
其他制造业	3	169	2	56	8856	2476
废弃资源综合利用业	7	42	3	8	938	2962
金属制品、机械和设备修理业						
电力、热力、燃气及水生产和供应业	16	120		4	3100	2846
电力、热力生产和供应业	9	44		2	1302	1635
燃气生产和供应业	5	64		2	751	125
水的生产和供应业	2	12			1047	1086
按经济成分分组						
公有经济	36	3050	24	1012	303945	114420
非公有经济	578	9901	254	1107	348155	214750
按企业控股情况分组						
国有控股	31	2994	23	1004	303378	113256
集体控股	5	56	1	8	567	1164
私人控股	529	7927	228	951	295077	177777
港澳台商控股	24	979	7	33	21585	21578
外商控股	10	128	3	13	5623	3042
其他	15	867	16	110	25870	12352

17-3 规模以上工业企业科技活动人员情况

（2019年） 单位：人

指　　标	科技活动人员	参加项目人员	管理和服务人员
总　计	**26574**	**24961**	**1613**
按企业规模分组			
大型	8465	8108	357
中型	5289	4959	330
小型	12350	11454	896
微型	470	440	30
按隶属关系分组			
中央	2120	2035	85
地方	3090	2955	135
其他	21364	19971	1393
按登记注册类型分组			
内资企业	23514	22041	1473
国有企业	259	249	10
集体企业	3	3	
股份合作企业	8	7	1
联营企业	10	10	
国有联营企业			
集体联营企业	10	10	
国有与集体联营企业			
其他联营企业			
有限责任公司	7062	6743	319
国有独资公司	1049	1007	42
其他有限责任公司	6013	5736	277
股份有限公司	2078	1924	154
私营企业	14094	13105	989
私营独资企业	87	82	5
私营合伙企业	9	8	1
私营有限责任公司	13063	12131	932
私营股份有限公司	935	884	51
其他企业			
港、澳、台商投资企业	1682	1610	72
合资经营企业（港或澳、台资）	856	816	40
合作经营企业（港或澳、台资）			
港、澳、台商独资经营企业	762	733	29
港、澳、台商投资股份有限公司	64	61	3
其他港澳台投资企业			
外商投资企业	1378	1310	68
中外合资经营企业	1138	1088	50
中外合作经营企业			
外资企业	237	219	18
外商投资股份有限公司			
其他外商投资企业	3	3	

17-3 续表　　（2019年）　　单位：人

指　　标	科技活动人员	参加项目人员	管理和服务人员
按国民经济行业大类分组			
采矿业	2192	2112	80
煤炭开采和洗选业	2164	2086	78
石油和天然气开采业			
黑色金属矿采选业	17	16	1
有色金属矿采选业			
非金属矿采选业	11	10	1
开采辅助活动			
其他采矿业			
制造业	23653	22154	1499
农副食品加工业	895	823	72
食品制造业	598	562	36
酒、饮料和精制茶制造业	129	118	11
烟草制品业			
纺织业	1625	1537	88
纺织服装、服饰业	287	271	16
皮革、毛皮、羽毛及其制品和制鞋业	90	79	11
木材加工和木、竹、藤、棕、草制品业	1247	1174	73
家具制造业	223	210	13
造纸和纸制品业	122	114	8
印刷和记录媒介复制业	97	90	7
文教、工美、体育和娱乐用品制造业	83	78	5
石油加工、炼焦和核燃料加工业	87	82	5
化学原料和化学制品制造业	1526	1421	105
医药制造业	1149	1076	73
化学纤维制造业	214	194	20
橡胶和塑料制品业	883	836	47
非金属矿物制品业	2158	1980	178
黑色金属冶炼和压延加工业	417	406	11
有色金属冶炼和压延加工业	829	780	49
金属制品业	1058	992	66
通用设备制造业	2890	2755	135
专用设备制造业	3292	3098	194
汽车制造业	396	372	24
铁路、船舶、航空航天和其他运输设备制造业	182	168	14
电气机械和器材制造业	1350	1259	91
计算机、通信和其他电子设备制造业	940	865	75
仪器仪表制造业	566	516	50
其他制造业	207	195	12
废弃资源综合利用业	113	103	10
金属制品、机械和设备修理业			
电力、热力、燃气及水生产和供应业	729	695	34
电力、热力生产和供应业	589	566	23
燃气生产和供应业	112	103	9
水的生产和供应业	28	26	2
按经济成分分组			
公有经济	5890	5633	257
非公有经济	20684	19328	1356
按企业控股情况分组			
国有控股	5786	5535	251
集体控股	104	98	6
私人控股	17582	16401	1181
港澳台商控股	936	896	40
外商控股	723	688	35
其他	1443	1343	100

17-4 规模以上工业企业 R&D 经费情况

（2019 年） 单位：万元

指标	R&D 经费内部支出合计	按支出类型分组			按资金来源分组			
		经常费支出	人员劳务费	资产性支出	政府资金	企业资金	境外资金	其他资金
总　计	**1071804**	**989675**	**146780**	**82129**	**5791**	**1065991**	**21**	
按企业规模分组								
大型	460499	426178	69515	34321	997	459481	21	
中型	230242	212133	33606	18110	2092	228150		
小型	366727	339530	43041	27197	2689	364038		
微型	14335	11834	618	2502	14	14322		
按隶属关系分组								
中央	38879	28265	12786	10614		38879		
地方	219990	215215	34916	4775	1037	218932	21	
其他	812934	746195	99078	66739	4754	808180		
按登记注册类型分组								
内资企业	988381	911607	132663	76774	5254	983106	21	
国有企业	11265	10587	3018	678	199	11066		
集体企业	55	55	9			55		
股份合作企业	321	321	37			321		
联营企业	191	144		47		191		
国有联营企业								
集体联营企业	191	144		47		191		
国有与集体联营企业								
其他联营企业								
有限责任公司	359308	335054	58606	24254	1181	358106	21	
国有独资公司	76591	75955	10957	636	3	76567	21	
其他有限责任公司	282717	259098	47650	23618	1178	281539		
股份有限公司	65859	62666	17412	3192	924	64935		
私营企业	551383	502780	53580	48603	2950	548433		
私营独资企业	8404	8280	226	124		8404		
私营合伙企业	334	334	30			334		
私营有限责任公司	515665	469677	48530	45988	2826	512839		
私营股份有限公司	26980	24489	4795	2491	124	26857		
其他企业								
港、澳、台商投资企业	39802	36021	6627	3781	38	39764		
合资经营企业（港或澳、台资）	19617	18935	2840	682	32	19585		
合作经营企业（港或澳、台资）								
港、澳、台商独资经营企业	17591	16110	3405	1481	6	17585		
港、澳、台商投资股份有限公司	2594	976	383	1618		2594		
其他港澳台投资企业								
外商投资企业	43621	42047	7491	1574	500	43121		
中外合资经营企业	39666	38192	6749	1474	500	39166		
中外合作经营企业								
外资企业	3955	3855	742	101		3955		
外商投资股份有限公司								
其他外商投资企业								

17-4 续表 （2019 年） 单位：万元

指标	R&D经费内部支出合计	按支出类型分组			按资金来源分组			
		经常费支出	人员劳务费	资产性支出	政府资金	企业资金	境外资金	其他资金
按国民经济行业大类分组								
采矿业	43661	33254	14794	10407		43661		
煤炭开采和洗选业	41791	31384	14715	10407		41791		
石油和天然气开采业								
黑色金属矿采选业	430	430	55			430		
有色金属矿采选业								
非金属矿采选业	1440	1440	25			1440		
开采辅助活动								
其他采矿业								
制造业	1004241	932873	128523	71368	5788	998432	21	
农副食品加工业	49134	46343	1755	2791	106	49028		
食品制造业	12578	9838	1384	2740	4	12574		
酒、饮料和精制茶制造业	5712	3471	309	2242		5712		
烟草制品业								
纺织业	33504	31445	5041	2059	367	33137		
纺织服装、服饰业	5531	5086	374	445		5531		
皮革、毛皮、羽毛及其制品和制鞋业	4089	3876	546	213	10	4079		
木材加工和木、竹、藤、棕、草制品业	35587	35116	3485	471	11	35576		
家具制造业	4026	3125	327	901		4026		
造纸和纸制品业	4308	3951	613	357	12	4296		
印刷和记录媒介复制业	3436	2717	876	719		3436		
文教、工美、体育和娱乐用品制造业	1874	1826	257	48		1874		
石油加工、炼焦和核燃料加工业	6837	6476	750	361		6837		
化学原料和化学制品制造业	75926	69159	7431	6767	159	75767		
医药制造业	79006	72982	9409	6024	216	78790		
化学纤维制造业	7134	5257	646	1878	22	7112		
橡胶和塑料制品业	15997	15458	1893	539	2	15995		
非金属矿物制品业	77825	67917	7688	9908	119	77706		
黑色金属冶炼和压延加工业	47342	44062	1582	3281	1415	45928		
有色金属冶炼和压延加工业	38487	32999	2986	5489	77	38410		
金属制品业	32130	28490	3560	3640	94	32036		
通用设备制造业	161560	153708	21685	7852	952	160608		
专用设备制造业	170746	165332	30819	5414	995	169730	21	
汽车制造业	12217	12023	3075	194	255	11963		
铁路、船舶、航空航天和其他运输设备制造业	5078	4946	1112	131	3	5075		
电气机械和器材制造业	42126	39085	7021	3042	111	42015		
计算机、通信和其他电子设备制造业	48968	46779	7491	2189	507	48461		
仪器仪表制造业	12639	12316	3797	323	304	12335		
其他制造业	6541	5943	1887	598		6541		
废弃资源综合利用业	3903	3147	725	756	49	3855		
金属制品、机械和设备修理业								
电力、热力、燃气及水生产和供应业	23901	23548	3463	354	3	23898		
电力、热力生产和供应业	`20849	20741	3035	108	3	20846		
燃气生产和供应业	1415	1383	262	32		1415		
水的生产和供应业	1638	1424	166	214		1638		
按经济成分分组								
公有经济	319213	301865	59429	17348	821	318372	21	
非公有经济	752590	687809	87351	64781	4971	747619		
按企业控股情况分组								
国有控股	316738	300053	58557	16685	821	315896	21	
集体控股	2476	1813	873	663		2476		
私人控股	665300	607182	68689	58118	3876	661424		
港澳台商控股	23419	20262	4234	3157	6	23413		
外商控股	21811	21368	3829	443	500	21311		
其他	42060	38997	10599	3062	589	41470		

17-5　规模以上工业企业新产品产出情况

（2019年）　　　　　　　　　　　　　　　　　　　单位：万元

指　　标	新产品开发项目数（项）	新产品开发经费支出	新产品销售收入	#出口
总　计	**2718**	**1132127**	**10515636**	**643047**
按企业规模分组				
大型	479	525323	6599323	489369
中型	492	245155	2381491	104106
小型	1643	347310	1491439	49545
微型	104	14339	43384	26
按隶属关系分组				
中央	97	25021	162211	
地方	241	233477	2351576	227094
其他	2380	873630	8001849	415953
按登记注册类型分组				
内资企业	2417	1019992	8945100	535023
国有企业	54	15079	158712	11279
集体企业				
股份合作企业	1	150		
联营企业	2	240	213	
国有联营企业				
集体联营企业	2	240	213	
国有与集体联营企业				
其他联营企业				
有限责任公司	581	405985	5439143	340966
国有独资公司	77	77571	1156808	133331
其他有限责任公司	504	328414	4282335	207635
股份有限公司	176	65896	483686	17769
私营企业	1603	532643	2863347	165009
私营独资企业	12	477	1142	
私营合伙企业	1	550		
私营有限责任公司	1516	503425	2618754	98605
私营股份有限公司	74	28190	243450	66404
其他企业				
港、澳、台商投资企业	133	56886	726913	34680
合资经营企业（港或澳、台资）	65	33220	461858	17704
合作经营企业（港或澳、台资）				
港、澳、台商独资经营企业	55	16517	264995	16976
港、澳、台商投资股份有限公司	13	7149	60	
其他港澳台投资企业				
外商投资企业	168	55249	843623	73344
中外合资经营企业	129	50816	814603	72269
中外合作经营企业				
外资企业	39	4433	29020	1076
外商投资股份有限公司				
其他外商投资企业				

17-5 续表　　（2019 年）　　单位：万元

指　　标	新产品开发项目数（项）	新产品开发经费支出	新产品销售收入	#出口
按国民经济行业大类分组				
采矿业	50	18821	145927	
煤炭开采和洗选业	48	16942	141803	
石油和天然气开采业				
黑色金属矿采选业	1	430		
有色金属矿采选业				
非金属矿采选业	1	1449	4124	
开采辅助活动				
其他采矿业				
制造业	2611	1100825	10346502	643047
农副食品加工业	87	44782	98763	5361
食品制造业	55	12948	77406	247
酒、饮料和精制茶制造业	8	5236	7764	
烟草制品业	6	2289	287	287
纺织业	143	34964	291797	25838
纺织服装、服饰业	27	5404	7794	3034
皮革、毛皮、羽毛及其制品和制鞋业	11	4458	5762	5459
木材加工和木、竹、藤、棕、草制品业	161	31910	64405	2717
家具制造业	34	4387	4027	
造纸和纸制品业	14	4563	14150	79
印刷和记录媒介复制业	11	12772	3213	
文教、工美、体育和娱乐用品制造业	6	1253	2640	424
石油加工、炼焦和核燃料加工业	10	10039	35488	
化学原料和化学制品制造业	152	65743	563837	98795
医药制造业	132	106372	603478	6322
化学纤维制造业	18	7310	29890	
橡胶和塑料制品业	67	16344	180556	17704
非金属矿物制品业	215	69827	306002	5920
黑色金属冶炼和压延加工业	28	42347	98369	
有色金属冶炼和压延加工业	47	44882	507887	22444
金属制品业	133	29800	248694	5101
通用设备制造业	297	176448	1612176	85348
专用设备制造业	445	213373	3627475	263987
汽车制造业	49	13593	78131	3747
铁路、船舶、航空航天和其他运输设备制造业	35	14413	244336	31700
电气机械和器材制造业	177	51113	419386	11477
计算机、通信和其他电子设备制造业	107	49689	861293	29230
仪器仪表制造业	99	13343	100406	3773
其他制造业	22	9677	170236	14020
废弃资源综合利用业	15	1547	80857	32
金属制品、机械和设备修理业				
电力、热力、燃气及水生产和供应业	57	12482	23207	
电力、热力生产和供应业	46	10030	10694	
燃气生产和供应业	9	1245		
水的生产和供应业	2	1207	12513	
按经济成分分组				
公有经济	428	355643	4827929	309512
非公有经济	2290	776484	5687708	333535
按企业控股情况分组				
国有控股	420	343518	4827716	309512
集体控股	8	12125	213	
私人控股	1934	664442	4254608	270173
港澳台商控股	96	33686	526060	16976
外商控股	108	29376	469159	29241
其他	152	48980	437881	17145

17-6　规模以上工业企业自主知识产权保护情况

（2019年）

指　　标	专利申请数（件）	#发明专利	有效发明专利数（件）	#已被实施
总　计	**5943**	**2403**	**5302**	**3500**
按企业规模分组				
大型	1072	435	2020	1752
中型	924	294	857	588
小型	3722	1552	2339	1113
微型	225	122	86	47
按隶属关系分组				
中央	103	18	114	44
地方	687	247	1516	1317
其他	5153	2138	3672	2139
按登记注册类型分组				
内资企业	5427	2191	4886	3288
国有企业	92	36	157	152
集体企业				
股份合作企业				
联营企业	2	1		
国有联营企业				
集体联营企业	2	1		
国有与集体联营企业				
其他联营企业				
有限责任公司	1566	470	1985	1591
国有独资公司	294	117	334	255
其他有限责任公司	1272	353	1651	1336
股份有限公司	300	149	483	309
私营企业	3467	1535	2261	1236
私营独资企业	12	7	3	
私营合伙企业				
私营有限责任公司	3286	1429	2140	1185
私营股份有限公司	169	99	118	51
其他企业				
港、澳、台商投资企业	215	71	137	54
合资经营企业（港或澳、台资）	121	42	77	41
合作经营企业（港或澳、台资）				
港、澳、台商独资经营企业	86	28	18	13
港、澳、台商投资股份有限公司	8	1	42	
其他港澳台投资企业				
外商投资企业	301	141	279	158
中外合资经营企业	211	107	248	140
中外合作经营企业				
外资企业	90	34	31	18
外商投资股份有限公司				
其他外商投资企业				

17-6 续表 （2019年）

指　　标	专利申请数（件）	#发明专利	有效发明专利数（件）	#已被实施
按国民经济行业大类分组				
采矿业	53	7	23	9
煤炭开采和洗选业	52	7	22	9
石油和天然气开采业				
黑色金属矿采选业				
有色金属矿采选业				
非金属矿采选业	1		1	
开采辅助活动				
其他采矿业				
制造业	5825	2365	5226	3490
农副食品加工业	145	68	110	48
食品制造业	69	42	57	40
酒、饮料和精制茶制造业	4	2	2	
烟草制品业	11	3	99	97
纺织业	207	62	73	29
纺织服装、服饰业	7	5	1	
皮革、毛皮、羽毛及其制品和制鞋业	7	7	8	1
木材加工和木、竹、藤、棕、草制品业	183	94	101	35
家具制造业	34	30	16	9
造纸和纸制品业	99	20	7	4
印刷和记录媒介复制业	93	25	17	1
文教、工美、体育和娱乐用品制造业	9	7	4	3
石油加工、炼焦和核燃料加工业	14	13	13	13
化学原料和化学制品制造业	387	185	280	140
医药制造业	200	123	226	195
化学纤维制造业	73	32	21	15
橡胶和塑料制品业	137	44	92	21
非金属矿物制品业	576	286	379	201
黑色金属冶炼和压延加工业	69	13	7	7
有色金属冶炼和压延加工业	148	56	50	32
金属制品业	161	64	175	72
通用设备制造业	736	249	994	741
专用设备制造业	1351	514	1165	924
汽车制造业	78	28	310	289
铁路、船舶、航空航天和其他运输设备制造业	106	36	141	110
电气机械和器材制造业	438	141	357	196
计算机、通信和其他电子设备制造业	191	75	209	106
仪器仪表制造业	179	87	210	94
其他制造业	64	31	62	60
废弃资源综合利用业	49	23	40	7
金属制品、机械和设备修理业				
电力、热力、燃气及水生产和供应业	65	31	53	1
电力、热力生产和供应业	64	30	47	
燃气生产和供应业				
水的生产和供应业	1	1	6	1
按经济成分分组				
公有经济	1109	379	1813	1596
非公有经济	4834	2024	3489	1904
按企业控股情况分组				
国有控股	1071	362	1803	1590
集体控股	38	17	10	6
私人控股	4178	1780	2935	1588
港澳台商控股	113	34	90	41
外商控股	178	87	82	35
其他	365	123	382	240

17-7 规模以上工业企业技术改造、技术获取情况

（2019 年） 单位：万元

指　标	技术改造经费支出	购买境内技术经费支出	引进境外技术经费支出	引进境外技术的消化吸收经费支出
总　计	**131800**	**1913**	**1001**	**24**
按企业规模分组				
大型	98087			
中型	23164	1491	289	
小型	10535	419	710	24
微型	15	3	3	
按隶属关系分组				
中央	10198			
地方	48287	81	3	
其他	73316	1832	998	24
按登记注册类型分组				
内资企业	108242	1913	1001	24
国有企业	31570			
集体企业				
股份合作企业				
联营企业				
国有联营企业				
集体联营企业				
国有与集体联营企业				
其他联营企业				
有限责任公司	57327	81	253	
国有独资公司	4699	3	3	
其他有限责任公司	52628	78	250	
股份有限公司	246		39	
私营企业	19099	1832	710	24
私营独资企业				
私营合伙企业				
私营有限责任公司	17278	1742	710	24
私营股份有限公司	1821	90		
其他企业				
港、澳、台商投资企业	22493			
合资经营企业（港或澳、台资）	15043			
合作经营企业（港或澳、台资）				
港、澳、台商独资经营企业	7450			
港、澳、台商投资股份有限公司				
其他港澳台投资企业				
外商投资企业	1065			
中外合资经营企业	1015			
中外合作经营企业				
外资企业	50			
外商投资股份有限公司				
其他外商投资企业				

17-7 续表 （2019 年） 单位：万元

指　　标	技术改造经费支出	购买境内技术经费支出	引进境外技术经费支出	引进境外技术的消化吸收经费支出
按国民经济行业大类分组				
采矿业	5723			
煤炭开采和洗选业	5723			
石油和天然气开采业				
黑色金属矿采选业				
有色金属矿采选业				
非金属矿采选业				
开采辅助活动				
其他采矿业				
制造业	115473	1910	998	24
农副食品加工业	75			
食品制造业	453			
酒、饮料和精制茶制造业				
烟草制品业				
纺织业	8099	67	710	
纺织服装、服饰业	56			
皮革、毛皮、羽毛及其制品和制鞋业	261			
木材加工和木、竹、藤、棕、草制品业	24			
家具制造业	90			
造纸和纸制品业	50			
印刷和记录媒介复制业	28			
文教、工美、体育和娱乐用品制造业	5			
石油加工、炼焦和核燃料加工业	216			
化学原料和化学制品制造业	3680	70		24
医药制造业	824	20		
化学纤维制造业			39	
橡胶和塑料制品业	6835			
非金属矿物制品业	171	64		
黑色金属冶炼和压延加工业	1605	1415		
有色金属冶炼和压延加工业	5	9		
金属制品业	1281	94		
通用设备制造业	70054			
专用设备制造业	6826	88	250	
汽车制造业				
铁路、船舶、航空航天和其他运输设备制造业	317			
电气机械和器材制造业	10330	8		
计算机、通信和其他电子设备制造业	4137	4		
仪器仪表制造业	50	22		
其他制造业				
废弃资源综合利用业		49		
金属制品、机械和设备修理业				
电力、热力、燃气及水生产和供应业	10604	3	3	
电力、热力生产和供应业	10600	3	3	
燃气生产和供应业				
水的生产和供应业	4			
按经济成分分组				
公有经济	88741	81	3	
非公有经济	43059	1832	998	24
按企业控股情况分组				
国有控股	88741	81	3	
集体控股				
私人控股	27211	1832	710	24
港澳台商控股	11587			
外商控股	50			
其他	4211		289	

17-8 规模以上工业企业政府相关政策落实情况

（2019 年）　　单位：万元

指　　标	来自政府部门的科技活动资金	研究开发费用加计扣除减免税	高新技术企业减免税
总　计	**5539**	**65751**	**65084**
按企业规模分组			
大型	2373	41334	38878
中型	1107	11208	19421
小型	2039	12984	6740
微型	21	224	45
按隶属关系分组			
中央	70	1101	58
地方	1929	25482	21800
其他	3540	39169	43227
按登记注册类型分组			
内资企业	5007	58518	45713
国有企业	229	1004	782
集体企业			
股份合作企业			
联营企业			
国有联营企业			
集体联营企业			
国有与集体联营企业			
其他联营企业			
有限责任公司	2731	32034	18255
国有独资公司	1050	3072	2132
其他有限责任公司	1681	28962	16123
股份有限公司	475	6200	13689
私营企业	1572	19279	12988
私营独资企业	…	…	
私营合伙企业			
私营有限责任公司	1565	17884	12043
私营股份有限公司	7	1395	945
其他企业			
港、澳、台商投资企业	32	2637	2863
合资经营企业（港或澳、台资）	32	1854	2463
合作经营企业（港或澳、台资）			
港、澳、台商独资经营企业		783	401
港、澳、台商投资股份有限公司			
其他港澳台投资企业			
外商投资企业	500	4597	16508
中外合资经营企业	500	3886	16448
中外合作经营企业			
外资企业		710	60
外商投资股份有限公司			
其他外商投资企业			

17-8 续表 （2019年） 单位：万元

指　　标	来自政府部门的科技活动资金	研究开发费用加计扣除减免税	高新技术企业减免税
按国民经济行业大类分组			
采矿业		2871	13
煤炭开采和洗选业		2871	13
石油和天然气开采业			
黑色金属矿采选业			
有色金属矿采选业			
非金属矿采选业			
开采辅助活动			
其他采矿业			
制造业	5529	61651	64535
农副食品加工业	106	604	43
食品制造业	5	670	20
酒、饮料和精制茶制造业			
烟草制品业			
纺织业	375	1290	401
纺织服装、服饰业		80	
皮革、毛皮、羽毛及其制品和制鞋业	4		
木材加工和木、竹、藤、棕、草制品业	0	2540	
家具制造业	10		
造纸和纸制品业	12		
印刷和记录媒介复制业		152	
文教、工美、体育和娱乐用品制造业			
石油加工、炼焦和核燃料加工业		378	
化学原料和化学制品制造业	120	2968	5705
医药制造业	866	5457	19266
化学纤维制造业	22	9	45
橡胶和塑料制品业	2	1796	1818
非金属矿物制品业	257	2405	2400
黑色金属冶炼和压延加工业		297	
有色金属冶炼和压延加工业	173	1279	150
金属制品业	18	1242	108
通用设备制造业	705	18222	19548
专用设备制造业	2137	13373	7051
汽车制造业	255	3950	1235
铁路、船舶、航空航天和其他运输设备制造业	60	262	56
电气机械和器材制造业	183	2035	429
计算机、通信和其他电子设备制造业	20	1397	2734
仪器仪表制造业	200	390	516
其他制造业		820	2552
废弃资源综合利用业		36	457
金属制品、机械和设备修理业			
电力、热力、燃气及水生产和供应业	10	1229	537
电力、热力生产和供应业	10	1173	537
燃气生产和供应业			
水的生产和供应业		56	
按经济成分分组			
公有经济	2316	33117	16498
非公有经济	3223	32634	48587
按企业控股情况分组			
国有控股	2316	32965	16498
集体控股		152	
私人控股	2604	26461	34371
港澳台商控股	5	1270	1007
外商控股	500	1831	5101
其他	115	3072	8107

17-9 主要年份各类学校数

单位：所

年份	普通高等学校	中等专业学校	技工学校	职业高中	普通中学	小学
1949		4			16	1803
1952		8			21	2641
1957		5			62	3109
1962	3	7			140	3773
1965	2	11			142	4390
1970	2	2			179	5183
1975	2	9			228	5113
1978	2	14	9		234	4260
1979	2	14	9		236	4115
1980	2	13	10		274	3446
1981	3	13	10		395	4316
1982	3	14	10		478	3964
1983	4	14	10		494	3822
1984	5	15	11	18	512	3674
1985	5	17	11	36	551	3618
1986	5	16	11	28	612	3490
1987	5	17	11	29	643	3413
1988	5	17	11	31	648	3472
1989	4	17	12	41	654	3441
1990	4	16	12	43	640	3409
1991	4	15	11	45	639	3408
1992	4	15	14	55	621	3391
1993	4	15	14	49	610	3390
1994	4	16	14	51	581	3347
1995	4	16	14	52	553	3338
1996	4	16	14	50	546	3305
1997	4	16	14	52	525	3288
1998	4	16	13	48	523	3250
1999	5	14	14	47	513	3147
2000	5	13	13	42	492	2902
2001	5	12	10	41	498	2710
2002	6	11	10	35	476	2333
2003	6	11	11	31	371	945
2004	7	11	11	28	366	908
2005	7	11	11	21	367	902
2006	7	12	8	25	369	907
2007	7	12	8	26	367	917
2008	7	12	8	25	357	899
2009	7	12	8	25	350	879
2010	7	11	8	21	331	871
2011	8	11	8	18	326	856
2012	9	10	8	9	321	860
2013	9	10	8	14	321	870
2014	9	14	6	14	319	906
2015	9	13	8	12	328	924
2016	10	14	8	10	337	928
2017	10	14	5	11	344	932
2018	10	13	6	11	353	924
2019	10	13	6	12	353	930

注：2006 年及以前职业高中为农职业中学口径（下同）。

17-10 主要年份各类学校在校学生数

单位：人

年份	普通高等学校	中等专业学校	技工学校	职业高中	普通中学	小学
1949		737			6679	14.31
1952		1645			13117	27.25
1957		2312			37302	40.85
1962	2797	2402			59064	44.14
1965	1027	1913			59971	67.94
1970					175039	61.87
1975	1455	2903			224829	103.54
1978	2080	2869	1826		459841	95.62
1979	2704	5063	2070		408046	98.81
1980	2585	6382	3510		362789	96.94
1981	5634	4573	2919		298335	95.27
1982	4260	4810	2859		289862	91.28
1983	6109	5606	2580		290956	91.98
1984	7173	6884	2716	6913	292253	90.41
1985	9955	8708	2915	10369	311015	88.01
1986	10486	8880	3659	13577	328873	85.69
1987	11410	9711	3454	14355	327280	83.44
1988	11886	10339	3609	11882	314401	81.65
1989	11783	11101	4151	12344	317647	81.92
1990	11586	11091	4898	14440	313758	84.77
1991	12507	11670	5086	17497	309649	89.90
1992	12962	12176	5918	20398	313487	93.66
1993	14238	12918	7639	20098	327372	97.07
1994	16354	16127	10211	20401	374698	103.31
1995	18590	24480	10971	22459	424685	110.34
1996	19720	36831	11181	24848	463226	118.08
1997	21162	43831	11793	24969	481154	127.42
1998	24763	45113	11970	22549	512475	130.99
1999	32236	42072	10133	19832	543390	129.32
2000	46091	34072	10317	19334	584255	126.06
2001	58730	29616	11362	21425	638488	119.84
2002	67863	31610	14175	21222	718597	109.43
2003	71811	33368	18500	21821	802270	96.28
2004	86858	40989	23117	27028	831882	83.06
2005	92666	51166	23000	40492	815113	72.24
2006	104140	59648	26900	65365	777895	64.62
2007	113774	59787	26086	72768	733413	58.75
2008	120094	62043	27421	56712	670459	53.72
2009	125676	57091	26922	57385	593875	51.79
2010	118828	57543	24553	60233	520662	53.02
2011	131747	39331	23936	53811	463610	57.10
2012	133631	47217	22005	45498	426055	62.85
2013	136313	48143	22707	47906	375213	66.18
2014	137239	47125	22221	46227	359258	75.40
2015	137631	43627	19540	45734	347417	84.13
2016	140825	42515	20311	37623	361022	90.54
2017	142630	41370	21006	35239	399373	94.02
2018	145496	52458	22942	29336	455654	95.58
2019	150774	54545	21446	30706	522980	94.67

注：2015 年及以后普通高等学校在校学生数不包含成人高等教育学生数。

17-11 各类学校专任教师数

单位：人

年份	普通高等学校	中等专业学校	技工学校	职业高中	普通中学	小学
1978	423		83			
1979	444		184		16932	37511
1980	451		336			
1981	1178	591	364		15910	38804
1982	1441	686	398		15341	38004
1983	1512	813	419		14643	32669
1984	1710	813	444	270	14568	32295
1985	1803	984	444	528	15785	31831
1986	2073	1053	476	661	16859	33445
1987	2210	1173	441	759	17162	32519
1988	2135	1142	596	862	17668	32948
1989	2170	1114	659	890	18380	33787
1990	2086	1087	642	1047	19097	34520
1991	2065	1112	661	1144	19371	35723
1992	2020	1110	725	1377	19502	36367
1993	2037	1083	677	1348	19741	36499
1994	2028	1074	848	1440	20416	37915
1995	2160	1102	845	1575	21642	38649
1996	2045	1165	843	1688	22987	39911
1997	2117	1204	762	1983	24222	40670
1998	2244	1270	951	2053	24944	42305
1999	2681	1242	820	1965	26165	44577
2000	2883	1236	801	1816	27658	45798
2001	3198	1357	807	1586	29200	46575
2002	3635	1133	587	1461	32131	44837
2003	4061	1041	680	1575	34232	41806
2004	4686	1114	789	1431	35744	39864
2005	5298	1251	785	1718	37644	39156
2006	5586	1456	711	2185	38821	38719
2007	6203	1693	966	2375	39686	38350
2008	6433	1766	957	2556	39514	36999
2009	6670	1959	1005	2489	39112	36553
2010	6257	1926	987	2524	38379	33991
2011	7015	1808	1047	2279	37714	33517
2012	7418	1642	1147	2557	37179	35419
2013	7596	1704	1161	2487	34591	36511
2014	7734	1834	1187	2395	34013	38210
2015	7879	2537	1074	1856	33673	40445
2016	8217	2139	1351	1874	33695	42716
2017	8366	2077	1329	1798	34781	44606
2018	8569	2631	1407	2160	36253	47692
2019	8815	2053	1420	1946	39269	50731

17-12 每一专任教师平均负担在校学生数

单位：人

年 份	普通高等学校	中等专业学校	技工学校	职业高中	普通中学	小学
1978	4.9		22.0			
1979	6.1		11.3			
1980	5.7		10.4		21.4	25.8
1981	4.8	7.7	8.0		18.8	24.6
1982	3.0	7.0	7.2		18.9	24.0
1983	4.0	6.9	6.2		19.9	28.2
1984	4.1	8.2	6.1	25.6	20.1	28.0
1985	5.5	8.8	6.6	19.6	19.7	27.6
1986	5.1	8.4	7.7	20.5	19.5	25.6
1987	5.2	8.3	7.8	18.9	19.1	25.7
1988	5.6	9.1	16.1	13.8	17.8	24.8
1989	5.4	10.0	6.3	13.9	17.3	24.2
1990	5.6	10.2	7.6	13.8	16.4	24.6
1991	6.1	10.5	7.7	15.3	16.0	25.2
1992	6.4	11.0	8.2	14.8	16.1	25.8
1993	7.0	11.9	11.3	15.0	16.6	26.6
1994	8.1	15.0	12.0	14.2	18.4	27.2
1995	8.6	22.2	13.0	14.3	19.6	28.5
1996	9.6	31.6	13.3	14.7	20.2	29.6
1997	10.0	36.4	15.5	12.6	19.9	31.3
1998	11.0	35.5	12.6	11.0	20.5	31.0
1999	12.1	33.9	12.4	10.1	20.8	29.0
2000	16.0	27.6	12.9	10.6	21.1	27.5
2001	18.4	21.8	14.1	13.5	21.9	25.7
2002	18.7	27.9	24.1	14.5	22.4	24.4
2003	17.7	32.1	27.2	13.9	23.4	23.0
2004	18.5	36.8	29.3	18.9	23.3	20.8
2005	17.5	40.9	29.3	23.6	21.7	18.4
2006	18.6	41.0	37.8	26.6	20.0	16.7
2007	18.3	35.3	27.0	30.6	18.5	15.3
2008	18.7	35.1	28.7	22.2	17.0	14.5
2009	18.8	29.1	26.8	23.1	15.2	14.2
2010	19.0	29.9	24.9	23.9	13.6	15.6
2011	18.8	21.8	22.9	23.6	12.3	17.0
2012	18.0	28.8	19.2	17.8	11.5	17.7
2013	17.9	28.3	14.9	19.3	10.8	18.1
2014	17.6	25.7	18.7	19.3	10.6	19.7
2015	20.6	17.2	18.2	24.6	10.3	20.8
2016	17.1	19.9	15.0	20.1	10.7	21.2
2017	21.4	20.5	15.8	19.6	11.5	21.1
2018	17.0	19.9	16.3	13.6	12.6	20.0
2019	17.1	26.6	15.1	15.8	13.3	18.7

17-13 各级各类教育事业

（2019 年） 单位：人

指 标	学校数（所）	毕业生数	招生数	在 校 学生数	教职工数	# 专任 教师
基础教育合计	**2291**	**409725**	**429454**	**1787401**	**128556**	**109130**
学前教育	1008	124239	86821	317732	32330	19130
小学	930	155359	145156	946689	46599	50731
普通中学	353	130127	197477	522980	49627	39269
初中	268	92961	151954	403852	32353	27615
高中	85	37166	45523	119128	17274	11654
中等职业教育	**25**	**22965**	**29455**	**85251**	**4908**	**3999**
调整后中职业学校	3	5801	7006	20267	815	689
普通中专学校	8	5865	9110	23810	1420	1143
成人中专学校	2	4716	3589	10468	269	181
职业高中学校	12	6583	9750	30706	2330	1946
中等技工学校	**6**	**6212**	**8292**	**21446**	**1503**	**1420**
普通高等学校	**10**	**56082**	**74783**	**206623**	**12725**	**8815**

17-14 普通高等学校和中等专业学校基本情况

（2019年） 单位：人

指 标	毕业生数	招生数	在校学生数	教职工数	#专任教师
普通高等学校	**56082**	**74783**	**206623**	**12725**	**8815**
中国矿业大学	12483	18767	50426	3103	1977
徐州医科大学	6158	7199	21946	1361	782
江苏师范大学	10738	13619	36567	2548	1636
徐州工程学院	5892	8723	19718	791	628
九州职业技术学院	9326	2145	28773	1502	1237
徐州工业职业技术学院	1663	5794	6120	260	200
中国矿业大学徐海学院	2875	2175	13435	677	495
徐州医科大学华方学院	1873		8578	608	452
徐州幼儿师范高等专科学校	2407	1606	9979	713	558
徐州生物工程职业技术学院	110	1431	7		
江苏师范大学科文学院	1477	2821	4567	387	298
江苏建筑职业技术学院	842	8384	2610	313	220
江苏安全技术职业学院	238	2119	3897	462	332
中等专业学校	**5517**	**6703**	**18913**	**1698**	**1407**
江苏省徐州医药高等职业学校	1248	1486	4231	289	248
江苏省徐州财经高等职业技术学校	1401	1899	5125	281	240
徐州经贸高等职业学校	1532	1029	4314	245	201
江苏省徐州市中等专业学校	274	1109	1740	161	142
徐州体育运动学校	134	148	413	131	82
江苏模特艺术学校	360	423	1323	221	202
运河高等师范学校	259	287	825	167	108
徐州高等师范学校	309	322	942	203	184

17-15　各阶段教育入学、升学情况

（2019 年）　　单位：%

地　　区	入学率		升学率 / 毕业率	
	小学阶段入学率	初中阶段入学率	小学毕业生升学率	初中毕业生毕业率
全　市	100	100	100	100
市　区	100	100	100	100
丰　县	100	100	100	100
沛　县	100	100	100	100
铜山区	100	100	100	100
睢宁县	100	100	100	100
新沂市	100	100	100	100
邳州市	100	100	100	100

主要统计指标解释

自然科学技术人员　指已取得科学技术职称，或大学、中专的理、工、农、医科系毕业，以及国民经济各部门从工作实践中提拔，从事理、工、农、医等自然科学技术的研究、教学、生产的专业人员和在机关、企业、事业中从事科学技术业务管理工作的专业人员。

工程技术人员　指在国民经济各行业从事工程技术工作的自然科学技术专业人员，包括：高级工程师、工程师、助理工程师、技术员和未评定职称的技术人员。

农业技术人员　指在国民经济各行业从事农业技术工作的自然科学技术专业人员，包括：高级农艺师、农艺师、助理农艺师、技术员和未评定职称的技术人员。

科学研究人员　指在国民经济各行业从事科学技术活动的自然科学技术专业人员，包括：正副研究员、助理研究员、研究实习员、技术员和未评定职称的技术人员。

教学人员　指在国民经济各行业从事自然科学技术方面教学活动的专业人员，包括：正副教授、讲师、助教、教师和在中学从事自然科学技术方面教学活动的人员。

普通高等学校　指按照国家规定的设置标准和审批程序批准举办，通过国家统一招生考试，招收高中毕业生为主要培养对象，实施高等教育的全日制大学、独立设置的学院和高等专科学校、短期职业大学。

成人高等学校　指按照国家有关规定审批，招收通过全国成人高教统一招生考试的具有高中毕业或同等学历的在职从业人员利用脱产、半脱产、业余或函授等多种形式对其实施高等学历教育，培养高等教育专科或本科毕业水平的专门人才，修业年限、课程设置和总学时数均按高等学历教育要求付诸实施的学校。包括广播电视大学、职工高等学校、农民高等学校、管理干部学院、教育学院、独立设置的函授学院等。

招生数　指新学年开学时，一年级实际招收入学的新生数。不包括留级生和复学生数。

在校学生数　指学年初具有学籍的在校学生总数。

专任教师数　指主要从事教育工作的人员数。包括临时（一年以内）调去帮助做其他工作的教学人员。高等学校函授部、夜大学的专任教师和承招科研任务、未担任教学工作仍属教师编制的人员，也计入专任教师中。专任教师不包括调离教学岗位，担任行政领导工作或其他工作的原教学人员。

十八、卫生和社会服务

PUBLIC HEALTH AND SOCIAL SERVICES

版面负责人：卢川川
编　　　辑：唐彦君

统计执法监督检查办法

第二十九条 立案查处的统计违法行为，应当同时具备下列条件：

（一）有明确的行为人；

（二）有违反本办法第二十八条所列行为，依法应当追究法律责任；

（三）属于人民政府统计机构职责权限和管辖范围。

统计执法监督检查机构按照前款规定的条件，对拟立案的有关材料进行初步审查后，填写《立案审批表》，报送所属人民政府统计机构负责人批准后，予以立案。

第三十条 立案查处的案件，一般案件执法检查人员不得少于 2 人，重大案件应当按规定组成执法检查组。

第三十一条 执法检查人员应当合法、客观、全面地收集证据。收集证据过程中，执法检查人员应当及时制作《现场检查笔录》《调查笔录》等文书，并整理制作《证据登记表》。

案件证据应当与本案件有关联，包括书证、物证、电子数据、视听资料、证人证言、当事人陈述、鉴定结论和勘验笔录等以及其他可证明违法事实的材料。

第三十二条 调查结束后，执法检查组或者执法检查人员应当及时形成监督检查报告，报送所属人民政府统计机构负责人。

监督检查报告内容包括：立案依据、检查情况、违法事实、法律依据、违法性质、法律责任、酌定情形、处理意见等。

18-1 卫生机构数

单位：个

年份	总计	医院卫生院	#医院	疗养院、所	门诊部、所
1978	652				
1979	683				
1980	858				
1981	952				
1982	969	231	35	1	678
1983	1004	232	42	1	712
1984	1027	233	43	1	734
1985	1053	237	48	1	753
1986	1030	236	47	1	731
1987	1024	234	47	1	727
1988	1023	228	47	1	732
1989	1042	229	47	1	751
1990	1058	228	46	1	767
1991	1088	228	46	1	798
1992	1049	228	46	1	759
1993	1051	228	46	1	761
1994	1051	231	46	1	758
1995	1052	231	46	1	758
1996	1052	231	45	1	757
1997	1053	232	42	1	757
1998	1261	233	43	1	966
1999	954	275	43	1	456
2000	993	274	42	1	473
2001	1071	211	43	1	449
2002	1047	226	113		778
2003	1120	229	116	1	847
2004	1344	232	119	1	926
2005	1384	230	119	1	1105
2006	1327	227	116	1	917
2007	1483	238	117	1	921
2008	1116	251	108	1	732
2009	1169	268	102	1	828
2010	1213	256	99	1	864
2011	1365	266	108	1	1009
2012	1311	274	114	1	948
2013	4454	277	118	1	815
2014	4620	281	122	1	835
2015	4601	283	124	1	983
2016	4584	291	131	1	971
2017	4509	296	135	1	935
2018	4599	322	161	1	1029
2019	4594	339	177		1109

18-1 续表 单位：个

年 份	专科防治所、站	卫生防疫站	妇幼保健院、所、站	药品检验所、站	医学研究机构	其他卫生机构
1978						
1979						
1980						
1981						
1982		14				
1983	4	15	10	7	2	17
1984	4	15	10	7	2	17
1985	9	15	12	7	2	13
1986	10	15	12	7	2	12
1987	10	14	12	7	2	13
1988	10	14	12	7	2	13
1989	9	14	12	7	2	13
1990	10	14	12	7	2	13
1991	10	15	12	7	2	12
1992	10	14	12	7	2	13
1993	9	14	13	7	2	7
1994	8	14	14	7	2	7
1995	8	14	14	7	2	8
1996	9	14	13	7	3	8
1997	9	14	13	7	3	8
1998	8	14	13	7	3	8
1999	8	14	14	7	3	9
2000	8	14	14	7	3	9
2001	8	14	14		3	9
2002	8	14	13		3	5
2003	6	14	14		3	6
2004		14	14		3	154
2005		14	14		3	17
2006		14	14		3	151
2007		14	13		3	293
2008		14	13		3	102
2009		14	13		3	42
2010		13	12		3	64
2011		13	12		3	61
2012	1	13	12		3	925
2013	1	13	12		3	5
2014	1	13	12		3	7
2015	1	12	12		3	6
2016	1	11	13		3	7
2017	2	11	13		3	6
2018	2	11	14		3	6
2019	2	12	14		3	8

注：1998年以后门诊部所中包括个体开业，2009年包括卫生所、医务室、社区卫生服务站等；2001年以前医院为县及县以上医院数；2008年及以后村卫生室不再作为卫生机构统计。

18-2 卫生机构人员数

单位：人

年份	总计	卫生技术人员	#医生	#中医	中医师	西医士	#护师护士	每千人口医生数
1978		15690	4857					0.9
1979		16477	4982					0.8
1980		17095	5765					0.8
1981	22581	17696	6542		3117		2888	1.0
1982	23956	18539	7203	574	3310		3496	1.1
1983	25237	19267	7635	1079	3639	2917	4298	1.1
1984	25885	19694	7671	1085	3668	2918	4366	1.1
1985	27354	20602	7881	1080	3679	3122	4603	1.1
1986	28234	21295	8097	1094	3747	3256	4799	1.1
1987	28710	21337	8023	1017	3677	3329	4917	1.1
1988	29477	22381	8804	1176	5174	2454	5438	1.2
1989	30960	23615	9598	1158	6715	1725	6430	1.3
1990	32029	24427	9888	1169	6965	1754	6914	1.2
1991	33771	25818	10298	1108	7205	1985	7289	1.3
1992	35051	26825	10216	1062	7101	2053	7351	1.2
1993	36383	27895	10488	1101	7211	2176	7617	1.3
1994	37741	28928	10891	1074	7474	2343	7881	1.3
1995	38533	29380	11204	1082	7605	2517	8167	1.3
1996	39027	29771	11525	1046	7762	2717	8277	1.3
1997	40472	31125	12025	1044	7998	2938	8424	1.4
1998	40454	31188	11756	986	7897	2810	8350	1.3
1999	39411	30394	11349	933	7843	2515	8421	1.3
2000	39366	30481	11622	925	8077	2529	8720	1.3
2001	39099	30275	11635	963	8041	2536	8863	1.3
2002	36997	29282	11396					1.3
2003	35369	28030	10692		725		8421	1.2
2004	36163	28297	10480		705		8479	1.1
2005	35809	28284	10494	721	597	124	8574	1.1
2006	36174	28922	10532	723	604		8677	1.2
2007	38048	29668	11137				9329	1.2
2008	38746	30396	11557				9985	1.2
2009	39408	30821	11613				10801	1.0
2010	41238	32368	12165				11961	1.0
2011	43623	34543	12273	80			13411	1.4
2012	47429	38091	13167	1250			15909	1.5
2013	51601	43573	14578	1448	348	1203	17859	1.9
2014	67552	47007	17518	1558	809	1205	19687	2.3
2015	71316	51567	20172	1863	884	1260	21355	2.3
2016	75957	55523	21836	1965	1005	2913	24349	2.5
2017	77117	57537	22870	2209	1818	5023	25334	2.6
2018	87602	67412	25776	3121	2536	5857	31719	2.9
2019	90967	70767	28042	2864	2463	6692	32166	3.2

18-3　卫生机构床位数

单位：张

年　份	总　计	医　院 卫生院	#医院	疗养院	门诊部、所	其　他 卫生机构	每千人口 医　院 病床位数
1978	11325						
1979	11971						
1980	12299						
1981	13392						
1982	13644						
1983	14067	12167	7185	200	1550	150	1.8
1984	15046	13133	8109	200	1473	240	1.9
1985	15432	13269	8608	200	1762	200	1.9
1986	15771	13653	8925	200	1718	200	1.9
1987	16147	13845	9107	200	1802	300	1.9
1988	16809	14390	9549	200	1919	300	1.9
1989	17004	14483	9609	200	1921	400	1.9
1990	17303	14660	9630	200	2043	400	1.8
1991	17557	15059	10186	200	1898	400	1.8
1992	18100	15490	10459	200	1987	400	1.9
1993	18747	15813	10668	200	2310	400	1.9
1994	18650	15686	10791	200	2310	400	1.9
1995	18596	15647	10783	200	2310	400	1.8
1996	18733	15814	10883	200	2310	370	1.8
1997	18700	15751	10713	200	2310	400	1.8
1998	18637	15703	10645	200	2310	400	1.8
1999	17992	17368	10621	200		400	2.0
2000	17736	17091	10562	200			1.9
2001	17505	16964	10417	200		317	1.9
2002	18210	18210	13944				2.0
2003	18487	17961	13650	200		326	2.0
2004	18792	18252	13905	200		340	2.1
2005	19888	19287	14647	200	5	104	2.2
2006	20264	19749	14975	40		475	2.2
2007	21488	20238	15737	40		1210	2.3
2008	24430	23248	17614	40		1142	2.6
2009	26600	25081	18852	40	28	1451	2.8
2010	30500	27783	21496	40	130	2547	2.9
2011	32960	30283	23119	40	148	2601	2.7
2012	38489	35703	27091	40	60	2686	3.2
2013	43138	40179	30829	40	57	40	3.3
2014	46213	43175	33532	40	21	40	3.9
2015	47949	44550	34552	40	20	40	4.0
2016	52247	48926	38223	40	40	40	4.4
2017	55589	51444	39764	40		40	4.5
2018	58588	54265	41553	40		40	4.7
2019	60988	56683	43616		16		4.9

18-4 卫生机构、床位、人员数

（2019年）

机构类别	机构数（个）	床位数（张）	诊疗人数（万人）	入院人数（万人）	工作人员数（人）	#卫生技术人员	执业医师数
总计	**4594**	**60988**	**6519.3**	**204.30**	**90967**	**70767**	**20824**
医院合计	177	43616	2603.1	146.90	48529	39923	12463
综合医院	99	29209	1673.53	103.51	31392	26139	8158
中医医院	19	5715	496.72	19.96	7337	6057	1923
中西医结合医院	2	103	1.96	0.27	90	80	27
专科医院	48	7812	425.85	22.85	9303	7328	2274
#口腔医院	8	138	38.93	0.22	638	492	228
耳鼻喉科医院	1	88	2.48	0.08	84	66	20
肿瘤医院	1	1113	133.2	4.76	1625	1346	481
儿童医院	2	1518	114.95	8.33	1829	1533	447
精神病医院	8	1950	31.81	2.33	1395	1022	258
传染病医院	1	419	9.85	0.87	417	326	88
皮肤病医院	1	80	5.71	0.07	79	65	22
职业病医院	1	46	4.57	0.09	29	21	16
康复医院	5	830	7.75	0.91	705	577	160
美容医院	3	60	1.44	0.10	129	108	38
其他专科医院	17	1570	75.16	5.09	2373	1772	516
疗养院							
社区卫生服务中心	52	2835	447.12	6.60	4647	3903	1119
卫生院	162	13067	1356.47	46.09	18778	15778	3577
门诊部、所	1109	16	369.87		5119	4512	1986
#私营门诊部、所	985	16	327.63		4503	3955	1751
急救中心（站）	5	5	8.56		113	57	26
采供血机构	1				151	95	4
妇幼保健院（所、站）	14	1102	146.51	4.45	1751	1420	510
妇幼保健院	5	1069	131.58	4.43	1406	1143	357
妇幼保健所	9	33	14.93	0.02	345	277	153
疾病预防控制中心（防疫站）	12				604	421	252
卫生监督所	11				333	281	
医学科学研究机构	3				118	85	52
其他卫生机构	8				329	199	97

18-4　续表　　（2019 年）

机构类别	执业助理医师数	注册护士	药剂人员	技 师	其 他	其他技术人　员（人）	管 理人 员（人）	工 勤人 员（人）
总　计	**7218**	**32166**	**3193**	**2905**	**3945**	**3730**	**3974**	**7089**
医院合计	833	20944	1882	1752	2049	2186	2402	4018
综合医院	518	14035	1133	1149	1146	1332	1430	2491
中医医院	130	2889	435	269	411	448	319	513
中西医结合医院	2	47	2	2			10	
专科医院	157	3788	297	320	492	370	617	988
# 口腔医院	38	202	9	7	8	7	77	62
耳鼻喉科医院	4	30	4	4	4		12	6
肿瘤医院	1	711	48	87	18	30	97	152
儿童医院	5	801	61	53	166	35	78	183
精神病医院	37	582	56	47	42	139	51	183
传染病医院	1	189	26	20	2	32	7	52
皮肤病医院		36	5	2		5	5	4
职业病医院		1	2	2			6	2
康复医院	9	250	30	26	102	26	43	59
美容医院	1	63	4	2		2	5	14
其他专科医院	62	923	52	70	150	94	236	271
疗养院								
社区卫生服务中心	408	1714	276	201	176	170	192	382
卫生院	3527	5886	735	638	1076	764	439	1797
门诊部、所	297	1858	157	64	150	157	224	226
# 私营门诊部、所	261	1643	141	54	105	138	210	200
急救中心（站）	1	27	2		1	21	16	19
采供血机构		54	1	34	2	14	3	39
妇幼保健院（所、站）	75	656	57	91	31	134	54	143
妇幼保健院	49	600	53	71	13	101	30	132
妇幼保健所	26	56	4	20	18	33	24	11
疾病预防控制中心（防疫站）	15	26	9	75	44	71	48	64
卫生监督所					281	13	20	19
医学科学研究机构	2	5	1	15	10	11	14	8
其他卫生机构	3	89	2	28	10	27	53	50

18-5　市区卫生机构、床位、人员数

指　　标	2017	2018	2019	指　　标	2017	2018	2019
卫生机构数　（个）	**2748**	**2830**	**2857**	#疗养院、所	40	40	
医院	104	129	138	卫生院	6052	6921	6859
#疗养院、所	1	1		**卫生机构人员　（人）**	**55518**	**65559**	**67156**
卫生院	86	88	88	卫生技术人员	42439	51594	52884
门诊部、所	705	769	820	执业医师	13055	14842	16064
专科防治所、站	1	1	2	执业助理医师	3293	4172	4138
疾病预防控制中心	8	8	9	注册护士	19308	25027	24817
妇幼保健院（所、站）	10	10	10	药剂人员	2028	2281	2396
卫生监督所	8	8	8	技师	1784	2014	2166
医学科学研究机构	3	3	3	其他卫生技术人员	2971	3258	3058
急救站和采供血机构	4	3	4	其他技术人员	2377	2661	2943
病床数　（张）	**41728**	**44558**	**45849**	管理人员	2420	2797	2894
医院	31881	33815	35161	工勤人员	4540	5071	5104

18-6　医院诊疗基本情况

（2019年）

指　　标	县及县以上医院合计	非营利性	营利性	乡（镇）卫生院合计
诊疗人次　（万人次）	2603.08	2366.81	236.27	1354.47
#门、急诊	2482.04	2249.72	232.32	1314.72
入院人数　（人）	1469266	1347457	121809	460860
每百门急诊的入院人数　（人）	5.92	5.99	5.24	3.51
病床周转次数　（次）	35.60	37.10	24.40	38.10
病床工作日　（日）	318.30	333.90	204.50	282.30
病床使用率　（%）	87.19	91.47	56.02	77.34
出院者平均住院日　（日）	8.70	8.80	8.10	6.80

18-7 城市（市区）前十位疾病死亡原因和构成

（2018 年）

顺 位	合 计		男 性		女 性	
	死 因	占死亡总数（%）	死 因	占死亡总数（%）	死 因	占死亡总数（%）
	十种死因合计	**96.50**	**十种死因合计**	**97.29**	**十种死因合计**	**95.48**
1	脑血管病	25.50	肿瘤	26.38	脑血管病	27.01
2	心脏病	23.19	脑血管病	24.35	心脏病	26.43
3	肿瘤	22.81	心脏病	20.68	肿瘤	18.18
4	呼吸系统疾病	11.76	呼吸系统疾病	11.39	呼吸系统疾病	12.25
5	损伤和中毒	7.33	损伤和中毒	8.84	损伤和中毒	5.39
6	内分泌，营养和代谢疾病	2.39	内分泌、营养和代谢疾病	2.03	内分泌、营养和代谢疾病	2.85
7	消化系统疾病	1.42	消化系统疾病	1.60	神经系统疾病	1.17
8	神经系统疾病	1.02	神经系统疾病	0.90	消化系统疾病	1.17
9	泌尿生殖系统疾病	0.58	传染病和寄生虫病	0.59	泌尿生殖系统疾病	0.63
10	传染病和寄生虫病	0.50	泌尿生殖系统疾病	0.54	传染病和寄生虫病	0.39

18-8 城市（市区）前十位疾病死亡原因和构成

（2019 年）

顺 位	合 计		男 性		女 性	
	死 因	占死亡总数（%）	死 因	占死亡总数（%）	死 因	占死亡总数（%）
	十种死因合计	**96.79**	**十种死因合计**	**97.67**	**十种死因合计**	**95.64**
1	脑血管病	25.16	肿瘤	28.46	脑血管病	27.69
2	肿瘤	24.47	脑血管病	23.22	心脏病	25.32
3	心脏病	22.95	心脏病	21.15	肿瘤	19.26
4	呼吸系统疾病	10.11	呼吸系统疾病	10.08	呼吸系统疾病	10.15
5	损伤和中毒	7.23	损伤和中毒	8.39	损伤和中毒	5.71
6	内分泌、营养和代谢疾病	3.14	内分泌、营养和代谢疾病	2.64	内分泌、营养和代谢疾病	3.80
7	消化系统疾病	1.56	消化系统疾病	1.62	消化系统疾病	1.49
8	神经系统疾病	0.99	神经系统疾病	0.89	神经系统疾病	1.12
9	泌尿生殖系统疾病	0.65	泌尿生殖系统疾病	0.66	泌尿生殖系统疾病	0.64
10	传染病和寄生虫病	0.52	传染病和寄生虫病	0.56	传染病和寄生虫病	0.45

18-9 主要年份民政事业发展情况

指　　标		2010	2014	2015	2016	2017	2018	2019
民政事业、企业情况								
收养类单位数	（个）	250	300	260	247	236	234	300
职工人数	（人）	2458	3702	3473	3256	3086	3349	4480
社会福利企业单位数	（个）	117	87	84	73			
职工人数	（人）	10952	6389	6246	5546			
优抚安置单位数	（个）	22	23	22	20	19	101	76
职工人数	（人）	314	261	257	250	248	183	355
救助类单位数	（个）	3	11	10	10	10		
职工人数	（人）	72	105	110	106	114		
殡仪服务事业单位数	（个）	20	28	27	25	21	21	21
职工人数	（人）	486	514	501	497	455	455	455
彩票募捐单位数	（个）	8	8	8	8	8	8	8
职工人数	（人）	76	81	81	81	81	81	81
社区服务单位数	（个）	84	3420	4169	4124	4100	4138	4105
职工人数	（人）	519	22195	30408	28906	28641	28961	28329
老龄事业单位数	（个）	11	11	9	9	9		
职工人数	（人）	62	66	60	60	60		
婚姻登记服务单位	（个）	4	17	6	5	5	5	4
职工人数	（人）	67	131	96	51	51	51	36
优抚对象优待抚恤情况								
享受定期抚恤金人数	（人）	2143	1137	977	1204	1327	5909	5608
# 城镇		272	162	177	136	160	1732	1746
# 烈属		1349	566	424	848	770	251	175
享受定期补助人数	（人）	21550	45220	47757	41046	45545	45589	44437
# 在乡复员军人		8784	3956	3130	2910	2000	1679	1324
优待优抚对象户数	（户）	21404	25142	63633	55373	53481	52144	49683
社会救济情况								
城镇居民最低生活保障人数	（人）	43193	30915	27327	25536	22683	18131	15106
# 失业人员		9573	12607	10412	10761	7885	5904	
城镇居民最低生活保障家庭数	（户）	18729	15277	13905	13309	11946	9559	8195
农村居民最低生活保障人数	（人）	231938	166252	155694	155171	142445	122851	113747
农村居民最低生活保障家庭数	（户）	116162	85744	82112	81407	72399	61638	56835
城镇临时救济人次数	（人次）	199	1874	1224				
农村临时救济人次数	（人次）	796	5890	6569	10299	10341	13363	10037
农村定期救济人数	（人）	4524						
农村五保供养户数	（户）	42580	34018	33656	33366	32941	32088	31170
城镇社区服务情况								
城镇社区服务设施数	（个）	3462	3420	4169	4124	4100	4138	921
城镇社区服务从业人员	（人）	5561	22195	30408	28906	28641	28961	28329
城镇便民、利民服务网点数	（个）	11756	14809	7658	3358	3358		
社会团体机构情况								
年末实有社团数	（个）	1727	7351	7122	6823	6080	7163	3456
# 地级社团机构数		400	481	512	534	558	618	646

注：2007 年及以后社会救济城镇低保失业人员为登记失业人员、彩票募捐单位数为福利彩票发行单位数；2016 年起城乡临时救济人次数改为城乡临时救助人次数，且临时救助不分城镇农村；2017 年起不再统计社会福利企业单位数和职工人数；2018 年起不再统计救助类单位数和职工人数、老龄事业单位数和职工人数以及城镇便民、利民服务网点数。

18-10　社会福利事业基本情况

（2019 年）

指　　标	院数（个）	年末职工人数（人）	年末床位（张）	年末在院人员（人）
总　计	**386**	**7534**	**80549**	**35955**
社会福利院	1	120	400	190
社会福利医院	2	278	650	646
农村五保供养服务机构	132	2062	28204	14569
养老公寓等各类养老机构	251	5074	51295	20550

18-11　主要年份自然灾害情况

指　　标	1990	1995	2000	2005	2010	2015	2016	2017	2018	2019
受灾面积　（千公顷）	**383.43**	**303.98**	**463.18**	**48.19**	**412.06**	**65.74**	**13.01**	**19.71**	**220.73**	**76.23**
# 旱灾	88.93	54.88	359.45		319.35					
水灾	249.43	22.52	26.50	19.42	57.95		6.78	5.81		
风雹灾	27.13	133.67	54.57	4.67	34.58	40.86	5.89	13.90	207.79	76.23
霜冻	7.47	34.33	22.66		0.18	24.88	0.34		12.94	
病虫	60.43	28.49								
成灾面积　（千公顷）	**317.05**	**235.20**	**256.01**	**31.13**	**235.16**	**33.15**	**4.64**	**9.44**	**119.23**	**42.96**
# 旱灾	32.39	45.87	188.57		184.76					
水灾	205.88	17.54	19.67	12.93	33.41		1.31	4.96		
风雹灾	21.69	103.36	33.77	2.64	16.96	22.21	3.12	4.48	106.36	42.96
霜冻	5.53	25.67	14.00		0.03	10.94	0.21		12.87	
病虫	54.54	19.06								
因灾损失情况										
经济损失总值　（万元）		86146	18448	155890	249142	82976	10399	19040	288863	57917.43
死亡人口　（人）	22	8	7		1		1	1	11	
减产粮食　（万吨）	39.03	35.95	52.07	22.65						
死亡大牲畜　（头）	893	424	4	15			5	11	860	200
倒塌房屋　（间）	45814	5289	2841	6972	386	174	115	19	1836	59
损坏房屋　（间）	52870	15521	6498	24183	2627	724	1336	328	13886	996
成灾人口　（万人）	**353.58**	**238.83**	**370.96**	**139.66**	**611.85**	**72.93**	**29.55**	**27.67**	**240.15**	**51.07**
因灾缺粮人口　（万人）	123.33	123.64	119.82	65.12	49.84			8.99		
因灾缺粮数量　（吨）	67360	81778	51168	13681	29905					
得到国家救济人次数　（人次）	**1087266**	**764550**	**328076**	**96080**	**498400**	**102678**	**36809**	**34467**		**51786**

18-12　职工基本养老保险情况

单位：人

年　份	在职职工人　数	企　业	事业、机关	其　他	离休、退休退职人员数	企　业	事业、机关	其　他
1987	377943	377943			65317	65317		
1988	500278	500278			82466	82466		
1989	576379	572999		3380	93430	93430		
1990	580996	574437		6559	95435	95435		
1991	635907	626848		9059	100668	100668		
1992	593063	592998		65	105992	105992		
1993	464939	464939			97979	97979		
1994	606073	605999		74	119593	119593		
1995	601093	601020		73	121249	121249		
1996	588555	588482		73	128265	128265		
1997	779430	589567	189790	73	168099	135144	32955	
1998	759978	567398	191890	690	180354	143652	36702	
1999	745830	573526	168664	3640	184275	151910	32307	58
2000	691112	558247	121154	11711	188876	161900	26733	243
2001	692144	535201	112134	44809	193605	170241	23195	169
2002	673307	498608	87419	87280	200480	181011	19217	252
2003	661950	471888	64099	125963	207514	190284	16455	775
2004	633583	410727	55236	167620	217615	199374	15991	2250
2005	654863	602574	52289		227905	211607	16298	
2006	713907	661822	52085		237805	221466	16339	
2007	769214	714570	54644		259488	240812	18676	
2008	824778	770052	54726		273659	254314	19345	
2009	886247	832302	53945		287908	268259	19649	
2010	928684	875018	53666		300249	280125	20124	
2011	1005339	951248	54091		313181	292477	20704	
2012	1015065	539611	64686	475454	312400	268869	31891	43531
2013	1081964	560531	64696	521433	521433	322510	28224	50068
2014	1142559	578912	54253	563647	348609	288718	21682	59891
2015	1164834	594646	63441	570188	364916	294873	33215	70034
2016	1238177	616418	61939	559820	413964	300700	34461	78803
2017	1344829	633675	158527	552627	474083	307433	78249	88401
2018	1425545	676816	166568	582161	515330	319103	95002	101225
2019	1522540	736748	167848	617944	537577	329256	98809	109512

18-13　农村养老保险基本情况

年　份	基金积累（万元）	当年保费收入（万元）	当年参保人数（万人）	总参保人数（万人）	当年领取人数（万人）
1992	610	570	3.24	3.24	0.01
1993	1668	1090	8.52	11.76	0.04
1994	4014	2163	14.32	26.08	0.10
1995	9051	3556	18.16	44.24	0.11
1996	11660	1558	16.89	61.13	0.13
1997	13238	1327	7.47	68.60	0.14
1998	14367	670	1.35	69.95	0.15
1999	14899	322	0.60	70.55	0.18
2000	14960	180	0.20	70.75	0.20
2001	14963	165	0.16	70.91	0.23
2002	15160	162	0.56	71.47	0.36
2003	15375	149	0.14	71.61	0.56
2004	15625	236	0.25	71.86	0.70
2005	15887	385	0.18	72.04	0.86
2006	17041	1290	0.38	72.03	1.03
2007	20155	3154	0.18	73.22	1.25
2008	22517	3012	4.68	77.33	1.40
2009	30314	8646	28.80	95.69	1.92
2010	80886	52488	119.67	215.37	88.21
2011	123331	35626	5.31	220.69	97.32
2012	161707	35415		203.38	107.29
2013	196674	33621	208.52	327.03	118.51
2014	229825	33342	198.87	317.31	118.44
2015	279490	49155	193.86	318.03	124.17
2016	363006	79833	194.70	322.02	127.32
2017	435696	76447	193.08	322.54	129.46
2018	510517	77229	191.14	326.01	134.87
2019	583540	77520	196.87	331.30	134.43

18-14 婚姻登记和离婚情况

年 份	登记结婚（对）	初婚（人）	再婚（人）	离婚数（对）	结婚离婚比（%）
1985	52770	104502	1038	669	1.27
1986	49855	98120	1590	419	0.84
1987	61529	121365	1653	571	0.93
1988	55849	110225	1473	652	1.17
1989	54392	106673	2111	665	1.22
1990	68904	135874	1934	442	0.64
1991	64793	127810	1777	495	0.76
1992	64821	127488	2154	646	1.00
1993	58176	114149	2203	907	1.56
1994	66369	130332	2406	877	1.32
1995	65505	127837	2173	1056	1.61
1996	57001	111626	2376	862	1.51
1997	54954	107133	2775	1196	2.18
1998	56604	109832	3376	1699	3.00
1999	55743	108213	3273	1424	2.55
2000	55664	106774	4438	1514	2.72
2001	48820	93764	3708	1729	3.54
2002	45622	87011	4113	3459	7.58
2003	46016	88199	3695	2342	5.09
2004	51629	96765	6493	5051	9.80
2005	53419	98829	8009	6085	11.39
2006	62626	118172	7080	7131	11.39
2007	68003	127551	8455	8658	12.73
2008	78814	149336	8292	9614	12.20
2009	93612	172923	14301	10261	10.96
2010	101907	193626	10188	11101	10.89
2011	117345	214029	20661	12820	10.93
2012	127280	240760	13800	14269	11.21
2013	119843	221051	18635	17802	14.85
2014	107098	190617	23579	18952	17.70
2015	98203	167832	28582	21889	22.29
2016	98590	163391	33789	25186	25.55
2017	87555	140659	34447	37349	42.66
2018	82394	127150	37628	28688	34.82
2019	68737	101199	36263	30545	44.44

主要统计指标解释

医院 指名称为医院，设有固定床位、能收容病人住院并 能为病人提供医疗、护理服务的医疗机构。包括县及县以上医院、农村乡卫生院、其他医院三部分。按所属性质分为卫生部门、工业及其他部门，集体经济单位三类。其中县及县以上医院按业务性质分为综合医院和专科医院。

卫生技术人员 指包括执业（助理）医师、注册护士、药师（士）、检验及影像技师（士）、卫生监督员和见习医（药、护、技）师（士）等卫生专业人员。不包括从事管理工作的卫生技术人员（如院长、副院长、党委书记等）。

医生 指经卫生部门审查合格，从事医疗工作的专业人员。分为中医医生和西医医生。包括卫生技术人员中的中医师、西医师、中西医结合高级医师、中医士、西医士和其他中医。

卫生机构床位 指年底固定实有床位数，包括正规床、简易床、监护床、超过半年加床、正在消毒和修理床位、因扩建或大修而停用床位。不包括产科新生儿床、接产室待产床、库存床、观察床、临时加床和病人家属陪侍床。

执业（助理）医师 指取得医师执业证书且实际从事临床工作的人员，不含取得医师执业证书但实际从事管理工作的人员。

社会福利事业单位 指集中收养社会孤、老、残、幼的机构。包括由民政部门管理的社会福利院、儿童福利院、精神病人福利院和城镇集体办的福利院，以及农村集体举办的敬老院。

社会福利事业单位收养人数 包括民政部门管理的和城镇及农村集体举办的社会福利事业单位中收养的老人、少年儿童、缺乏生活自理能力的残疾人员和精神病人。

社会福利企业单位 指以安置城镇有一定劳动能力的盲、聋、哑和肢体残疾人员就业为目的，享受国家减免税待遇的国有或集体经济性质的企业。包括福利工厂、福利商业服务业、假肢厂和安置农场等单位。

十九、文化和体育

CULTURE AND SPORTS

版面负责人：卢川川
编　　　辑：唐彦君

统计执法监督检查办法

第三十三条 统计执法监督检查机构应当及时组织召开会议，对案件进行讨论审理，确定统计违法行为性质和处理决定，报统计机构负责人审查。对情节复杂或者重大违法行为给予较重的行政处罚，应当集体讨论决定。

在审理过程中发现统计违法事实不清、证据不足或者程序错误的，应当责成统计执法监督检查机构或者执法检查人员及时补充或者重新调查。

第三十四条 统计违法案件审理终结，应当分别以下情况作出处理：

（一）违反统计法律法规规章证据不足，或者统计违法事实情节轻微，依法不应追究法律责任的，即行销案；

（二）违反统计法律法规规章事实清楚、证据确凿的，依法作出处理；

（三）违反统计法律法规规章和国家统计规则、政令，应当给予处分的，移送任免机关或者纪检监察机关处理；

（四）违反统计法律法规规章和国家统计规则、政令，被认定为统计严重失信的，按照国家有关规定进行公示和惩戒；

（五）涉嫌违反其他法律法规规定的，移交有关行政机关处理；

第三十五条 统计违法事实清楚、证据确凿，依法决定予以行政处罚的，应当在作出行政处罚决定前，制作《统计行政处罚决定告知书》，向处罚对象告知给予行政处罚的事实、理由、依据和处罚对象依法享有的权利。处罚对象对处罚决定进行陈述、申辩，提出不同意见时，统计执法监督检查机构应当认真听取。处罚对象提出新的事实、理由和证据，统计执法监督检查机构应当进行复核，复核成立的，予以采纳。

19-1 文化事业情况

单位：个

年 份	公办文化馆 站	公 共 图书馆	公共图书馆藏 书（千册）	博物馆	新华书店	电影放映单 位	#电影院影剧院	电影观众人 数（万人次）
1982	105	7		1	9	640	57	20436
1983	105	7		2	7	690		22886
1984	112	7	1022	2	7	877	62	25755
1985	112	7	1085	4	7	919	58	20157
1986	101	7	1036	4	7	903	56	21078
1987	101	7	1079	5	7	892	55	22545
1988	101	7	1097	6	7	777	54	
1989	101	7	1128	8	7	781	54	17437
1990	101	7	1182	8	10	767	62	17802
1991	118	7	1240	9	7	641	75	16496
1992	113	7	1375	9	7	579	80	10317
1993	113	7	1398	9	14	567	77	2251
1994	125	7	1432	9	14	553	70	382
1995	113	7	1464	10	7	408	76	1092
1996	113	7	1476	10	7	433	94	1243
1997	113	7	1473	10	7	445	126	1296
1998	113	7	1509	10	7	324	132	1676
1999	113	7	1520	10	7	327	132	832
2000	85	7	1565	10	7	310	103	608
2001	86	7	1587	10	7	196	95	438
2002	86	7	1639	10	7	196	94	366
2003	114	7	1501	10	7	192	90	324
2004	127	7	1533	11	7	96	96	382
2005	127	7	1533	11	7	57	57	425
2006	125	7	1518	13	7	21	8	50
2007	125	7	1542	11	7	24	9	34
2008	126	7	1626	14	7	22	6	30
2009	130	7	1691	16	68	6	4	77
2010	157	7	2698	17	68	6		79
2011	157	8	2416	21	68	6	6	81
2012	157	8	6935	21	68	6	6	81
2013	158	8	8186	21	68	18	6	89
2014	158	8	5304	21	68	22	6	91
2015	158	8	5544	21	68	29	6	311
2016	158	8	3296	21	68	35	1	538
2017	158	8	3725	21	68	45	1	765
2018	169	8	3865	21	68	49	1	810
2019	165	8	4037	18	68	54		1200

注：2009、2010 年新华书店为全社会口径，与往年不可比；2009、2010 年电影放映单位为市文广旅局备案单位数。

19-2 主要年份广播、电视事业情况

指　　标	1990	1995	2000	2005	2010	2015	2016	2017	2018	2019
广播电视台 （座）	**1**	**8**	**1**	**7**	**8**	**8**	**8**	**8**	**8**	**8**
广播事业										
发射台及转播台（中波）（座）	1	2	2	2	2	2	2	2	2	2
发射机功率（中波）（部/千瓦）	3/21	4/22	4/31	2/31	5/65	2/36	2/36	2/36	9/36	9/36
节目 （套）	2	10	9	9	10	11	11	11	9	10
平均每日播音时间 （小时）	18	92	97	139	189	189	191	183	164	192
广播人口覆盖率 （%）	93	88.3	100	100	100	100	100	100	100	100
制作节目时间 （小时）	1 323	8 235	20 754	32 913	50 415	45847	47620	44783	42939	51128
# 新闻节目	193	1 249	1 317	4 125	7 075	4903	5106	5921	5106	5016
文艺节目	379	3 869	9 595	5 427	28 159	29816	26518	25612	21827	27315
教育节目	183	26	96		1 126	1092	1108	1269	206	223
电视事业										
发射台及转播台 （座）	6	1	8		8	8	8	8	8	8
发射机功率（全部）（部/千瓦）	20/19.55	28/50.20	30/53.25		33/60.55	33/60.56	33/60.56	33/60.56	45/61.75	45/61.75
节目 （套）	1	8	8	10	11	11	11	11	11	11
平均每周播出时间 （小时）	83	444	572	1019	1134	189	193	186	184	188
电视人口覆盖率 （%）	77	99.3	98.7	100	100	100	100	100	100	100
制作节目时间 （小时）	307	3509	3694	13696	11160	19605	19316	15799	12693	18932
# 新闻节目	75	387	555	2827	3196	2720	2631	2539	2096	2106
文艺节目	62	485	518	2242	2051	2383	2269	1875	1204	2006
教育节目		13	9		639	1501	1561	1631	1330	1380
有线电视用户 （万户）		12.66	25.52	80.70	218.11	264.79	263.77	122.43	123.83	78.30
有线电视入户率 （%）					78.30	95.31	95.00	43.95	44.53	38.60
县级广播电视台 （座）			6	6	7	7	7	7	7	7
数字电视用户 （万户）					43.80	156.42	157.90	97.20	104.25	117.90

注：1998 年及以后广播电台、电视台数根据省广播电视厅要求只统计地市级，县级电台、电视台合并统计为广播电视台。

19-3　主要年份体育事业基本情况

指　　标	1990	1995	2000	2005	2010	2015	2016	2017	2018	2019
体育设施　　（所）										
体育场	1	1	7	2	13	41	41	41	41	26
体育馆	1	1		1	12	15	15	15	15	36
游泳馆		1	3	2	9	27	29	31	31	52
体育教育										
体育运动学校　（所）	1	1	1	1	1	1	1	1	1	1
普通业余体校　（所）	6	6	12	14	1	12	13		5	5
在校学生数　（人）	350	680	1506	2603	1617	1709	1703		1717	1739
体育系统职工人数　（人）	**289**	**295**	**411**		**352**	**575**	**394**	**541**	**540**	**529**
注册运动员			1556	2612	3555	2431	2721	2721	2925	2450
专职教练员	82	79	130	206	49	109	115	132	144	148
专职文化教师	31	42	46	204	89	65	65	30	50	64
科技人员	2	2	6	8	2	10	7	8	11	10
医务人员	4	4	2	8	1	3	3	3	1	
管理人员	83	79	141	264	123	142	91	141	140	119
其他	87	89	86	216	88	246	113	168	194	188
等级运动员　（人）	**135**	**200**	**1120**		**110**	**159**	**192**	**219**	**186**	**189**
# 一级	5	50	65		6	47	35	21	41	57
二级	130	150	320	329	104	112	157	198	145	132
等级裁判员　（人）	**44**	**72**	**1106**		**448**	**1966**	**2242**	**2279**	**1218**	**583**
# 一级	6	17	162		54	714	778	815	864	44
二级	38	25	295	190	394	1246	1464	1464	1464	539
三级		30	638			6				
各级体育部门举办运动会情况										
运动会次数　（次）	65	85	110			15	8		7	1
参加运动会的运动员人数（万人）	0.6	0.96	12			0.4	5.1		5.16	3.5
获国内外奖章　（牌）										
金质奖章（牌）　（枚）	5	7		11	104	21	36	161	106	106
银质奖章（牌）　（枚）	2	5			66	8	1	114	86	79
铜质奖章（牌）　（枚）	6	4			98.5	10	5	149	107	105
体彩情况										
体育彩票销售点个数　（个）					1000	1118	1050	1100	1021	955
年从业人员数　（人）					2000	2200	2100	2000	2042	1930
体育彩票发行额　（万元）					1149		1554	844	1308	1188
体彩全年销售额　（亿元）					5.36	9.02	9.47	12.33	12.77	10.72
百万以上大奖个数　（个）					6		7	3	6	33

注：一、二级运动员 2001 年以后为当年新晋升数；2007、2008 年奖章数为省级以上比赛奖牌数（含国际性比赛）；2008 年部分指标由于统计口径变化，数据相应调整。等级裁判员为当年新增数；2013 年数据依照全国第六次体育场地普查数据。

主要统计指标解释

文化事业机构 指从事专业文化工作和为专业文化工作服务的独立建制的单独核算的单位。不包括这些单位另外举办独立核算的其他机构和各部门的业余文化组织。

公共图书馆 文化部门举办的面向社会服务的独立的图书馆。不包括文化馆的图书室。

电视人口覆盖率 指电视覆盖人口与总人口的比率。电视覆盖人口是指能够用普通电视接收机、室外天线在离地面四米高处，在晚上收看电视，并且收视效果能达到图像基本稳定、清晰，能看清人物的形象、动作的地区内的人口数。计算公式为：

$$\text{电视人口覆盖率}(\%)=\frac{\text{年末电视覆盖人口数}}{\text{年末总人口数}}\times 100\%$$

广播人口覆盖率 指广播覆盖人口与总人口的比率。广播覆盖（或中波覆盖）人口是指能够用普通收音机在中午收听中波广播节目，并且收听效果能达到听清完整的节目内容的地区的人口数，包括只能收听外省中波广播的人口数在内。计算公式为：

$$\text{广播人口覆盖率}(\%)=\frac{\text{年末广播覆盖人口数}}{\text{年末总人口数}}\times 100\%$$

等级运动员人数 指经考核正式批准授予等级运动员称号的人数。运动员等级分为国际级运动健将、运动健将、一级运动员、二级运动员、三级运动员、少年级运动员。

等级裁判员人数 指经考核正式批准授予等级裁判员称号的人数。裁判员等级分为国际裁判、国家级裁判、一级裁判、二级裁判、三级裁判。

体育场 指有400米跑道（中心含足球场），有固定道牙，跑道6条以上，并有固定看台的室外田径场地。以看台容纳观众人数分：甲级25000人以上，乙级15000–25000人，丙级5000–15000人，丁级5000人以下。

体育馆 指有固定看台，可供篮球、排球、羽毛球、乒乓球、体操等项目比赛活动用的室内运动场地。以看台容纳观众人数分：甲级6000人以上，乙级4000–6000人，丙级2000–4000人，丁级2000人以下。

二十、公共管理及其他

PUBLIC MANAGEMENT AND OTHERS

版面负责人：卢川川
编　　　辑：曹　晶

统计执法监督检查办法

第三十六条 县级以上人民政府统计机构作出对法人或者其他组织5万元以上罚款，对个体工商户作出2000元以上罚款的行政处罚决定前，应当告知处罚对象有要求举行听证的权利。处罚对象要求听证的，作出处罚决定的统计机构应当依法组织听证。

处罚对象应当在收到《统计行政处罚决定告知书》3日内向作出处罚决定的统计机构提出听证要求，作出处罚决定的统计机构应当在听证的7日前通知处罚对象举行听证的时间和地点。

听证由统计机构指定的非本案执法检查人员主持，处罚对象认为主持人与本案有直接利害关系的，有权申请回避。举行听证时，执法检查人员提出处罚对象违法的事实、证据和处罚建议，处罚对象进行申辩和质证。听证应当制作笔录，笔录应当交处罚对象审核无误后签字或者盖章。

听证结束后，统计机构依照本办法第三十四条作出处罚决定。

第三十七条 统计违法行为应当给予行政处罚的，依法作出处罚决定，制作《统计行政处罚决定书》。《统计行政处罚决定书》应当载明下列事项：

（一）处罚对象的名称或者姓名、地址；

（二）违反统计法律法规规章的事实和证据；

（三）统计行政处罚的种类和依据；

（四）统计行政处罚的履行方式和期限；

（五）不服统计行政处罚决定，申请行政复议或者提起行政诉讼的途径和期限；

（六）作出统计行政处罚决定的统计机构名称和作出决定的日期。

统计行政处罚决定书必须盖有作出统计行政处罚决定的统计机构的印章。

20-1 主要年份律师、公证、调解工作情况

单位：件

项　　目	1990	1995	2000	2005	2010	2015	2016	2017	2018	2019
律师工作										
律师事务所（个）	14	36	44	59	86	116	126	132	138	145
律师（人）	151	224	543	736	999	1462	1602	1772	2063	2386
# 专职律师	123	143	247	650	976	1381	1531	1691	1825	1967
# 女性	27	31	31	93	164	362	444	503	569	688
兼职律师	7	52	25	15	23	30	32	31	31	33
聘任担任常年法律顾问的单位（处）	507	1659	1494	1347	1664	4668	5121	4203	9322	9498
民事诉讼代理	784	1755	4026	6045	9483	38432	43415	47700	41782	92419
# 经济诉讼代理	348	1157	2065	1712	4306	16545	20710	20817	23650	
刑事辩护	1281	1145	1850	1662	2320	3569	4182	4495	6052	6956
行政诉讼代理	22	103	242	102	518	40	81	66	260	680
非诉讼法律事务	159	1269	1107	1154	2232	24589	26150	15899	18521	6056
涉外法律事务	29	3	5	11					16	
解答法律咨询	7748	15459	32156	45350	25210	99989	113084	102791	108974	90410
代写法律事务文书	1192	2577	3132	5195	2930	2451	3506	4524	5633	8020
公证工作										
公证处（个）	8	10	12	12	13	15	11	11	11	11
公证人员（人）	59	56	76	87	111	132	127	119	127	135
# 公证员	30	38	52	50	56	60	50	53	51	56
公证员助理	13	7	24	30	28	40	34	40	52	54
办理公证文书	20702	23006	44501	60805	58572	30912	42281	37359	25957	31619
人民调解工作										
专职司法助理人员（人）	215	183	182	388			533			
人民调解委员会（个）	4648	4595	4800	3212	3 185	3211	3109	3105	3143	3064
调解人员（人）	94920	116844	98456	73216	35494	10224	9892	6836	5939	10642
调解民事纠纷	32719	31160	25562	16449	32621	30809	36708	122943	129932	150082

注：1. 调解人员 2008 年及以后不包括调解信息员。2.2019 年起不再统计经济诉讼代理数。

20-2 国内外公证文书分类

（2019 年）

分　类	办证件数（件）
合计	**44157**
合同（协议）	652
继承	9980
# 小额继承	5108
委托	11088
声明	2667
赠与	151
遗嘱	326
现场监督	99
婚姻状况、亲属关系、收养关系	2314
出生、生存、死亡	1288
身份、经历、学历、学位、职务、职称	2903
有无违法犯罪记录	1755
公司章程	90
保全证据	2430
证书、执照	329
签名、印鉴	3182
文本相符	2207
赋予强制执行效力	633
执行证书	37
抵押登记	84
提存	1
保管	
其他	1941

20-3　主要年份调解民间纠纷分类

分　类	调解纠纷（件）							
	1995	2000	2010	2015	2016	2017	2018	2019
合　计	**31160**	**25562**	**32621**	**35898**	**36708**	**122943**	**129932**	**150082**
婚姻家庭	10805	10143	8860	10072	7693	28103	27758	27509
婚姻	4136	3870		10072	6053	22483	22207	
继承	1179	1327			393	843	845	
赡养扶养	2892	2466			726	2191	2165	
其他	2598	2480			521	2586	2541	
房屋、宅基地	4815	2706	3703	3232	3020	7807	7471	6308
合同	2848	3039	2003	1548	1208	3785	4463	4022
工地承包			2696	1360	2282	4221	4232	4733
邻里	6169	3548	8877	12313	11701	45725	52514	70396
损害赔偿	1832	2225	3562	3485	2776	8824	9142	8676
其他	4691	3901	2920	3888	8028	24478	24352	28438

20-4　政治协商会议徐州市委员会历届委员人数

届 次	委员总数（人）	中国共产党代表（人）	占代表总数比重（%）	少数民族代表（人）	占代表总数比重（%）
一届（1955年7月）	83	6	7.2	1	1.2
二届（1957年5月）	130	10	7.7	2	1.5
三届（1959年12月）	170	12	7.1	5	2.9
四届（1961年5月）	190	12	6.3	5	2.6
五届（1963年11月）	190	12	6.3	4	2.1
六届（1966年2月）	210	12	5.7	5	2.4
七届（1981年4月）	357	18	5.0	10	2.8
八届（1983年12月）	456	21	4.6	11	2.4
九届（1988年1月）	461	20	4.3	11	2.4
十届（1993年3月）	459	22	4.8	13	2.8
十一届（1998年1月）	460	26	5.7	13	2.8
十二届（2003年1月）	480	21	4.4	8	1.7
十三届（2008年1月）	558	24	4.3	8	1.4
十四届（2012年6月）	576	23	4.0	11	1.9
十五届（2017年2月）	574	29	5.1	12	2.1

20-5 妇联组织情况

单位：个

年份	各级妇联总计	#镇、街道级	基层妇代会总计	#农村	机关及事业单位妇委会数	各类妇女联谊组织数
1988	229	218				
1989	236	218			7	
1990	236	218			7	
1991	236	218			7	1
1992	236	218			7	1
1993	236	218	3775	3429	7	1
1994	236	217	3775	3429	7	1
1995	238	217	3778	3429	10	2
1996	233	221	3820	3440	10	2
1997	230	218	3754	3430	11	2
1998	231	219	4101	3430	71	6
1999	235	223	4097	3430	71	6
2000	169	157	3527	3062	71	6
2001	176	164	2727	2255	72	6
2002	176	164	2727	2255	76	6
2003	181	169	2616	2264	92	6
2004	174	162	2617	2295	92	6
2005	166	154	2842	2295	393	322
2006	164	152	2980	2294	396	216
2007	167	155	2853	2262	290	234
2008	167	155	2619	2271	320	30
2009	167	155	2776	2257	281	23
2010	167	155	1649	2250	316	13
2011	167	155	2672	2318	282	43
2012	168	156	2678	2238	320	70
2013	168	156	2678	2234	320	70
2014	173	161	2690	2192	313	70
2015	173	161	2696	2192	379	145
2016	175	163	2181	2079	404	2331
2017	175	163	2692	2267	430	2369
2018	175	163	2692	2267	430	2387
2019	177	165	2736	2018	596	1133

20-6 交通事故发生情况

年 份	交通事故发生数（起）	交通事故死伤人数（人）	#死亡人数	每十万人交通事故发生数（起）	每起交通事故死伤人数（人）
1984	518	520	156	7.4	1.0
1985	541	501	156	7.6	0.9
1986	529	576	199	7.4	1.1
1987	1999	1631	448	27.5	0.8
1988	1382	787	342	18.6	0.6
1989	1139	825	291	15.0	0.7
1990	1104	887	235	13.7	0.8
1991	1374	1071	289	16.8	0.8
1992	1436	1316	320	17.4	0.9
1993	1475	1398	337	17.8	0.9
1994	1601	1365	339	19.1	0.9
1995	1383	1396	351	16.3	1.0
1996	1107	1167	319	12.9	1.1
1997	1094	1253	319	12.6	1.1
1998	1063	1271	360	12.1	1.2
1999	775	1095	326	8.8	1.4
2000	3557	3700	773	39.7	1.0
2001	2099	2407	518	23.3	1.1
2002	1730	2100	459	19.2	1.2
2003	1569	1993	458	17.3	1.3
2004	1506	1824	521	16.5	1.2
2005	1289	1619	487	13.9	1.3
2006	1123	1431	448	12.0	1.3
2007	1007	1336	373	10.7	1.3
2008	1038	1425	374	11.0	1.4
2009	969	1343	371	10.1	1.4
2010	852	1140	357	8.8	1.3
2011	733	994	364	8.6	1.4
2012	839	1084	350	9.8	1.3
2013	914	1154	348	10.7	1.3
2014	913	1154	348	10.6	1.3
2015	912	1152	347	10.5	1.3
2016	900	1136	341	10.4	1.3
2017	902	1135	344	10.3	1.3
2018	885	1131	342	10.1	1.3
2019	886	1124	334	10.0	1.3

20-7 火灾事故发生情况

（2019年）

年份	火灾发生数（起）	火灾死伤人数（人）	#死亡人数	直接经济损失（万元）	平均每起火灾损失（元）
1985	118	35	11	47.72	4044
1990	284	21	5	205.80	7246
1991	142	19	7	122.40	8620
1992	162	24	6	223.04	13768
1993	108	81	23	192.45	17819
1994	140	53	20	271.71	19408
1995	185	75	13	345.42	18671
1996	204	34	8	394.36	19331
1997	903	33	15	449.65	4980
1998	841	55	23	307.41	3655
1999	799	60	11	289.74	3626
2000	477	54	10	293.10	6144
2001	540	32	11	217.59	4029
2002	656	35	15	185.83	2833
2003	671	19	8	381.82	5690
2004	821	38	15	368.34	4486
2005	1102	29	17	460.84	4181
2006	883	17	11	322.06	3647
2007	1123	20	17	408.91	3641
2008	1033	9	6	342.31	3314
2009	896	11	7	572.56	6390
2010	856	10	7	448.95	5245
2011	763	9	9	387.80	5083
2012	717	10	7	565.36	7885
2013	2141	18	10	1480.43	6914
2014	2157	23	14	2425.38	11244
2015	2417	23	14	2081.34	8611
2016	1954	5	5	1459.10	7467
2017	1838	7	5	1777.42	9670
2018	1180	9	6	1617.04	13703
2019	1083	5	5	1803.08	16648

20-8 火灾事故发生情况

（2019年）

项目	合计	按事故发生程度分			按事故发生地区分
		特大	重大	一般	#市区
火灾发生数（起）	1083			1083	670
死伤人数（人）	5			5	4
#死亡人数	5			5	4
直接经济损失（万元）	1803.08			1803.08	784.7
平均每起火灾损失（元）	16648			16648	11712

主要统计指标解释

律师 指受聘参加法律顾问处工作，担任法律顾问、刑（民）事代理人、刑事辩护人，办理非诉讼事件、解答法律询问、代定法律事务文书等主要从事律师业务的专职法律工作者和兼职律师。

公证人员 指在国家公证机关依法办理公证事务的司法人员。包括公证员、助理公证员和在公证处工作的其他人员。

办理公证文书 指公证处在一定时期内办结的公证文书件数。公证文书系按司法部门规定或批准的格式制作。包括国内公证和涉外公证两部分。其中国内公证分为经济合同公证和民事法律关系公证两大类。

调解人员 在人民调解委员会担负调解民间一般民事纠纷和轻微违法行为所引起的纠纷的工作人员。包括调解委员会的委员和调解小组的调解员。

调解民间纠纷 指调解委员会依照法律规定，根据自愿原则，用说服教育的方法调解民间发生的有关民事权利和义务的争执，促成当事双方达到协议的谅解，解决纠纷。包括婚姻家庭纠纷，财产权益纠纷等。不包括法院受理调解的民事案件数。

二十一、县（市）社会经济（1978-2019）

SOCIAL ECONOMIC OF COUNTIES (CITIES) (1978–2019)

版面负责人：卢川川　王　楠　唐子午
顾元林　李　燕　张　虹
王廷宝　高惠媛　徐　勇
编　　辑：孙从兵　徐向忠　闫礼建
董志娟　杜秀侠　秦伟伟
宋　蕊　柏　慧　柳　震
李银浩

统计执法监督检查办法

第三十八条 县级以上人民政府统计机构应当在《统计行政处罚决定书》作出后7日内送达处罚对象。处罚对象应当在送达回执上签字盖章，并注明签收日期。处罚对象拒绝接收的，应当在其他人员见证下，由送达人员、见证人员在送达回执上签字并注明理由，将《统计行政处罚决定书》留置；处罚对象不能接收的，应当在其他人员见证下，由送达人员、见证人员在送达回执上签字并注明理由。

邮寄送达的，应当通过中国邮政挂号寄送。

第三十九条 统计行政处罚决定作出后，处罚对象应当在统计行政处罚决定的期限内予以履行。处罚对象对统计行政处罚决定不服，申请行政复议或者提起行政诉讼的，统计行政处罚不停止执行。

统计执法监督检查机构应当及时掌握统计行政处罚的执行情况。

第四十条 立案查处的统计违法行为，应当在立案后3个月内处理完毕；因特殊情况需要延长办理期限的，应当按规定报经批准，但延长期限不得超过3个月。

第四十一条 统计违法事实清楚并有法定依据，对法人或者其他组织予以警告或者警告并处1000元以下罚款行政处罚的，可以适用简易处罚程序，当场作出统计行政处罚决定。

第四十二条 统计违法行为处理决定执行后，应当及时结案。

结案应当撰写结案报告，报送所属人民政府统计机构负责人同意，予以结案。

第四十三条 县级以上人民政府统计机构在查处统计违法案件时，认为对有关国家工作人员应当给予处分处理的，应当按照有关规定提出处分处理建议，并将案件材料和处分处理建议移送具有管辖权的任免机关或者纪检机关、监察机关、组织（人事）部门。

第四十四条 立案查处和执法检查的典型、严重统计违法案件，应当按照有关规定予以曝光。

对具有严重统计造假弄虚作假情形的，应当依法认定为统计上严重失信，按照有关规定予以公示和惩戒。

21-1　历年地区生产总值

（当年价格）　　　　单位：亿元

年　份	丰　县	沛　县	睢宁县	新沂市	邳州市	贾汪区	铜山区
1978	1.72	2.04	2.12	2.21	2.42		2.07
1979	1.99	2.24	2.21	2.24	2.82		2.66
1980	2.32	2.54	2.69	2.38	3.11		2.73
1981	2.42	2.80	2.91	2.62	3.23		3.14
1982	3.04	3.39	3.41	2.82	3.73		3.79
1983	3.53	3.78	3.61	3.55	4.93		4.57
1984	4.14	4.85	4.90	4.27	5.69		5.27
1985	3.87	5.88	5.30	5.02	6.46		6.16
1986	4.48	6.36	5.58	5.80	7.99		7.19
1987	4.86	7.11	5.70	6.85	8.94		8.75
1988	5.37	8.96	6.26	8.46	11.29		9.67
1989	7.06	8.59	6.88	9.49	12.04		11.23
1990	7.51	9.37	8.49	10.10	13.55		12.13
1991	9.28	13.18	9.46	11.42	14.70		13.53
1992	9.77	15.56	11.45	12.69	17.10		16.38
1993	12.42	20.16	15.28	18.85	20.75		21.79
1994	14.61	27.27	22.07	28.50	29.79	17.76	32.37
1995	16.36	36.23	29.53	32.51	34.59	27.00	45.67
1996	17.13	42.99	32.59	36.50	38.94	27.54	50.37
1997	17.91	46.12	30.29	39.51	44.48	28.43	55.55
1998	19.47	51.59	32.69	43.30	50.71	31.15	60.70
1999	22.78	56.36	34.31	44.53	55.96	33.42	64.65
2000	26.28	60.15	36.61	38.91	62.68	36.91	70.91
2001	30.40	68.00	41.35	43.66	69.05	34.79	77.75
2002	34.91	76.41	47.03	47.96	76.46	34.26	86.21
2003	40.50	86.57	53.20	54.24	88.07	39.30	99.00
2004	48.89	104.75	54.04	64.55	102.26	47.64	117.39
2005	57.94	125.22	64.26	83.02	128.93	55.23	147.69
2006	68.58	150.82	78.12	103.83	161.98	65.90	181.08
2007	81.08	179.50	95.58	129.32	198.55	80.64	229.31
2008	102.43	218.89	129.93	168.66	257.13	92.98	290.58
2009	120.15	249.98	151.15	195.53	298.46	108.60	338.11
2010	150.58	301.60	200.10	241.20	366.39	135.79	462.75
2011	190.61	376.98	252.36	301.37	448.86	170.26	570.57
2012	228.73	431.30	302.45	350.16	513.49	192.91	647.60
2013	300.73	503.80	360.16	412.22	610.68	220.55	749.73
2014	341.63	564.96	419.97	473.54	684.48	246.96	835.27
2015	366.82	580.20	453.84	510.33	722.92	261.30	889.03
2016	400.94	636.86	496.74	561.96	762.34	284.89	962.50
2017	438.83	722.53	557.20	633.96	867.39	324.23	1071.91
2018	451.17	731.02	574.59	651.31	906.53	331.96	1087.89
2019	468.23	777.96	612.67	686.40	959.70	351.93	1184.33

注：1993-2004 年为按 2004 年经济普查调整修订数据；2006-2008 年数据是全国第二次经济普查调整修订后的数据；2015 年以后数据根据全国第四次经济普查调整结果进行了修订。

21-2 历年地区生产总值指数

（按可比价格计算、以 1978 年为 100）

年　份	丰　县	沛　县	睢宁县	新沂市	邳州市	铜山区
1978	100.0	100.0	100.0	100.0	100.0	100.0
1979	99.0	95.5	90.8	89.5	99.9	110.3
1980	114.1	107.5	109.2	93.8	108.5	113.7
1981	117.5	117.6	115.8	101.1	110.1	128.3
1982	140.8	138.1	129.6	105.9	122.6	150.1
1983	161.0	151.6	134.8	129.7	159.3	181.0
1984	181.9	188.0	174.3	151.6	175.9	200.2
1985	158.6	210.8	173.2	165.0	189.4	209.6
1986	170.4	219.0	178.9	180.5	215.1	226.2
1987	171.9	228.4	173.1	195.7	224.0	256.3
1988	167.7	254.6	169.6	221.8	241.7	289.7
1989	199.1	221.2	169.8	240.8	238.1	249.8
1990	202.1	224.3	195.9	254.7	248.8	261.3
1991	241.7	304.8	212.9	277.1	269.7	283.8
1992	245.3	347.5	249.7	312.3	308.0	359.3
1993	274.5	376.0	283.9	360.7	363.7	395.6
1994	326.4	418.9	343.5	445.8	432.1	447.0
1995	378.0	517.8	401.6	465.9	523.7	596.3
1996	408.6	577.3	425.6	515.3	573.5	647.6
1997	455.6	665.6	435.9	563.7	543.1	736.3
1998	506.2	752.1	471.6	635.3	608.8	832.8
1999	569.5	843.1	509.3	688.7	679.4	934.4
2000	632.1	936.7	547.0	739.7	754.8	1047.5
2001	704.8	1041.6	618.1	828.5	841.6	1153.3
2002	787.3	1172.8	685.5	927.1	943.4	1287.1
2003	866.0	1322.9	760.9	1043.0	1069.8	1455.7
2004	976.0	1504.1	858.3	1185.9	1227.1	1669.7
2005	1107.8	1729.7	974.2	1361.4	1422.2	1928.5
2006	1275.1	2006.5	1120.3	1575.1	1659.7	2250.6
2007	1469.9	2321.0	1290.7	1816.0	1920.2	2604.9
2008	1678.6	2664.5	1474.0	2077.5	2204.4	2993.0
2009	1916.9	3056.2	1690.7	2385.0	2532.9	3439.0
2010	2183.8	3508.5	1937.5	2740.1	2904.7	3941.0
2011	2476.7	4003.3	2204.8	3136.0	3314.3	4504.6
2012	2816.0	4559.8	2506.9	3578.2	3781.6	5148.8
2013	3182.1	5138.9	2835.3	4505.5	4273.2	5807.6
2014	3551.2	5724.7	3175.5	5028.1	4773.2	6481.3
2015	3920.5	6325.8	3508.9	5561.1	5269.6	7135.9
2016	4230.2	6901.4	3807.2	6083.8	5727.9	7706.8
2017	4540.6	7493.8	4100.3	6610.1	6209.6	8258.1
2018	4676.9	7763.5	4280.7	6894.3	6426.9	8547.1
2019	4868.6	8229.3	4546.1	7308.0	6767.6	9196.7

21-3　历年地区生产总值指数

（按可比价格计算、以上年为 100）

年　份	丰　县	沛　县	睢宁县	新沂市	邳州市	贾汪区	铜山区
1978							
1979	99.0	95.5	90.8	89.5	99.9		110.3
1980	115.3	112.6	120.3	104.8	108.6		103.1
1981	103.0	109.4	106.0	107.8	101.5		112.8
1982	119.8	117.4	111.9	104.7	111.4		117.2
1983	114.3	109.8	104.0	122.5	129.9		120.3
1984	113.0	124.0	129.3	116.9	110.4		110.6
1985	87.2	112.1	99.4	108.8	107.7		104.7
1986	107.4	103.9	103.3	109.4	113.6		107.9
1987	100.9	104.3	96.8	108.4	104.1		113.3
1988	97.6	111.5	98.0	113.3	107.9		113.0
1989	118.7	86.9	100.1	108.6	98.5		86.2
1990	101.5	101.4	115.4	106.5	104.5		104.6
1991	119.6	135.9	108.7	113.0	108.4		108.6
1992	101.5	114.0	117.3	111.1	114.2		126.6
1993	111.9	108.2	113.7	122.7	118.1		110.1
1994	118.9	111.4	121.0	123.6	118.8	150.8	113.0
1995	115.8	123.6	116.9	104.5	121.2	152.0	133.4
1996	108.1	111.5	106.0	110.6	109.5	124.3	108.6
1997	111.5	115.3	102.4	109.4	89.9	107.4	113.7
1998	111.1	113.0	108.2	112.7	112.1	112.1	113.1
1999	112.5	112.1	108.0	108.4	111.6	103.7	112.2
2000	111.0	111.1	107.4	107.4	111.1	111.6	112.1
2001	111.5	111.2	113.0	112.0	111.5	108.1	110.1
2002	111.7	112.6	110.9	111.9	112.1	112.1	111.6
2003	110.0	112.8	111.0	112.5	113.4	112.7	113.1
2004	112.7	113.7	112.8	113.7	114.7	114.1	114.7
2005	113.5	115.0	113.5	114.8	115.9	115.0	115.5
2006	115.1	116.0	115.0	115.7	121.2	115.9	116.7
2007	115.3	115.7	115.2	115.3	115.7	115.6	115.7
2008	114.2	114.8	114.2	114.4	114.9	114.5	114.9
2009	114.2	114.7	114.7	114.8	135.5	114.5	114.9
2010	113.9	114.8	114.6	114.9	114.7	114.7	114.6
2011	113.4	114.1	113.8	114.4	114.1	113.8	114.3
2012	113.7	113.9	113.7	114.1	114.1	113.8	114.3
2013	113.0	112.7	113.1	113.2	113.0	112.6	112.8
2014	111.6	111.4	112.0	111.6	111.7	109.3	111.6
2015	110.4	110.5	110.5	110.6	110.4	109.0	110.1
2016	107.9	109.1	108.5	109.4	108.7	108.5	108.0
2017	107.3	108.6	107.7	108.6	108.4	108.8	107.2
2018	103.0	103.6	104.4	104.3	103.5	104.2	103.5
2019	104.1	106.0	106.2	106.0	105.3	105.6	107.6

21-4 历年人均地区生产总值

（当年价格）

单位：元

年　份	丰　县	沛　县	睢宁县	新沂市	邳州市	贾汪区	铜山区
1978	215	254	224	310	213		234
1979	246	274	232	313	246		299
1980	284	307	280	330	269		306
1981	294	332	300	359	277		347
1982	363	292	347	381	315		411
1983	417	429	364	474	410		488
1984	486	546	490	562	367		557
1985	451	660	526	653	524		645
1986	518	700	550	746	641		750
1987	557	777	557	872	707		903
1988	608	951	603	1058	874		975
1989	785	879	649	1248	913		1113
1990	805	916	767	1289	985		1147
1991	960	1241	817	1398	1025		1217
1992	997	1445	973	1612	1234		1464
1993	1250	1846	1287	2094	1415		1938
1994	1451	2299	1845	3150	2013	3688	2862
1995	1611	2880	2447	3577	2320	4600	4003
1996	1677	3169	2679	3941	2598	5721	4387
1997	1718	3427	2471	4177	2960	5876	4819
1998	1845	3834	2647	4515	3375	6379	5221
1999	2149	4263	2776	4718	3691	6791	5529
2000	2403	4776	2917	4075	4066	7476	6044
2001	2770	5465	3221	4511	4429	7008	6592
2002	3179	6302	3648	4949	4888	6936	7293
2003	3698	7328	4108	5646	5774	8457	8379
2004	4811	8991	4130	6723	6892	10252	9926
2005	5745	10928	4856	9001	8766	12048	13207
2006	6784	13091	6616	11038	10903	14764	16303
2007	7994	15789	8193	13941	13542	18292	20789
2008	10226	19402	11285	18439	17531	21226	26603
2009	12130	22322	13328	21480	20616	24957	31289
2010	15454	26727	18498	26360	25186	31400	41317
2011	19867	33335	24366	32861	30972	39674	50293
2012	24021	38633	29427	38443	35736	45263	58873
2013	31709	45271	35177	45414	41799	51882	67791
2014	36086	50772	41087	52195	47761	57965	77674
2015	38753	52092	44401	56188	50402	61144	85034
2016	42291	57079	48493	61754	53051	66516	91850
2017	46178	64613	54250	69494	60204	75464	101830
2018	47437	65313	55886	71357	62844	76994	103186
2019	49207	69430	59459	75127	66466	81635	112392

21-5 历年年末总人口

单位：万人

年份	丰县	沛县	睢宁县	新沂市	邳州市	贾汪区	铜山区
1978	80.53	81.07	95.06	71.53	114.30		135.85
1979	81.10	82.03	95.71	71.85	114.92		136.27
1980	81.78	83.46	96.22	72.38	115.81		137.36
1981	83.00	85.64	97.56	73.38	117.58		139.90
1982	84.21	87.43	98.95	74.48	119.51		142.58
1983	84.94	88.88	99.74	75.22	120.89		143.99
1984	85.50	88.59	100.48	76.31	122.79		145.73
1985	86.13	89.66	101.07	77.25	124.07		146.90
1986	86.68	90.93	101.96	78.28	125.51		147.97
1987	87.62	92.20	102.96	79.38	127.47		150.68
1988	89.08	96.18	104.84	80.69	130.89		154.90
1989	90.78	99.28	107.03	82.36	132.96		160.13
1990	95.78	105.36	114.40	88.37	142.22		170.35
1991	97.61	107.16	117.23	89.44	144.71		172.16
1992	98.51	108.15	118.26	89.74	146.06		172.38
1993	99.39	109.29	119.15	90.33	147.32		173.29
1994	100.67	111.84	120.09	90.62	148.59	48.15	128.56
1995	101.51	112.66	121.21	91.13	149.60	48.08	129.90
1996	102.14	113.32	122.12	94.10	150.11	48.14	130.30
1997	104.28	113.62	123.08	95.05	150.45	48.61	131.34
1998	105.57	115.16	124.25	96.15	150.02	49.36	132.77
1999	106.04	115.79	122.96	94.59	152.74	49.05	133.00
2000	109.38	118.13	128.06	96.34	155.59	49.69	128.34
2001	109.74	118.48	128.71	97.22	156.25	49.58	128.90
2002	109.80	118.92	129.09	96.58	156.56	49.21	128.94
2003	109.51	119.50	129.93	95.55	158.04	48.93	128.80
2004	110.24	120.34	131.76	96.48	161.43	48.56	129.19
2005	111.03	120.48	132.89	97.47	163.96	48.47	119.60
2006	112.11	121.74	134.04	99.06	165.46	48.64	120.72
2007	113.30	123.59	132.89	99.11	168.66	48.35	120.47
2008	114.03	123.80	132.51	100.31	169.70	48.59	122.11
2009	114.58	125.81	132.91	101.95	171.93	49.18	124.21
2010	116.49	127.94	133.12	104.01	178.62	50.55	129.27
2011	115.08	127.12	135.46	104.70	178.63	50.51	131.07
2012	116.62	128.66	137.35	107.15	179.86	51.10	134.51
2013	118.23	128.91	140.74	109.66	182.95	50.93	137.06
2014	120.05	130.63	143.58	111.89	185.89	51.76	131.56
2015	120.67	130.92	144.28	112.66	187.49	52.07	131.36
2016	121.41	130.74	144.16	113.56	193.87	52.57	132.26
2017	120.97	129.92	144.00	112.93	193.76	52.12	132.07
2018	121.48	129.81	144.10	113.21	194.36	52.27	133.15
2019	121.02	129.05	141.80	112.32	194.13	51.79	133.32

21-6 历年年末农业人口

单位：万人

年　份	丰　县	沛　县	睢宁县	新沂市	邳州市	贾汪区	铜山区
1978	78.34	76.75	92.61	68.32	111.00		132.80
1979	78.77	77.47	93.08	68.45	111.23		133.36
1980	79.32	78.39	93.45	68.85	112.03		134.26
1981	80.39	79.99	94.61	69.69	113.56		136.72
1982	81.40	81.42	95.74	70.66	115.27		139.37
1983	81.98	82.04	96.45	71.22	116.55		140.96
1984	82.29	81.39	96.95	72.01	118.15		142.46
1985	82.28	81.39	97.13	72.49	118.85		143.21
1986	82.64	82.12	97.90	73.27	120.38		143.88
1987	83.13	82.80	98.59	74.26	122.01		145.43
1988	83.61	85.46	98.90	74.88	123.42		145.78
1989	84.68	87.23	99.98	75.10	124.39		148.35
1990	89.28	92.58	106.85	80.56	132.65		156.87
1991	90.74	92.83	109.39	81.11	134.64		156.98
1992	91.28	93.41	110.19	81.06	135.39		155.94
1993	91.78	94.01	110.64	80.98	136.11		155.17
1994	92.77	95.73	111.30	80.90	136.69	34.03	116.63
1995	93.12	95.89	111.74	80.68	136.36	33.53	116.09
1996	93.22	95.88	112.30	82.85	135.79	32.49	115.72
1997	94.82	95.57	112.93	83.21	135.14	32.59	115.94
1998	95.62	96.11	113.70	83.40	134.10	32.78	117.04
1999	95.75	95.95	112.04	81.24	135.60	32.38	116.88
2000	94.02	96.88	111.56	77.95	121.74	32.44	111.68
2001	93.62	97.27	111.67	76.27	120.89	31.54	110.92
2002	93.48	97.42	111.68	75.92	121.32	31.27	110.85
2003	90.54	87.09	113.29	75.80	124.46		101.09
2004	88.15	87.56	110.86	76.35	121.62	28.72	101.00
2005	88.40	87.48	109.91	77.14	121.72	27.47	94.56
2006	89.47	88.69	110.95	78.13	122.92	27.84	95.92
2007	90.20	94.09	109.99	79.70	125.60	26.84	91.06
2008	80.75	93.64	110.26	80.89	126.45	26.40	91.82
2009	65.10	81.04	110.68	82.30	127.49	26.87	85.55
2010	65.22	79.67	100.83	43.69	129.62	24.69	83.65
2011	50.45	54.62	60.95	46.11	68.45	17.76	52.69
2012	50.49	52.54	60.03	43.88	47.43	19.76	51.87
2013	49.20	52.01	55.02	41.94	47.16	15.90	24.96
2014	48.63	53.69	55.32	42.53	47.08	16.89	21.70
2015	72.30	67.38	55.80	61.02	88.82	23.17	64.87
2016	72.77	61.77	55.18	61.38	91.68	21.86	65.41
2017	72.07	60.09	54.91	59.55	90.41	21.01	64.47
2018	68.26	58.01	54.61	55.99	89.53	21.07	64.43
2019	67.29	57.77	53.66	55.58	59.24	20.92	59.89

注：2015 年起，城乡人口划分与往年不可比。

21-7 历年人口出生率

单位：‰

年份	丰县	沛县	睢宁县	新沂市	邳州市	贾汪区	铜山区
1978	18.96	19.40	15.36	16.94	14.67		15.94
1979	13.03	15.91	12.35	12.34	11.93		13.58
1980	17.51	25.44	17.35	15.19	17.48		22.86
1981	16.88	19.30	14.19	18.08	16.79		21.51
1982	15.41	17.87	14.64	17.58	18.05		20.46
1983	13.44	12.81	12.05	14.46	15.63		16.46
1984	12.52	16.54	11.71	15.99	15.28		14.42
1985	11.79	11.50	9.99	14.91	12.86		12.50
1986	13.25	13.34	11.14	16.98	13.72		13.48
1987	15.89	15.08	12.02	16.30	15.33		16.52
1988	19.13	44.33	13.18	19.01	22.87		25.48
1989	21.83	31.63	15.49	19.22	18.90		31.69
1990	19.77	23.92	17.19	18.90	18.50		28.08
1991	21.24	19.90	26.21	16.72	20.93		18.31
1992	13.20	13.29	14.08	11.52	12.77		12.22
1993	13.78	15.92	10.76	10.08	11.26		12.37
1994	16.73	22.94	10.78	9.26	10.96	10.25	14.20
1995	12.67	10.68	9.90	8.29	8.75	10.18	10.75
1996	10.64	9.28	10.85	12.57	7.92	10.10	8.88
1997	23.83	8.28	10.74	9.03	7.77	9.10	13.83
1998	13.64	9.60	8.88	8.23	9.67	7.78	13.54
1999	9.49	7.73	7.49	8.00	8.44	8.20	8.32
2000	35.54	24.04	18.66	13.15	15.28	8.10	13.86
2001	7.74	8.17	6.96	8.10	8.47	6.67	7.85
2002	7.31	7.17	7.04	6.65	9.59	6.36	8.72
2003	6.45	8.92	13.76	6.91	13.18	6.60	8.85
2004	15.74	11.69	19.10	15.70	22.63	8.32	9.18
2005	13.07	9.23	14.01	15.32	19.52	9.96	14.50
2006	15.24	15.58	15.03	16.50	17.92	8.02	14.68
2007	20.13	21.01	14.67	22.31	32.02	14.40	18.86
2008	17.09	18.93	13.85	21.24	23.21	10.30	20.62
2009	17.34	19.14	14.30	16.24	30.79	18.70	20.67
2010	26.31	24.14	15.69	23.33	26.77	41.20	18.09
2011	19.17	18.51	25.46	20.70	9.13	12.40	26.52
2012	21.96	19.75	21.26	25.64	15.78	17.30	23.79
2013	20.44	20.75	26.43	25.69	18.46	20.90	24.69
2014	21.55	20.45	25.67	23.61	18.30	21.60	19.05
2015	14.07	14.71	16.05	18.03	14.30	14.80	14.74
2016	12.71	14.04	12.88	13.21	37.68	13.00	13.60
2017	14.48	18.39	16.17	14.92	14.85	15.60	15.37
2018	13.10	13.16	13.87	14.78	13.61	13.30	12.83
2019	10.07	9.99	10.77	10.01	9.86	10.04	10.19

注：各县（市、区）出生人口中包含往年补报出生人口（下同）。

21-8 历年人口自然增长率

单位：‰

年 份	丰 县	沛 县	睢宁县	新沂市	邳州市	贾汪区	铜山区
1978	13.44	14.30	9.50	10.82	9.11		10.35
1979	7.55	11.13	6.60	6.36	6.52		8.16
1980	11.53	17.81	9.61	8.65	11.07		15.24
1981	11.76	14.10	9.05	11.86	11.88		15.00
1982	10.71	13.13	9.54	12.50	13.12		15.66
1983	8.55	7.72	7.16	9.38	11.13		11.59
1984	7.09	11.01	6.31	10.98	10.75		9.23
1985	6.62	6.81	5.20	9.96	8.31		7.29
1986	8.08	8.74	6.63	11.93	9.17		8.47
1987	10.76	10.73	7.49	11.36	11.06		11.38
1988	13.77	39.92	8.80	13.80	18.23		20.19
1989	16.48	27.40	11.28	14.38	14.61		27.02
1990	15.14	19.70	12.51	13.70	14.27		23.08
1991	17.07	15.42	20.70	11.60	15.66		13.00
1992	8.16	8.65	8.67	6.36	7.34		6.60
1993	8.93	11.42	5.20	4.79	5.94		6.93
1994	11.43	18.14	5.44	4.06	5.55	6.23	8.44
1995	7.83	6.42	5.02	3.42	3.63	5.68	5.97
1996	5.82	4.90	5.67	8.25	2.46	5.45	2.96
1997	19.26	4.42	5.55	4.93	2.84	4.60	7.81
1998	9.09	6.17	3.82	3.52	5.47	3.23	8.04
1999	5.69	4.80	3.22	4.18	5.04	3.93	2.86
2000	30.15	18.83	14.38	9.06	11.18	3.80	7.50
2001	4.37	4.29	4.03	4.99	5.32	2.24	4.14
2002	3.51	4.27	4.18	0.68	5.71	3.44	4.63
2003	2.85	5.47	10.06	4.67	9.29	3.22	2.97
2004	10.18	6.84	14.54	11.13	17.91	3.49	4.32
2005	10.58	5.92	12.22	13.91	17.33	3.77	11.83
2006	10.82	12.64	12.40	14.86	11.60	4.32	10.66
2007	11.82	14.06	-6.91	1.37	17.24	-1.20	-2.70
2008	7.01	1.66	-2.16	11.50	9.56	8.60	11.93
2009	5.54	15.37	2.85	14.97	17.57	16.50	16.11
2010	17.19	16.66	5.89	17.79	21.40	31.60	2.84
2011	11.59	13.53	20.80	12.32	-3.36	7.60	20.97
2012	18.85	14.49	14.48	22.78	8.51	5.79	19.98
2013	13.97	16.17	25.13	23.69	15.78	5.30	21.24
2014	16.32	18.33	21.97	21.95	16.14	5.67	15.77
2015	8.76	7.77	10.98	10.72	10.21	5.93	6.14
2016	9.22	9.20	2.88	11.77	35.71	5.61	10.30
2017	3.37	0.61	5.79	-0.05	3.78	5.42	3.01
2018	8.51	6.97	8.48	8.35	8.49	4.58	8.82
2019	4.72	5.24	2.35	4.37	5.48	5.40	3.26

注：2007年及以后死亡人口中含有往年未销户人口。

21-9　历年从业人员

单位：万人

年　份	丰　县	沛　县	睢宁县	新沂市	邳州市	贾汪区	铜山区
1978	34.29	32.05	40.84	29.23	45.71		57.76
1979	31.55	31.76	40.14	29.59	45.20		57.82
1980	32.83	34.16	41.92	30.15	46.46		59.44
1981	34.33	36.01	43.22	30.45	47.78		61.67
1982	35.75	38.04	44.42	32.74	50.07		62.54
1983	36.00	39.20	44.83	32.37	51.67		64.85
1984	38.19	41.00	46.10	34.02	53.93		68.5
1985	39.44	41.72	48.16	34.37	56.64		70.57
1986	39.98	43.2	49.64	36.18	57.70		72.07
1987	41.69	43.83	52.21	37.06	60.27		72.48
1988	43.18	46.23	53.25	38.46	63.87		75.02
1989	44.02	47.28	54.45	40.58	65.20		77.43
1990	46.85	49.73	57.42	42.66	69.25		80.08
1991	47.98	50.97	59.21	42.76	73.44		81.50
1992	48.65	51.39	58.40	43.12	74.17		82.72
1993	49.49	49.25	60.03	43.78	74.98		81.91
1994	50.34	49.81	59.55	46.18	75.89	16.26	61.46
1995	50.75	48.46	60.95	47.23	76.59	17.05	58.56
1996	51.22	49.64	61.28	47.74	77.50	15.73	58.67
1997	51.60	51.42	61.14	48.41	77.99	15.49	59.47
1998	50.93	51.45	61.28	47.10	77.72	14.76	58.22
1999	51.69	50.24	62.73	45.86	78.83	14.67	58.01
2000	52.03	55.75	63.62	44.79	73.71		55.60
2001	54.01	55.21	61.92	44.68	73.05	16.42	54.10
2002	54.02	52.73	57.15	41.37	70.88	14.29	52.44
2003	53.77	51.74	52.69	39.82	71.03	14.20	50.23
2004	53.43	51.85	52.91	42.30	71.13	14.77	52.51
2005	58.09	56.39	66.72	48.65	78.77	16.16	52.48
2006	58.74	57.52	68.38	48.67	80.73	17.72	54.37
2007	58.97	58.55	71.12	50.47	82.55	18.96	59.13
2008	59.71	57.01	72.85	50.10	84.93	19.56	62.28
2009	61.30	58.18	73.32	52.43	87.41	19.80	64.69
2010	62.76	60.80	73.09	55.57	89.61	20.08	68.38
2011	66.17	62.09	72.63	58.19	90.26	20.02	70.40
2012	66.58	62.61	72.92	59.09	90.55	23.89	70.80
2013	56.05	66.25	59.66	54.05	77.19	24.00	65.33
2014	56.31	66.55	59.93	54.30	77.54	24.11	65.63
2015	55.69	64.54	62.88	55.27	87.75	22.82	56.11
2016	55.78	64.77	62.89	55.35	87.79	22.82	56.27
2017	55.41	64.41	62.46	55.13	87.37	23.00	55.79
2018	55.02	64.05	61.98	54.98	87.00	22.42	55.19
2019	54.58	63.65	61.46	54.79	86.58	22.23	54.63

注：从业人员口径发生变化，2012年以前是全社会口径，2013年起改为劳动力抽样调查推算数。

21-10 历年在岗职工人数

单位：万人

年　份	丰　县	沛　县	睢宁县	新沂市	邳州市	贾汪区	铜山区
1978	2.72	3.46	3.30	3.11	3.89		4.44
1979	2.72	2.86	3.31	3.23	3.68		4.02
1980	2.95	3.66	3.73	3.58	3.76		4.58
1981	3.21	3.86	3.89	3.55	3.89		4.82
1982	3.29	4.04	3.86	3.61	3.99		5.03
1983	3.29	4.00	3.97	3.53	3.97		5.04
1984	3.61	4.37	4.00	4.12	5.02		5.52
1985	3.77	4.52	4.28	4.06	4.62		5.39
1986	3.71	4.97	4.48	4.27	4.73		5.56
1987	3.86	4.90	4.83	4.41	5.13		5.68
1988	4.25	5.41	5.21	4.70	6.40		5.84
1989	4.32	5.14	5.15	4.86	5.99		5.92
1990	4.73	5.24	5.14	4.91	6.14		6.14
1991	4.84	5.55	5.42	4.86	6.41		6.46
1992	4.80	5.79	5.44	4.91	6.44		6.69
1993	5.00	6.15	5.10	5.47	6.81		7.16
1994	5.15	6.05	5.39	5.56	7.00	1.55	6.49
1995	5.22	6.04	5.45	5.87	6.89	1.63	7.00
1996	4.99	6.53	5.63	5.99	7.36	1.78	7.53
1997	5.03	6.32	5.56	6.03	7.42	1.85	7.51
1998	3.86	5.61	4.65	5.14	6.64	1.61	7.11
1999	3.76	5.40	4.48	5.12	6.70	1.74	6.76
2000	3.80	5.06	4.31	4.94	6.41		6.41
2001	3.41	4.84	4.03	4.94	6.27	1.48	6.03
2002	3.28	4.44	3.58	4.73	5.93	1.37	5.46
2003	3.13	4.44	3.41	4.77	5.56	1.31	5.17
2004	3.03	4.03	3.44	4.88	5.17	1.30	5.04
2005	3.11	4.14	3.51	4.90	5.24	1.31	4.82
2006	3.25	4.17	3.66	5.11	5.36	1.35	5.17
2007	3.62	4.12	3.73	4.86	5.44	1.40	5.25
2008	3.67	4.07	3.84	4.97	5.85	1.41	5.63
2009	3.76	4.04	4.06	4.89	6.15	1.47	5.39
2010	3.84	3.99	4.16	4.95	6.23	1.38	5.48
2011	3.99	3.85	4.34	5.29	6.47	1.40	5.52
2012	4.07	4.05	4.54	5.73	6.38	1.24	5.70
2013	8.11	11.38	7.69	7.85	11.66	2.98	18.39
2014	8.26	11.46	8.14	8.25	10.94	3.27	17.21
2015	8.49	11.79	7.62	9.02	10.08	3.11	16.64
2016	8.37	12.44	7.64	8.68	9.95	3.02	14.99
2017	8.22	10.27	6.92	8.84	10.34	3.39	14.88
2018	6.11	9.69	6.04	6.72	9.32	3.11	11.04
2019	5.50	8.33	6.83	4.96	10.03	2.80	6.11

21-11 历年乡村劳动力

单位：万人

年份	丰县	沛县	睢宁县	新沂市	邳州市	贾汪区	铜山区
1978	31.57	28.59	37.54	26.12	41.82		53.32
1979	28.79	28.81	36.82	26.36	41.49		53.80
1980	29.84	30.36	38.00	23.54	42.69		54.86
1981	31.02	31.92	39.21	26.81	43.88		56.85
1982	32.43	33.96	40.53	29.10	46.06		57.51
1983	32.68	35.14	40.80	28.80	46.69		59.81
1984	34.55	36.52	41.99	29.83	48.88		62.98
1985	35.64	37.14	43.77	30.17	51.98		65.18
1986	36.24	38.13	45.04	31.78	52.92		66.51
1987	37.79	33.80	47.24	32.55	55.08		66.81
1988	38.89	40.73	47.95	33.66	57.40		69.18
1989	39.65	41.91	49.20	34.74	59.13		71.51
1990	42.07	44.27	52.15	36.78	63.04		73.94
1991	43.02	45.21	53.64	37.79	66.95		75.04
1992	43.76	45.35	52.78	37.90	67.63		75.87
1993	44.26	42.65	54.73	37.63	67.98		74.71
1994	44.96	43.06	53.90	39.66	68.63	13.85	54.86
1995	45.19	41.80	55.18	39.96	69.01	14.04	51.46
1996	45.85	42.33	55.11	40.03	69.44	13.68	51.00
1997	46.43	44.21	57.54	41.46	71.06	13.28	51.93
1998	46.62	44.34	58.26	41.51	71.06	12.39	51.13
1999	46.48	42.43	56.71	39.35	70.01	12.39	50.41
2000	46.59	47.84	57.68	38.16	66.55	13.26	48.33
2001	49.04	47.79	56.29	37.61	65.64	14.25	47.62
2002	49.90	48.73	59.33	38.33	69.56	12.09	48.73
2003	50.87	49.61	60.18	38.31	68.66		46.87
2004	51.50	50.24	61.48	39.55	70.30	12.78	50.37
2005	53.24	49.99	61.64	40.36	68.75	14.26	45.83
2006	53.48	50.40	62.76	40.37	68.76	15.17	46.73
2007	51.38	49.74	63.96	40.40	69.76	15.49	49.91
2008	51.53	47.26	64.38	40.36	69.71	15.46	51.46
2009	52.00	47.61	63.66	41.72	69.70	15.52	52.62
2010	52.81	49.46	62.83	43.43	69.50	15.87	54.41
2011	54.36	49.64	60.87	43.71	67.65	17.52	55.42
2012	55.77	52.33	62.11	47.46	72.40	17.21	58.63
2013	54.14	49.89	59.28	46.63	68.22	18.04	55.42
2014	53.18	48.94	59.97	45.46	67.02	18.04	51.65
2015	53.21	49.25	59.83	44.38	66.22	18.55	52.20
2016	53.11	49.57	59.72	44.42	65.49	18.72	52.77
2017	53.07	50.02	59.66	44.56	64.13	18.82	52.41
2018	52.85	50.70	59.60	44.52	62.94	18.92	52.00
2019	52.51	50.21	59.53	44.51	62.71	16.58	51.71

21-12 历年固定资产投资

单位：万元

年 份	丰 县	沛 县	睢宁县	新沂市	邳州市	贾汪区	铜山区
1978	846	381	257	721	927		932
1979	830	575	468	1040	1036		1394
1980	654	795	1054	810	844		1817
1981	456	552	577	726	613		1226
1982	811	956	637	846	1134		2377
1983	640	1255	538	1137	1485		2114
1984	572	2036	863	946	1530		1871
1985	1016	1917	1034	1609	2983		4021
1986	5058	8509	6564	16901	6136		30918
1987	6794	9879	8976	18966	26902		26961
1988	8435	11978	10496	23567	14313		31727
1989	6587	11901	8836	24988	30930		35441
1990	9373	12345	10194	30595	15335		38817
1991	14560	16841	11899	34845	17397		52059
1992	19873	19901	15199	36754	41934		71959
1993	30578	30026	45751	46133	55851		94013
1994	46867	42717	62722	66874	84525	35000	141040
1995	63137	79776	82607	92935	88830	66739	190435
1996	80677	94540	91157	94616	163509	78205	238234
1997	86698	113573	84216	91756	116662	62705	239240
1998	96895	112588	76037	129451	137538	70814	211505
1999	109440	144693	102185	155269	165504	70912	214600
2000	125324	159146	110264	129970	195998	81796	229307
2001	142671	175018	132805	173082	227638	82596	260666
2002	172107	208096	175419	197020	258616	92730	295093
2003	247625	310271	240029	236778	383732	252984	395956
2004	323756	480920	301340	461986	523462	416019	537958
2005	310470	607311	325584	608550	950910	450516	717791
2006	413310	750129	402385	785000	1082000	556147	1050982
2007	505000	1001518	508178	922500	1465814	660000	1469954
2008	516480	1138254	617000	1184300	1816780	707172	1819519
2009	650120	1586504	1058325	1583500	2602000	857895	2397838
2010	901750	2140020	1345338	2101912	3349981	1179434	3351370
2011	1039371	2372031	1247240	2207210	3213528	1277740	3473398
2012	1273340	2923210	1532206	2706367	3938766	1565452	4267923
2013	1449732	3312973	1747941	3075835	4490608	1786438	4869369
2014	1801402	4090561	2185526	3862929	5459584	2167180	5665406
2015	2158322	4870889	2697732	4736939	6526898	2196470	6755075
2016	2511004	5603481	3204884	5500480	7631214	2506192	7834538
2017	2797603	6244538	3599716	5965297	8370098	2792942	8660972

注：2011 年起不再统计全社会固定资产投资，统计口径改为 500 万元以上固定资产投资。

21-13 历年财政收入

单位：万元

年份	丰县	沛县	睢宁县	新沂市	邳州市	贾汪区	铜山区
1978	1326	1612	1839	1491	1625		1831
1979	962	1417	1538	1377	1498		1611
1980	1003	1322	1604	1546	1608		1818
1981	1014	1400	1879	1617	1615		2251
1982	1341	1751	1820	1800	2123		3609
1983	1441	2008	2029	1736	2156		4025
1984	1503	2132	2285	1954	2489		4841
1985	1852	2829	2692	2375	2941		5401
1986	2195	2944	2960	2622	3400		6336
1987	2509	3517	3275	3045	3726		6316
1988	2853	4465	3778	3819	4264		7737
1989	2483	4552	3769	3434	3927		11609
1990	2831	5227	3879	3721	4309		12021
1991	3004	5928	3672	4151	4375		12122
1992	3570	6579	3886	4431	4963		12551
1993	5331	9350	5212	7367	7462		16627
1994	7851	13335	7574	10702	11575	7176	18225
1995	12054	18003	11252	12468	15183	10015	23454
1996	14308	21534	14002	15125	19222	12312	30026
1997	15559	26208	14259	16772	22055	13924	34911
1998	16586	28004	15360	18204	24271	14577	38507
1999	17620	30039	16906	19410	26726	13828	43062
2000	17886	33018	16330	20605	29060	14105	48118
2001	18508	36320	18008	24463	34442	13983	55685
2002	19662	44582	21137	27284	42168	15617	62452
2003	25318	50609	26139	33342	56998	20080	76398
2004	27724	63601	29502	40227	80058	30080	92668
2005	35221	85008	35016	50576	95826	40018	116500
2006	49318	120271	47073	75278	131022	52503	156800
2007	59755	157645	55122	89561	150777	82409	185086
2008	81671	203279	78109	114918	188589	101039	236725
2009	122515	261124	115424	153260	253046	141561	295654
2010	169252	353923	183819	236023	307900	167873	387417
2011	252468	481652	282610	346516	463876	185994	568925
2012	305518	539131	337728	404448	525325	227118	663088
2013	365891	579056	406591	457312	583166	265655	778290
2014	438794	649830	482701	529191	653571	280164	859746
2015	513049	705687	560283	584543	731382	290626	950743
2016	433177	700806	554716	620801	735946	294530	856028
2017	349195	715508	553491	639803	772925	296148	893843
2018	456426	788639	617761	859784	820426	335739	946621
2019	474222	729350	633102	600052	668767	361562	870442

注：2007 年及以后财政收入及支出中不包括基金性收入和支出，与往年不可比（下同）。

21-14 历年财政支出

单位：万元

年　份	丰　县	沛　县	睢宁县	新沂市	邳州市	贾汪区	铜山区
1978	1590	1314	1680	1447	1684		2088
1979	2018	1675	1840	1531	2237		2529
1980	1667	1709	1973	1479	2125		2315
1981	1693	1724	1951	1522	2160		2174
1982	1896	2182	2127	2016	2371		3082
1983	2429	2554	2629	2256	2858		3416
1984	2840	3802	2738	2531	3153		3706
1985	2742	3950	2940	2682	3488		4536
1986	3653	5073	4067	3538	4495		5628
1987	4290	5118	4199	3975	4661		6212
1988	5181	6501	5170	5187	5465		7952
1989	5924	7687	6605	6168	6678		10851
1990	6896	8989	7252	6811	7556		13543
1991	7614	9556	7886	7771	8476		15276
1992	7586	9506	8056	8303	9014		15621
1993	10265	13261	10324	10355	10811		16591
1994	12891	13324	12675	11454	14275	5208	16611
1995	16217	18621	16013	14375	16403	6955	20332
1996	20248	21725	19392	17820	21464	9206	27532
1997	24032	25682	21162	19223	24898	10736	32493
1998	26558	27162	23762	21683	29529	11203	35526
1999	26651	29588	26580	24986	34094	11744	39390
2000	29667	31180	26386	28064	36627	13835	40284
2001	35393	36889	33568	34858	42889	14614	44391
2002	37866	45020	39808	39122	49543	17929	50338
2003	45639	53456	46134	48682	66217	21490	62569
2004	55325	67373	54676	58307	84928	26188	78394
2005	72979	88488	77545	79123	113430	32266	107780
2006	91672	116118	96865	99903	143508	41172	145418
2007	116415	168273	117449	113104	173183	56281	162830
2008	157929	203316	167227	157278	237026	72450	224738
2009	208700	271959	217116	221451	311689	98782	285893
2010	276883	360103	284511	303498	411118	112987	382972
2011	403976	507852	423914	431830	534465	161476	521982
2012	476067	611756	482555	547278	679840	281543	616370
2013	541357	672191	571385	617017	777384	317449	824175
2014	627100	731506	675628	684991	886240	313385	945903
2015	747200	923535	788948	825003	1034275	318864	1077401
2016	709000	948558	802093	918229	1100768	329475	1080029
2017	650058	890877	831154	930036	1105205	350062	1119644
2018	700000	1033358	871916	994996	1207673	378208	1198133
2019	732000	1079818	927865	901963	1173578	419233	1174165

21-15 历年常用耕地面积

（年底数）　　单位：千公顷

年　份	丰　县	沛　县	睢宁县	新沂市	邳州市	贾汪区	铜山区
1978	89.29	83.81	103.04	84.12	118.23		159.38
1979	89.07	83.64	102.47	84.04	117.75		158.77
1980	88.30	83.03	102.43	83.76	117.66		157.90
1981	87.80	82.87	102.27	83.73	117.60		157.07
1982	87.76	82.73	102.22	83.55	117.57		156.29
1983	88.00	82.67	102.00	83.33	117.33		156.00
1984	88.03	82.46	102.08	83.49	117.23		155.15
1985	88.01	81.19	102.03	83.48	117.01		154.73
1986	88.01	81.12	102.03	83.35	116.53		151.88
1987	87.93	80.86	101.95	83.21	116.32		151.32
1988	87.81	80.77	101.91	82.54	115.79		150.63
1989	87.63	80.73	101.89	82.32	115.73		149.94
1990	87.61	80.62	101.82	82.15	114.83		148.89
1991	87.51	80.45	101.25	82.10	114.67		148.33
1992	86.01	80.38	100.79	81.63	114.16		147.53
1993	86.00	80.20	100.52	81.55	112.86		146.79
1994	85.85	79.97	100.09	81.42	112.45	26.93	115.52
1995	85.85	77.97	99.92	81.07	111.88	26.84	115.38
1996	85.68	77.91	99.62	80.47	111.44	25.99	115.15
1997	76.65	77.44	100.79	79.37	122.66	33.89	117.47
1998	76.60	77.03	100.67	80.65	122.83	32.43	117.40
1999	76.64	77.05	100.63	80.14	122.48	33.98	117.66
2000	76.70	77.22	100.63	80.57	121.37	32.93	115.99
2001	76.25	77.13	100.10	79.90	121.16	32.24	116.05
2002	76.41	76.93	100.05	79.85	121.17	31.99	116.31
2003	76.10	76.72	100.08	79.70	112.70	32.00	113.19
2004	76.09	76.56	100.08	79.57	111.84	31.68	108.97
2005	76.28	76.44	100.08	79.37	111.39	31.68	109.43
2006	75.34	75.92	99.84	79.02	112.38	31.63	109.31
2007	75.51	75.80	99.76	79.00	111.79	31.60	109.37
2008	75.72	75.48	100.00	78.76	110.68	31.56	106.52
2009	75.67	73.57	99.40	78.64	111.86	31.75	105.10
2010	75.67	75.51	97.46	78.43	111.96	32.43	109.52
2011	79.58	81.09	103.47	80.41	116.31	32.37	106.53
2012	79.75	80.92	103.41	80.23	116.33	32.43	107.02
2013	79.57	80.90	103.30	80.30	116.30	32.31	106.91
2014	79.57	81.20	103.42	80.33	116.32	39.55	106.85
2015	79.52	81.30	103.49	80.16	116.60	32.25	106.81
2016	79.49	81.57	103.39	80.22	116.42	31.86	106.50
2017	80.31	81.54	103.92	80.32	116.58	31.79	106.07
2018	81.03	81.74	105.32	80.35	116.64	31.76	106.10
2019							

21-16 历年农业机械总动力

（年底数） 单位：万千瓦

年 份	丰 县	沛 县	睢宁县	新沂市	邳州市	贾汪区	铜山区
1978	12.44	12.95	11.44	10.47	13.70		23.21
1979	12.86	14.47	12.64	14.28	14.87		26.21
1980	15.96	15.65	14.10	15.65	16.74		29.45
1981	16.77	17.27	16.04	17.15	18.35		30.82
1982	18.95	19.29	18.84	18.47	22.39		35.35
1983	20.59	21.80	20.18	20.05	25.99		40.13
1984	24.02	23.91	21.56	19.99	29.12		49.46
1985	25.74	24.32	22.93	19.91	30.07		56.19
1986	27.61	25.54	25.00	21.27	34.61		60.61
1987	30.40	28.50	26.84	22.76	36.96		72.00
1988	32.50	29.16	28.11	23.23	38.18		86.62
1989	34.39	27.70	26.25	23.44	39.96		93.14
1990	30.27	34.42	25.27	23.15	39.81		93.52
1991	30.49	34.29	25.19	22.34	40.40		72.86
1992	28.09	33.17	24.79	22.66	36.61		65.23
1993	29.56	32.81	25.59	22.73	34.90		63.29
1994	29.51	32.73	25.89	23.66	33.58	16.21	39.84
1995	30.34	34.52	23.55	24.74	29.72	19.58	36.93
1996	31.80	35.32	24.55	25.02	31.54	23.31	36.37
1997	44.92	40.34	26.98	29.97	38.24	26.13	54.86
1998	47.90	41.96	29.92	32.61	41.47	26.46	58.19
1999	50.58	43.30	31.33	36.55	46.83	27.33	72.20
2000	57.51	65.59	45.85	41.18	57.97	28.24	70.67
2001	58.11	67.20	48.66	43.09	65.02	28.34	71.06
2002	57.81	68.52	50.93	44.58	70.80	28.87	73.14
2003	59.37	69.07	53.43	46.42	75.55	28.19	73.85
2004	59.98	70.25	55.83	46.62	78.06	29.17	73.95
2005	60.44	74.62	60.02	49.76	83.15	28.16	67.30
2006	61.66	78.44	65.01	53.91	88.34	31.99	70.46
2007	62.13	79.94	66.99	56.71	94.46	32.57	71.50
2008	66.25	82.31	82.07	60.40	96.80	33.03	91.90
2009	69.13	84.10	86.26	65.84	101.40	34.16	93.90
2010	69.93	85.65	89.37	69.03	104.10	34.16	96.20
2011	73.80	89.13	96.96	72.61	111.13	34.27	98.79
2012	76.77	92.41	103.00	77.18	116.04	35.90	98.76
2013	77.83	95.94	106.30	81.13	113.25	38.10	98.92
2014	80.27	97.80	111.80	94.93	116.02	41.98	199.44
2015	81.73	100.09	117.99	105.08	117.34	44.57	102.63
2016	82.84	102.08	122.05	115.86	118.52	43.74	111.65
2017	83.05	103.60	123.06	121.99	127.91	45.55	113.50
2018	83.93	104.60	120.65	124.03	128.44	45.00	116.10
2019	87.56	105.50	122.78	127.73	129.13	45.00	118.03

21-17 历年农林牧渔业总产值

（当年价格）

单位：万元

年份	丰县	沛县	睢宁县	新沂市	邳州市	贾汪区	铜山区
1978	15810	18382	18356	18265	24491		31848
1979	20724	19705	18880	18612	28479		42217
1980	23182	21854	23603	18598	31461		37976
1981	24163	24754	26421	21157	34168		37987
1982	29770	27695	33934	26418	38514		47763
1983	35419	33163	35885	33330	43581		60996
1984	43388	40732	47968	37414	55344		66347
1985	41474	42583	49402	41786	59884		75225
1986	45200	55998	51449	50860	76645		85209
1987	52613	62592	51600	63375	83140		94380
1988	64426	73268	54879	78355	110264		146023
1989	69328	73819	66570	87884	110596		147659
1990	78230	91721	80470	94180	128027		163381
1991	91766	93687	89271	104601	135059		175889
1992	91465	91402	102009	119878	142777		209745
1993	131067	122049	135878	154151	171199		257302
1994	180928	197257	217635	213544	292885	69207	320311
1995	239818	247827	269129	256031	384102	81524	399924
1996	280443	324758	317969	293759	461242	103763	454553
1997	256802	333973	296479	285292	426967	83755	384232
1998	266865	348366	282536	303556	450727	45715	401055
1999	279736	354591	278597	312216	459072	87041	381167
2000	300605	363461	273376	321307	486340	98383	400294
2001	320867	381637	289274	339682	516544	93765	431471
2002	342465	405504	314341	360180	552480	96946	460307
2003	366826	422362	325021	308914	580636	97560	405606
2004	414977	483373	399044	380824	599434	109816	478627
2005	355373	566218	389692	414548	695374	114731	464871
2006	395859	594072	413557	446353	779016	132053	501253
2007	437125	651825	442820	507574	830250	146082	541433
2008	530887	673930	519253	503328	882368	148287	599778
2009	580693	751617	665887	615434	991811	175664	670996
2010	649355	903156	787066	694783	1100101	206611	684373
2011	775231	1090245	950728	806247	1327479	249013	856960
2012	886899	1207167	1046895	916229	1494402	280359	981564
2013	1027733	1352225	1182998	1028666	1628505	359550	1152242
2014	1232193	1501940	1342580	1175475	1873621	359550	1286776
2015	1371308	1618628	1463121	1281589	2054161	433675	1452086
2016	1479144	1738438	1586230	1360946	2233015	433675	1546741
2017	1628580	1921838	1754373	1500399	2474180	508770	1703707
2018	1442060	1841669	1644565	1504480	2417489	459718	1605059
2019	1526127	1958335	1785858	1584550	2590244	491825	1718028

21-18 历年粮食产量

单位：万吨

年 份	丰 县	沛 县	睢宁县	新沂市	邳州市	贾汪区	铜山区
1978	24.82	29.08	30.57	31.47	36.94		51.50
1979	28.59	33.87	32.04	36.83	41.14		60.73
1980	30.81	32.71	37.69	38.98	44.22		63.44
1981	31.30	35.49	45.39	41.40	49.93		69.80
1982	35.09	36.30	52.62	45.55	53.33		68.95
1983	42.13	49.79	57.79	55.16	65.35		95.67
1984	49.19	56.51	64.08	58.77	71.22		103.18
1985	49.41	48.94	62.97	54.68	67.14		94.84
1986	51.27	55.30	66.17	57.32	72.59		105.80
1987	45.11	54.20	68.25	58.89	74.99		100.12
1988	38.92	52.38	59.29	52.50	71.34		94.04
1989	43.55	55.97	68.58	54.27	75.44		104.71
1990	43.72	55.69	67.29	51.54	71.20		107.60
1991	48.70	55.82	66.88	55.30	74.62		108.48
1992	46.11	55.63	68.27	55.47	79.67		111.70
1993	50.15	59.30	60.79	54.54	74.86		105.65
1994	46.64	52.62	61.02	50.61	70.92	20.34	72.63
1995	51.24	58.58	63.66	54.20	76.10	21.64	76.75
1996	52.24	62.25	69.76	54.29	78.25	22.50	79.94
1997	53.44	62.50	73.80	56.55	81.10	22.72	82.56
1998	44.19	51.91	64.62	49.79	73.00	23.04	75.87
1999	54.93	56.89	73.62	50.74	75.66	21.28	81.88
2000	40.34	45.60	53.92	39.00	64.57	16.89	56.63
2001	38.25	44.43	51.53	37.55	65.30	16.00	54.17
2002	38.06	45.22	49.49	37.69	60.38	15.54	48.88
2003	23.83	36.22	39.70	25.74	36.80	10.62	33.28
2004	43.17	47.35	58.48	35.07	62.03	16.64	51.32
2005	38.08	48.19	53.68	36.80	60.65	18.17	53.30
2006	42.77	48.03	65.47	41.98	60.30	20.11	61.58
2007	40.03	46.29	61.34	49.12	66.11	18.87	65.43
2008	43.91	51.76	74.67	52.94	69.93	22.78	65.43
2009	49.43	55.62	84.29	59.93	73.75	23.94	71.37
2010	46.01	58.11	85.31	62.67	75.88	24.37	79.20
2011	51.10	59.89	88.51	63.58	79.50	23.51	81.61
2012	52.89	61.17	91.62	65.68	82.77	24.31	84.22
2013	51.76	58.99	85.03	62.68	78.74	22.83	83.33
2014	53.49	60.71	90.98	65.97	80.85	23.52	78.94
2015	52.99	61.63	92.03	65.95	80.64	23.43	79.32
2016	52.54	60.27	92.78	66.06	80.75	23.43	79.37
2017	55.29	62.32	93.92	69.62	82.34	23.24	81.08
2018	55.18	63.12	93.74	70.44	80.69	22.73	84.03
2019	60.73	65.78	93.40	71.49	84.53	22.67	89.20

注：2006 年数据根据农普资料进行了调整。

21-19 历年棉花产量

单位：万吨

年　份	丰　县	沛　县	睢宁县	新沂市	邳州市	贾汪区	铜山区
1978	0.25	0.37	0.64	0.07	0.41		0.73
1979	0.32	0.31	0.41	0.01	0.35		0.60
1980	0.71	0.73	1.00	0.01	0.79		1.22
1981	0.63	0.75	0.93	0.01	0.75		1.26
1982	1.15	1.07	0.94		0.80		1.73
1983	1.43	1.25	1.28		1.04		2.33
1984	2.33	1.40	1.68		1.36		2.56
1985	1.45	1.04	1.06		1.53		1.97
1986	1.77	0.77	0.76		1.31		1.63
1987	2.05	1.09	0.85		1.56		1.94
1988	1.94	1.18	1.15	0.04	1.97		2.55
1989	1.25	0.30	0.72	0.03	1.16		1.23
1990	1.62	0.42	0.84	0.01	1.18		1.51
1991	1.98	0.86	1.05		1.70		2.36
1992	1.00	0.41	0.98		1.26		1.81
1993	1.12	0.55	0.60		0.78		1.74
1994	0.80	0.32	0.71		1.10	0.26	1.04
1995	1.01	0.55	0.85		1.69	0.28	1.54
1996	0.90	0.61	0.68		1.17	0.32	1.25
1997	0.80	0.40	0.68		1.20	0.33	0.86
1998	0.71	0.23	0.57		1.07	0.30	1.02
1999	0.36	0.09	0.39		0.70	0.28	0.71
2000	1.53	0.26	0.62		1.12	0.32	1.24
2001	1.66	0.47	1.02		1.80	0.41	1.43
2002	1.71	0.49	1.10		1.51	0.39	1.16
2003	1.45	0.31	0.58		1.03	0.26	0.78
2004	2.31	1.02	0.99		1.95	0.43	1.65
2005	0.95	0.39	0.62		1.04	0.31	0.84
2006	1.05	0.31	0.37		0.78	0.25	0.54
2007	1.60	0.52	0.34		0.86	0.09	0.63
2008	1.68	0.45	0.25		0.86	0.12	0.81
2009	1.61	0.42	0.14		0.77	0.09	0.80
2010	1.10	0.34	0.21		0.68	0.11	0.79
2011	1.30	0.38	0.17		0.70	0.12	0.71
2012	1.54	0.39	0.15		0.74	0.12	0.74
2013	1.62	0.46	0.16		0.58	0.10	0.70
2014	1.69	0.16	0.14		0.52	0.07	0.63
2015	1.58	0.17	0.11		0.17	0.07	0.47
2016	1.02	0.40	0.09		0.07	0.07	0.39
2017	1.13	0.29	0.05		0.06	0.04	0.32
2018	0.56	0.22	0.05		0.04	0.03	0.13
2019	1.04	0.06	0.05		0.03	…	0.03

21-20 历年油料产量

单位：万吨

年　　份	丰　县	沛　县	睢宁县	新沂市	邳州市	贾汪区	铜山区
1978	0.11	0.08	0.19	0.73	0.12		0.35
1979	0.17	0.12	0.29	0.99	0.18		0.32
1980	0.28	0.23	0.44	1.37	0.33		0.50
1981	0.41	0.24	0.96	2.20	0.56		0.67
1982	0.44	0.21	2.63	2.67	0.77		0.83
1983	0.27	0.11	1.86	2.49	0.43		0.53
1984	0.30	0.26	1.69	1.92	0.41		0.52
1985	0.79	0.74	3.67	3.09	0.79		1.41
1986	1.00	0.78	3.75	3.05	0.76		1.29
1987	0.68	0.61	4.53	2.71	0.80		1.28
1988	0.36	0.46	0.61	2.67	0.31		0.40
1989	0.44	0.47	0.87	2.34	0.38		0.50
1990	0.51	0.57	0.62	2.08	0.41		0.57
1991	0.49	0.60	1.18	2.53	0.82		0.70
1992	0.50	0.43	0.97	2.21	0.75		0.66
1993	0.62	0.50	1.44	3.14	0.57		0.86
1994	0.68	0.40	2.15	4.04	1.33	0.27	0.45
1995	0.63	0.55	1.42	3.91	1.22	0.26	0.35
1996	0.68	0.70	0.96	2.75	0.70	0.27	0.32
1997	0.86	0.75	1.22	3.83	0.58	0.26	0.36
1998	1.18	1.01	2.11	4.03	0.61	0.37	0.23
1999	1.73	1.07	3.43	5.79	0.78	0.42	1.00
2000	2.68	1.44	5.28	7.65	1.21	0.52	1.40
2001	3.50	1.46	4.83	8.78	2.54	0.67	1.13
2002	2.20	1.60	5.52	9.09	1.92	0.47	1.42
2003	1.12	0.86	3.01	2.78	1.09	0.53	0.93
2004	1.56	0.81	4.73	8.67	1.97	0.38	1.78
2005	0.60	0.62	3.33	8.43	1.62	0.48	1.19
2006	0.70	0.68	2.20	6.11	1.33	0.36	0.95
2007	0.68	0.35	1.75	5.76	1.60	0.13	0.96
2008	0.62	0.36	1.95	5.40	1.47	0.17	0.73
2009	0.61	0.40	2.06	7.04	1.49	0.15	0.68
2010	0.51	0.24	1.60	7.44	1.48	0.16	0.64
2011	0.47	0.20	1.58	6.57	1.76	0.19	0.68
2012	0.47	0.20	1.66	5.83	1.63	0.15	0.69
2013	0.45	0.27	1.46	5.51	1.50	0.21	0.56
2014	0.48	0.26	1.49	6.23	1.47	0.16	0.49
2015	0.51	0.28	2.04	6.26	1.42	1.47	0.51
2016	0.44	0.24	3.07	7.54	1.40	1.63	0.56
2017	0.43	0.38	3.14	6.70	1.39	0.18	0.56
2018	0.42	0.29	3.03	6.90	1.02	0.18	0.44
2019	0.47	0.39	3.53	7.09	1.02	0.17	0.46

21-21　历年肉类总产量

单位：万吨

年　份	丰　县	沛　县	睢宁县	新沂市	邳州市	贾汪区	铜山区
1978							
1979							
1980							
1981							
1982							
1983							
1984							
1985	1.71	1.83	2.53	2.39	2.81		2.65
1986	1.79	1.70	2.88	2.40	2.36		2.86
1987	2.52	1.68	2.72	2.49	3.01		3.58
1988	2.78	2.27	3.25	2.72	3.05		4.33
1989	2.83	2.27	3.17	2.58	3.38		4.48
1990	3.03	2.61	3.56	2.86	4.13		5.12
1991	3.66	2.86	3.65	2.90	4.54		5.37
1992	3.98	2.96	4.14	3.16	5.10		6.09
1993	4.45	3.49	4.99	3.64	5.30		7.32
1994	4.55	3.81	6.17	4.93	6.23	0.98	6.56
1995	5.03	4.67	7.25	5.32	7.67	1.23	8.15
1996	7.48	6.32	8.92	5.15	8.98	1.52	9.16
1997	3.14	5.19	6.06	5.29	6.20	1.78	4.78
1998	4.76	5.67	4.82	5.58	7.26	0.98	4.55
1999	4.35	5.49	4.06	5.01	6.84	1.19	5.06
2000	4.56	6.30	3.97	6.20	7.45	1.01	5.63
2001	5.10	6.87	4.36	6.89	8.06	1.04	5.79
2002	5.23	6.94	5.32	6.11	8.26	1.34	6.03
2003	5.60	6.94	5.34	6.30	8.81	1.43	6.61
2004	5.63	7.15	6.22	6.30	9.38	1.49	6.82
2005	6.32	8.17	7.06	6.86	10.17	1.42	6.40
2006	4.29	11.36	6.43	7.34	10.56	1.54	7.14
2007	4.23	9.90	5.48	5.89	8.83	1.55	6.42
2008	7.86	11.94	7.22	7.80	13.36	1.42	7.30
2009	10.57	12.67	9.24	9.88	17.48	1.59	8.74
2010	12.01	17.61	11.04	12.70	20.42	2.04	10.23
2011	13.32	19.54	12.91	12.63	19.55	2.32	11.49
2012	15.14	19.49	15.57	14.92	20.43	2.77	12.47
2013	16.19	18.55	14.34	13.28	20.62	2.75	11.09
2014	15.93	18.96	14.93	13.89	21.08	3.05	10.59
2015	16.72	19.38	14.17	12.91	20.68	3.13	10.41
2016	13.85	17.55	12.15	11.68	19.93	2.78	9.89
2017	13.80	17.62	10.39	10.33	16.86	2.82	9.75
2018	6.52	13.54	8.83	10.87	15.78	2.87	9.95
2019	3.96	10.94	7.70	7.84	12.10	2.76	8.99

21-22 历年邮电业务总量

单位：万元

年份	丰县	沛县	睢宁县	新沂市	邳州市	铜山区
1978	53	66	65	67	72	72
1979	56	74	70	78	73	70
1980	63	79	76	84	82	80
1981	68	88	82	97	94	89
1982	69	92	82	101	97	95
1983	74	100	87	106	99	107
1984	81	113	98	110	114	107
1985	93	130	112	126	128	122
1986	97	148	119	148	142	128
1987	108	165	138	162	163	128
1988	131	199	176	199	216	153
1989	139	213	193	217	222	172
1990	325	483	430	477	480	206
1991	386	529	544	543	596	593
1992	511	763	752	840	829	774
1993	722	1207	1008	1259	1227	1154
1994	1356	1750	1598	1834	2090	1398
1995	2200	2594	2575	3405	3354	2335
1996	2994	3779	3464	4087	4463	3735
1997	4520	5628	5169	5614	6272	4880
1998	5851	6986	6756	7227	8534	1084
1999	6981	9140	8144	8275	10724	1164
2000	10487	14645	10763	13269	17517	1638
2001	10308	12875	11297	11784	16573	2010
2002	10742	13486	11767	11986	16611	2488
2003	12905	15924	13946	14313	19077	9207
2004	6234	8340	7227	7245	10789	11043
2005	7235	9905	8630	9111	12756	5233
2006	10181	13059	11904	11399	16508	14502
2007	26922	37403	33023	33868	49353	45696
2008	30719	38781	37780	39634	56284	58462
2009	40988	51202	46782	44708	59252	46242
2010	56228	69137	60394	60718	79485	58455
2011	42916	55635	49128	50933	65536	55410
2012	51983	64783	57971	57155	74320	
2013	153394	192013	183881	166383	235569	
2014	149084	186814	188957	171454	227140	
2015	165129	200653	205099	188432	240449	
2016	193859	222595	269623	249448	299179	
2017	142061	164419	202066	223788	222121	
2018	338921	398492	480852	503071	491694	
2019	576631	672766	784463	755526	859352	

注：2006年及以前邮电业务总量中电信业务总量以电信业务收入代替；2011年-2016年邮电业务总量按2010年价格计算；2017年起电信业务总量使用“2015年电信业务不变单价”计算，与往年不可比。

21-23 历年年末固定电话用户

单位：户

年份	丰县	沛县	睢宁县	新沂市	邳州市	贾汪区	铜山区
1978	992	2044	1517	1391	1716		
1979	1110	2130	1563	1483	1809		
1980	1186	2130	1674	1705	1881		
1981	1250	2162	1729	1774	1898		
1982	1229	2237	1799	2132	1863		
1983	1152	2374	1815	2253	1917		
1984	1224	2500	1907	2508	2076		
1985	1353	2744	2028	2833	2310		
1986	1462	3122	2167	2965	2348		
1987	1547	3579	2304	3288	2611		
1988	1800	4141	2625	3650	2946		
1989	1961	5059	3189	4060	3418		
1990	2256	6011	3659	4316	3791		
1991	2848	6767	4779	4953	4502		
1992	3133	8601	5393	7452	5845		
1993	3627	11141	6763	9206	7883		
1994	6910	16834	10704	11529	11767	9505	
1995	12173	22799	16219	20675	22594	9385	
1996	21588	33719	29817	39309	34371	13748	
1997	36893	53963	40811	54080	48738	18203	
1998	49871	70380	61097	75566	82685	26400	
1999	44267	59464	52052	58453	70343	23787	
2000	65944	81326	73890	80146	100162	45229	
2001	94810	106240	106927	98699	134368	59900	
2002	124422	140187	134598	129540	175820	71880	
2003	165988	187204	177939	168802	229143	68421	198979
2004	208672	239275	228993	209109	293284	75000	282600
2005	239468	275750	273883	257232	353097	78000	295707
2006	248726	288165	298558	266937	372969	78000	270251
2007	242158	235777	297598	270527	353257	111700	272056
2008	220611	230571	270364	237400	312135	77000	241018
2009	145540	167392	199079	160805	202749	56100	180008
2010	137603	157466	188348	150520	190971	45500	173708
2011	140462	197216	187160	207733	221426	61480	239038
2012	100803	146045	155666	132020	154129	56751	161416
2013	100036	146919	155292	133787	157783	55048	170089
2014	88545	146269	146843	120367	144323	55680	154977
2015	82152	113449	128151	100704	130520	46674	133088
2016	79027	99583	115086	91685	113514	46357	121435
2017	72952	90954	110607	85811	108390	46708	113004
2018	65510	75410	91041	75910	91781	37756	93262
2019	62283	72876	87369	73860	90118	34755	93089

21-24 历年社会消费品零售总额

单位：万元

年 份	丰 县	沛 县	睢宁县	新沂市	邳州市	铜山区
1978	5581	6587	7448	6594	7799	11569
1979	6981	8136	9037	7842	10096	12704
1980	8962	9357	10741	8968	12282	13144
1981	10167	10934	11616	10625	13140	14478
1982	11883	12036	12343	12169	14186	16486
1983	12191	13541	13945	13490	15083	18637
1984	14000	16071	16575	14216	17547	21802
1985	18465	19762	21199	18869	22883	27613
1986	20579	22168	23307	22833	26869	32365
1987	23555	26658	25849	25821	29582	37441
1988	28620	31213	30628	30630	35904	43827
1989	31599	33343	31893	31650	38837	44445
1990	32267	32521	31685	32118	40060	42464
1991	32403	34096	31180	32383	41918	49490
1992	34137	34653	32052	33724	45431	51984
1993	39286	48316	37241	40875	52642	65149
1994	54753	62427	52309	59092	69494	65539
1995	76628	87384	65071	78931	88684	87294
1996	96019	109143	75347	95041	116576	115137
1997	109373	123898	80597	106335	130511	134922
1998	119663	133896	79174	114572	135925	141444
1999	127942	143384	81994	124354	149811	157831
2000	139713	162239	85449	136286	169796	170837
2001	159646	180726	97083	153277	197733	189870
2002	182908	201892	134289	172292	225800	211192
2003	181997	200709	151811	192980	257637	207374
2004	201488	367907	247115	241684	313187	297601
2005	228558	419797	280748	274815	358288	337518
2006	265589	488739	326122	319740	418897	392774
2007	309891	574359	381643	375052	494230	461524
2008	395049	740453	485889	480608	653838	607362
2009	453699	852994	558360	552357	753088	701373
2010	540425	978458	668732	651335	896320	925358
2011	655798	1169794	809290	788659	1072387	1095131
2012	735686	1334827	914236	891817	1223647	1249094
2013	836334	1517445	1041135	1012947	1392273	1421227
2014	1237639	2014108	1463688	1422767	2074610	1994499
2015	1400816	2281676	1665468	1614628	2348136	2259462
2016	1584990	2577104	1884438	1831753	2659207	2540728
2017	1780776	2898009	2117179	2061649	2990277	2857107
2018	2760870	4365553	4447178	3023899	3323671	4365581
2019	2884611	4561391	4673957	3173780	3481758	4571503

注：1992 年以来数据根据“四经普”进行了调整。

21-25 历年进出口总额

单位：万美元

年份	丰县	沛县	睢宁县	新沂市	邳州市	贾汪区	铜山区
1978							
1979							
1980							
1981							
1982							
1983							
1984							
1985							
1986							
1987							
1988							
1989							
1990		8	6	30			
1991		10	8	20			
1992	34	13	8	0			
1993	85	14	10	54	23		338
1994	42	23	11	65	322		31
1995	27	300	28	331	311		249
1996	197	762	45	901	961		1375
1997	653	1150	231	1365	706		3683
1998	965	1276	87	1625	733		3667
1999	370	2803	89	620	674	142	2490
2000	431	479	194	1898	864	174	2260
2001	317	220	267	2060	1193	340	2945
2002	341	285	530	2066	2988	570	4098
2003	637	395	560	3286	4718	782	5129
2004	1078	648	789	5362	10183	1290	6710
2005	1474	1172	3207	5640	14823	1513	6240
2006	2820	1789	6819	9105	25423	1675	6733
2007	3200	2726	10968	11948	35162	2120	10892
2008	4035	3975	8499	17029	40221	2617	13642
2009	3796	4579	5697	17334	41446	8470	10242
2010	7272	8611	20323	25099	66931	14317	15351
2011	11144	28753	35640	28306	101286	27316	32847
2012	17117	37646	72170	42985	144313	40450	56047
2013	18257	26715	71846	52246	73142	27834	77734
2014	16556	34851	47506	42862	87554	18222	86207
2015	9983	31786	55620	40540	94725	12220	60458
2016	14581	33040	73116	45808	103161	30646	37207
2017	157143	325279	363090	454582	791845	68076	495313
2018	538336	451804	510284	818996	1012360	335528	941432
2019	666725	525806	565028	921116	1277787	374191	1170464

注：自2017年起进出口总额为人民币口径，单位万元。

21-26 历年出口总额

单位：万美元

年 份	丰 县	沛 县	睢宁县	新沂市	邳州市	贾汪区	铜山区
1978							
1979							
1980							
1981							
1982							
1983							
1984							
1985							
1986							
1987							
1988							
1989							
1990		8	6	30			
1991		10	8	20			
1992	34	13	8	0			
1993	85	14	10	54	23		338
1994	42	23	11	65	322	485	31
1995	27	300	28	241	311	229	249
1996	197	762	45	870	961	577	1375
1997	653	1150	231	1295	706	1093	2697
1998	965	1276	67	1592	733	1200	3099
1999	370	2803	55	435	674	142	1448
2000	431	479	180	1429	864	174	1743
2001	317	211	162	950	1193	183	2310
2002	341	285	224	1429	2988	488	3268
2003	637	395	402	2252	4718	626	3911
2004	910	648	321	3531	10183	961	5411
2005	1305	595	1067	4107	14745	1096	4852
2006	2299	1298	1837	4680	25323	1358	5084
2007	3061	2685	1718	6952	33854	1982	8599
2008	3796	3542	1393	13060	37504	2500	10484
2009	3270	3634	1381	9906	39032	6934	7572
2010	6405	8238	10492	15449	64123	9033	11810
2011	10392	28383	22524	22546	97937	10798	27458
2012	17078	36914	48893	25074	140206	13871	51791
2013	17128	25933	47421	38851	65695	13191	71981
2014	16205	33596	29202	22758	72499	13144	73789
2015	9945	31210	40938	20847	82024	11177	50571
2016	12611	31502	61370	29846	91605	29989	30257
2017	113165	314621	295680	344643	727233	36728	446144
2018	246950	431338	448447	734003	953841	320590	895590
2019	588591	493489	460856	785370	1154879	371208	1078505

注：自 2017 年起出口总额为人民币口径，单位万元。

21-27 历年实际利用外资

单位：万美元

年份	丰县	沛县	睢宁县	新沂市	邳州市	贾汪区	铜山区
1978							
1979							
1980							
1981							
1982							
1983							
1984							
1985							
1986							
1987							
1988							
1989							
1990		58			10		
1991		61		143			19
1992	531	62	29	44	52		154
1993		142	127	528	150		
1994	112	330	47	711	265	20	552
1995	23	316	659	1067	70	262	1734
1996	520	878	604	608	820	453	1544
1997	42	632	253	717	118	767	878
1998	426	759	91	762	280	881	1294
1999	377	821	10	143	15	633	1624
2000	3477	5240	1164	453	464	777	3448
2001	1843	1345	881	913	784	118	2360
2002	1518	1840	1242	1828	2586	811	2458
2003	2129	3110	1750	1945	4030	1497	3817
2004	701	2037	1998	2859	4811	2771	3254
2005	453	793	1698	914	3337	1000	3709
2006	669	1813	385	1197	3940	520	3006
2007	119	955	1310	1930	3910	1941	4279
2008	482	2394	1134	1326	3012	1700	6073
2009	1098	1981	2667	2604	6653	2816	8080
2010	3548	8186	5351	4214	4227	5073	5013
2011	4240	10677	10472	6599	16734	7336	16287
2012	6889	17022	12932	18450	17991	7071	10225
2013	13288	9444	11177	6240	25193	5574	20099
2014	10016	7174	12239	3390	18803	4102	22040
2015	5093	8306	10609	661	18802	416	6524
2016	4121	13038	11068	9993	18344	7263	14924
2017	7332	17282	9899	17281	20308	7842	22732
2018	8019	19424	13688	27169	23352	21423	36301
2019	8825	18571	14937	34001	26625	10042	29430

21-28 历年金融机构存款余额

（年底数）　　单位：万元

年　份	丰　县	沛　县	睢宁县	新沂市	邳州市	铜山区
1978	1837	3136		2316	3106	5345
1979	2399	3284		3120	3100	4902
1980	2875	4200		4069	1961	9832
1981	5022	6940	4877	5027	6553	14116
1982	5088	7023	4030	6000	6372	20008
1983	6797	10208	6141	7317	8638	22421
1984	8901	14301	8842	8902	13061	29211
1985	9533	15979	8953	7778	12967	27026
1986	14755	23518	13134	13392	18106	36338
1987	21314	31463	15096	16638	23157	42162
1988	33930	50916	26576	24604	38244	101302
1989	41592	54235	30909	28825	45297	101385
1990	45540	72942	30578	37086	51235	130105
1991	58389	91595	43924	44799	63715	163671
1992	68038	109118	56667	53151	76573	191854
1993	82111	138413	69903	65805	98074	235212
1994	101203	177476	89463	84266	133823	227397
1995	126259	228300	108597	114259	170289	299449
1996	160051	282481	129704	144377	212096	397126
1997	184294	334381	155819	172473	265491	466258
1998	202842	375402	176429	189829	290241	479798
1999	214309	399968	195967	200851	327727	447114
2000	234947	435149	232361	211738	376325	
2001	267706	515503	277154	238487	416461	
2002	313444	591085	328267	286770	465173	
2003	342292	650666	376152	339602	531812	782659
2004	381379	766597	450926	401685	640338	1005189
2005	464517	894761	541638	459154	714438	1227538
2006	579389	1022218	648257	542146	832182	1448235
2007	685879	1160059	748577	634831	965045	1673637
2008	818346	1449307	874589	762853	1117426	2102891
2009	1012609	1802697	1203225	1022393	1412470	2713274
2010	1237618	2105658	1552054	1367829	1777676	3500298
2011	1456157	2464859	1868564	1580320	2053286	3757705
2012	1744220	2929076	2155969	1800078	2514837	
2013	2058711	3231849	2446515	2181317	2976061	
2014	2398365	3365344	2827866	2353682	3463384	
2015	2973594	3788786	3299813	2658207	4117882	
2016	3541443	4541010	4018965	3869686	5253351	
2017	3833062	5125386	4841221	4444041	6018152	
2018	4409677	5545112	5585677	4709802	6440412	
2019	4878736	6006997	5961607	5095014	6955325	

21-29 历年金融机构贷款余额

（年底数） 单位：万元

年 份	丰县	沛县	睢宁县	新沂市	邳州市	铜山区
1978	5797	5147		6539	7389	7531
1979	6557	6056		9046	8416	507
1980	8608	8320		11117	5693	11041
1981	10657	10164	14950	12047	12502	14552
1982	11838	11047	16873	12806	13666	18971
1983	14961	14973	18659	15731	17608	23631
1984	22800	20272	26554	20597	23621	33537
1985	23955	21811	26556	21967	24260	30849
1986	23619	25493	30139	25202	28473	34318
1987	30051	34615	35710	27659	35065	43078
1988	40078	42129	42454	33682	45529	72414
1989	42760	48419	45644	39567	51291	30092
1990	54344	60156	48158	47492	63296	97147
1991	68054	75465	65786	60662	78020	122990
1992	71953	87955	72499	70518	82859	137975
1993	83172	104424	81590	82763	93846	165564
1994	101478	123824	101536	99263	119778	172538
1995	122433	156109	119301	116298	146597	229780
1996	139456	199805	127800	144036	165083	288921
1997	162500	270044	154744	194145	210939	340406
1998	177176	290329	174750	214116	228154	389318
1999	185233	300287	169663	211732	232973	356499
2000	172863	290188	143036	192087	221341	
2001	186201	302386	158528	200594	358097	
2002	186511	317655	175184	208252	416690	
2003	196355	378965	193408	243692	461613	541456
2004	180528	372238	201152	269633	500891	586723
2005	190997	344037	217166	275663	495003	630614
2006	245075	357974	271389	353228	567831	721496
2007	238736	347166	312390	435818	619833	873131
2008	289367	346410	369949	539993	679753	990968
2009	466892	520922	593081	842694	975664	1471172
2010	638501	706312	808866	1067845	1241637	2075650
2011	848770	892845	982607	1304818	1498377	2426655
2012	966398	1087704	1172305	1571333	1889226	
2013	1146818	1417916	1392059	1862149	2260353	
2014	1280908	1573277	1693980	2020852	2713875	
2015	1474972	1873874	1926127	2218496	3195690	
2016	1773131	2225951	2243856	2463821	3661281	
2017	2118672	2690136	2816990	2800329	4275196	
2018	2404360	3155727	3282101	3328841	4881429	
2019	2785774	3682800	3854604	3830482	5458747	

21-30 历年各类专业技术人员

单位：万人

年　份	丰　县	沛　县	睢宁县	新沂市	邳州市	贾汪区	铜山区
1978	0.24	0.21	0.16	0.18	0.25		0.32
1979	0.27	0.24	0.18	0.20	0.27		0.35
1980	0.29	0.27	0.21	0.23	0.30		0.39
1981	0.32	0.30	0.24	0.26	0.33		0.43
1982	0.36	0.33	0.27	0.29	0.36		0.47
1983	0.39	0.38	0.30	0.32	0.39		0.52
1984	0.43	0.42	0.34	0.36	0.43		0.57
1985	0.44	0.44	0.41	0.31	0.51		0.65
1986	0.45	0.49	0.44	0.38	0.50		0.68
1987	0.55	0.51	0.52	0.45	0.57		0.77
1988	0.65	0.63	0.63	0.53	0.66		0.79
1989	0.78	0.81	0.87	0.66	0.84		0.93
1990	0.82	0.82	0.91	0.68	0.89		0.98
1991	0.97	0.94	0.92	0.72	0.99		1.08
1992	1.00	0.93	0.98	0.77	0.85		1.18
1993	1.01	1.04	1.04	0.86	1.08		1.29
1994	1.01	1.16	1.04	0.88	1.12	0.68	1.12
1995	1.18	1.50	1.29	1.00	1.28	0.77	1.57
1996	1.40	1.56	1.43	1.43	1.29	0.86	1.70
1997	1.53	1.81	1.65	1.58	1.77	0.47	1.76
1998	1.58	2.00	1.79	1.69	2.05	0.52	1.83
1999	1.62	2.05	1.81	1.74	2.23	0.54	1.87
2000	1.67	2.16	1.86	1.91	2.39	0.60	1.95
2001	1.67	2.06	1.88	1.89	2.57	0.64	1.93
2002	1.71	2.04	1.76	1.94	2.46	0.69	1.86
2003	1.63	2.05	1.80	1.77	2.38	0.75	1.87
2004	1.40	2.87	1.80	1.65	2.10	0.80	1.88
2005	1.51	1.92	1.79	2.09	2.60	0.84	2.13
2006	1.83	3.30	1.83	2.57	3.29	0.89	2.59
2007	1.84	3.31	1.84	2.58	3.30	0.94	2.59
2008	2.27	2.51	2.60	3.39	2.55	0.98	2.25
2009	2.27	2.52	2.61	3.40	2.56	1.03	2.25
2010	2.53	2.74	2.74	3.76	2.79	1.08	2.65
2011	3.17	3.98	3.98	3.84	4.52	1.10	4.77
2012	3.29	4.08	4.09	3.96	4.71	1.15	4.88
2013	3.54	4.28	4.32	4.17	5.10	1.20	5.13
2014	3.83	4.45	4.50	4.35	5.38	1.24	5.86
2015	4.00	5.50	4.60	4.90	5.40	1.28	4.60
2016	4.13	5.61	4.72	5.03	5.60	1.34	4.73
2017	4.90	6.10	5.02	5.29	6.10	1.38	5.57
2018	5.30	6.50	5.42	5.70	6.55	1.45	5.93
2019	3.55	5.41	6.70	5.62	5.90	3.20	6.33

注：2013年及以后各类专业技术人员口径调整，仅含国有、集体口径，不再是全社会口径。

21-31 历年普通中学在校学生

单位：万人

年 份	丰 县	沛 县	睢宁县	新沂市	邳州市	贾汪区	铜山区
1978	9.57	5.64	5.54	4.21	6.52		7.31
1979	8.45	5.28	5.00	4.02	5.48		6.34
1980	7.69	4.32	4.61	3.80	4.40		5.74
1981	4.28	4.18	3.88	3.16	3.60		5.45
1982	4.05	3.75	3.52	3.09	3.51		5.45
1983	3.73	3.61	3.39	3.13	4.01		5.71
1984	3.71	3.65	3.57	3.06	4.08		6.18
1985	4.00	3.88	3.95	3.47	4.44		6.77
1986	4.16	4.16	4.24	3.57	5.31		6.98
1987	4.16	4.28	4.11	3.43	5.18		6.90
1988	3.94	4.32	3.84	3.31	5.10		6.73
1989	3.90	4.50	3.82	3.23	5.15		6.96
1990	3.69	4.15	3.72	3.02	5.15		7.45
1991	3.20	3.79	3.48	3.22	5.50		7.71
1992	3.31	3.89	3.61	3.38	5.51		7.74
1993	3.41	4.20	3.76	3.51	5.84		7.89
1994	4.06	5.49	4.20	3.57	6.73	1.75	6.56
1995	4.72	6.30	4.85	3.95	7.80	2.35	7.29
1996	5.28	7.05	5.66	4.49	7.67	2.55	8.18
1997	5.84	7.00	6.10	5.15	7.08	2.68	8.76
1998	6.25	7.22	6.73	5.70	7.67	2.74	9.53
1999	6.65	7.65	7.23	6.14	8.96	2.61	9.04
2000	7.14	8.06	7.82	5.89	10.85	2.38	8.21
2001	7.59	8.51	8.94	7.72	12.15	3.03	8.21
2002	8.20	9.45	10.24	8.84	13.94	3.63	9.53
2003	8.83	10.69	11.62	9.71	15.86	3.50	11.30
2004	9.42	11.49	12.62	9.97	15.80	4.28	11.92
2005	9.69	11.78	12.54	9.48	15.18	3.91	10.26
2006	10.17	11.34	12.21	8.83	13.94	3.37	10.29
2007	10.47	10.63	11.55	7.93	12.64	3.19	9.60
2008	10.12	9.93	10.95	6.93	11.27	2.92	8.28
2009	8.99	8.57	10.00	5.78	10.02	2.64	7.01
2010	7.94	7.17	8.95	4.72	9.00	2.31	5.85
2011	6.72	5.97	8.34	4.08	8.20	2.09	4.68
2012	5.80	5.25	7.42	3.85	7.94	1.90	4.35
2013	4.87	3.94	6.29	3.40	7.04	1.71	4.23
2014	4.45	3.72	5.73	3.20	6.87	1.59	4.12
2015	4.18	3.58	5.05	3.13	6.90	1.56	4.12
2016	4.27	3.74	4.72	3.58	7.49	1.51	4.37
2017	4.38	4.16	4.79	4.52	8.58	1.61	5.17
2018	4.69	4.92	5.17	5.73	9.91	1.85	5.70
2019	5.10	5.83	5.82	6.94	11.40	2.17	6.65

21-32 历年小学在校学生

单位：万人

年　份	丰　县	沛　县	睢宁县	新沂市	邳州市	贾汪区	铜山区
1978	8.85	13.91	14.47	12.32	16.60		21.36
1979	9.72	13.61	14.57	12.34	18.80		21.67
1980	9.99	12.86	14.11	12.50	17.17		22.34
1981	12.75	12.67	12.96	11.61	16.29		21.26
1982	12.09	12.15	12.59	10.68	15.52		20.58
1983	11.97	11.82	13.21	10.55	16.82		19.96
1984	11.67	11.59	12.45	10.27	16.84		19.65
1985	11.29	11.14	12.23	9.72	16.38		19.63
1986	10.92	10.82	12.15	9.32	16.10		18.67
1987	10.57	11.18	11.84	9.28	15.53		17.41
1988	10.38	11.48	11.50	9.10	14.51		16.93
1989	10.55	11.75	11.30	9.21	14.30		16.84
1990	10.40	12.66	12.19	9.58	15.03		16.87
1991	11.35	14.01	13.15	10.00	15.45		17.80
1992	11.56	14.31	13.78	10.59	16.51		18.73
1993	11.76	14.34	13.90	11.41	17.61		19.56
1994	12.30	14.79	15.05	12.46	19.09	5.33	15.04
1995	12.73	15.32	16.43	13.51	21.12	5.65	15.94
1996	13.24	15.94	17.50	14.72	24.18	5.93	16.51
1997	13.86	16.69	19.13	15.79	27.42	6.37	17.46
1998	14.38	17.41	20.29	16.00	27.95	6.49	17.98
1999	14.56	17.96	20.33	14.89	27.29	6.32	17.77
2000	14.69	17.82	20.17	13.92	25.05	6.35	18.29
2001	14.90	17.68	19.32	12.89	22.25	5.92	17.16
2002	14.55	16.46	17.96	11.43	19.39	5.18	15.51
2003	13.53	14.73	16.04	9.60	16.15	4.32	13.37
2004	12.24	12.70	13.95	7.97	13.47	3.65	11.01
2005	10.83	10.59	12.27	7.00	11.78	3.31	8.09
2006	9.63	8.73	10.97	6.21	11.21	3.07	6.89
2007	8.32	7.42	9.88	5.78	10.70	3.10	5.90
2008	7.11	6.78	8.62	4.96	10.68	2.94	5.36
2009	6.43	6.37	7.60	4.88	11.17	2.83	5.22
2010	6.34	6.53	7.19	5.37	11.87	2.73	5.53
2011	6.50	6.98	7.54	6.25	12.82	2.69	6.30
2012	6.81	7.70	7.85	7.44	14.18	2.92	7.31
2013	7.02	7.75	7.24	8.55	14.58	2.98	8.56
2014	7.81	8.96	8.17	10.09	16.53	3.36	10.09
2015	8.52	10.02	9.44	11.42	18.19	3.91	11.57
2016	8.93	10.76	10.26	12.21	19.18	3.99	12.70
2017	9.33	11.36	10.82	12.32	19.32	4.54	13.30
2018	9.50	11.52	11.31	12.07	19.08	4.64	13.00
2019	9.46	11.34	11.63	11.45	18.22	4.60	12.91

21-33 历年卫生机构数

单位：个

年　份	丰　县	沛　县	睢宁县	新沂市	邳州市	贾汪区	铜山区
1978	50	28	15	51	44		46
1979	50	28	15	51	46		46
1980	51	57	58	62	70		98
1981	59	66	69	67	76		102
1982	64	66	69	65	76		105
1983	64	71	71	77	74		96
1984	67	70	72	76	73		96
1985	71	70	74	77	73		101
1986	74	70	73	62	72		96
1987	74	70	74	62	73		92
1988	74	70	66	63	73		102
1989	74	79	70	69	77		102
1990	74	79	70	65	77		111
1991	74	79	72	65	77		149
1992	74	77	72	68	78		132
1993	82	109	72	68	82		144
1994	82	109	71	68	82	13	123
1995	82	109	71	68	82	21	123
1996	82	109	69	67	83	21	123
1997	82	109	69	67	84	21	123
1998	94	169	67	67	86	20	136
1999	86	69	56	47	86	19	61
2000	85	80	68	50	111	19	72
2001	91	89	56	40	101	19	65
2002	85	102	30	46	94	18	73
2003	152	125	22	51	91	58	71
2004	192	217	29	50	149	99	66
2005	192	192	29	60	149	20	63
2006	159	192	29	62	149	20	64
2007	154	188	28	187	149	22	63
2008	144	67	27	61	96	22	63
2009	177	66	37	60	138	17	63
2010	194	70	51	64	136	19	90
2011	530	487	647	440	807	18	498
2012	521	506	629	439	778	17	497
2013	515	598	623	447	739	208	515
2014	559	613	650	468	773	182	511
2015	558	608	608	480	767	216	511
2016	554	612	596	483	768	240	507
2017	550	614	597	478	773	211	470
2018	551	624	594	459	779	208	526
2019	563	623	551	478	743	208	539

注：2011 年及以后卫生机构数包括村卫生室。

21-34 历年卫生技术人员

单位：万人

年 份	丰 县	沛 县	睢宁县	新沂市	邳州市	贾汪区	铜山区
1978	0.11	0.12	0.14	0.12	0.14		0.14
1979	0.10	0.13	0.14	0.12	0.18		0.14
1980	0.10	0.13	0.14	0.13	0.16		0.13
1981	0.10	0.13	0.14	0.13	0.12		0.15
1982	0.11	0.13	0.14	0.13	0.15		0.15
1983	0.11	0.13	0.14	0.14	0.14		0.15
1984	0.11	0.13	0.14	0.14	0.15		0.17
1985	0.12	0.14	0.14	0.14	0.16		0.19
1986	0.12	0.15	0.14	0.15	0.17		0.20
1987	0.12	0.15	0.15	0.14	0.17		0.20
1988	0.14	0.16	0.15	0.14	0.18		0.23
1989	0.14	0.18	0.16	0.16	0.18		0.24
1990	0.15	0.19	0.17	0.16	0.18		0.26
1991	0.16	0.21	0.18	0.17	0.20		0.29
1992	0.17	0.21	0.19	0.18	0.23		0.31
1993	0.18	0.33	0.19	0.19	0.24		0.32
1994	0.18	0.35	0.19	0.20	0.29	0.07	0.26
1995	0.19	0.36	0.19	0.20	0.31	0.13	0.27
1996	0.19	0.37	0.19	0.20	0.34	0.15	0.27
1997	0.19	0.38	0.21	0.21	0.40	0.15	0.28
1998	0.19	0.39	0.21	0.22	0.40	0.16	0.28
1999	0.19	0.38	0.21	0.22	0.43	0.16	0.28
2000	0.19	0.37	0.20	0.22	0.47	0.17	0.28
2001	0.20	0.37	0.20	0.22	0.48	0.16	0.27
2002	0.18	0.35	0.19	0.21	0.48	0.16	0.27
2003	0.19	0.33	0.19	0.16	0.47	0.13	0.28
2004	0.20	0.34	0.19	0.18	0.48	0.13	0.27
2005	0.18	0.31	0.19	0.21	0.46	0.19	0.26
2006	0.19	0.32	0.19	0.22	0.47	0.12	0.27
2007	0.20	0.33	0.19	0.22	0.48	0.16	0.25
2008	0.22	0.32	0.20	0.23	0.47	0.23	0.25
2009	0.22	0.32	0.19	0.24	0.47	0.21	0.26
2010	0.22	0.34	0.22	0.27	0.46	0.22	0.28
2011	0.23	0.36	0.24	0.29	0.53	0.21	0.29
2012	0.34	0.38	0.28	0.34	0.56	0.21	0.30
2013	0.38	0.43	0.31	0.37	0.56	0.20	0.33
2014	0.39	0.47	0.34	0.41	0.63	0.21	0.36
2015	0.42	0.49	0.46	0.46	0.69	0.22	0.38
2016	0.46	0.54	0.49	0.48	0.72	0.22	0.41
2017	0.46	0.55	0.49	0.50	0.79	0.27	0.41
2018	0.50	0.59	0.49	0.54	1.01	0.35	0.71
2019	0.52	0.64	0.63	0.64	0.96	0.35	0.77

21-35 历年医疗卫生机构床位数

单位：万张

年份	丰县	沛县	睢宁县	新沂市	邳州市	贾汪区	铜山区
1978	0.06	0.10	0.11	0.10	0.10		0.15
1979	0.06	0.11	0.12	0.11	0.11		0.15
1980	0.06	0.11	0.12	0.11	0.10		0.15
1981	0.08	0.11	0.12	0.11	0.10		0.15
1982	0.08	0.11	0.13	0.11	0.10		0.15
1983	0.08	0.11	0.13	0.11	0.09		0.15
1984	0.08	0.11	0.11	0.11	0.10		0.15
1985	0.08	0.10	0.11	0.12	0.10		0.16
1986	0.08	0.12	0.11	0.12	0.10		0.16
1987	0.09	0.11	0.11	0.11	0.10		0.16
1988	0.10	0.11	0.11	0.12	0.10		0.17
1989	0.10	0.11	0.11	0.12	0.10		0.17
1990	0.10	0.11	0.11	0.13	0.10		0.17
1991	0.10	0.12	0.12	0.13	0.10		0.17
1992	0.11	0.13	0.12	0.12	0.11		0.18
1993	0.10	0.17	0.12	0.12	0.13		0.18
1994	0.11	0.17	0.11	0.11	0.12	0.04	0.15
1995	0.10	0.17	0.11	0.12	0.13	0.11	0.15
1996	0.10	0.17	0.12	0.12	0.12	0.11	0.15
1997	0.10	0.17	0.11	0.11	0.12	0.12	0.14
1998	0.11	0.17	0.12	0.11	0.13	0.12	0.15
1999	0.10	0.20	0.11	0.12	0.15	0.13	0.14
2000	0.10	0.20	0.11	0.12	0.16	0.13	0.14
2001	0.10	0.20	0.11	0.13	0.15	0.13	0.14
2002	0.10	0.19	0.12	0.12	0.14	0.13	0.14
2003	0.10	0.19	0.12	0.12	0.15	0.09	0.13
2004	0.11	0.19	0.12	0.12	0.15	0.10	0.14
2005	0.11	0.20	0.12	0.13	0.15	0.13	0.14
2006	0.11	0.21	0.12	0.14	0.15	0.12	0.15
2007	0.11	0.23	0.12	0.15	0.18	0.13	0.14
2008	0.15	0.25	0.13	0.14	0.19	0.18	0.16
2009	0.18	0.26	0.15	0.18	0.21	0.17	0.17
2010	0.20	0.29	0.18	0.17	0.25	0.17	0.21
2011	0.23	0.32	0.24	0.17	0.32	0.17	0.24
2012	0.33	0.38	0.29	0.25	0.41	0.17	0.27
2013	0.36	0.41	0.35	0.28	0.45	0.21	0.28
2014	0.40	0.45	0.36	0.31	0.49	0.23	0.28
2015	0.40	0.45	0.39	0.31	0.54	0.23	0.30
2016	0.41	0.49	0.45	0.35	0.57	0.24	0.34
2017	0.41	0.52	0.46	0.39	0.63	0.29	0.36
2018	0.39	0.56	0.45	0.38	0.75	0.26	0.57
2019	0.40	0.58	0.53	0.44	0.80	0.26	0.63

21-36 历年职工平均工资

单位：元

年　份	丰　县	沛　县	睢宁县	新沂市	邳州市	贾汪区	铜山区
1978	403	381	364	472	471		442
1979	503	454	451	496	501		464
1980	584	547	551	564	565		598
1981	609	548	541	571	587		581
1982	640	596	578	621	625		608
1983	635	606	576	641	634		616
1984	870	902	786	971	861		936
1985	943	1101	914	995	941		960
1986	1106	1072	1079	1106	1124		1134
1987	1164	1141	1132	1217	1174		1160
1988	1541	1487	1355	1517	1590		1416
1989	1558	1520	1551	1549	1480		1568
1990	1691	1647	1700	1787	1653		1751
1991	1725	1837	1742	1928	1777		1838
1992	2159	2118	2042	2243	2047		1961
1993	2676	2328	2328	2638	2506		2339
1994	3422	3081	3203	3841	3755	3448	3464
1995	4071	3890	3964	4580	3964	4145	4442
1996	4789	4411	4416	5151	5035	5126	5379
1997	4719	5111	4193	5024	4832	5109	5997
1998	5625	6108	5148	5974	5972	5078	6678
1999	6264	6687	5476	6533	6382	6158	7260
2000	6669	7234	5693	7047	7002	7142	7862
2001	7200	7765	5868	7519	7560	8137	8441
2002	7568	8202	7331	7998	8085	9225	9012
2003	8254	8838	8242	8313	8659	10375	9708
2004	9455	9950	8987	9525	9485	12230	10938
2005	11220	11950	10658	11659	11625	14836	13235
2006	12530	13688	11984	13423	13412	16952	15604
2007	14406	16128	13825	15855	15746	19037	18725
2008	17389	18688	17136	18483	18722	21329	21845
2009	20791	22166	20694	22156	22168	24096	25393
2010	24090	25786	22993	26061	26130	29131	30525
2011	29872	30713	26606	31986	30633	33409	36726
2012	34189	35433	31094	35337	35535	39463	40977
2013	35951	44659	34836	38647	40092	45046	44758
2014	41980	46251	37683	45212	42793	51844	46321
2015	45126	48454	44057	48540	50108	52703	49664
2016	49302	52247	45877	51464	55182	57833	51606
2017	53797	59005	52687	54632	56692	60760	55218
2018	58041	65322	58485	59490	59371	64649	60296
2019	67301	70948	64908	66028	60001	74751	85458

21-37 历年城乡居民储蓄存款余额

（年底数） 单位：万元

年 份	丰 县	沛 县	睢宁县	新沂市	邳州市	铜山区
1978	586	624	539	632	734	1 507
1979	1336	898	777	1101	937	2432
1980	1615	1810	1512	1649	1603	3539
1981	2382	2559	2133	2130	2326	4856
1982	2958	3404	2539	2681	3036	7008
1983	4103	5190	3434	3964	4214	12165
1984	6131	7736	5428	4794	6706	17268
1985	8368	10594	6057	5823	7973	21242
1986	12708	16225	8861	8585	12290	30893
1987	16501	23200	11992	11733	16771	41731
1988	21174	32136	15390	14500	22296	52867
1989	25950	41532	19006	18521	26550	70538
1990	34202	56573	25825	25157	35367	94683
1991	43926	72169	32366	31235	44820	117328
1992	49950	86495	41025	37116	55914	139644
1993	66718	113260	55765	47034	76298	178720
1994	80922	142420	76328	63093	103133	167956
1995	99477	184149	90917	87749	136143	223857
1996	123305	232008	107658	108385	169884	275204
1997	147178	278504	126611	125355	201070	313763
1998	165461	314558	147203	136191	220552	344175
1999	177192	347884	161323	140484	244637	322766
2000	198535	374997	190522	159261	274035	
2001	229579	416814	227229	186972	313571	
2002	264249	474533	268767	222142	345541	
2003	289921	535110	308658	261334	402443	660774
2004	330664	611413	372365	310294	492403	778962
2005	395565	710275	457046	362101	583793	896873
2006	479684	786261	532538	404096	648887	1030057
2007	544418	863847	592255	463567	736551	1197030
2008	659610	1065308	719016	559798	890588	1526967
2009	764610	1222173	857904	611631	1030206	1509486
2010	924204	1439169	1065322	710413	1195898	
2011	1038767	1615171	1281978	978517	1355304	1946720
2012	1292601	1918117	1525560	1240984	1677574	
2013	1560756	2214804	1807558	1398079	2082612	
2014	1902973	2523432	2142900	1690732	2544222	
2015	2251179	2893774	2516866	1926070	3021499	
2016	2517502	3243499	2856726	2178744	3613507	
2017	2690210	3457738	3115436	2465755	3924299	
2018	2924224	3681271	3381521	2673487	4172362	
2019	3410495	4115754	3809902	3007344	4748539	

注：2015 年起居民储蓄调整为住户存款，与往年不可比。

21-38 历年农民人均收入

单位：元

年 份	丰 县	沛 县	睢宁县	新沂市	邳州市	贾汪区	铜山区
1978	84	131	54	72	55		120
1979	121	149	56	77	64		176
1980	117	170	74	163	76		205
1981	129	193	109	199	92		268
1982	144	215	164	282	123		342
1983	307	373	325	308	257		377
1984	419	425	379	424	345		478
1985	422	428	316	356	345		412
1986	412	451	378	426	427		522
1987	454	498	369	443	476		567
1988	462	578	460	535	576		646
1989	491	682	448	624	639		785
1990	504	613	519	610	648		832
1991	595	739	559	729	783		873
1992	669	758	638	760	815		982
1993	777	919	761	890	893		1142
1994	1067	1170	1022	1291	1259	1479	1451
1995	1545	1751	1513	1764	1706	2029	2038
1996	2162	2362	2121	2301	2360	2781	2770
1997	2561	2852	2427	2643	2604	3180	3202
1998	2807	3109	2551	2857	2847	3424	3428
1999	3003	3241	2661	3016	3001	3578	3590
2000	3129	3365	2664	2814	3121	3612	3748
2001	3034	3544	2850	2959	3295	3395	3943
2002	3479	3735	3050	3123	3475	3581	3780
2003	3611	3880	3163	3231	3613	3709	3930
2004	4027	4325	3465	3613	4004	4135	4402
2005	4026	4550	3845	4025	4477	4605	4920
2006	4537	5143	4314	4516	5088	5204	5591
2007	5104	5831	4849	5076	5770	5896	6340
2008	5724	6593	5452	5698	6526	6657	7167
2009	6369	7342	6077	6340	7267	7410	7988
2010	7258	8378	7022	7231	8331	7956	9173
2011	8642	10001	8384	8634	9931	9443	10934
2012	9783	11351	9541	9808	11282	10680	12421
2013	10957	12725	10686	10979	12635	11898	13924
2014	11757	13249	11600	12140	12846	13207	15100
2015	12850	14441	12656	13281	14028	14371	16459
2016	14026	15791	13822	14526	15321	15690	17970
2017	15335	17269	15130	15886	16725	17127	19634
2018	16725	18799	16546	17325	18207	18703	21395
2019	18273	20496	18029	18876	19896	20413	23415

注：2013 年及之前为农民人均纯收入，自 2014 年起为农民人均可支配收入。

21-39 历年农民人均消费支出

单位：元

年　份	丰　县	沛　县	睢宁县	新沂市	邳州市	铜山区
1978	71			65		109
1979	85			71		148
1980	116			148		160
1981	175			177		221
1982	211			225		239
1983	253	210	247	289	223	272
1984	294	272	278	350	247	311
1985	363	343	269	347	285	353
1986	398	362	334	424	353	390
1987	418	415	370	400	448	443
1988	500	511	386	450	447	544
1989	585	611	423	590	598	622
1990	565	510	425	537	550	575
1991	663	622	497	530	603	536
1992	526	579	546	512	684	582
1993	594	955	499	606	679	690
1994	864	938	891	1039	992	927
1995	917	1227	1073	1361	1192	1040
1996	1455	1699	1325	1344	1467	1610
1997	1605	1714	1555	1393	1311	1943
1998	1586	1576	1466	1538	1227	1258
1999	1685	1603	1286	1496	1258	1459
2000	1468	1741	1429	1358	1583	1384
2001	1596	1913	1395	1453	1381	1582
2002	1912	2296	1588	1552	1311	1674
2003	1933	2510	1648	1915	1361	1881
2004	2230	2110	1861	1862	1257	2200
2005	3082	3282	2567	2501	2630	2961
2006	3118	3666	2932	3145	3027	3515
2007	3461	4695	3432	3565	3528	4311
2008	4085	5318	3746	3756	4218	4807
2009	4695	5814	4079	3951	4761	4957
2010	5306	6572	4436	4651	4937	5513
2011	6288	7587	4987	5766	5188	6496
2012	7095	8558	5616	6481	5866	7149
2013	8325	7207	6190	7141	6969	7858
2014	7641	8682	7292	8201	7990	8066
2015	8296	9473	8054	9025	8674	8927
2016	9277	10573	9064	10101	9699	10000
2017	10032	11491	9884	11015	10580	11024
2018	10696	12263	10625	11781	11353	11756
2019	11496	13170	11391	12699	12202	12665

注：2013 年及之前为农民人均生活消费支出，自 2014 年起为农民人均消费支出。

21-40 县（市）社会经济主要指标

（2019年）

指 标		丰 县	沛 县	睢宁县	新沂市	邳州市	贾汪区	铜山区
人口、就业及土地面积								
年末户籍人口	（万人）	121.02	129.05	141.80	112.32	194.13	51.79	133.32
年平均人口（户籍）		121.25	129.43	142.95	112.77	194.25	52.03	133.23
当年出生人口	（人）	12212	12929	15402	11287	19143	5224	13572
当年死亡人口		6490	6152	12048	6355	8506	2414	9233
年末户籍户数	（万户）	32.92	37.64	32.85	30.91	46.96	13.44	35.26
从业人员	（万人）	54.58	63.65	61.46	54.79	86.58	22.23	54.63
第一产业		14.49	16.35	16.53	13.19	21.57	6.22	15.62
第二产业		20.54	23.86	22.96	20.38	32.15	7.46	18.78
第三产业		19.55	23.44	21.97	21.22	32.86	8.55	20.23
年末城镇单位从业人员	（人）	58409	88064	71016	53964	103970	29427	66170
按国民经济行业分								
第一产业（农林牧渔业）		39	6706	320	187	186	141	92
第二产业		24365	39181	31526	20671	52321	12366	28615
第三产业		34005	42177	39170	33106	51463	16920	37463
按登记注册类型分								
# 国有单位		28724	42876	41169	25403	48261	10712	27945
城镇集体单位		1903	3178	3277	2895	443	3467	4383
港澳台商投资单位		1401	1221	7527	1894	1485	2904	1791
外商投资单位		452	341	939	1976	2833	629	1079
在岗职工人数		54981	83324	68274	49596	100307	28008	61142
在岗职工平均人数		53588	84246	62364	48033	100602	28072	60831
私营企业从业人员		81397	159396	191738	205732	139084	60214	124092
个体从业人员		122512	94209	154863	125431	226909	37961	132392
年末城镇登记失业人员数		1714	2993	1973	2505	3705	2357	2596
行政区域土地面积	（平方公里）	1450	1806	1769	1592	2085	612	1871
综合经济								
地区生产总值	（亿元）	468.23	777.96	612.67	686.40	959.70	351.93	1184.33
第一产业		90.84	113.60	106.43	85.67	149.73	28.66	98.14
第二产业		173.94	324.39	240.34	265.42	390.74	155.58	581.76
# 工业		142.51	226.50	177.58	212.28	338.33	141.27	499.85
第三产业		203.45	339.97	265.90	335.31	419.24	167.69	504.43
人均地区生产总值（按常住人口计算）		49207	69430	59459	75127	66466	81635	112392
地区生产总值指数（上年=100）		104.1	106.0	106.2	106.0	105.3	105.6	107.6
第一产业		103.0	102.8	104.1	102.7	103.7	104.0	102.0
第二产业		105.1	107.6	107.0	107.8	106.5	105.3	110.8
# 工业		104.9	105.0	105.0	108.6	107.9	106.1	110.8
第三产业		103.8	105.5	106.4	105.5	104.8	106.2	105.4
人均地区生产总值指数		104.1	105.9	106.0	105.9	105.2	105.6	107.7

21-40　续表1　（2019年）

指　　标	丰　县	沛　县	睢宁县	新沂市	邳州市	贾汪区	铜山区
商品房销售							
商品房销售面积　（万平方米）	84.92	124.74	158.51	107.18	189.14	103.80	160.14
#住宅	80.41	116.05	131.26	102.54	177.53	99.58	151.28
财政、金融、保险							
财政总收入　（亿元）	47.42	72.94	63.31	60.01	66.88	36.16	87.04
公共财政预算收入	28.43	45.00	38.04	35.55	42.87	22.20	51.78
#税收收入	22.99	37.03	31.89	29.04	34.70	18.51	41.47
#增值税	14.61	20.96	18.61	14.75	17.40	8.87	23.11
企业所得税（40%）	1.73	2.85	1.67	2.74	2.82	2.60	6.01
个人所得税（40%）	0.62	1.01	2.08	3.12	0.63	0.45	1.32
公共财政预算支出	73.20	107.98	92.79	90.20	117.36	41.92	117.42
#一般公共服务	5.04	8.17	7.30	6.52	10.39	3.66	9.88
科学技术	1.20	3.24	1.87	2.31	1.97	0.82	2.79
教育	13.97	20.63	15.11	20.16	26.98	11.30	20.61
文化体育与传媒	1.04	2.48	1.26	0.52	2.11	1.14	2.37
社会保障和就业	10.47	10.18	10.67	8.43	15.84	3.63	16.20
医疗卫生	8.13	10.57	11.09	7.41	12.65	3.04	10.61
节能环保	1.12	3.73	1.73	2.87	1.17	2.31	2.38
城乡社区事务	8.71	15.62	18.77	17.06	16.07	1.43	16.50
农林水事务	11.17	17.74	12.01	10.43	13.42	3.60	19.54
交通运输	1.60	4.21	3.24	2.22	5.27	1.80	1.78
住房保障	3.00	3.36	2.68	4.26	2.11	5.53	5.02
年末金融机构各项存款余额	487.87	600.70	596.16	509.50	695.53		
#住户存款	341.05	411.58	380.99	300.73	474.85		
年末金融机构各项贷款余额	278.58	368.28	385.46	383.05	545.87		
保费收入	15.06	21.95	16.69	14.93	18.42	7.66	
财产险	5.44	5.51	6.71	5.61	7.56	2.02	
人寿险	9.62	16.44	9.97	9.33	10.86	5.63	
赔款和给付	3.94	5.02	5.09	4.08	5.68	2.38	
财产险	2.78	2.80	3.86	3.28	4.32	1.53	
人寿险	1.15	2.22	1.22	0.80	1.35	0.85	
农业							
乡村户数　（万户）	25.44	24.02	25.03	20.18	32.80	10.27	28.23
乡村人口数　（万人）	100.06	94.04	103.04	79.41	124.09	40.10	100.43
乡村从业人数	52.51	50.21	59.53	44.51	62.71	16.58	51.71
#农林牧渔业	21.39	16.02	22.1	17.22	19.05	5.33	18.44

21-40 续表 2

（2019 年）

指　　标	丰　县	沛　县	睢宁县	新沂市	邳州市	贾汪区	铜山区
农林牧渔业总产值（当年价）（万元）	1526127	1958335	1785858	1584550	2590244	491825	1718028
农业	1128866	1171251	983034	706330	1616734	304859	1019068
林业	9600	8967	37552	44900	36631	6455	16038
牧业	303062	504753	545382	382580	597567	121752	461127
渔业	21819	140317	130879	362409	180542	34545	144895
农林牧渔服务业	62780	133047	89011	88331	158770	24214	76900
农作物总播种面积（千公顷）	183.65	154.65	187.37	192.72	231.65	47.68	156.17
#粮食作物	98.52	98.15	144.74	104.40	125.48	36.46	132.40
粮食总产量（万吨）	60.73	65.78	93.40	71.49	84.53	22.67	89.20
油料产量	0.47	0.39	3.53	7.09	1.02	0.17	0.46
棉花产量	1.04	0.06	0.05		0.03	…	0.03
肉类总产量	3.96	10.94	7.7	7.84	12.10	2.76	8.99
#猪肉	1.88	3.52	2.84	3.62	4.9	1.98	3.94
牛肉	0.13	0.05	0.19	0.21	0.06	0.12	0.20
羊肉	0.26	0.30	0.44	0.16	0.12	0.08	0.15
水产品产量（万吨）	0.27	1.76	1.84	4.84	2.21	0.7	2.75
规模以上工业、建筑业							
规模以上工业企业单位数（个）	168	231	180	230	299	149	278
内资企业	161	223	168	216	281	139	270
港澳台商投资企业	3	6	9	7	6	5	4
外商投资企业	4	2	3	7	12	5	4
建筑企业单位数（个）	45	97	41	61	73	26	64
建筑企业期末从业人员（万人）	3.90	9.69	3.96	6.31	6.24	0.80	9.04
建筑业总产值（亿元）	127.02	371.14	255.57	151.82	153.28	18.55	165.11

21-40 续表3 （2019年）

指 标		丰 县	沛 县	睢宁县	新沂市	邳州市	贾汪区	铜山区
交通运输、邮电通信、电力								
公路里程	（公里）	1957	2468	2546	2717	3296	963	2440
#等级公路		1951	2468	2448	2439	2999	963	2383
#高速公路		33	34	64	112	39	24	139
公路客运量	（万人）	443.60	375.02	909.73	677.96	698.53		
公路货运量	（万吨）	2158.83	2819.63	2454.76	1533.25	3344.03		
民用汽车拥有量	（辆）	136235	145077	155366	105575	170607	74573	227908
#私人汽车拥有量		131288	136564	145914	98608	163918	70729	217000
邮政局所数	（处）	26	29	32	30	43	13	36
邮电业务总量	（亿元）	57.66	67.28	78.45	75.55	85.94		
#邮政业务总量		4.12	5.70	6.33	16.03	6.98		
邮政业务收入		2.51	2.63	2.89	3.95	3.67		
电信业务收入		5.63	6.72	7.87	6.45	8.72	4.42	6.82
固定电话用户	（万户）	6.23	7.29	8.74	7.39	9.01	3.48	9.31
移动电话年末用户		87.26	106.02	101.96	92.73	131.66	69.86	105.77
#3G以上移动电话用户		66.45	82.88	79.19	72.07	100.07	53.20	84.00
互联网宽带接入用户		28.99	32.28	32.42	31.45	41.42	19.39	36.98
全社会用电量	（亿千瓦时）	25.79	47.56	24.92	37.62	32.45	28.48	54.41
#工业用电		14.68	33.85	10.34	26.19	15.65	21.87	36.58
城乡居民生活用电		6.63	7.51	7.31	6.00	9.13	3.06	9.22
批发零售贸易、外经								
社会消费品零售总额	（亿元）	288.46	456.14	467.40	317.38	348.18	155.52	457.15
批发和零售业		264.15	424.38	437.69	293.22	314.41	134.50	424.49
住宿和餐饮业		24.31	31.76	29.71	24.16	33.77	21.02	32.66
进出口总额	（亿元）	66.67	52.58	56.50	92.11	127.78	37.42	117.05
#出口总额		58.86	49.35	46.09	78.54	115.49	37.12	107.85
外商投资项目个数	（个）	5	12	19	30	32	10	35
协议注册外资	（亿美元）	0.70	5.34	4.01	8.09	5.24	1.60	6.95
实际使用外资		0.88	1.86	1.49	3.40	2.66	1.00	2.94

注：此表中的公路客货运量为营业性口径，下同。

21-40 续表 4 （2019 年）

指 标	丰 县	沛 县	睢宁县	新沂市	邳州市	贾汪区	铜山区
市政公用事业、环境保护（城市）							
供水综合生产能力（包括自备水源）（万立方米/日）	20	20	15	20	14	9	3
供水总量 （万立方米）	2026	2675	1489	2580	1957	284	2089
售水量	1825	2084	1257	2312	1664	233	1686
# 居民生活用水	975	1443	1148	1725	1325	115	610
公共汽（电）车运营车辆数 （辆）	387	616	496	465	400		
公共汽（电）车客运总量 （万人次）	1080	3260	920	1158	4128		
出租汽车数 （辆）	302	626	597	458	536		
煤气（人工煤气、天然气）供气总量（万立方米）	3460	3742	2600	7852	9511	6492	15295
# 家庭用量	1721	3124	2317	1320	2101	520	1058
液化石油气供气总量 （吨）	1186	1512	5625	6561	2080	2356	13012
# 家庭用量	394	1500	5595	5900	2052	2256	12412
道路面积 （万平方米）	562	917	546	730	629	381	480
排水管道长度 （公里）	370	805	310	692	709	253	135
绿化覆盖面积 （公顷）	1662	2431	2043	2490	2656		
# 建成区绿化覆盖面积	41	41	43	43	43		
绿地面积	1491	2359	1785	2132	2198		
# 建成区绿地覆盖面积	38	41	40	41	40		
公园绿地面积	395	564	458	431	660		
污水处理厂数 （座）	1	2	2	2	2		
垃圾处理站数 （个）	2	1	2	1	1		
生活垃圾无害化处理率 （%）	94.6	95.0	93.0	96.6	99.0	96.0	99.2
污水处理厂集中处理率	100.0	100.0	100.0	100.0	100.0		
自然保护区面积 （公顷）				22591	4231	3941	14930
工业废水排放量 （万吨）	277	363	252	415	126	821	211
工业废气排放量 （亿立方米）	57.84	415.53	20.39	696.32	304.47	600.63	1409.83
工业二氧化硫排放量 （吨）	902	4868	161	3550	5294	4223	4685
工业氮氧化物排放量	7	26	21	24	17	73	26
工业烟（粉）尘排放量	178	6440	355	10256	2028	9200	8110
一般工业固体废物综合利用率 （%）	100.0	96.1	99.1	99.8	99.2	98.9	99.8

21-40　续表 5　　（2019 年）

指　　标	丰　县	沛　县	睢宁县	新沂市	邳州市	贾汪区	铜山区
教育、科技、卫生							
学校总数　（个）	257	270	279	262	420	143	298
# 中等职业教育学校	1	2	2	1	2	1	2
普通中学	39	44	46	38	59	17	43
小学	109	119	97	118	211	50	132
在校学生总数　（万人）	18.60	21.38	22.46	22.66	36.09	8.72	25.51
# 中等职业教育学校	0.43	0.61	1.16	0.67	1.18	0.28	0.91
普通中学	5.10	5.83	5.82	6.94	11.40	2.17	6.65
小学	9.46	11.34	11.63	11.45	18.22	4.60	12.91
专任教师总数　（人）	12073	12384	13614	11504	22483	5484	13844
# 中等职业教育学校	301	468	282	176	296	105	452
普通中学	4679	4342	4465	4338	8187	1726	4855
小学	4779	5547	6303	5417	11545	2495	5456
幼儿园数　（个）	108	105	134	105	148	75	121
在园幼儿数　（万人）	3.61	3.60	3.85	3.60	5.30	1.66	5.04
各类专业技术人员数　（万人）	3.55	5.41	6.70	5.62	5.90	3.20	6.33
专利申请受理量　（件）	1891	1817	2743	3918	2887	1771	5995
# 发明	833	859	1266	2198	1777	1130	3413
专利申请授权量	783	479	1313	1169	738	414	1869
# 发明	61	55	252	436	115	29	309

21-40 续表 6 （2019 年）

指 标	丰 县	沛 县	睢宁县	新沂市	邳州市	贾汪区	铜山区
剧场、影剧院数（个）	4	5	5	3	5	2	5
公共图书馆	1	1	1	1	1	1	1
公共图书馆图书总藏量 （千册、千件）	235.10	449.64	442.45	508.40	618.03	250.55	367.93
卫生机构数 （个）	563	623	551	478	743	208	539
# 医院	6	17	16	17	21	6	19
卫生院	25	25	24	20	32	10	24
卫生机构床位数 （张）	4023	5794	5322	4416	7956	2620	6320
# 医院	1827	3593	3035	3011	4700	1576	4125
卫生院	2169	2049	1990	1160	2610	989	2015
卫生技术人员 （人）	5207	6356	6320	6350	9635	3499	7655
# 执业（助理）医师	2384	2853	2603	2823	3578	1233	3260
注册护士	1961	2660	2728	2632	4327	1722	3347
人民生活							
在岗职工工资总额 （亿元）	36.07	59.77	40.48	31.72	60.36	20.98	51.99
在岗职工平均工资 （元）	67301	70948	64908	66028	60001	74751	85458
全体居民人均可支配收入	23677	27764	23791	25580	28250	28688	32661
工资性收入	14023	15594	10340	14238	15615	20947	20846
经营净收入	5900	6368	9226	5742	6703	5486	6962
财产净收入	888	1519	1721	1563	1462	606	1319
转移净收入	2867	4283	2505	4037	4469	1648	3534
人均生活消费支出	15545	16865	13588	16223	15496	16523	19793
食品烟酒	4690	4774	4159	5068	4545	5008	5871
衣着	1248	1498	1033	1533	1171	1710	1942
居住	2650	3542	3156	3249	3270	2534	2453
生活用品及服务	1268	1220	784	1207	1137	1647	1252
交通通信	1832	2407	1267	1820	2075	1946	2967
教育文化娱乐	2676	1927	2320	2360	1936	2359	3751
医疗保健	836	1077	718	718	1016	800	1258
其他用品和服务	345	420	150	268	345	519	297
人均现住房建筑面积 （平方米）	52	46	66	46	44	46	53
城镇居民人均可支配收入 （元）	29437	34920	29923	32069	36419	35716	40753
工资性收入	20227	20755	14816	19457	21849	28574	27091
经营净收入	3451	5329	10035	5056	5493	4725	6201
财产净收入	1493	2812	3225	2635	2584	718	2097
转移净收入	4267	6024	1847	4921	6493	1699	5363

21-40 续表 7 （2019 年）

指　　标	丰　县	沛　县	睢宁县	新沂市	邳州市	贾汪区	铜山区
人均生活消费支出	19860	20503	15925	19634	18717	21327	26030
食品烟酒	5845	5729	4860	6056	5484	6429	7645
衣着	1709	1951	1312	2015	1481	2234	2850
居住	3280	4438	3930	4162	4226	3011	2679
生活用品及服务	1661	1373	887	1506	1399	2090	1779
交通通信	2316	2687	1347	2046	2234	2737	3822
教育文化娱乐	3571	2386	2725	2887	2174	3207	5212
医疗保健	946	1368	677	640	1222	837	1599
其他用品和服务	532	571	186	322	497	782	444
人均现住房建筑面积　（平方米）	50	43	73	44	45	42	56
农村居民人均可支配收入　（元）	18273	20496	18029	18876	19896	20413	23415
工资性收入	8203	10352	6134	8845	9240	11968	13711
经营净收入	8197	7423	8465	6452	7942	6383	7831
财产净收入	320	206	307	455	315	475	430
转移净收入	1554	2515	3123	3124	2400	1587	1444
人均生活消费支出	11496	13170	11391	12699	12202	10867	12665
食品烟酒	3607	3805	3499	4048	3585	3334	3844
衣着	816	1037	772	1035	855	1094	904
居住	2058	2631	2429	2306	2292	1973	2196
生活用品及服务	898	1065	688	898	870	1125	650
交通通信	1378	2122	1191	1586	1913	1015	1991
教育文化娱乐	1836	1460	1939	1816	1693	1360	2083
医疗保健	733	781	757	798	806	757	869
其他用品和服务	171	268	116	212	190	209	129
人均现住房建筑面积　（平方米）	54	49	59	47	44	52	50
城乡居民基本养老保险参保人数　（万人）	46.92	45.87	49.99	38.80	65.85		
城镇职工基本养老保险参保人数	12.07	14.71	14.39	11.77	19.36		
城镇职工基本医疗保险参保人数	6.57	8.67	7.93	9.51	10.87		10.11
城乡居民基本医疗保险参保人数	96.88	104.51	117.96	88.20	153.41	39.31	112.92
失业保险参保人数	4.27	6.57	5.15	4.52	6.80		6.01
工伤保险参保人数	3.28	8.26	5.46	5.48	7.64		
生育保险参保人数	3.74	6.70	5.76	5.21	6.56		7.30
提供住宿的各类社会服务机构数　（个）	20	27	32	32	31	32	71
提供住宿的各类社会服务机构床位数　张）	5343	6435	6120	5280	7945	3275	10324
社会治安							
刑事案件立案数　（件）	765	802	958	936	821	359	1110
罪犯人数　（人）	971	812	1085	1072	987	379	1231
火灾事故死亡人数　（人）	1						
火灾损失金额	279	134	114	307	186	156	102

二十二、乡镇基本情况

BASIC CONDITIONS OF COUNTRY AND TOWN

版面负责人：顾元林
编　　　辑：秦伟伟

统计执法监督检查办法

第五章　法律责任

第四十五条　县级以上人民政府统计机构负责人、执法检查人员及其相关人员在统计执法监督检查中有下列行为之一的，由统计机构予以通报，由任免机关或者纪检监察机关给予处分：

（一）包庇、纵容统计违法行为；

（二）瞒案不报，压案不查；

（三）未按规定受理、核查、处理统计违法举报；

（四）未按法定权限、程序和要求开展统计执法监督检查，造成不良后果；

（五）违反保密规定，泄露举报人或者案情；

（六）滥用职权，徇私舞弊；

（七）其他违纪违法行为。

第四十六条　县级以上人民政府统计机构负责人、执法检查人员及其相关人员在统计执法监督检查中，违反有关纪律的，依纪依法给予处分。

第四十七条　县级以上人民政府统计机构负责人、执法检查人员及其相关人员泄露在检查过程中知悉的国家秘密、商业秘密、个人信息资料和能够识别或者推断单个调查对象身份的资料，依纪依法给予处分。

第六章　附　则

第四十八条　本办法自公布之日起施行。

22-1 分镇主要经济指标

（2019 年）

乡　　镇	乡镇行政区域面积（公顷）	居委会数（个）	村委会数（个）	常住户数（户）	常住人口（人）
贾汪区					
大泉街道	3765	2	5	15273	47717
大吴街道	3840	11	6	14258	52176
潘安湖街道	3030	2	6	8145	26600
青山泉镇	6647	5	11	11202	38952
紫庄镇	6668	4	15	16012	60901
塔山镇	9468	3	20	16256	68029
汴塘镇	10080		17	13788	50090
江庄镇	7496		11	11230	35310
徐州经济技术开发区					
大黄山街道	4300	7	12	15720	63840
大庙街道	6663	3	15	31925	95662
徐庄镇	13259		22	18131	68897
丰 县					
中阳里街道	990	17		27896	82631
凤城街道	8773	12	11	18175	65903
孙楼街道	6608		19	13556	52448
首羡镇	12232		33	20642	74612
顺河镇	9404		22	13051	52147
常店镇	8187		27	17252	66547
欢口镇	10751		27	26656	104350
师寨镇	8518		28	15843	66252
华山镇	10100		25	24051	76548
梁寨镇	8680		20	15397	64034
范楼镇	11873		31	21030	78163
宋楼镇	12214		32	23166	88996
大沙河镇	8631		19	16028	61427
王沟镇	12621		31	21735	80145
赵庄镇	9100		18	16559	65367
沛 县					
沛城街道	6240	23	7	56692	165128
大屯街道	5430	15	10	18109	66380
汉源街道	3403	11	3	21016	67252
汉兴街道	5310	19		12153	47611
龙固镇	5302	14	9	15756	62019
杨屯镇	5165	12	9	15992	61140
胡寨镇	4594	4	11	10452	37135
魏庙镇	6202	3	14	14552	52501
五段镇	4977	3	14	11768	40849
张庄镇	11200	8	24	24582	83282
张寨镇	10634	3	26	21716	79996
敬安镇	9600	8	18	16815	63680
河口镇	8257	2	16	15526	53635
栖山镇	8951	4	18	15355	52577
鹿楼镇	12540	2	22	19067	73525
朱寨镇	7900	2	20	15542	60850
安国镇	10294	8	23	22072	83811

22-1 续表 1 （2019 年）

乡 镇	乡镇行政区域面积（公顷）	居委会数（个）	村委会数（个）	常住户数（户）	常住人口（人）
铜山区					
新区街道	6450	5	7	13114	49719
三堡镇街道	3540	4	2	7052	25999
何桥镇	7400		15	13250	50487
黄集镇	8340		18	16690	62491
马坡镇	6900		12	12787	54106
郑集镇	6710		10	12687	48705
柳新镇	9606		19	19711	77164
刘集镇	8360		15	17629	67852
大彭镇	7600	1	14	17158	67035
汉王镇	6393		9	11864	46269
棠张镇	8060		17	15670	60964
张集镇	14800	1	18	26107	93178
房村镇	13600		20	19425	75042
伊庄镇	8565		15	11106	45470
单集镇	13210		21	14109	59092
利国镇	7769		13	19574	62351
大许镇	12917		23	18378	82503
茅村镇	8324		13	24370	75603
柳泉镇	10520	1	17	16743	64438
睢宁县					
睢城街道	10242	28		74212	250308
金城街道	6398	13		13029	59141
睢河街道	4261	11	1	25709	58075
王集镇	13152	6	22	17104	70735
双沟镇	9530	4	16	15967	60691
岚山镇	11850	3	17	18763	74467
李集镇	6298	4	11	12802	51449
桃园镇	9489	4	21	16263	66956
官山镇	12499	8	16	19989	82094
高作镇	4171	5	8	9724	36098
沙集镇	6518	4	13	13739	60719
凌城镇	9365	6	19	16158	65986
邱集镇	14079	5	28	23009	103269
古邳镇	10666	6	20	15516	64358
姚集镇	16780	7	29	20123	88227
魏集镇	13000	6	20	16005	66849
梁集镇	12134	6	11	13475	58620
庆安镇	11571	6	16	14441	59516

22-1　续表 2　　（2019 年）

乡　　镇	乡镇行政区域面积（公顷）	居委会数（个）	村委会数（个）	常住户数（户）	常住人口（人）
新沂市					
新安街道	8295	30	4	79652	231388
北沟街道	4164	12		18527	56993
墨河街道	7281	10	10	15149	50978
唐店街道	5953	5	4	10165	36496
瓦窑镇	6203	12	12	9413	37952
港头镇	6810	7	4	10290	38055
合沟镇	6734		20	14851	53264
草桥镇	10122	1	16	17236	63667
窑湾镇	11636	1	21	15189	55320
棋盘镇	15770		26	18350	67976
马陵山镇	9528		16	14567	51112
新店镇	11199		15	11625	45081
邵店镇	5849		14	9277	36120
时集镇	13887		18	13185	52048
高流镇	12189		14	15832	57498
阿湖镇	12527		18	16826	57229
双唐镇	9484		14	9780	38582
邳州市					
东湖街道	3410	7	3	43686	166007
运河街道	7831	19	12	82603	284852
戴圩街道	8000	5	19	20620	103011
炮车街道	5700	3	12	18501	63105
邳城镇	9090	1	22	18080	81240
官湖镇	8888		27	26460	119830
四户镇	8156		17	11032	47858
宿羊山镇	9013	1	24	16814	77857
八义集镇	10562	1	25	18013	70235
土山镇	7015		21	12039	48388
碾庄镇	12088	1	27	21863	96153
港上镇	6470	3	19	14234	65343
邹庄镇	7351	1	16	11605	56050
占城镇	8900		18	10808	39173
新河镇	11800		19	13598	57382
八路镇	6700		14	10501	43148
铁富镇	12447		30	28280	131580
岔河镇	7088		12	8720	42310
陈楼镇	4423		17	11977	50906
邢楼镇	9684		18	13520	56710
戴庄镇	6845		16	12124	55402
车辐山镇	9488		16	12841	60605
燕子埠镇	7700		16	7845	33214
赵墩镇	12081	1	27	21410	97831
议堂镇	5442	3	12	8312	35750

22-1 续表 3 （2019 年）

乡 镇	一般公共预算收入（万元）	一般公共预算支出（万元）	年末资产总额（万元）	年末债务总额（万元）
贾汪区				
大泉街道	20242	1451	22082	62400
大吴街道	7363	2082	25484	43555
潘安湖街道	7251	4763	6681	4361
青山泉镇	9850	8865	2385	356
紫庄镇	2923	1595	6374	8128
塔山镇	6458	7580	3357	15781
汴塘镇	1683	1285	12020	3379
江庄镇	12817	1003	29291	21133
徐州经济技术开发区				
大黄山街道	33665	10363	7558	1938
大庙街道	31122	11451	4925	1239
徐庄镇	7096	18338	8972	10839
丰 县				
中阳里街道	11337	4988	3317	3326
凤城街道	187882	100012	239573	213687
孙楼街道	9332	6686	12661	
首羡镇	8552	9002	14019	14802
顺河镇	9877	9877	13810	9652
常店镇	10238	10181	3821	
欢口镇	17322	8675	653	210
师寨镇	6943	6075	16072	801
华山镇	14700	7250	9002	4058
梁寨镇	13830	11537	26130	25853
范楼镇	10805	7319	11416	8914
宋楼镇	15956	6735	11318	14829
大沙河镇	7634	5572	24821	16988
王沟镇	7902	4988	26957	27476
赵庄镇	8458	4753	2576	4711
沛 县				
沛城街道	22300	31241	2881	2752
大屯街道	26698	30259	17526	14178
汉源街道	2390	2424	10603	2792
汉兴街道	410	388	2002	18653
龙固镇	28568	29125	9906	1256
杨屯镇	38335	2412	43812	
胡寨镇	6947	6947	1822	780
魏庙镇	6073	8089	20981	998
五段镇	11133	4942	1344	1019
张庄镇	9497	13482	25627	3317
张寨镇	7798	9380	3764	16381
敬安镇	18444	18444	10422	6785
河口镇	6931	8546	6284	4491
栖山镇	8054	8054	8915	8902
鹿楼镇	9532	11497	12515	14061
朱寨镇	10247	11020	5051	12459
安国镇	19913	23560	13734	14680

22-1 续表 4 （2019 年）

乡　　镇	一般公共预算收入（万元）	一般公共预算支出（万元）	年末资产总额（万元）	年末债务总额（万元）
铜山区				
新区街道	9100	9081	2643	2456
三堡镇街道	7560	4901	4501	3053
何桥镇	3026	4025	6132	2387
黄集镇	4133	5163	3319	3329
马坡镇	2015	3624	6061	6930
郑集镇	10740	9673	2751	20914
柳新镇	22960	7743	39200	26030
刘集镇	6729	5396	7035	10874
大彭镇	9008	7916	8335	6901
汉王镇	19273	12572	21517	11588
棠张镇	10239	5900	16000	15612
张集镇	8990	7196	18089	16525
房村镇	4572	4535	13702	15711
伊庄镇	3289	4340	3334	14620
单集镇	2840	4289	14868	25694
利国镇	51436	16161	84712	85690
大许镇	3366	4653	5729	4962
茅村镇	13164	8163	49490	55007
柳泉镇	20092	13180	13327	11876
睢宁县				
睢城街道	68603	31756	79501	
金城街道		1066	357	148
睢河街道	32581	27654	22272	14975
王集镇	5373	1134	2175	11838
双沟镇	19674	19268	8633	7647
岚山镇	8800	5000	15307	9216
李集镇	11012	13547	18557	18373
桃园镇	4436	6503	37856	32899
官山镇	15525	12491	13945	15959
高作镇	12217	10678	21095	18093
沙集镇	12503	11418	20815	8819
凌城镇	10859	10859	9850	7616
邱集镇	6560	8165	2850	2850
古邳镇	10756	10391	6596	6169
姚集镇	7550	7550	25736	24230
魏集镇	10042	12078	11610	9849
梁集镇	8306	7020	7821	6052
庆安镇	9800	6500	2150	5500

22-1 续表 5 （2019 年）

乡 镇	一般公共预算收入（万元）	一般公共预算支出（万元）	年末资产总额（万元）	年末债务总额（万元）
新沂市				
新安街道	36854	23000	17563	17049
北沟街道	13507	13507	472	6133
墨河街道	3778	3019	641	
唐店街道	11565	10115	6164	1852
瓦窑镇	5096	5123	1653	892
港头镇	3172	2100	1560	876
合沟镇	4994	2500	6895	5456
草桥镇	3046	3036	1600	921
窑湾镇	6923	6811	19712	15876
棋盘镇	5780	5780	3675	
马陵山镇	3980	3566	4423	2506
新店镇	2613	2097	3725	3099
邵店镇	2632	2279	4899	2716
时集镇	13675	10917	3842	
高流镇	7009	5520	21001	1100
阿湖镇	5837	5310	8803	8318
双唐镇	6637	4702	4925	4570
邳州市				
东湖街道	2124	2124	4657	13743
运河街道	74101	33106	3919	1942
戴圩街道	34808	34808	4059	2532
炮车街道	67820	39525	6520	6000
邳城镇	8930	3206	6205	2788
官湖镇	45500	45500	11296	4900
四户镇	10252	9400	1652	440
宿羊山镇	7133	11537	6449	4292
八义集镇	5712	5712	3063	108
土山镇	8013	9166	605	4051
碾庄镇	25462	25254	4674	3497
港上镇	8462	11934	2792	3001
邹庄镇	9908	8961	1250	575
占城镇	5428	5013	1978	2342
新河镇	1320	10062	9583	12095
八路镇	6616	6616	1443	1065
铁富镇	41230	22350	16870	6900
岔河镇	10014	8305	3665	1262
陈楼镇	1631	1630	5190	3692
邢楼镇	5643	5643	9859	53
戴庄镇	4800	6100	5376	330
车辐山镇	12231	12227	3824	3412
燕子埠镇	8014	6487	1460	1460
赵墩镇	11682	11227	2961	1301
议堂镇	21006	21004	3390	2688

22-1 续表6 （2019年）

乡 镇	企业个数（个）	企业从业人员（人）	工业企业单位数（个）	#规模以上工业企业单位数
贾汪区				
大泉街道	556	7647	38	3
大吴街道	328	23371	221	19
潘安湖街道	40	4034	16	6
青山泉镇	248	22858	135	28
紫庄镇	314	9364	182	7
塔山镇	268	6516	153	13
汴塘镇	267	4202	150	1
江庄镇	325	6720	46	6
徐州经济技术开发区				
大黄山街道	277	22050	146	37
大庙街道	291	18673	216	34
徐庄镇	425	6571	93	10
丰 县				
中阳里街道	2497	33295	1426	9
凤城街道	1308	44523	867	57
孙楼街道	1521	19587	1170	21
首羡镇	1722	27847	821	11
顺河镇	2038	31100	717	9
常店镇	1010	22570	374	17
欢口镇	1205	13586	856	7
师寨镇	1059	22765	807	5
华山镇	2223	21620	1130	40
梁寨镇	1116	14628	454	8
范楼镇	711	16210	580	9
宋楼镇	2100	32309	1116	23
大沙河镇	869	15479	742	6
王沟镇	412	5872	209	13
赵庄镇	1051	23672	662	8
沛 县				
沛城街道	2649	42528	793	11
大屯街道	855	52960	483	32
汉源街道	262	2469	33	1
汉兴街道	74	3652	45	
龙固镇	592	18528	314	32
杨屯镇	782	24916	744	40
胡寨镇	412	6450	102	2
魏庙镇	349	10132	149	2
五段镇	819	7024	624	20
张庄镇	699	15705	152	9
张寨镇	239	5134	106	6
敬安镇	1756	20980	615	5
河口镇	615	10750	337	3
栖山镇	524	7597	356	5
鹿楼镇	775	16001	169	13
朱寨镇	882	12466	125	9
安国镇	168	7598	111	23

22-1 续表 7 （2019 年）

乡 镇	企业个数（个）	企 业 从业人员（人）	工业企业 单 位 数（个）	# 规模以上 工业企业 单 位 数
铜山区				
新区街道	1206	40221	531	95
三堡镇街道	304	9801	190	18
何桥镇	223	7298	29	1
黄集镇	205	3863	92	3
马坡镇	280	9245	200	12
郑集镇	215	20715	102	9
柳新镇	890	20813	246	42
刘集镇	452	7022	78	13
大彭镇	560	11260	262	19
汉王镇	512	10710	39	
棠张镇	620	15664	420	18
张集镇	1356	28910	925	20
房村镇	552	8547	242	3
伊庄镇	268	4062	72	7
单集镇	350	6439	253	4
利国镇	650	12102	85	17
大许镇	431	12935	115	7
茅村镇	1079	20275	259	16
柳泉镇	567	21680	441	18
睢宁县				
睢城街道	3220	96021	849	16
金城街道	1020	22295	197	43
睢河街道	933	19736	216	21
王集镇	181	16215	95	2
双沟镇	608	5961	75	17
岚山镇	242	6812	151	3
李集镇	463	14097	242	8
桃园镇	339	11596	177	13
官山镇	378	5502	154	6
高作镇	429	5142	257	2
沙集镇	3347	33890	635	18
凌城镇	698	9132	125	9
邱集镇	245	4011	185	6
古邳镇	472	8011	198	3
姚集镇	372	5573	172	6
魏集镇	996	8838	362	4
梁集镇	229	6719	114	5
庆安镇	195	31850	125	17

22-1 续表 8 （2019 年）

乡 镇	企业个数（个）	企业从业人员（人）	工业企业单位数（个）	# 规模以上工业企业单位数
新沂市				
新安街道	9412	119971	398	17
北沟街道	1357	24631	271	25
墨河街道	667	18712	152	64
唐店街道	676	13699	99	8
瓦窑镇	766	8762	214	11
港头镇	349	6689	47	2
合沟镇	693	6692	189	8
草桥镇	881	24424	195	12
窑湾镇	1213	21054	154	4
棋盘镇	650	9683	302	13
马陵山镇	918	11937	107	5
新店镇	445	3781	50	5
邵店镇	675	5642	77	6
时集镇	1509	15541	159	11
高流镇	410	4060	55	12
阿湖镇	997	12371	381	20
双唐镇	854	17945	264	14
邳州市				
东湖街道	201	6964	12	
运河街道	4769	81588	685	7
戴圩街道	524	23842	486	35
炮车街道	1645	40311	240	45
邳城镇	20	2313	12	7
官湖镇	1420	32695	952	62
四户镇	178	3565	88	4
宿羊山镇	577	11917	297	10
八义集镇	2186	20891	663	3
土山镇	325	12467	189	16
碾庄镇	1954	24186	382	31
港上镇	53	1533	23	5
邹庄镇	124	4588	69	9
占城镇	91	2618	63	1
新河镇	283	5316	45	8
八路镇	243	26501	167	3
铁富镇	1320	27980	180	21
岔河镇	353	5571	232	4
陈楼镇	1415	15546	635	15
邢楼镇	118	5660	83	2
戴庄镇	147	4189	6	3
车辐山镇	541	13783	272	8
燕子埠镇	108	1742	95	5
赵墩镇	230	15420	145	21
议堂镇	256	7795	230	13

22-1 续表 9 （2019 年）

乡 镇	建筑业企业单位数（个）	住宿餐饮业企业个数（个）	限上社会消费品零售总额（万元）	商品交易市场个数（个）
贾汪区				
大泉街道	4	9	59455	2
大吴街道	2		7362	3
潘安湖街道	2	3	4186	1
青山泉镇	1	1	1508	1
紫庄镇	1	1	19436	2
塔山镇	3	1	72985	5
汴塘镇	2	1	32461	3
江庄镇	3	32	12206	2
徐州经济技术开发区				
大黄山街道	4		31487	1
大庙街道	8	3		2
徐庄镇	2		280327	5
丰 县				
中阳里街道	38	49	256126	8
凤城街道	8	9	173851	4
孙楼街道	2	1	122641	1
首羡镇	4	7	131547	6
顺河镇	6	2	40122	5
常店镇	16	2	64632	3
欢口镇	3	2	128991	3
师寨镇	6		22631	2
华山镇	15	90	65160	5
梁寨镇	5	15	27349	4
范楼镇		30	30195	3
宋楼镇	4		48200	4
大沙河镇	2	57	37842	2
王沟镇		1	18247	2
赵庄镇	2	6	136800	2
沛 县				
沛城街道	50	77	539562	9
大屯街道	5	6	357354	8
汉源街道		5	45573	1
汉兴街道			2668	2
龙固镇	8	2	133239	1
杨屯镇	4	2	206721	4
胡寨镇	3		14218	1
魏庙镇	1	1	252632	6
五段镇	1	9	176436	2
张庄镇	3		64470	3
张寨镇	4	1	23124	4
敬安镇	1	2	237518	3
河口镇	2		61588	2
栖山镇	1		90600	3
鹿楼镇	1	2	139593	2
朱寨镇			138132	4
安国镇	1	14	77461	3

22-1 续表 10 （2019 年）

乡镇	建筑业企业单位数（个）	住宿餐饮业企业个数（个）	限上社会消费品零售总额（万元）	商品交易市场个数（个）
铜山区				
新区街道	24	14	552900	
三堡镇街道	9	2	177031	4
何桥镇	29		64321	4
黄集镇	6	5	116626	4
马坡镇	11	2	53455	3
郑集镇	8	6	16710	2
柳新镇	7	16	149528	6
刘集镇	1	1	135600	4
大彭镇	20	5	58838	3
汉王镇	40	9	74507	2
棠张镇	30	10	81560	3
张集镇	4	2	108964	2
房村镇	26	78	1514	6
伊庄镇	4	3	66210	5
单集镇	9		61412	4
利国镇	1	15	164030	2
大许镇		10	28958	4
茅村镇	7	25	191530	2
柳泉镇	1	24	120237	3
睢宁县				
睢城街道	43	141	57136	16
金城街道	8	7	20527	2
睢河街道	18	4	38342	1
王集镇			33227	10
双沟镇	2	8	35848	3
岚山镇	1		33447	8
李集镇		5	66034	6
桃园镇	6	7	27353	5
官山镇			3381	4
高作镇	9		30187	1
沙集镇	18	50	71238	2
凌城镇	6	1	24516	3
邱集镇		13	710	5
古邳镇	4	92	18663	3
姚集镇	4	31	4064	6
魏集镇	16		67227	3
梁集镇	3		12906	14
庆安镇		30	41205	2

22-1 续表 11 （2019 年）

乡 镇	建筑业企业单位数（个）	住宿餐饮业企业个数（个）	限上社会消费品零售总额（万元）	商品交易市场个数（个）
新沂市				
新安街道	95	119	217946	17
北沟街道	11	17	175872	3
墨河街道	3	14	25184	6
唐店街道	3	59	132564	5
瓦窑镇	12	4	22274	5
港头镇	6	29	46559	5
合沟镇	8	36	45012	4
草桥镇	12	6	164900	6
窑湾镇	5	38	100864	8
棋盘镇	3	5	132297	8
马陵山镇	3	16	27436	2
新店镇	13	17	20997	3
邵店镇	5	6	47982	2
时集镇	4	6	155460	3
高流镇	10	6	39732	6
阿湖镇	6	10	14113	6
双唐镇	10	5	15257	6
邳州市				
东湖街道	32	15	217946	6
运河街道	105	69	175872	23
戴圩街道	17	2	25184	3
炮车街道	1	9	132564	3
邳城镇	1	3	22274	2
官湖镇	6	1	46559	6
四户镇		9	45012	7
宿羊山镇	10	45	164900	5
八义集镇	2	4	100864	5
土山镇	3	5	132297	6
碾庄镇	3	6	27436	5
港上镇	1	10	20997	4
邹庄镇	1	29	47982	6
占城镇	1	2	155460	4
新河镇	5	1	39732	2
八路镇	2	2	14113	3
铁富镇	3	13	15257	9
岔河镇	40	4	14309	4
陈楼镇	1	1	28140	5
邢楼镇	1		5047	8
戴庄镇	1		18000	3
车辐山镇		13	21127	2
燕子埠镇		2	4125	2
赵墩镇	4	1	13207	6
议堂镇		2	26920	1

22-1 续表 12　　　　（2019 年）

乡　镇	50 平方米以上超市个数（个）	幼儿园、托儿所个数（个）	小学校数（所）	小学专任教师数（人）	小学在校学生数（人）	图书馆、文化站个数（个）	剧场、影剧院个数（个）	体育场馆个数（个）
贾汪区								
大泉街道	21	12	4	420	7710	7	1	1
大吴街道	38	20	7	293	5762	1	1	1
潘安湖街道	32	7	3	186	2372	8		
青山泉镇	38	9	3	239	3320	1	1	1
紫庄镇	106	15	7	245	5200	1		
塔山镇	184	17	8	346	6443	2		
汴塘镇	29	17	7	230	4800	1		
江庄镇	123	7	5	110	1780	1	1	
徐州经济技术开发区								
大黄山街道	50	14	3	210	3920	12		
大庙街道	41	12	7	522	7587	1	1	1
徐庄镇	144	19	11	423	7062	1		1
丰　县								
中阳里街道	117	40	6	498	10023	2	4	
凤城街道	115	6	5	220	13800	1		
孙楼街道	133	7	4	140	2228	3		
首羡镇	72	17	10	295	4780	1		1
顺河镇	138	7	6	214	3085	1	1	
常店镇	143	13	6	186	3108	1		
欢口镇	124	14	9	320	6648	1	1	2
师寨镇	132	10	5	183	3419	1		
华山镇	240	13	10	330	8802	2	1	1
梁寨镇	119	11	9	295	3285	2	1	1
范楼镇	218	14	9	289	4300	1		
宋楼镇	198	18	8	297	5406	1		
大沙河镇	139	5	6	221	3225	1		12
王沟镇	177	7	10	320	4050	1		
赵庄镇	143	10	8	220	3300	1	1	2
沛　县								
沛城街道	136	33	9	1162	27065	1	2	2
大屯街道	96	52	10	335	4556		3	1
汉源街道	47	19	4	426	9971	1	1	
汉兴街道	52	3	2	162	3318			
龙固镇	116	25	7	198	3606			
杨屯镇	75	5	5	239	6200		1	1
胡寨镇	31	6	5	149	1723			
魏庙镇	24	20	5	186	4325			1
五段镇	25	15	6	238	4071		1	
张庄镇	99	25	14	334	7655		1	
张寨镇	131	29	11	385	7124			
敬安镇	105	21	6	228	4037	1	1	2
河口镇	97	25	7	210	3790			
栖山镇	60	29	10	232	3554			
鹿楼镇	162	26	10	287	4186			
朱寨镇	40	18	5	238	3349			
安国镇	126	29	8	313	5961			

22-1　续表 13　　　　　　　　　　　　　　（2019 年）

乡　　镇	50平方米以上超市个数（个）	幼儿园、托儿所个数（个）	小学校数（所）	小学专任教师数（人）	小学在校学生数（人）	图书馆、文化站个数（个）	剧场、影剧院个数（个）	体育场馆个数（个）
铜山区								
新区街道	88	17	4	175	5266	7		4
三堡镇街道	46	10	3	127	3382	1		
何桥镇	76	18	6	189	3920	1		3
黄集镇	157	10	8	234	5055	3		2
马坡镇	48	19	8	201	4596	1		1
郑集镇	12	21	8	179	5321	11		
柳新镇	47	38	9	302	6810	1		
刘集镇	108	13	10	242	6258	1		1
大彭镇	50	20	8	283	6355	1	1	3
汉王镇	83	18	5	153	3751	1		
棠张镇	58	12	7	230	6370	1	1	1
张集镇	60	27	15	350	8514	21		
房村镇	135	29	6	298	3972	9		3
伊庄镇	62	15	5	185	2960	15		1
单集镇	71	12	11	202	5128	1		3
利国镇	8	14	6	312	6405	5		1
大许镇	59	23	11	277	7851	1		4
茅村镇	103	40	8	288	7700	17		1
柳泉镇	67	15	6	241	5272	18	1	3
睢宁县								
睢城街道	543	59	11	1320	23563		4	
金城街道	68	15	3	342	7768			
睢河街道	135	12	3	390	8800	12	1	1
王集镇	64	9	4	243	6573	1		
双沟镇	48	4	3	232	5689	1	1	2
岚山镇	80	23	13	320	3213	1		
李集镇	35	7	5	240	5820	1	1	1
桃园镇	88	5	7	239	5043	1		1
官山镇	111	14	8	231	4619	1		
高作镇	41	4	2	135	2128	1		1
沙集镇	75	10	4	166	2479	18		
凌城镇	178	9	7	278	5120	1		1
邱集镇	140	5	8	281	5860	1	1	
古邳镇	64	18	17	191	4432	28		
姚集镇	148	12	7	225	4532	1	1	1
魏集镇	92	11	5	214	2346	22		
梁集镇	127	11	5	308	5648	1	1	1
庆安镇	68	26	10	375	4860	23		22

22–1 续表 14　　（2019 年）

乡　　镇	50 平方米以上超市个　数（个）	幼儿园、托儿所个数（个）	小学校数（所）	小学专任教师数（人）	小学在校学生数（人）	图书馆、文化站个数（个）	剧场、影剧院个数（个）	体育场馆个　数（个）
新沂市								
新安街道	485	76	12	849	12598	4	4	2
北沟街道	71	6	4	355	5522	1	1	
墨河街道	37	19	7	266	4627	1		
唐店街道	145	21	3	189	4690	1		1
瓦窑镇	72	5	4	265	4465	2		
港头镇	58	5	5	245	4366	1		1
合沟镇	43	19	8	198	4706	1		
草桥镇	268	18	9	310	5526	11	1	1
窑湾镇	265	15	7	273	4687	22		
棋盘镇	145	20	11	337	7451	1	1	1
马陵山镇	214	7	7	209	6287	1	18	
新店镇	116	10	8	224	4230	1	1	
邵店镇	61	7	6	139	3130	1	1	1
时集镇	113	12	8	330	5800	1		
高流镇	67	10	7	295	6345	1		
阿湖镇	117	19	10	286	6125	1		
双唐镇	54	8	6	202	3949	1		
邳州市								
东湖街道	31	21	6	351	15890	7	2	1
运河街道	255	31	17	1315	35095	10	3	4
戴圩街道	162	11	8	425	7920	9		
炮车街道	6	20	6	250	5280	1		2
邳城镇	115	14	11	136	3920			
官湖镇	475	35	13	545	15826	1	2	1
四户镇	70	18	8	189	6044	1		
宿羊山镇	125	29	9	336	7853	1	1	1
八义集镇	65	24	13	396	6467	19	1	1
土山镇	246	5	6	272	4216	1	1	2
碾庄镇	115	29	16	387	9315	1		1
港上镇	79	10	8	224	5057	2		
邹庄镇	45	13	9	260	4011	1		1
占城镇	58	10	7	177	3036	1		
新河镇	51	14	8	185	4832	1	1	1
八路镇	67	14	6	124	2177	15		4
铁富镇	195	29	26	596	14120	1		3
岔河镇	72	7	7	173	4051	1	1	1
陈楼镇	220	12	8	240	4497	1		
邢楼镇	120	12	6	236	5278	1		
戴庄镇	50	20	9	266	6615	17		1
车辐山镇	99	25	7	250	9175	18		
燕子埠镇	111	19	6	141	3348			
赵墩镇	108	37	12	523	12020	21		
议堂镇	41	8	6	175	2625	17		

22-1 续表 15 （2019 年）

乡 镇	医疗卫生机构个数（个）	医疗卫生机构床位数（张）	执业（助理）医师数（人）
贾汪区			
大泉街道	9	160	68
大吴街道	4	128	129
潘安湖街道	8	10	19
青山泉镇	16	239	140
紫庄镇	24	120	105
塔山镇	25	120	71
汴塘镇	21	205	62
江庄镇	14	70	45
徐州经济技术开发区			
大黄山街道	9	60	27
大庙街道	17	400	139
徐庄镇	27	50	50
丰 县			
中阳里街道	19	1122	494
凤城街道	40	151	152
孙楼街道	22	230	80
首羡镇	46	290	136
顺河镇	24	246	122
常店镇	32	236	131
欢口镇	30	136	127
师寨镇	30	138	84
华山镇	30	192	110
梁寨镇	30	212	115
范楼镇	40	141	62
宋楼镇	35	229	162
大沙河镇	21	146	69
王沟镇	33	149	111
赵庄镇	46	135	86
沛 县			
沛城街道	47	2721	2232
大屯街道	29	364	241
汉源街道	17	140	125
汉兴街道	18	202	41
龙固镇	22	295	61
杨屯镇	24	230	67
胡寨镇	17	150	65
魏庙镇	19	190	40
五段镇	18	200	117
张庄镇	29	116	94
张寨镇	35	308	137
敬安镇	26	310	60
河口镇	26	246	139
栖山镇	26	265	146
鹿楼镇	31	315	133
朱寨镇	27	276	96
安国镇	32	331	136

22-1 续表 16 （2019 年）

乡　　镇	医疗卫生机构个数（个）	医疗卫生机构床位数（张）	执业（助理）医师数（人）
铜山区			
新区街道	14	15	32
三堡镇街道	7	50	43
何桥镇	16	60	60
黄集镇	20	80	85
马坡镇	17	70	58
郑集镇	12	320	76
柳新镇	20	79	74
刘集镇	23	66	65
大彭镇	20	201	45
汉王镇	11	100	77
棠张镇	21	90	68
张集镇	25	200	126
房村镇	48	125	71
伊庄镇	17	59	42
单集镇	27	180	50
利国镇	15	115	63
大许镇	31	320	226
茅村镇	18	100	92
柳泉镇	15	61	53
睢宁县			
睢城街道	73	1289	991
金城街道	21	374	121
睢河街道	16	40	26
王集镇	30	250	95
双沟镇	21	220	52
岚山镇	49	113	79
李集镇	17	180	52
桃园镇	32	115	80
官山镇	32	150	51
高作镇	19	245	58
沙集镇	24	53	32
凌城镇	29	195	168
邱集镇	35	300	124
古邳镇	30	332	89
姚集镇	40	470	82
魏集镇	35	133	62
梁集镇	31	342	158
庆安镇	39	450	210

22-1　续表 17　　（2019 年）

乡　　镇	医疗卫生 机构个数 （个）	医疗卫生 机构床位数 （张）	执业（助理） 医师数 （人）
新沂市			
新安街道	79	2974	1379
北沟街道	11	182	131
墨河街道	21	93	40
唐店街道	17	135	124
瓦窑镇	20	104	72
港头镇	15	90	50
合沟镇	21	50	55
草桥镇	22	231	120
窑湾镇	26	128	58
棋盘镇	35	340	208
马陵山镇	17	166	77
新店镇	20	177	95
邵店镇	15	151	61
时集镇	20	90	88
高流镇	27	124	63
阿湖镇	24	101	56
双唐镇	16	35	41
邳州市			
东湖街道	18	455	121
运河街道	11	1256	2248
戴圩街道	29	815	42
炮车街道	16	170	95
邳城镇	25	240	58
官湖镇	39	406	190
四户镇	18	60	42
宿羊山镇	38	299	168
八义集镇	31	313	276
土山镇	23	416	229
碾庄镇	29	312	264
港上镇	22	42	60
邹庄镇	25	71	89
占城镇	21	118	92
新河镇	19	104	115
八路镇	15	156	36
铁富镇	33	398	134
岔河镇	15	180	32
陈楼镇	21	30	141
邢楼镇	18	136	72
戴庄镇	15	70	34
车辐山镇	17	171	98
燕子埠镇	16	48	30
赵墩镇	31	121	75
议堂镇	18	190	76

22-1 续表 18 （2019 年）

乡 镇	自来水用水户数（户）	金融机构网点数（个）	公园及休闲健身广场个数（个）
贾汪区			
大泉街道	15273	7	7
大吴街道	14196	5	14
潘安湖街道	8145	2	10
青山泉镇	11202	4	10
紫庄镇	14661	4	1
塔山镇	14156	6	33
汴塘镇	13688	3	
江庄镇	9100	3	18
徐州经济技术开发区			
大黄山街道	15720	3	18
大庙街道	19535	6	18
徐庄镇	17419	5	45
丰 县			
中阳里街道	24011	15	5
凤城街道	7314	5	2
孙楼街道	13000	2	1
首羡镇	19109	6	4
顺河镇	12990	2	1
常店镇	10520	3	10
欢口镇	21180	6	4
师寨镇	14148	4	2
华山镇	23410	4	2
梁寨镇	14792	3	3
范楼镇	5158	4	2
宋楼镇	23160	4	1
大沙河镇	13201	4	2
王沟镇	21516	4	2
赵庄镇	16451	3	5
沛 县			
沛城街道	47685	27	46
大屯街道	18109	7	6
汉源街道	20012	5	3
汉兴街道	9154	2	2
龙固镇	9761	3	10
杨屯镇	15826	3	1
胡寨镇	9415	2	8
魏庙镇	12731	4	1
五段镇	11768	2	3
张庄镇	24010	5	1
张寨镇	18412	5	1
敬安镇	14890	3	3
河口镇	7115	3	2
栖山镇	14475	3	1
鹿楼镇	16834	3	4
朱寨镇	13484	4	
安国镇	22061	5	2

22-1　续表 19　　（2019 年）

乡　　镇	自来水用水户数（户）	金融机构网点数（个）	公园及休闲健身广场个数（个）
铜山区			
新区街道	12710	2	43
三堡镇街道	6403	4	20
何桥镇	11950	3	35
黄集镇	16357	3	30
马坡镇	12506	2	1
郑集镇	8695	3	25
柳新镇	13910	6	12
刘集镇	6545	5	20
大彭镇	14573	3	45
汉王镇	11864	3	21
棠张镇	15350	4	2
张集镇	15027	3	20
房村镇	6954	4	11
伊庄镇	10950	3	11
单集镇	13230	4	6
利国镇	19357	7	13
大许镇	13599	3	4
茅村镇	19595	5	45
柳泉镇	16740	4	3
睢宁县			
睢城街道	63541	46	22
金城街道	11152	2	20
睢河街道	17532	1	14
王集镇	13669	5	2
双沟镇	12621	4	6
岚山镇	15586	6	24
李集镇	12832	3	3
桃园镇	14278	5	2
官山镇	18765	4	1
高作镇	8742	2	1
沙集镇	12593	5	2
凌城镇	16158	3	2
邱集镇	21912	4	1
古邳镇	13012	3	27
姚集镇	20104	4	2
魏集镇	14334	5	1
梁集镇	11175	4	1
庆安镇	13500	4	1

22-1 续表 20 （2019 年）

乡　镇	自来水用水户数（户）	金融机构网点数（个）	公园及休闲健身广场个数（个）
新沂市			
新安街道	79652	78	8
北沟街道	11438	5	1
墨河街道	15149	2	3
唐店街道	10120	2	1
瓦窑镇	9413	2	15
港头镇	10290	2	12
合沟镇	12304	2	3
草桥镇	17236	4	7
窑湾镇	13446	6	2
棋盘镇	18320	5	6
马陵山镇	13059	3	3
新店镇	11611	4	5
邵店镇	9125	3	11
时集镇	13168	5	2
高流镇	14965	4	1
阿湖镇	16227	4	12
双唐镇	9732	3	4
邳州市			
东湖街道	5983	6	3
运河街道	75234	86	31
戴圩街道	20427	8	6
炮车街道	14680	2	2
邳城镇	18110	3	3
官湖镇	26460	6	3
四户镇	13455	2	18
宿羊山镇	13577	4	1
八义集镇	16823	4	2
土山镇	12039	5	4
碾庄镇	21325	6	4
港上镇	11752	4	4
邹庄镇	10336	3	23
占城镇	10331	2	2
新河镇	12536	4	19
八路镇	10501	2	15
铁富镇	22460	8	2
岔河镇	8069	1	4
陈楼镇	11694	5	14
邢楼镇	12231	2	1
戴庄镇	12066	2	19
车辐山镇	11238	2	1
燕子埠镇	7829	2	
赵墩镇	19432	5	1
议堂镇	8205	4	15

22-2 分镇建成区主要经济指标

（2019 年）

乡 镇	城镇建成区面积（公顷）	#绿化面积	建成区总户数（户）	建成区总人口（人）
贾汪区				
大泉街道	505	153	7360	21512
大吴街道	560	326	8839	35386
潘安湖街道	360	225	450	1352
青山泉镇	796	445	8862	30282
紫庄镇	810	271	6105	23415
塔山镇	605	172	5231	17873
汴塘镇	390	90	2554	8944
江庄镇	275	90	1125	4985
徐州经济技术开发区				
大黄山街道	400	138	6393	23545
大庙街道	375	214	8321	30926
徐庄镇	378	76	7270	26768
丰 县				
中阳里街道	95	49	3002	8247
凤城街道	183	105	4621	16848
孙楼街道	220	81	3384	9681
首羡镇	65	12	3939	12587
顺河镇	432	190	4330	20925
常店镇	963	342	3486	13670
欢口镇	985	270	18531	58843
师寨镇	170	71	3693	15131
华山镇	690	285	14560	52016
梁寨镇	474	203	8349	28069
范楼镇	159	59	3488	11890
宋楼镇	310	110	4286	11550
大沙河镇	480	170	6014	33547
王沟镇	300	40	4815	17746
赵庄镇	519	241	10272	40815
沛 县				
沛城街道	1395	192	52106	139527
大屯街道	585	283	12453	51620
汉源街道	1314	450	17329	50255
汉兴街道	92	35	952	3425
龙固镇	586	271	9945	43586
杨屯镇	388	132	8772	32617
胡寨镇	190	12	1378	6872
魏庙镇	248	147	7421	25973
五段镇	125	18	1899	7608
张庄镇	819	310	10564	40146
张寨镇	125	12	1926	9986
敬安镇	650	193	11294	43412
河口镇	135	46	1487	5948
栖山镇	65	22	1786	6791
鹿楼镇	195	25	4235	15038
朱寨镇	205	31	3315	13360
安国镇	635	311	6887	37212

22-2 续表1 （2019年）

乡　　镇	城镇建成区面积（公顷）	#绿化面积	建成区总户数（户）	建成区总人口（人）
铜山区				
新区街道				
三堡镇街道	140	52	1346	5685
何桥镇	270	76	2025	6477
黄集镇	530	100	4013	18758
马坡镇	240	30	2897	10543
郑集镇	438	165	6725	25972
柳新镇	615	253	4739	25510
刘集镇	724	63	3135	11741
大彭镇	305	11	7698	27310
汉王镇	302	96	1273	6102
棠张镇	495	190	8335	17595
张集镇	410	52	3302	7637
房村镇	230	35	2584	9742
伊庄镇	243	23	2472	7590
单集镇	225	18	4703	13268
利国镇	330	112	7085	31769
大许镇	410	105	9588	41148
茅村镇	225	108	4823	17887
柳泉镇	172	28	2366	13215
睢宁县				
睢城街道	4462	512	22863	91452
金城街道	2270	75	7805	34516
睢河街道	1701	314	25155	56005
王集镇	573	81	4056	19331
双沟镇	548	146	14039	59352
岚山镇	833	9	7937	31921
李集镇	542	288	6890	25002
桃园镇	477	7	4126	16994
官山镇	484	14	2080	6840
高作镇	280	54	5125	20359
沙集镇	594	154	5494	19339
凌城镇	510	229	6992	29154
邱集镇	452	62	1860	7664
古邳镇	955	420	7392	35896
姚集镇	1825	52	5326	23725
魏集镇	2400	4	3889	15437
梁集镇	281	44	3671	9816
庆安镇	403	112	4860	18120

注：铜山新区街道部分数据无法取得。

22-2 续表 2 （2019 年）

乡 镇	城镇建成区面积（公顷）	#绿化面积	建成区总户数（户）	建成区总人口（人）
新沂市				
新安街道	7109	1187	65741	198952
北沟街道	1118	231	16399	49466
墨河街道	4198	1510	8329	25895
唐店街道	1660	597	7650	27956
瓦窑镇	296	84	4764	18265
港头镇	210	145	2786	11312
合沟镇	453	150	1683	6604
草桥镇	898	368	11985	44409
窑湾镇	481	226	8948	29208
棋盘镇	872	417	8732	31651
马陵山镇	410	169	7038	30318
新店镇	704	90	2595	9575
邵店镇	418	155	3815	10268
时集镇	185	78	2812	10724
高流镇	510	158	5896	22451
阿湖镇	1050	368	5230	18763
双塘镇	410	132	3210	9540
邳州市				
东湖街道	309	186	4732	14835
运河街道	4087	457	66561	224628
戴圩街道	1635	752	6572	26486
炮车街道	2013	96	8211	29105
邳城镇	196	112	7022	34152
官湖镇	870	190	9506	46016
四户镇	565	45	2265	10486
宿羊山镇	446	36	3663	12201
八义集镇	287	37	2202	9193
土山镇	425	231	6851	27059
碾庄镇	642	192	10762	46274
港上镇	401	112	4544	20336
邹庄镇	690	85	2356	8869
占城镇	206	39	796	2968
新河镇	375	26	2159	9361
八路镇	210	40	2548	12362
铁富镇	1090	450	19400	89850
岔河镇	124	33	2350	8980
陈楼镇	280	27	2872	8569
邢楼镇	233	32	1130	4300
戴庄镇	272	99	1589	5700
车辐山镇	413	31	2022	8448
燕子埠镇	120	15	904	3712
赵墩镇	572	156	2921	11237
议堂镇	350	135	1675	7730

22-3 分镇主要经济指标排序（2019 年）
行政区域面积

排序	乡　镇	绝对量（公顷）	排序	乡　镇	绝对量（公顷）	排序	乡　镇	绝对量（公顷）
1	睢宁县姚集镇	16780	43	睢宁县双沟镇	9530	85	新沂市合沟镇	6734
2	新沂市棋盘镇	15770	44	新沂市马陵山镇	9528	86	铜山区郑集镇	6710
3	铜山区张集镇	14800	45	睢宁县桃园镇	9489	87	邳州市八路镇	6700
4	睢宁县邱集镇	14079	46	邳州市车辐山镇	9488	88	贾汪区紫庄镇	6668
5	新沂市时集镇	13887	47	新沂市双塘镇	9484	89	徐州经济开发区大庙街道	6663
6	铜山区房村镇	13600	48	贾汪区塔山镇	9468	90	贾汪青山泉镇	6647
7	徐州经济技术开发区徐庄镇	13259	49	丰县顺河镇	9404	91	丰县孙楼街道	6608
8	铜山区单集镇	13210	50	睢宁县凌城镇	9365	92	睢宁沙集镇	6518
9	睢宁县王集镇	13152	51	丰县赵庄镇	9100	93	邳州市港上镇	6470
10	睢宁县魏集镇	13000	52	邳州市邳城镇	9090	94	铜山区新区街道	6450
11	铜山区大许镇	12917	53	邳州市宿羊山镇	9013	95	睢宁县金城街道办事处	6398
12	丰县王沟镇	12621	54	沛县栖山镇	8951	96	铜山区汉王镇	6393
13	沛县鹿楼镇	12540	55	邳州市占城镇	8900	97	睢宁县李集镇	6298
14	新沂市阿湖镇	12527	56	邳州市官湖镇	8888	98	沛县沛城街道	6240
15	睢宁县官山镇	12499	57	丰县凤城街道办事处	8773	99	新沂瓦窑镇	6203
16	邳州市铁富镇	12447	58	丰县梁寨镇	8680	100	沛县魏庙镇	6202
17	丰县首羡镇	12232	59	丰县大沙河镇	8631	101	新沂市唐店镇	5953
18	丰县宋楼镇	12214	60	铜山区伊庄镇	8565	102	新沂市邵店镇	5849
19	新沂市高流镇	12189	61	丰县师寨镇	8518	103	邳州市炮车街道	5700
20	睢宁县梁集镇	12134	62	铜山区刘集镇	8360	104	邳州议堂镇	5442
21	邳州市碾庄镇	12088	63	铜山区黄集镇	8340	105	沛县大屯街道办事处	5430
22	邳州市赵墩镇	12081	64	铜山区茅村镇	8324	106	沛县汉兴街道办事处	5310
23	丰县范楼镇	11873	65	新沂市新安街道办事处	8295	107	沛县龙固镇	5302
24	睢宁县岚山镇	11850	66	沛县河口镇	8257	108	沛县杨屯镇	5165
25	新沂市新河镇	11800	67	丰县常店镇	8187	109	沛县五段镇	4977
26	新沂市窑湾镇	11636	68	邳州市四户镇	8156	110	沛县胡寨镇	4594
27	睢宁县庆安镇	11571	69	铜山区棠张镇	8060	111	邳州市陈楼镇	4423
28	沛县张庄镇	11200	70	邳州市戴圩街道办事处	8000	112	徐州经济开发区大黄山街道	4300
29	新沂市新店镇	11199	71	沛县朱寨镇	7900	113	睢宁县睢河街道	4261
30	丰县欢口镇	10751	72	邳州市运河街道办事处	7831	114	睢宁高作镇	4171
31	睢宁县古邳镇	10666	73	铜山区利国镇	7769	115	新沂市北沟街道	4164
32	沛县张寨镇	10634	74	邳州市燕子埠镇	7700	116	贾汪大吴街道	3840
33	邳州市八义集镇	10562	75	铜山区大彭镇	7600	117	贾汪大泉街道	3765
34	铜山区柳泉镇	10520	76	贾汪区江庄镇	7496	118	铜山区三堡街道	3540
35	沛县安国镇	10294	77	铜山区何桥镇	7400	119	邳州市东吴街道	3410
36	睢宁县睢城街道办事处	10242	78	邳州市邹庄镇	7351	120	沛县汉源街道	3403
37	新沂市草桥镇	10122	79	新沂市墨河街道办事处	7281	121	贾汪潘安湖街道	3030
38	丰县华山镇	10100	80	邳州市岔河镇	7088	122	丰县中阳里街道	990
39	贾汪区汴塘镇	10080	81	邳州市土山镇	7015			
40	邳州市邢楼镇	9684	82	铜山区马坡镇	6900			
41	铜山区柳新镇	9606	83	邳州市戴庄镇	6845			
42	沛县敬安镇	9600	84	新沂市港头镇	6810			

22-3 续表 1

公共财政收入

排序	乡　镇	绝对量（万元）	排序	乡　镇	绝对量（万元）	排序	乡　镇	绝对量（公顷）
1	丰县凤城街道	187882	43	睢宁县凌城镇	10859	85	新沂市窑湾镇	6923
2	邳州市运河街道	74101	44	丰县范楼镇	10805	86	铜山区刘集镇	6729
3	睢宁县睢城街道	68603	45	睢宁县古邳镇	10756	87	新沂市双塘镇	6637
4	邳州市炮车街道	67820	46	铜山区郑集镇	10740	88	邳州市八路镇	6616
5	铜山区利国镇	51436	47	邳州市四户镇	10252	89	睢宁县邱集镇	6560
6	邳州市官湖镇	45500	48	沛县朱寨镇	10247	90	贾汪区塔山镇	6458
7	邳州市铁富镇	41230	49	铜山区棠张镇	10239	91	沛县魏庙镇	6073
8	沛县杨屯镇	38335	50	丰县常店镇	10238	92	新沂市阿湖镇	5837
9	新沂市新安街道	36854	51	睢宁县魏集镇	10042	93	新沂市棋盘镇	5780
10	邳州市戴圩街道	34808	52	邳州市岔河镇	10014	94	邳州市八义集镇	5712
11	经济开发区大黄山街道	33665	53	邳州市邹庄镇	9908	95	邳州市邢楼镇	5643
12	睢宁县睢河街道	32581	54	丰县顺河镇	9877	96	邳州市占城镇	5428
13	经济开发区大庙街道	31122	55	贾汪区青山泉镇	9850	97	睢宁县王集镇	5373
14	沛县龙固镇	28568	56	睢宁县庆安镇	9800	98	新沂市瓦窑镇	5096
15	沛县大屯街道	26698	57	沛县鹿楼镇	9532	99	新沂市合沟镇	4994
16	邳州市碾庄镇	25462	58	沛县张庄镇	9497	100	邳州市戴庄镇	4800
17	铜山区柳新镇	22960	59	丰县孙楼街道	9332	101	铜山区房村镇	4572
18	沛县沛城街道	22300	60	铜山区新区街道	9100	102	睢宁县桃园镇	4436
19	邳州市议堂镇	21006	61	铜山区大彭镇	9008	103	铜山区黄集镇	4133
20	贾汪区大泉街道	20242	62	铜山区张集镇	8990	104	新沂市马陵山镇	3980
21	铜山区柳泉镇	20092	63	邳州市邳城镇	8930	105	新沂市墨河街道	3778
22	沛县安国镇	19913	64	睢宁县岚山镇	8800	106	铜山区大许镇	3366
23	睢宁县双沟镇	19674	65	丰县首羡镇	8552	107	铜山区伊庄镇	3289
24	铜山区汉王镇	19273	66	邳州市港上镇	8462	108	新沂市港头镇	3172
25	沛县敬安镇	18444	67	丰县赵庄镇	8458	109	新沂市草桥镇	3046
26	丰县欢口镇	17322	68	睢宁县梁集镇	8306	110	铜山区何桥镇	3026
27	丰县宋楼镇	15956	69	沛县栖山镇	8054	111	贾汪区紫庄镇	2923
28	睢宁县官山镇	15525	70	邳州市燕子埠镇	8014	112	铜山区单集镇	2840
29	丰县华山镇	14700	71	邳州市土山镇	8013	113	新沂市邵店镇	2632
30	丰县梁寨镇	13830	72	丰县王沟镇	7902	114	新沂市新店镇	2613
31	新沂市时集镇	13675	73	沛县张寨镇	7798	115	沛县汉源街道	2390
32	新沂市北沟街道	13507	74	丰县大沙河镇	7634	116	邳州市东湖街道	2124
33	铜山区茅村镇	13164	75	铜山区三堡街道	7560	117	铜山区马坡镇	2015
34	贾汪区江庄镇	12817	76	睢宁县姚集镇	7550	118	贾汪区汴塘镇	1683
35	睢宁县沙集镇	12503	77	贾汪区大吴街道	7363	119	邳州市陈楼镇	1631
36	邳州市车辐山镇	12231	78	贾汪区潘安湖街道	7251	120	邳州市新河镇	1320
37	睢宁县高作镇	12217	79	邳州市宿羊山镇	7133	121	沛县汉兴街道	410
38	邳州市赵墩镇	11682	80	经济开发区徐庄镇	7096	122	睢宁县金城街道	
39	新沂市唐店街道	11565	81	新沂市高流镇	7009			
40	丰县中阳里街道	11337	82	沛县胡寨镇	6947			
41	沛县五段镇	11133	83	丰县师寨镇	6943			
42	睢宁县李集镇	11012	84	沛县河口镇	6931			

附录一

小康社会进程监测（2017-2019年）

PROCESS INVESTIGATION OF WELL-OFF SOCIETY（2017-2019）

版面负责人：卢川川
编　　辑：唐彦君

防范和惩治统计造假、弄虚作假督察工作规定

中共中央办公厅、国务院办公厅（厅字〔2018〕77号）

第一条 为了构建防范和惩治统计造假、弄虚作假督察机制，推动各地区各部门严格执行统计法律法规，确保统计数据真实准确，根据《关于深化统计管理体制改革提高统计数据真实性的意见》、《统计违纪违法责任人处分处理建议办法》等有关规定和《中华人民共和国统计法》、《中华人民共和国统计法实施条例》等法律法规，制定本规定。

第二条 统计督察必须坚持以习近平新时代中国特色社会主义思想为指导，全面贯彻党的十九大和十九届二中、三中全会精神，牢固树立政治意识、大局意识、核心意识、看齐意识，坚持和加强党的全面领导，坚持稳中求进工作总基调，坚持新发展理念，紧扣我国社会主要矛盾变化，按照高质量发展的要求，围绕统筹推进“五位一体”总体布局和协调推进“四个全面”战略布局，聚焦统计法定职责履行、统计违纪违法现象治理、统计数据质量提升，注重实效、突出重点、发现问题、严明纪律，维护统计法律法规权威，推动统计改革发展，为经济社会发展做好统计制度保障。

第三条 根据党中央、国务院授权，国家统计局组织开展统计督察，监督检查各地区各部门贯彻执行党中央、国务院关于统计工作的决策部署和要求、统计法律法规、国家统计政令等情况。

第四条 国家统计局负责统筹、指导、协调、监督统计督察工作，主要职责是制定年度督察计划，批准督察事项，审定督察报告，研究解决督察中存在的重大问题。国家统计局统计执法监督局承担统计督察日常工作。

国家统计局通过组建统计督察组开展统计督察工作，统计督察组设组长、副组长，实行组长负责制，副组长协助组长开展工作。

徐州市高水平全面建成小康社会统计监测指标情况

指 标		目标	2017年实现值	2018年实现值	2019年实现值	2019年实现程度
经济发展						**81.2**
人均GDP（2010年不变价）	（元）	≥58000	69022	70766	74929	100
地区经济发展差异系数	（-）	≤0.45	0.28	0.28	0.25	100
服务业增加值占GDP比重	（%）	≥56	47.2	50.1	50.1	89.5
常住人口城镇化率		≥60	63.76	65.1	66.7	100
互联网普及率指数		=100	100	100	100	100
科技进步贡献率		≥60	55.3	56.2	57.2	95.3
研究与试验发展（R&D）经费投入强度		≥2.5	2.0	1.62	1.76	70.4
战略性新兴产业增加值占GDP比重		≥15	5.83	3.55	8.36	55.7
高技术产品出口额占出口总额比重		≥30	3.95	3.0	5.2	17.4
服务贸易占对外贸易比重		≥16	11.3	8.8	12.1	75.6
人民生活						**99.0**
居民人均可支配收入（2010年不变价）	（元）	≥25000	21011	22392	23577	94.3
城镇登记失业率	（%）	≤5	1.82	1.78	1.75	100
恩格尔系数		≤30	30.1	30.0	29.7	100
城乡居民收入比	（以农村为1）	≤2.7	1.86	1.84	1.82	100
城乡居民家庭人均住房面积达标率	（%）	≥60	55	58.5	57.3	95.5
公共交通服务指数		=100	100	100	100	100
平均预期寿命	（岁）	≥77.34	77.57	77.78	77.97	100
劳动年龄人口平均受教育年限	（年）	≥10.8	10.55	10.65	10.69	99.0
每千人口执业（助理）医师数	（人）	≥2.5	2.61	2.93	3.18	100
每千老年人口养老床位数	（张）	≥35	38	39	41	100
基本社会保险参保率指数	（%）	=100	100	100	100	100
单位GDP生产安全事故死亡率（2010年不变价）	（人/亿元）	≤0.078	0.060	0.057	0.039	100
制造业产品质量合格率	（%）	≥94.8	81.9	87.4	94.9	100
三大攻坚						**99.8**
政府负债率	（%）	≤40	8.78	11.35	13.1	100
规模以上工业企业资产负债率		≤60	49.73	52.91	55.6	100
农村贫困人口数（现行标准）	（万人）	0	0	0	0	100
主要污染物排放指数	（%）	=100	90.9	94.8	98.8	98.8
污水集中处理指数		=100	99.1	99.7	100	100
生活垃圾处理指数		=100	100	100	100	100
民主法治						**100**
基层民主参选率	（%）	≥92	93.1	93.1	94.7	100
每万人拥有社会组织数	（个）	≥6.5	7	8	9.7	100
人民陪审员参审率	（%）	≥78	85.54	85.12	92.3	100
每万人拥有律师数	（人）	≥2.3	2.29	2.48	2.7	100
文化建设						**93.0**
文化及相关产业增加值占GDP比重	（%）	≥5	3.61	3.95	3.9	78.0
人均公共文化财政支出	（元）	≥220	129.69	107.48	175.7	79.9
“三馆一站”覆盖率	（%）	≥120	123.94	124.24	124.2	100
广播电视综合人口覆盖率		≥99	100	100	100	100
行政村（社区）综合性文化服务中心覆盖率		≥95	40.69	100	100	100
城乡居民文化娱乐服务支出占家庭消费支出比重		≥4.2	5.6	5.8	6.0	100
资源环境						**96.5**
单位GDP建设用地使用面积（2010年不变价）	（公顷/亿元）	≤53	41.21	39.98	37.6	100
单位GDP用水量（2010年不变价）	（立方米/万元）	≤80	69.8	62.77	62.5	100
单位GDP能耗（2010年不变价）	（吨标准煤/万元）	≤0.605	0.45	0.34	0.36	100
地级及以上城市空气质量优良天数比率	（%）	≥80	48.2	56.2	59.2	74.0
地表水达到或好于Ⅲ类水体比例		≥70	66.7	83.3	83.3	100
森林覆盖率		≥23.04	27.87	28.06	28.3	100
城市建成区绿地率		≥38.9	41.07	40.85	40.87	100
一般工业固体废物综合利用率		≥73	99.49	99.53	99.6	100
农村自来水普及率		≥80	97.6	99.8	99.9	100
农村卫生厕所普及率		≥85	93.12	95.25	99.0	100
综合实现程度	**（%）**					**94.5**

注：自2018年起省、市小康监测采用全国小康社会统计监测指标体系。

指标解释及计算方法

人均 GDP 指一定时期内按常住人口平均计算的GDP。GDP 按 2010 年不变价计算。资料来源：市统计局。计算公式：

人均 GDP=GDP / 年平均常住人口。

地区经济发展差异系数 全省层面是指各设区市人均GDP 的差异系数，即 13 个设区市人均 GDP 的标准差与均值之间的比率。资料来源：市统计局。计算公式：

地区经济发展差异系数 =13 个设区市人均 GDP 标准差 / 13 个设区市人均 GDP 均值 ×100%。

服务业增加值占 GDP 比重 指当年第三产业增加值与GDP 的百分比。资料来源：市统计局。计算公式：

服务业增加值占 GDP 比重 = 第三产业增加值 / GDP×100%。

常住人口城镇化率 指一个地区城镇常住人口占该地区常住总人口的比重。资料来源：市统计局。计算公式：

常住人口城镇化率 = 年末城镇常住人口 / 年末常住总人口 ×100%。

互联网普及率指数 通过固定宽带家庭普及率和移动宽带用户普及率合成得出。固定宽带家庭普及率是指使用固定宽带家庭的比例；移动宽带用户普及率是指使用移动宽带人的比例。资料来源：市通管办。计算公式：

互联网普及率指数 =（固定宽带家庭普及率 / 70+ 移动宽带用户普及率 / 85）×100 / 2。

科技进步贡献率 指除资金投入、劳动力投入两大因素之外，科技进步对经济增长速度的贡献率。资料来源：市科技局。计算方法主要采用生产函数法。

研究与试验发展（R&D）经费投入强度 指全社会研究与试验发展（R&D）经费支出和国内生产总值的比率。研究与试验发展（R&D）是指在科学技术领域，为增加知识总量以及运用这些知识去创造新的应用而进行的系统的、创造性的活动，包括基础研究、应用研究和试验发展三类活动。资料来源：市统计局。计算公式：

研究与试验发展经费投入强度 = 全社会研究与试验发展（R&D）经费支出 / 国内生产总值 ×100%。

战略性新兴产业增加值占 GDP 比重 指当年战略性新兴产业增加值占 GDP 的百分比。新兴产业包括新能源产业、新材料产业、生物技术和新医药产业、节能环保产业、新一代信息技术、软件和服务外包产业、物联网和云计算产业、新能源汽车产业、智能电网产业、高端装备制造产业、海洋工程装备产业。资料来源：市统计局。计算公式：

战略性新兴产业增加值占 GDP 比重 = 战略性新兴产业增加值 / GDP×100%。

高技术产品出口额占出口总额比重 即高新技术产品出口额占出口总额比重，指一定时期（通常为一年）高新技术产品出口额占同期出口总额的比重。资料来源：市商务局。计算公式：

高新技术产品出口占出口总额比重 = 高新技术产品出口额 / 出口总额 ×100%。

服务贸易占对外贸易比重 指服务贸易进出口额占对外贸易进出口额的比重。服务贸易又称劳务贸易，指国与国之间互相提供服务的经济交换活动。服务贸易有广义与狭义之分，狭义的服务贸易是指一国以提供直接服务活动形式满足另一国某种需要以取得报酬的活动。广义的服务贸易既包括有形的活动，也包括服务提供者与使用者在没有直接接触下交易的无形活动。服务贸易一般情况下都是指广义的。资料来源：市商务局。计算公式：

服务贸易占对外贸易比重 = 服务贸易进出口额 /（服务贸易进出口额 + 货物贸易进出口额）×100%。

居民人均可支配收入 指城乡居民在一定时期内获得的可用于最终消费支出和储蓄的总和，即可以用来自由支配的收入与人口数之比。可支配收入既包括现金，也包括实物收入。指标值按 2010 年价格计算。资料来源：徐州调查队。

城镇登记失业率 指城镇登记失业人数占城镇从业人数与城镇登记失业人数之和的百分比。城镇登记失业人员是指非农业户口人口（含城市规划区内的被征地农民）在劳动年龄（16 周岁至退休年龄）内，有劳动能力，无业而要求就业，并在当地就业服务机构进行求职登记的人员。资料来源：市人社局。计算公式：

城镇登记失业率 = 城镇登记失业人数 /（城镇从业人数＋城镇登记失业人数）×100%。

恩格尔系数 指食品支出总额占个人消费支出总额的比重。资料来源：徐州调查队。计算公式：

恩格尔系数 = 食品支出总额 / 个人消费支出总额 ×100%。

城乡居民收入比 指城镇居民与农村居民人均可支配收入的比值。资料来源：徐州调查队。计算公式：

城乡居民收入比 = 城镇居民人均可支配收入 / 农村居民人均可支配收入。

城乡居民家庭人均住房面积达标率 根据城镇居民家庭人均住房面积达标率和农村居民家庭人均住房面积达标率 2 项指标加权合成。资料来源：徐州调查队。计算公式：

城镇居民家庭人均住房面积达标率：指城镇居民家庭人均现住房建筑面积达到 33.3 平方米的人口所占比例。计算现有住房建筑面积时以房屋产权证或租赁证为准。建筑面积可按使用面积乘以 1.33 计算得出。

农村居民家庭人均住房面积达标率：指农村居民家庭人均现住房（钢筋混凝土结构或砖混材料、砖木砖瓦结构）用于生活居住的建筑面积达到 44.3 平方米或使用面积 33.3 平方米的人口所占比例。计算现有住房建筑面积时以房屋产权证或租赁证为准。

公共交通服务指数 根据城市每万人口拥有公共交通车辆（标台）和行政村客运班车通达率 2 项指标加权合成。资料来源：市交通局。计算公式：

公共交通服务指数 = 城市每万人口拥有公共交通车辆 / 14× 城镇人口比重 + 建制村通客车率 / 95×（1- 城镇人口比重）。

平均预期寿命 指假若当前的分年龄死亡率保持不变，同一时期出生的人预期能继续生存的平均年数。计算人均期望寿命方法：对同时出生的一批人进行追踪调查，分别记下他们在各年龄段的死亡人数直至最后一个人的寿命结束，根据这一批人活到各种不同年龄的人数来计算人口的平均寿命。用这批人的平均寿命来假设一代人的平均寿命即为平均预期寿命。资料来源：市卫健委。

劳动年龄人口平均受教育年限 指一定时期全国劳动年龄人口（16~59 岁人口）人均接受学历教育（包括成人学历教育，不包括各种非学历培训）的年数。资料来源：市统计局。计算公式：

劳动年龄人口平均受教育年限 = ∑ PiEi/ P

式中 P 为本地区 16~59 岁人口，Pi 为具有 i 种文化程度的人口数，∑ i 为具有 i 种文化程度的人口受教育年数系数，i 则根据我国的学制确定。

每千人口执业（助理）医师数 指一个地区平均每千名常住人口拥有的在岗执业（助理）医师数。资料来源：市卫健委。计算公式：

每千人拥有医生数 = 年末在岗执业（助理）医师数 / 年末常住人口 ×1000。

每千老年人口养老床位数 指每千名老人平均拥有的各类养老床位数。资料来源：市民政局。计算公式：

每千老年人口养老床位数 = 行政区域内各类养老床位总数 / 60 周岁以上常住人口数 ×1000。

基本社会保险参保率指数 是通过基本养老保险覆盖率和城乡医保参保率合成得出。基本社会保险主要包括基本养老保险、基本医疗保险、失业保险、工伤保险和生育保险等五项，其中基本养老保险、基本医疗保险最为重要，所以在计算基本社会保险覆盖率时只计算基本养老保险和基本医疗保险的覆盖率。资料来源：市人社局、市医疗保障局。计算公式：

基本社会保险参保率指数 =（基本养老保险覆盖率 / 90+ 城乡医保参保率 / 95）/ 2。

单位 GDP 生产安全事故死亡率 表示每生产亿元国内生产总值（GDP），因生产安全事故造成的死亡人数的比率（小数点后统一保留三位小数）。生产安全事故死亡人数，全省按所有行业事故总数统计，设区市只统计工矿商贸、道路运输、农业机械事故三大项。GDP 按 2010 年不变价计算。资料来源：市应急管理局、市统计局。计算公式：

单位 GDP 生产安全事故死亡率 = 生产安全事故死亡人数 / GDP。

制造业产品质量合格率 指按照规定的方法、程序和标准实施质量抽样检测，判定为质量合格的样品数占全部抽样样品数的百分比。资料来源：市市场监督管理局。计算公式：

制造业产品质量合格率 = 判定为质量合格的样品数 / 全部抽样样品数 ×100%。

政府负债率 指政府债务与 GDP 的比值。资料来源：市财政局。计算公式：

政府负债率 = 政府债务 / GDP×100%。

规模以上工业企业资产负债率 指规模以上工业企业负债与资产的比值。资料来源：市统计局。计算公式：

规模以上工业企业资产负债率 = 总负债 / 总资产 ×100%。

农村贫困人口数（现行标准） 按照国家现行标准进行统计。资料来源：市农业农村局（市政府扶贫办）。

主要污染物排放指数 由化学需氧量排放指数、氨氮排放指数、二氧化硫排放指数、氮氧化物排放指数四种污染物排放指数合成得出。资料来源：市生态环境局。计算公式：

主要污染物排放指数 =（化学需氧量排放指数 + 氨氮排放指数 + 二氧化硫排放指数 + 氮氧化物排放指数）/ 4。

污水集中处理指数 通过城市污水集中处理率和县城污水集中处理率合成得出。资料来源：市水务局、市住建局。计算公式：

污水集中处理指数 =（城市污水集中处理率 / 95+ 县城污水集中处理率 / 85）/ 2。

生活垃圾处理指数 通过城市生活垃圾无害化处理率和对生活垃圾进行处理的行政村比例合成得出。资料来源：市城管局。计算公式：

生活垃圾处理指数 =（城市生活垃圾无害化处理率 / 95+ 对生活垃圾进行处理的行政村比例 / 90）/ 2。

基层民主参选率 指基层组织参加投票的选民与选民总数的比例。资料来源：市民政局。计算公式：

基层民主参选率 = 基层组织参加投票的选民 / 选民总数 ×100%。

每万人拥有社会组织数 指平均每万人口中拥有社会组织的数量。社会组织包括社会团体、民办非企业单位、基金会等。资料来源：市民政局。计算公式：

每万人拥有社会组织数 = 社会组织总数 / 年末常住人口 ×10000。

人民陪审员参审率 指人民陪审员参审案件数占一审普通程序案件数的比重。资料来源：市中级人民法院。

每万人口拥有律师数 指平均每万人口中拥有律师工作人员的数量，包括全职律师和兼职律师。资料来源：市司法局。计算公式：

每万人口拥有律师数 = 律师工作人员 / 年末常住人口 ×10000。

文化及相关产业增加值占 GDP 比重 指一定时期内文化产业部门生产的增加值与 GDP 的百分比，文化产业是指从事文化产品生产和提供文化服务的经营性行业。资料来源：市统计局。计算公式：

文化产业增加值占 GDP 比重 = 文化产业增加值 / GDP×100%。

人均公共文化财政支出 指按一定时期内平均常住人口计算的包含文化体育与传媒在内的公共文化财政支出。资料来源：市财政局。计算公式：

人均公共文化财政支出 = 一般公共预算中文化体育与传媒支出 / 年平均常住人口。

"三馆一站"覆盖率 是反映图书馆、博物馆、文化馆在县级行政区划，文化站在乡镇行政区划的覆盖情况。其中，"三馆一站"包括公共图书馆、博物馆、文化馆、文化站；县级行政区划包括市辖区、县级市、县、自治县；乡镇级区划包括镇、乡级、街道办事处。资料来源：市文广旅局。计算公式：

"三馆一站"覆盖率 =（三馆机构数 / 县级区划数 + 文化站机构数 / 乡镇级区划数）×25%。

广播电视综合人口覆盖率 指根据原国家广电总局制定的《广播电视人口覆盖率统计技术标准和方法》进行统计调查的，在对象区内能接收到由中央、省、地市或县通过无线、有线或卫星等各种技术方式转播的各级广播或电视节目的人口数占对象区总人口数的百分比。资料来源：市文广旅局。计算公式：

广播电视综合人口覆盖率 =（广播节目综合人口覆盖率 + 电视节目综合人口覆盖率）/ 2。

其中，广播（或电视）节目综合人口覆盖率 = 广播（或电视）节目综合覆盖人口 / 对象区内的总人口数 ×100%。

行政村（社区）综合性文化服务中心建成率 指建成综合性文化服务中心的行政村（社区）数占行政村（社区）总数百分比。资料来源：市文广旅局。计算公式：

行政村（社区）综合性文化服务中心建成率 = 建成综合性文化服务中心的行政村（社区）数 / 行政村（社区）总数 ×100%。

城乡居民文化娱乐服务支出占家庭消费支出比重 指一定时期内城乡居民文化娱乐消费支出占家庭消费支出的比重。文化娱乐消费支出是指居民家庭用于文化娱乐用品和服务方面的日常消费支出。家庭消费支出指居民用于家庭日常生活的全部支出，包括食品、衣着、家庭设备用品及服务、医疗保健、交通和通讯、娱乐教育文化服务、居住、杂项商品和服务等八大类。资料来源：徐州调查队。计算公式：

城乡居民文化娱乐服务支出占家庭消费支出比重 = 居民文化娱乐服务支出 / 居民家庭消费支出 ×100%。

单位 GDP 建设用地使用面积 指年末建设用地总量与 GDP 的比值。GDP 按 2010 年不变价计算。资料来源：市自然资源和规划局、市统计局。计算公式：

单位 GDP 建设用地占用 = 年末建设用地总量 / GDP。

单位 GDP 用水量 指一定时期内（通常为一年），每生产万元国内生产总值（GDP）的用水总量。GDP 按 2010 年不变价计算。资料来源：市水务局、市统计局。计算公式：

单位 GDP 用水量 = 用水总量 / GDP。

单位 GDP 能耗 指一定时期内能源消费总量与 GDP 的比值。GDP 按 2010 年不变价计算。资料来源：市统计局。计算公式：

单位 GDP 能耗 = 能源消费总量 / GDP。

地级及以上城市空气质量优良天数比率 指空气质量类别为优或者良的天数占全年有效监测总天数的比例。按照国家《环境空气质量标准》（GB 3095-2012）、《环境空气质量指数（AQI）技术规定（试行）》（HJ 633-2012）、《环境空气质量评价技术规范（试行）》（HJ 663-2013）评价各城市空气质量类别，监测评价项目包括 SO2、NO2、CO、O3、PM10、PM2.5 六项。资料来源：市生态环境局。计算公式：

空气质量优良天数比率 = 空气质量类别为优或良的天数 / 全年有效监测天数 ×100%。

地表水达到或好于Ⅲ类水体比例 指地表水质达到Ⅰ、Ⅱ、Ⅲ类的省考断面数占到监测省考断面总数的比例。省考断面以《关于下达"十三五"水环境质量考核目标的通知》（苏环委办〔2016〕5 号）确定的 380 个地表水环境质量考核断面为基础。资料来源：市生态环境局。计算公式：

地表水达到或好于Ⅲ类水体比例 = 地表水质达到或好于Ⅲ类以上地表水省考断面数 / 监测省考断面总数 ×100%。

森林覆盖率 指以行政区域为单位的森林面积占区域土地总面积的百分比。资料来源：市自然资源和规划局。

城市建成区绿地率 指报告期末建成区内绿地面积占建成区面积的百分比。绿地面积指报告期末用作园林和绿化的各种绿地面积。包括公园绿地、生产绿地、防护绿地、附属绿地和其他绿地的面积。建成区指城市行政区内实际已成片开发建设、市政公用设施和公共设施基本具备的区域。资料来源：市住建局。计算公式：

城市建成区绿地率 = 城市建成区绿地面积 / 城市建成区面积 ×100%。

一般工业固体废物综合利用率 指一般工业固体废物综合利用量占一般固体废物产生量与综合利用往年贮存量

之和的百分率。资料来源：市生态环境局。计算公式：

一般工业固体废物综合利用率 = 工业固体废物综合利用量 /（工业固体废物产生量 + 综合利用往年贮存量）× 100%。

农村自来水普及率 即农村供水入户率，反映区域供水通达乡镇范围内区域供水入户状况。资料来源：市水务局。计算公式：

农村供水入户率 = 区域供水通达乡镇范围内使用区域供水的户数 / 乡镇域范围内总户数 × 100%。

农村卫生厕所普及率 指使用各种类型卫生厕所的农户数占农村总户数的百分比。农村卫生厕所：指有完整下水道系统的水冲式、三格式粪池式、净化沼气池式、多瓮漏斗式公厕以及粪便及时清理并进行高温堆肥无害化处理的非水冲式厕所。资料来源：市卫健委。计算公式：

农村卫生厕所普及率 = 使用卫生厕所农户数 / 农村总户数 × 100%。

江苏省市、县主要经济指标（2019年） 附录二

MAJOR ECONOMIC INDICATORS OF CITIES AND COUNTIES OF JIANGSU (2019)

版面负责人：卢川川
编　　　辑：冯洋洋

防范和惩治统计造假、弄虚作假督察工作规定

第五条 统计督察对象是与统计工作相关的各地区、各有关部门。重点是各省、自治区、直辖市党委和政府主要负责同志和与统计工作相关的领导班子成员，必要时可以延伸至市级党委和政府主要负责同志和与统计工作相关的领导班子成员；国务院有关部门主要负责同志和与统计工作相关的领导班子成员；省级统计机构和省级政府有关部门领导班子成员。

第六条 对省级党委和政府、国务院有关部门开展统计督察的内容包括：

（一）贯彻落实党中央、国务院关于统计改革发展各项决策部署，加强对统计工作组织领导，指导重大国情国力调查，推动统计改革发展，研究解决统计建设重大问题等情况；

（二）履行统计法定职责，遵守执行统计法律法规，严守领导干部统计法律底线，依法设立统计机构，维护统计机构和人员依法行使统计职权，保障统计工作条件，支持统计活动依法开展等情况；

（三）建立防范和惩治统计造假、弄虚作假责任制，问责统计违纪违法行为，建立统计违纪违法案件移送机制，追究统计违纪违法责任人责任，发挥统计典型违纪违法案件警示教育作用等情况；

（四）应当督察的其他情况。

对市级及以下党委和政府、地方政府有关部门，可以参照上述规定开展统计督察。

江苏省市、县主要经济指标

（2019 年）

市（县）名称	土地面积（平方公里）	年末户籍人口（万人）	当年出生人口（人）	当年死亡人口（人）	年末总户数（万户）	年末常住人口（万人）	人口密度（人/平方公里）	从业人员（万人）	第一产业	第二产业	第三产业
南京市	**6587**	**709.82**	**67572**	**38533**	**252.56**	**850.00**	**1290**	**502.60**	**23.01**	**170.90**	**308.69**
无锡市	**4627**	**502.83**	**37981**	**32074**	**172.01**	**659.15**	**1425**	**387.00**	**14.90**	**213.10**	**159.00**
江阴市	987	126.41	8733	8340	38.72	165.34	1675	99.02	3.95	61.07	34.00
宜兴市	1997	107.97	7384	8114	37.35	125.64	629	73.90	7.83	40.03	26.04
徐州市	**11765**	**1041.73**	**106644**	**55763**	**281.56**	**882.56**	**750**	**483.40**	**106.80**	**172.70**	**203.90**
丰 县	1450	121.02	12212	6490	32.92	95.26	657	54.58	14.49	20.54	19.55
沛 县	1806	129.05	12929	6152	37.64	112.22	621	63.65	16.35	23.86	23.44
睢宁县	1769	141.80	15402	12048	32.85	103.28	584	61.46	16.53	22.96	21.97
新沂市	1592	112.32	11287	6355	30.91	91.54	575	54.79	13.19	20.38	21.22
邳州市	2085	194.13	19143	8506	46.96	144.57	693	86.58	21.57	32.15	32.86
常州市	**4372**	**385.02**	**29936**	**25261**	**136.50**	**473.60**	**1083**	**282.70**	**29.30**	**137.10**	**116.30**
溧阳市	1535	79.00	5812	5327	26.63	76.40	498	49.90	11.60	24.30	14.10
苏州市	**8657**	**722.60**	**61916**	**45037**	**238.07**	**1074.99**	**1242**	**692.60**	**20.90**	**403.80**	**267.90**
常熟市	1276	106.69	6104	8500	32.14	151.89	1190	104.38	3.50	62.71	38.17
张家港市	987	93.04	6272	6403	32.11	126.40	1281	77.10	3.92	45.43	27.75
昆山市	932	98.13	11964	3688	33.87	166.92	1791	117.11	1.53	73.11	42.47
太仓市	810	50.17	3209	4577	16.23	72.12	890	45.81	2.36	26.28	17.17
南通市	**10549**	**759.82**	**44615**	**65589**	**287.09**	**731.80**	**694**	**452.00**	**80.00**	**211.10**	**160.90**
如东县	2791	101.24	4853	9943	36.49	97.71	350	61.02	11.87	30.51	18.64
启东市	1715	110.35	5507	9640	46.28	94.95	554	66.03	14.80	29.09	22.14
如皋市	1576	141.30	8989	12050	44.50	123.51	784	72.47	15.97	34.05	22.45
海门市	1144	99.34	5424	8527	39.31	90.60	792	63.59	13.44	30.91	19.24
海安市	1183	92.16	4916	8404	34.16	86.30	730	53.37	9.88	28.29	15.20
连云港市	**7616**	**534.41**	**52604**	**28044**	**149.56**	**451.10**	**592**	**249.50**	**75.90**	**72.70**	**100.90**
东海县	2037	124.55	12549	6550	30.06	96.84	475	54.70	18.07	14.30	22.33
灌云县	1538	103.18	9122	5442	27.43	80.01	520	41.80	17.86	9.44	14.50
灌南县	1028	81.84	7209	4454	23.27	63.41	617	37.85	14.81	10.50	12.54

续表 1　　　　（2019 年）

市（县）名　称	土地面积（平方公里）	年　末户籍人口（万人）	当　年出生人口（人）	当　年死亡人口（人）	年　末总户数（万户）	年　末常住人口（万人）	人口密度（人 / 平方公里）	从业人员（万人）	第一产业	第二产业	第三产业
淮安市	**10030**	**560.48**	**49227**	**36966**	**168.27**	**493.26**	**492**	**284.70**	**76.40**	**89.70**	**118.60**
涟水县	1678	112.50	8959	6759	31.01	84.84	506	48.49	16.84	11.61	20.04
盱眙县	2497	79.67	6553	5127	21.77	65.60	263	38.45	11.54	12.72	14.19
金湖县	1378	34.39	2729	2433	12.38	33.24	241	19.14	5.39	6.38	7.17
盐城市	**16931**	**821.35**	**59474**	**42349**	**269.86**	**720.89**	**426**	**430.00**	**95.00**	**158.50**	**176.50**
响水县	1474	62.16	6090	3497	16.95	49.65	337	27.28	6.96	9.86	10.46
滨海县	1950	122.12	9998	5145	35.02	93.00	477	54.93	14.61	19.14	21.18
阜宁县	1439	111.61	8195	3218	35.07	82.50	573	49.90	13.38	17.57	18.95
射阳县	2606	94.51	6016	6453	30.80	87.85	337	55.51	13.97	19.74	21.80
建湖县	1157	77.74	4844	3020	28.47	72.15	624	42.68	9.27	16.97	16.44
东台市	3176	108.86	6079	7734	38.42	96.74	305	63.54	14.06	23.27	26.21
扬州市	**6591**	**457.14**	**31843**	**34572**	**147.72**	**454.90**	**690**	**268.00**	**37.30**	**115.10**	**115.60**
宝应县	1462	87.97	5421	6381	26.77	76.14	521	42.21	9.96	18.31	13.94
仪征市	816	55.72	4229	4103	18.29	57.22	701	39.72	7.23	17.24	15.25
高邮市	1922	80.27	5587	6661	25.13	74.59	388	46.23	9.36	20.06	16.81
镇江市	**3840**	**270.16**	**17960**	**19620**	**102.12**	**320.35**	**834**	**194.90**	**21.50**	**83.70**	**89.70**
丹阳市	1047	80.32	5037	6209	27.93	99.46	950	63.80	5.64	32.33	25.83
扬中市	327	28.21	2246	2199	10.69	34.48	1054	21.77	1.29	11.23	9.25
句容市	1378	58.66	4233	4952	22.93	62.92	457	39.41	9.25	14.96	15.20
泰州市	**5788**	**500.55**	**35263**	**43357**	**166.14**	**463.61**	**801**	**275.00**	**54.30**	**112.60**	**108.10**
兴化市	2395	154.26	11474	13631	50.26	124.08	518	73.20	21.70	25.30	26.20
靖江市	656	65.53	4949	4850	21.19	68.46	1044	40.60	6.00	20.70	13.90
泰兴市	1170	116.91	7670	12130	39.30	107.08	915	63.40	14.50	26.20	22.70
宿迁市	**8524**	**592.36**	**61649**	**35263**	**152.66**	**493.79**	**579**	**281.40**	**82.70**	**96.90**	**101.80**
沭阳县	2299	198.65	20581	11153	49.92	157.01	683	93.80	26.43	35.16	32.21
泗阳县	1378	106.46	10270	5894	27.16	84.87	616	49.17	17.89	15.42	15.86
泗洪县	2694	109.52	11103	6581	29.32	89.92	334	48.43	16.51	15.73	16.19

续表 2 （2019 年）

市（县）名称	在岗职工人数（万人）	#国有单位	#城镇集体单位	#港澳台商投资单位	#外商投资单位	私营企业就业人员（万人）	个体就业人员（万人）	乡村就业人员（万人）	#农林牧渔业
南京市	**183.46**	**42.25**	**1.96**	**11.42**	**22.28**	**335.78**	**137.27**	**112.29**	**21.42**
无锡市	**112.43**	**17.39**	**2.72**	**15.47**	**28.10**	**204.78**	**87.80**	**112.77**	**15.03**
江阴市	23.48	3.28	0.82	4.36	4.59	54.72	26.62	36.54	3.95
宜兴市	12.37	3.04	0.28	1.55	0.87	48.90	11.24	36.47	7.83
徐州市	**69.95**	**30.68**	**2.18**	**2.69**	**2.54**	**133.01**	**122.43**	**354.34**	**122.38**
丰　县	5.50	2.59	0.18	0.14	0.04	8.14	12.25	52.51	21.39
沛　县	8.33	3.97	0.25	0.12	0.03	15.94	9.42	50.21	16.02
睢宁县	6.83	3.95	0.32	0.75	0.09	19.17	15.49	59.53	22.10
新沂市	4.96	2.39	0.28	0.19	0.20	20.57	12.54	44.51	17.22
邳州市	10.03	4.59	0.04	0.15	0.28	13.91	22.69	62.71	19.05
常州市	**61.28**	**13.16**	**2.06**	**12.24**	**9.74**	**170.84**	**78.86**	**127.30**	**21.82**
溧阳市	5.87	2.51	0.22	0.55	0.59	23.25	10.55	32.22	7.56
苏州市	**282.69**	**31.58**	**5.23**	**54.16**	**109.89**	**458.99**	**239.34**	**171.73**	**20.53**
常熟市	23.52	3.70	0.62	4.92	6.99	50.52	23.32	38.37	3.41
张家港市	21.37	3.13	0.69	1.58	4.31	64.38	19.68	32.88	3.05
昆山市	69.29	4.71	0.69	19.51	33.94	77.01	50.92	21.11	1.58
太仓市	15.17	2.04	0.32	2.28	6.54	28.51	9.22	15.04	2.61
南通市	**155.06**	**18.20**	**2.48**	**7.56**	**11.01**	**211.77**	**111.47**	**296.18**	**58.65**
如东县	13.64	1.72	0.29	0.89	0.89	19.62	10.75	47.47	7.61
启东市	20.40	1.69	0.22	0.74	0.91	23.44	8.18	47.38	10.00
如皋市	8.93	2.56	0.15	0.73	1.58	33.62	18.90	60.57	12.74
海门市	30.59	2.12	0.24	1.28	1.03	25.17	14.45	48.43	10.60
海安市	23.24	1.68	0.39	0.98	0.88	33.09	12.46	37.05	6.55
连云港市	**39.40**	**13.04**	**1.37**	**2.60**	**1.97**	**5.06**	**9.55**	**172.99**	**69.56**
东海县	4.99	2.09	0.20	0.18	0.22	1.59	2.82	42.73	17.86
灌云县	3.77	1.68	0.17	0.07	0.07	0.61	2.00	37.88	18.96
灌南县	3.32	1.58	0.14	0.04	0.29	0.31	1.17	29.51	12.83

续表 3　　（2019 年）

市(县)名 称	在岗职工人 数（万人）	# 国有单位	# 城镇集体单 位	# 港澳台商投资单位	# 外商投资单 位	私营企业就业人员（万人）	个 体就业人员（万人）	乡 村就业人员（万人）	# 农林牧渔 业
淮安市	**40.90**	**12.96**	**1.39**	**3.64**	**3.52**	**82.96**	**67.68**	**209.29**	**82.95**
涟水县	6.29	1.55	0.38	0.53	0.78	11.25	12.41	48.57	19.68
盱眙县	2.82	1.47	0.17	0.33	0.05	9.84	8.76	32.56	12.27
金湖县	2.20	1.00	0.06	0.16	0.07	8.11	3.24	12.95	4.32
盐城市	**55.41**	**19.81**	**2.10**	**1.87**	**4.34**	**135.30**	**68.65**	**295.28**	**102.33**
响水县	2.80	1.36	0.13	0.02		6.04	4.78	21.73	8.71
滨海县	7.81	2.40	0.06	0.16	0.07	13.05	6.88	43.06	15.39
阜宁县	6.18	1.76	0.30	0.05	0.42	19.89	8.65	35.97	13.86
射阳县	4.72	1.86	0.15	0.36	0.23	10.44	6.67	34.44	11.80
建湖县	4.55	1.84	0.24	0.05	0.14	10.87	5.64	28.92	8.57
东台市	4.96	1.80	0.43	0.43	0.59	26.34	8.90	48.10	18.15
扬州市	**81.00**	**12.89**	**1.96**	**4.20**	**4.26**	**124.30**	**66.22**	**179.51**	**31.70**
宝应县	8.83	1.97	0.24	0.59	0.33	15.62	8.83	40.75	9.99
仪征市	7.19	1.45	0.10	0.43	1.03	12.28	8.56	22.84	3.20
高邮市	6.21	1.45	0.55	0.27	0.24	22.07	10.28	36.55	8.79
镇江市	**33.49**	**11.67**	**1.15**	**3.56**	**3.47**	**101.56**	**63.01**	**100.20**	**19.28**
丹阳市	6.77	2.06	0.33	0.81	1.38	38.52	18.93	36.51	6.17
扬中市	3.29	1.19	0.14	0.20	0.38	16.82	4.22	13.59	1.84
句容市	5.93	2.34	0.17	1.37	0.14	11.74	12.53	27.00	6.94
泰州市	**88.53**	**13.23**	**0.96**	**5.88**	**4.09**	**117.73**	**69.40**	**215.37**	**40.91**
兴化市	5.57	2.22	0.12	0.14	0.20	18.06	16.22	60.58	19.25
靖江市	7.42	1.85	0.18	0.30	0.58	19.44	8.75	30.41	4.74
泰兴市	21.71	2.91	0.21	0.38	1.02	22.92	18.48	56.81	8.17
宿迁市	**38.93**	**9.17**	**0.53**	**5.43**	**1.37**	**91.77**	**76.34**	**219.80**	**81.03**
沭阳县	7.65	1.95	0.26	1.72	0.25	42.59	20.06	76.50	25.63
泗阳县	4.99	1.53	0.06	0.17	0.09	12.05	13.25	40.48	14.09
泗洪县	6.87	1.66	0.12	0.15	0.34	11.41	13.11	37.99	20.13

续表 4　　　　（2019 年）

市（县）名　称	地　区生产总值（亿元）	第一产业	第二产业	#工业	第三产业	人均地区生产总值（按常住人口计算,元）	地区生产总值指数（上年=100）	三次产业结构（%）		
								第一产业	第二产业	第三产业
南京市	**14030.15**	**287.82**	**5040.85**	**4215.76**	**8701.48**	**165682**	**107.8**	**2.1**	**35.9**	**62.0**
无锡市	**11852.32**	**122.51**	**5627.88**	**5034.41**	**6101.93**	**180044**	**106.7**	**1.0**	**47.5**	**51.5**
江阴市	4001.12	36.08	2042.02	1851.50	1923.02	242111	106.8	0.9	51.0	48.1
宜兴市	1770.12	49.92	924.22	778.38	795.98	140905	107.0	2.8	52.2	45.0
徐州市	**7151.35**	**682.83**	**2886.16**	**2333.44**	**3582.36**	**81138**	**106.0**	**9.5**	**40.4**	**50.1**
丰　县	468.23	90.84	173.94	142.51	203.45	49207	104.1	19.4	37.1	43.5
沛　县	777.96	113.60	324.39	226.50	339.97	69430	106.0	14.6	41.7	43.7
睢宁县	612.67	106.43	240.34	177.58	265.90	59459	106.2	17.4	39.2	43.4
新沂市	686.40	85.67	265.42	212.28	335.31	75127	106.0	12.5	38.7	48.9
邳州市	959.70	149.73	390.74	338.33	419.24	66466	105.3	15.6	40.7	43.7
常州市	**7400.86**	**157.00**	**3529.17**	**3156.05**	**3714.69**	**156390**	**106.8**	**2.1**	**47.7**	**50.2**
溧阳市	1010.54	52.14	513.96	401.19	444.44	132330	107.8	5.2	50.9	44.0
苏州市	**19235.80**	**196.70**	**9130.18**	**8316.49**	**9908.92**	**179174**	**105.6**	**1.0**	**47.5**	**51.5**
常熟市	2269.82	38.92	1123.23	1033.29	1107.67	149591	105.3	1.7	49.5	48.8
张家港市	2547.26	28.82	1308.48	1219.73	1209.96	201795	106.1	1.1	51.4	47.5
昆山市	4045.06	30.34	2072.49	1912.96	1942.23	242575	106.1	0.8	51.2	48.0
太仓市	1324.97	32.59	651.10	606.46	641.29	183973	105.4	2.5	49.1	48.4
南通市	**9383.39**	**428.84**	**4602.10**	**3849.70**	**4352.45**	**128294**	**106.2**	**4.6**	**49.0**	**46.4**
如东县	1053.40	84.60	523.00	450.90	445.70	107732	106.7	8.0	49.6	42.3
启东市	1157.50	79.60	581.30	463.20	496.60	121874	105.5	6.9	50.2	42.9
如皋市	1215.20	72.40	597.40	498.60	545.30	98127	106.1	6.0	49.2	44.9
海门市	1352.40	63.90	695.70	575.90	592.80	149379	106.4	4.7	51.4	43.8
海安市	1133.20	66.10	611.00	519.40	456.10	131195	106.6	5.8	53.9	40.2
连云港市	**3139.29**	**362.70**	**1363.15**	**1099.19**	**1413.44**	**69523**	**106.0**	**11.6**	**43.4**	**45.0**
东海县	526.29	78.90	215.75	171.48	231.64	54273	105.7	15.0	41.0	44.0
灌云县	359.19	75.10	127.47	94.99	156.62	44664	106.4	20.9	35.5	43.6
灌南县	381.65	62.70	171.70	133.57	147.25	60041	105.7	16.4	45.0	38.6

续表 5　　（2019 年）

市（县）名称	地区生产总值（亿元）	第一产业	第二产业	#工业	第三产业	人均地区生产总值（按常住人口计算，元）	地区生产总值指数（上年=100）	三次产业结构（%）第一产业	第二产业	第三产业
淮安市	**3871.21**	**386.21**	**1617.18**	**1297.30**	**1867.82**	**78543**	**106.6**	**10.0**	**41.8**	**48.2**
涟水县	532.27	65.68	223.44	170.09	243.15	62686	106.8	12.3	42.0	45.7
盱眙县	418.56	68.66	159.05	144.18	190.85	63756	106.6	16.4	38.0	45.6
金湖县	325.12	44.38	135.39	117.12	145.35	97736	106.7	13.7	41.6	44.7
盐城市	**5702.26**	**619.90**	**2371.59**	**1942.91**	**2710.77**	**79149**	**105.1**	**10.9**	**41.6**	**47.5**
响水县	385.78	46.60	179.03	162.76	160.15	77661	104.3	12.1	46.4	41.5
滨海县	492.33	67.39	201.40	159.19	223.54	52939	104.1	13.7	40.9	45.4
阜宁县	555.06	65.65	234.74	159.01	254.67	67264	104.6	11.8	42.3	45.9
射阳县	563.87	95.31	207.17	182.33	261.39	64186	106.6	16.9	36.7	46.4
建湖县	565.96	54.99	237.73	185.17	273.24	78279	105.0	9.7	42.0	48.3
东台市	841.49	109.51	312.90	275.31	419.08	86850	104.7	13.0	37.2	49.8
扬州市	**5850.08**	**292.80**	**2778.21**	**2261.96**	**2779.07**	**128856**	**106.8**	**5.0**	**47.5**	**47.5**
宝应县	732.91	79.49	360.29	283.84	293.13	96410	106.8	10.8	49.2	40.0
仪征市	681.51	23.03	347.29	285.99	311.19	119270	107.1	3.4	51.0	45.7
高邮市	818.73	86.15	405.86	323.11	326.72	109978	107.1	10.5	49.6	39.9
镇江市	**4127.32**	**140.42**	**2004.79**	**1799.32**	**1982.11**	**128981**	**105.8**	**3.4**	**48.6**	**48.0**
丹阳市	1121.99	48.71	588.57	556.82	484.72	113087	104.7	4.3	52.5	43.2
扬中市	487.83	15.57	262.31	247.11	209.96	141667	105.8	3.2	53.8	43.0
句容市	661.48	47.90	286.77	229.92	326.96	105264	106.3	7.2	43.4	49.4
泰州市	**5133.36**	**292.50**	**2525.98**	**1972.11**	**2314.88**	**110731**	**106.4**	**5.7**	**49.2**	**45.1**
兴化市	871.82	128.12	346.55	241.91	397.15	70178	104.6	14.7	39.8	45.6
靖江市	979.57	25.70	540.91	388.82	412.96	143066	107.2	2.6	55.2	42.2
泰兴市	1083.90	65.41	556.20	465.30	462.29	101157	106.8	6.0	51.3	42.7
宿迁市	**3099.23**	**324.59**	**1324.35**	**1091.82**	**1450.29**	**62840**	**107.0**	**10.5**	**42.7**	**46.8**
沭阳县	950.00	106.00	396.00	345.00	448.00	60562	107.1	11.2	41.7	47.2
泗阳县	501.00	68.00	216.00	168.00	218.00	59073	107.4	13.6	43.1	43.5
泗洪县	495.00	81.00	187.00	143.00	228.00	55061	106.9	16.4	37.8	46.1

续表 6 （2019 年）

市（县）名称	农林牧渔业总产值（亿元）（现价）	农作物总播种面积（千公顷）	#粮食作物	粮食总产量（万吨）	油料产量（万吨）	棉花产量（吨）	肉类总产量（万吨）	水产品产量（万吨）	农业机械总动力（万千瓦）
南京市	**472.50**	**251.60**	**133.73**	**96.56**	**3.58**	**1033**	**3.53**	**16.26**	**233.40**
无锡市	**201.52**	**137.91**	**79.51**	**54.75**	**0.68**		**0.89**	**11.98**	**94.02**
江阴市	59.81	33.47	18.98	12.98	0.19		0.20	2.51	27.00
宜兴市	80.32	79.32	51.81	35.90	0.47		0.59	8.00	45.68
徐州市	**1181.72**	**1177.92**	**761.81**	**501.54**	**13.18**	**12011**	**55.45**	**16.08**	**749.26**
丰　县	152.61	154.64	98.52	60.73	0.47	10395	3.96	0.29	87.56
沛　县	195.83	156.17	98.15	65.78	0.39	561	10.94	1.86	105.50
睢宁县	178.59	187.37	144.74	93.40	3.53	495	7.70	2.16	122.78
新沂市	158.46	192.73	104.40	71.49	7.09		7.84	5.31	127.73
邳州市	259.02	231.65	125.48	84.53	1.02	264	12.10	2.48	129.13
常州市	**265.80**	**168.53**	**95.67**	**69.58**	**1.85**	**98**	**4.33**	**13.78**	**139.38**
溧阳市	86.34	74.00	54.69	40.83	1.34	98	1.84	4.28	56.56
苏州市	**356.60**	**208.62**	**118.86**	**87.18**	**0.83**	**124**	**2.15**	**16.53**	**145.68**
常熟市	68.23	57.40	32.60	23.32	0.24	68	0.52	2.43	31.89
张家港市	53.03	46.36	27.99	20.56	0.32		0.38	1.10	30.15
昆山市	51.31	18.82	11.94	8.86	0.05	12	0.03	2.47	17.80
太仓市	59.09	37.33	20.63	14.55	0.17	44	0.95	0.86	21.32
南通市	**789.33**	**787.33**	**534.02**	**338.78**	**22.77**	**6037**	**39.60**	**75.98**	**417.35**
如东县	167.00	166.06	140.45	97.95	2.47	337	11.47	30.45	96.17
启东市	159.23	130.26	80.52	32.63	5.49	1012	4.49	30.40	65.65
如皋市	118.93	143.78	99.52	66.94	2.58	48	11.00	2.65	85.90
海门市	112.28	113.01	52.68	25.16	5.38	4360	3.75	4.71	40.05
海安市	123.79	103.56	79.54	62.34	1.49		6.19	4.61	70.27
连云港市	**656.85**	**626.55**	**505.89**	**366.56**	**10.52**	**96**	**17.53**	**72.38**	**621.70**
东海县	143.67	206.61	162.61	116.62	5.04		4.88	6.58	165.40
灌云县	138.66	143.48	119.46	87.46	0.18		3.74	5.67	129.11
灌南县	105.17	107.44	86.91	63.86	0.13		1.95	3.93	131.83

续表 7 （2019 年）

市（县）名 称	农林牧渔业总产值（亿元）（现价）	农作物总播种面积（千公顷）	#粮食作物	粮 食总产量（万吨）	油料产量（万吨）	棉花产量（吨）	肉 类总产量（万吨）	水产品产 量（万吨）	农业机械总 动 力（万千瓦）
淮安市	**656.19**	**802.86**	**678.48**	**489.25**	**5.72**	**70**	**22.02**	**28.69**	**641.10**
涟水县	114.57	171.90	139.93	95.65	2.67		3.60	1.73	129.28
盱眙县	116.75	163.08	147.54	104.58	0.69	70	6.50	10.11	130.64
金湖县	78.40	81.47	74.60	56.76	0.46		0.93	4.62	76.37
盐城市	**1128.11**	**1371.12**	**982.85**	**712.30**	**12.97**	**308**	**65.48**	**119.26**	**723.79**
响水县	84.58	113.88	83.71	60.27	1.12		4.63	6.67	78.90
滨海县	122.69	162.02	130.40	98.51	1.68		12.05	9.91	93.35
阜宁县	119.84	166.50	125.58	95.34	1.09		10.61	7.59	91.01
射阳县	174.43	198.13	155.26	113.14	0.82	34	6.26	22.30	106.91
建湖县	99.67	108.54	94.20	70.72	1.19	50	3.26	10.10	67.46
东台市	201.92	246.54	146.13	102.04	3.37	224	12.62	18.59	102.03
扬州市	**515.75**	**471.10**	**386.20**	**285.60**	**4.48**	**11**	**14.63**	**39.59**	**281.39**
宝应县	138.31	134.00	112.74	86.90	1.11		2.91	14.52	61.58
仪征市	43.02	45.59	35.45	25.72	0.46	9	1.59	0.75	42.37
高邮市	155.20	133.80	113.42	84.08	1.31		6.41	17.51	73.81
镇江市	**242.26**	**183.84**	**132.95**	**95.43**	**4.06**	**460**	**6.39**	**9.50**	**152.94**
丹阳市	81.23	66.17	54.85	40.79	0.61		2.51	4.32	39.17
扬中市	28.42	16.49	10.71	7.72	0.17		0.56	0.75	14.14
句容市	78.75	60.84	38.93	26.72	2.43	460	1.72	2.51	57.94
泰州市	**481.48**	**518.47**	**374.13**	**280.52**	**9.49**	**98**	**15.38**	**36.95**	**286.91**
兴化市	221.42	202.47	161.42	124.08	2.66	98	4.44	28.67	126.94
靖江市	42.14	46.17	36.44	26.75	0.57		1.41	0.98	26.97
泰兴市	103.33	130.91	84.28	62.72	3.45		5.55	2.06	62.98
宿迁市	**555.25**	**739.00**	**597.38**	**408.17**	**4.18**	**12**	**25.91**	**27.12**	**625.02**
沭阳县	182.78	251.97	183.40	128.08	1.58		6.66	1.93	219.64
泗阳县	116.93	119.29	96.08	64.35	0.69	12	4.44	8.49	111.37
泗洪县	136.91	197.63	175.77	116.65	1.52		4.80	10.47	169.05

续表 8 （2019 年）

市（县）名 称	规模以上工业企业个数（个）	资产总计（亿元）	负债合计（亿元）	房地产开发投资（亿元）	商品房销售面积（万平方米）	#住宅
南京市	**2707**	**12944.28**	**6867.70**	**2501.26**	**1320.69**	**1137.23**
无锡市	**6215**	**17778.50**	**9209.09**	**1358.29**	**1379.96**	**1253.04**
江阴市	1837	6483.42	3605.52	271.53	308.83	281.56
宜兴市	1079	2697.37	1507.82	142.52	169.52	157.27
徐州市	**1778**	**4853.12**	**2699.49**	**852.94**	**1474.07**	**1371.25**
丰 县	168	140.62	90.45	38.93	84.92	80.41
沛 县	231	502.26	301.49	89.78	124.74	116.05
睢宁县	180	165.01	88.56	53.04	158.51	131.26
新沂市	230	452.60	267.11	38.01	107.18	102.54
邳州市	299	417.79	214.40	86.82	189.14	177.53
常州市	**4676**	**10325.39**	**5622.88**	**893.36**	**917.14**	**758.70**
溧阳市	432	1443.55	970.88	82.28	97.44	89.22
苏州市	**11042**	**33666.31**	**17184.61**	**2686.47**	**2178.22**	**1983.56**
常熟市	1540	4239.38	2185.82	242.14	243.38	229.52
张家港市	1283	5444.52	2927.58	219.40	205.50	185.66
昆山市	2216	6865.22	3449.72	389.71	387.24	351.14
太仓市	1058	2223.37	1164.59	187.62	151.34	140.84
南通市	**4966**	**9105.67**	**4842.50**	**914.39**	**1744.47**	**1571.22**
如东县	717	1428.72	670.29	35.87	79.93	76.21
启东市	521	1214.11	761.29	93.64	248.21	242.51
如皋市	729	997.17	565.81	77.88	192.76	173.64
海门市	624	835.64	458.01	98.12	174.33	163.48
海安市	953	1109.00	665.48	94.75	191.11	163.04
连云港市	**942**	**3524.67**	**2000.00**	**317.41**	**555.59**	**528.00**
东海县	254	233.68	109.50	29.17	82.09	80.14
灌云县	76	106.49	64.07	25.11	58.24	56.31
灌南县	108	213.30	133.05	30.12	87.42	85.05

注：工业企业相关指标为规模以上口径。

续表 9

（2019 年）

市（县）名　称	规模以上工业企业个数（个）	资产总计（亿元）	负债合计（亿元）	房地产开发投资（亿元）	商品房销售面积（万平方米）	#住宅
淮安市	**1519**	**2431.02**	**1229.37**	**286.50**	**825.37**	**735.92**
涟水县	154	234.36	108.20	16.39	134.8	126.24
盱眙县	213	188.91	129.80	28.51	97.82	93.56
金湖县	207	273.19	103.70	12.79	42.21	36.76
盐城市	**2920**	**5432.40**	**3374.02**	**426.15**	**850.17**	**738.05**
响水县	147	731.08	455.83	19.23	26.93	25.76
滨海县	207	479.19	312.52	24.28	53.74	51.03
阜宁县	225	306.42	182.88	30.29	79.98	75.65
射阳县	317	405.30	253.54	26.38	42.63	40.89
建湖县	379	328.06	185.18	20.04	51.30	37.02
东台市	517	673.13	413.83	36.57	96.98	74.91
扬州市	**3033**	**4771.65**	**2611.28**	**696.18**	**727.18**	**642.18**
宝应县	500	543.60	324.01	35.91	34.94	31.76
仪征市	393	814.43	445.16	117.96	100.3	93.02
高邮市	622	636.65	317.00	49.77	75.6	67.95
镇江市	**1953**	**4879.95**	**2618.70**	**403.37**	**584.08**	**552.99**
丹阳市	727	1417.23	809.37	72.22	123.43	108.54
扬中市	315	745.07	466.27	29.56	31.78	31.64
句容市	200	724.87	391.29	109.34	226.82	223.8
泰州市	**2573**	**5444.52**	**2817.08**	**352.58**	**644.04**	**571.24**
兴化市	506	485.66	264.59	39.45	76.06	67.18
靖江市	523	1428.02	689.57	64.07	96.75	92.52
泰兴市	544	1188.21	645.88	88.97	165.41	149.77
宿迁市	**1781**	**2683.95**	**1293.63**	**325.81**	**771.88**	**701.66**
沭阳县	614	511.97	262.34	74.09	187.02	165.77
泗阳县	272	259.42	162.81	60.32	161.18	152.09
泗洪县	302	307.07	161.79	45.88	125.18	104.37

续表 10 （2019 年）

市（县）名称	社会消费品零售总额（亿元）	#批发和零售业	进出口总额（亿美元）	#出口总额	实际使用外资（亿美元）
南京市	**7136.32**	**6741.19**	**699.60**	**435.33**	**41.01**
无锡市	**3024.34**	**2793.91**	**924.30**	**554.60**	**36.20**
江阴市	695.95	655.58	233.65	146.55	9.31
宜兴市	508.19	484.46	44.46	35.00	3.79
徐州市	**3533.19**	**3246.65**	**135.19**	**112.88**	**20.90**
丰　县	288.46	264.15	9.56	8.43	0.88
沛　县	456.14	424.38	7.67	7.19	1.86
睢宁县	467.40	437.69	8.26	6.74	1.49
新沂市	317.38	293.22	13.39	11.44	3.40
邳州市	348.18	314.41	18.51	16.72	2.66
常州市	**2401.68**	**2213.38**	**338.35**	**252.41**	**26.28**
溧阳市	321.48	296.12	11.67	10.14	3.00
苏州市	**7813.40**	**7150.50**	**3190.90**	**1920.40**	**46.15**
常熟市	1031.00	969.14	225.80	158.10	4.98
张家港市	718.26	662.95	343.60	161.40	3.98
昆山市	1391.72	1258.11	826.70	557.00	7.47
太仓市	424.79	388.68	133.60	63.60	4.40
南通市	**3361.68**	**3059.00**	**365.71**	**248.90**	**26.65**
如东县	404.44	380.45	54.81	20.52	3.09
启东市	410.54	372.97	36.19	27.68	3.04
如皋市	458.06	403.50	35.77	29.19	3.51
海门市	430.98	396.12	28.07	24.36	2.69
海安市	354.88	305.50	20.26	16.37	3.19
连云港市	**1162.82**	**1067.37**	**93.22**	**38.89**	**6.14**
东海县	249.17	236.79	4.47	3.90	1.02
灌云县	81.39	74.37	1.92	1.83	0.06
灌南县	98.25	84.84	1.74	1.36	0.97

续表 11　　（2019 年）

市（县）名称	社会消费品零售总额（亿元）	#批发和零售业	进出口总额（亿美元）	#出口总额	实际使用外资（亿美元）
淮安市	**1745.41**	**1581.64**	**47.05**	**33.80**	**10.49**
涟水县	203.76	186.13	3.25	2.86	1.40
盱眙县	169.69	151.66	1.65	1.44	1.05
金湖县	118.51	103.36	4.72	4.64	1.28
盐城市	**2241.00**	**2065.24**	**96.12**	**64.12**	**9.13**
响水县	109.71	76.95	5.39	4.62	0.58
滨海县	230.91	126.70	4.95	4.47	0.55
阜宁县	235.90	136.54	4.39	4.07	0.35
射阳县	219.41	181.75	6.70	4.69	0.61
建湖县	190.99	132.93	3.87	3.44	0.38
东台市			10.31	9.72	0.90
扬州市	**1423.20**	**1276.90**	**113.05**	**83.65**	**13.88**
宝应县	165.94	151.28	10.04	7.73	0.87
仪征市	117.72	105.33	5.96	4.59	1.50
高邮市	175.87	148.39	5.06	4.46	0.93
镇江市	**1158.49**	**1007.05**	**112.03**	**78.67**	**6.60**
丹阳市	305.49	264.26	31.49	27.77	1.41
扬中市	134.55	116.39	5.19	4.48	0.63
句容市	155.60	134.60	6.79	5.97	1.22
泰州市	**1350.54**	**1220.07**	**144.66**	**95.32**	**14.86**
兴化市	248.32	222.89	7.52	7.29	1.62
靖江市	202.71	183.52	34.47	25.51	1.16
泰兴市	274.30	238.71	43.36	24.82	3.75
宿迁市	**1320.45**	**1239.82**	**34.25**	**28.88**	**4.46**
沭阳县	248.61	160.67	8.97	8.50	1.08
泗阳县	127.17	114.19	4.73	4.46	0.88
泗洪县	132.64	125.39	2.99	2.49	0.85

续表 12

（2019 年）

市（县）名　称	一般公共预算收入（亿元）	# 税收收入	一般公共预算支出（亿元）	年末金融机构各项存款余额（亿元）	# 住户存款	年末金融机构各项贷款余额（亿元）	公路里程（公里）	# 等级公路	公　路客运量（万人）
南京市	**1580.03**	**1373.83**	**1658.07**	**34671.17**	**8105.88**	**32356.42**	**10178**	**10178**	**8229**
无锡市	**1036.33**	**870.21**	**1117.52**	**17165.33**	**6226.51**	**13387.19**	**7591**	**7591**	**5148**
江阴市	256.58	218.09	231.10	4072.01	1384.27	3227.27	2432	2432	426
宜兴市	123.85	106.69	151.09	2340.85	1229.15	1696.81	2377	2377	556
徐州市	**468.32**	**373.80**	**882.21**	**8036.56**	**4023.66**	**5777.28**	**16793**	**16043**	**9434**
丰　县	28.43	22.99	73.20	487.87	341.05	278.58	1957	1951	444
沛　县	45.00	37.03	107.98	600.70	411.58	368.28	2468	2468	375
睢宁县	38.04	31.89	92.79	596.16	380.99	385.46	2546	2448	910
新沂市	35.55	29.04	90.20	509.50	300.73	383.05	2717	2439	678
邳州市	42.87	34.70	117.36	695.53	474.85	545.87	3296	2999	699
常州市	**590.03**	**501.60**	**654.19**	**10892.19**	**4322.79**	**8563.59**	**8962**	**8962**	**4063**
溧阳市	70.27	60.35	101.91	1306.25	637.23	997.60	2656	2656	709
苏州市	**2221.81**	**1991.04**	**2141.45**	**31652.10**	**10466.66**	**30116.73**	**11818**	**11818**	**28951**
常熟市	203.02	172.02	219.50	3303.30	1538.83	2711.90	2412	2412	3253
张家港市	247.00	212.81	224.77	3058.80	1288.99	2512.52	1614	1614	2886
昆山市	407.31	369.01	342.41	4397.64	1519.76	3745.75	1505	1505	3733
太仓市	162.97	140.51	143.22	1610.64	669.74	1581.73	1351	1351	2578
南通市	**619.26**	**507.55**	**972.64**	**13530.76**	**7096.99**	**10150.09**	**19246**	**19246**	**6447**
如东县	57.70	48.18	132.56	1366.79	783.78	811.98	2949	2949	534
启东市	70.65	56.54	101.81	1512.57	982.22	1041.38	3671	3671	950
如皋市	70.01	58.50	121.94	1470.25	922.70	1032.36	3465	3465	429
海门市	71.02	56.90	112.89	1659.41	999.98	1163.65	2574	2574	382
海安市	62.66	52.64	117.41	1596.81	876.26	1219.21	2470	2470	423
连云港市	**242.44**	**191.36**	**466.03**	**3585.97**	**1613.36**	**3438.05**	**12103**	**12103**	**4063**
东海县	24.06	19.52	70.03	463.46	308.64	389.99	2761	2718	448
灌云县	22.59	16.75	62.74	335.34	201.94	270.90	2593	2527	397
灌南县	23.52	20.02	57.33	279.20	150.20	245.76	1842	1815	611

续表 13

（2019 年）

市（县）名　称	一般公共预算收入（亿元）	# 税收收入	一般公共预算支出（亿元）	年末金融机构各项存款余额（亿元）	# 住户存款	年末金融机构各项贷款余额（亿元）	公路里程（公里）	# 等级公路	公　路客运量（万人）
淮安市	**257.31**	**209.30**	**529.15**	**4097.05**	**1807.59**	**3853.77**	**13508**	**12932**	**5678**
涟水县	22.95	20.31	71.30	443.63	244.55	299.24	2588	2359	1481
盱眙县	19.09	15.41	58.70	420.64	238.13	378.41	2794	2794	993
金湖县	22.48	20.05	47.80	289.99	179.82	260.05	1506	1412	269
盐城市	**383.00**	**294.98**	**877.52**	**6995.52**	**3667.28**	**5844.28**	**20542**	**20349**	**6088**
响水县	22.00	16.50	64.47	247.31	152.58	211.93	1809	1809	252
滨海县	23.20	17.41	81.35	431.25	266.12	379.63	2295	2287	761
阜宁县	27.70	21.68	90.10	518.53	371.52	305.53	2036	2035	381
射阳县	28.60	23.02	91.68	560.28	395.23	406.42	2672	2499	610
建湖县	30.16	22.79	93.45	543.67	385.03	366.64	1828	1820	626
东台市	52.00	42.09	108.70	928.32	677.70	590.22	3299	3299	572
扬州市	**328.79**	**263.81**	**611.95**	**6700.46**	**3217.51**	**5374.85**	**9726**	**9366**	**2931**
宝应县	24.87	20.01	77.53	598.26	364.58	445.80	1976	1868	461
仪征市	44.16	36.40	59.99	721.02	362.32	511.45	1592	1592	258
高邮市	36.80	30.99	79.99	703.57	452.55	512.54	2217	2183	658
镇江市	**306.85**	**239.01**	**466.25**	**5546.64**	**2421.68**	**5256.00**	**7321**	**7321**	**2892**
丹阳市	62.01	51.80	90.00	1252.95	739.71	1138.75	2263	2263	615
扬中市	34.01	27.71	49.57	663.18	337.67	528.03	841	841	292
句容市	53.50	48.26	73.40	936.22	396.33	1122.04	2563	2563	515
泰州市	**365.67**	**279.15**	**594.24**	**6879.13**	**3263.96**	**5493.92**	**10087**	**10087**	**5907**
兴化市	39.76	31.40	111.23	976.24	673.26	642.56	2962	2962	1205
靖江市	57.71	45.98	86.25	1183.06	612.03	985.86	1339	1339	943
泰兴市	80.59	66.26	106.46	1183.74	580.17	964.65	2245	2245	1639
宿迁市	**212.60**	**178.65**	**505.74**	**3084.45**	**1525.33**	**3082.20**	**12064**	**11960**	**4644**
沭阳县	47.90	38.41	119.59	718.35	446.06	631.34	3709	3690	
泗阳县	25.75	20.88	72.88	424.92	271.68	504.55	2209	2209	
泗洪县	26.32	21.34	89.55	380.60	273.59	421.57	2347	2347	

续表 14 （2019 年）

市（县）名　称	公　路货运量（万吨）	民用汽车拥有量（万辆）	全社会用电量（亿千瓦时）	#工业用电	邮电业务总量（亿元）	固定电话用　户（万户）	移动电话年末用户（万户）	互联网宽带接入用户（万户）
南京市	**22121**	**283.46**	**621.53**	**327.26**	**1259.81**	**181.91**	**1307.86**	**536.81**
无锡市	**17386**	**226.18**	**750.82**	**563.31**	**964.73**	**124.89**	**999.33**	**394.73**
江阴市	3315	52.42	280.73	242.95	129.43	25.46	237.10	72.10
宜兴市	2062	32.31	107.44	79.45	44.06	21.87	163.88	51.29
徐州市	**27576**	**151.40**	**371.13**	**229.54**	**696.86**	**84.54**	**961.25**	**337.20**
丰　县	2159	13.62	25.79	14.68	57.66	6.23	87.26	28.99
沛　县	2820	14.51	47.56	33.85	67.28	7.29	106.02	32.28
睢宁县	2455	15.54	24.92	10.34	78.45	8.74	101.96	32.42
新沂市	1533	10.56	37.62	26.19	75.55	7.39	92.73	31.45
邳州市	3344	17.06	32.45	15.65	85.94	9.01	131.66	41.42
常州市	**10258**	**151.20**	**505.85**	**385.20**	**587.20**	**90.05**	**664.85**	**263.94**
溧阳市	1876	19.71	95.77	79.53	12.41	14.65	82.61	18.60
苏州市	**23831**	**429.64**	**1544.48**	**1199.82**	**2046.38**	**232.19**	**1849.17**	**666.94**
常熟市	1536	49.24	190.51	156.03	82.89	28.52	210.83	77.20
张家港市	1917	42.73	311.53	281.39	12.89	20.93	179.72	73.76
昆山市	1615	69.84	245.57	183.64	113.37	36.70	311.82	123.01
太仓市	1562	25.76	105.17	84.35	13.73	14.03	107.41	41.64
南通市	**10281**	**211.06**	**451.55**	**307.45**	**691.36**	**117.53**	**847.26**	**353.93**
如东县	1694	20.71	61.98	46.08	14.17	14.53	94.43	71.99
启东市	690	21.46	39.91	23.86	14.98	20.25	105.50	80.09
如皋市	2720	28.87	62.14	41.26	19.45	20.09	136.05	104.56
海门市	984	22.21	46.06	29.48	36.96	18.29	110.16	84.49
海安市	2286	17.08	56.65	42.33	14.46	19.47	94.80	72.73
连云港市	**11759**	**91.70**	**183.67**	**108.89**	**361.12**	**51.69**	**470.41**	**174.66**
东海县	2214	16.72	26.17	13.52	11.57	7.58	89.63	33.44
灌云县	1460	10.85	13.91	4.97	6.56	6.70	64.69	23.53
灌南县	570	7.04	28.45	20.04	3.23	5.36	51.15	18.63

续表 15 （2019 年）

市（县）名　称	公　路货运量（万吨）	民用汽车拥 有 量（万辆）	全社会用电量（亿千瓦时）	#工业用电	邮电业务总量（亿元）	固定电话用　户（万户）	移动电话年末用户（万户）	互联网宽带接 入 用 户（万户）
淮安市	**4847**	**87.80**	**191.26**	**117.37**	**353.88**	**36.27**	**484.20**	**178.75**
涟水县	1913	10.68	19.77	10.31	3.82	4.05	78.63	14.64
盱眙县	1377	6.61	20.86	10.95	2.49	2.90	61.26	13.02
金湖县	232	3.72	14.05	8.93	2.21	2.62	25.01	7.85
盐城市	**11339**	**136.38**	**327.69**	**215.22**	**488.70**	**59.46**	**695.97**	**281.91**
响水县	254	6.13	51.51	44.30	5.02	2.28	44.84	15.68
滨海县	1181	11.07	23.59	12.32	9.01	5.19	72.18	22.52
阜宁县	259	9.62	25.57	14.81	9.71	4.87	72.01	23.36
射阳县	900	11.81	27.37	15.85	9.87	5.01	80.01	23.69
建湖县	269	8.27	25.10	15.91	9.65	4.26	65.97	22.08
东台市	1197	13.70	44.85	30.49	12.53	8.51	92.45	27.72
扬州市	**4898**	**101.24**	**259.40**	**171.95**	**404.30**	**90.46**	**531.51**	**212.19**
宝应县	377	8.56	24.64	14.71	17.21	10.03	64.99	21.88
仪征市	753	10.19	48.67	39.64	20.34	10.36	63.06	20.93
高邮市	640	10.38	43.34	31.21	22.53	12.16	67.32	23.84
镇江市	**5613**	**75.24**	**264.39**	**190.10**	**287.34**	**54.50**	**370.72**	**161.56**
丹阳市	1932	21.03	85.35	65.93	80.45	13.30	107.29	37.35
扬中市	516	6.98	18.75	12.38	25.99	6.44	36.53	15.36
句容市	1273	7.42	32.12	17.19	41.25	8.23	60.40	25.56
泰州市	**4979**	**99.73**	**296.00**	**212.36**	**350.76**	**67.77**	**490.45**	**205.86**
兴化市	492	15.58	66.57	49.96	62.53	13.72	104.15	39.70
靖江市	361	15.40	44.91	31.36	44.38	14.16	75.15	29.64
泰兴市	669	16.98	78.51	61.17	56.15	18.37	105.20	43.13
宿迁市	**9688**	**107.50**	**209.22**	**137.51**	**421.76**	**28.37**	**492.93**	**179.73**
沭阳县		20.45	59.66	39.52	54.48	9.31	164.29	48.51
泗阳县		10.94	33.44	20.92	4.94	5.89	91.69	27.56
泗洪县		9.41	25.49	12.98	3.57	3.66	88.67	26.58

续表 16 （2019 年）

市(县)名 称	普通中学在校学生（万人）	小 学在校学生（万人）	普通中学专任教师（人）	小 学专任教师（人）	专利申请受理量（件）	专利申请授权量（件）	公 共图书馆（个）	公共图书馆图书总藏量（千册、千件）	卫生机构床位数（张）	卫生技术人 员（人）	#执业(助理)医师
南京市	**26.06**	**44.66**	**25591**	**30137**	**103024**	**55004**	**15**	**23247**	**59046**	**93856**	**35735**
无锡市	**24.59**	**41.75**	**21897**	**23618**	**67133**	**38335**	**8**	**8955**	**50478**	**59303**	**23166**
江阴市	6.14	10.06	5738	4992	10576	5890	1	2879	9591	11476	4940
宜兴市	4.27	6.70	4258	3871	8319	4863	1	806	7320	9744	3914
徐州市	**52.30**	**94.67**	**39269**	**50731**	**33655**	**12603**	**8**	**4037**	**60988**	**70767**	**28042**
丰 县	5.10	9.46	4679	4779	1891	783	1	235	4023	5207	2384
沛 县	5.83	11.34	4342	5547	1817	479	1	450	5794	6356	2853
睢宁县	5.82	11.63	4465	6303	2743	1313	1	442	5322	6320	2603
新沂市	6.94	11.45	4338	5417	3918	1169	1	508	4416	6350	2823
邳州市	11.40	18.22	8187	11545	2887	738	1	618	7956	9635	3578
常州市	**18.90**	**31.43**	**15580**	**16828**	**47849**	**24858**	**7**	**5073**	**28322**	**37086**	**14831**
溧阳市	2.84	4.06	2860	2487	2823	1446	1	483	3934	5127	2206
苏州市	**38.89**	**82.12**	**33624**	**45030**	**163147**	**81145**	**11**	**33936**	**71657**	**91047**	**35541**
常熟市	4.94	8.43	4200	4927	10497	4848	1	2867	8916	10616	4456
张家港市	5.05	9.18	4059	5471	11843	5766	1	3248	10247	10588	4299
昆山市	6.26	15.55	4525	7602	31794	17474	1	3394	7606	13214	5283
太仓市	2.44	5.07	2076	2663	8890	3970	1	1455	4055	4981	2053
南通市	**24.64**	**35.88**	**24652**	**21870**	**36713**	**19637**	**10**	**7250**	**46375**	**50329**	**20851**
如东县	2.41	3.05	2781	2360	3280	1277	1	496	4071	4906	2161
启东市	2.91	3.92	3135	2694	3131	1731	1	632	4567	4871	2086
如皋市	4.92	6.60	4605	3882	3759	2074	2	1083	6929	6730	3128
海门市	3.64	4.93	3495	2958	3391	1764	1	1716	4445	4934	2232
海安市	2.68	3.40	3331	2441	7735	3950	1	596	5578	5221	2248
连云港市	**27.87**	**45.23**	**23376**	**26890**	**8234**	**5012**	**8**	**3028**	**28101**	**31117**	**12870**
东海县	7.42	12.26	6322	7313	1914	882	1	706	4752	5366	2419
灌云县	4.40	7.00	3104	3445	647	514	1	261	4385	4449	1803
灌南县	3.81	6.38	3225	4088	299	402	1	206	3814	3860	1655

续表 17

（2019 年）

市（县）名称	普通中学在校学生（万人）	小学在校学生（万人）	普通中学专任教师（人）	小学专任教师（人）	专利申请受理量（件）	专利申请授权量（件）	公共图书馆（个）	公共图书馆图书总藏量（千册、千件）	卫生机构床位数（张）	卫生技术人员（人）	#执业（助理）医师
淮安市	**25.90**	**34.93**	**22582**	**23131**	**13052**	**7676**	**9**	**4166**	**30376**	**35963**	**14579**
涟水县	5.74	7.13	4992	4826	826	515	1	324	4460	4752	2044
盱眙县	3.89	5.07	3334	3359	1168	551	1	402	3743	4509	2011
金湖县	0.94	1.29	954	935	1615	769	1	347	1623	1829	781
盐城市	**32.66**	**44.99**	**29050**	**27731**	**25912**	**15713**	**11**	**4994**	**40301**	**44358**	**19583**
响水县	3.19	4.52	2757	3042	582	386	1	92	2777	3010	1248
滨海县	5.64	7.49	3855	4353	1207	613	1	243	4585	4529	2067
阜宁县	4.24	6.80	3393	3981	2326	1488	2	435	4474	4549	2362
射阳县	3.58	4.71	3135	2962	1677	995	1	283	4194	4698	2231
建湖县	3.07	3.63	2845	2451	2438	1345	1	309	3346	3621	1697
东台市	2.94	3.73	3545	2585	2874	1577	1	331	5356	5328	2381
扬州市	**17.58**	**21.90**	**16348**	**13809**	**33786**	**18736**	**7**	**5479**	**24994**	**30936**	**12557**
宝应县	3.13	3.34	3024	2205	2594	2048	1	406	3337	4882	2193
仪征市	1.93	2.40	1807	1609	3058	2085	1	484	2935	3600	1541
高邮市	2.39	2.80	2575	1939	11741	5951	1	417	3923	4051	1712
镇江市	**10.74**	**15.86**	**10215**	**10236**	**23890**	**12639**	**9**	**4122**	**15844**	**21691**	**8469**
丹阳市	3.66	5.37	3368	3624	6574	3490	2	883	3662	5110	2093
扬中市	1.06	1.55	1094	1114	3797	2037	1	470	1421	2107	817
句容市	1.83	2.76	2003	1764	1864	1450	1	460	1954	3286	1352
泰州市	**17.80**	**23.26**	**18964**	**14261**	**25215**	**14905**	**7**	**3663**	**29885**	**31673**	**13309**
兴化市	4.29	6.83	4349	4245	4569	2757	1	280	5952	6660	2982
靖江市	2.44	2.87	2893	1870	4515	2452	1	951	4741	4911	2128
泰兴市	4.17	4.88	4941	3035	3739	2305	1	353	5789	6291	2656
宿迁市	**29.55**	**55.96**	**19138**	**27780**	**12431**	**7890**	**6**	**2520**	**29548**	**36047**	**13929**
沭阳县	10.27	19.16	6096	8894	3698	2569	1	183	8122	10843	4161
泗阳县	6.18	9.56	3562	4875	1971	1358	1	377	5665	6301	2436
泗洪县	5.79	10.88	4071	5629	1496	677	1	268	5507	6629	2498

续表 18

（2019 年）

市（县）名称	城镇居民人均可支配收入（元）	城镇居民人均消费支出（元）	#食品烟酒	城镇居民恩格尔系数（%）	城镇居民人均现住房建筑面积（平方米）	农村居民人均可支配收入（元）	农村居民人均消费支出（元）	#食品烟酒	农村居民恩格尔系数（%）	在岗职工平均工资（元）
南京市	**64372**	**35933**	**9072**	**25.2**	**40.1**	**27636**	**19980**	**5709**	**28.6**	**129605**
无锡市	**61915**	**37433**	**9972**	**26.6**	**48.6**	**33574**	**23026**	**6572**	**28.5**	**105759**
江阴市	69342	34641	9461	27.3	67.0	36095	23423	6615	28.2	103315
宜兴市	58515	34439	9965	28.9	51.0	30434	20888	6315	30.2	93026
徐州市	**36215**	**20805**	**6138**	**29.5**	**49.5**	**19873**	**13850**	**4197**	**30.3**	**78568**
丰　县	29437	19860	5845	29.4	49.5	18273	11496	3607	31.4	67301
沛　县	34920	20503	5729	27.9	43.3	20496	13170	3805	28.9	70948
睢宁县	29923	15925	4860	30.5	70.8	18029	11391	3499	30.7	64908
新沂市	32069	19634	6056	30.8	44.1	18876	12699	4048	31.9	66028
邳州市	36419	18717	5484	29.3	45.2	19896	12202	3585	29.4	60001
常州市	**58345**	**32263**	**8373**	**26.0**	**50.0**	**30491**	**20492**	**6067**	**29.6**	**104539**
溧阳市	53478	25915	7865	30.3	51.0	28292	20897	6574	31.5	98686
苏州市	**68629**	**39648**	**9871**	**24.9**	**46.1**	**35152**	**23012**	**5822**	**25.3**	**105572**
常熟市	68962	38166	10392	27.2	58.7	35576	25675	6986	27.2	109590
张家港市	69243	37687	10423	27.7	50.5	35453	23108	6364	27.5	103973
昆山市	69168	38616	10387	26.9	38.0	35779	23307	6598	28.3	89953
太仓市	68204	39187	11307	28.9	54.0	35198	23762	6891	29.0	115690
南通市	**50217**	**29964**	**8464**	**28.2**	**49.2**	**24303**	**16849**	**4820**	**28.6**	**86797**
如东县	47430	25593	7652	29.9	58.4	22135	16460	4741	28.8	79059
启东市	47982	34295	9899	28.9	49.8	25714	17794	5231	29.4	83165
如皋市	46958	25350	7100	28.0	59.9	21912	15906	4730	29.7	83655
海门市	51870	31040	8564	27.6	52.5	26858	18456	5133	27.8	84174
海安市	47844	27299	7559	27.7	56.3	23354	18665	5493	29.4	83430
连云港市	**35390**	**21762**	**6797**	**31.2**	**51.0**	**18061**	**12357**	**3897**	**31.5**	**81006**
东海县	34922	21234	7253	34.2	51.0	18782	12140	4200	34.6	61332
灌云县	29291	16842	5478	32.5	53.5	16856	11378	3514	30.9	65917
灌南县	31170	19357	6143	31.7	50.4	16128	10993	3764	34.2	61686

续表 19 （2019 年）

市（县）名称	城镇居民人均可支配收入（元）	城镇居民人均消费支出（元）	#食品烟酒	城镇居民恩格尔系数（%）	城镇居民人均现住房建筑面积（平方米）	农村居民人均可支配收入（元）	农村居民人均消费支出（元）	#食品烟酒	农村居民恩格尔系数（%）	在岗职工平均工资（元）
淮安市	**38952**	**20327**	**5890**	**29.0**	**49.8**	**18567**	**12017**	**3647**	**30.3**	**77874**
涟水县	32327	18523	5589	30.2	59.1	17335	10575	3152	29.8	65185
盱眙县	39297	19862	5998	30.2	50.0	18727	10149	3075	30.3	73655
金湖县	39677	23180	6884	29.7	42.0	20414	16658	5083	30.5	74944
盐城市	**38816**	**20942**	**5931**	**28.3**	**46.9**	**22258**	**15501**	**4477**	**28.9**	**84779**
响水县	32313	13814	4061	29.4	45.7	18562	12087	3411	28.2	84495
滨海县	33782	17718	5372	30.3	44.0	19396	12554	3675	29.3	70401
阜宁县	32480	23598	7826	33.2	40.3	20030	10331	3291	31.9	69662
射阳县	33901	25752	7496	29.1	51.5	21512	10080	2974	29.5	82550
建湖县	37558	18992	5799	30.5	47.0	22090	13401	4333	32.3	80467
东台市	41374	20628	6025	29.2	55.0	25479	15657	4671	29.8	84593
扬州市	**45550**	**25696**	**7601**	**29.6**	**47.1**	**23333**	**17215**	**5012**	**29.1**	**81837**
宝应县	34455	19798				21929	15187			71019
仪征市	46427	25132	7545	30.0	49.9	22459	16562	4952	29.9	89279
高邮市	40203	25145	7193	28.6	52.0	21941	16678	4896	29.4	75320
镇江市	**52713**	**28925**	**8008**	**27.7**	**50.9**	**26785**	**19708**	**5439**	**27.6**	**87012**
丹阳市	52508	26707	8359	31.3	48.7	27807	23526	6802	28.9	84668
扬中市	57829	28407	8266	29.1	59.5	30636	20658	6115	29.6	75646
句容市	51017	27124	8083	29.8	50.9	24223	18373	5493	29.9	76549
泰州市	**47216**	**27298**	**7688**	**28.2**	**55.0**	**23116**	**16604**	**5115**	**30.8**	**79895**
兴化市	42856	22946	6658	29.0	49.0	21824	15069	4707	31.2	75499
靖江市	50725	32768	9503	29.0	63.0	25317	21570	6385	29.6	81271
泰兴市	46915	27642	8036	29.1	67.0	23221	15029	3802	25.3	81405
宿迁市	**30614**	**18412**	**5910**	**32.1**	**45.9**	**18121**	**11813**	**3897**	**33.0**	**72473**
沭阳县	30269	18693	6428	34.4	46.8	18389	12484	4115	33.0	66507
泗阳县	29964	17926	5743	32.0	53.8	18138	13489	4386	32.5	68953
泗洪县	29303	17985	5725	31.8	46.1	17713	9825	3132	31.9	73912

附录三

江苏省市辖区主要经济指标（2019年）

MAJOR ECONOMIC INDICATORS OF MUNICIPAL DISTRICTS OF JIANGSU（2019）

版面负责人：卢川川
编　　　辑：冯洋洋

防范和惩治统计造假、弄虚作假督察工作规定

第七条 对各级统计机构、国务院有关部门行使统计职能的内设机构开展统计督察的内容包括：

（一）贯彻落实党中央、国务院关于统计改革发展各项决策部署，完成国家统计调查任务，执行国家统计标准和统计调查制度，组织实施重大国情国力调查等情况；

（二）履行统计法定职责，遵守执行统计法律法规，严守统计机构、统计人员法律底线，依法独立行使统计职权，依法组织开展统计工作，依法实施和监管统计调查，依法报请审批或者备案统计调查项目及其统计调查制度，落实统计普法责任制等情况；

（三）执行国家统计规则，遵守国家统计政令，遵守统计职业道德，执行统计部门规章和规范性文件，落实各项统计工作部署，组织实施统计改革，加强统计基层基础建设，参与构建新时代现代化统计调查体系，建立统计数据质量控制体系等情况；

（四）落实防范和惩治统计造假、弄虚作假责任制，监督检查统计工作，开展统计执法检查，依法查处统计违法行为，依照有关规定移送统计违纪违法责任人处分处理建议或者违纪违法问题线索，落实统计领域诚信建设制度等情况；

（五）应当督察的其他情况。

对国务院有关部门行使统计职能的内设机构开展统计督察的内容还包括：依法提供统计资料、行政记录，建立统计信息共享机制，贯彻落实统计信息共享要求等情况。

对地方政府有关部门行使统计职能的内设机构，可以参照上述规定开展统计督察。

第八条 统计督察主要采取以下方式进行：

（一）召开有关统计工作座谈会，听取被督察地区、部门遵守执行统计法律法规、履行统计法定职责等情况汇报；

（二）与被督察地区、部门有关领导干部和统计人员进行个别谈话，向知情人员询问有关情况；

（三）设立统计违纪违法举报渠道，受理反映被督察地区、部门以及有关领导干部统计违纪违法行为问题的来信、来电、来访等；

（四）调阅、复制有关统计资料和与统计工作有关的文件、会议记录等材料，进入被督察地区、部门统计机构统计数据处理信息系统进行比对、查询；

（五）进行遵守执行统计法律法规等情况的问卷调查，开展统计执法“双随机”抽查，赴被督察地区、部门进行实地调查了解；

（六）经国家统计局批准的其他方式。

江苏省市辖区主要经济指标

（2019年）

市辖区	年末户籍人口（万人）	出生人口（人）	死亡人口（人）	年末总户数（万户）	年末常住人口（万人）	土地面积（平方公里）	人口密度（人/平方公里）
南京市	**709.82**	**67572**	**38533**	**252.56**	**850.00**	**6587**	**1290**
玄武区	47.02	3248	2424	15.41	57.52	75	7623
秦淮区	68.82	4436	4829	26.24	95.27	49	19399
建邺区	41.17	3308	1655	12.97	50.56	83	6097
鼓楼区	92.21	5785	5362	32.35	106.64	53	20120
浦口区	76.49	10485	3137	27.01	89.76	910	986
栖霞区	52.99	5439	2705	18.82	73.59	395	1861
雨花台区	30.69	3434	1387	11.60	47.03	132	3552
江宁区	116.48	15010	5214	43.37	134.73	1563	862
六合区	94.25	8127	5832	32.71	100.96	1471	686
溧水区	44.67	4494	2881	15.96	47.93	1064	451
高淳区	45.03	3806	3107	16.12	46.01	790	582
无锡市	**502.83**	**37981**	**32074**	**172.01**	**659.15**	**4627**	**1425**
锡山区	47.31	3748	2917	14.65	70.78	399	1773
惠山区	50.09	4005	2716	16.08	71.23	325	2191
滨湖区	37.04	2559	2338	14.41	50.39	572	882
梁溪区	79.12	5428	4927	30.88	96.51	72	13498
新吴区	37.92	3909	2060	13.46	57.07	220	2594
徐州市	**1041.73**	**106644**	**55763**	**281.56**	**882.56**	**11765**	**750**
鼓楼区	31.94	3029	1352	11.24	39.61	66	5981
云龙区	37.80	4792	630	12.56	45.65	120	3813
贾汪区	51.79	5224	2414	13.44	43.06	612	704
泉山区	57.16	5178	1363	19.29	71.84	100	7186
铜山区	133.32	13572	9233	35.26	105.51	1871	564
常州市	**385.02**	**29936**	**25261**	**136.50**	**473.60**	**4372**	**1083**
天宁区	48.10	3520	3116	18.22	64.13	155	4137
钟楼区	43.80	3143	2833	16.70	61.88	133	4653
新北区	61.40	6042	3432	20.22	69.46	509	1365
武进区	97.90	7901	6533	34.80	145.38	1065	1365
金坛区	54.70	3518	4020	19.93	56.35	976	577
苏州市	**722.60**	**61916**	**45037**	**238.07**	**1074.99**	**8657**	**1242**
虎丘区	42.59	4148	1863	13.42	60.29	332	1814
吴中区	70.54	7202	3899	21.63	114.17	2231	512
相城区	44.80	4565	2639	13.97	73.71	490	1504

续表 1　　（2019 年）

市辖区	年　　末 户籍人口 （万人）	出生人口 （人）	死亡人口 （人）	年　末 总户数 （万户）	年　　末 常住人口 （万人）	土地面积 （平方公里）	人口密度 （人/平方公里）
姑苏区	74.09	4516	5537	28.61	96.07	83	11516
吴江区	85.58	7407	6079	27.05	131.26	1237	1061
南通市	**759.82**	**44615**	**65589**	**287.09**	**731.80**	**10549**	**694**
崇川区	54.17	3937	3216	20.54	72.18	160	4519
港闸区	19.89	1511	1673	7.87	29.45	152	1938
通州区	125.37	8077	11063	51.43	114.00	1562	730
连云港市	**534.41**	**52604**	**28044**	**149.56**	**451.10**	**7616**	**592**
连云区	17.50	1533	845	5.99	19.17	797	241
海州区	72.07	7353	2845	22.40	72.91	701	1040
赣榆区	119.81	12535	7215	35.20	96.47	1514	637
淮安市	**560.48**	**49227**	**36966**	**168.27**	**493.26**	**10030**	**492**
淮安区	114.24	10228	7523	32.42	94.79	1452	653
淮阴区	90.60	8376	6170	28.48	78.43	1307	600
清江浦区	57.48	5834	4798	20.17	65.99	310	2129
洪泽区	36.55	2854	2323	11.55	33.11	1273	260
盐城市	**821.35**	**59474**	**42349**	**269.86**	**720.89**	**16931**	**426**
亭湖区	69.32	5053	2320	23.91	68.33	800	855
盐都区	71.01	5343	4638	23.72	63.63	1015	627
大丰区	70.66	4015	5221	26.72	69.95	3008	233
扬州市	**457.14**	**31843**	**34572**	**147.72**	**454.90**	**6591**	**690**
广陵区	49.28	3701	3909	17.04	53.41	335	1595
邗江区	62.89	4767	4000	20.09	71.05	553	1286
江都区	103.74	7222	8651	34.37	102.01	1330	767
镇江市	**270.16**	**17960**	**19620**	**102.12**	**320.35**	**3840**	**834**
京口区	31.33	1972	1618	12.73	38.27	125	3069
润州区	21.15	1208	1335	8.97	25.58	124	2062
丹徒区	29.02	1817	1900	10.35	32.23	617	522
泰州市	**500.55**	**35263**	**43357**	**166.14**	**463.61**	**5788**	**801**
海陵区	46.83	3055	2740	15.68	51.97	307	1693
高港区	26.17	2045	2209	8.00	25.46	287	887
姜堰区	73.58	4368	6665	26.52	69.26	858	807
宿迁市	**592.36**	**61649**	**35263**	**152.66**	**493.79**	**8524**	**579**
宿城区	74.08	7651	4546	19.58	60.53	926	654
宿豫区	49.87	5146	3032	12.98	45.46	1108	410

续表 2 （2019 年）

市辖区	从业人员（万人）	第一产业	第二产业	第三产业	在岗职工人数（万人）	私营企业从业人员（万人）	个体从业人员（万人）
南京市	**502.60**	**23.01**	**170.90**	**308.69**	**183.46**	**335.78**	**137.27**
玄武区	40.10		1.63	38.47	18.30	15.78	7.15
秦淮区	60.26		5.88	54.38	19.03	41.42	17.69
建邺区	31.06		11.80	19.26	13.99	47.28	7.48
鼓楼区	76.00		22.12	53.88	31.89	43.78	11.00
浦口区	20.10	1.63	7.37	11.10	4.20	43.79	16.38
栖霞区	38.98	1.11	14.83	23.04	22.32	28.05	9.47
雨花台区	22.64	0.09	3.31	19.24	9.93	16.48	10.62
江宁区	76.98	5.20	36.80	34.98	31.97	42.88	31.95
六合区	31.60	5.12	13.47	13.01	4.98	23.43	12.44
溧水区	32.88	3.67	19.25	9.96	5.04	13.49	8.29
高淳区	31.37	5.63	15.69	10.05	5.55	19.35	4.80
无锡市	**387.00**	**14.90**	**213.10**	**159.00**	**112.43**	**204.78**	**87.80**
锡山区	45.25	1.53	29.68	14.04	10.45	16.86	10.77
惠山区	45.36	1.29	28.41	15.66	7.93	25.66	9.47
滨湖区	24.19	0.20	12.22	11.77	9.67	14.10	5.00
梁溪区	42.22		6.39	35.83	13.79	20.09	13.27
新吴区	46.41	0.10	32.80	13.51	32.10	20.58	8.73
徐州市	**483.40**	**106.80**	**172.70**	**203.90**	**69.95**	**133.01**	**122.43**
鼓楼区	19.95	0.25	5.96	13.73	2.18	4.09	5.88
云龙区	20.44	0.15	5.83	14.46	6.19	6.00	11.28
贾汪区	22.23	6.22	7.46	8.55	2.80	6.02	3.80
泉山区	29.40	0.24	8.42	20.74	8.32	6.90	10.80
铜山区	54.63	15.62	18.78	20.23	6.11	12.41	13.24
常州市	**282.70**	**29.30**	**137.10**	**116.30**	**61.28**	**170.84**	**78.86**
天宁区					10.30	15.81	11.22
钟楼区					6.53	14.14	11.31
新北区					14.92	32.17	13.34
武进区	89.40	7.70	50.90	30.80	16.89	62.32	24.21
金坛区	37.30	5.40	18.30	13.60	6.77	19.02	8.23
苏州市	**692.60**	**20.90**	**403.80**	**267.90**	**282.69**	**458.99**	**239.34**
虎丘区	37.00	0.47	22.36	14.17	30.49	22.24	50.22
吴中区	74.38	4.58	42.29	27.51	19.12	55.93	26.43
相城区	49.49	0.89	30.36	18.24	11.86	33.54	14.32

续表 3 （2019 年）

市辖区	从业人员（万人）				在岗职工人数（万人）	私营企业从业人员（万人）	个体从业人员（万人）
		第一产业	第二产业	第三产业			
姑苏区	47.64	0.02	15.69	31.93	14.56	33.49	15.65
吴江区	86.16	3.33	52.54	30.29	31.99	49.90	20.43
南通市	**452.00**	**80.00**	**211.10**	**160.90**	**155.06**	**211.77**	**111.47**
崇川区	37.15		7.01	30.14	14.74	15.29	16.92
港闸区	16.85	0.22	9.72	6.91	5.33	9.44	5.00
通州区	68.80	13.63	33.10	22.07	31.19	27.31	19.33
连云港市	**249.50**	**75.90**	**72.70**	**100.90**	**39.40**	**5.06**	**9.55**
连云区	18.19	0.36	7.30	10.53	5.47	0.37	0.33
海州区	43.33	6.68	10.95	25.70	8.94	0.94	1.49
赣榆区	53.63	18.13	20.21	15.30	4.37	0.88	1.38
淮安市	**284.70**	**76.40**	**89.70**	**118.60**	**40.90**	**82.96**	**67.68**
淮安区	54.20	18.56	16.82	18.82	4.52	12.44	6.95
淮阴区	45.50	14.84	14.24	16.42	4.71	10.50	9.50
清江浦区	38.48	2.67	9.07	26.74	7.54	8.20	15.41
洪泽区	19.70	5.64	6.75	7.31	2.66	8.00	5.08
盐城市	**430.00**	**95.00**	**158.50**	**176.50**	**55.41**	**135.30**	**68.65**
亭湖区	38.34	3.69	14.93	19.72	7.68	13.01	8.67
盐都区	38.64	7.22	15.14	16.28	5.32	11.07	6.90
大丰区	44.61	10.09	15.76	18.76	3.99	14.75	7.47
扬州市	**268.00**	**37.30**	**115.10**	**115.60**	**81.00**	**124.30**	**66.22**
广陵区	30.07	0.61	13.90	15.56	15.82	13.01	11.41
邗江区	38.03	0.58	14.73	22.72	17.30	23.29	13.09
江都区	59.78	8.97	26.27	24.54	18.47	25.78	11.42
镇江市	**194.90**	**21.50**	**83.70**	**89.70**	**33.49**	**101.56**	**63.01**
京口区	19.66	0.11	5.05	14.50	5.00	6.51	7.72
润州区	13.89	0.47	3.60	9.82	3.85	4.91	5.93
丹徒区	20.01	3.65	8.00	8.36	3.49	9.18	7.12
泰州市	**275.00**	**54.30**	**112.60**	**108.10**	**88.53**	**117.73**	**69.40**
海陵区	31.50	1.13	11.44	18.94	14.12	12.89	8.38
高港区	14.80	1.80	6.90	6.10	5.70	11.80	5.74
姜堰区	40.80	8.98	16.56	15.27	24.72	19.93	8.48
宿迁市	**281.40**	**82.70**	**96.90**	**101.80**	**38.93**	**91.77**	**76.34**
宿城区	45.09	10.68	14.81	19.59	7.18	9.16	13.58
宿豫区	35.96	9.51	12.04	14.41	3.35	8.20	8.66

续表 4　　（2019 年）

市辖区	地区生产总值（亿元）	第一产业	第二产业	#工业	第三产业	地区生产总值指数（上年 =100）	人均地区生产总值（元）
南京市	**14030.15**	**289.82**	**5040.86**	**4215.77**	**8699.47**	**107.8**	**165681**
玄武区	1030.75		20.81	7.47	1009.94	107.9	
秦淮区	1158.86		80.70	69.41	1078.16	107.8	
建邺区	1055.89		338.80	253.67	717.09	108.2	
鼓楼区	1630.72		136.37	27.60	1494.35	108.0	
浦口区	1224.19	46.23	420.43	331.24	757.53	111.6	
栖霞区	1535.18	7.79	906.86	717.07	620.53	108.2	
雨花台区	885.06	0.56	169.56	139.14	714.94	107.2	
江宁区	2371.41	70.83	1233.09	1031.91	1067.49	108.0	
六合区	1474.25	69.77	893.65	811.79	510.83	111.3	
溧水区	852.37	48.48	419.38	351.59	384.51	108.4	
高淳区	476.77	44.17	210.66	91.25	221.94	105.0	
无锡市	**11852.32**	**122.51**	**5627.88**	**5034.41**	**6101.94**	**106.7**	**180044**
锡山区	921.66	15.95	472.56	429.13	433.15	106.9	130224
惠山区	937.07	16.34	517.82	466.77	402.91	106.8	131565
滨湖区	816.14	3.37	310.89	236.54	501.88	107.2	161981
梁溪区	1280.44		182.88	114.29	1097.56	106.4	132922
新吴区	1845.49	0.83	1119.59	1106.03	725.07	106.3	323799
徐州市	**7151.35**	**682.83**	**2886.16**	**2333.44**	**3582.36**	**106.0**	**81138**
鼓楼区	305.08	0.06	45.24	13.92	259.77	104.5	77411
云龙区	387.98	1.26	46.55	8.42	340.17	106.4	85912
贾汪区	351.93	28.66	155.58	141.27	167.69	105.6	81635
泉山区	679.52	0.40	86.86	21.17	592.26	107.0	93675
铜山区	1184.33	98.14	581.76	499.85	504.43	107.6	112392
常州市	**7400.86**	**157.00**	**3529.17**	**3156.05**	**3714.69**	**106.8**	**156390**
天宁区	777.31	7.61	210.03	190.64	559.67	104.0	121227
钟楼区	718.29	2.53	226.34	196.11	489.42	105.5	116097
新北区	1543.74	19.17	778.24	739.66	746.33	107.1	222441
武进区	2483.42	38.77	1359.09	1267.12	1085.56	106.9	171023
金坛区	908.58	36.79	472.93	382.74	398.86	110.8	161439
苏州市	**19235.80**	**196.70**	**9130.18**	**8316.49**	**9908.92**	**105.6**	**179174**
虎丘区	1377.24	1.54	691.24	646.25	684.46	105.5	229129
吴中区	1278.72	18.25	576.35	515.11	684.12	106.1	112095
相城区	890.08	7.56	442.86	390.71	439.66	105.4	120915

续表 5　　（2019 年）

市辖区	地区生产总值（亿元）	第一产业	第二产业	#工业	第三产业	地区生产总值指数（上年=100）	人均地区生产总值（元）
姑苏区	801.12		55.36	22.01	745.76	106.0	83530
吴江区	1958.16	37.43	1008.22	932.63	912.51	105.7	149341
南通市	**9383.40**	**428.84**	**4602.10**	**3849.70**	**4352.45**	**106.2**	**128294**
崇川区	948.50		235.70	166.00	712.80	105.8	131668
港闸区	447.10	1.30	221.90	181.20	223.90	105.5	153038
通州区	1385.50	59.90	718.80	600.80	606.80	106.1	121335
连云港市	**3139.29**	**362.70**	**1363.15**	**1099.19**	**1413.44**	**106.0**	**69523**
连云区	206.49	6.36	95.16	83.94	104.97	110.2	139191
海州区	520.49	20.05	122.77	83.96	377.67	105.8	75020
赣榆区	623.43	107.10	279.65	194.27	236.68	105.8	64477
淮安市	**3871.21**	**386.21**	**1617.18**	**1297.30**	**1867.82**	**106.6**	**78543**
淮安区	588.47	78.04	250.67	185.08	259.76	106.6	62029
淮阴区	525.21	73.77	210.75	167.04	240.69	106.0	66901
清江浦区	564.39	13.00	130.11	74.76	421.28	106.1	85630
洪泽区	329.99	39.10	134.08	114.56	156.81	106.6	99560
盐城市	**5702.26**	**619.90**	**2371.59**	**1942.91**	**2710.77**	**105.1**	**79149**
亭湖区	531.73	35.97	185.75	126.47	310.01	105.6	91709
盐都区	587.99	50.05	269.80	197.07	268.14	105.9	92408
大丰区	654.88	88.72	228.17	200.18	337.99	105.1	93581
扬州市	**5850.08**	**292.80**	**2778.21**	**2261.96**	**2779.07**	**106.8**	**128856**
广陵区	809.11	10.13	325.90	257.41	473.08	107.1	151803
邗江区	1073.55	22.76	408.38	320.64	642.41	107.3	151492
江都区	1091.66	69.72	548.99	428.89	472.95	106.0	107178
镇江市	**4127.32**	**140.42**	**2004.79**	**1799.32**	**1982.11**	**105.8**	**128981**
京口区	435.64	0.91	121.44	96.94	313.29	106.1	112714
润州区	236.85	0.64	37.79	14.39	198.42	106.6	92701
丹徒区	404.89	20.71	208.32	172.52	175.87	105.5	126727
泰州市	**5133.36**	**292.50**	**2525.98**	**1972.11**	**2314.88**	**106.4**	**110731**
海陵区	595.66	9.11	254.17	186.01	332.38	106.0	114682
高港区	611.30	13.78	325.93	281.66	271.59	107.5	240291
姜堰区	669.72	49.21	316.87	242.74	303.64	106.6	96752
宿迁市	**3099.23**	**324.59**	**1324.35**	**1091.82**	**1450.29**	**107.0**	**62840**
宿城区	380.09	25.03	100.50	72.91	254.55	107.2	62986
宿豫区	315.25	31.51	140.47	102.75	143.27	107.5	69464

续表 6　　（2019 年）

市辖区	房地产开发投资（亿元）	# 住宅	一般公共预算收入（亿元）	# 税收收入	一般公共预算支出（亿元）
南京市	**2501.26**	**1735.85**	**1580.03**	**1373.83**	**1658.07**
玄武区	78.43	21.25	93.03	87.83	55.65
秦淮区	126.99	73.11	100.03	90.60	78.27
建邺区	343.81	218.81	143.70	128.41	65.89
鼓楼区	194.27	105.87	164.37	158.65	104.03
浦口区	302.91	235.30	62.02	52.64	74.11
栖霞区	333.00	223.27	148.10	137.15	93.31
雨花台区	223.64	169.14	80.30	69.72	84.09
江宁区	320.03	239.95	265.56	236.31	243.15
六合区	128.43	99.93	41.18	35.06	76.47
溧水区	151.78	117.11	70.51	59.24	116.07
高淳区	60.03	49.65	34.50	30.08	77.60
无锡市	**1358.29**	**1114.69**	**1036.33**	**870.21**	**1117.52**
锡山区	140.69	111.26	89.74	77.66	84.89
惠山区	149.63	130.30	95.57	82.64	84.57
滨湖区	233.21	167.38	81.50	73.37	76.52
梁溪区	183.72	144.02	57.24	53.44	66.78
新吴区	125.77	101.96	205.06	185.51	133.68
徐州市	**852.94**	**710.56**	**468.32**	**373.80**	**882.21**
鼓楼区	86.90	75.47	18.84	17.22	12.60
云龙区	73.52	53.47	27.13	24.63	20.66
贾汪区	88.66	76.39	22.20	18.51	41.92
泉山区	170.04	141.98	38.85	35.89	26.94
铜山区	84.19	71.79	51.78	41.47	117.42
常州市	**893.36**	**725.16**	**590.03**	**501.60**	**654.19**
天宁区	156.28	119.97	58.06	52.36	32.44
钟楼区	147.33	124.53	46.59	42.07	29.98
新北区	149.30	128.93	126.39	109.98	70.90
武进区	281.15	216.92	187.51	161.21	178.75
金坛区	77.03	66.58	57.73	49.07	81.14
苏州市	**2686.47**	**2209.27**	**2221.81**	**1991.04**	**2141.45**
虎丘区	329.99	299.01	168.60	152.02	124.89
吴中区	372.93	313.64	175.63	162.15	153.33
相城区	270.66	217.19	120.05	111.08	82.69

续表 7　　（2019 年）

市辖区	房地产开发投资（亿元）	#住宅	一般公共预算收入（亿元）	#税收收入	一般公共预算支出（亿元）
姑苏区	185.73	140.52	63.61	58.31	59.30
吴江区	312.97	262.26	223.10	205.00	218.17
南通市	**914.39**	**738.48**	**619.26**	**507.55**	**972.64**
崇川区	178.46	136.18	72.53	61.63	42.81
港闸区	156.55	117.94	45.01	40.94	28.41
通州区	88.76	77.36	70.67	56.79	126.56
连云港市	**317.41**	**262.91**	**242.44**	**191.36**	**466.03**
连云区	30.02	24.96	13.78	11.23	13.50
海州区	84.36	61.69	36.90	31.17	38.59
赣榆区	33.20	30.48	28.78	23.79	75.65
淮安市	**286.50**	**215.49**	**257.31**	**209.30**	**529.15**
淮安区	32.59	26.93	25.19	21.93	79.87
淮阴区	28.01	18.50	24.40	21.49	67.69
清江浦区	100.93	67.02	30.35	24.30	38.24
洪泽区	6.48	4.29	20.05	17.66	40.68
盐城市	**426.15**	**344.46**	**383.00**	**294.98**	**877.52**
亭湖区	70.23	49.84	37.13	30.64	41.69
盐都区	41.34	35.60	36.57	29.53	68.75
大丰区	40.38	30.94	51.01	40.96	96.07
扬州市	**696.18**	**502.67**	**328.79**	**263.81**	**611.95**
广陵区	118.99	87.28	39.41	33.91	43.32
邗江区	249.82	157.60	64.55	53.08	90.02
江都区	79.41	67.06	53.01	43.99	112.35
镇江市	**403.37**	**339.52**	**306.85**	**239.01**	**466.20**
京口区	41.12	34.49	21.41	18.38	18.92
润州区	80.84	68.38	13.82	12.20	16.29
丹徒区	20.55	17.15	23.41	19.70	30.65
泰州市	**352.58**	**284.96**	**365.67**	**279.15**	**594.24**
海陵区	46.08	38.72	34.01	27.35	39.97
高港区	13.29	10.94	42.10	33.43	47.70
姜堰区	52.59	36.16	38.54	30.87	90.60
宿迁市	**325.81**	**281.94**	**212.60**	**178.65**	**505.75**
宿城区	69.20	60.22	20.01	16.48	45.07
宿豫区	30.31	23.03	20.51	18.86	47.96

续表 8　（2019 年）

市辖区	规模以上工业企业个数（个）	资产合计（亿元）	负债合计（亿元）	社会消费品零售总额（亿元）
南京市	**2707**	**12944.28**	**6867.70**	**7136.32**
玄武区	10	256.76	149.89	1023.00
秦淮区	27	347.24	189.56	1151.42
建邺区	13	373.99	96.01	389.18
鼓楼区	22	306.01	186.50	1000.87
浦口区	349	1419.15	820.19	697.57
栖霞区	265	2368.04	1291.06	432.42
雨花台区	66	414.09	200.48	549.74
江宁区	807	3766.63	2022.28	945.80
六合区	472	2625.16	1238.41	368.72
溧水区	509	796.86	505.56	344.33
高淳区	167	270.34	167.76	233.27
无锡市	**6215**	**17778.50**	**9209.09**	**3024.34**
锡山区	840	1498.99	710.19	219.42
惠山区	976	1367.82	849.27	231.24
滨湖区	434	726.81	291.90	220.79
梁溪区	103	340.35	183.27	710.11
新吴区	856	4458.26	1978.44	380.34
徐州市	**1778**	**4853.12**	**2699.49**	**3533.19**
鼓楼区	7	7.93	4.07	297.04
云龙区	8	53.89	40.55	269.53
贾汪区	149	280.86	170.79	155.52
泉山区	29	77.97	58.07	367.63
铜山区	278	616.98	359.89	457.15
常州市	**4676**	**10325.39**	**5622.88**	**2401.68**
天宁区	384	555.17	276.92	401.12
钟楼区	283	516.10	259.49	408.54
新北区	1189	2456.84	1197.19	335.74
武进区	1926	3750.74	1909.09	691.88
金坛区	462	1602.98	1009.31	242.92
苏州市	**11042**	**33666.31**	**17184.61**	**7813.40**
虎丘区	758	2614.97	1234.26	307.04
吴中区	944	1821.73	935.81	465.28
相城区	784	1351.47	736.09	240.23

续表 9 （2019 年）

市辖区	规模以上工业企业个数（个）	资产合计（亿元）	负债合计（亿元）	社会消费品零售总额（亿元）
姑苏区	12	79.20	26.84	1016.80
吴江区	1593	4021.73	2200.21	558.10
南通市	**4966**	**9105.67**	**4842.50**	**3361.68**
崇川区	83	561.17	225.51	499.32
港闸区	222	517.68	255.11	171.22
通州区	719	978.98	525.55	406.81
连云港市	**942**	**3524.67**	**2000.00**	**1162.82**
连云区	43	908.17	657.52	91.42
海州区	108	425.86	222.75	313.02
赣榆区	220	352.24	243.49	216.95
淮安市	**1519**	**2431.02**	**1229.37**	**1745.41**
淮安区	246	251.89	118.30	241.64
淮阴区	201	266.40	158.61	177.12
清江浦区	65	177.70	68.31	602.24
洪泽区	189	185.44	109.21	122.26
盐城市	**2920**	**5432.40**	**3374.02**	**2241.00**
亭湖区	215	262.23	159.48	314.23
盐都区	316	362.72	218.35	212.40
大丰区	441	1137.08	749.95	202.74
扬州市	**3033**	**4771.65**	**2611.28**	**1423.20**
广陵区	286	452.12	225.48	361.62
邗江区	482	818.02	459.44	351.13
江都区	581	844.02	479.15	312.29
镇江市	**1953**	**4879.95**	**2618.70**	**1158.49**
京口区	63	366.91	200.34	242.41
润州区	13	33.53	12.41	116.40
丹徒区	212	374.29	188.50	63.62
泰州市	**2576**	**5444.52**	**2817.08**	**1350.54**
海陵区	238	434.11	248.56	260.63
高港区	188	917.93	411.43	66.25
姜堰区	400	471.75	251.03	188.28
宿迁市	**1781**	**2683.95**	**1293.63**	**1320.45**
宿城区	180	202.67	112.31	222.58
宿豫区	239	321.29	192.85	77.60

续表 10　　（2019 年）

市辖区	进出口总额（亿美元）	# 出口总额	协议注册外资（亿美元）	实际使用外资（亿美元）
南京市	**699.60**	**435.33**	**85.21**	**41.01**
玄武区	92.92	32.70	1.09	2.22
秦淮区	96.75	59.96	2.36	3.01
建邺区	13.94	10.65	3.27	2.93
鼓楼区	62.90	46.44	5.16	2.66
浦口区	13.34	9.98	13.48	3.93
栖霞区	132.20	63.64	8.13	8.75
雨花台区	41.10	30.24	3.90	2.25
江宁区	167.36	120.31	14.06	9.19
六合区	8.63	5.67	7.68	1.58
溧水区	11.10	9.44	3.31	2.51
高淳区	11.14	9.71	2.71	2.41
无锡市	**924.30**	**554.60**	**53.53**	**36.20**
锡山区	51.82	39.13	6.99	3.72
惠山区	32.82	28.24	15.72	2.45
滨湖区	25.38	19.16	6.15	2.29
梁溪区	24.76	22.66	1.66	1.45
新吴区	506.28	259.64	12.10	13.15
徐州市	**135.19**	**112.88**	**54.16**	**20.90**
鼓楼区	2.27	2.02	1.71	0.94
云龙区	4.57	4.37	2.77	0.92
贾汪区	5.45	5.41	1.60	1.00
泉山区	6.64	6.03	4.13	1.39
铜山区	16.97	15.64	6.95	2.94
常州市	**338.35**	**252.41**	**66.03**	**26.28**
天宁区	32.18	27.18	3.34	2.12
钟楼区	26.84	24.03	4.17	1.90
新北区	123.92	88.12	16.55	7.62
武进区	117.52	83.26	11.20	7.60
金坛区	25.90	19.76	12.22	3.03
苏州市	**3190.90**	**1920.40**	**113.42**	**46.15**
虎丘区	419.80	278.00	5.93	5.30
吴中区	80.40	57.50	15.94	3.80
相城区	54.90	43.00	3.61	2.32

续表 11 （2019 年）

市辖区	进出口总额（亿美元）	#出口总额	协议注册外资（亿美元）	实际使用外资（亿美元）
姑苏区	22.30	20.10	1.26	0.06
吴江区	210.90	154.60	6.84	4.03
南通市	**365.71**	**248.90**	**74.27**	**26.65**
崇川区	60.76	38.79	8.20	1.51
港闸区	26.50	21.23	1.51	1.21
通州区	35.63	29.82	12.67	2.25
连云港市	**93.22**	**38.89**	**33.93**	**6.14**
连云区	9.02	5.31	0.63	0.75
海州区	9.02	7.54	0.37	0.64
赣榆区	11.63	5.54	9.13	0.62
淮安市	**47.05**	**33.80**	**32.32**	**10.49**
淮安区	3.84	3.68	3.08	1.25
淮阴区	3.23	1.94	1.77	1.32
清江浦区	4.23	3.63	3.60	0.93
洪泽区	2.19	1.76	3.04	1.25
盐城市	**96.12**	**64.12**	**19.85**	**9.13**
亭湖区	6.87	5.10	1.56	0.56
盐都区	8.58	4.23	2.26	1.04
大丰区	23.58	11.31	3.00	1.50
扬州市	**113.05**	**83.65**	**35.09**	**13.88**
广陵区	14.96	13.63	6.30	2.28
邗江区	23.23	20.23	8.41	3.05
江都区	22.69	14.41	4.63	2.32
镇江市	**112.03**	**78.67**	**13.73**	**6.60**
京口区	15.47	9.21	0.88	0.62
润州区	2.45	2.28	0.10	0.19
丹徒区	7.04	6.59	1.06	0.14
泰州市	**144.66**	**95.32**	**33.27**	**14.86**
海陵区	17.54	14.72	3.47	1.81
高港区	15.82	5.37	5.74	2.10
姜堰区	13.30	11.11	3.75	1.60
宿迁市	**34.25**	**28.88**	**14.80**	**4.46**
宿城区	4.40	3.90	0.87	0.17
宿豫区	6.07	4.63	1.19	1.17

续表 12

（2019 年）

市辖区	普通中学在校学生（万人）	小学在校学生（万人）	专利申请受理量（件）	专利申请授权量（件）	医院个数（个）	医院床位数（张）	执业（助理）医师（人）	城镇居民人均可支配收入（元）	城镇居民人均生活消费支出（元）
南京市	**26.06**	**44.66**	**103024**	**55004**	**248**	**53499**	**35735**	**64372**	**35933**
玄武区	2.26	2.55	13088	6506	21	3107	2790	71371	49700
秦淮区	2.43	3.57	6998	4071	38	9019	5753	65379	48186
建邺区	1.45	2.52	3290	1968	12	2323	1927	62721	36342
鼓楼区	3.70	5.84	10627	5482	42	17910	9705	70423	39822
浦口区	2.25	5.30	2298	1185	18	2790	2233	59807	36826
栖霞区	1.74	3.99	10083	5121	20	2783	2097	62743	41792
雨花台区	1.48	2.49	4922	2607	17	1432	1245	62397	35629
江宁区	4.43	8.78	27525	14527	37	6995	4683	62492	36863
六合区	3.14	4.64	2697	1263	17	3292	2606	57984	34255
溧水区	1.63	2.69	4637	3902	11	1972	1401	56863	30935
高淳区	1.55	2.29	3212	2064	15	1876	1295	57721	33236
无锡市	**24.59**	**41.75**	**67133**	**38335**	**205**	**42210**	**23166**	**61915**	**37433**
锡山区	2.71	4.92	8029	4926	10	1782	1573	58897	27056
惠山区	3.15	5.55	10194	5463	5	1043	1633	60125	30440
滨湖区	1.36	2.36	9573	4820	40	10275	3749	61901	39555
梁溪区	1.61	5.04	3711	2581	66	13552	6185	59624	38325
新吴区	1.23	4.10	13373	7564	19	2019	1172	60300	31259
徐州市	**52.30**	**94.67**	**33655**	**12603**	**177**	**43616**	**28042**	**36215**	**20805**
鼓楼区	0.40	2.78	1343	648	20	3145	2227	37356	23294
云龙区	0.36	4.16	2115	871	30	4365	2022	38841	25773
贾汪区	2.17	4.60	1771	414	6	1576	1233	35716	21327
泉山区	0.22	4.03	4925	2320	25	14239	5059	44408	30084
铜山区	6.65	12.91	5995	1869	19	4125	3260	40753	26030
常州市	**18.90**	**31.43**	**47849**	**24858**	**88**	**23036**	**14831**	**58345**	**32263**
天宁区	0.81	4.04	4812	2570	22	8806	3850	58267	32603
钟楼区	0.65	4.01	3962	1933	9	1306	1184	57645	32746
新北区	2.87	5.60	14195	6618	9	1284	1917	61053	34059
武进区	5.66	10.87	18396	10470	20	6566	4219	61229	32673
金坛区	1.95	2.84	3660	1821	11	2216	1455	54933	26839
苏州市	**38.89**	**82.12**	**163147**	**81145**	**221**	**60649**	**35541**	**68629**	**39648**
虎丘区	2.62	5.33	15824	8545	14	3856	1824	65571	39166
吴中区	3.39	8.74	22604	9704	30	5830	2801	70573	39837
相城区	2.20	5.09	16514	8714	15	4369	1826	62891	36583

续表 13 （2019 年）

市辖区	普通中学在校学生（万人）	小学在校学生（万人）	专利申请受理量（件）	专利申请授权量（件）	医院个数（个）	医院床位数（张）	执业（助理）医师（人）	城镇居民人均可支配收入（元）	城镇居民人均生活消费支出（元）
姑苏区		5.23	3449	1647	34	13723	7126	63976	42180
吴江区	4.93	10.24	19197	9093	15	5675	3196	68644	42216
南通市	**24.64**	**35.88**	**36713**	**19637**	**229**	**36461**	**20851**	**50217**	**29964**
崇川区	0.77	4.50	5099	2697	37	10791	5053	54005	
港闸区	0.58	1.91	2549	1580	18	2931	1055	53200	
通州区	3.31	5.47	4968	3102	12	4013	2888	52158	28671
连云港市	**27.87**	**45.23**	**8234**	**5012**	**90**	**18972**	**12870**	**35390**	**21762**
连云区	0.57	1.35	397	321	11	1186	964	43720	27331
海州区	4.08	6.95	2037	1304	26	6665	3736	39283	26103
赣榆区	6.86	10.52	1064	610	13	3368	2293	34466	19496
淮安市	**25.90**	**34.93**	**13052**	**7676**	**70**	**19996**	**14579**	**38952**	**20327**
淮安区	4.64	5.79	1536	909	7	2657	2515	33677	19598
淮阴区	4.00	6.17	2407	1833	7	4318	2975	36323	19226
清江浦区	3.82	4.92	1108	575	30	5475	3289	46994	22947
洪泽区	1.42	1.66	774	750	2	1005	964	38990	17019
盐城市	**32.66**	**44.99**	**25912**	**15713**	**164**	**29368**	**19583**	**38816**	**20942**
亭湖区	1.47	4.11	4907	3275	35	7443	3638	46099	26533
盐都区	2.05	3.70	6973	3644	3	1820	2009	41951	27865
大丰区	2.16	2.78	2114	1884	24	3018	1950	39437	20118
扬州市	**17.58**	**21.90**	**33786**	**18736**	**76**	**17788**	**12557**	**45550**	**25696**
广陵区	0.63	3.66	2494	1655	18	6058	2954	48651	36126
邗江区	2.24	4.70	9119	4733	22	2238	2137	51265	34550
江都区	3.52	4.05	4762	2262	10	3262	2020	46757	28003
镇江市	**10.74**	**15.86**	**23890**	**12639**	**53**	**11650**	**8469**	**52713**	**28925**
京口区	0.21	1.87	1960	857	7	2492	1647	52946	30933
润州区	0.46	1.33	581	222	13	3104	1628	51957	30679
丹徒区	1.03	1.53	2262	1166	3	440	526	51907	30011
泰州市	**17.80**	**23.26**	**25215**	**14905**	**87**	**21562**	**13309**	**47216**	**27298**
海陵区	1.33	2.64	2506	2012	25	7093	2907	49023	28286
高港区	0.56	1.23	2292	1323	4	634	630	47990	29096
姜堰区	3.25	3.33	4598	2761	12	3099	2006	47521	26133
宿迁市	**29.55**	**55.96**	**12431**	**7890**	**235**	**29154**	**13929**	**30614**	**18412**
宿城区	1.53	6.70	1819	1216	46	6214	3227	33677	19196
宿豫区	1.34	4.24	2025	1225	30	3978	1607	30044	17987

淮海经济区主要经济指标（2019年） 附录四

MAJOR ECONOMIC INDICATORS OF HUAIHAI ECONOMIC ZONE (2019)

版面负责人：卢川川
编　　辑：曹　晶

防范和惩治统计造假、弄虚作假督察工作规定

第九条　统计督察工作一般按照以下程序进行：

（　）制定方案。国家统计局根据具体任务组建统计督察组，确定统计督察组组长、副组长、成员，明确督察组及其成员职责。统计督察组根据其职责制定实施方案，明确督察目的、对象、内容、方式、期限等。

（二）实地督察。统计督察组赴有关地区、部门督察前应当先收集了解督察对象有关统计工作的基本情况，并向被督察地区、部门送达统计督察通知书。统计督察组到达后应当向被督察地区、部门通报督察内容，严格按照督察实施方案开展督察。

（三）报告情况。统计督察组实地督察结束后应当在规定时间内形成书面督察报告以及督察意见书，经与督察对象沟通后，向国家统计局报告督察基本情况，反映发现的统计违纪违法问题，提出处理建议。

第十条　国家统计局应当及时听取统计督察组的督察情况汇报，研究提出处理意见。对涉及有关国家工作人员涉嫌统计违纪违法、应当依纪依法给予处分处理的，按照有关规定办理。

第十一条　国家统计局应当及时向被督察地区、部门反馈相关督察情况，指出有关统计工作问题，有针对性地提出整改意见，将督察意见书提供给被督察地区、部门，并将督察报告以及督察意见书移交中央纪委国家监委、中央组织部。其中，对各省、自治区、直辖市党委和政府以及国务院有关部门的督察意见应当报经党中央、国务院同意后再反馈。统计督察情况应当以适当方式向社会公开。

第十二条　被督察地区、部门收到统计督察组反馈意见后，应当对存在的问题认真整改落实，并在3个月内将整改情况反馈国家统计局。国家统计局应当以适当方式监督整改落实情况。

第十三条　督察中发现统计违纪违法问题和线索的，按照《统计违纪违法责任人处分处理建议办法》有关规定办理。

淮海经济区主要经济指标

（2019 年）

地区	土地面积	年末户籍人口数	年末常住人口数	地区生产总值		第一产业增加值	
	绝对量（平方公里）	（万人）	（万人）	绝对量（亿元）	增长（%）	绝对量（亿元）	增长（%）
江苏省							
徐州市	11765	1041.73	882.56	7151.35	6.0	682.83	2.4
连云港市	7616	534.41	451.10	3139.29	6.0	362.70	3.6
淮安市	10030	560.48	493.26	3871.21	6.6	386.21	3.3
盐城市	16931	821.35	720.89	5702.26	5.1	619.90	2.9
宿迁市	8524	592.36	493.79	3099.23	7.0	324.59	2.4
山东省							
菏泽市	12239	1025.80	878.17	3409.98	6.3	323.56	3.4
聊城市	8628	646.45	609.83	2259.82	3.7	317.60	1.0
枣庄市	4564	424.15	393.30	1693.91	3.6	158.87	0.2
济宁市	11187	893.65	835.60	4370.17	3.8	503.84	0.9
泰安市	7762	573.33	563.50	2663.60	6.3	288.70	-0.2
日照市	5371	308.21	294.90	1949.38	7.2	167.77	0.3
临沂市	17191	1190.10	1066.70	4600.25	3.0	409.48	1.1
德州市	10358	598.61	574.85	3022.28	6.1	311.88	-0.2
安徽省							
亳州市	8521	663.00	526.30	1749.00	9.4	238.20	4.0
淮南市	5532	390.82	349.00	1296.17	5.2	130.09	1.0
蚌埠市	5951	386.30	341.20	2057.20	5.1	234.30	3.6
淮北市	2741	218.72	227.00	1077.90	3.0	72.80	3.2
阜阳市	10118	1077.28	825.90	2704.98	9.0	350.43	3.5
宿州市	9939	658.27	570.05	1978.75	8.7	287.51	3.4
滁州市	13516	455.30	414.70	2909.10	9.7	249.40	3.6
六安市	15451	591.07	487.30	1620.10	8.4	217.10	3.3
河南省							
周口市	11959	1166.15	866.22	3198.49	7.5	474.53	2.4
商丘市	10704	930.40	733.36	2911.20	7.4	428.92	2.4
信阳市	18916	912.09	646.39	2758.47	6.3	497.71	2.2
开封市	6444		457.49	2364.14	7.2	318.24	3.6

续表 1 （2019 年）

地区	第二产业增加值		#工业增加值		第三产业增加值		人均地区生产总值（元）	地区生产总值中三次产业比重（%）
	绝对量（亿元）	增长（%）	绝对量（亿元）	增长（%）	绝对量（亿元）	增长（%）		
江苏省								
徐州市	2886.16	7.0	2333.44	7.3	3582.36	6.0	81138	9.5:40.4:50.1
连云港市	1363.15	8.0	1099.19	8.9	1413.44	4.7	69523	11.6:43.4:45.0
淮安市	1617.18	7.1	1297.30	7.3	1867.82	6.8	78543	10.0:41.8:48.2
盐城市	2371.59	3.2	1942.91	3.0	2710.77	7.5	79149	10.9:41.6:47.5
宿迁市	1324.35	6.9	1091.82	7.3	1450.29	8.3	62840	10.5:42.7:46.8
山东省								
菏泽市	1453.74	3.0		2.8	1632.68	10.4	38867	9.5:42.6:47.9
聊城市	806.88	4.0	691.13	3.4	1135.34	4.2	37129	14.1:35.7:50.2
枣庄市	736.98	0.2	598.02	1.3	798.06	7.7	43100	9.4:43.5:47.1
济宁市	1760.01	-0.2	1507.75	0.9	2106.32	8.6	52331	11.5:40.3:48.2
泰安市	1036.20	5.7	642.60	5.1	1338.70	8.6	47248	10.8:38.9:50.3
日照市	831.88	8.7	664.85	8.0	949.73	7.2	66313	8.6:42.7:48.7
临沂市	1742.48	-1.8	1429.54	-1.8	2448.29	7.4	43213	8.9:37.9:53.2
德州市	1263.71	5.7	1123.44	7.0	1446.69	8.0	52295	10.3:41.8:47.9
安徽省								
亳州市	621.80	10.5	448.80	10.5	889.00	10.2	33314	13.6:35.6:50.8
淮南市	527.57	6.5	462.09	5.8	638.51	5.0	37140	10.0:40.7:49.3
蚌埠市	845.90	3.5	688.80	5.1	977.00	7.2	60469	11.4:41.1:47.5
淮北市	460.60	-2.9	420.51	-4.1	544.50	9.3	47654	6.8:42.7:50.5
阜阳市	1033.22	10.3	831.69	9.8	1321.33	9.6	32855	13.0:38.2:48.8
宿州市	710.34	10.7	513.58	9.9	980.90	8.8	34773	14.5:35.9:49.6
滁州市	1427.60	11.7	1158.00	10.8	1232.10	8.4	70429	8.6:49.1:42.4
六安市	585.40	9.2	412.10	7.8	817.60	9.5	33370	13.4:36.1:50.5
河南省								
周口市	1406.01	8.5	1132.15	8.6	1317.95	8.7	36892	14.8:44.0:41.2
商丘市	1193.48	7.9	976.18	8.9	1288.80	8.9	39719	14.7:41.0:44.3
信阳市	1008.89	6.7	768.42	8.6	1251.87	8.1	42641	18.0:36.6:45.4
开封市	949.24	8.6	774.30	8.8	1096.66	7.0	51733	13.5:40.1:46.4

续表 2　　（2019 年）

地　区	粮食总产量		油料总产量		棉花总产量		肉类总产量		水产品产量	
	绝对量（万吨）	增长（%）	绝对量（万吨）	增长（%）	绝对量（万吨）	增长（%）	绝对量（万吨）	增长（%）	绝对量（万吨）	增长（%）
江苏省										
徐州市	501.54	3.5	13.18	7.0	1.20	16.4	55.45	-20.7	16.08	-4.7
连云港市	366.56	0.7	10.52	26.4	0.01	20.0	17.53	-23.3	72.38	-0.3
淮安市	489.25	1.5	5.72	2.7	0.01	2.9	22.02	-8.4	28.69	9.9
盐城市	712.30	1.1	12.97	-1.0	0.03	-61.5	65.48	-11.3	119.26	-0.4
宿迁市	408.17	1.8	4.18	5.4	…	-97.5	25.91	-7.4	27.12	3.7
山东省										
菏泽市	781.57	4.7	22.70	2.3	8.55	37.7	89.92	7.7	9.42	1.7
聊城市	553.05	6.2	4.02	-8.2	0.64	7.1	63.59	-1.3	5.72	-9.7
枣庄市	176.70	2.8	7.88	-11.9	0.15	-17.9	17.49	-11.9	6.54	-7.9
济宁市	475.32	1.0	13.47	-6.4	4.42	-10.2	51.89	-11.8	30.90	-6.0
泰安市	252.30	2.2	19.00	-8.2	0.49	22.7	39.40	-3.8	8.50	2.0
日照市	84.06	-1.2	22.77	-8.4	0.03	-12.6	31.11	13.1	46.30	-13.2
临沂市	412.70	0.9	75.50	-7.8	0.40	持平	97.00	-5.7	12.10	-4.4
德州市	750.20	2.8	1.60	21.0	2.70	30.0	75.90	-5.3	7.00	7.4
安徽省										
亳州市	499.70	2.4	4.10	4.1	0.20	8.0	30.10	0.4	5.30	4.2
淮南市	318.86	-0.4	3.01	12.5	0.07	-0.8	17.10	-6.1	17.64	1.0
蚌埠市	282.10	1.8	33.00	-1.3	0.01	-62.0	39.40	-1.1	12.40	2.9
淮北市	149.20	3.4	0.45	24.8	0.01	-53.0	8.61	-5.1	2.55	3.2
阜阳市	524.20	2.1	5.10	2.2	0.10	-37.2	54.90	-2.6	10.70	3.0
宿州市	443.07	3.2	12.67	-0.8	0.06	-37.2	45.60	-1.1	4.50	2.6
滁州市	464.50	1.0	11.10	-1.1	0.20	-37.3	38.70	0.3	36.40	4.4
六安市	347.13	-0.2	11.95	1.5	0.41	-37.3	37.46	-1.3	23.24	4.4
河南省										
周口市	551.47	4.0	39.14		0.39		58.91			
商丘市	730.90	1.0	38.86	13.5	0.46	-4.2	46.68	-8.1	5.34	-10.7
信阳市	560.40	-1.4	54.15	10.4	0.08		23.09	-31.0	26.59	3.6
开封市	307.38	2.1	51.46	7.3	0.94	11.1	33.39	-17.5	5.74	8.4

续表 3

（2019 年）

地　　区	规模以上工业企业个数（个）	规模以上工业增加值	规模以上工业营业收入	规模以上工业利润总额	固定资产投资	#房地产开发投资
		增长（%）	增长（%）	增长（%）	增长（%）	增长（%）
江苏省						
徐州市	1778	8.2	15.1	19.7	7.0	19.1
连云港市	942	9.5	8.8	18.0	6.8	-7.1
淮安市	1519	7.5	4.8	-11.8	6.3	-8.2
盐城市	2920	1.6	-1.5	-28.8	4.9	-6.3
宿迁市	1781	7.7	5.1	-16.3	6.5	28.8
山东省						
菏泽市	1685	2.2	-1.6	-20.6	8.1	9.2
聊城市	1010	1.8	-2.9	-39.9	-41.2	14.6
枣庄市	687	2.1	-0.5	-7.3	-15.8	5.6
济宁市	2124	1.4	-5.9	-9.2	-3.6	13.9
泰安市	838	5.4	3.0	-15.4	-23.3	15.9
日照市	669	8.6	18.4	-13.1	-16.5	2.9
临沂市	4273	-6.2	-14.7	-19.7	-23.5	11.2
德州市	1386	4.8	-1.9	-23.2	-8.7	18.2
安徽省						
亳州市	826	11.4	2.1	3.2	13.0	13.8
淮南市	722	5.7	7.3	82.5	3.3	36.7
蚌埠市	1107	4.9	-4.3	-5.3	6.8	13.3
淮北市	738	-4.3	-8.9	11.8	10.8	31.6
阜阳市	1893	10.4	2.2	-3.7	13.9	30.9
宿州市	1148	10.0	1.3	-1.4	13.4	17.6
滁州市	1715	11.6	7.0	-14.2	14.7	12.6
六安市	936	8.3	0.8	27.9	14.4	17.0
河南省						
周口市	1214	8.5	7.9	9.5	9.8	23.6
商丘市	1421	8.8	4.1	-13.0	10.9	-1.7
信阳市	1137	8.5	10.0	3.1	10.6	-7.9
开封市	1144	8.8			10.8	29.0

续表 4　　（2019 年）

地　　区	社会消费品零售总额		居民消费价格总指数（以上年为 100）（%）	进出口总额		# 进口总额		# 出口总额	
	绝对量（亿元）	增长（%）		绝对量（亿元）	增长（%）	绝对量（亿元）	增长（%）	绝对量（亿元）	增长（%）
江苏省									
徐州市	3533.19	4.7	103.3	931.88	20.4	153.99	13.8	777.88	21.9
连云港市	1162.82	5.2	103.0	643.28	2.2	375.15	5.4	268.13	-2.1
淮安市	1745.41	7.7	102.7	324.17	-1.9	91.25	-15.6	232.92	4.9
盐城市	2241.00	8.0	103.3	662.38	5.2	220.64	-4.7	441.73	10.9
宿迁市	1320.45	6.5	103.1	236.09	-0.9	37.12	-36.2	198.97	10.7
山东省									
菏泽市	1618.02	9.2	102.4	485.27	-5.5	308.23	-14.3	177.03	15.2
聊城市		6.0	102.9	408.14	-16.2	201.69	-17.3	206.45	-15.1
枣庄市		4.9	102.9	146.72	38.3	7.29	3.4	139.43	40.8
济宁市	2153.70	2.2	103.4	461.79	8.3	176.57	-14.0	285.22	28.8
泰安市	1054.11	3.7	102.4	172.20	7.1	37.70	13.4	134.50	5.4
日照市		8.0	102.4	1052.56	17.5	645.92	32.0	406.63	0.1
临沂市		3.5	102.9	836.70	22.6	155.40	9.9	681.30	26.4
德州市		7.0	103.3	345.43	17.2	141.40	33.9	204.04	7.9
安徽省									
亳州市	966.89	12.3	102.7	10.40	24.8	2.00	72.3	8.40	17.0
淮南市	761.48	9.6	102.8	41.14	29.7	2.16	-28.1	38.98	35.7
蚌埠市	1202.11	10.3	102.2	15.83	7.2	8.70	13.1	7.14	0.7
淮北市	454.93	10.8	102.6	8.15	13.4	0.77	36.9	7.37	11.4
阜阳市	1774.58	12.4	102.8	15.72	14.2	2.45	30.3	13.27	11.6
宿州市	1047.93	12.0	102.4	9.09	23.2	0.29	-69.2	8.81	36.5
滁州市	1137.80	12.7	102.8	40.30	29.9	17.80	124.8	22.50	-2.6
六安市	911.04	11.1	102.9	8.79	8.1	0.89	-4.4	7.90	9.7
河南省									
周口市	1472.31	11.3	102.8	102.96	9.9	18.32	13.8	84.64	9.1
商丘市	1480.74	11.2	102.8	34.60	46.5	10.90	175.0	23.70	20.5
信阳市	1254.59	10.4	102.5	50.34	7.1	18.40	-5.6	31.94	16.8
开封市	1030.60	10.9	102.4	73.43	27.4	9.62	35.8	63.80	26.3

注：安徽省各市（除淮南市）进出口总额、进口总额、出口总额为美元口径，其余为人民币口径。

续表 5

（2019 年）

地　　区	实际使用外资		邮电业务总　　量	年末固定电话用户（万户）	年末移动电话用户（万户）	一般公共预算收入		一般公共预算支出	
	绝对量（亿美元）	增长（%）	绝对量（亿元）			绝对量（亿元）	增长（%）	绝对量（亿元）	增长（%）
江苏省									
徐州市	20.90	10.1	696.86	84.54	961.25	468.32	-11.0	882.21	0.2
连云港市	6.14	1.8	361.12	51.69	470.41	242.44	3.5	466.03	11.1
淮安市	10.49	-11.3	353.88	36.27	484.20	257.31	4.1	529.15	8.7
盐城市	9.13	持平	488.70	59.46	695.97	383.00	0.5	877.52	4.5
宿迁市	4.46	18.2	421.76	28.37	492.93	212.60	3.1	505.74	16.6
山东省									
菏泽市	1.94	43.7	190.21	47.18	808.55	221.92	7.7	619.00	12.1
聊城市	0.73	99.4				196.63	1.2	427.08	4.4
枣庄市	1.45	110.8		42.14	374.55	147.26	0.4	267.14	2.8
济宁市	4.52	103.6		66.07	807.47	405.01	1.2	667.31	7.7
泰安市	4.59	-14.7	23.90	77.20	585.00	224.70	2.4	414.50	8.8
日照市	1.87	309.5	64.52	31.51	308.62	170.37	6.6	267.45	3.0
临沂市	3.87	585.7				330.00	5.8	710.90	11.2
德州市	1.60	91.1		51.39	524.62	206.27	1.9	437.36	5.6
安徽省									
亳州市	9.60	7.0	335.80	26.80	420.90	126.10	12.6	373.40	8.7
淮南市	3.11	9.1	179.50	26.32	284.14	109.41	3.8	262.08	6.9
蚌埠市	14.00	0.1	191.99	30.09	308.54	163.28	7.0	337.52	14.1
淮北市	2.88	12.0	20.30	15.60	203.40	75.49	7.3	188.77	13.2
阜阳市	4.53	10.0	74.90	35.70	707.90	200.60	7.2	655.10	14.0
宿州市	9.98	7.0	49.93	28.12	475.40	130.17	16.7	396.62	13.4
滁州市	14.90	7.0	242.40	40.60	363.40	214.60	7.7	455.10	12.1
六安市	5.49	9.1	22.02	27.61	404.13	126.19	3.1	473.99	14.8
河南省									
周口市	5.86	4.3	455.94			140.92	9.0	655.42	5.9
商丘市	4.21	9.4	489.96	37.23	709.52	171.71	11.7	538.62	7.2
信阳市	5.75	3.7		40.20	430.90	119.00	7.6	597.41	14.3
开封市	7.18	4.0	270.44		288.30	154.86	10.1	424.49	15.2

续表 6　（2019 年）

地　　区	金融机构年末存款余额（亿元）	#住户存款（亿元）	金融机构年末贷款余额（亿元）	各级各类学校数（所）	各级各类学校在校学生数（万人）	卫生机构数（个）	卫生技术人员数（人）	卫生机构床位数（张）
江苏省								
徐州市	8036.56	4023.66	5777.28	2339	208.30	4594	70767	60988
连云港市	3585.97	1613.36	3438.05	1270	103.53	2740	31117	28101
淮安市	4097.05	1807.59	3853.77	944	92.51	2200	35963	30376
盐城市	6995.52	3667.28	5844.28	1371	112.35	3270	44358	40301
宿迁市	3084.45	1525.33	3082.20	864	113.25	2424	36047	29548
山东省								
菏泽市	4324.39	3333.60	2586.52	4808	213.00	5864	58352	52687
聊城市	3862.87	2681.06	2637.83	1837	124.95	1228	36695	34223
枣庄市	2188.18	1461.15	1556.23	1414	81.81	2652	28537	23981
济宁市	5855.99	3794.82	4075.25	3676	163.60	7179	64963	53010
泰安市	4093.80	2676.02	2696.40	2038	98.17	4523	39395	33210
日照市	2708.79	1555.45	2540.64	1100	55.90	2490	19819	16904
临沂市	7058.40	4469.80	5916.30	1672	182.97	7893	94104	69129
德州市	3782.43	2600.56	2213.99	2902	106.24	5395	35268	28156
安徽省								
亳州市	2288.20	1465.70	1990.00	2348	117.10	2103	22587	23444
淮南市	2153.05	1319.10	1565.14	1091	55.74	1393	18662	19165
蚌埠市	2263.80	1176.17	2082.74	1581	68.36	1415	21346	22560
淮北市	1570.90	885.16	1079.89	763	42.77	811	12599	12922
阜阳市	4342.30	2693.60	3195.20	3221	186.70	2983	42679	46694
宿州市	2499.61	1597.65	1895.87	2008	113.51	1831	24443	25488
滁州市	2795.00	1533.60	2421.10	1045	58.10	1726	27711	21694
六安市	2944.20	1687.50	2200.10	1702	83.99	2697	23001	22963
河南省								
周口市	3410.18	2792.52	1502.06	4749	218.67	7357	9472	11517
商丘市	3255.00	2481.03	1980.67	3983	192.73	6084	43631	41717
信阳市	3482.62	2703.82	1908.58	2998	169.85	4182	34062	36360
开封市	2244.83	1607.78	1704.45	2524	123.59	3431	33983	31171

续表 7

（2019 年）

地　　区	城镇化率（%）	全体居民人均可支配收入		城镇居民人均可支配收入		农村居民人均可支配收入	
		绝对量（元）	增长（%）	绝对量（元）	增长（%）	绝对量（元）	增长（%）
江苏省							
徐州市	66.70	29736	8.6	36215	7.8	19873	9.2
连云港市	63.60	28094	8.6	35390	8.1	18061	8.8
淮安市	63.50	30192	9.0	38952	8.7	18567	8.8
盐城市	64.90	32096	8.8	38816	8.1	22258	9.3
宿迁市	61.10	24938	8.8	30614	8.3	18121	8.9
山东省							
菏泽市	50.63	20673	9.6	28327	8.2	14176	10.3
聊城市	52.72	21602	8.8	29215	7.1	14816	9.8
枣庄市	59.20	26291	8.0	34030	6.3	16747	9.1
济宁市	59.69	28055	8.3	37139	6.7	17644	9.9
泰安市	62.00	29690	8.4	37695	7.1	18621	9.8
日照市	61.00	27577	8.7	35732	7.4	17312	9.7
临沂市	52.75	27619	8.1	37912	6.1	14979	9.8
德州市	53.03	22608	8.9	28536	7.4	16028	10.1
安徽省							
亳州市	42.20	20756	10.5	32409	9.1	14102	10.6
淮南市	65.04	27093	9.6	35826	9.1	14250	10.3
蚌埠市	58.60	27330	10.9	37028	9.4	16666	10.3
淮北市	65.88	26576	10.1	34727	8.7	14052	10.3
阜阳市	44.62	20700	10.9	32844	9.1	13079	10.6
宿州市	43.96	20592	10.1	32643	8.5	13213	10.7
滁州市	54.54	23999	10.6	34091	9.2	14487	10.4
六安市	47.09	20899	10.2	31788	9.4	13244	10.8
河南省							
周口市	44.36	18321	9.3	28437	7.7	12193	9.9
商丘市	44.83	20175	9.7	32335	7.8	12668	10.1
信阳市	48.98	20928	9.3	30425	7.6	14010	9.9
开封市	50.28	21795	9.1	31305	7.6	14473	9.7

企业选介（2019年） 附录五

INTRODUCTION OF ENTERPRISES（2019）

版面负责人：王廷宝　张　虹　邵明明
王　楠
编　　　辑：柏　慧　刘云祥　孙　伟
李家平　董　方

防范和惩治统计造假、弄虚作假督察工作规定

第十四条 国家统计局每年年初应当向党中央、国务院报告上年度统计督察情况。

第十五条 被督察地区、部门应当支持配合统计督察工作。被督察地区、部门领导班子成员应当自觉接受统计督察监督，积极配合统计督察组开展工作。督察涉及的相关人员有义务向统计督察组如实反映情况。

第十六条 被督察地区、部门及其工作人员违反规定不支持配合甚至拒绝、阻碍和干扰统计督察工作的，应当视为包庇、纵容统计违纪违法行为，依照有关规定严肃处理。

第十七条 统计督察组应当坚持实事求是，深入调查研究，全面准确了解情况，客观公正反映问题。

统计督察工作人员应当严格遵守政治纪律、组织纪律、廉洁纪律、工作纪律等有关纪律要求，有下列情形之一的，视情节轻重，给予批评教育、组织处理或者党纪政务处分；涉嫌犯罪的，移送有关机关依法处理：

（一）对统计造假、弄虚作假问题瞒案不报、有案不查、查案不力，不如实报告统计督察情况，甚至隐瞒、歪曲、捏造事实的；

（二）泄露统计督察工作中知悉的国家秘密、商业秘密、个人信息及其工作秘密的；

（三）统计督察工作中超越权限造成不良后果的；

（四）违反中央八项规定精神，或者利用统计督察工作便利，谋取私利或者为他人谋取不正当利益的；

（五）有其他违反统计督察纪律行为的。

第十八条 国家统计局根据本规定制定具体实施办法。

第十九条 本规定由国家统计局负责解释。

第二十条 本规定自 2019 年 8 月 24 日起施行。

2019年徐州市贸易批发零售企业前五十强

（按销售额排序）

序号	企业名称	序号	企业名称
1	徐州徐工物资供应有限公司	26	徐州苏宁易购销售有限公司
2	徐州中晟昌贸易有限公司	27	江苏中闵物资贸易有限公司
3	徐州工程机械集团进出口有限公司	28	江苏马龙国华工贸股份有限公司
4	徐州工程机械保税有限公司	29	江苏恩华和润医药有限公司
5	江苏省烟草公司徐州市公司	30	铜山县兴众物资贸易有限公司
6	中国石化销售有限公司江苏徐州石油分公司	31	徐州之星汽车有限公司
7	徐州金鹰国际实业有限公司	32	徐州华鹏棉麻有限公司
8	江苏大屯煤炭贸易有限公司	33	徐州中安矿业服务有限公司
9	江苏金驹物流投资有限公司	34	江苏中螺贸易有限公司
10	江苏万邦医药营销有限公司	35	徐州闽强物资贸易有限公司
11	徐州金虹特钢有限公司	36	徐州闽力物资贸易有限公司
12	徐州神工工程机械有限公司	37	江苏安德机械进出口有限公司
13	国药控股徐州有限公司	38	徐州华东煤炭交易市场有限公司
14	江苏恩华和信医药营销有限公司	39	徐州淮海药业有限公司
15	徐州海西物资贸易有限公司	40	徐州苏宠宠物用品有限公司
16	徐州玖合源物资贸易有限公司	41	徐州鹏翔重工有限公司
17	上药控股徐州股份有限公司	42	江苏港达供应链管理有限公司
18	沛县淄运煤炭交易市场经营部	43	徐州万兴电煤配送有限公司
19	徐州天泽国际贸易有限公司	44	江苏铁诚国际贸易有限公司
20	徐州盛美卓越电器销售有限公司	45	徐工营销有限公司
21	江苏恒盛农业生产资料有限公司	46	徐州中央百货大楼股份有限公司
22	中国石油天然气股份有限公司江苏徐州销售分公司	47	徐州万帮金通汽车销售服务有限公司
23	沛县淄顺煤炭交易市场经营部	48	徐州市恒利钢铁贸易有限公司
24	徐州纽泰克供应链有限公司	49	江苏欢乐买商贸股份有限公司
25	江苏中汇贸易发展有限公司	50	江苏信利德进出口贸易有限公司

2019年徐州市建筑企业前三十强

（按总产值排序）

序　号	企业名称	序　号	企业名称
1	江苏大汉建设实业集团有限责任公司	16	徐州万基工程建设有限公司
2	江苏集慧建设集团有限公司	17	睢宁县建筑工程公司
3	江苏中阳建设集团有限公司	18	江苏兴梁建设工程有限公司
4	江苏融运建设工程有限公司	19	江苏双信建筑工程有限公司
5	徐州汉源建设集团有限公司	20	江苏路泰建设集团有限公司
6	徐州汉韵环球建筑安装工程公司	21	新沂市远大建筑安装工程有限公司
7	江苏万融工程科技有限公司	22	徐州市公路工程总公司
8	中煤第五建设有限公司	23	江苏汉瑞铁路建筑工程有限公司
9	江苏新成建设工程有限公司	24	江苏博大建筑安装有限公司
10	江苏中核宝原建设有限公司	25	江苏中望建设有限公司
11	江苏华天建设集团有限公司	26	徐州天利达建筑安装工程有限公司
12	江苏帝邦建设工程有限公司	27	江苏润企恒力建设工程有限公司
13	江苏陆峰建设工程有限公司	28	徐州送变电有限公司
14	邳州市建筑安装工程公司	29	江苏省新沂市市政建设工程有限公司
15	江苏汉皇安装集团有限公司	30	江苏建顺地基基础工程有限公司

2019年徐州市房地产企业销售前三十强

（按销售面积排序）

序　号	企业名称	序　号	企业名称
1	荣盛（徐州）房地产开发有限公司	16	睢宁金以德房地产开发有限公司
2	绿地地产集团徐州中部置业有限公司	17	新沂市金诚观复置业有限公司
3	江苏徐州中江国际城镇开发有限公司	18	江苏润企万国实业有限公司
4	徐州新盛彭寓置业有限公司	19	金林置业徐州有限公司
5	徐州旭润置业有限公司	20	徐州市澎湃房地产开发有限公司
6	徐州铭圣房地产开发有限公司	21	徐州云鼎置业有限公司
7	江苏弘乾中茂实业有限公司	22	新沂市城投置业有限公司
8	徐州隆嘉置业有限公司	23	徐州盛玺房地产开发有限公司
9	徐州市金灿房产开发有限公司	24	徐州荣凯置业有限公司
10	徐州绿城置业有限公司	25	徐州威润房地产开发有限公司
11	徐州美誉房地产发展有限公司	26	徐州苏宁置业有限公司
12	邳州市新碧房地产开发有限公司	27	徐州骏嘉房地产开发有限公司
13	徐州市绿泉置业有限公司	28	沛县华宇房地产开发有限公司
14	徐州润彭置业有限公司	29	徐州晟荣置业有限公司
15	绿地地产集团徐州新诚置业有限公司	30	徐州德信置业有限公司

2019 年徐州市重点耗能工业企业前百家

（按综合耗能量排序）

序　号	企业名称	序　号	企业名称
1	铜山华润电力有限公司	26	徐州伟天化工有限公司
2	徐州东南钢铁工业有限公司	27	徐州市龙山制焦有限公司
3	中新钢铁集团有限公司	28	徐州金虹钢铁集团有限公司
4	大屯煤电（集团）有限责任公司	29	江苏协鑫硅材料科技发展有限公司
5	国华徐州发电有限公司	30	徐州东兴能源有限公司
6	江苏中能硅业科技发展有限公司	31	徐州大屯洗煤厂
7	江苏彭钢钢铁控股集团有限公司	32	徐州天安化工有限公司
8	徐州宝丰特钢有限公司	33	徐州协鑫环保能源有限公司
9	江苏阚山发电有限公司	34	徐州天成氯碱有限公司
10	江苏兴达钢铁集团有限公司	35	国能邳州生物发电有限公司
11	徐州中联水泥有限公司	36	徐州建滔能源有限公司
12	徐州华润电力有限公司	37	江苏新春兴再生资源有限责任公司
13	徐州泰发特钢科技有限公司	38	徐州中兴纸业有限公司
14	江苏徐塘发电有限责任公司	39	徐州金山桥热电有限公司
15	江苏晋煤恒盛化工股份有限公司	40	徐州宏阳新材料科技有限公司
16	徐州丰成盐化工有限公司	41	丰县鑫源生物质环保热电有限公司
17	沂州科技有限公司	42	江苏花厅生物科技有限公司
18	江苏华美热电有限公司	43	江苏鑫华半导体材料科技有限公司
19	江苏徐矿综合利用发电有限公司	44	光大环保能源（邳州）有限公司
20	徐州市龙山水泥有限公司	45	江苏金路化工有限公司
21	考伯斯（江苏）炭素化工有限公司	46	徐州徐轮橡胶有限公司
22	徐州华鑫发电有限公司	47	江苏省瑞丰盐业有限公司
23	铜山县利国钢铁有限公司	48	徐州钛白化工有限责任公司
24	淮海中联水泥有限公司	49	光大环保能源（沛县）有限公司
25	徐州天裕燃气发电有限公司	50	徐州陕鼓工业气体有限公司

（按综合耗能量排序）

序　号	企业名称	序　号	企业名称
51	江苏久久水泥有限公司	76	徐州斯尔克纤维科技股份有限公司
52	利民化工股份有限公司	77	布兰肯（徐州）金属设备制造有限公司
53	蒂森克虏伯罗特艾德（徐州）环锻有限公司	78	江苏惠众碳素制品有限公司
54	江苏徐矿能源股份有限公司	79	徐州天虹智能纺织有限公司
55	徐州富山医疗制品有限公司	80	江苏中烟工业有限责任公司徐州卷烟厂
56	徐州楚阳型钢有限公司	81	江苏诺恩作物科学股份有限公司
57	徐州中泰能源科技有限公司	82	徐州荣昌玻璃制品有限责任公司
58	徐州华隆热电有限公司	83	徐州科建环保科技股份有限公司
59	沛县坑口环保热电有限公司	84	阿尔法新材料江苏有限公司
60	徐州重型机械有限公司	85	徐州海天石化有限公司
61	徐州维维金澜食品有限公司	86	江苏大力神管桩有限公司
62	徐州天虹时代纺织有限公司	87	江苏诚意水泥有限公司
63	丰县鑫成环保热电有限公司	88	徐州宏华玻璃科技有限公司
64	卡特彼勒（徐州）有限公司	89	江苏华丰铝业有限公司
65	睢宁宝源新能源发电有限公司	90	博途新能源（徐州）有限公司
66	徐州鑫宇光伏科技有限公司	91	江苏琳琅玻璃制品有限公司
67	江苏尚品大成纸业科技有限公司	92	睢宁县永华木业有限公司
68	江苏江龙新能源科技有限公司	93	徐州荣盛达纤维制品科技有限公司
69	江苏华昌铝厂有限公司	94	江苏华恒新能源有限公司
70	江苏伟业铝材有限公司	95	江苏恩华药业股份有限公司
71	徐州天然润滑油有限公司	96	江苏新奥得玻璃制品股份有限公司
72	徐州徐工挖掘机械有限公司	97	江苏腾宇玻璃科技有限公司
73	徐州建平环保热电有限公司	98	徐州天虹银联纺织有限公司
74	徐州垞城电力有限责任公司	99	江苏众友兴和菌业科技有限公司
75	徐州市芭田生态有限公司	100	徐州徐工液压件有限公司

2019年徐州市其他服务业企业前五十强

（按营业收入排序）

序　号	企业名称	序　号	企业名称
1	中国石化管道储运有限公司	26	徐州中天科尔物流有限公司
2	中国移动通信集团江苏有限公司徐州分公司	27	江苏徐工信息技术股份有限公司
3	中国电信股份有限公司徐州分公司	28	邳州市东大医院有限公司
4	江苏连徐高速公路有限公司	29	江苏徐工工程机械研究院有限公司
5	中国邮政集团公司徐州市分公司	30	华东管道设计研究院
6	徐州徐工智联物流服务有限公司	31	徐州华电电力勘察设计有限公司
7	徐州矿务集团总医院	32	江苏轰隆隆机械科技有限公司
8	中国联合网络通信有限公司徐州市分公司	33	徐州金地商都集团有限公司
9	徐州象屿供应链管理有限公司	34	徐州市市政设计院有限公司
10	江苏徐工工程机械租赁有限公司	35	江苏徐州港务（集团）有限公司
11	江苏徐工广联机械租赁有限公司	36	徐州市外事服务有限责任公司
12	好活（徐州）网络科技有限公司	37	徐州市矿山医院
13	中国石化集团管道储运资产管理有限公司	38	中移铁通有限公司徐州分公司
14	徐州仁慈医院	39	江苏网博计算机科技有限公司
15	徐州泽汇人力资源有限公司	40	徐州薪童服务外包有限公司
16	徐州众俭信息技术有限公司	41	新沂市江海航运有限公司
17	徐州华厦商务管理有限公司	42	徐州精诚特卫保安服务有限公司
18	徐州顺丰速运有限公司	43	徐州报业传媒集团（徐州日报社）
19	徐州公路运输集团有限责任公司	44	江苏中润物流有限公司
20	徐州徐工施维英机械租赁有限公司	45	徐州大屯劳动服务有限公司
21	徐州百大劳务服务有限公司	46	徐州薪蓝信息科技有限公司
22	江苏中通物流有限公司	47	徐州薪安信息科技有限公司
23	徐州中国矿大岩土工程新技术发展有限公司	48	徐州资猫信息科技有限公司
24	徐州市公共交通集团有限公司	49	沛县龙源人力资源有限公司
25	中国铁塔股份有限公司徐州市分公司	50	邳州市力源劳动保障事务代理有限公司

中国统计出版社有限公司最新图书简目

(仅供参考,以实际出版为准)

统计资料

中国统计年鉴 中国统计摘要 中国第三产业统计年鉴
中国第三次全国农业普查综合资料 国际统计年鉴 金砖国家联合统计手册
中国-东盟国家统计手册 中国农村统计年鉴 中国县域统计年鉴
中国农产品价格调查年鉴 中国城市统计年鉴 中国价格统计年鉴
中国贸易外经统计年鉴 中国零售和餐饮连锁企业统计年鉴 中国商品交易市场统计年鉴
大中型批发零售和住宿餐饮企业统计年鉴 中国住户调查年鉴 中国工业统计年鉴
中国环境统计年鉴 中国能源统计年鉴 中国建筑业统计年鉴
中国房地产统计年鉴 投资领域统计年鉴 中国对外直接投资统计公报
中国人口和就业统计年鉴 中国劳动统计年鉴 中国社会统计年鉴
中国科技统计年鉴 中国高技术产业统计年鉴 全国企业创新调查年鉴
中国文化及相关产业统计年鉴 2018年时间利用调查资料 中国妇女儿童状况统计资料
中国基本单位统计年鉴 中国教育统计年鉴 中国教育经费统计年鉴
中国民族统计年鉴 中国残疾人事业统计年鉴 长江经济带发展统计年鉴

省级综合统计年鉴系列

北京 天津 河北 山西 内蒙古 辽宁 吉林 黑龙江 上海 江苏 浙江 安徽 福建 江西 山东 河南 湖北 湖南 广东 广西 海南 重庆 四川 贵州 云南 西藏 陕西 甘肃 青海 宁夏 新疆 新疆生产建设兵团

市(县)级综合统计年鉴系列

滨海新区 石家庄 唐山 邯郸 保定 沧州 邢台 廊坊 承德 衡水 秦皇岛 张家口 太原 大同 阳泉 长治 晋城 朔州 晋中 运城 忻州 临汾 吕梁 呼和浩特 鄂尔多斯 包头 沈阳 大连 长春 延吉 四平 白山 通化 哈尔滨 齐齐哈尔 黑龙江垦区 上海浦东新区 南京 无锡 徐州 常州 苏州 南通 连云港 淮安 盐城 扬州 镇江 泰州 宿迁 江阴 丹阳 海门 张家港 杭州 宁波 温州 嘉兴 湖州 绍兴 金华 衢州 舟山 台州 丽水 合肥 安庆 福州 厦门 宁德 漳州 龙岩 莆田 泉州 三明 南平 南昌 九江 上饶 新余 抚州 赣州 景德镇 济南 青岛 枣庄 潍坊 聊城 郑州 洛阳 平顶山 三门峡 南阳 商丘 信阳 济源 汝州 武汉 十堰 荆州 宜昌 荆门 咸宁 黄冈 长沙 鹰潭 广州 深圳 惠州 东莞 汕尾 湛江 肇庆 南宁 柳州 桂林 贵港 梧州 来宾 河池 防城港 海口 三亚 儋州 成都 内江 贵阳 黔南 毕节 昆明 文山 德宏 西安 延安 安康 铜川 汉中 商洛 银川 兰州 庆阳 乌鲁木齐 昌吉 阿勒泰 兵团一师、二师、三师、四师、六师、七师、八师、十师、十三师、十四师

调查年鉴系列

天津 内蒙古 上海 河南 湖北 湖南 广东 广西 重庆 四川 云南 甘肃 宁夏 南宁 贵港 昆明

统计方法应用/实用手册

Python数据分析基础（第二版） 非参数统计（第五版） 现代金融投资统计分析（第四版）
国民经济核算初级教程（第二版） 国民经济核算教程（第五版） 概率统计基础
全国统计专业技术资格考试系列考试用书：统计业务知识（第四版修订版） 统计业务知识学习指导与习题
全国统计专业技术资格考试系列考试用书：统计相关知识（第四版） 统计相关知识学习指导与习题

统计通俗读物/统计科普图书

领导干部统计知识问答 统计公文写作及会议办理实用手册 大数据在统计工作中的应用案例汇编
中国国民经济核算知识问答（修订版） 地区生产总值核算国际比较研究 新中国统计制度方法的发展与改革

重点图书

中国农业统计资料1949-2019 第四次全国经济普查地图集 中国经济普查年鉴2018
新编英汉汉英统计大词典 中国国民经济核算体系2016 国民经济行业分类注释
挑大学选专业2020—考研择校指南 挑大学选专业2020—高考志愿填报指南 中华医学统计百科全书

发行部电话：（010）63376907 63376908 63376909 同椥行书店电话：（010）68783171 68783172
地址：北京市丰台区西三环南路甲6号 邮政编码：100073 网址：http://www.zgtjcbs.com